Coleção Perspectivas
Jacó Guinsburg [Direção]
Plínio Martins Filho [Assessoria Editorial]
Margarida Goldsztajn [Revisão de Provas]
Luiz Henrique Soares [Índice Remissivo]
Sergio Kon [Capa e Projeto Gráfico]
Ricardo Neves e Sergio Kon [Produção]

A FILOSOFIA DO JUDAÍSMO

A História da Filosofia Judaica
desde os Tempos Bíblicos até
Franz Rosenzweig

A FILOSOFIA DO JUDAÍSMO

A História da Filosofia Judaica
Desde os Tempos Bíblicos até
Franz Rosenzweig

Julius Guttmann

Tradução de J. Guinsburg

Título do original alemão
Die Philosophie des Judentums
© 1953 by Ernst Reinhardt Verlag München/Basel

cip-Brasil. Catalogação-na-Fonte
Sindicato Nacional dos Editores de Livros, rj

Guttmann, Julius, 1880-1950.
A filosofia do judaísmo : a história da filosfia judaica desde os tempos bíblicos até Franz Rosenzweig / Julius Guttmann ; tradução de J. Guinsburg. – São Paulo : Perspectiva, 2003. – (Perspectiva)

Título original: Die Philosophie des Judentums
Bibliografia.
isbn 85-273-0530-5

1. Filosofia judaica 2. Filosofia judaica – História 3. Judaísmo – História I. Título. II. Série.

03-3027   CDD: 181.0609

Índices para catálogo sistemático:
1. Filosofia Judaica : História   181.0609
2. Judaísmo : Filosofia : História   181.0609

1ª edição
[PPD]

Direitos reservados em língua portuguesa à

EDITORA PERSPECTIVA LTDA.

Av. Brigadeiro Luís Antônio, 3025
01401-000 São Paulo SP Brasil Telefax: (11) 3885-8388
www.editoraperspectiva.com.br

2019

Sumário

A FILOSOFIA DO JUDAÍSMO EM PORTUGUÊS – *J. Guinsburg* 9
PREFÁCIO À EDIÇÃO BRASILEIRA – *Roberto Romano* 11

I. FUNDAMENTOS E PRIMEIRAS INFLUÊNCIAS

1. AS IDÉIAS BÁSICAS DA RELIGIÃO BÍBLICA 27
2. A FILOSOFIA JUDIO-HELENÍSTICA 41
3. AS IDÉIAS RELIGIOSAS DO JUDAÍSMO TALMÚDICO 53

II. A FILOSOFIA RELIGIOSA JUDAICA NA IDADE MÉDIA

1. O SURGIMENTO DA FILOSOFIA JUDAICA NA
   IDADE MÉDIA 69
   Os Inícios 77
2. O KALAM 83
   Saádia 83
   O Desenvolvimento do Kalam no Judaísmo
   Rabanita e Caraíta 96
3. O NEOPLATONISMO 107
   Isaac Israeli 107
   Salomão ibn Gabirol 112
   Bahia ibn Pakuda 129
   Os Neoplatônicos do Décimo Segundo Século 136
   Iehudá Halevi 147
4. O ARISTOTELISMO E SEUS OPONENTES 163
   O Conceito de Deus e de Mundo no Aristotelismo
   e na Religião Revelada 163
   Abraão Ibn Daud 172
   Moisés Maimônides 181
   A Luta contra a Filosofia nos Cem Anos após Maimônides;
   a Influência Filosófica do Rambam e de Averróis 213

Levi ben Gerson 238
Hasdai Crescas 253
5. O FIM E OS EFEITOS ULTERIORES DA FILOSOFIA RELIGIOSA
MEDIEVAL 273
O Fim da Filosofia Judaica na Espanha 273
A Filosofia Judaica na Itália 287
A Influência da Filosofia Judaica sobre o
Sistema de Spinoza 296

III.A FILOSOFIA JUDAICA DA RELIGIÃO NA ERA MODERNA

INTRODUÇÃO 319
1. MOISÉS MENDELSSOHN 321
2. O IDEALISMO PÓS-KANTIANO NA FILOSOFIA
JUDAICA DA RELIGIÃO 335
Salomão Formstecher 338
Samuel Hirsch 343
Nakhman Krochmal 351
Salomão Ludwig Steinheim 374
3. A RENOVAÇÃO DA FILOSOFIA RELIGIOSA JUDAICA NO
FIM DO SÉCULO XIX 379
Moritz Lazarus 379
Hermann Cohen 381
Franz Rosenzweig 395

JULIUS GUTTMANN: FILÓSOFO DO JUDAÍSMO –
Fritz Bamberger 425

BIBLIOGRAFIA 459
ÍNDICE REMISSIVO 471

A Filosofia do Judaísmo em Português
J. Guinsburg

Há cerca de trinta anos, quando me lancei ao trabalho de compor um conjunto de livros ao qual dei o nome de Coleção *Judaica*, que pretendia reunir textos significativos e marcantes da produção literária, filosófica e religiosa do judaísmo, e particularmente por ocasião do preparo dos volumes dedicados ao seu pensamento, recorri, dentre outras, a uma das modernas referências obrigatórias da bibliografia crítica e da historiografia filosófica nesse domínio, *A Filosofia do Judaísmo*, de Julius Guttmann.

Foi esta obra, ao lado da de Isaac Husik, *A History of Mediaeval Jewish Philosophy*, um dos mais valiosos amparos para pensar o processo do filosofar judaico no eixo da história geral das idéias e da especificidade de uma articulação essencialmente judaica, na sua vertente principal – a da filosofia da religião e da ética, e de sua dialética com as idéias de Deus, revelação, eleição no contexto de uma tradição particular e no entendimento de um analista em que razão lógica e metodológica, sob a égide de Kant e Schleiermacher, se fazem critérios rigorosos de avaliações gerais e pontuais. Em função dela e dos subsídios que me forneceu pude estruturar os comentários que então teci sobre os diferente pensadores e expressões das correntes de pensamento que se sucederam no âmbito de Israel, no decurso dos séculos, até suas florações modernas e contemporâneas.

Por isso e pela profunda impressão que o estudo de Guttmann me causou, restou-me sempre a tentação de traduzir essa alentada e hoje clássica obra para o português, não só como tributo ao muito que eu lhe devia, como pela certeza de que ela mantém o seu vigor e continuará sendo um fermento poderoso para quem quer que se proponha a debruçar-se criticamente sobre as elaborações com que teólogos, filósofos e ideólogos demarcaram o perfil da espiritualidade, mas também da indagação sistemática e das eventuais cristalizações ideológicas da grei israelita e sua milenar presença cultural na história humana.

A perspectiva de realizar o projeto deslocou-se por várias décadas até que, para comemorar talvez o fim do milênio e a instalação da geléia geral religiosa-nacionalista que passou a dominar o que se tem chamado de cultura judaica em nosso meio, resolvi escrever aos possíveis agentes dos direitos autorais de Guttmann e, para a minha surpresa, por informação da Universidade Hebraica de Jerusalém, soube que a

10 | A FILOSOFIA DO JUDAÍSMO

casa editorial alemã, que publicara a obra original, em 1933, continuava sendo a depositária do *copyright*. A Editora Perspectiva adquiriu, pois, os direitos para traduzir e publicar em língua portuguesa o livro de Guttmann e, durante dois anos, aproveitando-me de minha disponibilidade universitária, dediquei-me à tarefa de verter o texto que ora apresento ao leitor e, para cuja introdução em nosso meio, apelei à aguda inteligência e notável saber filosófico do professor Roberto Romano. Pareceu-me também de extraordinária utilidade para o público ledor tomar conhecimento do abrangente estudo que o filósofo Fritz Bamberger escreveu sobre *Julius Guttmann — Filósofo do Judaísmo*, texto cujo aparecimento na presente edição se tornou possível graças à gentileza e ao espírito de cooperação do "Leo Baeck Institute" de Nova York.

Com esses esclarecimentos cabe-me acrescentar apenas que procurei combinar, na minha transposição, o texto original alemão às duas versões em língua inglesa*, uma delas realizada ainda em vida do autor e outra posterior, além da tradução hebraica** que Julius Guttman acompanhou pessoalmente e que complementou com novos capítulos, insertos também nas publicações norte-americanas. A razão que me levou a tal caminho foi que se, de um lado, a linguagem de Guttmann, em alemão, prima pela adequação filosófica, dada a riqueza, a flexibilidade e o rigor verbal desse idioma para a expressão da filosofia e, evidentemente, pelo fato de se tratar da língua materna do escritor, de outro, as traduções para o inglês apresentam redações mais livres do texto, dando lugar a interpretações esclarecedoras e pontuações históricas com vistas ao valor didático para um público menos especializado.

---

*. Ed. Holt, Rinehart and Winston, New York, Chicago, San Francisco, 1964; Anchor Book, Gordon City, New York, 1966; ambas as traduções de David W. Silverman, mas apresentam diferenças, às vezes sensíveis, na redação do texto, que podem ser adscritas a uma revisão efetuada ou pelo tradutor ou pelo editor para a segunda publicação, que é em formato menor e destinada a um público mais amplo.

**. *Hafilosofiah schel Haiahadut*, Mossad Bialik, Jerusalém, 1951.

Prefácio à Edição Brasileira
Roberto Romano

Pensemos nos horrores da Segunda Guerra mundial. Nela, crimes inauditos foram cometidos em nome do poder político e da pretensa essência superior de uma cultura e raça, num genocídio de seis milhões de entes humanos. Como resultado de uma perda grave de memória, a vida em nosso planeta enfrenta crise ética. Na Terra Santa os massacres se repetem como pesadelo continuado. E o mundo ouve ameaças de beligerância como se matar fosse, nas sociedades, ato banal. Nesse contexto histórico, são bem-vindos todos os esforços para se abrir caminho, para além da loucura, em busca da paz. Os trabalhos intelectuais de todos os campos que tentam elucidar as origens de nossos ódios coletivos ajudam muito na tarefa abençoada de estabelecer alguma racionalidade em nossa percepção da história social e religiosa. Nenhuma tarefa é tão importante quanto a que se destina a entender as próprias fontes éticas do mundo moderno. É a esse fim que se dedica a tradução do livro de Julius Guttmann, *Die Philosophie des Judentums*.

A passagem desse escrito para a nossa língua "inculta e bela" ajuda muito a diminuir as carências do idioma pátrio. Ele também aumenta a sua beleza, à medida que põe nas mãos de estudantes e de pesquisadores uma elegante iniciação à filosofia judaica, tesouro religioso e especulativo do pensamento humano. Os acostumados às taxinomias universitárias dificilmente aceitarão a idéia de uma senda própria da filosofia no povo de Israel. As famosas histórias da filosofia, ao modo positivista francês, só atestam semelhante disciplina do espírito nos povos grego e romano, "renascidos" no século XVI e reforçados pela modernidade científica ou humanística. A forma judaica de filosofar, no máximo, seria o prolongamento noético da religião, deixando de atingir dialogicamente o caráter autônomo e livre do pensamento ocidental. A tese de Guttmann, aparentemente, fornece algumas bases para semelhantes juízos. No seu entender, a filosofia do judaísmo é essencialmente religiosa, impregnada nas suas fontes pelo monoteísmo. Os seus pressupostos especulativos encontram-se na *Bíblia* e no *Talmud*. Nas mentes humanas que se dedicaram à reflexão filosófica entre os judeus, o elemento contínuo é a freqüência daquelas autoridades. Nosso autor, quando analisa o pensamento de Maimônides, Filo, Moses Mendelssohn ou Hermann Cohen, não deixa de sublinhar o peso daqueles dois esteios.

12 | A FILOSOFIA DO JUDAÍSMO

Guttmann, desde sua vida na Alemanha, procurou evidenciar a particularidade do pensamento judaico utilizando comparações minuciosas com autores gregos ou cristãos. Foi desse teor o seminário que ele dirigiu sobre Maimônides em Berlim, focalizando o *Guia dos Perplexos*, entre 1924 e 1925. Em 1934 e 1935, ofereceu cursos sobre Maimônides e Spinoza na Universidade Hebraica de Jerusalém. Como explicam os próprios diretores daquele *campus*, tais cursos não eram oferecidos como parte da cadeira de filosofia, mas no setor da filosofia judaica, um antecedente para a criação da especialização sobre o pensamento judaico.

Logo no intróito do presente livro, afirma-se o que será demonstrado ao longo das páginas seguintes, com análises minuciosas : a filosofia não brotou diretamente da consciência hebraica. A reflexão, nesse prisma, veio de fora, com idéias "transformadas e adaptadas de acordo com pontos de vista judaicos específicos". O grande momento do encontro entre Israel e a teoria grega foi o helenismo, período capital para a religião cristã, basta que se pense em Paulo de Tarso e os primeiros Padres da Igreja. Como indica um outro comentador do período, este último se caracterizou pelo fato de que "todas as filosofias assumiram uma tintura teológica e mística: elas querem ser uma subida para Deus, até o contacto divino. Mas nessa aproximação pelo alto, as doutrinas se encontram e perdem sua pureza. Operou-se uma vasta *contaminatio* de todos os sistemas"[1]. Ocorreu muito ecletismo filosófico, dos campos platônicos aos aristotélicos, com as resultantes inovadoras dos estóicos ou epicuristas. No cristianismo, este *complexio oppositorum* resultou numa religião que tenta conciliar o estético e o ético[2], o que lhe traz, sobretudo quando se trata de sua vertente católica, pesadas acusações de idolatria. O pensamento religioso judaico não se deixou inclinar pela marca estetizante da cultura grega, justamente pelo veto às imagens.

Sim, afirma Guttmann, é lugar-comum dizer que a filosofia, no período do helenismo, na Idade Média e Moderna, vem do exterior para a consciência judaica, e esta não tem idéias originais. Mas o ponto decisivo é que a religião e o pensamento judeus têm a sua característica na idéia do ser divino como transcendente ao mundo. O elemento estético, naquela cultura, atenua-se diante do ético, da vontade exercida de modo absoluto por Deus. "Este voluntarismo ético implica", diz Guttmann, "uma concepção inteiramente personalística de Deus e determina o caráter específico da relação entre Deus e o homem. É um relacionamento ético-volitivo entre duas personalidades morais". Assim, o modo expositivo de Guttmann liga-se à idéia do gover-

---

1. Cf. M. Spanneut, *Le stoïcisme des pères de l'Église, de Clément de Rome à Clément d'Alexandrie*, Paris, Seuil, 1957.
2. Nesse sentido, o trabalho de Hans Urs von Balthasar, *La gloire et la croix. Les aspects esthétiques de la révélation*, Paris, Cerf/ Desclée De Brouwer, 1993, abriu caminho para uma consideração nova do cristianismo, seguida por seus discípulos, como Christoph Schönborn, no livro *L'icône du Christ, fondements théologiques élaborés entre le Ier e le IIe Concile de Nicée (325-787)*, 3. ed. revista, Paris, Cerf, 1986.

PREFÁCIO À EDIÇÃO BRASILEIRA | 13

no divino sobre a Criação. Este seria o grande saber que podemos conseguir no mundo. Tal sapiência liga-se à atividade. Sua tese afirma a importância fundamental da ética na existência humana. A ética, diz ele, "embora previamente submetida ao conhecimento, tornou-se a significação e o propósito mais elevado no conhecimento de Deus".

Ao insistir sobre a prática dos valores éticos, superiores à estética ou à teoria, Guttmann não pisa uma trilha solitária no horizonte filosófico germânico. Em I. Kant, como nos seus sucessores, é estratégico o primado da prática sobre a razão pura. Em Hegel, a filosofia buscou um compromisso entre os dois planos, com resultados bastante discutíveis. O fato é que a tendência para valorizar o pensamento teórico ou a estética (lembremos o romantismo alemão), a expensas das formas axiológicas, foi a marca dos escritos que imediatamente sucederam Hegel. E isso deu-se numa cerrada campanha anti-semita, cujo ápice encontramos em L. Feuerbach, com resultados desastrosos nas culturas alemã e européia a partir de Richard Wagner. Vejamos melhor esses autores, não citados por Guttmann mas que pavimentaram as vias do anti-semitismo alemão, estrada que se tornou real e conduziu ao Holocausto.

O anti-semitismo na cultura germânica desce até às raizes da própria Alemanha, sobretudo no fim da Idade Média. Lutero não melhorou em quase nada as idiossincrasias dos católicos que aprenderam a odiar os judeus. Basta reler, na correspondência luterana, a carta sobre Johannes Reuchlin, um cristão hebraizante, escrita em Wittenberg no ano de 1514: "Cheguei à conclusão de que os judeus sempre amaldiçoarão e blasfemarão Deus e seu Rei, o Cristo, como todos os profetas anunciaram"[3]. Essa carga de ódio foi traduzida, pouco a pouco, para o discurso filosófico, nos séculos XVIII e XIX, de modo simultâneo à mesma operação mental em que os universitários alemães faziam o elogio à Grécia, em detrimento de Israel.

Num livro satírico, Bruno Bauer, aluno de Hegel e integrante da chamada "esquerda hegeliana", chama a atenção para alguns aspectos ocultos nos escritos do grande filósofo. Assim, o Hegel secreto[4] seria ao mesmo tempo amigo da Revolução Francesa, nos seus aspectos liberais, e inimigo da crença religiosa, em especial da judaica. Bauer se compraz em dizer que para Hegel a religião de Israel limita-se ao temor do Altíssimo. Desse modo, "a autoconsciência, nela, é totalmente alienada, o Eu é apenas simples consciência de si em sua singularidade crua, bárbara, estúpida, e consciência de Deus como potência infinita. O Eu, naquela religião, está para si 'numa unidade abstrata consigo' e, portanto, ele é puro e tremendo egoísmo"[5]. Hegel, finaliza Bauer,

---

3. Cf. *Luthers Correspondence and Other Letters*, trad. P. Smith, 1913, vol. 1, pp. 28-29.
4. Esse tema ainda nutre, em nossos dias, a hagiografia do pensador, em comentários os mais díspares, como os de Jacques d'Hondt e os de Domenico Losurdo.
5. Cf. Bruno Bauer, "O Ódio do Judaísmo", *A Trombeta do Juízo Final, Contra Hegel, o Ateu e o Anticristo*, trad. H.-A. Baatasch, Paris, Aubier, 1972, pp. 127 e ss.

14 | A FILOSOFIA DO JUDAÍSMO

"é grande amigo da religião grega em geral. Jamais ele descreveu uma outra religião com tamanho entusiasmo e louvores. Naturalmente! Porque no fundo ela não é uma religião. Ele a chama religião da beleza, da arte, da liberdade, da humanidade. Em todas as ocasiões, ele a coloca bem acima da religião revelada. Nesta, ele só enxerga o egoísmo do servo. Por qual mágica dialética irá ele realizar a passagem da religião judaica para a religião grega?".

A *Aufhebung* do judaísmo no cristianismo, indicada por Bauer, e que pode ser lida no seu mestre, é a seguinte: "quando a naturalidade, o sentido egoísta da servidão, quando o Eu, este déspota selvagem, a consciência finita e a sua servidão são mortos, jorra a liberdade. O homem torna-se livre diante de Deus e Deus torna-se o Deus dos homens livres"[6]. A passagem dialética se faz à custa de reduzir a vida judaica ao "sórdido egoísmo". Não se deve esquecer que Bruno Bauer é o autor de um outro panfleto[7] em que os judeus são acusados de impotência política e egoísmo, de indiferença frente à falta de liberdade geral na Alemanha. A réplica do judeu secularizado, Karl Marx, não é mais edificante[8].

O pior ataque filosófico ao judaísmo, no período, encontra-se em L. Feuerbach. Sim, o espírito judeu é o contrário exato da especulação, seu campo é o plano prático, ético. Mas de qual ética falamos? Segundo a *Essência do Cristianismo*, a fonte da religião judaica não é a subjetividade livre, mas o egoísmo[9].O princípio grego é o da harmonia com o mundo, por intermédio da contemplação. Quando o homem coloca-se "do ponto de vista prático, só contemplando o mundo por meio desse ponto de vista e o transforma em ponto de vista teórico, ele reduz a natureza ao nível de serva, a mais escravizada pelos seus interesses egoístas, seu egoísmo prático. A expressão teórica dessa visão egoísta e prática, pela qual a natureza em si e para si é apenas o nada, é a seguinte: a natureza e o mundo foram feitos, fabricados, e são um produto do mandamento. Deus disse: que o mundo seja e o mundo foi criado, isto é, Deus ordenou que o mundo fosse, sem delongas, e por meio de seu mandamento o mundo surgiu". Utilitarismo judeu que se prolonga na idéia da providência."Todos os os fenômenos contrários à natureza se produzem no interesse de Israel, unicamente

---

6. Bruno Bauer, *op. cit.*, p. 132.
7. Bruno Bauer, "Die Fähigkeit der heutigen Juden und Christen, frei zu werden", *Einundzwanzig Bogen aus der Schweiz*, Zürich und Winterthur, Herausgegeben von Georg Herwegh, 1843, vol. 5, pp. 56-57.
8. Cf. Karl Marx, *Zur Judenfrage*, Paris, 1843. *Deutsch-Französische Jahrbücher*, n. 1, 1844. Trad. R. Livingstone, "On the Jewish Question", *Early Writings*, London, Penguin/New Left Review, 1975, p. 212. A essência do judaísmo, escondida sob a aparência religiosa seria, para Marx, o espírito do comércio, a base da sociedade civil. O "egoísmo judeu", na pena do jovem escritor revolucionário, recebe tradução econômica direta. Mas se mantém a idéia de que o judaísmo é sinônimo de religião egoísta e oposta à liberdade política. Essa querela veio até o século XX e continua em nossos dias, em múltiplas manifestações anti-semitas, sob disfarce ou diretamente.
9. Cf. "Die Bedeutung der Kreation im Judentum", *Das Wesen des Christentums*, Reclam Universal Bibliothek, 1973, pp. 184 e ss.

PREFÁCIO À EDIÇÃO BRASILEIRA | 15

pelo mandamento de Jehová, o qual só está preocupado com Israel, sendo apenas o egoísmo personalizado do povo israelita, excluindo-se todos os demais povos, e sendo também a intolerância absoluta".

A oposição entre gregos e judeus é completa e total: os primeiros "contemplavam a natureza com sentidos teoréticos (...), os israelitas só abriam para a natureza os seus sentidos gástricos; é apenas no seu palato que eles encontravam o gosto da natureza; eles só se tornavam conscientes de seu Deus no gozo do Maná. O grego praticava as humanidades, as artes liberais, a filosofia; o israelita não se elevava acima do estudo alimentar da teologia". E chegamos à determinação prática dos judeus e à vida teórica dos gregos. A ciência, as artes, a filosofia, pensa Feuerbach, só podem existir no politeísmo. "O egoísmo monoteísta arrancou dos israelitas a liberdade no impulso e sentidos teóricos".

Essa passagem pelos filósofos alemães modernos, sobretudo os do século XIX, permite captar o quanto é difícil, para um grande analista judeu da filosofia como Guttmann, escrever um livro cujo teor principal é distinguir o pensamento judaico do grego, sabendo que sob o apelativo "grego" encontra-se (até os nossos dias) numa ideologia totalitária e anti-semita, o elogio do alemão. Luciano Canfora realizou impressionante exame dessas formas de pensamento filosófico e "humanístico", que exalta a Grécia para, na verdade, assegurar o pretenso estatuto superior do espírito germânico[10]. Nesse labor dos classicistas, podem-se encontrar muitas formas doutrinárias produzidas pelos filósofos acima referidos, potenciados por uma intensa política conservadora, cujo núcleo encontra-se no catolicismo político, lugar de onde surgiram as teses "jurídicas", plenamente genocidas, de Carl Schmitt e seus prolongamentos em Heidegger[11].

É bom notar a base de reflexão de Guttmann, quando se trata dos nexos entre filosofia judaica e as elaborações de Kant, Hegel, ou de seus próximos. Os instantes maiores da análise efetivada por nosso autor estão no encontro de pensadores judeus com o neoplatonismo, aristotelismo, kantismo. Em nenhum desses casos, os judeus deixam-se apanhar pelas armadilhas da imanência absoluta (com a exceção de Spinoza, o que merece muitos estudos suplementares). Eles acentuam a transcendência e a ordem criada no mundo moral pelo mandamento divino. Essa fidelidade ao poder criador e às suas ordenações axiológicas valeu aos judeus filósofos os sarcarmos de boa parte da filosofia alemã. No seu *Glossarium*, diário publicado ainda ontem, em 1991, Carl Schmitt exala anti-semitismo enquanto glosa autores clássicos e românticos da Alemanha. Tais diatribes antecederam a publicação desta *Die Philosophie des Judentums*.

10. Cf. Luciano Canfora, *Ideologie del Classicismo*, Torino, Einaudi, 1980.
11. Cf. P. Bourdieu, *L'ontologie politique de Martin Heidegger*, Paris, Minuit, 1988.

16 | A FILOSOFIA DO JUDAÍSMO

Schmitt vai da vulgaridade, forte na cultura germânica desde épocas antigas, como a frase sobre "o povo deicida", até o violento desejo de massacre contra os judeus. Ao perverter a fórmula de Léon Bloy, "le salut par les juifs" (a salvação pelos judeus), ele comenta: "*Salus ex Judaeis?* Que se comece por acabar com os judeus tão incômodos". E Schmitt retoma a cantilena do idealismo alemão e dos seus herdeiros, como Bruno Bauer, contra os judeus. A crítica de Hegel ao imperativo categórico kantiano seria perfeita, pensa o jurista de Hitler, pois aquela forma seria apenas uma versão pós-cristã da Lei judaica: "Der kategorische imperativ is in der Tat das Gesetz um des Gesetzs willen. Judentum post Chr.n." (O imperativo categórico é de fato a Lei pela Lei. Judaísmo pós-cristão."). Comentando essa frase, Jean-Luc Evard aponta: "É evidente a alusão a Hegel que apelidou Kant de 'judeu de Königsberg'". E adianta Evard as conseqüências extraídas pelo jurista, desta ojeriza pela moral kantiana em Hegel, a propósito de Bruno Bauer, inspirador direto da judeofobia de Marx: "Schmitt nota o emprego, por Bauer, do termo *Verjudung*, aparentemente curioso de observar o que significava 'enjudecimento' antes de estar na boca dos anti-semitas e dos nazistas, no discípulo de Hegel: 'transformação da espera do Messias em esquema histórico universal', isto é, banalização e secularização de um enunciado teológico de origem judaica, o qual contribuiu para a gênese do conceito moderno de progresso"[12].

O tecido das representações filosóficas, ideológicas, genocidas e teológicas, faz com que o mundo acadêmico alemão, em que surgiu *Die Philosophie des Judentums*, seja campo minado para os que desejam pensar os vínculos entre culturas diversas. Segundo as teses de Hegel e de seus discípulos, de Bauer até Marx, o judeu não tem mais lugar no mundo moderno. Ele deve ser "abolido e elevado" ao último patamar do espírito do mundo. Daí às racionalizações dos *pogroms* foi apenas um passo. Por semelhante motivo, é preciso muita cautela quando se afirma uma "diferença absoluta" entre o "espírito do judaísmo" e as formas gregas ou ocidentais da cultura. A distinção entre o mundo teórico e prático, se conduzida ao absoluto, como nos esquemas dos hegelianos à maneira de Feuerbach, lança as duas culturas numa paralisia espiritual insustentável. O peso desse modelo taxinômico pode levar a certas análises que dividem o Ocidente em duas faces antagônicas e inconciliáveis, a grega e a hebraica[13]. Guttmann salienta, da primeira à última página de seu ensaio, a tese fundamental: a cultura judaica afirma a absoluta transcendência divina, a providência.

---

12. Cf. Jea-Luc Evard, "Les juifs de Carl Schmitt", *Les Temps Modernes*, n. 596, ano 53, nov.-dez. 1997, pp. 53 3 ss.

13. Muita cautela deveria ser empregada no acolhimento da divisão radical entre o campo hebraico e o grego. Assim, dependendo da prudência dos leitores, teses brilhantes sobre o estilo, como a de Erich Auerbach, podem trazer equívocos que lançam o pensamento para a dicotomia noética ao modo de Feuerbach. Cf. "Odisseus'Scar", *Mimesis, The representation of Reality in Western Literature*, New York, Doubleday Anchor Books, 1957, pp. 1 e ss. Trad. brasileira, *Mimesis*, São Paulo, Perspectiva.

PREFÁCIO À EDIÇÃO BRASILEIRA | 17

Mas nela existe a busca dos pensadores judeus de acolher o divino segundo padrões racionais.

Nos variados capítulos de *A Filosofia do Judaísmo*, que se iniciam com reflexões sobre a própria gênese da consciência judaica, vemos as tentativas para definir o campo da razão para além do mito e do naturalismo. Assim, escreve Guttmann, "a mitologia e a magia são possíveis somente onde os deuses, em suas ações e paixões, são concebidos como forças naturais". E o pensamento dos judeus exclui a magia. Essa atitude fundamental foi atacada à socapa pelos doutrinários românticos, os quais tentavam arrancar o cristianismo das consciências modernas, afastando definitivamente o judaísmo, sua fonte originária, em proveito da Grécia. No mesmo tempo em que Schiller anuncia uma educação estética da humanidade e propõe o retorno ao pretérito grego, seguida do lamento pelo fim do politeísmo, Schelling ressuscita a noção de magia: "a eterna liberdade é o eterno querer-poder, o eterno *Mögen*...a eterna Magia"[14]. O Schelling maduro será conhecido pelas suas *Lições sobre a Filosofia da Mitologia*, nas quais se procura recuperar o mito, em detrimento do intelecto e da razão. Em sentido contrário ao do romantismo, e fiel à inspiração judaica, Guttmann afirma que, na religião de Israel, "a natureza perdeu sua qualidade divina; em vez de lugar de morada do divino, tornou-se, ela mesma, a obra das mãos de Deus". Ou seja, judaísmo e mitologia são opostos e contraditórios.

Enquanto Guttmann afirma a superioridade do pensamento para o qual a natureza é *entgöttert*, o romantismo alemão lamenta essa "perda da qualidade divina" do mundo natural. Basta ler o traço romântico do jovem Hegel, na *Fenomenologia do Espírito*: a vida ética dos gregos, estética por excelência, acabou por culpa do absoluto judaico. E Novalis: "os deuses desapareceram, e com eles seu cortejo – a natureza esgotou-se e perdeu a vida, foi amarrada à férrea cadeia do número árido e à estrita medida"[15]. Esse ataque à ciência moderna, entendida depois de Newton e de Descartes como estrita adequação a padrões mecânicos, não encontra guarida no texto de Guttmann. Oposto às lágrimas românticas pelo mundo artístico e natural grego, ele afirma decisivamente que "a concepção antropocêntrica concede ao homem o direito de conquistar a terra, e relega as 'divindades' astrais ao papel de meras luminárias da terra". E, supremo desafio contra os românticos de ontem e de hoje, Guttmann anuncia: o antropocentrismo e a transcendência monoteísta explicam "por que, na história ulterior do monoteísmo, períodos de intensa piedade 'personalista' tendem para uma explicação mecanicista da natureza; tanto a ciência mecanicista quanto a

---

14. Cf. F. W. I. Schelling, Conferências de Erlangen, trad. L. Pareyson, *Scritti sulla Filosofia, la Religione, la Libertà*, Milano, Mursia, 1974, p. 207. Citado em Roberto Romano, *Conservadorismo Romântico*, São Paulo, Unesp, 2a ed., 1997, pp. 33-34.
15. Hegel e Novalis citados em Roberto Romano, *op. cit.*, pp. 129-130.

18 | A FILOSOFIA DO JUDAÍSMO

rejeição de toda metafísica estão de acordo com uma religiosidade que promove o domínio do homem sobre a natureza".

Insisti neste aspecto, a contraposição entre magia, mito, romantismo e o texto de Guttmann, porque ele permite alcançar a amplitude do debate estabelecido pelo nosso autor. Em vez de se prender a sua exposição apenas aos limites internos do pensamento judeu, ele estabelece conexões como a indicada por mim, entre a ética e, no seu oposto, os aspectos mais importantes da filosofia moderna ocidental, que valoriza, em primeiro plano, a estética e a epistemologia. Guttmann nota perfeitamente o grande problema que subjaz no predomínio do ético e da verdade revelada sobre os demais planos especulativos: "Pelo desenvolvimento da noção de 'verdade revelada' também gerou (o judaísmo) aquilo que mais tarde devia tornar-se o principal ponto a dividir religião e filosofia". Essa fenda entre os vários campos do saber e da autoconsciência traz desafios, tanto para os judeus, quanto para os cristãos e seguidores do islã.

Mas, longe de encerrar toda possibilidade de amplo diálogo entre os vários prismas do conhecimento, da fé e da ética, a revelação permanece com um acicate que levou os pensadores judeus, os filósofos cristãos e muçulmanos às mais ousadas buscas de compreender o mundo e os homens, com base no desafio divino. Recomendável, nesse sentido, a meditação sobre os considerandos finais de Guttmann sobre *o Livro de Jó*: "lá onde a religião bíblica parece estar o mais próximo possível de uma concepção irracional da vontade divina, ela nunca desiste da convicção básica de que esta vontade possui plena e essencial qualidade significativa. Até a inteligibilidade da vontade divina é apenas limitada, mas não anulada, por nosso deficiente entendimento humano".

A inspeção demorada e, poder-se-ia dizer, abusando um pouco das palavras, perfeita de Guttmann sobre os vários momentos da reflexão judaica ajuda o leitor a encontrar muitas sínteses ou tentativas de síntese entre o revelado e o adquirido pela mente humana. Assim, o *Kohelet* cético põe entre parêntesis de modo radical as certezas do ser finito, com forte proximidade com o "espírito individualista do iluminismo grego, sem o qual ele é impensável", apesar de sua influência universal, nos seus primórdios foi gerado na diáspora, em que a filosofia grega tornou-se "um fator essencial de vida espiritual". A alternância entre o que pertence à diáspora e o que vem do mundo interno a Israel ajuda o autor a definir os impulsos básicos da filosofia judaica.

Do *Kohelet*, seguimos para Filo, "o único representante literário de uma reconstrução radical do judaísmo". O caráter enfático da transcendência divina nos textos de Filo é sublinhado por Guttmann, embora também defina o peso enorme da angeologia nas elucubrações do filósofo. Esse traço neoplatônico encontra-se em muitos outros discursos fundamentais para as doutrinas religiosas do Ocidente, como

PREFÁCIO À EDIÇÃO BRASILEIRA | 19

a católica. Basta que se recorde o peso dos anjos nos textos de Dionísio, o Pseudo-Areopagita, e a sua aceitação na Igreja, em especial nos escritos fundamentais de Tomás de Aquino e de outros teólogos. O elemento nuclear nas angeologias é fazer com que se percebam "os opostos, Deus-cosmos e mundo supra-sensível-mundo sensível, numa hierarquia estruturada" (Guttmann). É impossível compreender as formas teológicas e institucionais da Igreja Católica, por exemplo, sem as doutrinas angeológicas do neoplatonismo[16].

De Filo, a exposição segue para outras perspectivas do helenismo, e sua importância no universo judeu. Nesses momentos, Guttmann ressalta a importância do *Talmud* na gênese da especulação religiosa. O capítulo sobre a filosofia na Idade Média é um vasto painel daquele momento histórico. Nele, são encontradas referências muito ricas não apenas sobre o judaísmo, mas sobre o islã e o cristianismo. Aliás, desde as primeiras linhas dessa parte, Guttmann enfatiza o fato de que "a filosofia judaica na Idade Média surgiu no mundo cultural do islã e sofreu forte impacto da filosofia islâmica". Mesmo após o trato profundo com o aristotelismo e platonismo, a importância islâmica continuou a se fazer sentir na reflexão judaica. Nesse ponto, as grandes figuras são a de Averróis e Avicena. Época de grandes embates entre as religiões, produzindo um abalo na "fé ingênua na autoridade religiosa". Como aliás, ocorreu nas hostes cristãs. É fascinante a análise de Guttmann sobre a fraternidade islâmica dos Puros Irmãos, com sua idéia de tolerância.

De Saádia Gaon, passando pelo herético Hiwi, cujos textos não chegaram até os nossos dias, Guttmann atinge escritores como Saádia Ben Iossef de Faium, "um dos pais da filologia hebraica". À pergunta sobre se existe possibilidade de uso pleno da razão, no conhecimento, qual seria a importância da revelação, Saádia propõe a revelação como pedagogia do ser humano. Esse é um modo de pensar racionalista, de considerável importância para o pensamento posterior. As análises sobre o neoplatonismo de Isaac Israeli, Salomão ibn Gabirol e Bahia ibn Pakuda desvelam os problemas todos da síncrese entre platonismo e aristotelismo, com aporias que derivam das doutrinas da emanação, do ontologismo e de outras dificuldades lógicas ou existenciais. Com o século XII, nos textos de Abraão bar Hivya, abre-se uma fenda entre o pensamento judaico e o neoplatonismo, na medida em que se define uma nova temática, a da história (Guttmann chega mesmo a falar, nesse caso, de uma "filosofia da história").

---

16. Cf. Denys l 'Areopagite, *La Hierarchie céleste*, trad. M. Gandillac, Paris, Cerf, 1958. E também, *Oeuvres complètes du Pseudo-Denys, l'Areopagite*, ed. de M. Gandillac, Paris, Aubier, 1943. Para uma análise ainda hoje importante deste ponto, cf. Paul Tillich, *A History of Christian Thought. From its Judaic and Hellenistic Origins to Existentialism*, New York, Touchstone Book, 1967. Para uma análise do catolicismo político, cf. Karl-Egon Lönne, *Politischer Katholizismus im 19.und 20. Jahrhundert*, Frankfurt-am-Main, Suhrkamp, 1986.

20 | A FILOSOFIA DO JUDAÍSMO

O ponto culminante desse capítulo encontra-se no seu item quarto, "O Aristotelismo e seus Oponentes". Guttmann apresenta, como início deste novo mundo, os pensamentos de Al-Farabi e Avicena. E aponta o ferimento dolorido, nos vínculos entre saber filosófico e reflexão religiosa: "O Deus da filosofia, seja na versão neoplatônica como a mais alta unidade, seja na versão aristotélica como o mais alto pensamento, difere inteiramente do Deus pessoal das religiões monoteístas, o Deus da vontade e da moralidade". Essa frase, de profundo significado tético, joga luz sobre todas as exposições posteriores de Guttmann, desde a Idade Média até os inícios do século XX.

A dificuldade para harmonizar o Deus pessoal e dotado de vontade com o Deus "dos filósofos e dos sábios" é esquadrinhada por Guttmann nas passagens sobre Maimônides, mas também se apresenta na discussão sobre o seu grande crítico moderno, Spinoza, apresentado pelo nosso autor como panteísta. As análises de Guttmann sobre Spinoza são inesperadas para leitores que não entendem que possa haver algum nexo entre o autor da *Ética* e Aristóteles. Mesmo que seja para um fim polêmico, as propostas de Guttmann são instigantes, quando procura mostrar o peso do pensamento aristotélico no sistema spinoziano do saber.

Resumindo o trabalho inteiro, o que é mais uma temeridade de minha parte, eu diria que os pontos mais importantes, na comparação entre pensamento judaico e as filosofias externas à cultura hebraica, localizam-se, num primeiro bloco, no encontro com o neoplatonismo, no período helenista. Depois, o grande momento, que durou da Idade Média aos primórdios da Modernidade, do diálogo com o aristotelismo, via islã. Finalmente, a passagem para o campo transcendental, com o trato complexo entre pensadores judeus e as filosofias geradas por I. Kant, seja no setor do idealismo alemão, seja nas várias doutrinas éticas neokantianas, ou nas elaborações epistemológicas também oriundas de uma reinterpretação do conhecimento científico.

O relacionamento do espírito humano com a natureza ou com o espírito universal, pode conduzir ao panteísmo. Spinoza é um exemplo, segundo Guttmann. Mas também ocorreu o panteísmo de Fichte, embora este último seja marcado pela busca de manter "a espontaneidade da consciência humana dentro do panteísmo do espírito". Mas o panteísmo pode ser estético, como o de Schelling, ou lógico, como o de Hegel. E aí, Guttmann sublinha a oposição resoluta dos filósofos judeus a essa redução do divino.

Essa grande recusa fornece a chave para acompanharmos as análises minuciosas de Guttmann sobre os grandes nomes de Hermann Cohen e de Franz Rosenzweig. O primeiro operou no campo do neokantismo. Cohen opera nos parâmetros graves da ética, unida à idéia de Deus. Assim, para ele, "A pintura profética do messiânico fim dos tempos é apenas um símbolo estético. A ética o concebe como uma meta infinitamente distante que dirige toda ação ética, mas que jamais é alcançada, e justo por

PREFÁCIO À EDIÇÃO BRASILEIRA | 21

causa disso nos é continuamente presente". Nosso filósofo, aduz Guttmann, "não era insensível ao apelo estético do panteísmo, tendo sido atraído por ele na juventude, mas na maturidade se lhe opôs vigorosamente porque o encarava como uma espécie de naturalismo ético". Assim, nas fórmulas do pensador Cohen, encontramos o ideal ético como tarefa diuturna, e a afirmação da liberdade humana ao lado da transcendência divina.

No caso de Rosenzweig, não podemos deixar de lado o fato de que ele foi discípulo de Meinecke. Em *Hegel e o Estado,* o nome de Meinecke surge na dedicatória. Segundo Eugène Fleischmann[17], Meinecke ensinou muita coisa a Rosenzweig, entre outras, despertou-lhe o interesse pela História, no método da *geistesgeschichtliche Schule.* Um ensino terrível que ajudou, ainda segundo Fleischmann, a "destruir a alma" de Rosenzweig e de várias gerações de intelectuais alemães. Meinecke, "este discípulo de Bismarck, conseguiu ensinar muitas gerações de cientistas fazendo-os admitir os princípios da política de força e do chativinismo alemão; ele foi assim a personalidade científica mais influente na preparação do caminho de Hitler" (Fleischmann). Assim, aos olhos de Rosenzweig, Hegel inventou a *Machtpolitik* (política de potência) pela sua identificação do espírito com a força. Juízo semelhante pode ser encontrado, sobre Meinecke e Rosenzweig, em Domenico Losurdo: "Se examinamos os trabalhos de Heller, Meinecke e Rosenzweig, vemos que, além das diversas opções políticas e dos juízos sobre este ou aquele autor, emerge um traço comum na reconstrução da história cultural e política da Alemanha: nacional é sinônimo de imperialista e de política de potência, ambos sinônimos, por sua vez, de anti-individualismo, transpessoal, organicista. Hegel subordina os *personale Werte* (valores pessoais) do indivíduo, ao valor transpessoal do Estado"[18].

A grande ajuda que Guttmann traz em seu livro, é atenuar a tese, assumida por autores como Fleischmann, sobre a "destruição" que Meinecke e seu hegelianismo panteísta e belicista teriam produzido na alma de Rosenzweig. Na *Estrela da Redenção*, o autor caracteriza sua filosofia como "estando em forte contraste com toda a tradição filosófica que começa com Tales e culmina em Hegel". Assim, Hegel não teria a importância que lhe atribuem, no pensamento de Rosenzweig. Esse lugar é ocupado por Heidegger. Seguindo a análise de Karl Löwith, Guttmann afiança que, embora sejam idênticos os pontos de partida metodológicos, em Heidegger e Rosenzweig, pode-se pensar que no conteúdo "eles cheguem a conclusões exatamente opostas. Löwith coloca o existencialismo ateu de Heidegger contra o existencialismo

---

17. Eugène FLEISCHMANN, *Le Christianisme "mis a nu"*, Paris, Plon, 1970.
18. D. LOSURDO, *La Catastrofe Della Germania e L'immagine di Hegel*, Milano, Guerini e Associati, 1987. Cf. também Myriam Bienenstock, "Franz Rosenzweig et sa critique des philosophies de l'esprit", *Révue de Métaphysique et de Morale*, n. 3, Jul.-set.1999, pp. 291 e ss.

22 | A FILOSOFIA DO JUDAÍSMO

crente de Rosenzweig e prova que Heidegger permanece dentro da esfera da temporalidade, enquanto Rosenzweig a transcende e aponta para a eternidade". Finalmente, segundo Guttmann, a filosofia, como Rosenzweig a entende, "está radicada na experiência pessoal" e necessita da revelação "para escapar das armadilhas do subjetivismo. Somente com o seu completamento pela teologia, ela atinge a objetividade da ciência".

Fino analista do pensamento filosófico, Guttmann não deixa de indicar fraquezas em todos os conjuntos textuais que examina, sejam eles judaicos ou exteriores ao judaísmo. No caso de Rosenzweig, seu espírito crítico o leva a notar, de modo desaprovador, o tratamento dado às religiões alheias à fé judaica e cristã: "Ele (Rosenzweig) nega de modo enfático as grandes religiões da Índia e da China, bem como as do misticismo; e, dentre as religiões monoteístas, critica a islâmica de maneira injusta. Rosenzweig concede iguais direitos unicamente ao judaísmo e ao cristianismo porque compartilham os elementos últimos da verdade, e porque, por intermédio deles, pode-se compreender que a verdade, necessariamente, é dupla".

Não cabe, neste prefácio, esmiuçar os trechos relevantes do livro que o leitor seguirá nas páginas vindouras. Gostaria que ficasse saliente a predominância ética do texto inteiro, o qual reflete, como espelho perfeitamente polido, a figura do pensamento judaico. Nada mais importante, na quadra histórica que atravessamos, do que o exercício de investigação do mistério da liberdade humana e da providência divina, proposto por Guttmann. Finalmente, além de agradecer a J. Guinsburg a sua tradução do livro para a nossa língua (tornando-a, como afirmei no início, mais culta e bela) gostaria de rememorar o trato entre a filosofia moderna e o judaísmo. Paradigmático de todos os instantes posteriores ao século XVII, o juízo de Pierre Bayle é dos mais claros exemplos do quanto a filosofia do Ocidente é íntima dos anseios e aporias do pensamento judaico.

"Ipsum longo tempore Chaldaeorum delirio de astrorum divinitate innutritum fuisse". Essas frases sobre Abraão, atribuídas a Filo de Alexandria e recolhidas no famoso *Dictionnaire*, são estratégicas quando fechamos o livro de Guttmann sobre o pensamento filosófico judaico. É grande a tentação da hipótese evolucionista: o pai dos crentes teria começado a sua vida especulativa seguindo "o delírio dos caldeus, a divindade dos astros". A informação, em Bayle, não traz apenas o testemunho de Filo, mas também o de Maimônides. Os dois filósofos, entretanto, seguiram para o rumo da ruptura com a divinização do mundo. Citando Bayle: Abraão fugiu da astrologia, justamente por "admirar os movimentos dos astros, a sua beleza e ordem. Mas ele notou também imperfeições e concluiu de tudo aquilo que existia um Ser superior a toda a máquina do mundo, um Autor e Diretor do universo". Segue o grande instaurador moderno do ceticismo: "Suidas cita Filo para provar que Abraão elevou-se ao conhecimento de Deus pela reflexão; mas como ele narra, ainda a partir do

PREFÁCIO À EDIÇÃO BRASILEIRA | 23

testemunho do mesmo autor, que Abraão, desde os quatorze anos, tinha atingido este alto grau de luz e teria tido a coragem de dizer a Tharé, 'renunciai ao pernicioso tráfico de ídolos, com o qual enganais o mundo', não temos aqui um delator da longa idolatria de Abraão. É certo que Josefo, sem confessar que esse Patriarca foi durante algum tempo infectado pela idolatria, sustenta que por seu espírito e pela sua consideração do universo, ele conheceu a unidade de Deus e a Providência, e que ele foi o primeiro que ousou combater o erro popular". Bayle se apressa em dizer que o patriarca, embora tenha vivido até os quatorze anos (ou cinqüenta, como o mesmo Bayle discute mais adiante) na idolatria, " usou a sua Razão e conheceu o abismo onde seu pai tinha mergulhado". Mal recebido em sua pátria, o homem santo e sábio a abandonou. "Eis, talvez pela primeira vez, que alguém se expôs ao banimento por zelo religioso".

O ensino de Guttmann sobre a totalidade da filosofia no judaísmo assemelha-se à forma de crença que dirigiu a mente de Abraão, segundo Bayle. A racionalidade é bem-vinda, bem como os valores estéticos e políticos da existência humana. Mas quando se trata de pensar o divino e o humano na sua maior profundidade, a transcendência deve ser respeitada, custe o que custar, banimento ou holocausto. Essa firmeza ética é o maior legado da filosofia judaica à humanidade. Ao ler as páginas de *A Filosofia do Judaísmo*, recordamos frases estratégicas de Franz Rosenzweig sobre a atividade mais ampla da tradução. Na obra que hoje a Editora Perspectiva oferece à comunidade brasileira, encontramos o labor de Guttmann, cujo alvo foi o de traduzir para o leitor moderno as reflexões filosóficas do judaísmo, desde a sua aurora até os nossos tempos. Simultaneamente, constatamos o trabalho de J. Guinsburg que traduziu para a nossa língua um texto complexo no seu idioma original. Os dois feitos merecem respeito. "Traduzir", escreveu Rosenzweig, "significa servir dois mestres. Segue-se que ninguém pode fazê-lo. Mas também segue-se que esta é, como tudo o que, teoricamente, ninguém pode fazer, a tarefa indicada para todos na prática. Todo mundo deve traduzir, e todo mundo o faz. Quando falamos, traduzimos daquilo que pensamos para o que esperamos do outro como compreensão". Existem graus de excelência no pensamento e na atividade tradutora. O texto de Guttmann alcança o mais elevado plano nas duas operações espirituais. Nele, podemos vislumbrar a ética na sua plena força[19].

---

19. Cf. Myriam Bienenstock, *op. cit.*, p. 307.

I FUNDAMENTOS E PRIMEIRAS INFLUÊNCIAS

1. As Idéias Básicas da Religião Bíblica

O povo judeu não começou a filosofar por causa de um irresistível impulso para fazê-lo. Recebeu a filosofia de fontes externas e a história da filosofia judaica é uma história de sucessivas absorções de idéias forâneas que foram transformadas e adaptadas de acordo com pontos de vista judaicos específicos.

Tal processo teve lugar primeiro durante o período helenístico. A filosofia judiohelenística apresenta-se tão cabalmente imbuída do espírito grego que pode ser vista, historicamente falando, como um mero capítulo no percurso do pensamento grego como um todo. Ela desapareceu rapidamente sem deixar atrás de si quaisquer vestígios permanentes no judaísmo.

A filosofia penetrou na vida intelectual judaica, pela outra vez, na Idade Média. Essa nova conjugação deu-se no âmbito da cultura do islã e foi ao mesmo tempo uma recepção de segunda mão, pois a filosofia islâmica, que a judaica seguia, baseavase numa reelaboração dos sistemas gregos de pensamento. Desta vez, entretanto, a vitalidade da filosofia judaica mostrou ser mais forte do que na Antigüidade. Persistiu do nono século até o fim do Medievo, e alguns de seus traços ainda são discerníveis em uma época tão tardia quanto os meados do século XVII. Ainda assim, cumpre dizer que, durante todo esse tempo, ela continuou estreitamente ligada às fontes extrajudaicas das quais brotou.

Depois que o judaísmo entrou no mundo intelectual da Europa moderna, o pensamento judaico moderno permaneceu em dívida com as correntes contemporâneas da filosofia européia. Isto se aplica não apenas à contribuição de pensadores judeus aos labores filosóficos das nações européias, mas também àqueles sistemas de pensamento preocupados de maneira específica com a interpretação e a justificação da religião judaica. A primeira tem seu lugar na história geral da filosofia moderna; sua dependência em relação ao pensamento contemporâneo é por conseqüência um truísmo. Mas até a filosofia judaica no sentido específico e estrito do termo, como a sua contraparte cristã, operou no quadro, nos métodos e no aparelho conceitual da moderna filosofia européia.

O caráter peculiar da existência judaica na Diáspora impediu o surgimento de uma filosofia judaica no nexo que se pode falar de uma filosofia grega, romana, fran-

28 | A FILOSOFIA DO JUDAÍSMO

cesa ou alemã. Desde a Antigüidade, a filosofia judaica foi essencialmente uma filosofia do judaísmo. Mesmo na Idade Média – que conheceu algo como uma total e abrangente cultura baseada na religião – raras vezes ela transcendeu o seu centro religioso. Esta orientação constituiu o caráter distintivo da filosofia judaica, estivesse ela preocupada em usar idéias filosóficas para estabelecer ou justificar doutrinas judaicas, ou em conciliar as contradições entre verdade religiosa e verdade científica. Ela é filosofia religiosa em um sentido peculiar às religiões monoteístas reveladas que, por causa de sua pretensão no tocante à verdade e em virtude de sua profundeza espiritual, podiam enfrentar a filosofia como um poder espiritual autônomo.

Armada com a autoridade de uma revelação sobrenatural, a religião pretende estar de posse de uma verdade incondicional que lhe é própria, e desse modo torna-se um problema para a filosofia. A fim de determinar o relacionamento entre esses dois tipos de verdade, filósofos procuraram clarificar, do ponto de vista metodológico, o caráter distintivo da religião. Este é um desenvolvimento moderno: períodos anteriores não tentaram diferenciar entre os métodos da filosofia e da religião, mas buscaram conciliar os conteúdos de seus ensinamentos. A filosofia foi assim tornada subserviente à religião; e o material filosófico tomado de fora recebeu um tratamento conforme. Nesse aspecto, a filosofia do judaísmo, quaisquer que sejam as diferenças em conteúdo derivadas das doutrinas específicas e dos conceitos de autoridade da religião em causa, é formalmente similar à do cristianismo e à do islã. Aparecendo pela primeira vez no helenismo judaico, esse tipo de filosofia, conquanto não haja produzido idéias originais, teve, não obstante, uma significação e uma influência de longo alcance. A partir do helenismo judaico, passou ao cristianismo, foi transmitido ao islã, de onde retornou, na Idade Média, ao judaísmo.

Esse caráter especial da filosofia judaica pode justificar uma breve descrição introdutória de suas assunções subjacentes, implícitas na *Bíblia* e no *Talmud*. Não estamos aqui preocupados com uma plena avaliação dos motivos religiosos da *Bíblia* e do *Talmud*, mas antes com aqueles dentre seus elementos conceituais que são relevantes para o entendimento da filosofia judaica da religião. Em conexão com isto, e pela razões já apresentadas, serão dadas apenas as indicações mais simples no que concerne ao lugar da filosofia judio-helenística no contexto total da história do judaísmo.

O caráter distintivo da religião bíblica deve-se à concepção ética da personalidade de Deus. O Deus dos Profetas é exemplificado por Sua vontade moral, que exige e comanda, promete e ameaça, que governa de maneira absoluta e livre os homens e a natureza. Esta concepção de Deus desenvolveu-se aos poucos na história da religião israelita. Nem a unicidade de Deus e Sua superioridade sobre as forças da natureza, nem Seu caráter de pura vontade se encontram nos primórdios. Somente após um

AS IDÉIAS BÁSICAS DA RELIGIÃO BÍBLICA | 29

longo processo de evolução o Deus de Israel tornou-se o Deus do mundo. E do mesmo modo foi necessário um longo tempo antes que Ele pudesse desfazer-se de Seus primitivos traços naturais e passasse a ser compreendido em termos cabalmente pessoais. Mesmo no primitivo entendimento de Deus, poderíamos apontar, por certo, aqueles traços que antecipavam desenvolvimentos ulteriores, mas o resultado final foi uma criação completamente nova e original, cuja substância era imprevisível a partir da concepção anterior. Esta "pré-história" da idéia judaica de Deus está além do escopo de nossa presente investigação. Estaremos interessados na idéia de Deus tal como ela se apresenta nos primeiros Profetas literários de Israel, e que, nas características essenciais, permaneceu substancialmente a mesma a despeito de óbvias e inevitáveis variações em detalhe[1].

Essa idéia de Deus, que não é fruto de especulação filosófica mas produto da imediatidade da consciência religiosa, foi estampada com seu caráter definitivo durante a crise que assistiu à destruição dos reinos de Israel e de Judá. A destruição de Jerusalém e o exílio da nação foram vistos pelo povo como castigos de seu próprio Deus, que se elevou com isso à condição de Deus universal: as grandes potências do mundo serviam-Lhe de instrumentos, e o curso da história mundial seguia conforme a Sua vontade. O monoteísmo judeu brotou dessa vivência fundamental, à qual ficou devendo todas aquelas características religiosas que foram, por sua vez, transmitidas ao cristianismo e ao islã. O seu traço decisivo é que não se trata de um monoteísmo baseado em uma idéia abstrata de Deus, porém em um divino poder da vontade que governa como realidade viva a história. Este voluntarismo ético implica uma concepção inteiramente personalística de Deus e determina o caráter específico da relação entre Deus e o homem. É um relacionamento ético-volitivo entre duas personalidades morais, entre um "Eu" e um "Tu". Assim como Deus impõe Sua vontade à do homem, do mesmo modo o homem torna-se cônscio da natureza de sua relação com Deus.

---

1. Não constitui parte de nossa tarefa investigar até que ponto as bases das concepções religiosas dos Profetas literários foram preparadas por desenvolvimentos precedentes. Em contraposição à escola de Wellhausen, que pressupôs uma ruptura entre os Profetas e a religião israelita de sua época, tem sido demonstrado em anos recentes que muitas idéias "proféticas" são encontradas em fontes mais antigas e que no principal os Profetas se valeram de idéias já correntes. Cf. *Die Anschauungen der Propheten von der Sittlichkeit*, de Max Wiener, pp. 33 e ss.; também M. Weber, *Gesammelte Aufsätze zur Religionssozologie*, III, 231-235, 250-255. Nos detalhes do desenvolvimento do monoteísmo, ainda resta muito espaço para diferentes interpretações. A investigação histórica da *Bíblia* durante as duas décadas passadas tendeu a dar uma data antiga à concepção monoteísta de Deus, e alguns investigadores localizam o seu começo no próprio início da religião bíblica. Eu não posso aceitar essas hipóteses e, por isso, conservei o texto de minha edição alemã original. Para o meu propósito, que se relaciona à explicação da idéia judaica de Deus, não é importante se esta é encontrada primeiro nos Profetas literários ou é cronologicamente anterior a eles.

30 | A FILOSOFIA DO JUDAÍSMO

A comunhão com Deus é essencialmente uma comunhão de vontades morais. O significado da "proximidade" ou do "distanciamento" em face de Deus é determinado por essa perspectiva. Tal determinação puramente formal ainda permite grande variedade na relação entre Deus e o homem. Para Amós, o relacionamento parece ter sido determinado por um agudo senso da "numinosa" majestade e grandeza de Deus, enquanto seu sucessor imediato, Oséias, aparentemente vivencia a vontade divina em primeiro lugar como uma comunhão amorosa entre Deus e Seu povo. Ao passo que, para Isaías, a principal postura do homem perante Deus é a de humildade diante de Sua terrível majestade; os Salmos dão testemunho do sentimento de proximidade entre Deus e o homem. Não obstante as variações nas formas materiais de expressão, o caráter personalista desse relacionamento permanece inteiramente o mesmo.

O relacionamento de Deus com o mundo é concebido segundo as mesmas linhas. Ele é o Senhor do mundo, Ele o dirige de acordo com a Sua vontade e realiza Seus desígnios em Seu interior. Sua relação com o mundo não está baseada em uma força natural, porém na liberdade incondicionada de sua vontade. Esta concepção esvazia todas as explicações antigas da criação de seu conteúdo mitológico e as permeia com o seu próprio espírito. A onipotência da vontade divina aparecerá mais claramente quando o próprio mundo for visto como nada mais senão a obra de Sua vontade. O Deus-Criador não é parte do mundo ou elo nele; mas Deus e o mundo estão um em face do outro como Criador e criatura. Esse traço emerge com crescente nitidez no curso da evolução da idéia bíblica da criação. A princípio, a criação era concebida como uma espécie de "feitura" ou "moldagem" efetuada por Deus: no fim, é a palavra do Criador que chama o mundo à existência. O divino ato de vontade é suficiente para fazer toda e qualquer coisa vir à existência. A idéia bíblica da criação não pretende proporcionar uma explicação teórica da origem do universo; é a forma em que a consciência religiosa da natureza do relacionamento entre Deus e o mundo se tornou articulada.

O caráter personalista da religião bíblica encontra-se no mais radical contraste com outra forma, basicamente impessoal, de religião espiritual e universal, subjacente a todo misticismo e panteísmo. Seja quais forem as diferenças significativas entre misticismo e panteísmo, a divergência geral de ambos da religião bíblica torna-se mais evidente à medida que sua concepção radicalmente diferente do relacionamento de Deus e o mundo se faz mais clara[2]. Deus não é concebido por um e outro como uma vontade soberana que governa o universo, mas como a fonte oculta da qual

---

2. Pode-se dizer que o "misticismo" de que falo no texto é meramente aquele fenômeno ao qual Heiler (*Das Gebet*, 3ª ed., p. 248) e Söderblom se referem como a "negação da personalidade" — um misticismo que destrói qualquer relacionamento religioso com a Divindade. No que é descrito como misticismo que afirma a personalidade, a tendência mística funciona como sendo apenas um aspecto da consciência religiosa. Ver o tratamento dado por Wobbermin a este ponto em *Das Wegen der Religion*, pp. 299 e ss.

AS IDÉIAS BÁSICAS DA RELIGIÃO BÍBLICA | 31

todo ser emana, ou como a interna força-vida que pulsa através do universo todo. Essa diferença não é uma questão de escolha de uma representação ou teórica ou imaginativa da idéia de Deus, mas de atitudes religiosas fundamentais, como fica demonstrado de maneira convincente pelo relacionamento inteiramente diferente entre Deus e o homem que o misticismo e o panteísmo afirmam.

Nem o misticismo nem o panteísmo conhecem uma comunhão pessoal, moral, entre Deus e o homem; em seu lugar há uma união com a Divindade. Não importa, para o nosso presente propósito, se essa união é vivenciada pelo homem como um fato consumado, ou como a meta final de suas aspirações religiosas; se é encarada como uma identidade essencial do eu com a vida divina do universo, ou como uma fusão da alma no misterioso fundo divino do Ser. A relação viva entre pessoas é substituída pela extinção da individualidade pessoal, que é considerada como a principal barreira a nos separar de Deus.

Sem levar em conta, por enquanto, todas as formas mistas ou transitórias, nossa distinção entre dois tipos de religião permanece válida, mesmo quando aparentemente eles usam a mesma linguagem. O *amor dei* do panteísmo e o amor de Deus do místico diferem em essência do amor personalista de Deus (por mais entusiasticamente que o segundo possa experimentar os êxtases da divina presença), assim como o místico tremor do primeiro diante do abismo oculto do ser divino difere da sublime majestade do Deus pessoal.

A mesma distinção aparece de novo quando comparamos os respectivos relacionamentos entre Deus e o mundo nos vários tipos de religião. Aqui, também, não se trata apenas de uma questão de idéias conflitantes, mas de atitudes religiosas fundamentalmente contrastantes. A transcendência de Deus como Criador pessoal é alheia à doutrina do panteísmo e do misticismo porque, de acordo com a segunda, o mundo não está sujeito a uma soberana vontade divina. Isto é demasiado óbvio para exigir uma elaboração adicional, particularmente com respeito àqueles pontos de vista que concebem Deus como a "vida interna das coisas". De um interesse maior é a comparação do acosmismo da noção mística de uma "base" divina do mundo, com a transcendência implicada em Deus, o Criador. Em termos teóricos a diferença é em geral formulada dizendo-se que, para o misticismo, a divina "base", ou fonte, não cria o mundo, mas antes o expele de sua própria substância. Em termos religiosos, isto significa que Deus não é concebido como a vontade que determina o mundo, porém como um Ser transcendente e subsistente por si, completamente recolhido em Si mesmo. Elevar-se até Deus significaria, portanto, separar-se do mundo, isto é, apartar a alma da embaraçante multiplicidade do mundo e atravessar as barreiras que o mundo estabelece entre Deus e a alma. De certo modo, a transcendência de Deus ao mundo é aqui ainda mais extrema do que na noção do Deus-Criador pessoal, que, apesar de sua transcendência em relação ao mundo, continua ainda relacionado a ele e, por

32 | A FILOSOFIA DO JUDAÍSMO

meio disso, também lhe confere uma certa medida de significância religiosa. Não obstante, o relacionamento de Deus e o mundo, tal como encarado pelo misticismo, caracteriza-se em essência por uma dialética peculiar: por mais que a diferença entre Deus e o mundo possa penetrar a consciência religiosa, o mundo é visto ao mesmo tempo como a manifestação de Deus.

A distinção radical entre Deus e o mundo é ainda mais empanada por todos aqueles sistemas que consideram a transição de um para o outro como contínua e gradual, e colocam um mundo supra-sensível intermediário entre a Divindade e o mundo dos sentidos. Enquanto o Deus-Criador se ergue acima e em face do mundo, sua criação, o Deus da mística torna-se o princípio subjacente ao mundo supra-sensorial. Mesmo o ascenso da alma até Deus nada mais é do que o remate final de seu caminho para o mundo supra-sensível ou "inteligível". Semelhante interpretação nos ajuda a explicar um dos mais significativos fenômenos na história das religiões: as atitudes diferentes da religião bíblica e da místico-panteísta para com o politeísmo. A segunda poderia facilmente admitir que, junto com a unidade da base divina de todo ser, a multiplicidade e a variedade de suas manifestações deveriam ser vistas também como divinas. Não houve, portanto, de sua parte dificuldade para tolerar pacientemente os numerosos deuses da religião politeísta. O monoteísmo personalista, entretanto, não pode fazer tal concessão. Mesmo lá onde ele pinta uma espécie de mundo celestial habitado por anjos, nem a diferença básica entre Deus e sua criação, nem a unicidade de Deus mesmo está comprometida.

O misticismo e o panteísmo não cruzaram o caminho da religião judaica até uma época posterior ao encerramento do período bíblico; comparamos os dois a fim de melhor apreender a qualidade essencial da religião bíblica. De significação histórica mais imediata é a batalha que a religião bíblica travou com a magia e o mito.

A depuração dos elementos mágicos e míticos que estavam incrustados na religião bíblica em seus inícios marca uma das mais importantes realizações do monoteísmo bíblico. Tal desenvolvimento foi, dada a natureza das coisas, inevitável, porque a mitologia e a magia são possíveis somente onde os deuses, em suas ações e paixões, são concebidos como forças naturais. A conhecidíssima observação de que a qualidade característica do pensamento mítico reside em sua personificação das forças naturais é apenas meia verdade; a outra metade está no fato de que até a personificação antropomórfica é inteiramente concebida em categorias naturais. Como é bem ilustrado pelos muitos mitos da criação e sua mistura de processos naturais e ações divinas, o pessoal e o natural são mesclados e indiferenciados. Pode-se dizer o mesmo das bases da magia, pois esta também pressupõe que deuses e demônios estejam sujeitos a alguma misteriosa necessidade natural.

Na religião voluntarista do monoteísmo bíblico, o pessoal era radicalmente dissociado de seus elementos naturais e materiais. É verdade que a luta contra a magia

AS IDÉIAS BÁSICAS DA RELIGIÃO BÍBLICA | 33

na época anterior à dos Profetas não se processava a partir da suposição de que a magia era ineficaz, mas antes de que era pecaminoso tentar coagir Deus por meio de magia. Apesar de conceder à magia alguma eficácia, essa atitude anuncia uma consciência religiosa para a qual a magia e uma genuína relação com Deus se tornaram incompatíveis. Por sua própria natureza, essa espécie de consciência religiosa termina por exaltar de tal modo a noção de Deus que todo e qualquer pensamento de influência mágica é completamente excluído. Na medida em que o homem concebe o seu relacionamento com Deus em sua máxima pureza, pela completa submissão à vontade divina, ele também chega a uma concepção espiritual da personalidade divina que transcende todas as formas "naturais" de existência. Essa concepção específica da natureza da vontade divina também dá uma nova significação a todas as outras partes do sistema religioso. Assim, um milagre é diferente em essência da magia não apenas pelo fato de ser um ato divino completamente livre, porém, de um modo mais particular, por servir os propósitos inteligíveis da vontade divina. Da mesma forma, a revelação difere do oráculo e do augúrio, pois os segredos do futuro não são desvendados por uma causalidade misteriosa, mas são revelados por Deus mesmo para um desígnio específico.

Não obstante todas as similaridades externas entre o êxtase profético e mágico, a profecia difere essencialmente da adivinhação[3]. Uma transformação análoga foi levada a cabo na esfera do culto e do ritual. Não há dúvida que um grande número de práticas cultuais registradas na *Escritura* tinha na origem significação mágica. Embora o monoteísmo bíblico retivesse tais práticas, ele as investiu de um significado totalmente novo. Muitas das velhas práticas foram providas de um novo conteúdo ético e inclusive aquelas que não vieram a ser formalmente convertidas em mandamentos da vontade divina, foram ao menos despojadas do mínimo traço de magia. A realidade como um todo fica relacionada ao conteúdo ético da vontade divina e, destarte, suscetível de compreensão racional. É verdade, o judaísmo não conseguiu opor-se sempre às periódicas erupções e invasões da magia. Durante a época helenística, bem como na Idade Média, as práticas mágicas e, em particular, a astrologia acharam o caminho para infiltrar-se na vida judaica[4], mas nunca lograram penetrar no santuário íntimo da relação religiosa com Deus. A luta contra a magia foi continuamente renovada nos picos da história religiosa de Israel.

---

3. A impotência de todas as artes mágicas diante dos atos espontâneos de Deus é o tema da história de Balaam. A diferença entre revelação profética e todas as formas de adivinhação pode ser encontrada em *Números* 23:23 e também em *Deuteronômio* 18:14-16. Sobre a distinção entre milagres e mágica, cf. Weber, *op. cit.*, p.237, e muitos outros exemplos citados em seu livro.
4. Apesar de todas as proibições, as práticas mágicas era muito comuns nos tempos bíblicos. Em relação ao *Talmud*, cf. Blau, *Das altjüdische Zauberwesen*. Quanto ao material da Idade Média, cf. Güdemann, *Geschichte des Erziehungswesens und der Cultur der abendländischen Juden*, I, 199 e ss.; III, 128 e ss.

34 | A FILOSOFIA DO JUDAÍSMO

As considerações acima aplicam-se também à relação do monoteísmo bíblico e a mitologia. Os mitos da criação e do dilúvio encontram-se entre os exemplos melhor conhecidos de como o monoteísmo bíblico gravou com o seu próprio espírito característico o legado mitológico que havia recebido do meio circundante. Às vezes temas mitológicos são usados em parte para fins de imaginária poética. Não nos preocupa agora a questão de saber se traços do pensamento mítico sobreviveram na *Bíblia*. O ponto em debate é o seguinte: a religião é tão diferente do mito quanto o é da magia, e a mesma força está por trás de sua separação de ambas. A idéia da criação assinala a linha de clivagem entre mito e religião, uma vez que exclui qualquer evolução ou emanação mediante a qual o mundo procede naturalmente, por assim dizer, de Deus, e postula a livre vontade divina como a única causa do mundo. Aqui também o caráter personalista e voluntarista de Deus forma uma barreira contra intrusões mitológicas, pois acima e em face da causalidade voluntária e seminatural dos mitos cosmogônicos, fica colocada a absoluta liberdade de Deus no ato de criação. A natureza perdeu sua qualidade divina; em vez de lugar de morada do divino, tornou-se, ela mesma, a obra das mãos de Deus.

Essa concepção da natureza domina a história da criação que aparece no primeiro capítulo do *Livro do Gênese*. A natureza aqui possui uma vida substancial própria, mas é concebida como inanimada e subordinada aos desígnios de Deus, que, como tais, são alheios a ela. O próprio homem, fim e propósito da criação, não é concebido somente como parte da natureza, mas como um ser que se encontra acima e em face da natureza, como a imagem de Deus. A concepção antropocêntrica concede ao homem o direito de conquistar a terra, e relega as "divindades" astrais ao papel de meras luminárias da terra; ela reorienta todos os sentimentos religiosos, da natureza, para o Deus transmundano. Daí por diante o homem vê a si mesmo como sendo superior às forças da natureza, que em uma religião natural seriam consideradas divinas. A poesia bíblica da natureza expressa a mesma atitude; a natureza é vista como uma manifestação da majestade de Deus; qualquer espécie de sentimento panteísta é inteiramente estranho a ela. A natureza remanesce como a obra das mãos de Deus, e acima do resto da criação está sempre presente o pensamento da superioridade do homem. Essa oposição entre o homem e a natureza não tem, por enquanto, nenhuma conotação metafísica. Não há com certeza qualquer alusão a uma oposição entre o mundo dos sentidos e um mundo supra-sensível. O homem é uma criatura deste mundo, e é somente o seu caráter como pessoa que o ergue acima das coisas naturais. Isto também explica por que, na história ulterior do monoteísmo, períodos de intensa piedade "personalista" tendem para uma explicação mecanicista da natureza; tanto a ciência mecanicista quanto a rejeição de toda metafísica estão de acordo com uma religiosidade que promove o domínio do homem sobre a natureza.

AS IDÉIAS BÁSICAS DA RELIGIÃO BÍBLICA | 35

Desde os seus primórdios a religião israelita considerou Deus como o Senhor da história. Israel encarou sua história como radicada num pacto entre YHWH e seu povo Israel; o pacto foi sustentado por Israel através da observância dos mandamentos divinos, e por Deus através da providência por Ele estendida a Seu povo. A história do povo tornou-se, assim, o *locus* em que Deus poderia ser conhecido. A concepção histórica foi elevada pelos Profetas tardios ao nível de história mundial. A iminente destruição do Estado israelita pelos reinos do Oriente Próximo veio a ser interpretada, o que já foi assinalado, como um ato de julgamento do Deus de Israel o qual utiliza grandes nações como instrumentos para realizar Seus próprios fins. Assim como Deus foi transformado em Deus da história, do mesmo modo Ele se tornou o Deus do universo. A perspectiva divina agora abarcava tanto o passado quanto o futuro.

A consciência dos Profetas foi primariamente dirigida para o futuro. A destruição da nação que eles prediziam não selaria o fim de Israel, mas seria seguida de um renovação, uma nova comunhão entre Deus e Israel, e uma nova salvação. Essa futura bênção, que não estaria reservada a Israel sozinho, consumar-se-ia no reino do céu, do qual todas as nações partilhariam. Dessa escatologia religiosa emerge uma unidade de propósitos que junta os variados elementos do passado tradicional, abrange todas as nações, volvendo-as para um ponto comum ao qual toda a história está dirigida. A história israelita dos tempos mais antigos e as lendas tribais dos Patriarcas aparecem combinadas com mitos acerca da criação do mundo e dos primeiros homens, formando um quadro histórico que se desdobra de acordo com um plano divino. A concepção de história daí resultante, firmada como está na singularidade do processo histórico[5], une passado e futuro em uma grande visão. É no processo histórico singular e não no ser imutável da natureza que se deve encontrar a revelação da vontade de Deus e a satisfação de todas as aspirações religiosas. Lá, mais do que em qualquer outro lugar, a contradição entre o Deus bíblico e o Deus do misticismo, que reside dentro de Si mesmo, além de todo o tempo, torna-se evidente. Para a religião bíblica, o mundo do tempo não se dissolve na nadidade vazia; ao contrário, o ativismo moral da *Bíblia* encara o mundo como o cenário da realização de uma ordem divina, que é uma ordem de vontade moral e vida moral.

A religião bíblica é essencialmente histórica em outro sentido ainda. Ela coloca a sua origem em uma revelação histórica, por cujo intermédio Israel se converteu no povo de Deus. Toda revelação subseqüente remete-se a essa matriz no passado e baseia-se nela. Os Profetas não pretendem estar revelando algo radicalmente novo, mas procuram apenas restaurar a antiga fé prístina de Israel. Nos tempos da profecia viva essa referência a uma fé antiga por certo não implicava crença explícita num corpo definido de ensinamento comunicado de fora, porém expressava antes a fé de que a

---

5. Compare Troeltsch, *Glaube und Ethos der hebräischen Propheten, Gesammelt Schriften*, IV, 46 e s.

36 | A FILOSOFIA DO JUDAÍSMO

verdade dada por Deus aos Profetas era a mesma que a revelada aos Patriarcas. Gradualmente, entretanto, a confiança em um evento histórico definido foi se tornando mais forte. Moisés veio a ser considerado o maior dos Profetas, "igual a quem nenhum outro se levantou em Israel". A revelação a ele concedida – que é a fonte da fé israelita – é maior do que qualquer das revelações que a sucederam. O passo decisivo nessa direção foi efetuado com o desenvolvimento de uma literatura sacra atribuída a uma autoria mosaica. Por fim o *Pentateuco* todo foi considerado um escrito de Moisés. O texto da revelação original, como ele veio a ser visto, foi estabelecido como norma da história religiosa de Israel; revelações ulteriores podiam apenas prestar testemunho dele e confirmar o fato. Quando a profecia cessou e transformou-se numa herança do passado, a noção de revelação histórica passou a dominar como suprema na vida religiosa.

A verdade religiosa foi tida como algo historicamente "dado"; qualquer desenvolvimento só era possível remetendo de volta o sentido das novas idéias à fé tradicional. A importância desse tipo de religião (isto é, a da revelação histórica) reside no fato de ela criar a suprema expressão da verdade religiosa. O monoteísmo bíblico, negando a própria existência de todos os deuses do politeísmo, pretendia ser ele sozinho o detentor da verdade religiosa final e exclusiva, tal como dada na revelação divina. A combinação da profundidade de conteúdo com a rigidez na concepção tornou possível que toda a vida e pensamento religiosos fossem subordinados à lei dessa verdade religiosa "dada". Dessa maneira, o judaísmo converteu-se em exemplo para o cristianismo e o islamismo. Pelo desenvolvimento da noção de "verdade revelada" também gerou aquilo que mais tarde devia tornar-se o principal ponto a dividir religião e filosofia.

Durante o período bíblico as noções fundamentais da fé bíblica, que descrevemos, receberam um desenvolvimento adicional. O pensamento religioso dos Profetas, nutrido por sua consciência de uma crise no interior da vida de Israel, estava centrado no relacionamento de Deus com o povo como um todo. Deus fizera um pacto com Israel como povo; o pecado do povo trouxera o castigo divino sobre a nação; mas fora a esta mesma nação ou a seus remanescentes que Deus prometera uma futura redenção. Assim, o objeto da religião era a nação. Até o universalismo histórico dos Profetas aderia a essa visão nacional e "política". A humanidade, um conceito criado pelos Profetas, era uma comunidade de nações. O indivíduo, por enquanto, era secundário em relação ao povo.

O relacionamento de Deus com o indivíduo, que já se encontra na religião popular pré-profética, jamais foi negada pelos Profetas, embora o *pathos* religioso destes tivesse como foco principalmente suas preocupações com a história. A problemática do indivíduo, contudo, aparece com os Profetas tardios. A religiosidade individual também foi submetida à concepção profética do divino. O problema da responsabi-

AS IDÉIAS BÁSICAS DA RELIGIÃO BÍBLICA | 37

lidade moral individual, ainda que dificilmente se deva considerar sua descoberta como tendo sido obra de Jeremias, foi clareado por ele, e ainda mais por Ezequiel. Todo homem era responsável perante Deus por seus atos, e de acordo com suas ações – e não segundo os méritos ou deméritos de seus antepassados – ele seria julgado. Esta noção de responsabilidade individual evoluiu em conjunto com a retribuição individual. A justiça divina manifesta-se também na individual, e não unicamente na coletividade do povo. Muito embora, por certo, nunca seja obliterada a relação do destino individual com o da nação.

Na literatura pós-exílio o aspecto individual da religião aumenta de importância e sobrepuja o limitado âmbito de retribuições e punições. A idéia de um relacionamento amoroso com Deus é estendida ao indivíduo, em especial nos *Salmos*; a maior ventura do homem piedoso torna-se a proximidade de Deus. Ao mesmo tempo, a noção de divina recompensa não perde nada de sua significação, mas converte-se em um ponto de partida para o problema da teodicéia.

Jeremias faz a perene pergunta relativa à prosperidade do malvado e à adversidade do justo, e a literatura posterior ao primeiro exílio ilustra até que ponto a questão preocupa as mentes dos Profetas e salmistas do referido período. Foi esse problema que fez do *Livro de Jó* uma das mais antigas expressões poéticas da reflexão religiosa na *Bíblia*. Não precisamos detalhar aqui as muitas e variadas respostas dadas à questão. Alguns sustentavam a opinião, apesar da evidência externa em contrário, de que o sofrimento vinha como resultado do pecar; outros consideravam o padecer do probo um meio de purificação da alma. O Deutero-Isaías introduz a figura do Servo do Senhor que sofre por causa do pecado coletivo do povo. Finalmente, o *Livro de Jó* conclui com a fé no majestoso e sublime Deus, que está acima e além de toda indagação humana.

É digno de nota que a idéia de uma recompensa celeste nunca é proposta como possível solução para o problema. Aparentemente a crença na retribuição na vida futura não existia ainda naquele tempo; a existência após a morte era vista nos termos das idéias populares acerca de uma vida espectral no *Scheol* – um mundo subterrâneo qual o Hades. Ainda assim, há pouca dúvida de que o problema da teodicéia constituiu o ponto em que as crenças sobre a recompensa podiam entrar na religião judaica. Essas crenças apareceram em duas formas: a ressurreição do morto e a imortalidade da alma. Não há certeza se elas foram tomadas de outros e, em particular, se a crença na ressurreição é empréstimo da religião persa. E mesmo que fosse, só poderia ter ocorrido porque o desenvolvimento interno do judaísmo o tornara suscetível a influências dessa espécie. A emergência dessas crenças escatológicas trouxe uma mudança na perspectiva religiosa que haveria de ter conseqüências extraordinárias no futuro. O significado religioso do mundo não é mais preenchido no interior dele, mas em outra esfera de existência. Ao lado do futuro histórico para o qual os Profetas

38 | A FILOSOFIA DO JUDAÍSMO

haviam dirigido suas esperanças, há um mundo transcendente de realização derradeira. Isto é certamente verdade em relação à crença na imortalidade da alma, ao passo que a de ressurreição do corpo se insere na perspectiva histórica da religião profética.

O problema da teodicéia é importante não apenas por sua contribuição para o conteúdo da religião judaica. Sua significação, do ponto de vista formal, reside no fato de que representa a primeira consecução da reflexão religiosa no judaísmo. Enquanto a profecia fora produto da condição imediata da consciência religiosa, encontramos aqui, pela primeira vez, uma luta intelectual com a verdade religiosa. Traços dessa mudança estão presentes nos Profetas posteriores. Ezequiel é uma espécie de mestre-escola quando expõe sua noção de responsabilidade individual[6] por meio da parábola do mau filho de um homem justo e de um filho justo de um homem mau.

A reflexão em seu pleno sentido, contudo, vem à frente no *Livro de Jó*. A forma de diálogo em Jó é essencial ao seu conteúdo. Com o jogo de opinião sendo expresso por pergunta e resposta, o problema da justiça divina torna-se uma questão que pode ser solucionada pelo pensamento. O pensamento opõe as possibilidades discordantes uma contra a outra, e através do choque de opinião busca a verdade. Entretanto, este pensamento não é ainda uma reflexão a respeito da religião; é a consciência religiosa em si mesma, que em sua angústia apela ao pensamento por ajuda. A justiça divina torna-se um problema para o pensamento religioso, que tenta resolvê-lo em um poderoso embate. Várias formas de fé são dispostas uma contra a outra. É característico neste livro o fato de a resposta final ser dada em forma de uma revelação divina. A luta da fé chega ao repouso na certeza imediata da divina majestade. O próprio fato de ser nessa conjuntura que a reflexão religiosa reaparece, enfatiza o caráter distinto da religião bíblica.

O pensamento judeu não está orientado para questões metafísicas. O descarte das cosmogonias mitológicas eliminou todos os potenciais pontos de partida para a germinação da metafísica. A noção de um Criador não fornece ensejo para uma interpretação teórica do mundo. Isto pode muito bem ser parte da resposta à pergunta: Por que o judaísmo não desenvolveu seu próprio sistema filosófico? A primeira tentativa de pensamento reflexivo foi norteada para um entendimento daqueles atos de Deus que pareciam dúbios. Para o monoteísmo dos Profetas, a crença na qualidade moral e na natureza propositada da vontade divina era uma certeza absoluta que imbuiu todos os aspectos da vida religiosa. Foi a base do modo de eles entenderem a história. Interpretar a realidade em termos da intencionalidade da vontade divina, e sustentar esta intencionalidade em face dos fatos da experiência – eis a tarefa que se seguiu necessariamente das assunções básicas da religião judaica.

---

6. *Ezequiel* 18.

AS IDÉIAS BÁSICAS DA RELIGIÃO BÍBLICA | 39

A forma pela qual o problema da teodicéia colocou-se corresponde precisamente a esse contexto. Não era uma razão para o "sofrimento em geral" que estava sendo procurada. A questão subjacente à história antiga do Jardim do Éden – de como o padecer e a morte vieram ao mundo – nunca voltou a ser retomada. Não é o sofrimento em geral, mas antes o do justo que nos leva a duvidar da justiça de Deus e se converte num obstáculo. O *Livro de Jó*, especialmente, revela até que ponto tudo gira em torno dessa única questão. Jó não se revolta contra a magnitude de seu sofrimento. Resignar-se-ia a isto, se apenas conhecesse a sua razão. Ele é impelido à rebelião por sofrer sem causa, e por sentir-se vítima do despotismo divino. Encontra paz de novo quando recupera sua crença na plena qualidade significativa dos atos de Deus.

Pode-se dizer, portanto, que o primeiro movimento de reflexão no interior do judaísmo ocorreu dentro da esfera da significação religiosa, e emergiu a partir dos problemas imanentes da religião bíblica. A especulação judaica de natureza religiosa havia de prosseguir ao longo desse caminho. A premissa subjacente a tal pensamento é a noção de que a vontade moral de Deus é acessível à compreensão humana. A questão teórica, se a ética como tal era independente ou dependente de Deus, encontrava-se completamente além do horizonte intelectual dos Profetas[7]. Mas eles eram tanto mais cônscios da evidência interna da exigência moral como algo proveniente de Deus. Todo homem apreende intuitivamente o que é o bem ou o mal. A inteligibilidade da obrigação moral implica a racionalidade da vontade divina. Portanto, Deus, também, nas Suas ações, atuava de acordo com padrões morais e poderia ser por eles medido[8]. Ao mesmo tempo havia igualmente o reconhecimento oposto de que Deus era incompreensível e que Seus caminhos eram mais elevados do que os do homem, assim como os céus estavam muito acima da terra. Tudo isso, no entanto, não desviava da crença na razoabilidade moral da vontade divina. Somente o *Livro de Jó* parece questionar esse princípio quando, como sua única resposta às dúvidas levantadas pela humanidade, assinala a impenetrável majestade de Deus. A despeito de alguns sinais que parecem apontar para as doutrinas dos teólogos muçulmanos e calvinistas acerca da superioridade absoluta e soberana do divino sobre todos os critérios éticos, este dificilmente poderia ser o verdadeiro intento do *Livro de Jó*. A solução do problema da teodicéia não reside, para Jó, na afirmação de que Deus está acima de todos os padrões de medida éticos, porém, antes, no reconhecimento de que a absoluta incompreensibilidade de Deus se converte paradoxalmente em meio para se confiar na plena qualidade significativa de sua providência, uma providência de amor e justiça que não é menos significativa por remanescer impenetrável ao entendimento humano. Assim, mesmo lá onde a religião bíblica parece estar o mais próximo possí-

7. Cf. Wiener, *op. cit.*, pp. 23 e ss.
8. *Gênese* 18:25.

vel de uma concepção irracional da vontade divina, ela nunca desiste da convicção básica de que esta vontade possui plena e essencial qualidade significativa. Até a inteligibilidade da vontade divina é apenas limitada, mas não anulada, por nosso deficiente entendimento humano.

2. A Filosofia Judio-Helenística

As idéias delineadas até aqui supriram o judaísmo com o equipamento intelectual necessário para seu encontro com a cultura grega. O pleno efeito desta última não pode nos deter agora, pela mesma razão que impediu, no capítulo precedente, uma discussão mais pormenorizada das relações da religião bíblica com a cultura do Oriente Próximo e Oriental. Limitar-nos-emos à penetração da filosofia grega no judaísmo.

Tem sido notado com freqüência que ao menos um livro escritural, o *Livro de Kohelet*, mostra claramente o impacto do pensamento filosófico helênico. Se for este o caso, a influência da filosofia grega deve ter-se feito sentir na Palestina por volta do início do segundo século a.C., pois tudo leva a crer que o *Kohelet* não foi composto depois dessa época[1]. Entretanto, todos os esforços a fim de descobrir doutrinas helênicas específicas no *Eclesiastes* renderam somente vagas analogias, que perderam o sabor grego característico. Assim, a queixa feita por Kohelet de que não há nada de novo sob o sol, ou de que a coisa que foi é aquela que há de ser[2], foi comparada à doutrina grega do eterno retorno cíclico. O que falta no *Kohelet*, todavia, é precisamente esse giro filosófico específico que diferencia a doutrina grega da observação popular da monótona recorrência de todas as coisas. Da mesma maneira, a observação do Pregador, segunda a qual todas as coisas, nascimento ou morte, guerra ou paz, têm o seu tempo[3], difere da idéia heraclitiana da relatividade dos opostos, assim como uma simples observação de vida difere de uma tese filosófica. Os paralelismos efetivos entre o pensamento judaico e grego no *Livro de Kohelet* não constituem prova de conexão necessária com qualquer escola filosófica definida. Mostram apenas o contato do judaísmo com a cultura popular grega contemporânea.

---

1. Esta é a opinião de muitos estudiosos, como Tyler, *Ecclesiastes*, 2ª ed., pp. 8 e ss.; Pfleiderer, *Die Philosophie des Heraklit von Ephesus*, pp. 255 e ss.; e, em menor grau, de Zeller, *Die Philosophie der Griechen*, III, 304 e ss. Mais literatura sobre o assunto pode ser encontrada em Heinisch, *Griechische Philosophie im Alten Testament*, I, 45, que nega a tese fundamental e sumaria o argumento contrário com percepção e erudição.
2. *Eclesiastes*, 1:5-9; 3:14, 15.
3. *Ibid.*, 3:1-11.

42 | A FILOSOFIA DO JUDAÍSMO

Qualquer que seja a nossa opinião a respeito desse assunto, é certo que o pensamento de Kohelet está muito longe e não encerra influência de qualquer filosofia científica. A crítica do Pregador às bênçãos da vida não repousa, como seria o caso do filósofo grego, em algum princípio metodológico, mas na experiência imediata. Ele não mede os bens terrenos contra um *summum bonum* concebido em termos filosóficos, mas se convence empiricamente a si mesmo de sua falta de valor. Certos fatos acerca da vida, sua sujeição a acidentes, a inevitabilidade da morte que nos rouba todas as posses, a manifesta injustiça na distribuição dos bens, a insaciabilidade dos desejos humanos, e coisas parecidas, são suficientes para provar-lhe de que tudo é vanidade[4]. Também sua crença de que a razão humana é impotente baseia-se em observações similares e não em um rematado ceticismo científico. As dúvidas teóricas concernentes à possibilidade de conhecimento acham-se inteiramente além do horizonte de Kohelet. O livro, como um todo, respira a certeza de que nós somos capazes de conhecer a realidade à nossa volta, embora seu significado e articulação interna permaneçam impenetráveis[5]. O conceito-chave do livro, "Sabedoria", parece assim denotar o saber prático. A superioridade do sábio sobre o tolo deve-se ao caráter mais penetrante de sua visão geral da vida, mais do que a qualquer teorização científica[6]. Além do mais, a substância e a ocasional profundidade do pensamento de Kohelet aponta para um direção que é muito diferente da que caracteriza a especulação grega. Já o próprio capítulo inicial, seguramente a porção mais profunda do livro, anuncia uma atitude básica em relação à vida que é radicalmente alheia à filosofia helênica. A eterna recorrência dos eventos naturais, precisamente o fato em que encontrava apoio o pensar grego sempre dirigido para uma ordem eterna do ser, é, para Kohelet, o epítome da falta de sentido: névoa de nada*. A regularidade da natureza não lhe revela a majestade de uma lei natural divinamente instituída, mas antes uma monotonia sem significado. Se se adiciona a isto a rejeição igualmente não grega do conhecimento, expressa por Kohelet em forma epigramática na frase: "Aquele que aumenta seu conhecimento, aumenta sua aflição"[7], fica ressaltada a sua distância do estilo helênico de pensamento especulativo.

Ainda mais do que da filosofia grega, Kohelet desvia-se do sentimento religioso judaico. Ele sustenta, é certo, a fé judaica em um Deus que determina o destino do homem, e recomenda submissão à vontade divina. Seria sem dúvida errôneo considerar todas as declarações para tal efeito como adições ao texto de Kohelet, mas é evidente que elas não significam muito para o autor, que as oferece menos como

---

4. *Ibid.*, 9:11; 2:15-17; 9:1-5; 4:1; 8:14; 6:7.
5. *Ibid.*, 7:23 e s.; 8:16 e s.
6. *Ibid.*, 2:13 e s.; 10:2 e s.
*. Na versão de Haroldo de Campos, *Qohélet/O-Que-Sabe*, São Paulo, Perspectiva, 1990. (N. do T.)
7. *Ibid.*, 1:18.

A FILOSOFIA JUDIO-HELENÍSTICA | 43

expressão de sua opinião pessoal do que como uma tradição herdada de idéias. Essa submissão a um destino divinamente ordenado não corresponde, na realidade, a muito mais do que a uma resignação à vida como ela é. O modo como o Pregador avalia a vida independe de quaisquer pressuposições ou critérios religiosos. Toda a sua maneira de ver está norteada para este mundo e para a felicidade terrena do indivíduo. O senso religioso de Kohelet não vai muito além disso. A sujeição à vontade de Deus aparece como uma expressão da sabedoria mundana[8]. Quão distante esta última se encontra da perspectiva bíblica como um todo torna-se patente quando as duas parecem ser mais semelhantes. Kohelet também está cônscio de que o justo freqüentemente sofre o destino do perverso e vice-versa, mas, para ele, tal sorte é apenas uma confirmação ulterior do fato de que tudo é vaidade[9].

O teor do *Livro de Kohelet* é céptico. O autor aborda a vida com uma postura crítica, confiando somente na sua observação pessoal, acreditando apenas no que seus olhos conseguem ver. Ele deseja perscrutar todas as coisas que foram feitas sob o céu, explorar – sistematicamente, por assim dizer – todas as possibilidades da vida[10]. Muito embora boa parte do que ele tem a dizer lembre o estilo proverbial da literatura sapiencial bíblica (onde, com bastante freqüência, a mentalidade religiosa é substituída por uma avaliação mais realista da vida), ainda assim o espírito do livro do Pregador difere completamente do resto da *Escritura*. O realismo pragmático dos *Provérbios* restringe-se a preocupações comuns do viver diário e permanece subordinado à autoridade de uma auto-evidente concepção religiosa da existência humana. Comparada com esta simples sabedoria prática, o criticismo radical da vida feito por Kohelet é algo inteiramente novo. Esta espécie de crítica só é possível em um mundo onde os modos tradicionais de vida perderam sua autoridade e o indivíduo olha para si mesmo como medida das coisas. Neste sentido algo ampliado, Kohelet se relaciona indubitavelmente ao espírito individualista do iluminismo grego, sem o qual ele é impensável. Aqui e ali podem ter existido (como já foi indicado) alguns pontos específicos de contato com a filosofia popular helênica; até a confiança no modo de ver pessimista de certos filósofos gregos não pode ser de todo excluída. Quanto a uma genuína dependência de Kohelet em relação a filósofos gregos, não há nenhuma. Assim como a concepção peculiar do Pregador não tem exemplar grego, do mesmo modo faltam todas as marcas características da especulação grega.

O judaísmo palestinense que produziu o Kohelet não parece ter sido profundamente afetado pela filosofia da Hélade. A literatura apócrifa contém poucos, se é que tem alguns elementos filosóficos. Quanto ao judaísmo talmúdico, a extensão de seu conhecimento das doutrinas filosóficas gregas e sua aproximação do pensamento

8. *Ibid.*, 9:1-7; 6:10.
9. *Ibid.*, 8:14.
10. *Ibid.*, 1:17; 2:1, 12; 8:16; e outras.

44 | A FILOSOFIA DO JUDAÍSMO

helênico serão discutidas em capítulo ulterior. Somente para os judeus residentes na Diáspora a filosofia grega tornou-se um fator essencial de vida espiritual. Em que medida a crítica céptica e epicurista da religião veio a ser algo comum entre os judeus não é possível determinar a partir das fontes que nos são disponíveis; o que elas mostram é em que medida o judaísmo se amalgamou com o tipo de religião filosófica que se desenvolvera especialmente na filosofia estóica e neoplatônica. A afinidade do monoteísmo judaico com o conceito de Deus, tal como desenvolvido pelos filósofos, foi reconhecido por ambos os lados desde muito cedo. Clearco – no seu relato sobre o encontro de seu mestre Aristóteles com um sábio judeu – bem como Teofrasto descrevem os judeus como uma espécie de seita filosófica; Hecateu e Estrabão interpretaram a idéia judaica de Deus no espírito do panteísmo estóico[11].

Os judeus que viviam na órbita da cultura grega concebiam a relação de sua religião com a filosofia helênica em linhas semelhantes. Denominavam sua religião de filosofia, e na sua literatura apologética procuravam demonstrar o caráter filosófico da idéia judaica de Deus e a natureza humana da Ética judaica[12]. Eles assestaram os fundamentos para a tentativa de proporcionar uma forma filosófica ao conteúdo intelectual do judaísmo, trajando-o com modos gregos de expressão e usando argumentos filosóficos em apoio às doutrinas éticas da *Bíblia*. Não só a forma mas o conteúdo da filosofia grega também invadiu o judaísmo. A maneira e a extensão dessa penetração variaram, indo do mero embelezamento filosófico de idéias judaicas, até sua substituição por doutrinas gregas, e culminando na radical sublimação filosófica empreendida por Filo.

Uma posição intermediária é a que ocupa a *Sabedoria de Salomão*. Apesar do emprego de conceitos filosóficos, de vez em quando citados literalmente a partir de fontes gregas, e da ocorrência de um certo número de idéias que são, em essência, forâneas ao judaísmo, a atitude básica do livro é de ponta a ponta judaica[13]. Seus principais temas são a comparação do destino do iníquo com o do justo, o elogio do

---

11. Cf. Reinach, *Textes d'auteurs grecs et romains relatifs au judaïsme*, pp. 7-12, 16, 99. H. Levy ("Aristotle and the Jewish Sage According to Clearchus of Soli", *Harvard Theological Review*, XXXI, 206-235) fez a sugestão extremamente razoável de que, embora Clearco chame o sábio judeu de "filósofo", ele lhe atribui sabedoria sobrenatural e mágica. Segundo Clearco, foi Aristóteles que rotulou o judeu de filósofo, não só em sua fala mas também em sua alma. A descrição que Teofrasto faz do culto sacrificial judaico está em total oposição aos fatos conhecidos, e o que ele relata sobre as controvérsias religiosas dos judeus e seu esquadrinhamento das estrelas foi aparentemente composto tendo em mente modelos gregos, como Ioschua Guttmann mostrou em um ensaio intitulado "Teofrasto sobre o conhecimento de Deus em Israel" (*Tarbiz*, XVIII, 157-165). Podemos portanto supor que tanto Teofrasto quanto Clearco tinham apenas um conhecimento superficial do elevado caráter espiritual do judaísmo. De acordo com todos os estudiosos, julga-se que Posidônio seja a fonte de Estrabão. Cf. Heinemann, "Poseidonios über die Entwicklung der jüdischen Religion", *MGWJ*, LXIII, 113 e s.; Reinhardt, *Poseidonios über Ursprung und Entartung*.
12. Cf. *Carta de Aristéias*, par. 129-171; Flávio Josefo, *Contra Apionem*, II, 22 e ss.
13. Cf. Heinisch, *Die griechische Philosophie im Buch der Weisheit*.

A FILOSOFIA JUDIO-HELENÍSTICA | 45

saber e a exortação para que seja procurado, os excursos sobre o papel da sabedoria e as provas em seu favor tiradas da história de Israel. Todos estes temas traem claramente a influência da *Escritura* – os dois primeiros de um modo mais especial do que nos *Provérbios*. Igualmente judaicas são no livro a concepção de um Deus pessoal que intervém nos negócios da criatura humana para recompensar ou punir, que Se revela em milagres, e que demonstra por meio da história de Israel o Seu próprio poder e a vanidade dos ídolos[14], bem como a ética radicada em semelhante crença. A menção das quatro virtudes fundamentais de Platão[15] infunde à ética desse livro uma coloração vagamente filosófica sem determinar seu conteúdo material. No todo, a *Sabedoria de Salomão* é muito dada ao uso de conceitos filosóficos a fim de apresentar ou justificar noções inteiramente derivadas da *Bíblia*. O sistema filosófico ideal para tal exercício foi fornecido pela versão neoplatônica do estoicismo, formulada por Posidônio, que, de fato, subjaz à sua filosofia.

Bastante característico é o fato de que a expressão mais plena e pormenorizada de conceitos filosóficos possa ser encontrada nas polêmicas contra a idolatria. O argumento de Posidônio, que é apresentado com grande detalhe e com eficácia escolástica, apenas serve de suporte científico para a rejeição bíblica da idolatria[16]. O autor utiliza conceitos filosóficos e científicos até em seus relatos dos milagres bíblicos. O mesmo é verdade em relação a sabedoria, o conceito central do livro, para o qual a filosofia grega supre a descrição formal, mais do que o conteúdo material. A sabedoria é descrita com todos os atributos do *pneuma* estóico[17]. Sua fonte, entretanto, não se situa no estoicismo, porém na literatura sapiencial judaica. Esta já estava familiarizada com a notável hipóstase da sabedoria, e ao menos a este respeito o autor de a *Sabedoria de Salomão* vai além do *Livro dos Provérbios*. A atividade criativa de Deus e sua influência direta sobre o curso do mundo são enfatizadas em tal medida que não se pode atribuir muito peso às declarações concernentes ao papel da sabedoria na criação e sua miraculosa influência[18], sobretudo porque o vigor dessas expressões se iguala amiúde à sua vagueza. Evidentemente, o valor psicológico e ético do conceito é mais importante para o autor do que sua função cósmica; acima de tudo, a sabedoria é o princípio que ilumina o espírito do homem[19]. A natureza precisa da relação entre sabedoria celestial e homem permanece obscura. Frases ocasionais trazem à mente a doutrina estóica do *pneuma* residente na alma de cada homem, mas elas não concordam muito bem com as preces a Deus para que Ele conceda saber, ou com a exigên-

14. Cf. *Sabedoria* 3:5 e ss.;4:10 e ss.; 7:15 e ss.; 11:1 e ss.
15. *Ibid.*, 8:7.
16. *Ibid.*, 13 e 14. No tocante à relação com Posidônio, cf. Heinemann, *Poseidonios' metaphysische Schriften,* I, 136 e ss.
17. *Ibid.*, 7:22 e ss.; 8:1.
18. *Ibid.*, 8:1 e ss.; 10:11 e ss.
19. *Ibid.*, 7:27 e ss.; 8:5 e ss.

46 | A FILOSOFIA DO JUDAÍSMO

cia para que os príncipes o adquiram. O status metafísico da sabedoria permanece duvidoso, e somente o seu caráter ético é inequivocamente claro. Em conformidade com a ética estóica, a sabedoria torna-se um manancial das virtudes em geral[20].

Contudo, a despeito de seu recurso às doutrinas estóicas, as formulações éticas da *Sabedoria de Salomão* são essencialmente bíblicas. A oposição ética fundamental é entre o justo e o ímpio; o conceito estóico de sabedoria é meramente a forma com a qual é vestido o ideal ético do judaísmo[21]. Em certos aspectos, entretanto, a filosofia grega exerceu profunda influência no sentido do material. Em lugar da doutrina bíblica da criação, encontramos a noção platônica de que Deus criou o mundo a partir de matéria informe. Mas o assunto é aludido com tal brevidade que é impossível formar qualquer opinião no tocante à extensão e significação dessa concepção[22]. O relacionamento entre corpo e alma também é concebido à maneira grega. A doutrina da imortalidade da alma pode, decerto, provir quer de fontes judaicas quer helênicas. No livro, as descrições da vida após a morte se devem em parte a Platão e em parte a origens obviamente judaicas. A noção de que a alma é degradada por seu ingresso no corpo (ignorando, para o momento, a doutrina da preexistência da alma, em relação à qual a evidência do texto é inconclusiva)[23] é, no entanto, definitivamente platônica. Tal concepção dualista do homem, que coloca corpo e alma em oposição axiológica um para com o outro, é importante mais do que apenas do ponto de vista metafísico. Ela contém os elementos de um ideal religioso que era ainda estranho ao judaísmo bíblico, que visava a libertar a alma dos grilhões da matéria e preservar sua pura espiritualidade. Estas conclusões não são tiradas, mas estão claramente implícitas na *Sabedoria de Salomão*.

Um compromisso similar pode ser encontrado em *Macabeus IV*. Este livro pretende ser um "verdadeiro discurso filosófico" e foi composto de acordo com as regras da retórica grega. A introdução oferece uma disquisição filosófica com respeito ao tema do governo do intelecto sobre as emoções, algo sem paralelo no outro *Livro da Sabedoria*[24]. Porém aqui, outra vez, é a forma de expressão mais do que a substância da obra que é influenciada pela filosofia. Em suas doutrinas religiosas fundamentais, que, por certo, não são desenvolvidas de maneira sistemática no corpo do próprio livro, *Macabeus IV* remanesce judaico em seus elementos essenciais e distintivos. Apesar do emprego ocasional de termos abstratos tomados à linguagem das escolas filosóficas, o autor preservou a plena e viva concretitude do Deus bíblico. Ele é tão pouco filosófico que atribui a Deus piedade pelos padecimentos do justo e ira pela

---

20. *Ibid.*, 8:7.
21. *Ibid.*, 1-3. Também 9:9 e s.; 10:3; etc.
22. *Ibid.*, 11:17.
23. *Ibid.*, 18:19; 9:15.
24. No que concerne à forma do livro, cf. Freudenthal, *Die dem Flavius Josephus beigelegte Schrift über die Herrschaft der Vernunft*, pp. 18 e ss. Sobre seu conteúdo filosófico, pp. 37-72.

A FILOSOFIA JUDIO-HELENÍSTICA | 47

prosperidade do iníquo[25]. A crença na imortalidade da alma aparece na forma da doutrina de que o probo há de entrar no coro celestial dos Patriarcas. Aos sofrimentos do
justo é atribuído poder expiatório[26]. Apenas os ensinamentos éticos do livro, inclusive
seus pressupostos psicológicos, recebem um tratamento genuinamente filosófico.

O princípio comum a todas as escolas da ética grega, de que a razão deve governar
as paixões, poderia ser considerado facilmente como a expressão filosófica da exigência
bíblica de submissão à lei divina. A elevada seriedade moral da ética estóica poderia
parecer muito próxima à da *Bíblia*. O livro segue de perto a ética estóica, a despeito de
desvios ocasionais tanto na terminologia quanto na substância; por exemplo, os márti-
res judeus são descritos como sábios estóicos[27]. Mesmo nesta identificação, apesar de
uma confiança superficial nos conceitos estóicos, a substância do ideal ético é determinada pelo judaísmo. Mas a brandura que o livro mostra ao lidar com as paixões, sua
renúncia à severa exigência estóica para extirpá-las, e sua substituição pelo preceito que
manda conquistá-las e governá-las não precisam necessariamente ser atribuídas à influência judaica. O nosso autor pode muito bem ter sido influenciado nisto pelo
ensinamento peripatético ou pela Stoa do período médio, que já havia mitigado o rigo-
rismo estóico dos primórdios[28]. Ainda assim, uma coloração especificamente religiosa,
alheia ao estoicismo em todas as suas formas, é infundida na ética estóica. O "temor ao
Senhor", que, a princípio, toma o lugar da sabedoria como uma das quatro virtudes
cardinais, torna-se eventualmente a própria fonte delas. De maneira similar, a razão,
que constitui a base de todas as virtudes, é descrita como a "razão piedosa"[29]. Ao tratar
da questão de saber se a razão é bastante poderosa para controlar as paixões, o autor
confia claramente na piedade para dar à razão a necessária força[30]. A razão recebe sua
força da piedade que deposita sua confiança no Senhor e expressa-se tanto na observância das leis rituais outorgadas por Deus quanto na conduta ética. A auto-suficiência
do sábio estóico é destarte subordinada ao ideal mais elevado de uma piedade fundada
em Deus mesmo. O impulso último da ética tornou-se outro.

O único representante literário de uma reconstrução filosófica radical do judaísmo
é Filo de Alexandria, que, entretanto, alude a vários predecessores judeus. Para ele, a
filosofia não é meramente um meio conveniente para a exposição de suas idéias, nem é
a aceitação de doutrinas filosóficas limitada a detalhe; o judaísmo no todo é concebido como uma doutrina filosófica, na medida em que encerra um sistema completo de filosofia. Com a ajuda do método alegórico desenvolvido pelos estóicos, Filo

25. *Macabeus IV*, 5:25; 9:32; cf. Freudenthal, *op. cit.*, pp. 43 e ss.
26. *Ibid.*, 18:23; 6:29; 17:20-22.
27. *Ibid.*, 5:23 e ss.
28. Freudenthal, *op. cit.* pp. 59 e ss.; Heinemann, *Poseidonios*, I, 156 e ss. Cf. Heinemann, Sec. IV, "O Quarto
    Livro dos Macabeus", P*auly-Wissowa*, 109.
29. *Macabeus IV*, 5:22; 7:18; 6:31; 7:16; 13:1; cf. Freudenthal, *op. cit.*, 63.
30. *Ibid.*, 7:17 e ss.

48 | A FILOSOFIA DO JUDAÍSMO

logrou uma reinterpretação filosófica quer das partes históricas do *Pentateuco* quer das legais; era sua sincera convicção de que não estava deturpando o judaísmo mas revelando o seu significado profundo. Em que medida estava enraizado no judaísmo é corroborado pela forma literária de seus escritos, a maior parte dos quais são comentários sobre a *Torá* e que provieram provavelmente de homilias proferidas na sinagoga. A substância de seu ensinamento também exibe elementos judaicos, embora estes apareçam mais nos sentimentos a ele subjacentes do que seu no conteúdo conceitual. Mas, no conjunto, o sistema de Filo pode ser entendido unicamente em termos de suas pressuposições gregas.

Na esteira da síntese das doutrinas platônicas e estóicas efetuada por Posidônio, Filo reduz toda a realidade a dois fatores. No mundo, os dois princípios últimos são a ativa causa divina e a matéria, que é o objeto da divina causalidade. A idéia de uma matéria-prima informe, mencionada no *Livro da Sabedoria* apenas de passagem, torna-se um dos principais pilares do sistema de Filo; a doutrina escritural da criação cede lugar à noção da moldagem do mundo a partir da matéria informe[31]. Sem dúvida, o relacionamento de Deus e o mundo não é visto em termos do panteísmo estóico. O Deus de Filo não é o *pneuma* grego que enche o mundo; ele se ergue acima e contra o mundo em absoluta transcendência e, ao contrário do *pneuma* grego, é concebido como absolutamente imaterial. De maneira inteiramente correta, a influência da tradicional idéia judaica de Deus tem sido detectada na ênfase filoniana da transcendência e espiritualidade de Deus. Entretanto, o efeito dessa influência parece manifestar-se mais na rejeição, por Filo, do materialismo e panteísmo estóicos, do que no conceito de um Deus pessoal que, na verdade, falta por completo.

A sublimação do conceito de Deus não é realizada, em Filo, apenas desembaraçando-o de todas as características antropomórficas; na realidade, o conceito de Deus é elevado acima de todos os valores e perfeições concebíveis pela mente humana. Deus está acima do conhecimento e da virtude, acima do bem e do belo[32]. Como Deus é exaltado acima de tudo que é cognoscível, somente a Sua nua existência é acessível ao nosso intelecto; de fato, Filo prefere descrever Deus como "Aquele Que É", ou em linguagem até mais abstrata, como "Sendo"[33]. A direção em que Filo desenvolveu a idéia de Deus já havia sido antecipada por Platão. Filo, porém, foi além, e pela primeira vez deu à noção de divina transcendência a torção radical da ulterior teologia negativa. Se Deus é também descrito como a soma de todas as perfeições, trata-se apenas do lado reverso da mesma idéia, e embora isto também pareça abrir de novo a porta ao hábito

---

31. Filo, *De opificio mundi*, par. 7-9.
32. Filo, *De posteritate Caini*, par. 1 e ss.; *Quod Deus sit immutabilis*, par. 52 e ss.; *De opificio mundi*, par. 8; *De praemiis et poenis*, par. 40; *Legum allegorianum libri*, I, par. 36.
33. Filo, *Quod Deus sit immutabilis*, par. 62; *Quod deterius potiori insidiari soleat*, par. 160; *De vita Mosis*, I, 75.

A FILOSOFIA JUDIO-HELENÍSTICA | 49

de predicar atributos pessoais a Deus – chamando-O de Pai e Criador, ou falando de Sua graça e bondade – tal resultado não foi, por certo, seriamente pretendido por Filo[34]. A consistência nunca foi o ponto forte deste filósofo: se ocasionalmente ele parece aproximar-se da concepção bíblica de um Deus pessoal, isto pode ser considerado, por certo, mais uma inconsistência do que a natureza essencial de seu ensinamento.

O esforço para estabelecer uma ponte sobre a brecha entre Deus e o mundo material deu nascimento, em Filo, à doutrina dos seres intermediários e, em particular, à sua doutrina do *logos*. Deus não age de maneira direta sobre o mundo, mas através de poderes mediadores por Ele emanados. O primeiro deles é o *logos*. É na doutrina do *logos* que encontramos a parte mais famosa e mais difícil do sistema de Filo. Seu conceito dos poderes divinos combina a doutrina platônica das idéias, o estóico *logoi spermatikoi* que permeia o cosmos, e a angeologia judaica. Assim sendo, o *logos* corresponde aos três; é a unidade de idéias, a fonte uniforme de todos os poderes cósmicos e o mais elevado dos anjos. Esta combinação de noções estóicas, platônicas e judaicas resultou em uma complicada mistura crivada de contradições[35]. Tais contradições dizem respeito à relação desses seres intermediários com Deus. Às vezes são tidos como poderes inerentes a Deus, e as às vezes como efeitos provenientes Dele e das mútuas relações que estabelecem uns com os outros; ao final, é difícil decidir se eles são seres pessoais ou impessoais.

Apesar de todo o caráter inacabado e da falta de equilíbrio dessa concepção, seu motivo determinante é de considerável importância histórica. Uma tentativa assim para lançar uma ponte entre uma idéia altamente sublimada de Deus e o mundo dos sentidos, interpondo uma série de passos intermediários que converteriam uma oposição absoluta em algo gradual, era uma coisa original e seria retomada repetidamente na história da metafísica. A derivação das *idéias* a partir da idéia do bem, feita por Platão, é inteiramente diversa e mal pode ter exercido influência sobre o filósofo alexandrino. Ainda que a substância da doutrina do *logos* e dos poderes celestiais seja tomada de outrém, sua função no sistema de Filo é única.

Seu valor não reside no domínio da metafísica, porém no da religião. Convertendo Deus no princípio básico de uma realidade supra-sensível, ele relaciona os opostos, Deus-cosmos e mundo supra-sensível-mundo sensível, numa hierarquia estruturada. As imperfeições do mundo dos sentidos brotam da matéria a partir da qual foi moldado pelos poderes divinos, o que impede tais poderes de se tornarem manifestos em toda a sua perfeição[36]. O dualismo desta concepção é de especial importância para o

---

34. Filo, *De opificio mundi*, par. 10; *De ebrietate*, par. 32; *Legum allegorianum*, I, 34.
35. Cf. L. Cohn, "Zur Lehre von Logos bei Philo", *Judaica, Festschrift zu Hermann Cohens 70. Geburtstag*, pp. 303-331; Hans Meyer, *Geschichte der Lehre von den Keimkräften von der Stoa bis zum Ausgang der Patristik*, pp. 26-46; G. Kafka e H.Eibl, *Der Ausklang der antiken Philosophie*, pp. 176 e ss.
36. Filo, *De opificio mundi*, par. 23.

50 | A FILOSOFIA DO JUDAÍSMO

entendimento da natureza do homem. Por seu corpo e pelas partes inferiores de sua alma, o homem pertence ao mundo dos sentidos; por sua razão, porém, que é uma emanação do *logos* divino, ele pertence ao mundo supra-sensível. Para a parte superior de sua alma, o corpo se apresenta como uma prisão. O propósito do homem é, pois, libertar-se das cadeias da corporeidade e retornar à sua fonte celestial[37]. Com isso, a direção geral da ética de Filo fica claramente indicada. Ele se filia à versão inicial e mais rigorosa da ética estóica[38], mas lhe imprime um acento religioso inteiramente diferente. É preciso travar guerra contra as paixões, agora não mais para que o homem possa seguir as leis universais da razão e tornar-se senhor de si mesmo, mas a fim de libertar a alma dos grilhões da sensualidade e capacitá-lo a cumprir seu destino celestial. A ética estóica é assim interpretada (como já o fora por Posidônio) segundo o espírito da sensibilidade religiosa dualista de Platão. Em estranho mas revelador paradoxo, Filo afirma, contra a determinação estóica, a idéia da liberdade do homem, embora mantenha ao mesmo tempo que sem a ajuda de Deus o homem é incapaz de fazer o bem por seu próprio poder[39]. A consciência da liberdade moral do homem parece ser defendida contra o determinismo científico, mas não em face da experiência religiosa da impotência do homem perante Deus.

O dualismo de Filo destina-se a nos conduzir da existência terrena ao mundo supra-sensível: a libertação do domínio dos sentidos significa a elevação ao reino do espírito. A mesma idéia é expressa pela noção de que a vida contemplativa é o mais elevado fim do ser humano[40]. Entretanto, o conceito de contemplação (*theoria*) perdeu o caráter oni-abrangente que tinha em Aristóteles, e tornou-se restrito à esfera da religião. O conhecimento empírico é meramente um preparo ao conhecimento de Deus e não tem valor próprio[41]. O interesse científico de Filo sublinha esta atitude, uma vez que ele usa a ciência grega exclusivamente para propósitos religiosos. O resultado é igualmente significativo para a ciência e para a religião. Pelo fato de avaliar a ciência somente por sua função religiosa, a religião, a seu turno, é convertida em conhecimento. O conhecimento filosófico de Deus e o conhecimento religioso de Deus são agora uma só coisa. Pode parecer que a religião se torne indevidamente intelectualizada nesse sistema, conquanto não seja esta, com certeza, a intenção de Filo. Ao lado e acima do conhecimento "científico" de Deus, há uma intuição imediata que não requer preparo científico e que, de fato, constitui um repúdio deliberado de todo conhecimento teórico[42]. Ao mesmo tempo que Filo louva o conhecimento mís-

---

37. Filo, *De migratione Abrahami*, par. 9; *Quis rerum divinarum heres sit*, par. 68.
38. Filo, *Legum allegorianum*, III, par. 129, 134.
39. Filo, sobre a liberdade de escolha: *Quod Deus sit immutabilis*, par. 47 e ss.; *Quaestiones in Genesim et Exodum*, IV, 64. Sobre a necessidade da ajuda de Deus: *Legum allegorianum*, I, par. 86-89; III, 213 e ss.
40. Filo, *De migratione Abrahami*, par. 47; *De opificio mundi*, par. 54.
41. Filo, *De cherubim*, par. 3-7; *De gigantibus*, par. 60 e ss.
42. Filo, *Legum allegorianum*, III, 100; *Quis rerum divinarum heres sit*, par. 68 e ss.

A FILOSOFIA JUDIO-HELENÍSTICA | 51

tico de Deus, sem perceber a contradição, abandona a investigação científica – que algures exaltara nos mais altos termos – e na realidade argumenta contra ela ao modo do ceticismo grego.

Todavia, o ideal religioso de Filo, por cuja causa a filosofia é deprecada, não é de modo algum o tradicional judaico. O alvo da piedade do filósofo alexandrino está longe do judaísmo histórico, assim como a reconstrução especulativa de suas idéias religiosas. O ideal de ascenso da alma a um mundo supra-sensível, culminando em uma união com Deus, é estranho à religião ética do judaísmo e está mais próximo do misticismo. Já a noção puramente filosófica do ascenso da alma até Deus abriga um elemento místico que se faz dominante na preferência de Filo pela intuição imediata que é posta acima do conhecimento racional de Deus. Filo até interpreta em termos místicos o conceito de revelação. Para o misticismo, a revelação não está vinculada a nenhum evento histórico particular; é antes parte da piedade individual e renova-se, portanto, em toda alma que conseguiu entrar em verdadeira comunhão com Deus. Filo adota este conceito místico de revelação e interpreta a profecia bíblica em tal conformidade[43]. Ele apresenta a mesma combinação de religião mística e moral que Platão e, como este, concebe a finalidade da ética como a imitação de Deus, pela qual o homem torna-se similar, na medida do possível, ao seu modelo[44]. A relação com Deus, por este meio, adquire um caráter ético e Filo, efetivamente, subscreve – embora em formulações platônicas – o ideal da religião e da ética judaicas. Por este lado de sua consciência religiosa, está, assim, profundamente ancorado no judaísmo. O relacionamento entre o homem e Deus é concebido a partir de um ponto de vista cabalmente judaico: humildade, confiança e obediência são as virtudes religiosas fundamentais[45]. A submissão confiante a Deus é tão importante para ele quanto o anelo da união mística com Deus. Filo provavelmente não se deu conta da contradição entre os dois ideais.

Os dois lados da consciência religiosa de Filo refletem-se também na sua especulação teológica. Sua concepção de Deus, que está acima e além de todo conteúdo positivo, corresponde à concepção mística. Não há dúvida de que, para Filo, esta idéia de Deus é a única efetivamente válida; os traços pessoais de quando em vez atribuídos a Deus são, sob o ângulo filosófico, inconseqüentes lapsos de consistência. Entretanto, o que surge como simples inconsistência de um ponto de vista teórico, pode muito bem ser uma parte essencial no contexto religioso do pensamento de Filo. A despeito do fato de a idéia puramente abstrata de Deus excluir, em termos lógicos. uma concepção personalista, Filo parece incapaz de dispensá-la quando quer dizer o que Deus realmente significa para ele.

43. Filo, *Quis rerum divinarum heres sit*, par. 258-265.
44. Filo, *De opificio mundi*, par. 144.
45. Filo, *De migratione Abrahami*, par. 268 e s.; *Quis rerum divinarum heres sit*, par. 22-31.

52 | A FILOSOFIA DO JUDAÍSMO

Na sua doutrina dos poderes divinos, o elemento judaico em Filo vem mais uma vez à frente. Quando atribui duas forças principais ao *logos* – bondade, a força criativa e misericordiosa, e poder, a força reguladora e punitiva[46] – é evidente que o aspecto cosmológico de tal noção é incidental à sua postura ética. O lado místico do pensamento e do sentimento de Filo pode muito bem ser o mais forte e, ainda assim, é verdade que, para ele, a piedade judaica não é mera herança histórica, porém uma posse pessoal, que influencia a compleição de seu sistema, embora não determine sua estrutura básica.

Tal fato é ilustrado uma vez mais pelo conceito de revelação em Filo. Já nos referimos à sua interpretação da revelação histórica em termos místicos. Não obstante, o status especial da revelação histórica não fica perdido no processo. Filo adere ao conceito judaico de revelação e considera a *Torá* como o veículo completo e absoluto da verdade de Deus, não menos do qualquer mestre do *Talmud*[47]. Os cinco livros de Moisés são para ele a mais alta expressão da verdade e contêm tudo o que a ciência pode descobrir. A significação da interpretação alegórica da *Escritura* era, portanto, para Filo, diferente do que a explanação alegórica dos mitos era para seus predecessores estóicos. O seu objetivo é conjugar as duas formas de verdade: o conhecimento humano e a revelação divina. Mas o próprio contraste entre as duas formas de verdade só é possível com base na assunção de uma religião historicamente revelada. Filo foi o primeiro a tentar sistematicamente uni-las, e sob este aspecto merece por certo o título de "o primeiro teólogo" a ele outorgado pelos historiadores da filosofia. Foi o primeiro a colocar o problema básico que, no curso subseqüente, constituiu preocupação contínua da filosofia e da teologia das religiões monoteístas; este fato por si mesmo, ainda mais até do que pelo conteúdo efetivo de seus ensinamentos, confere-lhe a sua importância na história do pensamento religioso[48].

---

46. Filo, *De sacrificiis Abelis et Caini*, par. 59; *Quis rerum divinarum heres sit*, par. 166; *De migratione Abrahami*, par. 124.

47. Filo, *De vita Mosis* II, 1-11, 187-191; *De praemis et poenis*, par. 52-56; *De opificio mundi*, par. 1-8.

48. H. A. Wolfson, em seu importante livro, *Philo, Foundations of Religious Philosophy in Judaism, Christianity and Islam*, atribuiu a Filo independência teórica e influência histórica bem acima do que é razoável. Segundo Wolfson, Filo estabeleceu magistralmente o domínio da revelação sobre a sua filosofia. Ao forçar assim a filosofia a acomodar-se à revelação, o alexandrino revolucionou suas fontes e deu-lhes um caráter inteiramente novo. Wolfson afirma que Filo foi extremamente influente quer em sua idéia da relação entre revelação e filosofia, quer pela mudança básica, efetuada por ele, no impacto do conteúdo das concepções filosóficas gregas sobre a filosofia e a teologia do judaísmo, cristianismo e islã medievais. Para Wolfson, Filo foi o criador da forma filosófica de pensamento que continuou dominante até o início do período moderno. Spinoza sozinho rebelou-se contra ela. Para demonstrar essa importância filosófica de Filo, Wolfson prometeu dedicar uma série inteira de volumes adicionais a isso. Com respeito ao seu julgamento relativo a Filo, não estou convencido de que tenha provado nem uma nem outra de suas principais afirmações: Filo não subordinou, como uma questão de princípio, a filosofia à revelação; e ele não era tão independente das posições filosóficas gregas quanto Wolfson parece inferir. Por causa disso, deixei minha posição sobre Filo permanecer inalterada.

3. As Idéias Religiosas do Judaísmo Talmúdico

O helenismo judaico constituiu um fenômeno transitório no curso evolutivo do judaísmo. A forma dominante da religião judaica desde os últimos séculos da Antigüidade – e a que serviu de alicerce para o seu desenvolvimento na Idade Média e nos tempos modernos – foi o judaísmo talmúdico, que se processou na Palestina e na Babilônia. Até o fim do primeiro século da era comum, as mais diversas tendências floresceram na Palestina, e muitos livros apócrifos e apocalípticos mostram até que ponto os judeus aí foram influenciados pelo sincretismo religioso do fim da Antigüidade. Contudo, após a destruição do Segundo Templo por Tito (70 e.c.), desapareceram rapidamente todas as correntes religiosas que haviam competido com o judaísmo farisaico talmúdico, e este alcançou uma forma unificada. A significação do *Talmud* para as gerações ulteriores reside sobretudo na lei religiosa, assunto que não nos preocupa aqui. As prescrições rituais, cerimoniais e legais do *Talmud* deram à vida religiosa judaica sua forma fixada e distinta, que se manteve até o fim do século XVIII. As idéias religiosas básicas do judaísmo, de outro lado, nunca receberam do *Talmud* uma forma similarmente definitiva. O *Talmud* nunca tentou formular verdades religiosas em expressões dogmáticas fixadas. A linha limítrofe entre elas, ligando doutrina e opinião individual, é extremamente fluida, e há uma variedade bem maior entre diferentes gerações e indivíduos do que no reino da lei religiosa. As mais diversas idéias religiosas eram correntes entre os últimos séculos da era comum, quando começou a ter lugar o desenvolvimento do *Talmud*, e sua redação final ao cabo do quinto século. Muitas das doutrinas forâneas que haviam penetrado no judaísmo durante o período sincrético reapareceram na literatura talmúdica. Um grande número, entretanto, como as fantásticas descrições escatológicas que já mencionamos na literatura apócrifa, devem ser consideradas simplesmente como livre jogo da fantasia imaginativa ou o produto da fé popular, mais do que doutrina no sentido preciso. É possível, no fim de contas, detectar um padrão comum de idéias básicas que mostraram ser de grande importância para desenvolvimentos subseqüentes.

A fé do judaísmo talmúdico repousa completamente em fundamentos bíblicos. Central, para ela, são as simples e sublimes idéias da *Bíblia* acerca de um Deus transcendente, a *Torá* como incorporação de suas exigências morais, a natureza moral da rela-

54 | A FILOSOFIA DO JUDAÍSMO

ção entre Deus e o homem, a sabedoria e a justiça da divina providência, a eleição de Israel e a promessa de um reino vindouro de Deus. Nenhuma reflexão teórica diminui a realidade viva de Deus. Mesmo as especulações relativas a hipóstases e outras instâncias mediadoras não poderiam afetar Sua presença imediata ante o mundo ou removê-Lo para uma distância inacessível. Deus atua no presente tanto quanto o fez no passado. É verdade que a profecia e os eventos miraculosos dos tempos bíblicos pertencem ao passado, e que a salvação anunciada pelos Profetas pertence ao futuro – ao "fim dos dias". Esta distinção entre o presente, de um lado, e as poderosas revelações de Deus no passado e no futuro, de outro, é um corolário necessário do caráter histórico do conceito judaico de revelação, e da expectativa de uma redenção futura (histórica). Causas similares operaram no cristianismo e no islã e levaram a uma distinção análoga entre o presente e o tempo da revelação – isto é, o passado. Porém, mesmo se o presente carecia de revelação histórica, os homens ainda assim sentiam a presença imediata de Deus em suas vidas. Todo judeu individualmente via-se sob a mesma divina providência que governara as vidas de seus ancestrais e, por meio de alguns piedosos eleitos, até milagres seriam lavrados – embora tais prodígios não pudessem, naturalmente, ser comparados àqueles que foram realizados pelos Profetas[1]. A fim de expressar a consciência da presença de Deus, a imaginação religiosa não se deteve mesmo diante do mais ousado antropomorfismo. Com o fito de enfatizar o valor do estudo da *Torá*, os rabinos talmúdicos descrevem o próprio Deus como um estudioso da *Torá*. A fé de que os sofrimentos de Israel não poderiam destruir a íntima ligação entre Deus e o Seu povo exprimia-se na afirmação de que Deus não só lamentava as aflições por Ele ocasionadas a Israel, como partilhava efetivamente de seu exílio[2].

Mas os talmudistas reconheciam claramente a natureza dos antropomorfismos de suas próprias fantasias religiosas, bem como os da *Bíblia*. Salientavam como Deus se havia revelado de conformidade com as variantes situações históricas, e como as elocuções proféticas foram influenciadas pelas personalidades específicas de cada Profeta; de fato, eles sugeriram mesmo que todo judeu presente no Sinai viu Deus de maneira ligeiramente diferente[3]. Tais noções nunca foram desenvolvidas de modo sistemático; não houve nenhuma tentativa para distinguir entre formas antropomórficas de expressão e o conteúdo efetivo da idéia de Deus, porém a intenção deles era absolutamente clara. A idéia de uma natureza pessoal e moral de Deus permanece além de toda crítica, e proporciona o núcleo básico comum das diferentes imagens concretas.

---

1. Cf. *Talmud Ieruschalmi*, ed. Krotoschin, Berakhot 13a, b; *Midrasch Tehilim*, editado por Buber, p. 314. Material ulterior em R. Travers Herford, *The Pharisees* (trad. alemã), e G. F. Moore, *Judaism in the First Centuries*, etc., I, 439 e ss. Sobre o tema da escuta da prece por Deus e do milagre nos dias presentes, cf. Büchler, *Some Types of Jewish Palestinian Piety*, pp. 196-264.
2. *Talmud Bavli*, Avodá Zará 3b; *Sifre Números*, par. 84; Berakhot 9b.
3. *Mekhilta ao Êxodo*, 15:3; Bavli Haguigá 13b; *Pesikta*, ed. Buber, p. 109b, 110a.

AS IDÉIAS RELIGIOSAS DO JUDAÍSMO TALMÚDICO | 55

A apaixonada violência do *ethos* religioso dos Profetas cedeu lugar, nos tempos talmúdicos, a uma piedade mais tranqüila, mais contida e, em certo modo, mais sóbria, ligada à história e à tradição. Entretanto, foi preservado o caráter ativista da religião judaica. A vida religiosa continuava centrada nos divinos "comandos", em que Deus se dirigiu à vontade humana, e mostrou o caminho da comunhão entre o homem e Deus. O destino humano é concebido em diferentes vias. A piedade não é tanto a mera observância dos divinos mandamentos quanto a imitação de um divino modelo. O mandamento bíblico para que o homem seja santo exatamente como o Senhor Deus o é, e a prescrição que manda palmilhar os caminhos de Deus, são interpretados como exigências para que a criatura imite as qualidades divinas de amor e mercê[4]. Amor a Deus e confiança constante Nele são considerados os fundamentos da correta observação dos mandamentos. O espírito da religião rabínica é assim alçado acima da simples submissão ou obediência da vontade. Sua atividade religiosa radica na certeza íntima da comunhão com Deus e, no entanto, sua piedade permanece a do preceito e do dever. Em conseqüência, muito peso é posto na liberdade moral: as ações do homem são as suas próprias, mesmo em relação à divina onipotência. A *Torá* é a corporificação da vontade divina, e a observância de seus mandamentos é a tarefa confiada por Deus a Israel. A universalidade do divino mandamento é estabelecida pela noção de uma revelação original, pré-israelita, endereçada a todas as nações e que contém os fundamentos das morais[5].

Entretanto, a revelação divina perfeita é a *Torá* dada a Israel. Como lei divinamente revelada, todas as suas partes – rituais, bem como morais – são de igual validade, e constituem igualmente o dever religioso de Israel. A idéia da igual e inatacável validade – do ponto de vista formal – de todas as partes da *Torá* segue-se como conseqüência lógica da noção bíblica de uma divina legislação; ao mesmo tempo, os rabis – do ponto de vista material – distinguem entre leis centrais e marginais, entre meios e fins. O *Talmud* interpreta com freqüência itens cerimoniais e cultuais da legislação bíblica como meios para os supremos fins morais da lei divina, subordinando os primeiros aos segundos apesar de sua origem divina comum[6]. Psicologicamente, por certo, é de se esperar que algumas vezes uma e algumas vezes outra destas duas facetas venham à frente; em certas ocasiões, a observância dos mandamentos é permeada por atitudes éticas; em outras, a distinção entre ética e ritual torna-se obscura.

As promessas messiânicas dos Profetas eram o principal suporte da comunidade judaica. Não precisamos nos preocupar aqui com a transformação das expectativas

---

4. *Sifra ao Levítico*, 19:1; *Sifre Deuteronômio* 49; cf. *Mekhilta ao Êxodo*, 15:2.
5. Bavli Sanhedrin 56a, b.
6. Em geral, os mandamentos foram dados ao homem unicamente com o fim de purificar seu caráter. Em pormenor, muitas prescrições cerimoniais e cultuais receberam interpretações éticas.

56 | A FILOSOFIA DO JUDAÍSMO

relativamente simples dos Profetas nas noções bem mais complicadas nas escatologias ulteriores que se desenvolveram nos últimos séculos da era pré-cristã, ou com as diferenças entre as versões mais nacionais e as mais universalistas do ideal messiânico, ou com as idéias cambiantes acerca da iminência ou distância do advento messiânico. Todos estes aspectos, embora de considerável conseqüência para as épocas posteriores, são em larga medida irrelevantes para o presente tópico. De ponta a ponta, no transcurso de todas essas variações no tema messiânico, o caráter histórico da esperança profética é preservado, intacto. Uma expectativa de uma espécie inteiramente diversa encontra-se nas idéias da ressurreição dos mortos e da imortalidade da alma. De certo modo, esta ressurreição ainda se vincula às expectativas de uma realização histórica. Aquela terá lugar no fim dos tempos, e a ressurreição tomará parte nos eventos miraculosos desta era. A esperança individual de uma vida eterna era assim combinada à idéia de que as gerações passadas também partilhariam no futuro do prometido reino de Deus. O anseio pessoal pela vida eterna é satisfeito no quadro da escatologia histórica coletiva.

Em contrapartida, na pura crença da imortalidade da alma os dois referidos elementos separam-se por completo. Freqüentemente, a idéia de imortalidade é eclipsada pela de ressurreição. O *Talmud*, assim como a literatura apócrifa, conhece uma espécie de estado intermediário da alma entre a morte e a ressurreição; a verdadeira retribuição será dispensada somente após a ressurreição do corpo[7]. Junto com isso, porém, encontramos outrossim a fé numa retribuição que vem imediatamente após a morte, e numa vida de venturas para a alma no além[8]. De acordo com este último ponto de vista, a esperança individual quanto ao futuro não tem qualquer conexão com a história. "O mundo vindouro", o lugar de recompensa e castigo no além, é algo distinto do futuro "reino de Deus" mesmo em sua máxima forma escatológica. "O mundo vindouro" não sucede este mundo no tempo, porém existe desde a eternidade como uma realidade fora e acima do tempo, à qual a alma ascende. Esta concepção enfrenta uma dupla oposição – de um lado, entre a presente realidade da história e o futuro reino de Deus, e, de outro, entre a vida terrena e a vida no além. As duas orientações não se excluem necessariamente uma à outra. A escatologia judaica original, com suas esperanças históricas e coletivas, não perdeu seu poder ou intensidade por causa da crença na imortalidade individual, e esta, como vimos, podia combinar com a idéia da ressurreição do morto. Não obstante, a interpretação religiosa do mundo tomou um novo e decisivo rumo que proporcionou pontos de partida aos mais diversos desenvolvimentos do pensamento judaico em períodos posteriores.

A crença em outro mundo, acima e além do tempo, conduziu a uma nova avaliação do mundo presente. Não bastava que este encontrasse sua perfeição e realização

---

7. Schabat 152b; Haguigá 12b; Sanhedrin 91a, b.
8. *Sifre Deuteronômio*, 307; Berakhot 28b; Schabat 153a; Berakhot 17a.

AS IDÉIAS RELIGIOSAS DO JUDAÍSMO TALMÚDICO | 57

num mundo por vir, e que as injustiças no curso da vida terrena fossem lá compensadas, mas o fim último do homem era deslocado para o mundo vindouro. Nossa vida neste mundo veio a ser concebida como simples preparação, seja em termos da ressurreição dos mortos seja da imortalidade da alma. De acordo com um bem conhecido dito talmúdico, este mundo é qual um vestíbulo onde o homem deve preparar-se para entrar no salão de banquete do mundo do além[9]. A bem-aventurança do mundo vindouro é entendida como a graça pela qual a alma piedosa desfruta do esplendor da presença de Deus[10].

Não obstante, esta visão rabínica difere muito do desdém dualista pelo mundo dos sentidos que Filo, por exemplo, mostrava, sob influência platônica. O *Talmud* repete enfaticamente a afirmação bíblica do mundo terreno e interpreta as palavras do *Gênese*, "e Deus viu tudo o que Ele tinha feito e achou que era muito bom", como algo referido aos *dois* mundos[11]. As boas coisas deste mundo, inclusive os prazeres sensuais, devem ser desfrutados simples e naturalmente; somente em raras instâncias encontramos algumas tendências ascéticas. Mais importante ainda é o fato de que o ascetismo não desempenha nenhum papel no entendimento da ética. Embora o ato moral fosse compreendido como um preparo para o mundo futuro, ele carecia da conotação negativa de uma separação do mundo dos sentidos. Seu significado era antes totalmente positivo: servir a Deus neste mundo, satisfazer Sua vontade e construir uma ordem social de conformidade com Sua vontade. O valor religioso da ação moral é mantido mesmo diante da comunhão escatológica com Deus, uma vez que satisfazer a vontade de Deus neste mundo não constitui comunhão menor com Deus do que o estado de bem-aventurança no além. O mesmo mestre talmúdico que descreve este mundo apenas como um vestíbulo para o mundo vindouro, também diz que, embora uma hora de bem-aventurança no mundo vindouro valha mais do que toda a vida no mundo terreno, ainda assim uma hora de arrependimento e boas ações neste mundo valem mais do que toda a vida no mundo por vir.

O que foi dito com respeito à concepção rabínica do mundo aplica-se também à idéia de homem. A *Bíblia* atribuiu uma origem divina ao espírito humano, mas agora nos achamos diante de um dualismo explícito. O corpo e a alma são vistos em agudo contraste. Devido à sua alma, que é destinada à vida eterna, o homem pertence ao mundo superior do espírito; por seu corpo, pertence à terra. Graças à sua alma, assemelha-se aos anjos; graças ao seu corpo, a um animal. Acompanhando os estóicos e Filo, a relação da alma com o corpo é comparada à de Deus com o mundo[12]. A idéia

---

9. Pirkei Avot 4:16.
10. Berakhot 17a.
11. *Bereschit Rabá*, 9:3.
12. *Sifre Deuteronômio*, 309, editado por Friedmann, p. 132a; *Bereschit Rabá*, 8:11. Berakhot 10a.

58 | A FILOSOFIA DO JUDAÍSMO

da preexistência da alma é também conhecida pelo *Talmud*[13]. Os poderes mais altos do homem, tais como a sua razão e a consciência moral, são atribuídas à alma; suas paixões inferiores são consignadas ao corpo. O corolário da posição intermédia do homem entre o mundo mais alto e o mais baixo é que, observando os mandamentos divinos, ele pode elevar-se ao grau dos anjos, mas, transgredindo-os pode cair ao nível das bestas[14].

Mas este dualismo está longe de identificar o mal com a natureza sensual do ser humano. O corpo não é o fundamento do mal e, conseqüentemente, a tarefa moral do homem não consiste na sua separação do corpo. A guerra entre o bem e o mal é travada fora, no *interior* da alma; é lá que os bons e os maus impulsos defrontam-se uns com os outros[15]. Eles representam duas direções da vontade humana, e o homem precisa escolher entre elas. Como a fonte da tentação, a sensualidade por vezes é identificada com o "mau impulso", mas em si própria ela é, em termos éticos, indiferente e tem a sua esfera legítima de existência. Por mais que o *Talmud* louve a virtude da frugalidade tal como praticada pelo piedoso, a sensualidade é considerada – desde que mantida sob controle – como inobjetável, e o corpo é encarado como uma parte essencial da natureza do homem dada por Deus. Mesmo o mau impulso é uma parte necessária da natureza humana, e o *Talmud* exprime a invulgar exigência de que amemos a Deus com os nossos dois impulsos – o bem e o mal[16]. Aqui, mais uma vez, a finalidade da ética é vista não como separação do mundo dos sentidos, mas antes como a de servir a Deus no interior deste mundo, com todos os poderes humanos disponíveis. O corpo e os sentidos deveriam ser subordinados e subservientes à alma; eles não são, por si próprios, inimigos de seu destino celestial. Não obstante, o complexo inteiro das idéia até aqui descritas – a crença em um mundo espiritual situado acima do mundo dos sentidos, o eterno destino da alma e a concepção dualista do homem poderiam facilmente ser voltadas na direção de uma religião contemplativa ascética; de fato, isto proporcionou a abertura através da qual o tipo de espiritualidade neoplatônica entrou no judaísmo na Idade Média.

Junto com estes desenvolvimentos especulativos, emergiu outro fenômeno, mais formal, ainda que não menos significativo: o do cultivo crescente da reflexão teórica sobre os conteúdos da religião. A investigação das questões religiosas fundamentais não é mais uma expressão da própria consciência religiosa em busca de uma resposta para suas dúvidas e ansiedades (como nos Profetas posteriores, ou no *Livro de Jó*), mas adquire um valor independente. As idéias religiosas básicas da *Bíblia*, bem como os mandamentos da Lei, tornam-se objetos da reflexão teórica. Com respeito às ques-

---

13. Haguigá 12b; Nidá 30b.
14. *Sifre Deuteronômio, loc. cit.*
15. Berakhot 61a.
16. *Sifre Deuteronômio*, 32; cf. *Bereschit Rabá*, 9:7.

AS IDÉIAS RELIGIOSAS DO JUDAÍSMO TALMÚDICO | 59

tões éticas em particular, um alto grau de abstração foi aí alcançado. De especial interesse é a tentativa de reduzir o inteiro conteúdo dos mandamentos bíblicos a um princípio. O *Talmud*, como o *Novo Testamento*, procura determinar o "princípio mor" da *Torá*. Um mestre talmúdico encontra-o no preceito: "Ama o teu próximo como a ti mesmo" (*Levítico*, 19:18); outro o descobre na sentença "Este é o livro das gerações do homem, no dia em que Deus criou o homem, à semelhança de Deus Ele o fez (*Gênese*, 5:1). No mesmo sentido, uma bem conhecida legenda leva Hilel, o maior dos sábios talmúdicos, a declarar que a regra: " O que tu não gostas, não o faze ao teu próximo", era "toda a *Torá*", sendo tudo o mais apenas um comentário a seu respeito[17]. Ao considerar o amor ao próximo a suprema virtude ética, o *Talmud* não efetua qualquer acréscimo material ao ensinamento da *Torá*; a novidade está nas formulações teóricas que descrevem o preceito do amor como o maior e o mais abrangente mandamento da *Torá*, ou afirma que a *Torá* inteira é apenas um comentário a esta suprema regra ética, à qual ficam assim subordinadas as leis rituais e morais. Em outra passagem, o anexim ao *Levítico* 18:4, "Os Meus juízos cumprireis, e os Meus estatutos guardareis para segui-los", salienta com ênfase a diferença entre mandamentos éticos e rituais. Estes "julgamentos", que incluem os preceitos éticos da *Torá*, são definidos como aquelas leis que "deviam ter sido escritas" mesmo que a *Escritura* não os houvesse mencionado.

A incompreensibilidade das prescrições rituais exprime-se aí no dito de que elas estavam expostas às objeções do "mau impulso e dos povos gentios"[18]. A idéia da intrínseca evidência por si dos mandamentos éticos que Deus outorgou ao homem é essencialmente uma herança bíblica: apenas a formulação teórica é nova. A auto-evidência da lei moral, sugerida pela *Bíblia*, é enfatizada em óbvia imitação da noção grega de uma "lei não escrita" na já apontada formulação de que as leis morais são leis que "deviam ter sido escritas". É verdade que, de acordo com o *Talmud*, as leis bíblicas que carecem dessa evidência intrínseca possuem a mesma validade incondicional que os auto-evidentes "julgamentos do Senhor". A doutrina talmúdica de que o conjunto da lei bíblica, em virtude de sua origem divina, é igual e incondicionalmente autorizada – muito embora seja possível traçar distinções materiais entre preceitos éticos e cerimoniais – aparece aqui em sua máxima clareza.

A doutrina da retribuição é fortemente acentuada e elaborada em considerável detalhe; no entanto o *Talmud* exige a observância desinteressada dos mandamentos divinos. Não é a exigência em si mesma, mas a precisão teórica com que é formulada, que é de relevância imediata para o nosso tema. No ditado ao qual já nos referimos – "É melhor uma hora de arrependimento e boas ações neste mundo do que a vida

17. *Sifra ao Levítico*, 19:18; Schabat 31a.
18. *Sifra ao Levítico*, 18:4.

60 | A FILOSOFIA DO JUDAÍSMO

inteira no mundo vindouro, e é melhor uma hora de bem-aventurança no mundo vindouro do que todas na vida deste mundo" – o *pathos* religioso usa a linguagem conceitual. Alhures a mesma exigência é enunciada em sóbria linguagem teórica.

Em conexão com o mandamento do amor a Deus, o *Talmud* discute a diferença entre aqueles que servem a Deus por amor e aqueles que O servem por temor. A questão é levantada em forma de um problema casuístico, se uma observância da Lei devido a um desejo de recompensa ou medo de retribuição tem qualquer valor em geral. A decisão é que o cumprimento da Lei, até por motivos ulteriores, não era despido de valor, pois, por seu intermédio, o homem pode ascender a uma observância desinteressada[19]. A este ideal da observância dos mandamentos é acrescentado o estudo da Lei. Este era não só um divino preceito em si mesmo, mas também dava pleno escopo ao desejo de educação. Discutindo a primazia da "teoria"(estudo) sobre a "prática" (a observação dos mandamentos), o *Talmud* resolve o problema em uma ocasião declarando que o estudo da Lei equivalia à observância de todos os mandamentos e, em outra, concluindo que, não a teoria, porém os fatos era o que importava. Em outra parte, chega-se a uma espécie de compromisso: o dilema é decidido em favor do estudo, mas a razão apresentada é que "o estudo leva à prática"[20].

Algumas dessas questões éticas conduz outrossim a discussões teológicas sobre problemas dogmáticos. A crença na liberdade da vontade humana, que na *Bíblia* constitui uma certeza religiosa imediata, torna-se uma proposição doutrinária no *Talmud*. A predileção talmúdica por formulações incisivas produz o paradoxo: "Tudo está nas mãos do Céu, com exceção do temor ao Céu"[21]. A dificuldade de conciliar a liberdade do homem com a onisciência de Deus era plenamente compreendida, mas não resolvida. Ao contrário, os rabis apegavam-se firmemente a ambas as alternativas do dilema: "Tudo está previsto, no entanto a permissão é dada; o mundo é julgado com mercê, no entanto o veredicto é conforme os atos da pessoa"[22]. A segunda metade desta sentença refere-se a uma questão que muito preocupou os sábios talmúdicos. Uma vez compreendido que inclusive os justos não estão livres do pecado, e que não há homem perverso que não tenha feito algo de bom, qual é a linha divisória entre o justo e o malvado? A resposta, conquanto um tanto primitiva, afirma que o homem deve ser considerado bom ou mau de acordo com a preponderância de suas boas ou más ações[23]. A pergunta bíblica "Por que o justo sofre e o perverso prospera?" é tratada de muitas e variadas maneiras, e embora a fé em uma vida futura tenha embotado em certa medida o

---

19. *Sifre Deuteronômio*, 32, p. 73a; Pessakhim, 50b.
20. Mischná Peá, 1:1; Avot 1:17; Kiduschin 40b.
21. Berakhot 33b.
22. Avot 3:15.
23. Kiduschin 39b; Rosch Haschaná 17a.

AS IDÉIAS RELIGIOSAS DO JUDAÍSMO TALMÚDICO | 61

ponto principal dessa questão, ela não a solucionou em princípio. O significado do sofrimento humano continuou sendo um enigma. O *Talmud* acentua a qualidade purgadora do sofrimento e, em algumas de suas reflexões sobre o assunto, toca as mais profundas esferas da consciência religiosa[24]. Mas, em acréscimo a tais níveis de percepção, encontramos também uma explicação mecânica: os tormentos do probo neste mundo constituem castigos pelos pecados que ele cometeu, e a prosperidade do perverso representa a recompensa pelas boas ações que ele praticou; a retribuição final para ambos fica para o mundo por vir[25].

A maneira rabínica de pensar é vista na forma em que é expressa. As tersas e incisivas formulações aqui já citadas sugerem sua capacidade para o pensar conceitual. Isto aparece em sua melhor expressão nas sentenças e máximas em que os mestres talmúdicos enunciam com extraordinária concisão doutrinas religiosas e éticas fundamentais. A arte de cunhar tais máximas era aparentemente cultivada nas escolas dos sábios talmúdicos. Um tratado da *Mischná* – conhecido como os *A Ética* (ou *Os Ditos) dos Pais* – consiste de uma coletânea de sentenças de vários dos mais eminentes mestres talmúdicos (alguns dos quais já aqui citados). Comparando tais máximas com os provérbios ou ditados na literatura sapiencial bíblica, chama imediatamente a atenção a vasta diferença entre eles com respeito ao seu tema e, talvez mais ainda, à sua forma de pensamento.

O epigrama talmúdico é construído à base de uma aguçada abstração; seu encanto reside na impressionante felicidade e concisão de forma. O epigrama há pouco citado, concernente à relação entre a providência divina e a liberdade humana, pode ser tomado por uma completa teologia em uma sentença; em seu poder de compressão, ele não está sozinho entre os ditos rabínicos. Mesmo onde a forma específica do epigrama não é intencional, o pensamento rabínico de maneira quase instintiva se expressa deste modo. O ditado segundo o qual certos preceitos deveriam ser anotados por escrito se não estivessem *já* escritos na *Torá*, e a afirmação de que tudo está na mão de Deus exceto o temor a Deus, não são menos pungentess do que as máximas propriamente ditas. Uma análise formal mais precisa, que até agora nunca foi tentada, revelaria provavelmente, em conjunto com as características acima descritas, toda uma série de formas típicas de pensamento a recorrer de novo e de novo na discussão rabínica dos fundamentos religiosos.

Essas indicações devem bastar para o nosso presente propósito. Elas nos habilitam a reconhecer as limitações em cujo âmbito se move esse tipo de pensamento. Sua forma de expressão mostra que o tratamento sistemático dos problemas religiosos é seu intuito; ele é satisfeito com um provérbio ou comentário individual sobre um

---

24. Berakhot 5ab; Sanhedrin 101a, etc.
25. Kiduschin 39b; *Bereschit Rabá*. 33:1.

62 | A FILOSOFIA DO JUDAÍSMO

versículo escritural, e no máximo segue dali para discutir uma questão particular. Essa falta de sistema é característica da discussão talmúdica da teologia. Os problemas são levantados um a um; nunca há uma tentativa de combinar conclusões isoladas em uma armação coerente. Como os nossos exemplos mostraram, há percepções dos mais básicos problemas da religião, com plena consciência de sua significação essencial; mas aspectos fundamentais são discutidos do mesmo modo que detalhes, e não se verifica nenhuma tentativa para segui-los de maneira sistemática até suas conclusões. O *Talmud* contenta-se com a declaração abstrata de que o amor ao próximo é o supremo princípio da *Torá*, mas jamais tentou atribuir as diferentes leis morais a este supremo princípio ou demonstrar concretamente (à parte de uns poucos exemplos ocasionais) o propósito moral do preceito ritual. A exigência do culto completamente desinteressado de Deus não contradiz em si a doutrina da retribuição, que ocupa importante lugar na ética talmúdica; mas os problemas colocados pela justaposição destas duas idéias nunca são propriamente discutidos.

Todas as idéias mais relevantes ligadas ao problema da teodicéia podem ser encontradas no *Talmud*; no entanto, é impossível erigir a partir delas uma doutrina sistemática. Isto é especialmente verdadeiro no tocante aos aspectos metafísicos da teologia. O *Talmud* enfatiza repetidamente que as expressões antropomórficas da *Bíblia* são apenas metáforas, mas nunca indaga dos critérios para delimitar as enunciações metafóricas das literais. Podemos portanto falar de um definido e consistente ponto de vista global religioso do *Talmud*, mas não de uma consistente e unificada compreensão teórica da questão central da religião. O que o *Talmud* produziu não é teologia, porém dispersas reflexões teológicas. Isto explica por vezes a estranha coexistência de idéias; ao lado de captações da máxima profundidade, há outras páginas que denotam um pensamento primitivo lutando penosamente com seus problemas. A falta de maturidade teórica encontra-se amiúde em conjunção com formulações conceituais agudas e incisivas.

A diferença entre o justo e o malvado consiste, como vimos, na preponderância das boas ações sobre as más. Esta concepção atomística do homem caracteriza não tanto a visão moral do *Talmud* quanto a adequação de seus instrumentos conceituais, que podem medir o bem ou o mal no homem tão-somente de acordo com o número de atos individuais. Também ingênua é a resposta que tenta solucionar o problema profundo da teoria em face da prática pronunciando-se em favor da superioridade do estudo porque leva a praticar. O pensamento rabínico luta para assenhorar-se do conteúdo da religião, mas parece ainda incapaz de apreendê-lo em sua totalidade e unidade.

Depois de tudo o que se disse aqui, mal é necessário salientar que o judaísmo rabínico foi pouco afetado pela filosofia científica dos gregos. Dessas teorias gregas, somente as formas mais populares em que elas estavam espalhadas entre as massas, seja por via oral ou escrita, parecem ter obtido eco no *Talmud*. Muita coisa na ética talmúdica lembra a sabedoria popular estóica. Uma e outra ensinam que tudo quan-

AS IDÉIAS RELIGIOSAS DO JUDAÍSMO TALMÚDICO | 63

to o homem possui é empréstimo tomado de Deus, e portanto o homem não deveria queixar-se se Deus exige de volta aquilo que é Dele. Uma e outra consideram a alma uma hóspede deste mundo, louvam a virtude da moderação como a verdadeira riqueza, e aconselham o homem a viver cada dia como se este fosse o último[26]. Algumas das máximas rabínicas que pedem ao homem que cumpra o seu dever sem pensar em recompensa apresentam forte semelhança formal com aforismos estóicos. A dependência de modelos estóicos pode ser duvidosa no casos de paralelismos individuais. Mas a influência estóica como tal é fora de dúvida. A comparação da alma a Deus deriva da metafísica estóica; a alma preenche e vitaliza o corpo como Deus preenche o mundo, e como Deus, ela não pode ser vista[27]. O *Talmud* incorpora idéias de Platão assim como da Stoa, as quais, divorciadas de seu contexto sistemático, eram parte e parcela da cultura grega geral. O *Talmud* não só sabe da preexistência da alma, como também diz que antes do nascimento a alma conhece toda a *Torá*, esquecendo-a apenas no momento do nascimento. Aqui a *Torá* assume o lugar da Idéia platônica, como também no dito segundo o qual Deus olhou para a *Torá* e a partir deste modelo criou o mundo. A invisibilidade de Deus é exemplificada pela parábola platônica do olho humano que não suporta sequer mirar a luminosidade do sol[28]. O *Talmud* utiliza tais idéias a fim de refutar os argumentos dos oponentes gentios e dos cépticos judeus. A admonição "Saiba o que responder a um epicurista" (para os rabis, o epicurista é o típico livre-pensador)[29] prova que o conhecimento de idéias estrangeiras foi promovido por considerações apologéticas. Entretanto, visto que os ataques emanavam da filosofia popular mais do que dos círculos estritamente científicos, a sabedoria popular grega seria suficiente para a sua refutação.

A especulação gnóstica exerceu uma influência mais profunda do que a filosofia sobre os rabis talmúdicos. Em particular, no primeiro e no começo do segundo séculos, o gnosticismo fascinou muitos dos mestres de maior liderança. Mais tarde, as suspeitas contra esta tendência, que estiveram presentes desde o início, ganharam

---

26. Cf. Bergmann, "Die stoische Philosophie und die jüdische Frömmigkeit", *Judaica, Festschrift zu Hermann Cohens 70. Geburtstag*, pp. 145-166.
27. Berakhot 10a; cf. Sêneca, *Epistolae Morales*, 65:24.
28. Nidá 30b (cf. Platão, *Fédon*, 76D, e *Responsa dos Gueonim*, X, 621A); *Bereschit Rabá*, 1:1 (cf. *Timeu*, 29a); Hulin 59b (*Responsa*, VII, 514 e ss.). Segundo Freudenthal (*Helenist. Studien*, I, 69) e outros estudiosos, as idéias de Platão foram transmitidas aos rabis por intermédio de escritos judio-helenísticos e, especialmente, por meio de Filo, onde tais doutrinas também se encontram. Mas, apesar de todos os paralelos exegéticos entre Filo e a literatura talmúdica, é muito duvidoso se ele era do conhecimento dos rabis. O seu conhecimento das idéias filosóficas, que, em geral, era muito limitado, provinha provavelmente de pregadores filosóficos gregos errantes ou de contato pessoal de judeus helenísticos, que também eram provavelmente mediadores da exegese alexandrina. Neumark (*History of Jewish Philosophy*, edição alemã, II, 89-91) pretende que as idéias platônicas tiveram influência decisiva sobre o judaísmo talmúdico, mas de seus argumentos muito pouco pode resistir a um exame mais detido.
29. Avot 2:3.

64 | A FILOSOFIA DO JUDAÍSMO

prevalência, e a *Mischná* proferiu um anátema a este respeito: "Quem quer que haja especulado sobre estas quatro coisas, seria melhor para ele que não tivesse vindo ao mundo – O que há acima? O que há abaixo? O que era antigamente? O que será doravante?"[30]. Essa hostilidade ao gnosticismo, ou no mínimo às suas formas mais extremas, não destrói, mas quebra definitivamente seu poder. Desde o início o gnosticismo foi considerado uma doutrina esotérica que poderia ser propagada somente no estreito círculo dos eleitos. Naturalmente, o judaísmo não tinha lugar para as doutrinas dualistas e antinomianas da Gnose.

Com o seu ensinamento de que a criação do mundo e a legislação bíblica não eram obra do supremo bom Deus, mas antes de um demiurgo hostil, o gnosticismo pretendeu atingir e destruir seu odiado inimigo, o judaísmo. A doutrina gnóstica dos "dois poderes", conseqüentemente, tornou-se a pior heresia aos olhos judaicos[31]. Por conseguinte, o gnosticismo judaico não pôde aceitar da Gnose a doutrina pessimista da matéria como em essência um mau princípio completamente independente de Deus. Depois de descartar tais elementos, o pensamento judeu preservou no entanto um certo número de características e traços gnósticos decisivos. Os dois principais temas do esoterismo judeu – a "obra da criação (*maassé bereschit*) e a "obra da carruagem" descrita por Ezequiel (*maassé merkavá*)[32] correspondem aos temas centrais do gnosticismo. O mundo da carruagem – isto é, o trono de glória e os anjos que o cercam – corresponde à mais elevada esfera espiritual, o *pleroma* dos gnósticos. É o término da jornada mística da alma, a ascensão ao céu, que é retratado em termos similares pelo gnosticismo judeu tanto quanto pelo não-judeu[33].

A doutrina da criação apresenta uma especulação relativa à origem do mundo na forma de uma interpretação mística do texto bíblico. As idéias gnósticas são adaptadas à noção bíblica de criação, mas de tal modo que o ato de criação torna-se meramente o ponto de partida de um processo cosmogônico altamente mitológico. No espírito da metafísica gnóstica da luz, Deus envolve-se no esplendor de uma luz que enche o mundo[34]. Quando Deus criou o mundo, este procurou expandir-se ao infinito, até que Deus estabeleceu limites à sua expansão[35]. Em conexão com a idéia bíblica

---

30. Mischná Haguigá 2:1.
31. Berakhot 33b; Haguigá 15a; *Sifre Deuteronômio*, 329.
32. Mischná Haguigá, *loc. cit.*
33. Haguiga 14b; cf. Grätz, *Gnostizismus und Judentum*, p. 56 e ss.; Bousset, "Die Himmelsreise der Seele", *Archiv für Religionswissenschaft* IV, 145 e ss.
34. *Bereschit Rabá*, 3:4; *Tankhumá*, editado por Buber, sobre Êxodo 37:1. Cf. Freudenthal, *Die dem Flavius Josephus*, p. 71, que traz um paralelo de Filo, *De fuga*, 110; Aptowitzer, *MGWJ*, LXXII, 363 e ss.; Ginzberg, *The Legends of the Jews*, V, 8, 9. Para um tratamento pormenorizado da metafísica da luz do misticismo antigo, *vide* Baeumkers, *Witelo*, pp. 361 e ss.
35. Haguigá 12a; cf. Grätz, *op. cit.*, p. 39; Joël, *Blicke in die Religionsgeschichte*, I, 147. Com referência ao precedente, vale a pena consultar Joël, *op. cit.*, pp. 114-170.

AS IDÉIAS RELIGIOSAS DO JUDAÍSMO TALMÚDICO | 65

das águas superiores e inferiores, os gnósticos judeus especularam a respeito da água como a matéria-prima do mundo, e declararam de maneira inteiramente mitológica: "Três criações precederam o mundo: água, ar (espírito) e fogo; a água concebeu e deu nascimento à treva, o fogo concebeu e deu nascimento à luz, e o ar concebeu e deu nascimento à sabedoria"[36]. As concepções desta gnose tem sua continuação no misticismo judaico pós-talmúdico, mas para o desenvolvimento religioso do judaísmo como um todo elas representam apenas uma linha lateral. Tanto na era talmúdica quanto na pós-talmúdica, foram cultivadas somente em pequenos círculos. Mesmo se em determinadas épocas sua influência foi relativamente grande, nunca determinaram o quadro conjunto do judaísmo.

Nada indica tão bem os limites da reflexão teológica no *Talmud* como a ausência de qualquer formulação dogmática da substância do ensinamento judaico. Ataques de fora a certas doutrinas, como a da ressurreição dos mortos, são refutados, ou aqueles que os negam são excluídos da pertinência e comunhão de Israel[37]. O *Talmud* não tenta em parte alguma fixar os conteúdos da fé judaica; daí a impossibilidade de estabelecer com certa precisão a fronteira entre uma doutrina válida em geral e a opinião individual de um mestre. Isto teve para o desenvolvimento ulterior do judaísmo conseqüências de longo alcance[38]. A forma flexível em que a fé judaica estava plasmada permitiu ao pensamento religioso das gerações posteriores uma grande liberdade de movimento. A filosofia judaica medieval pôde reinterpretar crenças religiosas tradicionais com uma liberdade que era negada à escolástica cristã. Não faltaram na Idade Média tentativas para restringir esta liberdade pela formulação de artigos de fé, mas visto que as autoridades espirituais judaicas podiam exigir reconhecimento geral de suas disposições apenas na medida em que atuavam como intérpretes do *Talmud*, tais esforços só poderiam alcançar no melhor dos casos um êxito limitado. Não obstante, a liberdade com respeito à tradição de fé possuía certos limites estabelecidos desde o início. Os princípios básicos da crença judaica não necessitavam de sistematização dogmática para serem claramente determinados. A fé na origem divina da *Escritura*, bem como da tradição oral complementar ligava, por princípio, o indivíduo quer em matéria de crença quer de lei religiosa.

A verdade religiosa havia sido dada de uma vez por todas na *Bíblia* e na tradição oral, e a convicção de fé encontrava nelas a sua norma absoluta. Toda liberdade era apenas uma liberdade para interpretar essa verdade, que por sua própria natureza era válida para todo mundo. Também no tocante ao conteúdo material da fé, essa liber-

---

36. *Êxodo Rabá*, 15:22; cf. Freudenthal, *op. cit.*, p. 71. Este dito é sem dúvida antigo, a despeito de seu contexto recente.
37. Mischná Sanhedrin 10 (11):1.
38. Cf. meu ensaio "Die Normierung des Glaubeninhalts in Judentum", *MGWJ*, LXXI, 241-255.

66 | A FILOSOFIA DO JUDAÍSMO

dade estava limitada a certos princípios fixos. Assim, a crença judaica na revelação implicava toda uma série de assunções religiosas, que compartilhavam da autoridade da revelação e, conseqüentemente, não requeriam uma explícita ênfase dogmática para assegurar sua autoridade sobre o fiel. As idéias de providência, retribuições e milagres estavam firmemente instituídas como elementos da fé judaica por meio de sua conexão com a crença na revelação. Sua verdade fatual encontrava-se fora de dúvida; somente com respeito ao seu entendimento acurado havia liberdade para a interpretação filosófica. Outras idéias religiosas, embora lhes faltasse esta cerrada relação formal com a noção de revelação, conseguiram atingir tamanha proeminência na liturgia e no culto público que sua autoridade não era questionada. O complexo todo das convicções religiosas que floresceu no período talmúdico serviu como uma incontestada e válida norma de fé para as futuras gerações judaicas e suas filosofias. Ambos os fatos – a existência de uma norma de fé e ausência de uma formulação sistemática de dogma – possuem igual importância nos desenvolvimentos subse-qüentes: tanto a liberdade como o constrangimento da filosofia judaica medieval derivam deles.

II A FILOSOFIA RELIGIOSA JUDAICA NA IDADE MÉDIA

1. O Surgimento da Filosofia Judaica na Idade Média

Após o desaparecimento da filosofia judio-helenística, só na Idade Média emergiu um novo movimento filosófico no âmbito do judaísmo. Mas tal movimento foi incomparavelmente mais longo em duração do que o seu antecessor na Antigüidade. Seu começo situa-se, ao mais tardar, nos inícios do século IX da era cristã e, em contínuo desenvolvimento, estendeu-se até o fim do Medievo. Traços de sua influência podem ser discernidos ainda no princípio da Idade Moderna.

Durante todo esse tempo, a filosofia influenciou de maneira profunda a vida espiritual do judaísmo. Para aquelas partes do povo judeu cuja vida espiritual não estava limitada ao estudo da *Bíblia* e do *Talmud*, mas que aspirava por um ideal universal de cultura intelectual, a filosofia era a coroa das ciências, o foco central de seu empenho. O conhecimento filosófico constituía não só a mais alta forma de conhecimento à qual as ciências profanas estavam subordinadas, mas na qualidade de mais elevada forma de conhecimento religioso era superior também ao estudo da lei religiosa. Esta posição central da filosofia não era apenas um programa teórico, mas correspondia igualmente à realidade da vida espiritual. Todas as áreas da literatura religiosa ficaram sob a influência da filosofia. A exegese bíblica buscou o sentido mais profundo da *Bíblia* numa apreensão filosófica; a poesia religiosa ecoou as idéias da filosofia, e a prédica filosófica do Medievo tardio procurou introduzir suas idéias nas congregações de fiéis. A partir dessa interpretação filosófica do judaísmo brotou uma forma filosófica da religião que, muito embora admitindo a inquestionável autoridade da divina revelação, representava, não obstante, considerável transformação do judaísmo bíblico e talmúdico e, no curso do tempo, alcançou um largo círculo de judeus cultos.

A filosofia judaica na Idade Média surgiu no mundo cultural do islã e sofreu forte impacto da filosofia islâmica. Em seus inícios, liga-se preponderantemente ao pensamento filosófico-religioso do Kalam. E até depois que a filosofia judaica passou cada vez mais a ser marcada pela influência do neoplatonismo e, a seguir, do aristotelismo, sua conexão com a filosofia islâmica foi mantida. Os neoplatônicos judeus abeberaram-se amiúde nas traduções árabes de fontes neoplatônicas, bem como na literatura dos neoplatônicos islâmicos, em especial a enciclopédia dos Puros Irmãos de Basra (Bassora), e os aristotélicos judeus filiavam-se às interpretações de Aristóteles

70 | A FILOSOFIA DO JUDAÍSMO

nos termos dos aristotélicos árabes, como al-Farabi, Ibn Sina (Avicena) e, mais tarde, Ibn Ruschd (Averróis). Na baixa Idade Média, a filosofia judaica alcançou os judeus que viviam nas terras cristãs. Seus centros principais localizavam-se nas partes cristãs da Espanha e na Provença; a Itália também tomou parte ativa neste labor do pensamento filosófico. Mas, inclusive aí, a influência da filosofia islâmica continuou dominante e, em comparação com ela, foi desprezível o impacto da escolástica cristã; esta ganhou importância somente no fim do Medievo. A medida da dependência em relação à filosofia islâmica é ilustrada pela forma com que a filosofia judaica veio a ser transplantada nas terras cristãs. Pois, entre as traduções hebraicas que abriram o mundo da filosofia aos judeus não falantes do árabe, as dos filósofos islâmicos superava de longe as das fontes gregas originais. Aristóteles, em quem se baseou toda a filosofia judaica ulterior, era conhecido principalmente a partir das traduções dos comentários de Averróis, as quais, sem dúvida, incorporaram amplas seções do texto original. Tal fenômeno não se cingia apenas à esfera da filosofia, pois o domínio inteiro da cultura islâmica exerceu um tremendo impacto sobre os judeus ao tempo quando o latim, a língua dos eruditos cristãos, era conhecido por pouquíssimos judeus. Não houve barreira lingüística desse tipo no mundo muçulmano onde a língua árabe reinava suprema tanto na vida quanto na literatura. Além do mais, o caráter religioso menos rígido da cultura islâmica tornou possível que dela participassem fiéis de outro credo.

Assim, os judeus puderam tomar parte ativa na vida científica dos povos islâmicos, sobretudo na matemática, na astronomia e na medicina. Outras tendências no âmbito da cultura islâmica fizeram-se modelares para a emulação judaica. A cultura judio-árabe resultante produziu importantes e brilhantes realizações, e figura entre os fenômenos mais fecundos e influentes na história do judaísmo.

A mesma causa que respondeu pela participação judaica em todos os aspectos da cultura islâmica, também explica o sucesso da filosofia islâmica. Porém, a origem da filosofia judaica nesse tempo não pode ser explicada tão-somente pelo interesse teórico. A própria existência do judaísmo dentro de um mundo islâmico exigiu uma justificação filosófica. O entusiasmo religioso dos primeiros séculos do islã também teve um efeito sobre o judaísmo; este, como aconteceu no mundo muçulmano, manifestou-se na proliferação de seitas religiosas. A maioria delas representava, por certo, um fenômeno efêmero que não deixou um traço permanente no judaísmo. Apenas o caraísmo, que surgiu na metade do oitavo século, e que reconhecia unicamente a autoridade da *Escritura*, rejeitando a lei oral e, com ela, a expansão talmúdica da lei bíblica, conseguiu subsistir. Por volta do século XI, até o caraísmo havia ultrapassado o seu pináculo, e à medida que o tempo passava foi perdendo cada vez mais seu dinamismo e seu apelo propagandístico, até converter-se em uma seita heterodoxa menor. Contudo, em seus primeiros séculos de existência desenvolveu uma feroz

O SURGIMENTO DA FILOSOFIA JUDAICA NA IDADE MÉDIA | 71

energia e ameaçou tornar-se um sério rival do judaísmo talmúdico ou, como os caraítas o denominavam, rabanita. O principal ponto de contestação das várias seitas religiosas era a lei talmúdica. Mas, de vez em quando, as polêmicas religiosas entravam no campo das crenças e das doutrinas. Era o caso, em especial, dos caraítas, que acusavam o judaísmo rabínico, com base nas inúmeras expressões antropomórficas presentes na literatura talmúdica e midráschica, de perverter o conceito bíblico de Deus.

Ao mesmo tempo, o judaísmo tinha de defender-se dos violentos ataques externos. A ascensão do islã e sua difusão por todo o Oriente Médio e África do Norte suscitou polêmicas tempestuosas, não apenas entre o islã e as diferentes crenças que pretendia suplantar, mas também entre as próprias fés mais antigas. O judaísmo não poderia evitar de ser arrastado a esta controvérsia. As acusações lançadas contra o judaísmo não eram fundamentalmente novas, mas foram expressas com nova energia, e os judeus àquela altura estavam tão envolvidos na vida cultural da época que os argumentos e métodos apologéticos tradicionais, baseados no *Talmud*, não mais se adequavam. Fazia-se mister enfrentar o desafio adaptando a apologética aos modos de pensamento e expressão dos tempos correntes. O lado cristão do ataque não era importante na época, embora não se saiba com certeza se algumas estocadas aparadas pelos judeus eram originalmente cristãs ou muçulmanas. Isto se aplica, por exemplo, às duas objeções citadas por Saádia Gaon, que já eram do conhecimento da antiga literatura cristã: a primeira, de que a dispersão de Israel entre as nações provou que Deus o abandonara; a segunda, de que a *Bíblia* era uma revelação inferior, uma vez que ensinava haver retribuição apenas neste mundo[1].

Essas acusações polêmicas esteavam-se na assunção comum às duas fés religiosas de que o judaísmo, conquanto fosse uma religião revelada, havia sido suplantado por revelações posteriores. O islã especialmente enfatizava esta idéia. Era o dever dos judeus, bem como dos membros de outras crenças, acreditar na revelação absoluta de Deus tal como completada e "selada" por Maomé, que abolira todas as revelações anteriores. Em acréscimo, a polêmica islâmica pretendia que o texto da *Bíblia* havia sido falsificado em um tempo ulterior; por conseguinte, não mais representava a divina revelação original. Similarmente, os teólogos islâmicos avançavam o argumento (ou possivelmente tomaram-no emprestado dos caraítas) de que a idéia talmúdica de Deus era antropomórfica – a despeito do fato de que mesmo no interior do islamismo fossem correntes concepções grosseiramente antropomórficas acerca da Divindade[2]. A teologia judaica não só teve de provar a inverdade fatal dessas acusa-

---

1. Cf. M. Schreiner, "Zur Geschichte der Polemik zwischen Juden und Mohammedanern", *Zeitschrift der deutsch-morgenländischen Geselschaft*, XXXIV (Leipzig), 592 e ss.
2. No curso de sua crítica ao judaísmo rabínico, Al-Qirqisani cita uma tal coleção de antropomorfismos. Cf. L. Nemoy, "Al-Qirqisani's account of the Jewish sects and Christianity", *HUCA* VII, 350 e ss.

72 | A FILOSOFIA DO JUDAÍSMO

ções, como viu-se ainda forçada a empreender um exame cabal do problema do antropomorfismo, que veio a ser um dos temas básicos do pensamento sistemático, quer no judaísmo, quer no islamismo. Em primeiro lugar, precisou refutar a doutrina de que a revelação dada a Israel fora ab-rogada pela revelação concedida a Maomé. Além do mais, cumpria-lhe confutar não apenas a superioridade mas também a verdade da revelação proporcionada a Maomé. Umas poucas seitas judaicas isoladas admitiram Maomé no grau de profeta para os gentios; comumente, era considerado falso profeta, e a religião que fundou era concebida como obra humana.

Na batalha sobre a verdade da revelação islâmica os dois lados da controvérsia não se restringiam a puras afirmações dogmáticas. A teologia muçulmana procurou aduzir provas da origem divina do islã, e a judaica replicou na mesma moeda. As provas alegadas eram essencialmente históricas, porém as críticas, que cada lado apontava contra o outro, conduziam à questão fundamental quanto ao próprio critério para avaliar a confiabilidade das tradições históricas. Cada lado acentuava aqueles elementos que eram úteis aos seus propósitos. Ainda assim, ambos desenvolveram graças a essa controvérsia os inícios primitivos de uma crítica histórica como uma corte de apelação, diante da qual a própria tradição religiosa tinha de ser julgada. O argumento muçulmano de que, com a revelação feita a Maomé todas as revelações prévias, inclusive a do judaísmo, haviam sido derrogadas, foi contradito mediante a transferência de toda a questão à esfera da filosofia. A noção de uma série de revelações, a mais antiga das quais teria sido ab-rogada por estádios posteriores, parecia pressupor que Deus poderia mudar de idéia; a hipótese de que Deus primeiro ordenou uma coisa e depois outra foi julgada incompatível com uma pura e sublime concepção do divino. O mesmo problema já havia sido enfrentado pela Igreja cristã primitiva, que respondera dizendo que Israel antigo não estava pronto para a plenitude da verdade de Deus e portanto recebera Dele apenas aquela porção que se adequava às suas capacidades. A filosofia islâmica tratou da questão a partir de um ponto de vista mais formal e procurou provar que Deus ordenou diferentes coisas em diferentes épocas sem que houvesse qualquer mudança em Sua vontade. Como resultado do que era na origem uma questão histórica surgiu um problema metafísico, que passou a ser discutido com todas as sutilezas dialéticas da argumentação escolástica[3].

Ainda mais radicais foram as investidas efetuadas contra o monoteísmo como tal – judaísmo, cristianismo e islamismo em conjunto. Emanavam das religiões não monoteístas do Oriente Próximo. Mesmo após a conquista do império sassânida pelos árabes e o estabelecimento do islã na Pérsia, a religião parse (zoroastriana) continuou a lutar por muitas centenas de anos. Em sua concepção dualista da existência, chegou muito perto de vários sistemas gnósticos, um dos quais, o maniqueísmo, logrou consi-

---

3. Cf. Paul Kraus, "Beitrage zur Islamischen Ketzergeschichte", *Revista degli studii orientale*. XIV, 64 e ss.

O SURGIMENTO DA FILOSOFIA JUDAICA NA IDADE MÉDIA | 73

derável importância e influência durante os primeiros séculos do islamismo. Por fim, a jovem religião do islã pelejou também com alguns ramos do hinduísmo.

Em si mesmos, esses movimentos sincréticos exerceram pouco ou nenhum efeito sobre o judaísmo, mas suas polêmicas contra ele tiveram alguma significação. Enquanto o cristianismo e o islã reconheciam as bases reveladas do judaísmo, estas outras religiões denegavam o próprio fato de uma revelação bíblica, e criticavam o ensinamento bíblico a partir do pondo vista de suas próprias posições religiosas.

Não está claro em que grau as religiões indianas participavam dessa controvérsia. Na literatura judaica e muçulmana do fim do século IX e depois disso, é dado como opinião dos brâmanes de que não há necessidade da profecia, uma vez que a razão humana basta para guiar o homem pelo caminho certo. Fica inteiramente claro, todavia, que esta concepção é incompatível com os princípios teológicos básicos do bramanismo, e por isso aventou-se mais tarde a teoria de que um cético maometano do IX século colocou o seu próprio ceticismo na boca de um brâmane – um artifício literário que poderia dar certo caso seus leitores não estivessem familiarizados com a efetiva natureza do bramanismo[4]. De quando em vez, as imensas unidades de tempo da cosmologia hinduísta apareceram em contraste com o modo de ver bíblico de que o mundo fora criado há apenas poucos milhares de anos passados. Mas qualquer que seja a extensão da controvérsia entre as crenças hinduístas e o monoteísmo, esta carecia de importância quando comparada com a batalha travada contra os credos dualistas, cuja influência é atestada pelas contínuas polêmicas antidualistas na literatura islâmica e judaica. Em primeiro lugar, o princípio fundamental das religiões dualistas era a negação enfática da concepção bíblica de que o mundo, tanto nos seus aspectos bons quanto nos maus, constituía obra de um Deus bondoso. Também tentaram provar, por um exame pormenorizado da *Escritura*, que o Deus da *Bíblia* não era o da verdade e da perfeição, porém um Deus deficiente quer sob o ângulo espiritual quer sob o ético. Isto, igualmente, não passava de uma renovação de velhas idéias com que o judaísmo se deparara e às quais combatera no passado. A doutrina segundo a qual existiam "dois poderes" já havia sido rebatida pelos Profetas pós-exílicos, e a difamação gnóstica da idéia bíblica de Deus fora combatida pelos sábios do *Talmud* nos primeiros séculos da era cristã. Os antigos argumentos gnósticos foram revividos pelo ulterior sistema gnóstico conhecido como maniqueísmo.

Tais ataques repetiram-se novamente nos primeiros séculos do islã, quando os mestres parses também vieram a apoiá-los[5]. Um texto parse do nono século investe

---

4. *Ibid.*, pp. 341 e ss., 356 e ss.
5. Darmstedter sumaria o terceiro capítulo do livro persa que ataca o judaísmo, em seu ensaio "Textes Pehlvis relatifs au judaïsme", *RÉJ*, XVIII, 1-15. As mesmas críticas apresentadas contra o judaísmo pelos maniqueus encontram-se nos escritos antimaniqueus de Agostinho.

74 | A FILOSOFIA DO JUDAÍSMO

de modo veemente contra o relato bíblico da criação, retomando e amiúde copiando literalmente os argumentos já utilizados pelos primeiros gnósticos e, em particular, pela literatura maniqueísta. De acordo com este autor, Deus não poderia criar o mundo com Sua palavra, pois, neste caso, a criação não teria levado seis dias para ser completada. Do mesmo modo, era impossível que um Deus que houvesse criado o mundo apenas por Sua palavra, precisasse descansar. Quanto ao pecado de Adão, se Deus desejava que o homem observasse seus mandamentos, por que então Ele lhe deu a oportunidade de pecar? A pergunta que Deus faz a Adão "Onde estás?" parece ser uma admissão de que Deus nada sabia por onde Adão andava; portanto, a *Bíblia* não considerava Deus onisciente. A concepção bíblica da ira e da vingança do Senhor é tomada como prova da inferioridade ética da noção judaica de Deus.

O embate das grandes religiões e a discórdia entre as seitas abalou severamente a fé ingênua na autoridade religiosa. No âmbito do horizonte religioso cada vez mais amplo, as religiões rivais eram todas vistas em um só nível, e as opostas pretensões à verdade exclusiva pareciam cancelar uma à outra. Um fato sintomático deste modo de pensar é o desenvolvimento, na literatura islâmica, do interesse em religião comparada. A própria religião converteu-se em objeto da indagação teórica, e a rica variedade de suas manifestações tornou-se um tema de descrição científica e classificação. Essa emancipação latente da fé ingênua na autoridade aparece de maneira inteiramente explícita, e talvez em termos dos mais impressionantes, no conhecido relato do fim do século X acerca das amistosas discussões sobre religião, realizadas em Bagdá, entre membros de vários credos. Os participantes concordaram em adotar tolerância absoluta um em relação ao outro; quando suas várias fés estavam sendo discutidas, todo apelo dogmático à autoridade era eliminado. A única fonte a que se podia recorrer na busca da verdadeira religião residia no "intelecto humano". A razão, em vez da autoridade, tornou-se assim o critério para a verdade religiosa[6]. Encontramos o mesmo modo de pensar num círculo filosófico que floresceu em Bagdá durante esse período e do qual faziam parte adeptos de diferentes religiões, inclusive dois judeus que, segundo nos é contado, eram objeto da mais alta estima. Nos debates do referido grupo, foi levantada a questão se a filosofia podia decidir em favor de um dos credos em competição, ou se permitia que cada filósofo seguisse individualmente a fé em que fora nutrido. Infelizmente, a resposta não foi preservada, mas o fato mesmo de o problema ter sido colocado é indicativo do espírito do grupo[7].

---

6. Kremer, *Geschichte der herrschenden Ideen des Islams*, pp. 241 e s.
7. Goldziher, "Mélanges judéo-arabes", *RÉJ*, XVI; "Le Moutakallim Juif Abou-I-Kheyr", *RÉJ*, XLVII, 41 e ss.; S. D. Gotein, "Novas Hipóteses sobre a Filosofia Judaica no Tempo de Saádia", *Sefer R. Saadia Gaon*, editado por J. L. Fishman, pp. 567-570.

O SURGIMENTO DA FILOSOFIA JUDAICA NA IDADE MÉDIA | 75

Este novo racionalismo assumiu em muitos casos uma feição manifestamente hostil à religião. Visto que nas disputas acima mencionadas os "materialistas" também estavam presentes, os teólogos islâmicos e judeus travaram viva polêmica contra a seita dos Dahriya, que negava a existência de um divino Ser. Havia igualmente adeptos de uma crença racional em Deus que negava toda revelação positiva. O conhecido relato do teólogo ortodoxo muçulmano, Ibn Hazm, que viveu na Espanha, no século XI, poderia ser usado para ilustrar a situação espiritual do Oriente em um período pouco anterior. A sua narrativa mostra a difusão e as variadas formas de ceticismo no tocante à religião revelada. Ao lado da negação radical de toda e qualquer religião revelada, encontramos a noção relativística do igual valor de todas as crenças. De acordo com este ponto de vista, todo homem deveria seguir uma religião qualquer, pois sem religião não é possível haver vida moral. A essência das religiões reside nas suas exigências éticas comuns; isso é atestado, quer pela área de concordância entre as religiões positivas, quer pela evidência racional. Comparada ao cerne racional comum das religiões positivas, suas diferenças são relativamente insignificantes; a idéia de seu igual valor expressou-se pelo desaparecimento da conversão de uma religião para outra, bem como pela regra do círculo de Bagdá, segundo a qual todo homem deveria seguir a religião dada a ele por Deus[8].

A fraternidade islâmica dos Puros Irmãos, que surgiu no século X, acreditava no cerne comum de todas as religiões, embora o concebesse como um núcleo de verdade metafísica oculta, que cada religião exprimia num conjunto diferente de símbolos. Tal verdade e os ideais práticos dela decorrentes constituem uma versão popular da filosofia neoplatônica, e mesmo a doutrina sustentada pelos Irmãos, segundo a qual as diversas religiões concretizam uma mesma verdade em símbolos diferentes, derivava da concepção grega neoplatônica de que todas as religiões cultuavam o mesmo Deus, que diferia apenas no nome, e que a mesma verdade subjazia a todos os diversos mitos. Uma atitude mais negativa para com as religiões positivas vinha à tona na concepção de que o propósito da religião era fazer com que a massa do povo obedecesse a leis e mantivesse a ordem política. A forma mais radical deste ponto de vista, que estava dirigido contra os ensinamentos de muitos sofistas gregos, enxergava na religião apenas uma invenção humana destinada a servir fins políticos. Porém, até a forma mais moderada desta doutrina, que admitia serem divinamente inspirados os fundadores das religiões históricas positivas, insistia que estes tinham recebido suas doutrinas de Deus unicamente para fins políticos, e que as crenças por eles

---

8. M. Schreiner, "Zur Geschichte der Polemik zwischen Juden und Mohammedanern", *Zeitschrift der deutsch-morgenländischen Geselschaft*, XLII (Leipzig, 1888), 615-618. Sobre o conceito de religião universal que se acha na base dessas concepções, cf. J. Guttmann, "Religion und Wissenschaft in mittelalterlichen und in modernen Denken", *Festschrift zum 50jährigen Bestehen der Berlin Hochschule für die Wissenschaft des Judentums in Berlin*.

76 | A FILOSOFIA DO JUDAÍSMO

ensinadas à humanidade pretendiam fortalecer a obediência às leis por eles outorgadas, mas sem reivindicar o caráter de verdade[9].

A influência da filosofia grega, que é óbvia em algumas das mencionadas doutrinas, estava indubitavelmente em ação em outros sistemas que eram críticos em face das religiões reveladas. O naturalismo, que negava toda crença em Deus; o racionalismo, que apoiava esta crença apenas na razão; e o relativismo, que relegava todas as religiões históricas positivas a um só nível, todos eles faziam uso de argumentos hauridos na filosofia helênica e amiúde apareciam em conexão com sistemas gregos de pensamento. Entretanto, é impossível defluir dessa única fonte todas as doutrinas antes referidas. Inclusive em sua forma tardia, elas mostram claramente em que extensão foram motivadas pelas rivalidades inter-religiosas. A atitude crítica em face da religião como tal não era dependente da filosofia, a despeito da tentativa de descobrir apoio e justificação na filosofia helênica enquanto ela se difundia entre os árabes. Em essência tal postura consistia em um certo iluminismo algo ingênuo e elementar (mas, não obstante, poderoso e autoconfiante) que encarava as diferenças históricas e dogmáticas entre religiões como sendo de importância secundária, quando comparadas a seus princípios religiosos e éticos comuns. Mais tarde, esse iluminismo adotou da filosofia grega a concepção de que tais verdades básicas, comuns a todas as religiões, radicavam na razão; de vez em quando, esta noção se ligava a uma doutrina especificamente estóica, segundo a qual a crença em Deus é inata na natureza humana. Muito embora nenhum conceito definido de religião natural tenha sido desenvolvido, como na Ilustração do século XVIII, ao menos alguns de seus elementos parecem estar presentes, e a disposição religiosa em geral não é dessemelhante.

Sob o influxo de tais tendências, a teologia do islã expandiu-se no sentido de uma filosofia da religião. A investigação conceitual no que tange à doutrina do Kalam teve seus inícios na escola racionalista dos mutazilitas; mais tarde, surgiram outras escolas que utilizaram os mesmos métodos (ainda que para propósitos opostos) e foram, por conseqüência, consideradas como Kalam. Os mutazilitas, a princípio, limitavam-se a adaptar crenças tradicionais às demandas da razão teórica e ética, mas os ataques intelectuais ao islã forçaram-nos a ir mais adiante e a justificar os fundamentos e as doutrinas da religião. Cruzaram assim a linha fronteiriça da teologia para a filosofia da religião. Contra a denegação da crença em Deus, buscaram provar Sua existência; contra a crença em dois poderes, procuraram demonstrar Sua unidade; contra a crítica da religião revelada, apresentaram tanto a prova racional da necessidade da revelação, como as provas históricas da verdade do islã. Ao racionalismo crítico que rejei-

---

9. J. Guttmann, "Zur Kritik der Offenbarungsreligion in der arabischen und jüdischen Philosophie", *MGWJ*, LXXVIII, 465 e ss.

O SURGIMENTO DA FILOSOFIA JUDAICA NA IDADE MÉDIA | 77

tava a revelação, opuseram um racionalismo crente, cujo supremo ideal religioso era similar ao de seus oponentes, mas que sustentava ser a revelação islâmica a única realização verdadeira desse ideal.

As mesmas necessidades que levaram ao desenvolvimento da filosofia muçulmana da religião produziram sua contraparte judaica. Este pano de fundo islâmico determinou o caráter da filosofia medieval judaica do começo ao fim. Mais ainda até do que a islâmica, a judaica permaneceu no sentido exclusivo uma filosofia da religião. Enquanto os neoplatônicos e aristotélicos islâmicos lidavam com a filosofia em sua plena extensão, os pensadores judeus fiavam-se em sua maior parte na obra de seus predecessores islâmicos com respeito às questões filosóficas gerais, e concentravam-se de maneira mais específica em problemas filosófico-religiosos. Houve, sem dúvida, exceções nisto; entre os neoplatônicos judeus, Isaac Israeli e Salomão Ibn Gabirol trataram de filosofia da natureza e de metafísica independentemente de quaisquer questões particulares de filosofia religiosa, e entre os aristotélicos da Idade Média posterior, Levi ben Gerson e Moisés Narboni, por exemplo, comentaram de maneira muito minuciosa os tratados de Averróis sobre lógica e sobre ciências naturais. Mas, a grande maioria dos pensadores judeus fez da justificação filosófica do judaísmo o seu principal objeto, abordando os problemas da metafísica em um contexto filosófico-religioso.

Esta limitação da filosofia judaica não diminui sua significação histórica. Isto porque foi na explanação filosófica da religião que a filosofia medieval mostrou a sua maior originalidade. Dependente em muitos aspectos de tradições antigas, e produtiva tão-somente na medida que reelaborou e continuou especulações vindas por legado, encontrou aqui uma nova esfera de problemas a investigar. Sua refundição de idéias metafísicas tradicionais deveu-se à necessidade de adaptar a metafísica antiga à religião personalista da *Bíblia*. Foi a esta área central da filosofia do Medievo que os pensadores judaicos se devotaram, e foi onde fizeram sua contribuição histórica.

OS INÍCIOS

Dos textos subsistentes, os primeiros escritos de filosofia medieval judaica foram compostos no começo do século X de nossa era. Dentre os mais antigos, a obra de Isaac Israeli pode ser atribuída ao final do século IX, mas o desenvolvimento filosófico precedente deve retroceder no mínimo aos inícios do século IX. Entretanto, o pouco que sabemos confirma a extrema importância das controvérsias religiosas para os primórdios da filosofia judaica. A grande obra de Saádia Gaon, com sua riqueza de informações concernentes aos mais antigos filósofos judeus, nos ensina algo sobre o grau de sutileza alcançado nas disputas entre os teólogos judeus e islâmicos, no que se refere à possibilidade de uma pluralidade mutuamente exclusiva

78 | A FILOSOFIA DO JUDAÍSMO

de revelações[10]. Saádia menciona pensadores judeus que buscavam provar por meio de conceitos lógicos que uma lei, uma vez dada por Deus, não poderia ser alterada. Argumentavam que uma lei divina era ou eterna e não poderia, portanto, ser ab-rogada, ou então era de validade limitada desde o início, e não haveria sentido em falar de "ab-rogação" em circunstâncias ou em tempos e lugares para os quais sua aplicação nunca fora pretendida. Porém, uma vez dada a lei, sem que a duração de sua validade fosse especificada, era impossível que uma comunicação posterior pudesse legislar sobre a sua validade eterna ou temporal, porquanto a precisão com que a esfera de aplicação de leis era em geral definida, pretendia claramente excluir todas estas ambigüidades. A partir do contra-argumento citado por Saádia, parece que o caso judeu para a inalterabilidade da lei divina alicerçava-se sobretudo na noção de inalterabilidade da vontade divina. É-nos dito que os teólogos muçulmanos argumentavam que a vontade divina ordenava ao homem contínuas alterações de vida e morte, riqueza e pobreza, e que a natureza, também, estava sujeita a uma eterna mudança. Isto seguramente implica que seus oponentes judeus tinham deduzido a imutabilidade da revelação a partir da imutabilidade da vontade divina. Como Saádia adianta esses argumentos em seu próprio nome, e sem mencionar seus predecessores, não podemos reconstruir o estado preciso da controvérsia com a qual se deparou. O mais provável, todavia, é que Saádia haja apenas desenvolvido argumentos já existentes ao serem por ele encontrados. Não só o tratamento filosófico geral do problema, como ainda a agudeza dialética de seus argumentos derivam provavelmente de polemistas judeus anteriores.

Pode-se ver, de um modo muito claro, pelo que sabemos do herético judeu Hiwi de Balkh (no atual Afeganistão), quão severamente o judaísmo foi afetado pelas várias formas de crítica religiosa nos primeiros séculos do islã. Seu livro, composto na segunda metade do século IX, e que contém duas centenas de objeções à *Bíblia*, não chegou até nós. É possível, entretanto, ter uma idéia bastante precisa de seu conteúdo a partir das refutações apaixonadas existentes na literatura judaica posterior e, especialmente, no grande fragmento da polêmica de Saádia contra ele, descoberto há alguns anos[11].

Hiwi investiu contra a *Bíblia* por todos os ângulos. Apontou as contradições nas narrativas escriturais e procurou explicar os milagres, como a travessia do Mar Vermelho e a dádiva do maná, em moldes naturalistas[12]. Mostrou-se implacavelmente

---

10. Saádia ben Iossef, *Kitab al-Amanat w'al I'tikadat* (*Livro de Crenças e Opiniões*), cap. 3, pp. 128-131; editado por S. Landauer (árabe), na tradução hebraica, pp. 80-82. Provas ulteriores foram adicionadas a partir da exegese bíblica sobre o problema da ab-rogação da Lei Mosaica.

11. O remanescente da *responsum* de Saádia foi descoberto e publicado por Israel Davidson, *Polemics against Hiwi al-Balkhi* (New York, 1915). Todo o material sobre essa questão, conhecido antes da descoberta de Davidson, foi organizado e avaliado por Poznanski, no seu ensaio sobre Hiwi, na crestomatia *Ha-goren*, VII, 112-137.

12. Poznanski, *op. cit.*, pp. 118, 124 e ss.

O SURGIMENTO DA FILOSOFIA JUDAICA NA IDADE MÉDIA | 79

crítico em relação ao conteúdo religioso da *Escritura* e, em particular, às suas idéias antropomórficas acerca de Deus. Da história do Jardim do Éden, em que Deus pergunta ao homem "Onde estás?" (*Gên.*, 3:10), bem como da referência a Deus "tentando" Abraão (*Gên.*, 22:1), ele concluía que a *Bíblia* não concebe Deus como onisciente[13]. Outras objeções à idéia bíblica de Deus são de que Ele, por medo, impediu que o homem comesse da árvore da vida; que Deus "arrependeu-Se" de ter feito o homem (*Gên*, 6:6); que no dilúvio destruiu não somente os perversos, mas também as criaturas inocentes, e que exigiu sacrifícios de animais para o seu sustento[14]. O monoteísmo como tal era criticado por Hiwi com argumentos do seguinte tipo: Por que Deus plantou o impulso do mal no coração do homem, e por que lhe trouxe miséria e sofrimento e – finalmente – morte?[15]

Hiwi coletou de várias fontes o material para os argumentos de sua crítica. Algumas de suas objeções lembram questões que já haviam sido levantadas pelo *Talmud*. A influência decisiva sobre o seu pensamento foi a da polêmica do maniqueísmo dualista contra a *Escritura* – o mesmo dualismo que constituiu a fonte de textos parses anteriores[16]. Sua asserção de que o autor do relato bíblico do paraíso não concebia Deus como onisciente, e sua indagação sobre o motivo pelo qual Deus dotou o homem com o poder do pecado, são idênticas às dos polemistas parses. A tendência geral da polêmica também recorda a controvérsia prévia.

Quanto às idéias religiosas do próprio Hiwi, não há indicação clara em nossas fontes. Ocasionalmente é tachado de adepto do dualismo parse, e parece que interpretou o versículo escritural "E a terra era vã e vazia, e havia escuridão sobre a face do abismo"(*Gên.*, 1:2), no sentido de um dualismo fundamental de luz e treva[17]. A observação de Saádia de que em seu panfleto contra Hiwi apresentara provas em favor da criação do mundo, parece implicar que Hiwi a havia negado[18].(Isto, porém, não é algo absolutamente certo; embora Saádia contrastasse a doutrina da criação

---

13. *Ibid.*, p. 118; Davidson, *op. cit.*, p. 74.
14. Davidson, *op. cit.*, pp. 38, 48, 52, 68; Poznanski, *op. cit.*, pp. 121 e ss.
15. Davidson, *op. cit.*, pp. 42-46.
16. Sobre a semelhança com as questões propostas na literatura talmúdica, cf. Jacob Guttmann, *MGWJ*, XXVIII, 260-270; sobre a sua dependência da polêmica perse, cf. D. Kaufmann, *RÉJ*, XXII, 287-289. Cf. Poznanski, *op. cit.*, pp. 130 e ss., e Davidson, *op. cit.*, pp. 80-82. Marmorstein, em "The Background of the Haggadah", *HUCA*, VI,157, 158, 161, salienta que algumas das objeções de Hiwi aparecem nos escritos de Marcião e são também citadas no *Talmud* como exemplos de argumentos antijudaicos. Ele aventa a hipótese de que Hiwi os tomou seja do *Talmud* seja dos remanescentes da seita marcionita, que ainda existia em seu tempo, mas que ele viu que esses argumentos eram equivalentes aos do livro perse. Passou aparentemente desapercebido por todos os investigadores prévios que os mesmos argumentos aparecem na literatura maniquéia, que, provavelmente, constituiu a fonte primária do livro perse e de Hiwi. As fontes maniquéias estavam em dívida, por certo, com Marcião.
17. Poznanski, *op. cit.*, pp. 116 e s.
18. Saádia ben Iossef, *Livro das Crenças e Opiniões*, original árabe, p. 37; tradução hebraica, p. 23.

80 | A FILOSOFIA DO JUDAÍSMO

com a do dualismo, Hiwi, em seu pensamento, pode ter conciliado as duas posições.) Quando, entretanto, Saádia lhe atribui a crença na doutrina cristã da Eucaristia, e outro dentre os oponentes de Hiwi acusa-o de negar o livre arbítrio[19], somos forçados a renunciar à possibilidade de combinar doutrinas tão diversas em uma filosofia coerente. Isto não se deve necessariamente à apresentação distorcida de suas doutrinas heréticas em nossas fontes. O fato pode decorrer antes da própria natureza e propósito da polêmica travada por Hiwi, o qual estava preocupado essencialmente em destruir a autoridade da *Escritura*. Daí ter ele tomado suas armas de todos lados, mostrando uma vez que os ensinamentos escriturais levavam ao dualismo e outra vez que conduziam às idéias cristãs; não se pode, contudo, deduzir daí de que era partidário de tais doutrinas[20]. O caráter destrutivo de sua obra também constitui a razão de sua influência. Talvez devêssemos ler com ceticismo a afirmação, reportada em nome de Saádia, de que até mesmo mestres-escolas estavam espalhando as doutrinas de Hiwi. Ainda assim, os numerosos e violentos ataques dirigidos contra ele representam ampla evidência da impressão que sua obra deve ter causado.

É também no século IX que aparecem os inícios da especulação metafísica judaica. A um dos mais insignes dirigentes da seita caraíta, Benjamin ben Moisés de Nahawend, que atuou em meados da citada centúria, credita-se o ensinamento segundo o qual o mundo não foi criado imediatamente por Deus, mas que Deus apenas criou um anjo que, por seu turno, criou o mundo, e de quem os profetas receberam suas divinas revelações. Doutrinas similares são atribuídas à seita de Magaria, dos "homens das cavernas", também chamada de Maqaria ou Maqariba em algumas fontes. Estudiosos reconheceram nesta doutrina traços do *logos* de Filo, e tal identificação ganhou uma probabilidade maior graças à descoberta de que os judeus do Oriente, nos primeiros séculos do islã, dispunham de algum conhecimento – se bem que superficial – das concepções filonianas[21]. A julgar pelo que sabemos de Benjamin de Nahawend, há em seu pensamento muito pouco do significado mais profundo da doutrina do *logos* de Filo. Não só a noção característica filoniana do relacionamento do *logos* com Deus perdeu-se, em Nahawend, na concepção de um anjo criado, como até o principal propósito de Filo, para mediar, por meio do conceito de um *logos*, entre Deus e o

---

19. Davidson, *op. cit.*, p. 68; Poznanski, *op. cit.*, pp. 117-118.

20. O motivo é claro com respeito ao que se poderia denominar as "noções cristãs" de Hiwi. Pouco antes de Saádia demonstrar que a Última Ceia era contrária à razão, ele menciona que Hiwi "divide Deus em três". No contexto, isto é aparentemente dirigido contra a opinião de Hiwi de que a história do Antigo Testamento sobre a visita dos três anjos a Abraão (*Gên.* 18) inclui a doutrina da Trindade. Tal suposição, que excede a evidência quanto à crença de Hiwi na Trindade, levou Saádia a chamá-lo de cristão. O mesmo é verdade em relação à suposta crença de Hiwi no dualismo.

21. Poznanski, "Philon dans l'ancienne littérature judéo-arabe", *RÉJ*, L, 10-31.

O SURGIMENTO DA FILOSOFIA JUDAICA NA IDADE MÉDIA | 81

homem, cede lugar ao interesse inteiramente diverso de Benjamin no sentido de encontrar explanações satisfatórias para aqueles enunciados bíblicos relativos a Deus, que poderiam ser ofensivos a um monoteísmo puro[22]. Versículos que à primeira vista parecem impugnar a unicidade de Deus – por exemplo, "Quem é como tu, ó Senhor, entre os deuses?" – referem-se, não a Deus, porém ao mais elevado anjo, a cujo lado há outros seres angelicais, embora inferiores. Similarmente, as expressões antropomórficas utilizadas na *Escritura* com respeito a Deus são entendidas como se estivessem referidas a este anjo. Inclusive a noção do anjo como um demiurgo apoia-se no mesmo raciocínio. Quando a *Escritura* afirma que Deus criou o homem à sua semelhança e imagem, esta consideração não diz respeito a Deus, de quem não há imagem, mas apenas ao anjo[23]. Do mesmo modo, os teólogos islâmicos interpretaram todas as tradições referentes a visões de Deus como relacionadas, não a Deus, porém ao Primeiro Intelecto por Ele criado[24]. Suas concepções de que as visões sensíveis dos Profetas não se referiam a Deus, mas a uma essência por Ele criada, foi adotada por filósofos judeus posteriores, para os quais, entretanto, essa essência não possuía uma função criativa. A mesma idéia assumiu um lugar proeminente no pensamento de Benjamin, enquanto o problema de um mediador entre Deus e o mundo passou para trás.

Todavia, um certo número de pensadores judeus mencionados por Saádia estava interessado neste problema da origem do mundo. Em lugar da noção judaica tradicional de *creatio ex nihilo*, assumiram a concepção de que Deus criou o mundo a partir de uma matéria-prima preexistente e, na verdade, procuraram incutir esta idéia no texto bíblico. Este tema básico aparece em muitas variações. A doutrina do *Timeu* de Platão, concernente à origem do mundo, é expressa na forma extravagante de que Deus criou o mundo material a partir de substâncias espirituais eternas[25]. Outros conectam as doutrinas cosmológicas dos filósofos pré-socráticos com a idéia bíblica

---

22. *Ibid.*, p. 15.
23. Cf. Poznanski, em seu ensaio "Benjamin filho de Moisés", *Otzar Yisroel*, III, 127 e ss. De acordo com Filo, também (*Quis rerum divinarum heres sit*, par. 231), o homem foi criado à imagem e forma do *Logos*, e talvez seja aí que devamos procurar a fonte da concepção de Nahawend. Mas em termos da reconstrução da doutrina é típico que, para Filo, o *logos* também é feito à imagem e forma de Deus.
24. Schahrastani, *Religionsparteien und Philosophenschulen* (tradução alemã), I, 64.
25. Saádia ben Iossef, *Livro das Crenças e Opiniões*, caps. 1, 2: árabe, pp. 43 e ss.; hebraico, pp. 27 e ss. Os versículos citados a partir da Bíblia pelos expoentes judeus dessa doutrina correspondem em maior medida à representação do *logos*, e a forma de algumas das declarações de Saádia no curso da polêmica ilustra o fato de que algo dessa natureza fosse o tema do debate. Mas a exposição que ele faz dessa doutrina e o contexto em que os versículos são citados excluem qualquer relação possível com a doutrina do *Logos*. No segundo capítulo (árabe, p. 89; hebraico, p. 56), ele menciona a explicação escritural do *logos*, mas unicamente como uma explanação apresentada por eruditos cristãos. Não se pode estabelecer de modo conclusivo se a idéia do *logos* chegou ao seu conhecimento a partir de informantes judeus, ou em que forma ele veio a conhecê-la.

82 | A FILOSOFIA DO JUDAÍSMO

de Deus, ao assumir que Ele criou o mundo a partir de um elemento primordial, seja água ou ar. Prova disso foi encontrada no relato da criação no *Gênese*. Do versículo, "e a terra era vã e vazia", poder-se-ia deduzir que antes da criação, em vez da terra, existia o caos das águas primevas, e que o espírito de Deus, pairando sobre a face das águas, não era outra coisa senão o primevo elemento do ar[26]. Saádia também reporta outra tentativa para conciliar as antigas cosmologias e a história da criação: um dos elementos, água, fogo ou ar, foi concebido como sendo o primeiro elemento criado por Deus, e a partir dele os outros foram derivados. Não há meio de dizer se as duas últimas teorias mencionadas são de fato diferentes, ou se a diferença se deve meramente à apresentação de Saádia[27]. De qualquer modo, nenhuma dessas tentativas exibe qualquer originalidade, até onde nos é dado julgar a partir do registro feito por Saádia. As teorias cosmológicas gregas, que os tradutores do século IX deram largamente a conhecer, foram indiscriminadamente recolhidas e na medida do possível combinadas com o relato bíblico da criação.

O rápido ascenso da cultura filosófica descartou logo essas primitivas tentativas iniciais; daí por diante seus pontos de referência residiram nas formas maduras dos sistemas filosóficos gregos. Não obstante, apesar de sua crueza, essas primeiras tentativas são significativas como evidências da fermentação e da luta que o primeiro contato com a filosofia grega produziu entre os judeus.

Com o término do século IX, a pré-história da filosofia judaica chegou ao fim e sua verdadeira história começou. Entrementes, a filosofia islâmica realizara progresso significativo: em adição à teologia Kalam, o neoplatonismo desenvolvera-se em alto grau, e o aristotelismo, cujo primeiro representante foi al-Kindi, também alcançou considerável poder. O primeiro dos grandes e criativos aristotélicos árabes, al-Farabi, atuou antes do começo do século X. A filosofia judaica, em uma extensão até maior do que a islâmica, não permitiu uma divisão temporal estrita entre tendências filosóficas alternantes. O primeiro filósofo judeu, Isaac Israeli, era um neoplatônico, enquanto seus contemporâneos mais jovens, Saádia e David al-Moqames eram seguidores do Kalam. O neoplatonismo de Israeli não encontrou seguidores no leste, onde se desenvolveu primeiro; foi continuado apenas pelos filósofos espanhóis do século XI. Nossa exposição principia com o Kalam, uma vez que, falando em termos gerais, pode-se dizer que ele se encontra no início da filosofia judaica.

---

26. Saádia ben Iossef, *Livro das Crenças e Opiniões*, cap. 1, sec. 6, "Sobre a Criação das Coisas": árabe, p. 57; hebraico, pp. 35 e ss.
27. Saádia Gaon, *Commentaire sur le Sefer Yesira*, pp. 7 e s. Neumark (em "The Philosophy of Saadia", publicado na coletânea de ensaios de Neumark em inglês, *Jewish Philosophy*, 1929, pp. 177 e ss., 187) provou que Saádia fala aqui de doutrinas que consideram a matéria hílica criação de Deus.

2. O Kalam

SAÁDIA

Saádia ben Iossef de Faium no Egito (882-942) merece ser considerado o pai da filosofia judaica religiosa da Idade Média; seus dois contemporâneos mais velhos, Isaac Israeli e David al-Moqames, são inferiores a ele, tanto no que diz respeito à independência de pensamento filosófico quanto à profundidade e alcance de influência histórica. Saádia foi o primeiro a desenvolver de maneira autônoma as noções da teologia e da filosofia islâmicas; também foi o primeiro a empreender justificação filosófica sistemática do judaísmo. Sua formação científica deu-se no Egito, onde, ao que tudo indica, passou os primeiros trinta anos de sua vida. Depois, residiu na Palestina, Síria, Babilônia; em 928 foi designado Gaon (cabeça, reitor) da célebre Academia de Sura, na Babilônia.

Não apenas na filosofia, como em outros domínios da ciência medieval judaica, Saádia atuou como pioneiro. Foi um dos pais da filologia hebraica. Sua tradução da *Bíblia* para o árabe e seus comentários estabeleceram os fundamentos da exegese bíblica científica entre os judeus rabanitas. Nos estudos talmúdicos, abriu igualmente novos caminhos por meio de sua apresentação sistemática de certos temas. Em sua atividade literária multilateral, entretanto, a polêmica contra o caraísmo ocupou um lugar dominante, tendo ele escrito também uma refutação a Hiwi. A principal obra filosófica de Saádia combina a exposição de seu próprio sistema com a crítica aos pontos de vista oponentes; entre eles estão o triunitarismo cristão, o dualismo zoroastriano, a teoria muçulmana da revelação bíblica, os ataques racionalistas à idéia de revelação, bem como todas as doutrinas cosmológicas, psicológicas e filosóficas opostas aos ensinamentos do judaísmo.

Saádia começou a ocupar-se com a filosofia já na juventude. Ainda no Egito, endereçou algumas cartas filosóficas a Isaac Israeli, as quais, ao que parece, não receberam a aprovação deste pensador de orientação neoplatônica[1]. Escritos filosóficos mais importantes foram compostos por Saádia em anos ulteriores: em 931, um comentá-

---

1. Cf. os comentários de Dunasch ben Tamin ao *Sefer Ietzirá*, publicado por Grossberg pp. 17 e ss.

84 | A FILOSOFIA DO JUDAÍSMO

rio ao livro místico, *Sefer Ietzirá* (O Livro da Criação), e em 933 sua principal obra filosófica *O Livro das Crenças e Opiniões* (o título árabe é *Kitab al-Amanat w'al I'tikadat*; a tradução hebraica intitula-se *Sefer ha-Emunot ve ha-Deot*). Seus comentários à *Bíblia* contêm, do mesmo modo, muitos excursos filosóficos. Seu sistema como um todo, entretanto, encontra-se somente em *O Livro das Crenças e Opiniões*, que os demais escritos de sua lavra apenas inteiram em pormenores.

No que diz respeito às suas teses fundamentais, Saádia apoia-se no Kalam. Como outros seguidores judeus do Kalam, inclina-se para a sua versão mutazilita, que atende às concepções judaicas quer no seu estrito e inflexível tratamento do conceito da unidade de Deus, quer na sua insistência na doutrina do livre-arbítrio. Saádia acompanhou a convenção mutazilita até na estrutura formal de seu livro, fazendo com que o capítulo sobre a justiça de Deus seguisse o capítulo sobre a unidade de Deus. Mas, afora isto, abordou os temas escolásticos tradicionais com grande liberdade. Negou o atomismo do Kalam e o substituiu por concepções aristotélicas na ciência natural; na psicologia, combinou elementos platônicos e aristotélicos. Até lá onde concordava com os dogmas do Kalam, amiúde desenvolveu tais noções de maneira independente[2].

Sua doutrina do relacionamento entre razão e revelação, aceita pela maioria dos filósofos judeus que o sucederam, constituiu o fundamento metodológico de sua filosofia da religião. Foi desta forma que os pensadores medievais discutiram o problema geral da relação entre religião e conhecimento[3]. A verdade religiosa é caracterizada por sua origem na revelação, com o que ela se tornou uma forma distinta de verdade. Em decorrência da exclusividade do conceito de revelação, que dominou o pensamento medieval, o problema não era formulado em termos da relação de razão e religião como uma função geral da consciência humana, mas antes em termos da relação da razão com a pretensão de uma religião específica à origem divina. Ainda que deparemos com o iluminismo medieval falando de um cerne de verdade comum a todas as religiões, este cerne não é considerado como uma expressão de uma consciência religiosa geral e abrangente; a razão é que supostamente proporciona o fundamento comum às várias religiões. Somente lá onde a reivindicação da exclusividade é abandonada e uma pluralidade de revelações divinas concedida, encontramos uma formulação mais geral do problema independentemente de religiões particulares[4]. Mas esta formulação ampla da questão é

---

2. Para maiores detalhes, cf. Guttmann, *Die Religionsphilosophie des Saadia*, pp. 30 e ss.; e S. Horovitz, *Die Psychologie der jüdischen Religionsphilosophen des Mittelalters von Saadia bis Maimuni*, pp. 1-10.
3. Cf. H. A. Wolfson, "The Double Faith Theory in Clement, Saadia, Averroës and St. Thomas and its Origin in Aristotle and the Stoics", *JQR*, n. s., XXXIII, 213-264; A. Heschel, "The Quest for Certainty in Saadia's Philosophy", 265-303; "Reason and Revelation in Saadia's Philosophy", *JQR*, n. s., XXXIV, 291-408.
4. J. Guttmann, "Religion und Wissenschaft im mittelalterlichen und modernen Denken", em *Festschrift zum 50jährigen Bestehen der Hochschule für die Wissenschaft des Judentums in Berlin*, pp. 148 e ss., 173 e ss.

O KALAM | 85

inteiramente estranha a Saádia. Segundo ele, a religião judaica, revelada por Deus, difere radicalmente de todas as outras religiões que constituem apenas a obra de homens e, assim sendo, reivindicam falsamente origem divina. Todavia, o conteúdo desta revelação verdadeiramente divina é idêntica, aos olhos de Saádia, ao conteúdo da razão. No plano negativo, isto significa que não há contradição entre as duas esferas; no positivo, que a razão é capaz de alcançar por seus próprios poderes o conteúdo da revelação divina. Isto vale igualmente tanto para o conteúdo teórico quanto para o conteúdo moral da revelação. Ambas, quer as verdades metafísicas fundamentais contidas na revelação, quer as exigências morais por ela suscitadas, independem dela, sendo evidentes à nossa razão

Este ponto de vista levanta a quase inevitável pergunta: Qual é o propósito de uma revelação de verdades, se a razão pode apreendê-las por si só, com seus próprios poderes? Em resposta, Saádia propôs a idéia do valor pedagógico da revelação. Esta idéia, destinada a tornar-se extraordinariamente influente no pensamento medieval, foi desenvolvida em duas direções. Em primeiro lugar, a revelação procura fazer com que a verdade seja acessível em geral a qualquer pessoa, mesmo a quem seja incapaz de pensar por si próprio. Em segundo, procura proteger os filósofos mesmos das incertezas e inconstâncias do pensar, e dar-lhes desde o próprio início aquela verdade absoluta à qual o pensamentos deles chegaria somente após esforços sustentados e prolongados[5]. Mas a razão não deve satisfazer-se com esta forma de possuir a verdade. Para Saádia, a aquisição da verdade por meios racionais é um preceito religioso. Este modo de ver o propósito da revelação foi transmitido à corrente racionalista na filosofia religiosa judaica, que predominou durante a Idade Média; ela veio a ser adotada por sistemas filosóficos que, no teor de suas doutrinas, diferiam em larga medida de Saádia. A noção aparece em Maimônides e, dele, passou à escolástica cristã, que já havia sido preparada para recebê-la por concepções similares na antiga teologia cristã. Até o moderno Iluminismo do século XVIII, na medida em que mantém a idéia de revelação, encara a relação entre razão e revelação fundamentalmente da mesma maneira.

Não obstante, as tensões implícitas na identificação ambígua de razão e revelação são discerníveis em Saádia. Em sua discussão sistemática do problema, ele exige que o crente aborde a filosofia com a convicção prévia da verdade da revelação. A tarefa da filosofia consistia somente em proporcionar prova racional do que já era conhecido através da revelação. Alhures, entretanto, Saádia declara ser o acordo com a razão uma precondição necessária para a aceitação de qualquer doutrina que reivindique o status de revelação[6]. Embora faça esta afirmação explicitamente apenas com respeito

---

5. Saádia ben Iossef, *Livro das Crenças e Opiniões*, Introdução: árabe, pp. 24 e ss.; hebraico, pp. 15 e ss.
6. *Ibid.*, árabe, pp. 21 e ss.; hebraico, pp. 13 e ss.; cap. 3: árabe, pp. 132 e ss.; hebraico, pp. 82 e ss.

86 | A FILOSOFIA DO JUDAÍSMO

ao ensinamento ético da religião, sua validade pode ser justificadamente estendida a todo o conteúdo teórico da *Torá*. A supremacia da razão torna-se mais do que evidente no caso da interpretação da revelação. De acordo com Saádia, uma das ocasiões em que a *Escritura* pode ser interpretada em sentido contrário ao literal é precisamente quando ela contradiz a razão[7]. Embora a verdade da revelação esteja firmemente estabelecida antes mesmo de qualquer investigação a cargo da razão, ainda assim a razão tem o direito de explicar e interpretar a verdade da revelação. O próprio Saádia faz um uso muito econômico deste princípio e polemiza com veemência contra a reinterpretação desmedida e desenfreada do texto escritural por alguns comentadores filosóficos. Para ele, os ensinamentos fundamentais do judaísmo bíblico e talmúdico permanecem inalterados, mas seus princípios também admitem uma aplicação mais radical; pensadores judeus ulteriores, com atitude filosófica diferente, recorreram à regra de Saádia a fim de justificar suas transformações às vezes radicais, das idéias judaicas.

O caráter revelado de qualquer religião específica não pode exigir um assentimento dogmático; segundo Saádia, cumpre prová-lo por meio de milagres. Todo profeta deve validar sua missão divina mediante milagres públicos e indubitáveis. Esta teoria da prova através dos milagres, embora não fosse nova, gerou interessantes desenvolvimentos na doutrina da tradição de Saádia. Os milagres têm força unicamente para as testemunhas do evento. Sua relevância para as futuras gerações pressupõe que a tradição seja aceita como fonte legitima de conhecimento. Saádia desenvolve sua doutrina da tradição no quadro de uma teoria geral das fontes de conhecimento, que ele divide em três: 1) percepções sensíveis; 2) evidência imediata da razão; e 3) conclusões racionais a partir de dados fornecidos pelos sentidos e pela razão[8]. Sua discussão da terceira fonte de conhecimento contém algumas considerações penetrantes, ao que parece de extração grega, sobre a construção de hipóteses científicas, e seus requisitos lógicos.

A essas três fontes de conhecimento, é preciso acrescentar a de uma tradição confiável. Embora baseada nas três fontes elementares, ela tem, não obstante, a sua própria significação e valor[9] que se estende além do âmbito efetivo da religião por cuja causa Saádia a introduzira. Sem confiança em relatos fidedignos, nenhuma orientação no terreno da realidade seria possível. A vida cotidiana em todos os seus aspectos – trabalho, política e vida de família – pressupõe nossa confiança em informações fornecidas por outrem. A dúvida rematada de tudo quanto nos foi transmitido teria

---

7. *Ibid.*, cap. 7: árabe, p. 212; hebraico, pp. 135 e ss.
8. *Ibid.*, Introdução: árabe, pp. 12-20; hebraico, pp. 8-13. Sobre a epistemologia de Saádia, cf. I. Efros, "Saadia's Theory of Knowledge", *JQR*, n. s., XXXIII, 133-170.
9. *Ibid.*, Introdução: árabe, p. 14; hebraico, p. 9.

O KALAM | 87

como conseqüência que tão-somente as percepções sensíveis imediatas poderiam ser consideradas reais[10].

O conceito de tradição religiosa constitui, destarte, apenas um caso particular do princípio geral da tradição. A mesma espécie de evidência que é requerida para provar a veracidade da tradição em geral também vale para a tradição religiosa; esta não pode ser aceita senão na medida em que satisfaz os critérios de qualquer tradição confiável. A redução do conceito de tradição religiosa à noção geral de tradição, feita por Saádia, é de importância permanente, porquanto a fé religiosa, na medida em que é um princípio de conhecimento, é por isto mesmo exposta como uma mera forma especializada de conhecimento histórico. A revelação em si, como a fonte da verdade religiosa, tem origem sobrenatural; mas a crença na revelação possui a certeza do conhecimento natural unicamente. A revelação é um fato demonstrável, e é sobre a sua demonstrabilidade que repousa a validade do conteúdo da revelação. A tendência a definir a certeza religiosa em termos de conhecimento demonstrável não se limita exclusivamente ao domínio da tradição religiosa. Até em relação aos Profetas, Saádia sustenta que se fazia necessário algum signo sensível a atestar a origem divina de suas revelações ou visões[11]. Isto não é, como poderia parecer à primeira vista, uma pura hipertrofia da caça aos milagres, mas antes resulta da necessidade de eliminar toda certeza puramente subjetiva e basear a própria consciência profética de uma divina missão em fatos tangíveis. Aplicando sua teoria da tradição ao judaísmo, Saádia prova a autenticidade da revelação mosaica salientando que ela e o milagre acompanhante realizaram-se publicamente, perante os olhos de todo o povo de Israel. Este caráter público elimina qualquer burla consciente ou inconsciente, e na transmissão de um evento assim nenhum engano poderia ter sido feito[12]. Esta prova da revelação, com sua crítica implícita às pretensões islâmicas e cristãs neste sentido, foi adotada e continuamente reiterada pela filosofia religiosa judaica.

No domínio teórico, a congruência de razão e revelação é validada acima de tudo com respeito ao problema de Deus. A existência do Deus único, criador do universo, é tanto uma certeza da razão quanto uma doutrina da revelação. A comprovação empreendida por Saádia segue o costumeiro modo de argumentação do Kalam, o qual mostra que o mundo deve ter tido uma origem no tempo e portanto pressupõe um Criador. Ele oferece as seguintes quatro provas para o começo temporal do mundo:

1. A finitude espacial do mundo exige que a força nele inerente também seja finita. Mas um poder finito só pode manter o mundo em existência por um tempo finito. Logo, é impossível que o mundo tenha existido desde a eternidade.

---

10. *Ibid.*, cap. 3: árabe, pp. 126 e ss.; hebraico, pp. 79 e ss.
11. *Ibid.*, cap. 3: árabe, p. l23; hebraico, p. 77.
12. *Ibid.*, introdução: árabe, pp. 23 e s.; hebraico, p. 15; cap. 3: árabe, p. 127; hebraico, p. 80.

88 | A FILOSOFIA DO JUDAÍSMO

2. Toda coisa composta deve, por necessidade, ser obra de um Criador que moldou uma totalidade a partir de diferentes partes. Tanto a terra e todos os corpos sobre ela encontráveis, quanto os céus, são compostos de uma pluralidade de partes. Logo, o mundo, como um todo composto por elas, deve ter sido criado.

3. Todos os corpos naturais são portadores de acidentes que se mantêm num fluxo permanente de vir-a-ser e perecer. Tais acidentes se encontram em toda as partes da realidade, desde os seres orgânicos, que têm de perfazer o ciclo da geração e perecimento, até os corpos celestes com seus variados movimentos. Todos estes acidentes se originam de algum modo no tempo. Coisas, porém, às quais são inerentes necessariamente determinações de origem temporal e que nunca podem existir sem tais determinações, devem ser elas próprias de origem temporal.

4. Se o mundo existisse desde a eternidade, então um tempo infinito deveria ter decorrido até cada ponto particular no tempo. Isto porém é impossível, pois uma infinidade jamais pode ser totalmente percorrida. Logo, a duração do mundo deve ser concebida como finita, isto é, o mundo deve ter tido um começo no tempo[13].

A primeira destas provas repousa sobre premissas aristotélicas. Quer a noção de finitude espacial do mundo, quer a asserção de que a força residente num corpo finito deve ser finita também, derivam de Aristóteles. Os argumentos pelos quais Saádia demonstra a finitude espacial do mundo e refuta a assunção de uma pluralidade de mundos mostram que ele aceitava a cosmologia aristotélica em seus contornos principais. Ao utilizar tais premissas de uma maneira cabalmente não-aristotélica para demonstrar a criação do mundo no tempo, Saádia estava seguindo João Filoponus, sob cujo nome o referido argumento era corrente na literatura islâmica[14]. Os outros argumentos são tirados sobretudo do Kalam, desviando-se deste apenas na medida em que Saádia os apartava da concepção atomística do mundo, baseada na formulação tradicional que o Kalam fazia da segunda e terceira provas.

---

13. *Ibid.*, cap. 1: árabe, pp. 32-37; hebraico, pp. 20-23.
14. Cf. Steinschneider, *Al-farabi*, p. 122; R. Levi ben Gerson, *Milkhamot Adonai*, cap. 6, seções 1 e 3, pp. 295 e ss. Tanto João Filoponus quanto Saádia supõem a necessidade de um poder que manteria e preservaria a existência nas coisas. Para Aristóteles, esta assunção aplica-se somente àquelas substâncias compostas de matéria e forma, que vêm a existir e se vão, mas não aos elementos básicos da existência, isto é, matéria e forma. Assim, é impossível para Aristóteles estabelecer uma demonstração da criação do mundo no sentido estrito do termo. Embora, para ele, os elementos celestes sejam compostos de matéria e forma, em essência estão acima da geração e destruição; a prova de sua suscetibilidade à mudança, que Wolfson apresenta em "The Kalam Arguments for Creation in Saadia, Averroës, Maimonides and St. Thomas", *American Academy for Jewish Research: Saadia, Anniversary Volume*, p. 203, não se encontra em Aristóteles. Para este, uma causa é necessária somente para responder pelo que ocorre dentro do mundo, e a finitude da causa eficiente imanente força-o a postular a existência de um motor imóvel. Sempre me suscitou surpresa o fato de que essa questão tenha sido invariavelmente reconstruída em favor da doutrina da criação!

O KALAM | 89

A partir de seu ponto de vista racionalista em que a crença na criação é demonstrável, Saádia divisa o principal inimigo da fé em um Criador no materialismo sensualista que não reconhece nenhuma realidade além dos sentidos. Ele encontra a expressão indisfarçada dessa doutrina nos ensinamentos da escola Dahriya, segundo a qual o mundo nunca foi diferente, mas desde sempre assim como os nossos sentidos o percebem; as questões relativas a um princípio transcendental subjacente ao mundo são, portanto, despidas de sentido[15]. Saádia reconhece a mesma limitação sensualista ao empiricamente dado naquelas teorias cosmológicas que, embora busquem uma explicação para a estrutura do mundo, concebem os princípios de sua explanação ao modo das substâncias corporais[16]. A idéia de que Deus criou o mundo não *ex nihilo*, mas a partir de elementos eternos preexistentes, brota da mesma assunção sensualista. Esta retorna repetidas vezes na polêmica de Saádia contra as várias teorias sobre a origem do mundo, e seu argumento visa demonstrar a impossibilidade interna de uma cosmologia sensualista[17].

O sensualismo aparentemente consistente da Dahriya também ultrapassa, num exame mais preciso, as fronteiras da experiência sensível. Legitimamente, o sensualismo pode afirmar somente que nem o começo nem o fim do mundo corpóreo jamais foi percebido. Mas a afirmação de que o mundo não tem nem início nem termo não é um juízo dos sentidos, porém uma conclusão racional que transcende a evidência dos sentidos tanto quanto a idéia da criação o faz[18]. Um sensualismo persistente dissolve-se em ceticismo e incide em suas contradições internas, que Saádia põe a descoberto com argumentos tomados principalmente do *Teeteto* de Platão[19]. Inconseqüência ainda maior revelam aquelas teorias cosmológicas que rejeitam a criação *ex nihilo* por causa de sua alegada incompatibilidade com a experiência sensível, mas propõem suas próprias representações dos processos de formação do mundo sem se incomodar nessas cosmogonias com a percepção sensorial. À parte do fato de que os elementos de sua cosmologia não podem ser comprovados pela percepção sensível, até a derivação da realidade a partir de tais elementos é completamente arbitrária[20].

Saádia ordena com rigor suas objeções à doutrina de que Deus fez o mundo a partir de um elemento simples, preexistente. A suposição de que haja um tal elemento baseia-se na noção segundo a qual o ser só pode provir de um outro ser. Mas uma vez aceito tal pressuposto, temos de aplicá-lo também às determinações

15. Saádia ben Iossef, *Livro das Crenças e Opiniões*, cap. 1, sec. 10, "Sobre a Criação das Coisas", cap. 1: árabe, p. 63; hebraico, pp. 39 e s.
16. *Ibid.*, cap. 1, sec. 6: árabe, p. 55; hebraico, p. 35.
17. *Ibid.*, cap. 1, sec. 2: árabe, p. 41; hebraico, p. 26.
18. *Ibid.*, cap. 1, sec. 10: árabe, p. 63; hebraico, p. 40.
19. Cf. o ensaio de Horovitz, "Über die Bekanntschaft Saadia mit der griechischen Skepsis", *Judaica*, pp. 235-252. *Festschrift zu Hermann Cohens 70. Geburtstag.*
20. Cf. Saádia ben Iossef, *Livro das Crenças e Opiniões*, cap. 1, sec. 2: árabe, p. 42; hebraico, p. 27.

90 | A FILOSOFIA DO JUDAÍSMO

concretas das coisas: o simples só pode derivar do simples, o composto, do composto – o calor, do calor, e assim por diante, de modo que cessa toda derivação do mundo. Uma explanação da origem da estrutura do mundo torna-se, assim, destituída de nexo. Mas se atribuímos a Deus o poder de produzir as determinações especiais das coisas e de criar algo inteiramente novo, então a assunção de um elemento primeiro e preexistente é desnecessária[21]. Como Saádia explica em outra passagem, com respeito à suposição de que a matéria-prima eterna produz por si mesma a pluralidade das coisas existentes, o dualismo de Deus e matéria enfrenta ainda outra dificuldade: como é possível que a matéria, que independe de Deus, submeta-se à atividade divina?[22] Por certo, a crítica assaz detalhada das diferentes teorias cosmológicas nem sempre se mantém à altura desta consideração de princípios gerais. Para aumentar o mais possível o número de provas, Saádia junta razões realmente fundadas e outras especiosas, ataca teses de sistemas oponentes sem entender corretamente os seus motivos, e mostra, na ingenuidade de inúmeras objeções, a paixão pela polêmica tão característica de um pensar imaturo. A fim de render plena justiça ao significado efetivo da crítica de Saádia, cumpre desconsiderar sua dialética, mais ampla do que profunda, e extrair de suas repetições o teor profundo de seus argumentos. Saádia reconhece que nem sequer a idéia da criação pode explicar a produção do mundo a partir de Deus, e ele enxerga aí um limite extremo e intransponível do pensamento humano[23]. Mas este limite é inerente à própria natureza do conceito de criação, e uma vez que se faz necessário pensar o mundo como algo que veio a ser, somente a doutrina da criação, que leva a sério a idéia de um começo absoluto, e renuncia a quaisquer explanações capciosas, pode dar uma resposta satisfatória à questão da origem do mundo.

O Deus a que Saádia chega assim é o Deus-Criador, aquele que por Sua livre espontaneidade criou o mundo, e sua doutrina de Deus empenha-se em formular este conceito de Deus com precisão filosófica. A partir da idéia de criação, Saádia deduz primeiro, com os habituais argumentos do Kalam, a unidade de Deus. A própria criação coloca a existência de um único Deus; pressupor mais de um seria pura arbitrariedade. Com especial referência ao dualismo da religião parse, à qual já havia atacado na sua discussão sobre as doutrinas da criação, Saádia nega a possibilidade de dois poderes supremos participarem do trabalho de criação. Uma obra não pode ser produto de dois criadores, especialmente se eles são concebidos como agentes volitivos, cujas vontades poderiam contrapor-se uma à outra. A doutrina dualista deve levar à

---

21. Saadia ben Iossef, *Commentaire sur le Sefer Yesira*, p. 4. Cf. também Saádia no *Livro das Crenças e Opiniões*, cap. 1: árabe, p. 40; hebraico, p. 25.
22. Saádia ben Iossef, *Livro das Crenças e Opiniões*, cap. 1: árabe, p. 39; hebraico, p. 25.
23. *Ibid.*, cap. 1: árabe, pp. 70 e ss.; hebraico, pp. 44 e ss.

conclusão de que uma parte do mundo foi criada por um deus e a segunda pelo outro. A variedade e as contradições no mundo não excluem sua origem a partir de uma fonte comum; de outro modo, inclusive o dualismo seria insuficiente para dar conta da profusão de contradições no cosmos[24].

A idéia de criação requer três atributos fundamentais em Deus – vida, poder e sabedoria – sem os quais o ato de criação não teria sido possível. (Os atributos formais da unidade e da unicidade também deveriam ser adicionados.) Estes três atributos fundamentais não devem ser entendidos como elementos separados dentro da essência de Deus; nós podemos apreendê-los apenas como três aspectos contidos dentro do conceito de um Criador; e é somente por causa da impotência da linguagem humana que precisamos usar três palavras para designar essa idéia única[25]. Na pormenorizada polêmica contra a doutrina cristã da Trindade, que nas suas formulações especulativas considera os atributos divinos como relativamente independentes um do outro, Saádia dá um outro giro a esta noção, ao afirmar que os atributos de Deus são idênticos à Sua essência[26]. Aqui, também, ele segue a doutrina mutazilita de Deus; seu cuidado básico era o de defini-Lo de tal modo que a pluralidade de Seus atributos não fosse destruída em sua unidade essencial. Não nos preocupa aqui saber até onde o pensamento mutazilita sobre a questão foi estimulado pelas tentativas cristãs de encontrar uma formulação filosófica para a doutrina da Trindade. O problema lógico fundamental, de onde ela parte, a filosofia grega já nos dá a conhecer. A velha pergunta dos cínicos, de como um sujeito pode ter uma multiplicidade de predicados, é transposta aqui para a Divindade. A mesma indagação levou o neoplatonismo à conclusão de que o Um divino era despido de todo e qualquer atributo positivo e estava, portanto, fora de toda apreensão concebível. Os mutazilitas empenharam-se em evitar o radicalismo dessa conclusão. Defendiam firmemente a idéia de um Deus pessoal, atribuindo-Lhe os devidos predicados básicos; mas não diferenciavam seus atributos de Sua essência divina, pretendendo, antes, que havia identidade entre predicados e essência divina, que devia ser representada, ainda neste caso, como absolutamente simples. Todas as sutilezas desta argumentação, no entanto, não lograriam resolver as contradições inerentes a tal posição. Se eles realmente tencionavam identificar os atributos de Deus com a Sua essência, e por esta via assegurar Sua absoluta simplicidade, os atributos – agora idênticos uns aos outros – não mais teriam qualquer sentido. De fato, a fórmula seria um mero disfarce para efetuar a negação dos atributos. Caso contrário, seria então difícil ver como a predicação de uma pluralidade de atributos poderia ser evitada.

---

24. *Ibid.*, cap. 2: árabe, pp. 80 e ss.; hebraico, pp. 50 e ss.; cf. cap. 1, sec. 5: árabe, pp. 48 e ss.; hebraico, pp. 30 e ss.
25. *Ibid.*, cap. 2: árabe, pp. 84 e ss.; hebraico, p. 53.
26. *Ibid.*, cap. 2: árabe, pp. 86 e ss.; hebraico, p. 54.

92 | A FILOSOFIA DO JUDAÍSMO

Saádia tampouco conseguiu superar este dilema, e a sua tese, precisamente, de que os três atributos básicos apenas iluminam por diferentes ângulos a idéia de um Criador é por isso deveras instrutiva. A derivação dos atributos a partir do conceito de criação implica tão-somente que eles são correlatos necessários. A correlação necessária converte-se numa identidade, e a linguagem torna-se responsável por nossa incapacidade de apreender estes três aspectos como uma unidade. Por diversas vezes, a lógica de seu próprio pensamento força Saádia a render-se ao significado positivo dos atributos como determinações da essência divina. O conceito de Criador, como Saádia observa numa passagem, só expressa a idéia de que há algo criado, e conseqüentemente os outros atributos que qualificam o conceito de Deus-Criador apenas contêm a existência de efeitos criados. Em linguagem mais escolástica, atributos de essência são transformados em expressões relativas ao atuar divino[27]. Uma outra vez, Saádia faz uma afirmação ainda mais radical, segundo a qual, se quisermos evitar modos de expressão impróprios, tudo o que podemos dizer a respeito de Deus é que *Ele existe*[28]. Isso tudo, entretanto, não nos dá o direito de consignar a Saádia a negação de todos os atributos positivos. Em muitas declarações, ele admite os atributos fundamentais de Deus, e não há dúvida de que sustenta firmemente o conceito de um Deus pessoal com seus atributos fundamentais. Devemos aceitar sua posição tal como se apresenta, o que inclui todas as contradições intrínsecas com as quais Saádia lutou, mas não conseguiu resolver[29].

O conceito de Deus, de início puramente metafísico, recebe um conteúdo religioso por meio de uma investigação do problema da divina providência. Sua base reside naquele racionalismo ético de Saádia que salientamos mais acima. As exigências da ética têm sua fonte não apenas na revelação, mas também em ditames da razão. É sobretudo no domínio da ética que Saádia sustenta a superioridade da razão sobre a revelação; ele exige que toda doutrina profética seja legitimada por sua concordância com as demandas racionais da moralidade, antes mesmo de sua origem divina ser examinada por referência miraculosa. A racionalidade fundamental das leis da moral não é impugnada pelo fato de a razão conter somente as mais gerais das normas éticas, e porque elas necessitam de aplicação concreta e suplementação por meio da revelação[30]. De forma similar, no sistema estóico, a lei não escrita deve ser especificada na lei positiva do Estado. Com base nessa concep-

---

27. *Ibid.*, cap. 2: árabe, p. 85; hebraico, p. 53.
28. *Ibid.*, cap. 2: árabe, p. 97; hebraico, p. 61.
29. Kaufmann, *Geschichte der Atributenlehre...*, pp. 1-77, tenta interpretar Saádia como sendo contrário em princípio a atributos, e Neumark, *Geschichte der jüdischen Philosophie...*, II, 181-214, interpreta-o como sendo favorável às três atribuições elementares, mas seu ponto de vista é tão parcial e unilateral como o de Kaufmann.
30. Saádia ben Iossef, *Livro das Crenças e Opiniões*, cap. 3: árabe, p. 118; hebraico, pp. 74 e ss.

ção da ética, Saádia introduz a distinção entre os mandamentos racionais, que a revelação simplesmente reitera, e os "mandamentos da obediência", que são exclusivos da revelação e que incluem as leis do culto e do cerimonial da *Bíblia*[31]. Os mandamentos da ética são, para Saádia, o centro da revelação divina. Os elementos fundamentais de qualquer religião revelada constituem seus preceitos positivos e negativos, anúncios de recompensa e castigo para aqueles que os obedecem ou os transgridem, e narrativas históricas fornecendo exemplos de recompensa e punição[32]. Destarte, o propósito básico da revelação não é teórico, porém prático, e até as verdades teóricas ensinadas pela religião servem apenas como pressupostos do conteúdo ético da revelação.

Na aplicação concreta aos pormenores, o racionalismo ético de Saádia permanece um tanto superficial. A razão nos ensina que as criaturas são obrigadas a dar graças a Deus por suas mercês, e nos proibe de blasfemar o divino nome ou injuriar uma à outra. Desta última regra, Saádia deriva os mais importantes mandamentos éticos de uma maneira utilitária, algo primitiva[33]. Não menos primitivo é o argumento – usado por muitos pensadores judeus posteriores – a contestar que tais mandamentos precisam de suplementação através da revelação. Os suplementos exigidos não passam de meros tecnicismos legais e não se distinguem dos próprios preceitos éticos. Enquanto as leis morais, apesar das explanações utilitárias dos detalhes, constituem fundamentalmente imperativos e mandamentos, Saádia desenvolve algures um ideal eudemonístico: o modo correto de viver é aquele que conduz à satisfação das necessidades do homem e ao desenvolvimento de todos os seus poderes[34]. Esta injunção para viver uma vida feliz e a ética do mandamento e do dever apresentam-se lado a lado, sem qualquer esforço de conciliação.

É verdade que até a idéia de um imperativo moral pode ser interpretada dentro de um sistema eudemonista, se for concebido, não a partir do ponto de vista do homem, mas de Deus. Para Deus, a ética não constitui um fim em si mesmo, porém um meio para a consecução da bem-aventurança do homem. Deus fez com que a felicidade humana dependesse da observância de Seus mandamentos, pois o prazer na ventura concedida ao homem é aumentado pelo reconhecimento de que ele próprio a ganhou por meio de suas próprias ações[35]. O fim último da criação divina é o bem de Suas criaturas. A auto-suficiência de Deus elimina qualquer pensamento de que Ele

---

31. *Ibid.*, árabe, pp. 114 e ss.; hebraico, p. 71.
32. *Ibid.*, árabe, pp. 125 e ss.; hebraico, pp. 78 e ss.
33. *Ibid.*, árabe, pp. 133 e ss.; hebraico, pp. 71 e ss.
34. *Ibid.*, cap. 10; cf. particularmente o original árabe, pp. 281-285, e a tradução hebraica, pp. 178-180. Um explicação em pormenor da doutrina ética de Saádia pode ser encontrada em Rau, "Die Ethik R. Saadjas", *MGWJ*, LV, 56.
35. Saádia ben Iossef, *Livro das Crenças e Opiniões*, cap. 3: árabe, pp. 112 e ss.; hebraico, pp. 70 e ss.

94 | A FILOSOFIA DO JUDAÍSMO

o tenha feito para o Seu próprio proveito; a criação, por conseguinte, só pode servir o bem das criaturas e, em especial, a mais perfeita dentre elas, o homem. A minuciosa elaboração dessa idéia leva Saádia ao desenvolvimento de uma teodicéia, em cujo quadro ele, como os mutazilitas aliás, procede à discussão das questões éticas e religiosas. Nenhuma teodicéia é possível sem que sejam pressupostas as idéias de um além, pois o mundo terreno sempre contém uma mistura de dor e sofrimento. De fato, o sofrer, conforme o modo pessimista de Saádia ver as coisas, prepondera nesta vida[36]. Tão-somente a fé numa vida futura proporciona a possibilidade de uma avaliação mais positiva da existência humana. Todo padecer inocente nesta vida há de ser compensado no além. Como alguns pensadores mutazilitas, Saádia aplica tais idéias não só ao sofrimento de crianças inocentes, mas também aos animais, que serão recompensados por suas dores neste mundo[37].

Apesar de todo o sofrimento, o mundo tem sentido positivo, pois serve de preparação em que o homem se faz digno, por suas próprias forças, da bem-aventurança do mundo vindouro. A fim de explicar os males do mundo presente, Saádia liga a idéia da justiça divina com a da divina mercê. Os sofrimentos dos pios devem ser entendidos, em primeiro lugar, como punições por pecados que cometeram. Saádia retoma aqui simplesmente o ponto de vista talmúdico, que justifica o padecer dos piedosos e o prosperar dos ímpios cá na terra, supondo que os primeiros recebem imediato castigo por suas transgressões, exatamente como os segundos são imediatamente recompensados por suas boas ações neste mundo; ao passo que a retribuição e a punição finais são efetuados no mundo vindouro. Também na distinção algo mecanicista entre o piedoso e o pecador, em termos da proporção quantitativa das boas e más ações, ele segue do mesmo modo o ensinamento talmúdico[38]. Mas a idéia da retribuição é, por si própria, insuficiente para explicar o mal em toda a sua extensão. Ela deixa de dar conta dos sofrimentos que se abatem sobre crianças inocentes e animais, ou de justificar os numerosos males e tormentos apensos à constituição física do homem. Uma teodicéia torna-se factível unicamente quando acrescentamos a noção de purificação à de retribuição como explicação do mal. O propósito da enfermidade é nos tornar humildes; a dor nos dá uma idéia do castigo que espera os pecadores no outro mundo[39]. O propósito último da ameaça de punição no além não é a retribuição, porém o de atuar como um impedimento ao pecado neste mundo[40]. Em última instância, a idéia da justiça de Deus fica assim subordinada à de Sua mercê,

---

36. *Ibid.*, cap. 9: árabe, pp. 255 e ss.; hebraico, pp. 162 e ss.
37. *Ibid.*, cap. 5: árabe, p. 173; hebraico, p. 107. Cap. 9: árabe, p. 260; hebraico, p. 165. Cap. 3: árabe, pp. 141 e ss.; hebraico, p. 88.
38. *Ibid.*, cap. 5: árabe, pp. 169 e ss.; hebraico, p. 105.
39. *Ibid.*, cap. 4: árabe, p. 149; hebraico, p. 93.
40. *Ibid.*, cap. 9: árabe, pp. 271 e ss.; hebraico, pp. 172 e ss.

O KALAM | 95

apesar da forte ênfase dada por Saádia à primeira e de sua elaboração mecanicista dos detalhes desta. É a divina mercê que outorgou ao homem a lei moral, de modo a capacitá-lo a atingir a suprema felicidade; sofrimentos e castigos afligem-no apenas como meios para tal fim.

Essa teodicéia implica duas assunções metafísicas: livre arbítrio e crença em vida futura. Junto com a crença em Deus, formam as três verdades básicas da religião: Deus, liberdade e imortalidade – as mesmas que são ensinadas pelo moderno Iluminismo, cuja atitude religiosa era afim à de Saádia. Este expõe e prova as duas doutrinas metafísicas com grande minúcia. Contra a doutrina islâmica da predestinação, argumenta que sem livre arbítrio a lei divina não teria sentido, e que seria uma contradição da justiça divina punir o homem por pecados pelos quais não era responsável. Além do mais, Saádia considerou o livre arbítrio um fato imediato da consciência que nos diz que nós determinamos os nossos atos[41]. As várias dificuldades implícitas na idéia de liberdade são encaradas por Saádia, assim como pela maioria dos filósofos judeus, unicamente a partir do ângulo teológico. O principal óbice, a contradição entre a presciência de Deus e a livre escolha do homem, é resolvida pela afirmação de que a divina onisciência não é a causa das decisões humanas, porém seu resultado; as próprias decisões, embora previstas por Deus, são obtidas independentemente Dele[42].

O fundamento metafísico da idéia de imortalidade é fornecido pela psicologia de Saádia que procura estabelecer a substancialidade, a incorporeidade e a unidade da alma. Contra as variadas formulações da teoria da alma como um acidente do corpo, ele argumenta, entre outras coisas, que o poder e a sabedoria inerentes à alma pressupõem sua independência. Tentativas de identificar a alma com um dos elementos materiais, como o ar ou o fogo, são rejeitadas com base no fato de que nenhuma das qualidades peculiares desses elementos se apresenta na alma. Sua unidade essencial é provada através da conexão entre as suas várias funções; semelhante conexão seria impossível se, por exemplo, o sentimento e o pensamento pertencessem a duas substâncias diferentes. Não obstante, sua incorporeidade não é concebida como uma absoluta imaterialidade, e Saádia pensa acerca da alma como uma luminosa substância similar àquela das esferas celestiais[43].

A idéia da imortalidade baseada nessa psicologia está subordinada à idéia da ressurreição dos mortos. Depois que a alma se separa do corpo, ela permanece em uma espécie de estado intermediário até reunir-se de novo ao corpo na ressurreição, quando

---

41. *Ibid.*, cap. 4: árabe, pp. 151 e ss.; hebraico, pp. 94 e ss.
42. *Ibid.*, cap. 4: árabe, p. 154; hebraico, p. 96.
43. *Ibid.*, cap. 6: árabe, pp. 188-194; hebraico, pp. 117-120. Cf. Horowitz, *Die Psychologie der jüdischen Religionsphilosophen...*, pp. 12-26.

96 | A FILOSOFIA DO JUDAÍSMO

ambos, juntos, receberão a devida recompensa em uma vida eterna[44]. Tudo isto está de acordo com o ensinamento talmúdico, e concepções similares também eram sustentadas na teologia islâmica. Adotando esse ponto de vista, Saádia, entretanto, não estava apenas seguindo a tradição, a despeito do estreito apego a fontes talmúdicas nas detalhadas e, às vezes, fantásticas descrições escatológicas. Seu coração estava tanto com a esperança judaica de um futuro histórico, quanto com a crença em um além; daí por que formula esta última de modo a encaixá-la na primeira. Isto é ilustrado de uma forma marcante por sua insistência em que a ressurreição dos mortos ocorrerá nos dias da redenção messiânica, e não no subseqüente "mundo vindouro", a fim de que as gerações passadas possam compartilhar do renascimento de Israel. As esperanças do indivíduo e da comunidade em relação ao futuro estão intimamente ligadas. Em um sentido mais profundo do que o decorrente do simples amparo em determinadas declarações talmúdicas, Saádia, nesse aperfeiçoamento da idéia de retribuição, permanece no terreno estrito da tradição judaica. O mesmo é verdade para o conjunto de sua doutrina. Ela mantém o conteúdo essencial das tradicionais idéias religiosas judaicas. A tendência ética do racionalismo de Saádia corresponde à concepção bíblica de um Deus-Criador pessoal, e de um relacionamento pessoal e moral entre o homem e Deus, muito embora acentue de forma unilateral os elementos racionais da religião bíblica[45]. Saádia tentou descrever e estabelecer as idéias religiosas do judaísmo de maneira racional sem alterar seus conteúdos.

O DESENVOLVIMENTO DO KALAM NO JUDAÍSMO RABANITA E CARAÍTA

As idéias mutazilitas, das quais Saádia foi o mais eminente representante, difundiram-se especialmente entre os judeus orientais. Quanto mais aprendemos sobre os contemporâneos e sucessores de Saádia, tanto maior parece ser a influência dessas idéias. Sua hegemonia não se restringiu aos filósofos que as desenvolveram de maneira sistemática; elas penetraram em todos os ramos da literatura teológica e até determinaram o pensamento religioso de círculos muito afastados da especulação escolástica. Cumpre admitir, no entanto, que as mesmas concepções foram repetidas de novo e de novo, e que as várias formas em que foram enunciadas são de interesse para a história das religiões mais do que da filosofia.

David b. Merwan al-Moqames, provavelmente um contemporâneo mais velho de Saádia, pertence à história da filosofia propriamente dita. Uma vez que o original

---

44. *Ibid.*, cap. 6: árabe, pp. 206 e s.; hebraico, pp. 128 e s.
45. Um esboço do modo racionalista de pensamento em Saádia é dado por Wiener em seu ensaio inacabado, "O Racionalismo Primitivo de Rabenu Saádia", *Dvir*, II (1923), 176-197. Cf. também Heinemann, "O Racionalismo de Saádia Gaon", em *Sefer R. Saadia Gaon*, editado por J. L. Fishmann, pp. 140-191.

O KALAM | 97

árabe de seus *Isrun Maqalat* (Vinte Tratados) ainda não foi publicado, dependemos, para o nosso conhecimento a seu respeito, dos sumários hebraicos de seus ensinamentos, tais como fornecidos por Iehudá Barcelona em seu comentário sobre o *Ietzirá*[46]. Estes, no entanto, são suficientes para nos familiarizar com o caráter geral e a tendência de sua doutrina.

Como Saádia, ele combina concepções do Kalam com doutrinas filosóficas gregas, as quais, segundo parece, o influenciaram ainda mais do que a Saádia. Encontramos nele a divisão aristotélica das ciências e as virtudes cardinais do platonismo; seu modo de discutir a retribuição segue de perto o Kalam e mostra muitos pontos de contato com as idéias de Saádia[47]. Especialmente instrutiva na combinação desses vários elementos é a parte de sua filosofia que nos foi dado conhecer melhor, isto é, a doutrina de Deus e de Seus atributos. Partindo da discussão das diversas definições da escola do Kalam, ele se aproxima gradativamente de uma teologia neoplatônica. A maioria de suas investigações sai da bem conhecida controvérsia do Kalam: falando do conhecimento ou da vida de Deus, queremos dizer que Deus conhece através de um atributo especial de conhecimento, e vive através de um atributo especial de vida, ou queremos dizer que "Ele conhece, mas não através do conhecimento, e vive, mas não através da vida"? Al-Moqames enfatiza ser óbvio em ambos os casos que Deus não pode ter "adquirido" qualquer de Suas perfeições, pois jamais elas Lhe faltaram. O enunciado de que "Deus vive através da vida" só pode significar que Sua vida é tão eterna quanto Ele próprio. Ainda assim, a fórmula requer uma interpretação mais precisa. Se for compreendida no sentido de que a vida de Deus é distinta de Sua essência, a conseqüência lógica seria que, além de Deus, há uma série de atributos eternos, Dele distintos, e isto significaria uma negação herética da unidade de Deus, similar à doutrina cristã da Trindade. Logo, a vida de Deus, e o mesmo vale para todos os Seus outros atributos, deve ser necessariamente una à Sua essência. A concepção de que Deus vive através da vida é assim reduzida à fórmula sustentada por alguns mestres do Kalam: "Deus vive atavés de uma vida que é idêntica à Sua essência". Al-Moqames nada tem a objetar a esta fórmula, mas observa com razão que ela difere apenas em enunciado da proposição de que "Deus vive, mas não através da vida". Ambas as fórmulas são apenas formas diferentes de dizer que Deus vive, conhece e

---

46. J. Ginzberg, "Variantes arabe et hebraïque du traité de philosophie de Daud Ibn Mervan al Makonis", *Zapiski kollegii vostokovedenya*, V (1930), 481-507. O lugar primordial que Iehudá de Barcelona ocupa no comentário sobre o *Sefer Ietzirá* pode ser encontrado nas pp. 77-83. Marmorstein (*MGWJ*, LXVI, pp. 48 e ss.) pensou que, em um dos escritos por ele editados e publicados, havia achado a introdução ao livro de al-Moqames, mas Mann (*JQR*, n. s., XVI, 90) demonstrou que al-Moqames não era o autor daquela seção particular.

47. Iehudá b. Barzilai de Barcelona, *Comentário sobre o Sefer Ietzirá*, pp. 65, 151 e ss. Goldziher publicou as seleções sobre as virtudes em sua introdução ao Pseudo-Bahia; *Kitab Ma'ani al-Nafs*; tradução hebraica por J. Broydé: *Torat ha-Nefesch, pp. 18 e ss.*

98 | A FILOSOFIA DO JUDAÍSMO

cria com Sua essência". À primeira vista, isto não apresenta dificuldades, pois a alma, que anima o corpo, também vive através de sua essência, e o mesmo é verdade com respeito aos anjos, em quem essência e vida são idênticas[48].

Apesar de ocasionais expressões ao contrário, Al-Moqames não se detém aí. A identidade dos atributos com a essência divina não quer dizer que esta seja um composto dos vários atributos que predicamos a Deus. A essência absolutamente simples não pode conter uma pluralidade de determinações distintas; é portanto uma e a mesma essência divina à qual os vários atributos são identificados. Daí Al-Moqames tira a conclusão explícita de que os vários atributos divinos são idênticos entre si: suas diferenças são uma questão somente de expressão, e não de substância. Neste ponto, Al-Moqames enuncia em termos explícitos a doutrina já implícita na fórmula do Kalam: "Deus conhece, vive e atua através de Sua essência".

Mas ele dá um passo além, ao acrescentar que os vários atributos de Deus têm significados diferentes apenas na medida em que negam diferentes imperfeições em Deus. Assim, a significação real dos atributos aparentemente positivos de Deus é negativa, e Al-Moqames concorda com um dito atribuído a Aristóteles, segundo o qual os enunciados negativos acerca de Deus são mais adequados e verdadeiros do que os positivos. E, de maneira similar, endossa com toda sinceridade a exigência de alguns filósofos de que nos incumbiria restringir-nos a declarações puramente negativas no concernente a Deus[49]. Com isto, Al-Moqames deu o passo decisivo, a partir do Kalam – que até em suas formas mais radicais defendia a doutrina da positividade dos predicados divinos – na direção do neoplatonismo. O referido passo é tanto mais importante quanto mostra a lógica imanente que conduz a posição mutazilita para além de si mesma, à rejeição dos atributos positivos. A aguda radicalidade dessa conclusão não é embotada pelo fato de Al-Moqames ter continuado a usar as fórmulas do Kalam, criando a aparente impressão de que haja voltado, também, em seus princípios básicos, à postura anterior.

Não houve desenvolvimento sistemático ulterior do Kalam no judaísmo rabínico. Mas também o seu impacto em âmbito mais amplo é assaz interessante, merecendo ser explicitado em alguns exemplos. Essa influência fica inteiramente evidente no caso de Samuel ben Hofni (m. 1013), que, como Saádia, esteve à testa da academia de Sura. De sua principal obra, *A Abolição da Lei*, nada conhecemos exceto o título, mas fragmentos de seu comentário sobre a *Bíblia*, que foram preservados, contêm considerável material filosófico, em que boa parte provém mais da filosofia grega do que do Kalam. Sua divisão e hierarquia das ciências é aristotélica, enquanto sua psicologia é platônica[50].

48. Iehudá de Barcelona, *op. cit.*, pp. 78 e ss.
49. *Ibid.*, pp. 80 e ss.
50. Cf. Bacher, "Le Commentaire de Samuel ibn Hofni sur le Pentateuque", *RÉJ*, XVI, 117 e s.

O KALAM | 99

No principal prepondera a influência do Kalam: Samuel ben Hofni adota a fórmula de que Deus vive, é sábio e onipotente através de Sua essência, não através dos atributos de vida, conhecimento e poder, que estão separados Dele[51]; também dá uma interpretação racionalista da *Bíblia*. Combate a crença na magia e na astrologia; por exemplo, afirma que a feiticeira de Endor não poderia possivelmente levantar alguém dentre os mortos, mas apenas enganou Saul. Como os mutazilitas, atribui unicamente aos profetas o poder de operar milagres, negando-o aos piedosos e aos santos. Justifica esta doutrina mutazilita argumentando que os milagres servem para o reconhecimento dos profetas; sua força de evidência perder-se-ia se os piedosos, que não fossem profetas, pudessem também realizar milagres. Um corolário desta teoria é que os milagres aconteceram somente no passado e não ocorrem no presente. Este ponto é defendido com muita energia por Samuel ben Hofni, inclusive com referência àqueles pios mestres do *Talmud* a quem a lenda talmúdica atribui numerosos milagres[52].

Outro adepto convicto das concepções mutazilitas foi o contemporâneo de Samuel, porém algo mais jovem, Nissim ben Iaakov de Kairuan, na África do Norte. "O Louvor a Deus", no começo da introdução ao seu comentário sobre o *Talmud*, está todo ele composto de fórmulas mutazilitas. Assim, reconhece que a sabedoria, a vida e o poder de Deus não se distinguem da essência divina, porém são uma só coisa, e que Deus não deu às suas criaturas quaisquer mandamentos sem lhes dar igualmente o poder de obedecer-lhes. Ele também aplica esta doutrina de Deus a passagens talmúdicas cuja interpretação literal envolveria uma concepção de Deus cruamente antropomórfica, rejeitando de modo enfático toda e qualquer forma de antropomorfismo. O problema da retribuição é tratado ao modo mutazilita, e Nissim ben Iaakov argumenta que a sabedoria de Deus pode causar o sofrimento neste mundo a crianças inocentes a fim de recompensá-las tanto mais ricamente no além[53]. Como Saádia, considera que o propósito da revelação é o de remover todas as dúvidas que o conhecimento racional não consegue de todo dissipar, mas ele dá a esta idéia uma torção adicional que mais tarde se tornou significativa no pensamento de Iehudá Halevi, isto é, de que o caráter incerto do conhecimento racional não se limita apenas ao tempo de sua formação e preparação, como diz Saádia, mas se lhe vincula de maneira permanente. Só a evidência dos sentidos é completamente certa. E precisamente na posse desta certeza sensorial dada pela revelação é que, ao ver de Nissim ben Iaakov, consiste a vantagem de Israel sobre todo os outros povos[54].

51. *Ibid.*, p. 118.
52. Cf. Schreiner, "Zur Charakeristik R. Samuel b. Chofni's und R. Hai's", *MGWJ*, XXXV, 31 e ss. A *responsum* sobre a feiticeira de Endor foi publicada em sua forma original por L. Ginzberg, em *Ginze Schechter*, I, 304 e ss.
53. Cf. I. Goldziher, "R. Nissim b. Yacob Moutazilite", *RÉJ*, XLVII, 179 e ss.
54. D. Kaufmann, *Geschichte der Attributenlehre...*, p. 167, n. 121.

100 | A FILOSOFIA DO JUDAÍSMO

Hai Gaon (m. 1038), genro de Samuel ben Hofni e último cabeça da academia de Pumbedita, apresenta maior reserva com respeito às doutrinas mutazilitas. Aceita a noção talmúdica de que os devotos também podem efetuar milagres, como os Profetas o fizeram, e culpa o ponto de vista oposto, defendido por Samuel ben Hofni, pela excessiva influência das noções não-judaicas. Entretanto, objeta, não menos, às crenças supersticiosas segundo as quais efeitos miraculosos, como os produzidos pelos Profetas, são atribuídos a meios mecânicos como a manipulação do nome de Deus. Denota conhecimento dos argumentos dos mutazilitas e de seus oponentes, procurando defender o ensinamento tradicional do *Talmud* em relação ao poder dos piedosos para operar milagres. O fato de lhe terem sido endereçadas duas perguntas sobre o assunto mostra que tipo de problema agitava o judaísmo da época[55].

Algumas de suas outras *responsa* também tratam de questões filosóficas que tocavam de imediato a consciência popular. O relato bíblico de que o profeta Isaías anunciou primeiro a morte iminente do rei Ezequias, cuja vida foi então prolongada por quinze anos em resposta à prece do soberano, havia levantado o problema de como conciliar a onisciência de Deus com o não cumprimento da profecia por Ele inspirada. Hai resolve o caso por meio de uma teoria extremamente sutil sobre a natureza do conhecimento divino. Deus conhece não só aquilo que efetivamente vai acontecer, mas também a situação e as conseqüências que se seguiriam, se os homens, exercendo sua liberdade, tivessem agido de maneira diferente. Por certo, Deus sabe que decisão, em cada caso, o homem irá tomar de fato; mas como a liberdade da criatura humana admite várias decisões possíveis, a divina onisciência deveria também estar apta a prever todas as conseqüências de cada uma dessas possibilidades. Assim como as divinas promessas de recompensa e a ameaça de castigo estão condicionadas ao modo da pessoa proceder, da mesma maneira os enunciados proféticos meramente predizem o que aconteceria se certas condições fossem preenchidas – e no caso em apreço, se Ezequias não tivesse rogado a Deus.

Um notável paralelo a esta linha de pensamento é fornecido, nos inícios da idade moderna, pelos jesuítas espanhóis. Referindo-se ao mesmo exemplo bíblico debatido por Hai, desenvolveram uma teoria muito similar e esta forma particular de conhecimento divino, designada por eles como *scientia media*, que é discutida por Leibniz em sua *Teodicéia*[56]. Hai também endossa a concepção de que os animais seriam re-

---

55. Schreiner, *op. cit.* Cf. também D. Joël, *Der Aberglaube und die Stellung des Judentums zum demselben*, II, 29 e ss. Até R. Hai admite que conjuros sobrenaturais, que são limitados em alcance e não miraculosos, são, não obstante, possíveis, mas ele se mostra muito céptico com o testemunho relacionado à ocorrência de tais eventos.

56. Kaufmann, "Ein Responsum des Gaons Haja über Gottes Vorherwissen und die Dauer des menschlichen Lebens", *Zeitschrift der deutsch-morgenländischen Gesellschaft*, XLIX, 73 e ss. Kaufmann também nota aqui as idéias paralelas na *Teodicéia* de Leibniz (I, 40).

O KALAM | 101

compensados no além por seus sofrimentos, e mostra-se inteiramente familiarizado com as doutrinas correntes do Kalam.

Mais irrestrita e incondicional ainda do que a dos judeus rabanitas foi, entre os caraítas, a aceitação do Kalam na forma mutazilita. Suas autoridades filosóficas mais importantes e originais foram dois pensadores do século XI, Iossef ben Avraham al-Basir (começo do século XI) e seu discípulo, Iehoschua ben Iehudá (meados do mesmo século), os quais pela semelhança de seu pensamento podem ser examinados em conjunto. Em seu racionalismo radical, eles vão ainda mais longe do que Saádia. Razão e revelação não constituem, para Iossef al-Basir, princípios coordenados, pois a certeza da revelação pressupõe um conhecimento racional de Deus. Os milagres dos Profetas não constituem prova da verdade das doutrinas por eles reveladas, pois não sabemos se o Ser que os enviou deseja o nosso bem, e não é um espírito do engano, porém um espírito da verdade. Apenas a razão pode convencer-nos da veracidade de Deus, provando Sua existência, sabedoria e onipotência, das quais depende a confiabilidade da revelação. É impossível verificar a verdade da revelação, exceto na medida em que ela se apoie em um conceito de Deus obtido pela razão[57].

É, pois, à razão teórica que é aqui consignada a confiabilidade do conceito de Deus. Porém, o argumento decisivo em favor do primado da razão também implica considerações éticas. Precisamos do conhecimento racional de Deus a fim de nos assegurarmos da veracidade Deste. Mas é na esfera ética que o extremo racionalismo dos dois filósofos atinge sua plena força. Embora partilhem, com a maioria dos pensadores judeus, da crença no caráter essencialmente racional da ética, ainda assim, em nenhuma outra parte, é ela embasada com tal fervor ético. Iossef al-Basir apoia-se, antes de tudo, no fato de nos ser dada uma consciência ética em que apreendemos com evidência imediata o valor do bem e a repreensibilidade do mal. Nós nos sentimos imediatamente impelidos a reconduzir o extraviado ao bom caminho; sentimos gratidão pelos favores recebidos; sentimo-nos atraídos pela verdade, e somos tomados de um sentimento de repulsa diante da mentira. Nenhuma outra coisa senão a evidência interna de nossa consciência moral é que nos impele a tanto. Considerações eudemonísticas são completamente alheias a esta consciência moral, que nos incita ao bem em si, sem qualquer pensamento de recompensa celestial ou humana.

Os pensadores caraítas defendiam a autonomia da consciência moral não apenas contra as exigências da revelação, mas também contra as de uma crença racional em Deus. Tanto os brâmanes, que eram tidos como negadores de toda revelação, quanto os Dahriya, que negavam a crença em Deus como tal, reconheciam a distin-

---

57. P. F. Frankl, *Ein mu'tazilitischer Kalam aus dem 10. Jahrhundert*, p. 18. O ensaio de Frankl trata de Iossef al-Basir. Harkavy mais tarde provou que Iossef viveu no século XI; Harkavy, *Studien und Mitteilungen aus der kais. off. Bibliothek zu St. Petersburg*, III, 7, 44.

102 | A FILOSOFIA DO JUDAÍSMO

ção entre justiça e injustiça; isto não era nada surpreendente, pois a referida distinção era auto-evidente[58]. Como em contraposição a Ash'aria que, no interesse de uma concepção absoluta da soberania divina, denegava a característica racional da ética e a alicerçava apenas na vontade de Deus, al-Basir e Iehoschua ben Iehudá recorriam não somente à evidência de nosso juízo ético, mas também procuravam demonstrar que a teoria teológica da ética era autocontraditória. A menos que a ética fosse independente da revelação, não poderíamos estar seguros da veracidade de Deus e de Sua revelação, nem haveria qualquer obrigação de nossa parte para verificar se uma alegada "revelação" realmente originou-se de uma fonte divina. Esta obrigação, bem como o dever de gratidão para com Deus, precisam ser assumidos, mesmo pelos Ash'aritas, caso queiram justificar a exigência de submissão a um mandamento divino[59].

Temos aqui praticamente todo o arsenal de argumentos disposto pelo Iluminismo moderno a fim de estabelecer a idéia de uma ética autônoma. A concepção básica da natureza racional da ética remonta possivelmente às fontes gregas e, em particular, às estóicas. Mas foi apenas por meio de sua defesa e justificação ante a heteronomia da ética, tal como mantida pelos teólogos islâmicos, que essa doutrina recebeu das mãos de Iossef al-Basir, Iehoschua ben Iehudá e de seus modelos mutazilitas a sua forma plenamente desenvolvida e rigorosa.

Dada a suposição acima, segue-se com necessidade que a lei moral obriga a Deus não menos do que ao homem. Esta necessidade imanente, inerente à distinção entre o bem e o mal, exclui a possibilidade de que as ações de Deus estejam além dessa distinção. O fato de que Deus é o Senhor, e os homens Seus servidores, não faz diferença no caso, pois a exigência ética também existe em relação aos servidores. Efetivamente, tal pressuposição está implícita em nosso louvor à bondade de Deus, porquanto não teria sentido qualificar as ações divinas como boas, se o bem e o mal dependessem unicamente de Sua vontade. O fato de Deus atuar de conformidade com a lei moral decorre, como Saádia já havia assinalado, de Sua auto-suficiência. Ninguém pratica o mal a não ser impelido por um motivo egoísta. Como a auto-suficiência de Deus impede qualquer motivo egoísta, Ele só pode atuar moralmente[60].

A criação é necessariamente um ato da bondade de Deus, e Sua bondade deve estar manifesta em tudo. Iossef al-Basir critica, contudo, a asserção radical de alguns mutazilitas, segundo a qual por ser a bondade de Deus a Sua essência, Ele deve, por necessidade, fazer o bem. A isto, Iossef objeta que, neste caso, sendo a criação uma conseqüência necessária da natureza divina, ela teria de ser co-eterna com o próprio

58. M. Schreiner, *Jeschu'a ben Jehuda*, pp. 55-57.
59. Frankl, *op. cit.*, pp. 18, 37; Schreiner, *op. cit.*, pp. 65 e ss.
60. Schreiner, *op. cit.*, pp. 65 e ss.

O KALAM | 103

Criador. Não se trata de uma necessidade imanente, porém da liberdade da decisão divina, a qual escolhe o bem e cria o mundo. Esta distinção é mais do que uma sutil argúcia escolástica. Ao conceber a criação como resultado necessário da bondade divina, o universo cessa *ipso facto* de ser um produto da vontade de Deus, e torna-se, em vez disso, uma conseqüência necessária da essência divina. A dissolução dialética do conceito de uma vontade divina substitui irrevogavelmente a idéia da criação por uma necessária emanação do mundo a partir de Deus. Contra isso, Iossef al-Basir sustenta que, embora Deus, na Sua sabedoria, apenas faça o bem, Ele o escolhe livremente. Se o mundo não existisse, não teria sentido falar acerca das obrigações de Deus para com as Suas criaturas; mas, uma vez que as criou livremente na Sua bondade, é uma necessidade sua provê-las[61].

A estreita dependência de Iossef al-Basir e Iehoschua ben Iehudá em relação às doutrinas mutazilitas leva-os a segui-las inclusive nas particularidades em certos aspectos abstrusas deste sistema. O fato torna-se especialmente manifesto nas suas demonstrações sobre a criação do mundo. Sua principal prova, aceita também por Saádia, afirma que coisas às quais determinações acidentais criadas são necessariamente inerentes, devem ser pensadas elas próprias como coisas criadas. Enquanto Saádia apresenta essa prova de um modo simples e direto, os dois filósofos caraítas desenvolvem-na de uma forma extremamente complicada e em muitas variações que não precisam ser aqui reproduzidas em detalhe, embora seus principais motivos possam ser indicados sumariamente.

A causa dessa excessiva complicação da prova é que seus pressupostos não são justificados apenas em termos empíricos, como em Saádia, mas são também derivados por via conceitual. Saádia limitou-se a demonstrar empiricamente que todos os corpos estão sujeitos a acidentes e que todos os acidentes estão sujeitos à geração e corrupção. Iossef al-Basir e Iehoschua ben Iehudá querem mostrar que isto é assim por causa da necessidade lógica. Isso por que, ao contrário de Saádia, sustentam a teoria atomista da realidade, tal como ensinada pelo Kalam. As provas empíricas de Saádia valem apenas para corpos compostos e não para elementos últimos da realidade, os átomos. Pois a prova, para ser conclusiva, deveria poder demonstrar que os acidentes também são necessariamente inerentes aos átomos, e que os acidentes em questão devem igualmente ter sido criados em certo momento no tempo. A primeira parte dessa afirmação pode ser facilmente demonstrada no tocante às determinações básicas, movimento e repouso, composição e separação, uma vez que os átomos também estão sujeitos a esses "modos de ser", na terminologia do Kalam. Cada átomo deve estar ou em movimento ou em repouso, ou separado de outros átomos ou ligado a eles. Enunciando este

---

61. Frankl, *op. cit.*, pp. 33, 48.

104 | A FILOSOFIA DO JUDAÍSMO

argumento de uma forma ainda mais abstrata, Iehoschua ben Iehudá sugere que o fato de cada átomo ocupar um determinado lugar no espaço deve também ser considerado um modo ou estado de ser; com efeito, ele parece encarar mesmo a existência como um acidente, porquanto toda e qualquer coisa pode ser ou não ser[62]. A efetiva dificuldade, no caso, está em provar que os determinantes básicos ou modos de ser devem necessariamente ter sido criados. Neste ponto da demonstração os argumentos se amontoam e se enrolam de tal maneira que só podem ser transcritos num esquema dos mais gerais. Em primeiro lugar, é impossível que os modos de existência sigam da essência dos átomos; pois, neste caso, como a essência de todos os átomos é a mesma, todas as substâncias deveriam partilhar dos mesmos modos de existência, e seria impensável que certos átomos estejam em movimento enquanto outros em repouso, ou que certos átomos estejam ligados, enquanto outros, separados.

Iehoschua aplica o mesmo argumento no tocante à posição dos átomos no espaço. Como o átomo mantém essencialmente a mesma relação com todo e qualquer ponto do espaço, sua posição no espaço não pode ser deduzida de sua essência, do contrário todos os átomos que partilham da mesma essência deveriam ocupar o mesmo espaço[63]. Logo, os modos de ser dos átomos estão condicionados por fatores externos. Entretanto, esses fatores externos não podem ser eternos, pois por definição aquilo que é eterno não pode mudar. Se, por exemplo, o repouso fosse devido a uma causa eterna, então o corpo em repouso nunca poderia adquirir movimento, e vice-versa[64]. O simples fato de a mudança ser possível em geral, comprova que as causas dos modos de existência não podem ser eternas. As causas e, portanto, os próprios estados ou modos de ser foram criados; logo, os átomos também foram criados.

O Kalam manteve a sua supremacia entre os caraítas até o fim da Idade Média. Os pensadores caraítas resistiram à tendência para o neoplatonismo e o aristotelismo que caracterizaram a filosofia islâmica e rabínica. A última grande obra da filosofia religiosa caraíta, *A Árvore da Vida* de Arão ben Elias de Nicomédia (composta em 1346), ainda trilha os velhos caminhos. Segundo este autor, o ensinamento do Kalam concordava plenamente com o da *Bíblia*, e era, de fato, de origem judaica, enquanto o sistema aristotélico havia brotado em solo pagão e, por conseguinte, contradizia as doutrinas do judaísmo em muitos pontos essenciais[65].

O que distingue o trabalho de Arão ben Elias dos primeiros escritos caraítas é a extraordinária simplicidade de sua argumentação, e sua tentativa de defender as dou-

---

62. Schreiner, *op. cit.*, 29, 31.
63. *Ibid.*, pp. 29, 32.
64. *Ibid.*, pp. 29, 3ª prova, p. 30; p. 33 (IV); p. 35. A exposição no texto segue as seções do livro de Iehoschua ben Iehudá, tal como editado e traduzido por Schreiner. Como evidencia o seu livro *Kitab al-Muktavi*, editado por M. Klein e A. Morgenstern (Budapest, 1913), a prova de al-Basir é essencialmente a mesma.
65. *Etz Haim* (*Árvore da Vida*), editado por Delitzsch, pp. 3 e ss.

O KALAM | 105

trinas do Kalam contra a crítica aristotélica. Maimônides surge como o principal representante desta crítica aristotélica. O autor caraíta refere-se a ele continuamente e seu próprio tratado constitui sem dúvida uma réplica deliberada ao *Guia dos Perplexos*. As principais objeções de Maimônides ao Kalam são refutadas em pormenor, e a acusação de que o Kalam adotou uma concepção atomística da realidade física por razões puramente teológicas, a fim de provar a criação do mundo, é contradita pela asserção segundo a qual o atomismo era confirmado por qualquer concepção científica imparcial do mundo. De fato, foram os oponentes à idéia de criação na antiga Grécia que advogaram o atomismo[66]. Enquanto Maimônides pensava ser impossível demonstrar que o mundo teve um começo no tempo, havendo por isso separado o argumento da existência da questão da origem do mundo, Arão não apenas reafirma as provas caraítas da criação do mundo, como as considera efetivamente o caminho certo e seguro para provar a existência de Deus[67]. Ele também critica, em Maimônides, a rejeição dos atributos divinos positivos, argüindo que um cuidadoso exame dos atributos negativos, admitidos pelo Rambam, revela realmente um conteúdo positivo[68]. A doutrina da providência, nos termos de Maimônides – que admite uma providência especial somente para os seres humanos e postula uma providência geral para a natureza sub-humana – é condenada como inadmissível concessão ao aristotelismo, ao qual Arão opõe de maneira inflexível a doutrina bíblica de uma particular providência divina sobre todos os seres existentes[69]. A tentativa maimonidiana para justificar a existência do mal, definindo-o como mera privação, seria um malogro, uma vez que em suas próprias premissas a doutrina pressupõe um ato divino positivo, a anulação ou a supressão de algum bem específico[70]. A existência da alma humana, sustenta ele, não está presa ao corpo, como implica a definição aristotélica da alma como sendo a forma do corpo orgânico. Sem rejeitar esta definição em si, traça no entanto uma distinção radical entre a alma, de um lado, e a forma das coisas naturais, de outro, vendo na alma uma substância independente. Por isto, em lugar da imortalidade do intelecto adquirido defendida por muitos aristotélicos, ele afirma que a alma também é imortal por direito próprio[71].

Em certos pontos especificamente teológicos, Arão aceita algumas concepções de Maimônides, como, por exemplo, a distinção entre a profecia de Moisés e a de outros Profetas[72]. Embora sustentasse firmemente os princípios básicos do Kalam, concedia

66. *Ibid.*, p. 15.
67. *Ibid.*, pp. 28 e ss.
68. *Ibid.*, pp. 86 e ss.
69. *Ibid.*, pp. 123 e ss.
70. *Ibid.*, pp. 120 e ss.
71. *Ibid.*, pp. 188 e ss.; pp. 194 e ss.
72. *Ibid.*, pp. 173 e ss.

106 | A FILOSOFIA DO JUDAÍSMO

espaço a seus críticos em certas questões isoladas. Ele abandonou a doutrina, ainda aceita por Iossef al-Basir, de que a vontade de Deus não era de Sua essência, visto que os efeitos desta vontade eterna deveriam ser igualmente eternos, e a teoria concomitante de que Deus criou o mundo por meio de uma vontade por Ele criada. Do mesmo modo, rejeitou a crença de que para os animais também haveria uma retribuição no além[73]. As leis morais não são mais consideradas leis da razão, como no Kalam; são descritas, à maneira dos aristotélicos, como "regras convencionais", mas não como propriamente racionais[74].

A obra de Arão é, assim, mais do que mera reprodução das doutrinas caraítas mais antigas; sua polêmica contra o aristotelismo, combinada com a aceitação de alguns de seus motivos, dá-lhe uma feição e um valor próprios. Sua originalidade, porém, reside menos no desenvolvimento sistemático de idéias anteriores do que na inteligente redução das doutrinas do Kalam a seus princípios básicos e na sua hábil adaptação a teorias posteriores. Mas inclusive em sua controvérsia com o aristotelismo, Arão deixa de enfrentar seus conceitos fundamentais.

73. *Ibid.*, pp. 93 e ss.; pp. 135 e ss.
74. *Ibid.*, p. 155.

3. O Neoplatonismo

ISAAC ISRAELI

A escolástica do Kalam já apresentava, em Saádia e al-Moqames, uma forte mistura de doutrinas platônicas e aristotélicas, e uma análise dessa escolástica, desses sistemas do Kalam. revela influência grega, tanto em sua racionalização metafísica e ética da idéia de Deus, quanto em sua fundamentação científica. No entanto, o Kalam foi essencialmente um produto das origens religiosas e teológicas às quais devia o seu caráter peculiar. Tudo o que aceitou da filosofia grega foi adaptado à direção e tendência básicas de seu pensamento. Pode ter havido exceções entre alguns dos cabeças das escolas que ultrapassaram as fronteiras do Kalam – mas até Saádia e al-Moqames não permitiram que o crescente número de doutrinas gregas admitidas em seus sistemas destruísse o caráter fundamental de sua filosofia.

Ao contrário, o novo relacionamento com a filosofia grega de parte dos neoplatônicos e aristotélicos islâmicos e judeus diferia não só em grau, mas também em espécie. A filosofia grega não era mais, para eles, a fonte de doutrinas particulares somente, porém o fundamento sistemático de seu pensamento. Mesmo lá onde modificavam as concepções gregas por motivos religiosos, a mudança dizia respeito ao sistema como tal, sem considerar em que profundidade este ou aquele pensador individualmente havia apreendido seus princípios e que aspectos do conjunto foram por ele colocados em primeiro plano. Neste sentido, o neoplatonismo judeu, do qual trataremos de início, exibe formas de manifestação das mais variadas e de valor muito diverso. Mas até aqueles neoplatônicos judeus, para quem o neoplatonismo era uma espécie de teologia popularizante, referiam-se ao sistema como um todo e como tal o expunham.

O primeiro neoplatônico judeu, Isaac ben Salomão Israeli (c. 850-950) era, como filósofo, não mais do que um compilador eclético e sua fama deveu-se sobretudo a suas obras de medicina, que gozavam de alta consideração em círculos islâmicos, judaicos e cristãos. Sua importância como autor de livros médicos ajudou a criar a sua reputação filosófica na escolástica cristã, enquanto na filosofia judaica era julgado de maneira bastante desfavorável e apenas alguns poucos autores o utilizavam e o citavam. Seus dois escritos filosóficos, *O Livro das Definições* e *O Livro dos Elementos*, cujos originais

108 | A FILOSOFIA DO JUDAÍSMO

em árabe se perderam, subsistindo apenas as traduções hebraicas e latinas, não proporcionam uma apresentação sistemática de suas doutrinas básicas. O *Livro das Definições* simplesmente arrola as definições dos mais importantes conceitos filosóficos, embora alguns sejam seguidos de uma discussão mais pormenorizada das noções definidas. O *Livro dos Elementos* é, em essência, uma exposição da doutrina aristotélica dos elementos, que o autor identifica com Hipócrates e Galeno, juntamente com uma crítica às diferentes concepções referentes ao conceito de elemento. Esta discussão não deixa por vezes de ter agudeza formal, ainda que desenvolva meramente idéias provindas de Aristóteles e Galeno, sendo duvidoso até mesmo que sua aplicação dialética seja contribuição exclusiva de Israeli. O curso das idéias é continuamente interrompido por excursos de caráter medicinal, lógico e metafísico. Tais digressões e discussões no *Livro das Definições* constituem a principal fonte de informação sobre as idéias filosóficas do autor. Afora alguns fragmentos em outro escritos[1], chegou também até nós um comentário ao *Sefer Ietzirá*, cujo cerne remonta certamente a Israeli, embora o texto ao nosso dispor tenha sido editado ou revisto por seus discípulos[2].

Apesar de sua falta de originalidade, Israeli foi o primeiro a tentar o transplante do neoplatonismo para o solo judaico e, por conseqüência, possui o particular interesse que oferecem os inícios de todos os grandes processos históricos. Os problemas que surgem da síntese de judaísmo e neoplatonismo, e que vamos encontrar nos neoplatônicos judeus e de forma modificada nos aristotélicos, já são visíveis em Israeli, embora não tivesse uma clara consciência deles. Estes problemas aparecem em sua definição de filosofia. A filosofia é essencialmente um aproximar-se de Deus, até onde é possível aos seres humanos[3]. Esse ideal da *imitatio dei*, que remonta ao *Teeteto* de Platão e que era utilizado para a definição de filosofia nos comentários neoplatônicos sobre Aristóteles, também constituía de fato uma exigência da religião bíblica e talmúdica. Mas o significado do ideal religioso modifica-se por completo quando essa comunhão com Deus, definida como o conhecimento da verdade, passa a ser entendida em termos de conhecimento teórico sistemático. Sem dúvida, para os neoplatônicos gregos, o conhecimento correto deveria levar igualmente a uma ação correta, ao passo que Israeli parece considerar a ação correta como um mero subproduto. Se bem que a fórmula neoplatônica se preste para unir os ideais religiosos e filosóficos, Israeli sempre acentua o aspecto filosófico.

Na visão de mundo de Israeli há um choque contínuo entre elementos judaicos. Ele reitera de modo enfático a idéia de criação e distingue claramente entre a criação

---

1. Cf. Borisov, *Some Fragments of Isaak Israeli's Works*.
2. Cf. "Le commentaire: Nayda sur le livre de la création", *RÉJ*, CVII, 5-62.
3. Isaac Israeli, *Hibur* (Livro das Definições), p. 132. Para a origem da definição, que foi construída na base da que se encontra no *Teeteto*, cf. Iossef ibn Tzadik, *Sefer ha-olam ha-katan*, p. XIII, nota 55; Jacob Guttmann, *Die philosophischen Lehren des Isaak ben Salomon Israëli*, p. 21, n. 1.

O NEOPLATONISMO | 109

divina, que é a *creatio ex nihilo*, e a geração natural das coisas, a qual pressupõe nitidamente um substrato material[4]. A fonte da criação situa-se na sabedoria e na bondade de Deus que Ele quis tornar manifesta. Aqui, a idéia de Deus exposta por Israeli está muito longe do conceito abstrato dos neoplatônicos[5]. Ao mesmo tempo, combina a idéia de criação com a idéia neoplatônica de emanação, segundo a qual a pluralidade das coisas provém gradualmente de substâncias primárias, fundamentalmente simples. A mais alta dessas substâncias é o intelecto, criado por Deus mesmo; e, deste intelecto descendem por gradação todas as outras substâncias, conforme o esquema neoplatônico usual. A abundância de luz das essências mais elevadas é tal que elas podem emanar as inferiores, sem que seu brilho seja diminuído ou dividido[6].

Esta combinação da doutrina da emanação com a da criação foi considerada por Israeli e muitos neoplatônicos judeus posteriores como evidente por si, sem que fosse feita qualquer tentativa para justificá-la. Ele nunca explicou por que a atividade criativa direta de Deus deveria ser limitada à criação do intelecto, do qual todas as coisas provinham por emanações. Há também certas obscuridades nos pormenores. No concernente ao mundo supraterreno, a idéia de emanação é desenvolvida com grande clareza. A alma com suas várias divisões emana do intelecto, e da parte inferior da alma emana a esfera celeste em que a natureza inere como seu princípio ativo. O resultado é uma versão ligeiramente modificada da tríade neoplatônica de alma, intelecto e natureza[7].

No que diz respeito ao universo sublunar, entretanto, a sua posição não é clara[8]. Em *O Livro dos Elementos*, a descrição da formação dos corpos compostos a partir dos elementos detém-se nos próprios elementos, para os quais, segundo Israeli, não há outra condição prévia salvo a divina onipotência[9]. Assim, poderia parecer que os corpos terrestres estivessem fora do processo de emanação. Porém, Israeli faz afirmações similares acerca da alma[10], que é explicitamente incluída no processo de emanação. Logo, é possível que enunciados dessa espécie não sejam construídos para qualificar ou limitar a doutrina da emanação exposta no *Livro das Definições*. Não estamos autorizados, é certo, a supor que *O Livro dos Elementos* negue de todo a doutrina da emanação apenas porque não faz menção a ela. As passagens citadas dizem apenas

---

4. Isaac Israeli, *Sefer ha-Iessodot* (Livro dos Elementos), p. 69; *Livro das Definições*, p. 140.
5. *Livro dos Elementos*, p. 57.
6. *Ibid.*, pp. 136 e ss.
7. *Ibid.*
8. Borisov diz, no texto anteriormente mencionado: "O livro nos conta em toda a extensão e repetidamente que no início dois elementos simples foram criados, forma e matéria, e a razão, que é o primeiro elo na cadeia de emanações, é composta desses dois elementos simples".
9. Isaac Israeli, *Livro dos Elementos*, pp. 7, 10.
10. *Ibid.*, p. 68.

110 | A FILOSOFIA DO JUDAÍSMO

que os elementos e a alma não têm uma origem natural, mas procedem de uma fonte metafísica, sem que isso seja objeto de maiores explicações.

Também nas partes principais do *Livro das Definições*, o processo de emanação é conduzido com rigor somente até o estádio da esfera celestial. Em vez de proceder por uma descrição do passo seguinte, isto é, a emanação do mundo terreno a partir dessa esfera, Israeli limita-se a descrever a influência da esfera celestial sobre o processo de geração e vir-a-ser no âmbito do já existente mundo terreno[11]. Raramente apenas empreende ele uma exposição em pormenor do processo completo de emanação, do princípio ao fim[12]. Inconsistências parecidas numa apresentação que passa ligeira sobre a fundamentalmente pressuposta origem da matéria no mundo espiritual, e depois vai discutir a relação entre o mundo sensível e supra-sensível em termos de um dualismo cabal, podem ser encontradas, por certo, nos neoplatônicos gregos. O texto de Israeli não fornece nenhuma evidência para a assertiva de que o processo de emanação interrompeu-se quando atingiu a esfera celestial, e que os elementos do mundo material foram criados diretamente por Deus[13].

Israeli incorpora diversas doutrinas aristotélicas, como a dos elementos, na sua cosmovisão neoplatônica. Até sua concepção da alma apresenta esse impacto aristotélico. As três formas da alma supostas por Aristóteles – a racional, animal e a vegetal – são igualmente atribuídas à alma universal, por Israeli. No processo de emanação o intelecto produz primeiro a alma racional, seguida por suas duas partes inferiores[14]. A alma humana individual, segundo os pressupostos neoplatônicos, é concebida como uma substância independente do corpo, e Israeli tenta inclusive reinterpretar

---

11. Isaac Israeli, *Livro das Definições*, pp. 136-138; cf. especialmente p. 137, linhas 14 e ss. Cf. também p. 138, linhas 25 e ss., e mais abaixo na p. 140.

12. *Ibid.*, p. 136, linhas 10 e ss. Cf. especialmente a seção de "O Livro do Espírito da Vida e da Alma", publicado em *Ha-Carmel*, I, 403. A tentativa de Neumark (em *Geschichte der jüdischen Philosophie* ..., II, 169 e ss., 177 e ss.) de negar a relevância de quaisquer dessas citações para a doutrina da emanação dos corpos terrenos a partir da esfera celeste distorce o significado dessas sentenças. Neumark percebeu corretamente, entretanto, com respeito às citações mencionadas na nota anterior, que elas não afirmam que os corpos terrenos emanam da esfera celeste, mas que mesmo sem estas citações dispomos de abundante evidência para essa doutrina. Jacob Guttmann, em *Die philosophischen Lehren des Isaak ben Salomon Israeli*, pp. 30 e s., está indubitavelmente certo no tocante às principais questões envolvidas, mas algumas das objeções de Neumark à sua detalhada interpretação têm fundamento em fatos. Neumark, porém, está completamente enganado em sua pretensão de que Israeli rejeitou de maneira sistemática a introdução de corpos terrenos no processo de emanação e, em vez, sustentou a idéia de uma criação especial para esses corpos. O *Livro das Definições*, que é a principal fonte para doutrina da emanação de Israel, nada sabe a respeito de uma tal criação. É impróprio inserir as declarações do *Livro dos Elementos*, relativas à criação direta dos elementos, no *Livro das Definições*, como demonstrei previamente no corpo do meu texto; e, *a fortiori*, seria impróprio em relação a um autor como Israeli, que era por natureza eclético.

13. Borisov, *op. cit.*, "Após a natureza vêm os elementos... que são completas sombras, que recebem sua luz da natureza material".

14. Isaac Israeli, *Livro das Definições*, p. 136.

O NEOPLATONISMO | 111

neste sentido a doutrina aristotélica da alma. A ligação do corpo com a alma tem por objetivo permitir que o homem alcance o conhecimento da verdade mediante o qual apreende a distinguir entre o bem e o mal, pratique o bem e o justo, cultue Deus e reconheça seu poder soberano, abstenha-se de toda ação indigna e receba por isso sua recompensa divina[15].

Na definição da meta da vida humana o elemento moral é enfatizado em um grau bem mais elevado do que o era na definição anterior de filosofia, e a noção de um além é inteiramente desenvolvida no sentido de uma fé na retribuição divina. Mas a idéia de retribuição é interpretada à maneira neoplatônica. A recompensa consiste na união da alma humana individual com a alma superior, por cujo intermédio a primeira atinge a luz do conhecimento e eleva-se ao nível do espírito, onde irá unir-se diretamente à luz criada por Deus mesmo[16]. Este ingresso no mundo do espírito é uma conseqüência natural da purificação da alma efetuada pelo conhecimento e por uma atuação moral, e portanto não requer um ato retribuidor específico da parte de Deus[17]. O resultado líquido dessa concepção neoplatônica coincide com o da doutrina teológica da retribuição, a despeito da diversidade na fundamentação que conduz a ela. Tal convergência torna particularmente compreensível que o neoplatonismo pudesse aparecer como uma outra forma de expressão das mesmas idéias religiosas concebidas pelo judaísmo.

O mesmo se aplica à doutrina da profecia exposta em *O Livro dos Elementos*. Ela procura explicar por que as revelações proféticas apresentam a verdade, não em sua pureza conceitual, mas recoberta de uma vestimenta sensível. A resposta, segundo Israeli, está na natureza das faculdades envolvidas no processo de revelação. Durante o sono, enquanto o intelecto deseja infundir suas formas espirituais peculiares na alma, tais formas assumem uma feição situada a meio caminho entre a espiritualidade e a materialidade, porque só assim elas podem gravar-se no senso comum e, a partir dele, ser transmitidas à imaginação e à memória. Isto depende das capacidades do receptor de uma revelação – da clareza ou obscuridade de sua percepção e de seus poderes intelectuais – quer esteja ele apto a extrair o teor espiritual de sua envoltória material, ou necessite para isso da ajuda de um intérprete cujo intelecto já tenha sido iluminado[18]. Temos aqui uma pura teoria psicológica de revelação e sonhos, que concebe estes como uma comunicação do intelecto para a alma, e que explica suas peculiaridades em termos da natureza dessas duas faculdades. A profecia no sentido estrito encontra-se também expressamente incluída nesta teoria, cuja tendência geral torna-se até mais evidente se desconsiderarmos as afirmações, aparentemente adicionadas em

---

15. *Ibid.*, pp. 132 e s.
16. *Ibid.*, 133.
17. Heinemann, *Die Lehre von der Zweckbestimmung des Menschen im griechischen-römischen Altertum und im jüdischen Mittelalter*, p. 36.
18. Isaac Israeli, *Livro dos Elementos*, pp. 52-57.

112 | A FILOSOFIA DO JUDAÍSMO

data posterior, atribuindo o ato profético a Deus, que utiliza o intelecto como mediador entre Ele e a alma. Essencialmente, trata-se da mesma explanação naturalista da profecia tal como exposta, em torno da mesma época, por Al-Farabi – descontando-se algumas diferenças devidas ao sistema psicológico divergente de Al-Farabi – cujas idéias principais voltam repetidamente nas doutrinas dos aristotélicos árabes e judeus[19]

Israeli, porém, adiciona uma explicação completamente diferente para justificar o fato de que encontramos algumas vezes, nos escritos proféticos, a verdade numa pura forma conceitual, ao passo que, outras vezes, ela se apresenta vestida em roupagem sensível. Tais expedientes são necessários porque a revelação, sendo destinada a toda as classes de homens, deve por força tomar a forma que vai satisfazer as necessidades tanto dos iluminados quanto daqueles que estão presos ao mundo dos sentidos[20]. Temos aqui uma explanação teleológica, em vez de causal-psicológica, para o modo material pelo qual os escritos proféticos veiculam a verdade divina; mas Israeli não era aparentemente cônscio da diferença entre as duas. Enquanto Al-Farabi e seus seguidores tentavam conciliar esses dois pontos de vista, que eles também aceitavam, a explanação de Israeli é transformada por completo na sua aplicação ao escrito profético. Declarando que a livre espontaneidade da vontade divina concederá ao profeta uma visão na forma mais adequada ao propósito divino, ele não se preocupará mais com os intermediários psicológicos nos atos da revelação. Da causalidade dinâmica do neoplatonismo, Israeli passa, assim, para a ação livre de Deus, porém se contenta com uns poucos enunciados gerais referentes à possibilidade de conciliar estes dois modos de ver.

SALOMÃO IBN GABIROL

Israeli não encontrou seguidores fora do círculo íntimo de seus discípulos. Demorou cem anos até que o pensamento de Salomão ibn Gabirol inaugurasse nova sucessão de neoplatônicos judeus, que dominou o desenvolvimento da filosofia judaica por mais um século. O Kalam foi substituído pelo neoplatonismo, e somente uns poucos representantes deste retiveram elementos do velho sistema. Tal deslocamento da orientação filosófica coincidiu com uma mudança na localização geográfica do esforço filosófico. Com Salomão ibn Gabirol, a Espanha tornou-se o centro da

---

19. Al-Farabi, *Der Musterstaat*, tradução alemã por Dieterici, pp. 80-84. Conquanto, para Israeli, a teoria da profecia esteja alicerçada nas categorias da psicologia neoplatônica, enquanto, para al-Farabi, ela se baseie nas categorias de Aristóteles, os elementos comuns são bastante óbvios. Foi muito importante no desenvolvimento histórico dessa doutrina que Israeli lhe tivesse dado uma coloração neoplatônica. A relação dessa doutrina com as teorias da inspiração na Antigüidade ainda permanece pouco clara, muito embora, no tocante a componentes particulares, tais como as conclusões de Israeli a respeito dos sonhos e suas interpretações, as teorias possam facilmente ser remontadas a crenças antigas, como foi provado por um estudo comparativo dos materiais feito por Hans Lewy (*Sobria Ebrietas*, p. 95, nota 2).

20. Isaac Israeli, *Livro dos Elementos*, pp. 57-60.

O NEOPLATONISMO | 113

filosofia judaica, a qual, como todas as outras formas da atividade cultural dos judeus, passou do Leste para a Europa.

Salomão ibn Gabirol (n. 1026, m. 1050 ou, segundo algumas autoridades na questão, em 1070) era um poeta religioso de grande embora austero poder. Como filósofo, seu lugar pertence mais à história geral da metafísica do que à história da filosofia judaica. O texto original árabe de sua obra principal, *A Fonte da Vida* (latim, *Fons Vitae*; hebraico, *Mekor Haim*) está perdido e apenas uma tradução latina e alguns excertos hebraicos chegaram até nós. Trata-se de uma obra puramente metafísica, que apresenta um sistema em essência neoplatônico, sem uma única palavra acerca de sua relação com o judaísmo. É tão-somente a partir dos poucos remanescentes dos comentários alegóricos a respeito da *Bíblia*[21] que podemos formar uma idéia de como o autor tentou introduzir sua filosofia na *Escritura*. Que havia um hiato na consciência de Ibn Gabirol entre suas convicções filosóficas e religiosas é mostrado por seu famoso e sublime poema litúrgico "A Coroa da Realeza", cujo teor de idéias é o do tratado de metafísica, com a diferença de que os impulsos religiosos, os quais eram apenas por vezes ensombrados na *Fons Vitae*, encontram plena expressão no poema[22]. Seu tratado de ética, uma obra menor e menos importante que versa sobre o *Aperfeiçoamento das Qualidades da Alma*[23], está apenas frouxamente relacionado às idéias básicas de seu sistema.

O caráter da *Fons Vitae* pode ajudar a explicar o seu extraordinário destino. Neoplatônicos judeus fizeram largo uso desta obra, porém, depois da vitória da tendência aristotélica na filosofia judaica, o tratado caiu em esquecimento, mais do que outros livros do período anterior, por não ter prestado atenção aos problemas mais específicos da filosofia da religião. Conseqüentemente, ele nunca foi traduzido para o hebraico no curso de toda a Idade Média. Aqui e ali atraiu algum interesse até o fim do Medievo; depois foi completamente olvidado[24]. A *Fons Vitae* desempenhou importante

21. Contido no comentário ao Pentateuco de Abraão ibn Ezra, explicado por Bacher, *Die Bibelexegese der jüdischen Religionsphilosophen des Mittelalters vor Maimuni*, pp. 46 e ss., e por Kaufmann, *Studien über Salomon ibn Gabirol*, pp. 63 e ss.
22. Para uma interpretação filosófica da "Coroa da Realeza", cf. M. Sachs, *Die religiöse Poesie der Juden in Spanien*, pp. 224 e ss.; Jacob Guttmann, *Die Philosophie des Salomon ibn Gabirol*, pp. 20 e ss.
23. Seus conteúdos são examinados por D. Rosin, "The ethics of Salomon ibn Gabirol", *JQR*, III, 159 e ss.
24. Fora da esfera do neoplatonismo, Ibn Gabirol exerceu forte efeito sobre certos escritos cabalísticos do século XIII e sobre Isaac ben Latif, que se encontrava a meio caminho entre a filosofia e a Cabala. Sua doutrina da vontade, da matéria e da forma universais, e da composição de substâncias espirituais a partir da matéria e forma influenciou o cabalismo primitivo. Mas, dos elementos filosóficos de sua doutrina da vontade, somente alguns poucos deixaram traços. Na maior parte, seu lugar veio a ser tomado por elementos completamente diferentes, extraídos da Cabala. Pode-se conjeturar que, após a sua publicação, surgiu interesse pela doutrina da matéria e forma, e que tanto Gabirol como os autores cabalistas utilizaram essas fontes ou outras relacionadas, embora em conjunto com elas, se possa sentir sem dúvida a própria influência de Gabirol. Uma investigação pormenorizada dessa questão encontra-se em G. Scholem, "Traces of Gabirol in the Kabbala, *Collection of Israeli Authors* (1940), pp. 160-178.

114 | A FILOSOFIA DO JUDAÍSMO

papel na escolástica cristã, mas seu autor, conhecido como Avencebrol ou Avicebrol era tido por filósofo muçulmano – e mesmo, ocasionalmente, por cristão. Até a metade do século XIX, ninguém sabia que o seu nome escondia a identidade do afamado poeta judeu Salomão ibn Gabirol. Só quando Salomão Munk descobriu os excertos hebraicos do *Mekor Haim*, e provou sua coincidência com passagens da *Fons Vitae* dos escolásticos, foi que Gabirol encontrou o seu devido lugar na história da filosofia.

A maioria dos elementos com os quais Gabirol construiu seu sistema deriva da tradição neoplatônica, e mesmo lá onde isso não parece ser o caso, cumpre suspeitar de uma lacuna em nosso conhecimento das fontes neoplatônicas. Assim, embora Gabirol ensine que tanto o mundo inteligível quanto o material são compostos de uma matéria inteligível, não é impossível que a noção plotiniana haja se desenvolvido por linhas similares. É igualmente possível que alguns pensadores de época anterior tenham não só se antecipado à doutrina da vontade divina de Gabirol, como dela se aproximado em um grau bem maior do que aqueles filósofos cujas especulações similares nos é dado conhecer.

Entretanto, a questão da originalidade de Gabirol independe destas ou de possibilidades análogas. Sua originalidade não reside nos pormenores isolados de sua filosofia, porém na energia sistemática com que constrói e deriva sua concepção neoplatônica de mundo a partir de seus pressupostos últimos. Ao contrário de outros neoplatônicos judeus conhecidos, ele não se contenta em receber a estrutura básica de seu sistema, completa e já pronta, mas busca fortalecer seus fundamentos e justificar suas premissas por meios de uma dialética sempre renovada. Isto se aplica até àquelas partes de seu sistema que não vão além das tradicionais idéias neoplatônicas. Mas a independência especulativa de Ibn Gabirol transparece especialmente na consistência cabal com que edifica o seu sistema com base na sua interpretação específica dos conceitos de matéria e forma, mediante os quais é dado ao sistema como um todo um giro inteiramente novo. Mesmo se assumirmos que essa concepção particular de matéria e forma havia sido desenvolvida antes de Gabirol, a função de tais conceitos dentro do sistema, sua construção completa por meio das categorias de forma e de matéria universais, e o desdobramento, a partir de todos os ângulos, dos problemas conexos a esses conceitos, são seguramente de sua lavra[25].

Sobre a influência de Gabirol na literatura judaica como um todo, cf. Munk, *Mélanges de philosophie juive et arabe*, pp. 274 e ss.; Jacob Guttmann, *Die Philosophie des Salomon ibn* Gabirol, pp. 39 e ss.; Kaufmann, *Studien über Salomon ibn Gabirol*, pp. 108 e ss. — investigações que foram ultrapassadas e se tornaram obsoletas desde a publicação dos trabalhos de Scholem.

25. A razão pela qual M. Joël afirma em seu ensaio "Ibn Gabirols (Avicebrons) Bedeutung für die Geschichte der Philosophie", *MGWJ*, VI, 7, que o *Mekor Haim* não é mais do "que um compêndio de filosofia neoplatônica", deve-se ao fato de Joël não fazer nada mais senão remontar teses individuais do livro a antigas fontes neoplatônicas. Wittmann, em seu livro *Zur Stellung Avicebrols (Ibn Gabirols) im Entwicklungsgang der arabischen Philosophie*, também não está livre dessa tendência.

O NEOPLATONISMO | 115

Seu interesse está focalizado no desenvolvimento conceitual desses problemas. O neoplatonismo aparece na *Fons Vitae* não como uma cosmovisão religiosa, porém como um sistema metafísico, que é fundamentado por dedução sóbria, muitas vezes escolasticamente abstrata e descarnada, em variações sempre renovadas dos mesmos argumentos básicos. Na verdade, a força de seu pensamento não está propriamente na clareza e na correção de seus raciocínios tomados um a um; sua dialética luta mais amiúde com os conceitos do que se assenhoreia deles. Não é na qualidade impositiva de seus argumentos, mas na energia intelectual com a qual segue seus conceitos básicos até as ultimas conseqüências, que encontraremos o seu efetivo poder filosófico.

Um fator decisivo na construção do sistema de Gabirol é o seu modo de definir e delimitar mutuamente os conceitos centrais de matéria e forma. Para Aristóteles, esses dois conceitos eram determinados pelo problema do devir que é entendido totalmente como a transição da potencialidade para a atualidade. O filósofo grego vê na matéria o princípio da potencialidade e, na forma, o da atualidade. Em outra parte, ele transfere essa relação entre matéria e forma também para a relação entre os conceitos de gênero e espécie, dando ao gênero, por sua relativa indeterminação, o nome de matéria, enquanto à espécie, que determina posteriormente o gênero, o nome de forma[26]. Este ponto de vista já havia adquirido maior relevo em Plotino, que concluiu daí serem as substâncias inteligíveis, inclusive o *nous*, compostas de matéria e forma, porquanto até no caso do *nous*, a pluralidade de suas determinações particulares distingue-se da substância geral que é assim determinada[27].

Ibn Gabirol segue este modo de ver, mas, ao contrário de Aristóteles e Plotino, não iguala o geral (na medida que é distinto do particular) à matéria, primordialmente por causa de sua indeterminação, mas até certo ponto também por ser ela o objeto. Se substâncias de diferentes espécies ainda assim exibem traços comuns, esta similaridade há de dever-se à identidade de um substrato comum subjacente a todas elas, enquanto suas diferenças se devem a um princípio diferenciador. O princípio de generalidade é matéria, e o princípio de diferenciação ou individuação é forma. Como tudo o que existe apresenta tanto generalidade quanto diferenciação, a realidade deve ser um composto de ambos os fatores. E como a generalidade é anterior à diferenciação, e todas as determinações particulares continuam a partilhar de sua essência, a matéria deve ser o substrato que confere sua essência às várias substâncias. A forma diferenciadora é inerente à matéria, e desenvolve a partir dela a multiplicidade de particulares separados[28].

Este dualismo de matéria e forma repete-se em todos os níveis de universalidade e de particularidade. Quando galgamos das espécies inferiores aos gêneros mais ge-

---

26. Aristóteles, *Metafísica*, H, 2, p. 1043, a, 19; H, 6, p. 1045, a, 33 e ss.
27. Plotino, *Enéadas*, II, 4, 1-5.
28. Salomão ibn Gabirol, *Fons vitae...*, I, 10, pp. 13 e s.; I, 12, 13, pp. 15 e ss. Cf. V, 22, pp. 238 e ss.

116 | A FILOSOFIA DO JUDAÍSMO

rais oni-abarcantes, temos de encontrar necessariamente uma série correspondente de formas e de matérias, das quais as mais baixas estão sempre cercadas e contidas pelas precedentes mais altas. É, portanto, fácil ver como esta escala sobe da pluralidade dos corpos terrestres, por meio dos quatro elementos principais, a uma substância material geral, e que até o mundo terrestre e os corpos celestes devem necessariamente possuir um fundamento comum na unidade do conceito de matéria[29]. O mesmo é verdade em relação às substâncias inteligíveis incorpóreas. Se, com os neoplatônicos, se admite a existência de uma pluralidade de tais substâncias, cumpre então admitir que elas partilham de uma essência comum cujos particulares são as várias substâncias separadas, imateriais; quer dizer, mesmo elas são compostas de matéria e forma[30]. Mas, de igual modo que as substâncias espirituais e corporais estão contidas como uma só coisa no conceito de substância, assim também elas devem ter sua raiz na matéria comum[31]. Uma e mesma matéria, destarte, subjaz a toda realidade. Para Plotino, por outro lado, a matéria inteligível e a matéria corporal são duas substâncias distintas, sendo referidas pelo mesmo nome somente devido à analogia de suas funções[32].

Este argumento, simples e claro em si, complica-se pelo fato de Gabirol identificar a seqüência do geral e do particular com a do superior e do inferior, compreen-

---

29. *Ibid.*, I, 17, p. 21; II, 1, pp. 23 e ss.
30. *Ibid.*, IV, 1, 2, pp. 211-215; IV, p. 6, p. 222.
31. *Ibid.*, I, 6, p. 8; IV, 10, pp. 231 e ss.
32. É possível, como já mencionamos, que Gabirol conhecesse o pensamento maduro de Plotino na forma que nós o conhecemos. Schem Tov ibn Falaquera, em sua introdução a *Mekor Haim*, assegura que Ibn Gabirol seguiu nas pegadas de Empédocles, que havia atribuído uma matéria espiritual às substâncias espirituais. Nesses fragmentos pseudo-empedoclianos, escritos sobre os cinco sentidos publicados por Kaufmann (Budapeste, 1899), é dito (p. 19 e p. 25) que a primeira criação de Deus foi a matéria, na qual todas as formas estavam contidas em sua mais alta simplicidade e da qual emanavam todos níveis de ser. Mas aqui a matéria é apenas o primeiro estádio na série de emanações das quais todas as coisas derivaram. A noção característica de Gabirol é que as coisas se compõem de matéria prima universal e de forma prima universal, o que vem a ser inteiramente diferente. Como que oposto a isto, no tratado sobre as substâncias, que é atribuído a Israeli e que foi recentemente trazido à luz por pesquisadores, encontrou-se, como acentuamos repetidas vezes, a doutrina de Gabirol, isto é, que matéria e forma foram as primeiras criações de Deus, e que a razão é um composto das duas. Elementos completos da doutrina de Ibn Gabirol estão sem dúvida aqui, já formulados. Mas até onde nos é dado julgar a partir das teses fragmentárias do tratado, a explicação sistemática, detalhada de seu sistema, ou seja, a idéia de que subjacente aos mundos corporal e espiritual existe matéria, a investigação de como múltiplas facetas do mundo corpóreo podem ser derivadas da forma universal e da matéria universal e, especialmente, como se efetua a transição do mundo espiritual para o corporal — todos eles são peculiares a Gabirol. Mais próximo a Gabirol está o fragmento pseudo-aristotélico da Cabala do século XIII citado por Scholem em seu catálogo (p. 4, par. 4) dos manuscritos cabalísticos da Universidade Hebraica de Jerusalém. Visto que o *Livro das Substâncias* permaneceu desconhecido, a originalidade da primeira parte do referido fragmento, em que é maior a semelhança com Gabirol, pode ser posta em dúvida. A mesma reserva vale para a mesma seção, menos a introdução, que consta do *Livro do Espírito da Vida e da Alma*, de Israeli. Diante disso, não pode haver questão sobre a primazia temporal da formulação de Israeli.

O NEOPLATONISMO | 117

dendo assim toda a escala do ser, desde o nível mais baixo da corporeidade até o mais elevado da espiritualidade, como uma série de matérias e formas uniformes, ascendendo passo a passo da máxima particularidade à máxima universalidade. A matéria terrena e a celestial não mais são concebidas como dois epifenômenos paralelos de uma e mesma matéria-prima corpórea, porém a matéria dos corpos celestes é colocada acima dos terrestres. Do mesmo modo, a matéria corpórea e a espiritual não são consideradas como duas manifestações paralelas de uma e mesma matéria-prima, mas a realidade material é concebida como subordinada à espiritual. A relação da mais alta realidade, espiritual, com a mais baixa, material, é a do universal com o particular[33]. Ibn Gabirol foi forçado a tirar essa conclusão por querer construir, com seus conceitos de matéria e forma, toda a seqüência neoplatônica das substâncias. Mas a maneira como se realiza a síntese desses dois conjuntos díspares de idéias permanece em certa medida obscura. O único ponto de apoio positivo apresenta-se em sua análise do conceito de uma substância primária corporal. A forma da materialidade inerente a ela é o que a torna matéria. Daí Gabirol deduz que a matéria como tal, na qualidade de objeto ao qual inere esta forma, é em essência imaterial; somente pela união com a forma da materialidade ela adquire um caráter material[34]. A matéria da corporeidade encontra-se, assim, na fronteira entre a existência corporal e a incorporal. Entretanto, por isso a conclusão de que esta matéria faça parte do mundo espiritual é falaciosa, porque pressupõe a subordinação do material ao espiritual, e considera a base incorpórea do mundo corpóreo como o degrau inferior do mundo espiritual, em vez de vê-lo como um substrato neutro que subseqüentemente se diferencia em espiritualidade e materialidade.

A lacuna no argumento pode talvez ser preenchida por uma consideração que, é verdade, Gabirol não enuncia explicitamente nessa conexão. Conceito e percepção sensível estão relacionados um ao outro como o universal está para o concreto. O objeto do conhecimento conceitual é o universal; uma vez que Gabirol também defende a doutrina da unidade do pensamento com seu objeto, ele pode facilmente contrastar a realidade inteligível, enquanto universal, com a realidade material, tal como percebida pelos sentidos. O grau mais baixo do espírito está destarte relacionado ao grau mais alto da corporeidade; assim, torna-se possível descrever a seqüência espírito-corpo em termos de universal e particular. Qualquer que seja o método de Ibn Gabirol combinar esses dois conjuntos de conceitos, o resultado não padece dúvida: correspondente à matéria universal e inerente a ela, há uma forma universal. Ambas, em conjunto, constituem a mais alta de todas as substâncias emanadas, a inteligência. Estas duas, a matéria universal e a forma universal, são os elementos

---

33. Salomão ibn Gabirol, *Fons vitae*, II, 2, p. 26.
34. *Ibid.*, II, pp. 23 e ss.; III, 16, p. 112; I, 9, p. 12.

118 | A FILOSOFIA DO JUDAÍSMO

últimos de toda a realidade. Eles se desdobram e se diferenciam em formas particulares separadas e matérias particulares separadas, cuja mútua interação produz a abundância dos seres separados.

Esta redução do todo da realidade a dois elementos primários – matéria e forma – enfatiza a unidade da realidade até mais do que ocorre no neoplatonismo original. Já não se trata de um mero postulado segundo o qual a realidade, de sua fonte mais elevada até os seus mais baixos particulares, é uma só totalidade estrutural fortemente entrelaçada, pois o referido postulado fica satisfeito pela redução de todos os domínios de existência aos mesmos dois elementos primordiais. O dualismo final da matéria e da forma primárias permitiu a construção de uma cosmovisão monista consistente. Isto aparece de modo muito claro quando se considera a relação entre existência material e espiritual. Aqui, o sistema neoplatônico defronta-se com um de seus maiores obstáculos, e o embate entre tendências opostas do sistema surge de modo bem mais claro. A realidade sensível é, a um só tempo, o último liame numa série uniforme de emanações, e o oposto absoluto do mundo supra-sensível. Há aqui um choque manifesto entre o monismo da concepção metafísica do mundo e o dualismo de sua teoria de valores. Mesmo deixando de lado essa dificuldade, a tentativa de lançar uma ponte sobre a brecha entre existência material e espiritual, e converter essa diferença essencial em uma diferença de grau, nunca consegue ir além de uma linguagem vaga e metafórica. Em última análise, Gabirol, também, não poderia resolver este problema fundamental; não obstante, a transição para a corporeidade é concebida por ele com maior lucidez e precisão do que pelos outros e, ao menos formalmente, a brecha entre esses dois mundos é fechada. Segundo ele, o mundo corpóreo não vem à existência como um produto da realidade a materializar-se crescentemente até que, por fim, o espírito é transformado em matéria. O mundo corpóreo tem sua origem na forma da materialidade, a qual determina a corporeidade da matéria subjacente[35].

Esta forma particular de corporeidade, por sua vez, não é senão um elo na cadeia de sucessivas formas. Suas conexões com as formas superiores aparecem mesmo de modo mais nítido por sua determinação como quantidade. Se a forma em seu nível mais alto é a unidade, então a forma da quantidade é unidade que se diferenciou e desdobrou em pluralidade[36]. Não obstante sua continuidade, a forma da quantidade mantém com a unidade a mesma relação que a da pluralidade discreta de números. Com a emergência do espaço a partir da unidade original da forma, efetuou-se ao mesmo tempo a transição da realidade espiritual para a material[37]. Logo, a oposição

---

35. *Ibid.*, II, 1, pp. 23 e ss.; IV, 8, pp. 228 e ss.
36. *Ibid.*, II, 8, pp. 37 e ss.; II, 22, pp. 64 e ss.
37. A partir disso, torna-se plenamente manifesto como Gabirol, fiel aos seus propósitos sistemáticos, penetra até o coração das idéias neoplatônicas. Plotino já estava convencido de que a matéria sensível

O NEOPLATONISMO | 119

de valor entre mundo sensível e supra-sensível não é tampouco absoluta. O mundo sensível situa-se ao nível mais baixo da cadeia de valor, mas deixa de ser simplesmente o mal e o que é hostil ao valor. Em maior medida ainda, idêntica reelaboração se dá no conceito de matéria[38]. Uma vez que desde seus inícios o mundo espiritual contém em si a mesma matéria-prima que o mundo dos sentidos, o conceito de matéria tem de ser definido de maneira neutra, em relação à diferença entre o sensível e o espiritual. Por certo, esta modificada concepção de matéria e esta mudança na avaliação do mundo sensível estão interligadas. O mundo material não pode mais ser colocado em absoluta oposição ao mundo do espírito, pois não há mais aqui um princípio capaz de fundamentar esta contraposição.

O ontologismo dessa construção do mundo é claro. A seqüência das coisas corresponde – ou antes é idêntica – à ordem dos conceitos, descendo da mais alta generalidade à mais baixa particularidade. Os conceitos de matéria e forma são definidos de tal modo que podem servir de suportes desta ordem particular e a matéria–prima é especificamente designada como o *genus generalissimum*, o mais alto gênero[39]. O princípio de universalidade e o de particularidade estão incorporados na matéria e na forma como duas potências independentes. Nas pegadas de Aristóteles, Gabirol mostra que as duas só podem existir em combinação e nunca

per se era imaterial e que os corpos vêm à existência somente por meio da combinação da matéria com a forma da materialidade, cujo atributo básico para ele era a quantidade (*Enéades*, II, 4, 8 e 9). Essa matéria "imaterial" é desprovida de qualidades e inteiramente ambígua. Ela adquire qualidades unicamente pela união com a forma. É o princípio do sentir e serve de transição do mundo espiritual para o material porque a forma, que em essência é espiritual e una, não pode ser captada em sua unidade singular e é, portanto, espalhada, tornando-se extensão material. O neoplatonismo islâmico e, em especial, o dos Irmãos da Pureza, assinala um grande avanço além dessas categorias. Isso foi salientado por M. Wittmann em seu volume, *Zur Stellung Avencebrols im Entwicklungsgang der arabischen Philosophie*, p. 63. Os sufis asseveram que a matéria, que está na raiz de um corpo natural, é um princípio espiritual, e pretendem que o corpo passa a existir graças a união da matéria com o princípio formal da matéria (Dietereci, *Die Naturanschauung und die Naturphilosophie der Araber im 10. Jahrhundert*, pp. 2 e s., p. 25). Cf. também, do mesmo autor, *Die Lehre von der Weltseele bei den Arabern im 10. Jahrhundert*, pp. 11 e ss. Mas se desconsiderarmos para o momento a afirmação deles segundo a qual a matéria vem a existir só no ponto de transição do mundo espiritual para o material, os sufis sustentam que o princípio formal da matéria, como a própria matéria, é um princípio ideal por direito próprio, e afirmam que um corpo é gerado apenas pela combinação desses princípios. Assim, a materialidade não é evolvida (*Die Lehre von der Weltseele*, p. 11). Dado que Gabirol coloca, primeiro, a fonte da materialidade na forma e, depois, deriva a forma da quantidade devido à multiplicação da forma primeva da unidade, temos como resultado um universo material evolvente cujo igual não pode ser duplicado no raciocínio de qualquer outro pensador medieval. Mas esse desvio das discussões então correntes sobre a relação da matéria com a forma, das quais falaremos mais tarde, levou neste caso a conceitos mais antigos.

38. D. Kaufmann, *Die Geschichte der Atributenlehre in der jüdischen...*, p. 109, nota 19; Wittmann, *Zur Stellung Avencebrols im Entwicklungsgang der arabischen Philosophie*, p. 65.

39. Salomão ibn Gabirol, *Fons vitae*, V, 8 p. 270. (Tradução hebraica por Y. Bluvstein, editada por A. Zifroni; Tel Aviv, Tarpav, Ta-sh-y.)

120 | A FILOSOFIA DO JUDAÍSMO

em separado. Como elementos da realidade, entretanto, devem ser concebidas como potências materiais. As dificuldades decorrentes necessariamente do fato de que dois conceitos correlativos, tais como matéria e forma, venham a ser hipostasiados em realidades independentes não escaparam à sagacidade de Gabirol e sua profundidade lógica não é em lugar algum revelada mais brilhantemente do que em seu vão embate com os problemas com que se deparou neste ponto específico. Gabirol compreendeu que, definindo a matéria como suporte (sujeito) e a forma como o suportado (predicado), os dois ficavam determinados apenas em termos de suas relações mútuas; e ele sublinhou a dificuldade de escapar dessa determinação correlativa e definir matéria e forma não apenas por suas relações mútuas, porém segundo suas próprias essências[40]. Ele atribui este óbice ao fato de que o intelecto, composto como é de ambos os elementos, tem dificuldade de erguer-se acima de si mesmo até as suas próprias pressuposições; mas inclusive esta explanação metafísica tão-somente expressa a dificuldade lógica de colocar como entidades independentes conceitos que foram derivados de objetos dos quais são elementos constituintes. Sua tentativa de superar tais obstáculos só o levaram a definir matéria e forma, não segundo suas mútuas inter-relações, porém conforme sua relação com as coisas das quais elas são elementos constituintes.

Gabirol também notou outro problema ulterior segundo o qual não podemos pensar matéria e forma como duas coisas separadas, sem distinguir imediatamente em cada uma delas, como em todo objeto, entre um fator material e um formal. Com respeito à matéria, ele pergunta se a própria matéria não deveria ser distinguida de sua substancialidade e unidade, as quais constituem sua forma. Há duas respostas possíveis: uma, que a unidade não é algo acrescentado à essência da matéria, mas é idêntica a ela; a outra, afirmando o oposto, que a matéria não pode ser compreendida isolando-a da forma, e portanto não pode ser pensada, em si, como um substrato de qualquer determinação, tal como a unidade. Ambas as respostas são impossíveis em face das premissas do próprio Gabirol[41]. Não obstante, cabe à sua análise o mérito de ter ido à frente, até o ponto em que os problemas provenientes da hipostasiação dos conceitos de matéria e forma se tornaram claramente visíveis.

Este "logicismo", que identifica a ordem das coisas com a ordem dos conceitos, é por si próprio insuficiente para derivar a realidade a partir de seus elementos básicos. A fim de que o mais baixo possa emergir do mais alto, é mister que este seja concebido como dinâmico: deve conter o poder, ou antes ele mesmo deve ser o poder que se desdobra na multiplicidade de seus efeitos. Este aspecto dinâmico apresenta-se em toda a parte onde Gabirol não reduz analiticamente o ser a seus elementos, mas tenta

---

40. *Ibid.*, V, 4, p. 263.
41. *Ibid.*, V, 8, pp. 270 e ss.

O NEOPLATONISMO | 121

derivar a fonte da realidade a partir de elementos dados. Com isto, retorna à habitual interpretação neoplatônica do processo de formação do mundo e, no seu caso também, as substâncias superiores deixam emanar de si as inferiores. Quanto mais pura, simples e espiritual é uma substância, tanto maior é a sua atividade[42].

A partir daí resulta também uma concepção inteiramente nova de matéria e forma. A atividade dinâmica, muitas vezes conferida às substâncias simples como tais, volta agora a ser atribuída especialmente à forma. Ela é considerada segundo a tradição filosófica como o efetivo princípio ativo e, por isso, tudo quanto foi dito previamente acerca da atividade das substâncias simples pode agora ser referido, em sentido mais estrito e preciso, ao fator forma[43]. Assim, a forma como princípio de atualidade é oposta à matéria como princípio de potencialidade[44]. Esta função dos dois conceitos é difícil de ser conciliada com a que foi apresentada antes, e as contradições – em que Gabirol se envolve na sua concepção da relação dos dois princípios – originam-se, em última análise, do acoplamento dessas duas funções distintas[45]. No fundo, já é uma combinação de definições incompatíveis, quando Gabirol considera a matéria como a substância básica subjacente, que outorga a todas as coisas sua essência, mas que elas vêm a ser tão-somente através de sua forma. É contraditório argumentar que o ser potencial da matéria nos habilita a concebê-la como essência fundamental das coisas e, no entanto, negar-lhe ser atual (real). Tal contradição é posta a nu quando a matéria, concebida originalmente como a substância básica uniforme de todas as coisas, é mantida em coesão apenas por meio da simples unidade de forma[46].

A oposição dessas tendências torna-se explícita no apanhado que faz do processo de emanação. A matéria é logicamente o princípio superior, e a forma o inferior. Por isso Gabirol, numa formulação incidental, pôde considerar cada nível de ser como estando na relação de forma com o precedente mais alto, e de matéria com o subseqüente mais baixo. Mas esta hierarquia original é invertida, e a forma, devido ao seu dinamismo e atualidade, torna-se superior à matéria, que é agora concebida como o substrato passivo do vir-a-ser. O caráter crescentemente imperfeito e compósito das coisas é atribuído ao crescente engrossamento deste substrato do devir, o qual rouba a forma de sua unidade e espiritualidade originais[47]. Esta explicação implica logicamente, em oposição aos pressupostos originais de Gabirol, uma diferenciação inter-

---

42. *Ibid.*, III, 15, pp. 109 e ss.
43. *Ibid.*, III, 13, pp. 106 e ss.; V, 41, p. 331.
44. *Ibid.*, I, 13, p. 16; V, 10, p. 274.
45. Cf. Jacob Guttmann, *Die Philosophie des Salomon ibn Gabirol*, p. 185, nota 2.
46. Salomão ibn Gabirol, *Fons vitae*, II, 23, pp. 67 e ss.; V, 9, p. 272.
47. *Ibid.*, IV, 14, pp. 242 e ss.; III, 28, p. 144. Heschel tenta responder a essas dificuldades em seu ensaio "Der Begriff der Einheit in der Philosophie Gabirols", pp. 99-107.

122 | A FILOSOFIA DO JUDAÍSMO

na da própria matéria. Surge daí um nova razão que conduz a definições contraditórias. Uma forma primeira e uma matéria primeira, tomadas cada uma por si, não são suficientes para responder pela multiplicidade das coisas. Assim, a diferenciação interior de uma matéria é derivada da forma, do mesmo modo que a de uma forma é derivada da matéria, mediante a atribuição da plenitude do ser à atividade da forma, e o descenso das coisas ao crescente engrossamento da matéria. As diversas qualidades básicas consignadas a estes dois conceitos tornam possível dirigir a atenção ora para um lado e ora para o outro.

Os conceitos abstratos de matéria e forma constituem apenas a moldura da cosmovisão de Gabirol, que é preenchida pela série de coisas concretas. Entre Deus e o mundo corpóreo há substâncias intermediárias – intelecto, alma e natureza, produtos sucessivos da combinação dos elementos fundamentais. Embora Ibn Gabirol, ao pressupor essas substâncias intermediárias, siga de perto a tradição neoplatônica, ainda assim ele tem dificuldade de justificar essa hipótese em termos independentes. De fato, em nenhuma outra parte de seu sistema, ele dedicou tanto cuidado quanto na prova da existência e da estrutura tripartite do mundo supra-sensível.

Entre Deus e o mundo material existe necessariamente um mundo supra-sensível intermediário. Isto é provado, antes de tudo, com o decisivo argumento da doutrina neoplatônica da emanação, e Gabirol mostra, em numerosas variantes, a impossibilidade da emanação direta do mundo corpóreo a partir de Deus. Para tal fim, ilustrou, desde todos os ângulos possíveis, a absoluta oposição entre Deus e o mundo corpóreo – uma oposição que necessita de um elo intermediário. O conceito de unidade requer que aí intervenha entre a absoluta unidade de Deus e a multiplicidade do mundo material, a unidade relativa, a qual pode desdobrar-se na multiplicidade de formas do mundo material, e entrar nele como se fosse um de seus elementos[48].

Deve haver um nível de existência entre a finitude do mundo corporal e a infinitude de Deus, que não é nem simplesmente finito nem simplesmente infinito. De modo similar, o ser da substância corpórea deve servir de ponte entre a temporalidade do mundo corpóreo e a eternidade de Deus[49]. A atividade criativa de Deus obedece aos princípios gerais de toda ação, segundo os quais cada ser só pode produzir o que lhe é semelhante. Apesar da repetida ênfase de que a criatividade divina como *creatio ex nihilo* diferia da atuação de todas as outras substâncias, todas as categorias gerais da ação também são aplicadas a Deus. Uma determinação mais próxima do mundo supra-sensível é alcançada através da idéia de que a substância material é passiva por natureza e todas as forças moventes e ativas devem encetar-se fora dela. Nessa dedução, a substância corporal é concebida como o substrato passivo do vir-a-ser. Todos

---

48. *Ibid.*, III, 2, par. 3, p. 76.
49. *Ibid.*, III, 3, par. 19, p. 80; par. 13, pp. 78 e ss.

O NEOPLATONISMO | 123

os efeitos dentro do mundo sensível têm sua causa, não na matéria *per se*, mas nas forças da forma de que ela é portadora e que atuam sobre ela e, visto que tais forças não podem originar-se da própria matéria, devem ter sua origem necessariamente em substâncias incorporais, ativas e produtoras de forma[50].

De fato, o mundo supra-sensível é concebido nesta argumentação, não tanto como a causa do ser do mundo corpóreo, mas, sim, como a causa das energias dinâmicas nele existentes. Em harmonia com seu caráter geral, o mundo supra-sensível é definido como o mundo das substâncias dinâmicas, ativas e moventes. Ele representa o princípio de poder em sua unidade, que se desdobra no mundo corpóreo na multiplicidade de seus efeitos. Esta definição conclusiva do mundo supra-sensível e a prova de que nele existem substâncias separadas são obtidas por minuciosa elaboração desse argumento. Pois, em acréscimo às forças ativas e moventes no mundo inorgânico, podemos discernir no reino das plantas um nível mais elevado, o da vida vegetativa, e, acima dela, no reino dos bichos, a vida animal e, finalmente, em nós mesmos a atividade do pensar. Tudo isso deve ter tido sua origem nas substâncias cósmicas supra-sensíveis, e sua gradação deve corresponder a uma gradação similar entre as essências supra-sensíveis[51]. Vista especialmente a partir do homem, essa idéia é expressa pelo enunciado segundo o qual a estrutura do macrocosmo pode ser inferida da do microcosmo. O mundo supra-sensível, considerado até aqui somente em seus aspectos dinâmicos, é também definível a partir de seu lado espiritual.

Como no caso de Israeli, a seqüência neoplatônica das três substâncias espirituais – intelecto, alma, natureza – é complicada pelo fato de a própria alma ser subdividida à maneira aristotélica em alma vegetativa, animal e racional. Isto acarreta muitas dificuldades quando se examinam as minúcias do relacionamento da parte superior da alma, isto é, a alma racional, com o intelecto. O intento básico de Gabirol é diferenciar entre os dois atribuindo ao intelecto conhecimento em sua unidade final, ao passo que a alma racional incorpora conhecimento dividido na multiplicidade dos conceitos[52]. Uma outra formulação, de orientação ligeiramente diferente, define o conhecimento original do intelecto – que contém a verdade em si mesma e é idêntica a ela – como intuitivo, enquanto o conhecimento da alma racional, derivado do intelecto, é discursivo[53]. Ambas as formulações afirmam o mesmo princípio, ou seja, que o mesmo conteúdo cognitivo está presente no nível superior e inferior do conhecimento, embora se encontre no último somente em sua forma derivada e fragmentada.

O mesmo é verdade para todos os níveis do ser. Um e mesmo conteúdo está presente nas diversas gradações que vão do intelecto até o mundo corporal. Como matéria e

50. *Ibid.*, III, 43, pp. 175 e ss.; III, 44, pp. 176 e ss.
51. *Ibid.*, III, 45, 46, pp. 180 e ss.
52. *Ibid.*, III, 41, p. 172.
53. *Ibid.*, III, 48, p. 187; II, 3, p. 29.

124 | A FILOSOFIA DO JUDAÍSMO

forma, os elementos do ser, assim como o conteúdo de todo ser por eles constituídos é essencialmente o mesmo em todas as esferas e graus da realidade, e difere apenas na maneira de suas manifestações. Isto é também verdade no tocante à relação da realidade criada com Deus. A fonte última das coisas encontra-se no conhecimento divino que contém todas elas em uma forma superior de unidade, para nós inapreensível e acima de nossa possibilidade de conceber. Mas até este conteúdo do conhecimento divino é idêntico ao conteúdo efetivo do ser em todas as suas essências. E assim não se trata apenas de uma figura de linguagem panteísta quando Ibn Gabirol declara que o poder de Deus preenche tudo, existe em tudo e atua em tudo[54].

Esta doutrina do ser também provê a base da teoria do conhecimento de Gabirol. Seu ponto de partida é a noção de que o intelecto, como o mais alto nível do ser criado, contém dentro de si todos os níveis inferiores e, portanto, também o conhecimento de todos os seres dele emanados[55]. A explicação dessa doutrina baseia-se na dual noção aristotélica da forma, de que esta é o conceito e princípio essencial das coisas. Da união da matéria-prima com a forma primeira resulta, como primeira formação, o intelecto que é, ao mesmo tempo, a perfeita unidade autocontida da verdade e a perfeita unidade autocontida do ser. O elemento de forma inerente ao intelecto é, neste nível superior, inteiramente forma de conhecimento e, como em seu ser estão contidas todas as formas separadas, elas também são abrangidas por seu autoconhecimento. A consistência desse ponto de vista é perturbada apenas ocasionalmente pelo dualismo de sensualidade e conceito, e é limitada pela concepção apriorística do conhecimento do mundo supra-sensível, que representa o conceito em sua pureza, uma vez que o intelecto necessita da ajuda dos sentidos a fim de conhecer o mundo sensível. Mas, tal limitação do conhecimento *a priori* é inevitável e totalmente conforme ao espírito do sistema, na medida em que se refere ao intelecto humano individual. Também, em relação a este último, Gabirol mantém o ponto de vista apriorístico do conhecimento e, para explicar sua efetiva dependência das percepções sensíveis, adota a doutrina platônica da *anamnesis* (reminiscência), segundo a qual a percepção sensível serve para suscitar dentro do espírito humano as lembranças do conhecimento conceitual adormecido, ou – como Gabirol coloca, modificando de maneira característica a fórmula platônica – para despertar o conhecimento da substância supra-sensível através do conhecimento do sensível. Com isto, Gabirol combina com o seu argumento platônico a doutrina aparentemente similar de Aristóteles, pela qual o pensar humano é trazido de sua potencialidade original para a atualidade, por meio da percepção sensível[56].

---

54. *Ibid.*, V, 30, pp. 312 e ss.; III, 15, p. 111.
55. *Ibid.*, V, 13, 14, pp. 279 e ss.
56. *Ibid.*, II, 6, pp. 35 e ss.

O NEOPLATONISMO | 125

Como produto das mudanças específicas que as idéias fundamentais do neoplatonismo sofreram no sistema de Gabirol, a questão da emanação do mundo a partir da unidade absoluta de Deus tem de ser colocada de forma diferente. A dificuldade é um tanto diminuída pelo fato de o conceito de Deus neste filósofo não preservar a unidade abstrata do conceito neoplatônico. Ao contrário do antigo neoplatonismo, Gabirol não hesita em falar do conhecimento de Deus, o qual difere essencialmente de qualquer conhecimento, e em considerar o ser de todas as coisas contidas nele, numa unidade perfeita, supraconceitual[57]. Por outro lado, o problema tornou-se mais agudo, uma vez que, para Gabirol, a realidade já está cindida em um dualismo fundamental, de matéria e forma, em seu nível mais alto. A tendência original do neoplatonismo era a de mediar, na medida do possível, a transição do um para muitos, e de derivar da unidade divina absoluta apenas uma essência, contendo o mínimo de multiplicidade apropriada para uma forma de ser emanada. Gabirol faz com que os dois princípios essencialmente diferentes, matéria e forma, derivem imediatamente de Deus. O dualismo aristotélico desses dois princípios não é resolvido segundo o espírito do neoplatonismo grego, mas é aplicado com tamanha consistência e de modo tão cabal, mesmo à realidade supra-sensível, que Gabirol é forçado a derivar essa dualidade imediatamente de Deus. *Prima facie*, a aceitação do conceito de criação poderia resolver este problema, mas, como já foi mostrado, no sistema de Gabirol até a atividade divina está subordinada às categorias gerais da ação.

Para resolver esse problema, Gabirol propõe sua doutrina da vontade divina. Trata-se de uma concepção profunda, embora obscura e não facilmente penetrável; ainda assim sua intenção é clara. Ele procura dar conta da dualidade na criação, descobrindo em Deus mesmo uma dualidade de elementos correspondente à dualidade de seus efeitos. A isso adiciona outro motivo: o neoplatonismo entende Deus como o Um contido em si, e com isso, priva-se da possibilidade de compreender a causalidade de Deus. As expressões mediante as quais os filósofos tentaram formular soluções de compromisso mal passam de figuras de linguagem simbólicas e metafóricas. Com sua doutrina da vontade divina, Gabirol tenta introduzir no conceito de Deus um elemento de atividade que serviria para explicar a causalidade de Deus. Além dessas razões metafísicas, há a religiosa: na doutrina da vontade divina é dado um lugar à espontaneidade da atuação de Deus, e ela eleva a origem do mundo, em Deus, acima da compulsão de um processo necessário de emanação.

A explicação da doutrina da vontade carece, todavia, de clareza essencial em muitos pontos decisivos. Nem a derivação da dualidade de matéria e forma a partir de Deus, nem a relação da vontade para com a essência divina são de algum modo colocadas em termos inteligíveis. Com respeito à primeira, Gabirol parece hesitar entre

---

57. *Ibid.*, V, 19, p. 293.

126 | A FILOSOFIA DO JUDAÍSMO

diferentes possibilidades. Com freqüência, ele afirma que tanto a matéria como a forma são derivadas da vontade divina, sugerindo ocasionalmente que a possibilidade dessa dualidade reside na própria natureza da vontade, uma vez que era característico da vontade ser capaz de produzir opostos[58]. Mas, falando em geral, ele não atribui à vontade nada exceto o elemento da forma[59]. Isso constitui de fato uma conseqüência necessária de seu conceito de vontade, segundo o qual vontade e forma estão essencialmente relacionados e, na realidade, incorporados no mesmo princípio em diferentes fases de seu desenvolvimento. O caráter ativo, dinâmico e "formativo" da forma tem a sua fonte última na vontade, que é o princípio supremo do poder, do qual a forma é emanada e ao qual deve sua energia dinâmica. É a vontade que enforma a matéria com a forma, e confere à segunda o poder de permear esse elemento passivo[60]. A vontade está viva em todos os efeitos produzidos pela forma, e por isso pode-se dizer efetivamente a seu respeito que ela preenche tudo e move todas as coisas. De acordo com esse ponto de vista, a matéria não se origina na vontade; ao que parece, a intenção de Gabirol é justificar a dualidade da ação divina, derivando de Deus quer a forma quer a matéria, mas a forma tão-somente de Deus por meio da vontade. Entretanto, embora a derivação da forma por via da vontade seja clara, Gabirol não logra explicar a origem da matéria em Deus. Sua formulação usual é que a matéria, ao contrário da forma, não flui de um dos atributos divinos, porém da essência de Deus. Isto é justificado pelo argumento de que a vontade não pode atuar em oposição à essência divina, mas depende, em sua operação, desta última[61].

Este argumento revela o sentido profundo da derivação da forma e da matéria a partir de Deus, feita por Gabirol. Pois a criatividade divina não é ilimitada em sua liberdade. As possibilidades de criação são prescritas a Deus nos termos das leis imanentes à Sua essência e são, subseqüentemente, incorporadas à matéria que, como substrato do ser, está enraizada na essência divina. Entretanto, pelo fato dessas possibilidades do ser tornarem-se o princípio efetivo da matéria – a qual deve ser considerada como algo criado – ergue-se uma dupla dificuldade: além da produtividade da vontade ativa, cumpre admitir, a ela adicionada, uma atividade da ociosa essência divina em si contida, e imaginar a pura atualidade da primeira para produzir a

---

58. *Ibid.*, V, 36, p. 323; V, 37, p. 325; V, 25, p. 304.
59. *Ibid.*, V, 40, 41, pp. 328 e ss.; III, 42, p. 173.
60. *Ibid.*, V, 37-39, pp. 324 e ss.
61. *Ibid.*, V, 23, p. 300; V, 42, pp. 333 e ss.; cf. especialmente p. 335. A idéia aqui colocada, de que a vontade divina é necessariamente limitada por aquela lei que está encerrada na divina essência, lembra-nos Leibniz que pensava que as verdades eternas, contidas na mente divina, limitam a esfera da divina vontade. De acordo com o próprio Leibniz, sua doutrina fora prenunciada pela antevisão dos antigos, segundo os quais Deus e a natureza estão mutuamente envolvidos no ato criativo. Gabirol encontra-se a um passo mais perto desse ponto de vista, não obstante o fato de ele estabelecer especificamente a última causa da lei, que limita a vontade divina, na divina essência.

O NEOPLATONISMO | 127

potencialidade da matéria. Esta última dificuldade espelha claramente a contradição interna na concepção de matéria, a qual é vista, de um lado, como a essência de coisas e, de outro, como mera potencialidade. Em grande parte, Gabirol passa patinando rápido sobre o problema da derivação da matéria a partir de Deus, mas amplia os pormenores de sua configuração por meio da forma que emana da vontade divina. Tudo isso pode dar a impressão de que Gabirol concordava com Aristóteles e considerava a matéria como um princípio primário não criado, embora não fosse esta a sua efetiva opinião e tanto mais quanto, se o fosse, com isso a intenção última de seu sistema seria destruída[62].

Não menos difícil é a relação desta vontade com a própria essência divina. Ela deve ser, como exige a unidade da essência divina, una com esta última e, no entanto, de novo, distinta em relação a ela, a fim de poder desempenhar sua função particular. Já a descrição da vontade como uma qualidade do divino dificilmente se ajusta ao conceito de Deus prevalente na Idade Média. As apreensões só podem aumentar quando, a despeito de sua identidade com Deus, a vontade é concebida como o elo mediador entre Deus e a criação, seja esta última definida como forma somente ou como forma e matéria. Gabirol tenta conciliar a contradição distinguindo entre dois aspectos da vontade divina. Como puro ser, independente de qualquer atividade, ela é identificada com Deus; mas passa a distinguir-se Dele tão logo começa a atuar[63]. A mesma distinção é feita novamente do ponto de vista da infinitude: por sua essência, a vontade é infinita como Deus mesmo, tornando-se finita apenas em seus efeitos e ações[64]. É fácil discernir aonde miram tais formulações. A fim de poder conceber Deus como um princípio ativo, Gabirol é obrigado a introduzir em Deus mesmo um elemento de movimento. Mas por se retrair da idéia de que a essência divina seja automovente, ele confere à vontade, como princípio da atividade divina, uma posição intermediária impossível entre um aspecto da essência divina, de um lado, e, de outro, uma hipóstase plena emanada de Deus.

Gabirol retoma algumas das especulações do Kalam e do neoplatonismo islâmico com respeito à vontade divina, e a freqüente identificação que faz da vontade com a sabedoria e a palavra de Deus coloca sua doutrina da vontade na larga corrente da história da idéia-*logos*. Todavia, do que conhecemos acerca dos predecessores islâmicos de Gabirol, nunca poderíamos imaginar a função específica preenchida pelo conceito de vontade, nem as dificuldades peculiares no sistema deste filósofo. As informações de tratadistas posteriores com referência ao conceito de vontade, nos escritos

---

62. Neumark tenta interpretar Gabirol em termos de semelhante dualismo primário de Deus e matéria (*Geschichte der jüdischen Philosophie...*, II, 2, pp. 311 e ss., 355 e ss.).
63. Salomão ibn Gabirol, *Fons vitae*, V, 37, p. 325, IV, 19, p. 253.
64. *Ibid.*, III, 57, p. 205.

128 | A FILOSOFIA DO JUDAÍSMO

pseudo-empedoclianos, são demasiado vagas para que possamos atribuir a esta fonte particular a doutrina de Gabirol. Não há dúvida que a vontade, no pensamento de Gabirol, é de muitas maneiras uma reminiscência do *logos* filoniano e, após a descoberta de que os primórdios da filosofia judaica revelavam alguma familiaridade com os ensinamentos de Filo, é compreensível que os estudiosos tenham suspeitado de alguma filiação histórica. Mas a própria concepção grosseira da idéia-*logos*, que é a única coisa comprovada, nada tem em comum com Gabirol, e na medida em que não se conhece qualquer tradução árabe de Filo, permanece extremamente arriscado atribuir ao hispânico Gabirol até aquele conhecimento superficial do alexandrino que é atestado apenas para o Oriente. Na realidade, a semelhança com Filo está mais no resultado final da doutrina da vontade de Gabirol do que no seu argumento, ou nas funções predicativas específicas da vontade[65]. Neste ponto, como em outros,

65. A questão da origem do voluntarismo de Gabirol ocupou desde o início os estudiosos do pensamento deste filósofo. Munk, em *Mélanges de philosophie juive et arabe*, argumentou — com base na tradução latina de *A Teologia de Aristóteles*, que era o único texto disponível no tempo de Gabirol — que a doutrina do referido texto foi a semente a partir da qual o voluntarismo de Gabirol floresceu. Quando Dieterici mais tarde publicou o texto árabe da *Teologia*, Jacob Guttmann (*Die Philosophie des Salomon ibn Gabirol*, pp. 31 e ss.) salientou que todas as seções que lidam com a Palavra de Deus estavam ausentes nesse texto, e que, por conseqüência, o argumento de Munk era infundado. Mais recentemente, porém, Borisov descobriu outra versão árabe da *Teologia*, contendo as passagens concernentes à Palavra de Deus, e devolveu à hipótese de Munk um status assegurado (A. Borisov, "Sur le point de départ de la philosophie de Salomon ibn Gabirol", *Bulletin de l'academie des sciences de l'U.R.S.S., classe de sciences sociales*, 1933, pp. 757-768). Sua suposição, entretanto, de que essa versão particular constituía o texto original e que o texto de Dieterici excluía deliberadamente as seções sobre a Palavra de Deus, não tem evidência confiável para suportá-la. É, decerto, fato bem conhecido que *A Teologia de Aristóteles* nada mais é do que uma versão abreviada das *Enéadas* de Plotino. Na maior parte, o texto de Dieterici é fiel a Plotino, enquanto o material adicional em Borisov procura adaptar a teoria emanacionista plotiniana à idéia monoteísta da criação, e introduz, para tal propósito, a doutrina da Palavra de Deus. Ainda assim, não é impossível que Gabirol conhecesse esse texto revisto. Em tal caso, torna-se possível olhar para a doutrina da Palavra de Deus (também chamada a "Vontade de Deus"), que se encontra na *Teologia*, como o ponto de partida de Gabirol. Mas, como enfatizamos em nosso texto, ela só pode ser reconhecida como um ponto de partida e não mais, porque lhe falta a concepção única de Gabirol da relação da vontade de Deus com sua essência. Isto, mais tarde, foi apontado por G. Vajda (*RÉJ*, XCVII, 100-103). Guttmann, em *Die Philosophie des Salomon ibn Gabirol*, p. 251, nota 3, foi o primeiro a acentuar que, sob esse ângulo, a forma de ver de Gabirol estava muito próxima da do *Logos* filoniano. Mas Guttmann não estabeleceu uma ligação histórica entre os dois. Como que contra isso, Wittmann, em *Zur Stellung Avencebrols im Entwicklungsgang der arabischen Philosophie*, pp. 29 e ss., e Poznanski, em "Philon dans l'ancienne littérature judéo-arabe", *RÉJ*, L, p. 31, ambos mantêm a existência de uma conexão histórica, e Poznasnki estriba-se na prova por ele aduzida do fato de que vários filósofos judeus do Este conheciam a doutrina de Filo. Mas as provas de Poznanski não têm relação com a alegada conexão com Gabirol. É mister sem dúvida aceitar a assunção de que, afora fortuitos e isolados fragmentos de Filo, Gabirol não conheceu diretamente o sistema do filósofo alexandrino, como se pode verificar pela abreviada versão árabe do ensaio de Filo sobre "Os Dez Mandamentos" (Cf. Hirschfeld, "The Arabic Portion of the Cairo Genizah at Cambridge", *JQR*, XVII, 1905, 65-66). Mas a tese de Poznanski parece ser válida com respeito a certos pensadores do Leste, entre os quais a doutrina de Filo sobre o *logos* foi adotada de maneira tão primitiva que não poderia ter servido

O NEOPLATONISMO | 129

Gabirol utilizou e adaptou o material transmitido pela tradição, porém a sistematização dos elementos tradicionais, a forma específica dada aos conceitos e sua integração dentro do sistema como um todo, são tão devidas ao próprio Gabirol, quanto as idéias básicas construtivas de seu sistema.

BAHIA IBN PAKUDA

Nenhum dos neoplatônicos judeus que vieram depois de Ibn Gabirol é comparável a ele em poder especulativo ou na originalidade de interesse teórico. Para eles, o neoplatonismo era um sistema fixado e herdado, e mesmo quando tentaram prover suas doutrinas de uma fundamentação teórica, contentaram-se em repetir os argumentos que a tradição lhes transmitiu. Até ao adaptar o neoplatonismo ao judaísmo seguiram caminhos já trilhados. Para começar, partiram de uma forma de neoplatonismo que havia sido modificada e enfraquecida a ponto de absorver a idéia de criação. Mais do que o conteúdo metafísico do neoplatonismo, era a religião que os preocupava e, por isso mesmo, não surpreende que pudessem combinar seus princí-

de agente de transmissão entre Filo e Gabirol. A partir do que afirmamos antes, também parece ser o caso de admitir que *A Teologia de Aristóteles* foi direta ou indiretamente afetada pela doutrina filoniana do *logos*. Só na medida em que a idéia do *Logos* penetrou nesses volumes poderiam eles ter possivelmente alcançado Gabirol. Sobre a conexão entre Gabirol e os investigadores islâmicos do *logos* e da vontade, tanto Horowitz (*Die Psychologie der jüdischen Religionsphilosophen...*, p. 95, nota 34) quanto Wittmann (*Zur Stellung Avencebrols im Entwicklungsgang*, pp. 15 e ss.) oferecem testemunho suficiente. Cumpre-nos, falando desses tópicos, excluir completamente qualquer referência à discussão kalâmica acerca da eternidade ou criatividade da Palavra de Deus. Na teologia muçulmana da eternidade da Palavra de Deus, a idéia do *logos* é totalmente teologizada. A Palavra torna-se idêntica ao Corão e é mais lei divina do que sabedoria divina. Para Gabirol, apenas as doutrinas islâmicas concernentes à vontade, em que o *kalam* também participava, têm alguma relevância. Tais doutrinas eram afligidas pelo problema de descrever Deus como um ser volitivo, uma vez que isto significaria que Deus está sujeito a mudanças. Essa dificuldade forçou os doutores islâmicos e, entre os judeus, Iossef al-Basir, a pretender que Deus operava por meio de Sua vontade, que era Sua criação. Nessas controvérsias uma posição era que a vontade divina está a meio caminho entre Sua essência e Seu ato. Mais tarde, isto deu origem à surpreendente idéia de Mu-amar, segundo a qual a vontade de Deus é, em relação a qualquer substância particular, algo misterioso, visto que não é idêntica nem a Deus nem à criatividade da substância particular. A proximidade dessa concepção com a de Gabirol, que Horowitz ressaltou, é digna da maior atenção, porque Mu-amar se encontrava muito perto das tendências neoplatônicas. Mas as teses de Mu-amar, as quais se esteiam em uma série de argumentos negativos, diferem em essência da idéia de Gabirol que, de um ponto de vista, identifica a vontade com Deus e, de outro, diferencia entre os dois. De modo análogo, Mu-amar não tem qualquer conceito da causalidade dual de Deus e da semelhança da vontade à forma, ambos mantidos por Gabirol. Não obstante, é quase certo que essas doutrinas voluntaristas influenciaram Gabirol. Mesmo as mais recentes investigações, todavia, verificaram ser impossível determinar precisamente quais fontes se achavam à sua frente, enquanto escrevia. Basta dizer que as doutrinas da vontade e do *logos* utilizadas por Gabirol foram por ele transformadas de maneira bastante livre, em consonância com as necessidades de seu próprio sistema. A tentativa de Duhem (*Le système du monde*, V, pp. 38-75) de provar que o sistema inteiro de Gabirol baseia-se no de Joahannus Scotus Erigena, não conta com a menor evidência para garanti-lo.

130 | A FILOSOFIA DO JUDAÍSMO

pios, em graus variáveis, com os do Kalam, que também os tomavam de empréstimo para seus propósitos religiosos.

O sucessor imediato de Gabirol, Bahia ben Iossef ibn Pakuda (c. 1080)[66], pode ser considerado um neoplatônico, mesmo no sentido já exposto, somente com restrições. Seu *Kitab al-Hidaya ila Faraid al-Qulub* (Livro de Orientação dos Deveres do Coração) não tem objetivo teórico, mas quer servir ao aprofundamento e à interiorização da vida devocional. Esta obra não se dirige aos filósofos, mas às congregações religiosas, a quem pretende mostrar o caminho para um efetivo culto a Deus. Pouquíssimos livros da literatura judaica tornaram-se tão populares quanto os *Deveres do Coração* de Bahia. Sua piedade calorosa e simples o converteu numa leitura devocional favorita, largamente apreciada como a expressão mais autêntica e pura da religiosidade judaica. Não há dúvida que ele teria exercido influência, sobretudo entre aquelas camadas e aqueles tempos que, intocados por qualquer interesse filosófico, viviam inteiramente imersos na tradição judia, mesmo se não tivesse sido escrito a partir de um profundo e original espírito judaico. É, por conseguinte, tanto mais instrutivo observar em que medida o livro traz as marcas da influência de outras religiões. O colorido religioso específico do texto coloca-o nas vizinhanças do neoplatonismo – embora não em sentido estrito. Tendências religiosas análogas pulsam outrossim na literatura hermética, cuja influência sobre Bahia foi recentemente salientada[67], sendo particularmente forte o contato dele com os escritos ascéticos do islã, que apresentam vivo impacto neoplatônico[68]. Bahia cita um número bem maior de modelos de piedade do que autoridades filosóficas, e o sábio judeu não hesita em apelar, para a confirmação de seus ensinamentos, aos grandes ascetas islâmicos, os quais, embora não os mencione pelo nome, parecem tão próximos a ele em espírito.

O influxo das correntes não judaicas de pensamento na atitude religiosa de Bahia manifesta-se especialmente na sua avaliação do conhecimento teórico como um pré-requisito necessário à vida religiosa. Ele procura apenas guiar o homem ao cumprimento dos deveres do coração, mas sustenta que tal orientação é impossível sem conhecimento teórico. Não há uma devida relação com Deus sem o conhecimento

---

66. A controvérsia relativa à data da composição do *Livro dos Deveres do Coração*, de Pakuda, foi decidida por Kokowzoff ("A data da vida de Bahia ibn Pakuda", *Poznanski-Gedenkbuch*, pp. 8 e ss.). Pode-se determiná-la com base em uma das afirmações de Moisés ibn Ezra, descoberta por Kokowzoff, de que a obra foi escrita no último terço do século XI.

67. Heinemann, *Die Lehre von der Zweckbestimmung des Menschen...*, pp. 37 e ss.

68. A. S. Yahuda demonstrou, em sua introdução à edição árabe do *Livro dos Deveres do Coração*, que muitas das doutrinas e algumas declarações isoladas de Bahia são tomadas da literatura ascética do islã. Cf. Bahia ben Iossef ibn Pakuda, *Kitab al-hidaya ila Faraid al-Qulub*, editado por A. S. Yahuda (Leiden, 1912). Uma comparação sistemática das doutrinas ética e religiosa de Bahia com a literatura ascética do islã pode ser encontrada em G. Vajda, *La théologie ascétique de Bahja ibn Paquda* (Paris, 1947), que provou quão dependente dessa literatura era de fato Bahia.

O NEOPLATONISMO | 131

de Deus, e o preenchimento completo de nosso deveres é impossível sem uma prévia compreensão de suas bases e essência. Portanto, o aprofundamento da vida devocional pressupõe uma apreensão intelectual dos fundamentos da religião[69]. Todo crente tem, assim, o dever de provar a si próprio a existência e a unidade de Deus. Bahia compara a grande massa de crentes na tradição a uma comunidade de cegos, cada um dos quais é conduzido por seu companheiro, e todos precisam seguir de boa fé aquele que enxerga[70]. Destarte, o valor do conhecimento filosófico é incomparavelmente maior do que o do ensinamento talmúdico, o qual lida apenas com os pormenores dos deveres exteriores. Bahia atribui ao orgulho a preocupação casuística com as sutilezas da lei religiosa e a concomitante negligência das questões religiosas essenciais, orgulho esse que tenta ofuscar os olhos da multidão com um espetáculo de erudição, esquivando-se ao mesmo tempo das tarefas efetivas do conhecimento religioso[71].

Por isso, apesar do caráter popular do livro, Bahia considera-o necessário a fim de justificar cientificamente a crença em Deus como a base da vida religiosa, e para desenvolver o conceito de Deus segundo linhas estritamente racionais. Sua prova da existência de Deus, exposta com precisão escolástica, é emprestada do Kalam, embora a apresentação tenha sofrido certa mudança. Das várias provas da criação do mundo aduzidas pelo Kalam, Bahia escolhe aquela que parte da composição das coisas. Todo composto é composto de uma multiplicidade de elementos essencialmente prévios, e pressupõe a existência de uma substância compositora, lógica e temporalmente anterior a ela[72]. A idéia de que uma série sem começo, é impossível – o que serve de prova independente no Kalam – é utilizada por Bahia a fim de desenvolver a sua própria demonstração. Ele deduz dela a necessidade de uma primeira causa, por ser impossível que uma série de causas possa regredir infinitamente. Bahia, porém, não diferencia nitidamente entre a infinitude de uma série causal e a de uma série temporal[73]. Em suas mãos, a prova do Kalam recebe uma torção teleológica que é alheia à sua forma original. O caráter composto do mundo torna-se imediatamente uma ordem teleológica em que uma coisa aponta para a outra. Assim, a prova da existência de Deus é determinada, nos termos de Bahia, por sua concepção teleológica da natureza, que é um elemento essencial de sua filosofia religiosa[74].

---

69. Introdução ao *Livro dos Deveres do Coração*: árabe, p. 4., pp. 15 e ss.; hebraico (editado por Stern), p. 2, pp. 12 e ss.; I, 3: árabe, pp. 41 e ss.; hebraico, pp. 37 e ss.
70. Bahia ibn Pakuda, *Livro dos Deveres do Coração*: árabe, pp. 13 e ss.; hebraico, p. 36. A mesma comparação é feita pelos Irmãos da Pureza; cf. Dieterici, *Die Philosophie der Araber im 10. Jahrhundert*, I, 90.
71. Introdução ao *Livro dos Deveres do Coração*: árabe, pp. 13 e ss.; hebraico, pp. 10·e ss.; III, 4: árabe, p. 145; hebraico, p. 147.
72. Bahia ibn Pakuda, *Livro dos Deveres do Coração*, I, 5: árabe, p. 45; hebraico, p. 41; I, 6: árabe, pp. 46 e ss.; hebraico, pp. 43 e ss.
73. *Ibid.*, I, 5: árabe, pp. 44 e ss.; hebraico, pp. 40 e ss.; I, 6: árabe, p. 48; hebraico, p. 45.
74. *Ibid.*, I, 6: árabe, pp. 48 e ss.; hebraico, pp. 45 e ss.

132 | A FILOSOFIA DO JUDAÍSMO

Junto com a existência de Deus, ele prova a sabedoria do Criador, que moldou este mundo em conformidade com um plano. Conquanto, de um ponto de vista estritamente lógico, a prova apresentada por Bahia não implique necessariamente a idéia de *creatio ex nihilo*[75], não pode haver dúvida de que ele pretendia estabelecer a noção de criação, e de que concebia Deus como o criador do mundo. Em sua prova da unidade e unicidade de Deus, ele segue principalmente o Kalam; um traço individual aparece apenas em sua predileção característica pelo viés teleológico que imprime aos argumentos cosmológicos; por exemplo, quando procura provar a unidade do Criador a partir da unidade intencional do mundo. Entretanto, com estas provas derivadas do Kalam, ele combina razões de uma espécie inteiramente diversa, o que marca a transição de seus argumentos para o neoplatonismo. Assim, prova por dedução puramente conceitual que a unidade precede necessariamente a pluralidade, e que a fonte última das coisas deve, portanto, estar numa absoluta unidade[76]. Isto leva a uma idéia cabalmente neoplatônica de Deus. Deus é agora definido como a absoluta unidade que precede logicamente todas as coisas, assim como a unidade abstrata do número um precede todos os números. Bahia desenvolve cuidadosamente o conceito da unidade absoluta de Deus conforme o espírito do neoplatonismo, distinguindo-o incisivamente da mera unidade relativa aplicável ao mundo das coisas. Enquanto a unidade se encontra somente de maneira acidental nas coisas, ela é da própria essência de Deus[77]. A doutrina dos atributos, que Bahia esposa, corresponde a esse conceito de Deus. Apenas os atributos formais, unidade, ser e eternidade, são atributos da essência; todos os outros são simples asserções acerca das ações de Deus[78]. Mas até a pluralidade dos três atributos formais é encarada como um perigo à simples unidade de Deus. Bahia, portanto, enfatiza – como Saádia já o fizera antes em relação aos atributos materiais – que os atributos formais eram três apenas na aparência; efetivamente, constituíam expressões alternativas de um e mesmo fato, pois cada predicada implicava todos os outros. Além disso, demonstra que a unidade, o ser e a eternidade não podem ser atributos de Deus *stricto sensu*; eles servem meramente para excluir as determinações opostas[79]. Bahia chega, destarte, a um conceito de Deus completamente neoplatônico; porém, ainda que, como outros filósofos judeus, aceite essa idéia de Deus, não consegue extrair daí as óbvias conclusões religiosas. A bem dizer, Bahia compreendeu que havia tornado impossível conhecer Deus. A natureza do conhecimento humano permite-nos deduzir a existência de Deus a partir de seus efeitos, mas impede qualquer conhecimento de Deus mesmo[80].

75. Cf. D. Kaufmann, *Die Theologie des Bachja ibn Pakuda*, p. 48, nota 1.
76. Bahia ibn Pakuda, *Livro dos Deveres do Coração*, I, 7, prova 5: árabe, pp. 55 e ss.; hebraico, p. 53.
77. *Ibid.*, I, 9: árabe, pp. 63 e ss.; hebraico, 58 e ss.
78. *Ibid.*, I, 10: árabe, p. 68; hebraico, p. 62.
79. *Ibid.*, I, 10: árabe, pp. 69 e ss.; hebraico, pp. 63 e ss.
80. *Ibid.*, I, 10: árabe, pp. 85 e ss.; hebraico, pp. 77 e ss.

O NEOPLATONISMO | 133

A compleição neoplatônica dos ideais religiosos de Bahia já havia sido notada. Para a idéia fundamental de sua obra, ele não carecia de influências filosóficas. Esta idéia estava profundamente enraizada na tradição judaica, e apenas as formas de sua expressão foram tomadas da literatura não judaica. A distinção entre os deveres do coração e os deveres dos membros é de origem mutazilita, mas adquiriu uma importância particular na literatura ascética do islã que subordinava o cumprimento dos mandamentos externos à devoção íntima da alma e sua comunhão com Deus[81]. Isto, porém, não passa de uma outra expressão do ideal da "ética do coração", que se encontra no centro da pregação profética, e que é também partilhado pelo *Talmud* a despeito de sua exigência incondicional de observância dos preceitos religiosos externos. Neste ponto, a tradição judaica coincide totalmente com as fontes islâmicas de Bahia. A literatura filosófica apenas confirmou sua piedade judaica, e as citações bíblicas e talmúdicas poderiam ser pacificamente dispostas ao lado dos *dicta* dos ascetas muçulmanos. Pregando um simples pietismo de coração, Bahia tornou-se um dos autores devocionais mais populares. Porém, a formulação conceitual de um contraste entre os deveres do coração e os deveres dos membros tende a mudar o ideal de uma "ética do coração" religiosa de um modo muito específico. Ela substitui a distinção entre intenção e ato por uma distinção orientada de modo muito diferente entre dois tipos de deveres. É verdade que os deveres do coração também proporcionam a base para os dos membros, pois as ações recebem o seu valor ético da subjacente intenção do coração[82]. Não obstante, a noção de deveres do coração também apresenta uma categoria distinta de deveres, do ponto de vista material. Pois, além da combinação dos dois tipos de deveres, há uma esfera definida de pura interioridade que é o verdadeiro lugar dos deveres do coração; é essencialmente nessa esfera que o pensamento de Bahia se move.

A esfera ocupada pelos deveres do coração em seu sentido puro e restrito é a da relação entre o homem e Deus. A preocupação efetiva de Bahia é estabelecer os sentimentos corretos com respeito a Deus, e produzir a correta disposição interior da alma; nos *Deveres do Coração* ele se empenha em expor, a partir de todo ângulo possível, essa disposição religiosa. Por certo, não minimiza a importância da ética das relações humanas; mas essa moralidade é tão-somente um corolário auto-evidente da correta atitude religiosa e, por conseqüência, permanece de algum modo fora do foco do interesse principal de Bahia. Um relance sobre o índice do livro deixa isso claro. O primeiro capítulo trata do reconhecimento da verdadeira unidade de Deus; o segundo é devotado ao estudo das criaturas na qualidade de testemunhas da sabedoria divina; o terceiro, aos deveres do culto a Deus; o quarto, à confiança em Deus;

---

81. Cf. Introdução de A. S. Yahuda ao original árabe.
82. Bahia ibn Pakuda, *Livro dos Deveres do Coração*, Introdução: árabe, pp. 9 e ss.; hebraico, pp. 6 e ss.

o quinto, aborda a pureza de nossa ações em relação a Deus; o sexto, a humildade; o sétimo, o arrependimento; o oitavo, o auto-exame; o nono, a abstinência; e o décimo, trata do amor a Deus. O pensamento de Bahia move-se em derredor de Deus e da alma. O devoto aprofundamento em Deus é a verdadeira finalidade do homem. O reconhecimento da sublime majestade de Deus e da sabedoria com que Ele providencia para todas as suas criaturas, assim como a meditação sobre a pequeneza e a fraqueza do homem, deve desenvolver aquela disposição da alma que encontra a sua mais alta expressão no amor a Deus. Esta imersão em Deus não é conhecimento teórico, embora este, por certo, seja o fundamento indispensável de nosso conhecimento interior de Deus; ele é, antes, a direção da alma para Deus, em quem esta vislumbra sua única felicidade e se desprende de todos os bens externos.

Isto é acompanhado de uma forte ênfase na idéia de além. Deus criou o homem em comunhão com a substância espiritual a fim de elevá-lo ao grau de suas criaturas eleitas que se encontram mais próximas de Sua luz. Com este propósito a alma humana foi colocada no mundo terreno, onde deverá atingir seus desígnios, ao deixar de lado o véu da insânia, ao pôr-se à prova em obediência à vontade de Deus e ao suportar com resignação os tormentos desta vida[83]. À primeira vista, isso não parece ir além da exigência talmúdica para considerar este mundo como simples vestíbulo do mundo vindouro, e Bahia talvez tivesse acreditado de modo sincero e legítimo que apenas inculcara doutrina rabínica tradicional concernente ao destino do homem na vida futura. Na realidade, Bahia vai muito além das chaves fornecidas pelo *Talmud*; pois, embora este situe o objetivo último do homem no mundo vindouro, não concebe a tarefa moral e religiosa desta vida em termos exclusivos do além. Segundo o *Talmud*, a observância dos mandamentos divinos, por meio dos quais nos preparamos para o mundo futuro, possui em primeiro lugar um valor intrínseco positivo. O caráter ativo da ética bíblica fica preservado: a tarefa do homem é a realização da vontade divina; o mundo por vir constitui a recompensa, mas não a significação da ação moral. Este não é o caso de Bahia. Submissão a Deus, mediante a qual alcançamos a perfeição do mundo futuro tem para ele um significado inteiramente diferente. Possui o caráter de um exame no qual o homem tem de provar-se a si próprio; o aspecto ativo da ética, sem que desapareça por completo, recua assim ante o aspecto catártico. A ética é em essência a purificação da alma; sua libertação dos grilhões da sensualidade, sua elevação à pureza do espírito e sua exaltação final à comunhão com Deus. A tensão dualista entre alma e corpo, entre espírito e sensualidade, é muito maior aqui do que no *Talmud*.

Bahia admite os direitos relativos dos sentidos. Reconhece no corpo uma obra da divina sabedoria, e exige que sejam providos por nós suas legítimas necessidades, pois

---

83. *Ibid.*, III, 9: árabe, p. 167; hebraico, p. 177.

O NEOPLATONISMO | 135

do contrário a alma também ficaria enfraquecida[84]. O ascetismo radical colocaria um fim na existência continuada da sociedade humana e, destarte, contradiria a vontade divina que demanda a preservação da vida[85]. Ele pede aos piedosos que não evitem contato com o resto da humanidade a fim de se devotarem à salvação de suas próprias almas; deverão, de preferência, ensinar a humanidade e conduzi-la ao culto de Deus[86]. Por outro lado, prega uma forma mitigada de ascetismo que está de acordo tanto com a vontade da *Torá* quanto com o princípio aristotélico de virtude, como um meio entre dois extremos. Bahia tem em mente um ideal de vida que combina uma participação externa nas atividades do mundo, com um empenho interior para apartar-se delas, que ele considera como a efetiva vida desejada por Deus[87]. O homem piedoso tem o dever de aceitar a vida neste mundo como uma tarefa, mas deve permanecer interiormente apartado dela, mirando a verdadeira meta de sua existência na comunhão com Deus e na preparação para o mundo vindouro, ao qual está destinado.

É o traço ascético da doutrina ética de Bahia que o aproxima muito do neoplatonismo e das tendências correlatas da Antigüidade tardia. Entretanto, o que o distingue dos neoplatônicos, ainda mais do que a interpretação e a limitação específicas do ideal ascético, é o significado que atribui a este. Não é o de libertar a alma dos laços dos sentidos, para alçar-se pelo conhecimento teórico ao mundo do espírito, ou unir-se a Deus em êxtase místico, mas a ascese destina-se, bem mais, a concentrar-se para a devota adoração de Deus. Por mais que, em Bahia, o conceito de Deus em sua construção teórica se encontre sob influência neoplatônica, a relação religiosa da alma com Deus, tal como ele a concebe, é absolutamente outra. As categorias religiosas básicas são as da confiança, da humildade e do amor, e a singela piedade de Bahia, radicada em tais sentimentos, tem consciência demasiado profunda da sublime majestade de Deus para almejar a visão de Deus ou mesmo a união mística com Ele. O sentimento religioso devolve, assim, à representação de Deus, o cunho pessoal e vivo,

---

84. *Ibid.*, VIII, 3: árabe, p. 342; hebraico, p. 391.
85. *Ibid.*, IX, 3: árabe, pp. 360 e ss.; hebraico, pp. 414 e ss.
86. *Ibid.*, cf. também IX, 2: árabe, pp. 359 e ss.; hebraico, p. 413, onde a instrução na doutrina ética é apresentada como a tarefa daquele que vive verdadeiramente uma vida ascética.
87. *Ibid.*, IX, 3: árabe, pp. 361 e ss.; hebraico, pp. 415 e ss. Bahia, entretanto, não pesa plenamente as conseqüências desse modo de ver. Embora afirme aqui que a separação interior do mundo enquanto [o crente] permanece dentro dele é a autêntica forma do ascetismo, que é a mais defensável, e rejeite completamente a idéia da absoluta separação da vida física da comunidade, no capítulo IX, 1, ele apenas objeta à aplicação geral desse ascetismo radical e afirma que é, entretanto, inteiramente apropriado para uma elite. Ali, Bahia o considera como uma das formas necessárias da vida social humana que, como todas as vocações, está aberta apenas a uma porção da humanidade. Uma atenuação dessa oposição é evidente no fato de que, segundo o capítulo IX, 1, a elite pode não retirar-se totalmente da sociedade organizada, mas precisa dirigir a vida moral da comunidade. Mas a contradição aí implicada não é resolvida pelo compromisso e, até nos capítulos posteriores do livro, ainda hesita entre os dois pontos de vista.

136 | A FILOSOFIA DO JUDAÍSMO

que a definição conceitual a privara. Este sentimento é essencialmente o mesmo que impregna a tradição judaica. Os traços divergentes que aparecem no sistema de Bahia emprestam-lhe um colorido especial, mas, decerto, não afetam seu caráter fundamental[88].

OS NEOPLATÔNICOS DO DÉCIMO SEGUNDO SÉCULO

Bem mais influenciado pelo neoplatonismo do que os *Deveres do Coração* é o pequeno tratado *Kitab Ma'ani al-Nafs* (Da Essência da Alma), falsamente atribuído a Bahia. O lugar e a data da composição desta obra são desconhecidos; ela foi provavelmente escrita em algum momento entre os meados do século XI e XII[89]. Até neste tratado, o neoplatonismo serve mais de cosmovisão religiosa do que de sistema estritamente metafísico, e surge numa forma algo frouxa e popular que os Irmãos Puros introduziram particularmente na literatura islâmica.

Para o autor, a verdadeira metafísica, isto é, o neoplatonismo, é idêntica aos ensinamentos da Torá; e ele desconhece qualquer contradição entre os dois[90]. O mesmo vale para a doutrina da emanação, a qual é enunciada na forma comum ao neoplatonismo islâmico, e sem qualquer tentativa de justificá-la, embora o autor mencione um trabalho especial de sua lavra, *Da Gradação das Coisas*. Conforme o seu sistema, o intelecto, denominado à moda aristotélica de "intelecto ativo", é seguido primeiro pela alma e pela natureza; depois, pela matéria, como elemento primário, subjacente a todas as substâncias corpóreas; e, finalmente, pelos corpos das esferas, pelas estrelas e pelos quatro elementos[91]. Essas essências descendem uma da outra numa seqüência necessária, e nenhuma delas poderia existir sem a precedente[92]. A cadeia inteira foi criada por Deus, cuja vontade e sabedoria deram a essas essências seus poderes ati-

---

88. Vajda, *op. cit.*, pp. 140 e ss., chega à mesma conclusão que eu cheguei na edição alemã original deste livro.

89. Num manuscrito parse, que veio recentemente à luz, o tratado é atribuído a Bahia ibn Pakuda. Jacob Guttmann ("Eine bisher unbekannte, dem Bachja Ibn Pakuda zugeeignete Schrift", *MGWJ*, XLI, pp. 241 e ss.) foi o primeiro a pôr em dúvida que Bahia tenha sido o autor do referido texto, e Goldziher concordou com sua opinião no intróito de sua edição árabe (p. 5). Ora, Borisov havia estabelecido ("Pseudo-Bahja", *Bulletin de l'academie des sciences de l'U.R.S.S., classe des humanités*, 1929, p. 786) que o manuscrito de Leningrado deste texto não apresenta nenhuma referência a Bahia como sendo seu autor. Uma vez que o manuscrito não faz menção a autores como Ibn Sina e Nissim ben Iaakov, que viveram na primeira metade do século XI, não poderia ter sido escrito antes da metade do século XI e, visto que não foi influenciado pelo desenvolvimento ulterior da filosofia islâmica e judaica, é duvidoso que pudesse ser composto depois da metade do século XII.

90. Pseudo-Bahia, *Kitab ma'ani al-Nafs*, cap. 3: árabe, pp. 17 e ss.; hebraico, pp. 21 e ss.

91. *Ibid.*, XVI: árabe, pp. 54 e ss.; hebraico, pp. 71 e ss. Não há nada de singular nessa hierarquia de níveis, além da idéia da existência de dez níveis em geral, a qual não pode ser encontrada em qualquer outro texto conhecido por nós.

92. *Ibid.*, XVI: árabe, p. 53; hebraico, p. 70.

O NEOPLATONISMO | 137

vos. As essências mais altas conferem seu divino poder ativo às mais baixas, a fim de manifestar a sabedoria de Deus por todo o cosmos[93]. As idéias de emanação e criação estão combinadas como um fato natural, e de uma forma a sugerir que, à época do autor, as feições distintivas dos dois conceitos haviam sido obliteradas em tal grau que ele não mais tinha consciência de sua diferença essencial. Ele estava menos interessado na origem do mundo do que na gradação das coisas, e na distinção entre o mundo puro das essências espirituais e o sensível. O dualismo de um mundo sensível e outro supra-sensível é central para a sua concepção religiosa do mundo.

O mesmo dualismo também domina a sua psicologia, que é o tema principal de seu tratado. A alma pertence ao mundo superior, supra-sensível, e o autor tenta provar, opondo-se às teorias da psicologia materialista, que a alma é uma substância espiritual, independente do corpo[94]. A espiritualidade da alma implica, obviamente, de acordo com o autor, sua origem no mundo supra-sensível. O ponto de vista de Avicena, de que a alma, embora seja uma essência espiritual, passa a existir junto com o corpo, é rejeitada de imediato como autocontraditória, sem que haja ao menos uma tentativa de examinar seus argumentos convincentes[95]. A imortalidade da alma é, portanto, considerada um retorno à sua origem espiritual. Empregando idéias que remontam à Antiguidade tardia, o destino da alma é descrito de um modo altamente imaginativo como uma descida ao mundo dos sentidos, e um subseqüente retorno ao mundo superior. Nesta descida, a alma atravessa todas as esferas celestes e as zonas dos elementos até alcançar a terra e ser incorporada; no caminho, ela é afetada pela influência de todas as substâncias que atravessa, de forma que quanto mais desce, mais grossas são as impurezas que se apegam à sua pura essência e a envolvem. Tais influências também explicam as diferenças entre as almas individuais. Pois, embora em sua essência espiritual as almas sejam todas iguais umas às outras, ainda assim durante seu descenso elas se demoram nas esferas das diversas estrelas por comprimentos de tempo diferentes, e portanto estão expostas a estas influências em graus variáveis[96]. A alma fica assim ainda mais alienada em relação à sua fonte espiritual ao adentrar o corpo, e as partes inferiores – vegetativa e animal – da alma são juntadas na alma racional, à qual somente se aplica tudo o que se disse até aqui. A alma então esquece seu conhecimento original, específico, e sucumbe à influência da sensuali-

---

93. *Ibid.*, XVI: árabe, p. 54; hebraico, p. 72.
94. *Ibid.*, I, II: árabe, pp. 3 e ss.; hebraico, pp. 3 e ss.
95. *Ibid.*, I: árabe, p. 4; hebraico, p. 5.
96. *Ibid.*, XVI: árabe, p. 56; hebraico, p. 74; XVII: árabe, pp. 57 e ss.; hebraico, pp. 75 e ss. Acerca da doutrina, do fim da Antiguidade, sobre a descida da alma e a determinação de seu caráter e qualidades pelas constelações através das quais ela passa em seu descer, cf. Bousset, *Die Himmelreise der Seele*, Archiv für Religionswissenschaft, IV, 268; Wendland, *Die hellenistischrömische Kultur in ihre Beziehungen zum Judentum und Christentum*. 2ª e 3ª eds., pp. 170, 172, nota 1. Mesmo a metáfora do vestir e despir das roupagens da alma, mencionada por Wendland, pode ser encontrada no Pseudo-Bahia.

138 | A FILOSOFIA DO JUDAÍSMO

dade[97]. Tais vicissitudes são impostas à alma a fim de que, ao quebrar os grilhões da sensualidade, possa alcançar a plena consciência de sua perfeição original e verdadeira felicidade, e elevar a um nível superior o corpo e as duas partes inferiores da alma a ela juntadas[98]. A purificação da alma é alcançada por meio da virtude que, à moda platônica, o autor define como conhecimento e o governo da alma racional sobre as suas partes inferiores[99].

A conseqüente doutrina do destino da alma após a morte elabora com grande minúcia as noções altamente imaginativas acerca do além, que os filósofos islâmicos e judeus desenvolveram a partir de elementos platônicos e neoplatônicos. O retorno ao mundo do espírito é possível apenas para aquelas almas que reconquistaram sua perfeição original de natureza intelectual e moral. Aquelas almas que atingiram a perfeição moral, mas não o grau de conhecimento necessário para a sua ascensão, entram num paraíso terreno, onde adquirem o conhecimento faltante. De acordo com os neoplatônicos gregos, as almas que se prenderam a apetites sensoriais devem reentrar nos corpos humanos ou animais. Os neoplatônicos judeus rejeitavam a doutrina da transmigração. Em vez dela, Israeli já havia apresentado a doutrina (que em última análise remonta à Grécia) de que as almas dos iníquos, visto que foram curvadas sob o peso das paixões dos sentidos, debalde tentam alçar-se ao mundo supra-sensível. Em seus vãos anseios, são impelidas para cá e para lá sob os céus; na verdade, este é o seu castigo. O tratado descreve isso com grande pormenor para as diferentes classes de pecadores, reservando uma forma especial de punição para cada espécie de transgressão[100]. Destarte, o neoplatonismo torna-se uma doutrina do mundo futuro, retratado com uma concretude quase mitológica.

Concepções similares, mais contidas e sóbrias, foram apresentadas por Abraão bar Hiya de Barcelona (começo do século XII), renomado principalmente como matemático e astrônomo, e primeiro autor filosófico a escrever em hebraico. Do ponto de vista filosófico, seu pequeno tratado, *Hegyon ha-Nefesch* (Reflexões sobre a Alma), tem pouco valor, e mesmo os interessantes suplementos encontrados em seu tratado messiânico, *Meguilat ha-Megalé* (Rolo do Revelador), são sobretudo de interesse teológico e cultural. Pois ele substitui o monismo neoplatônico que inclui a matéria

---

97. Pseudo-Bahia, *op. cit.*, XVI: árabe, p. 56; hebraico, p. 74; XII: árabe, p. 42; hebraico, p. 56.
98. *Ibid.*, XIX: árabe, pp. 62 e ss.; hebraico, pp. 82 e ss.
99. *Ibid.*, XXI: árabe, p. 67; hebraico, p, 88; XIX: árabe, p. 62; hebraico, p. 82; quanto ao conceito das virtudes, cf. XVIII: árabe, p. 60; hebraico, p. 79; e mais, IX: árabe, pp. 34 e ss.; hebraico, pp. 44 e ss., em que as virtudes cardeais platônicas são amalgamadas com a idéia aristotélica do justo meio.
100.*Ibid.*, XXI: árabe. 64 e ss.; hebraico, pp. 85 e ss.; para Israeli, cf. o *Livro dos Elementos*, p. 133. A idéia de que as almas iníquas se esforçam em vão para ascender ao mundo superior e recebem o seu castigo embaixo dos céus tem sua fonte na descrição do Hades por Plutarco, que o situa sob a lua e na sua noção de que esta repudia as almas malvadas; Zeller, *Die Philosophie der Griechen*, III, p. 200, nota 1; Bousset, *op. cit.*, pp. 252 e ss.

O NEOPLATONISMO | 139

no processo de emanação, por um dualismo aristotélico de matéria e forma. Ambos existiam no pensamento de Deus até que Ele os atualizou[101]. Isto não deve ser entendido, como no caso de Gabirol, que as substâncias espirituais se compõem de matéria e forma. Para Abraão bar Hiya, as substâncias espirituais são puras formas, completas em si próprias; somente o mundo corporal é composto de matéria e forma. Cumpre traçar, portanto, uma aguda distinção entre a forma existente por si das essências supra-sensíveis, e a forma do mundo corpóreo que requer matéria para existir *in actu*, e que emana da pura forma para a matéria[102].

Em seu tratado messiânico, ele expande o tradicional esquema neoplatônico de um tripartite mundo inteligível em um modelo de cinco níveis, sobrepondo ao intelecto um mundo da luz e um mundo do domínio – o mundo da Divindade. Os predecessores filosóficos a quem ele se refere nessa conexão nos são desconhecidos; da sua própria exposição da doutrina dos cinco níveis, dificilmente é possível extrair seu significado filosófico, visto que ele a apresenta pelo viés teológico, identificando as várias substâncias inteligíveis com manifestações da luz divina que correspondem a várias teofanias bíblicas, ao mundo dos anjos e à futura bem-aventurança[103]. No todo, lhe apraz dar interpretações teológicas de concepções filosóficas. Nas *Reflexões sobre a Alma*, cita com aparente aprovação uma teoria filosófica da retribuição, que modifica certas idéias do tratado do Pseudo-Bahia, *Da Essência da Alma*. Quatro tipos de destino estão reservados à alma após a morte, conforme seu nível intelectual e ético. Somente aquelas almas que unem em si a perfeição intelectual e moral ascenderão ao mundo inteligível; almas intelectualmente perfeitas, mas maculadas pelo vício, são, como punição, impelidas de um lado para o outro sob o sol e consumidas por seu calor; almas que granjearam piedade, mas não conhecimento, são levadas a transmigrar para outros corpos até adquirirem o devido conhecimento; finalmente, aquelas almas destituídas de conhecimento e piedade são destruídas juntamente com o corpo[104]. Em seu tratado messiânico, o autor modifica a sua doutrina não só pela completa rejeição da metempsicose, mas também por substituir a noção de justiça divina que determina o destino da alma no além pela relação causal entre a vida terrena e o futuro destino da alma. A realização intelectual é de relevância apenas para o castigo dos pecadores; suas almas perecem simplesmente se lhes falta conhecimento, mas são preservadas e recebem sua devida punição no mundo vindouro se

---

101. Abraão bar Hiya, *Heguion ha-Nefesch*, p. 2a.
102. *Ibid.*, 2a, b.
103. Abraão bar Hiya, *Meguilat ha-Megalé*, p. 22. Conforme outra versão, o segundo nível é denominado "o mundo da fala", em vez de "o mundo do domínio", e nós poderíamos então relacioná-lo ao *logos*. Cf. minha introdução a esse texto, p. 16, e a minuciosa "explicação do texto" de G. Scholem, *MGWJ*, LXXV, 180 e ss.
104. Abraão bar Hiya, *Heguion ha-Nefesch*, p. 5a, b.

140 | A FILOSOFIA DO JUDAÍSMO

conseguirem o conhecimento requerido. Em contraste, a recompensa da retidão é determinada apenas por considerações morais e, portanto, varia segundo as virtudes da alma[105].

A brecha entre Abraão bar Hiya e o neoplatonismo torna-se até mais larga pelo significado que ele atribui à história. A história não tem lugar algum na concepção de mundo do neoplatonismo, a qual está inteiramente focada na oposição atemporal entre os mundos sensível e supra-sensível; a salvação do homem encontra-se na sua ascensão ao reino eterno do espírito. Entretanto, Abraão bar Hiya está tão preocupado com as profecias essencialmente históricas da *Escritura* quanto com o destino da alma no além. Na sua obra filosófica, ele já havia discutido as esperanças messiânicas do judaísmo, mas em seu tratado messiânico desenvolveu uma abrangente concepção religiosa-histórica. O objetivo deste tratado é determinar a data do advento do Messias. Para fazê-lo, procura encontrar uma explanação religiosa do processo histórico total, desde a criação até o fim dos dias; descobrir o plano divino da história; e dividir a história em uma série de períodos que encontrariam sua realização e finalidade na era messiânica.

Essa filosofia da história estriba-se na idéia de um exato paralelismo entre as eras do mundo e os dias da criação[106]. A periodização do mundo segundo tal analogia proporciona um padrão básico em que é possível ajustar um vasto número de construções e cálculos pormenorizados. A idéia dessa analogia é familiar à teologia cristã e às especulações históricas desde os Padres da Igreja, mas é aqui a primeira vez que a especulação cristã exerce influência direta sobre a filosofia judaica da Idade Média. Na elaboração de sua concepção histórica, Abraão bar Hiya tem plena consciência de estar opondo uma concepção judaica de história a uma cristã. Até que ponto sua filosofia da história apoia-se nos modelos cristãos evidencia-se já no fato de ela conter até um análogo da doutrina cristã do pecado original. Em decorrência do pecado do primeiro homem, teria a alma racional, sobre a qual se esteia não só o conhecimento como também a moralidade, imergido nas duas partes inferiores da alma, perdendo assim o seu poder de desdobramento independente. Após o dilúvio, Deus a resgatou de novo da parte mais baixa, mas lhe deixou ainda o poder de alma média, animal. Todavia, desde o tempo do primeiro homem em diante houve em cada geração um eleito em quem a alma racional residiu em toda a sua pureza. Transmitida por herança através de uma cadeia de eleitos, essa alma racional irrompeu com toda a sua potência no patriarca Jacó, e por isso toda a sua descendência tem uma porção dela. A partir de então, os efeitos do pecado original sobre Israel foram quebrados, e a

---

105. Abraão bar Hiya, *Meguilat ha-Megalé*, pp. 109 e ss. Sobre a relação entre as duas formas de retribuição, cf. minha introdução a esta dera.

106. *Ibid.*, pp. 14-47. Sobre a fonte cristã dessa doutrina, cf. Introdução, p. XIII.

O NEOPLATONISMO | 141

alma racional foi restaurada à sua posição original[107]. Contudo, a conseqüente limitação da moralidade a Israel somente é apenas incidental no sistema de Abraão bar Hiya; de todo modo, a noção de que fora de Israel não pode haver moralidade não é em parte alguma reafirmada por ele. Por certo, não duvida de que a piedade e o temor a Deus estejam muito mais presentes no povo judeu do que entre os não judeus, mas ensina outrossim que há também homens piedosos entre os gentios, e que eles também serão recompensados por Deus[108].

Em uma forma mais de compêndio, Iossef ibn Tzadik (m. 1149) apresenta um claro e bem pensado sistema em seu *Sefer ha-Olam ha-Katan* (Livro do Microcosmo). Trata-se basicamente de um sistema neoplatônico, intercalado com elementos aristotélicos e mutazilitas, sem quaisquer pretensões de originalidade. A idéia de um microcosmo, que dá origem ao título do livro, fornece o pretendido tema principal mais do que o efetivo argumento do tratado. De acordo com o plano do autor, dever-se-ia mostrar que a introspecção conduz ao conhecimento do cosmo, do qual todas as partes estão representadas no homem. Na realidade, porém, a discussão da filosofia natural, da psicologia, da teologia, da ética e da escatologia desenvolvida no livro, tem uma relação das mais tênues com o princípio de um microcosmo. Em sua filosofia da natureza, Ibn Tzadik segue principalmente Aristóteles, com um único desvio importante que é a sua definição dos conceitos de matéria e forma. Matéria, sendo aquilo que porta tudo o mais, é a única substância real; enquanto a forma, que é inerente a algo diferente, possui um status similar ao dos acidentes[109]. Todos os corpos partilham não só da matéria, mas também da forma da corporeidade, que é então diferenciada nas formas separadas dos corpos individuais[110]. A semelhança com Gabirol é evidente, e torna-se ainda mais notável quando Ibn Tzadik atribui matéria à essência espiritual, que está relacionada à forma como o gênero está relacionado às espécies[111].

Ibn Tzadik, todavia, alude à doutrina básica de Gabirol somente de modo superficial. No conjunto, as substâncias inteligíveis são tratadas de forma muito sumária.

107. *Ibid.*, pp. 72 e ss. Baer explicou luminosamente essa teoria da história (*MGWJ*, LXX, 120, n.) como um protesto contra a doutrina cristã do pecado original e da redenção. É paradoxal que, em sua doutrina da queda do homem, Abraão não utilizou o conhecido dito talmúdico de que a serpente injetou impureza moral em Eva e todos os seus descendentes, e de que esta nódoa foi removida dos filhos de Israel quando postados ao pé do Sinai, ao passo que as nações do mundo, que não se encontravam lá presentes, permaneceram maculadas.

108. Abraão bar Hiya, *Heguion ha-Nefesch*, p. 8a. O tratado messiânico tem, por certo, uma atitude exclusivamente judaica bem mais forte do que as *Meditações sobre a Alma*, mas nele, também, não é declarado que a moralidade é dote de Israel somente.

109. Iossef ibn Tzadik, *Sefer ha-Olam ha-Katan*, pp. 8 e ss. A questão da substancialidade da forma foi também tratada pelos aristotélicos medievais (cf. H. A. Wolfson, *Crescas' Critique of Aristotle*, pp. 573-576), mas eles são mais completos em sua abordagem do que Ibn Tzadik é.

110. *Ibid.*, p. 13; cf. Wolfson, p. 588.

111. *Ibid.*, pp. 7 e ss.

142 | A FILOSOFIA DO JUDAÍSMO

Sua psicologia é quase exclusivamente uma psicologia da alma individual, e a relação entre a alma individual e a alma-mundo é alçada apenas no fim da discussão. Seus argumentos em essência neoplatônicos com respeito à imaterialidade e substancialidade da alma são sobretudo os de Isaac Israeli e do autor de *Da Essência da Alma*, mas são elaborados de uma maneira mais clara e sistemática. A incorporeidade da alma segue do fato de lhe faltar todas as qualidades especificamente espaciais como a extensão e a forma; mas a prova crucial encontra-se no fato de que o corpo, por si mesmo, não tem vida e só a recebe da alma. Sendo ela o princípio de vida que anima o corpo, a própria alma não pode ser concebida como corpórea, porquanto, neste caso, sua própria vida teria de ser derivada de uma outra alma, levando assim a uma regressão infinita[112]. Tampouco a alma pode ser considerada um acidente, uma vez que ela é a essência mesma do homem, e este não pode ser pensado sem ela. Portanto, é distinta não só dos mutáveis acidentes comuns que vêm e vão, enquanto persiste a substância subjacente, mas também dos acidentes imutáveis, como a negritude dos negros. A natureza acidental até mesmo de qualidades imutáveis evidencia-se pelo fato de elas serem permanentes apenas em certos objetos, enquanto em outros estarem sujeitas à mudança[113]. Por ser a alma, entretanto, a essência do homem, ela é predicável a todos os indivíduos humanos. Ibn Tzadik procura inclusive introduzir a definição aristotélica, contra a intenção original desta, no seu conceito de alma como uma substância incorpórea, independente[114]. A fonte da alma individual é a alma-mundo. A transição de uma para outra, em sua hipostasização de categorias lógicas, torna a lembrar Ibn Gabirol. Para começar, a alma universal é entendida como o devido gênero da alma individual, cuja existência tem sua prova na existência dos particulares a ela correspondentes. Em seguida, a relação do universal com os particulares é identificada, como sucede tão amiúde na história da metafísica, à relação do todo com a parte; daí é fácil chegar à idéia de uma alma universal a abranger todas as almas individuais. A divisão da alma-mundo na pluralidade de almas separadas com todas as suas diferenças individuais deve-se à pluralidade de corpos que absorvem a alma, assim como a luz do sol é refratada de maneira diferente pela pluralidade de corpos por ela iluminados[115]. Tudo isso, porém, não vai em detrimento do caráter substancial da alma individual, como Ibn Tzadik procura mostrar na sua doutrina da imortalidade. A relação da alma individual com a alma-mundo é exposta com a vaga nebulosidade tão característica da psicologia neoplatônica.

A teologia de Ibn Tzadik, como a de Bahia, tem o seu ponto de partida no Kalam, mas depois segue por uma vereda neoplatônica. Ele também prova a existência de

112. *Ibid.*, p. 33.
113. *Ibid.*, p. 34.
114. *Ibid.*, p. 37.
115. *Ibid.*, p. 40.

O NEOPLATONISMO | 143

Deus a partir da concepção criacionista do mundo. Mas, ao contrário de Bahia, a prova de Ibn Tzadik não parte da natureza compósita dos corpos. Em seu lugar, utiliza uma outra prova do Kalam: uma vez que todas as substâncias são sujeitas a acidentes, elas devem vir à existir como os próprios acidentes[116]. Este argumento kalâmico conduz à idéia de criação; a origem do mundo está na vontade divina cujo único motivo, quando se considera a auto-suficiência absoluta de Deus, só pode ser a Sua bondade[117]. A transição ao conceito neoplatônico de Deus efetua-se – como no caso de Bahia – através da idéia da unidade divina. A unidade de Deus é postulada como a base da pluralidade das coisas; a relação entre as duas é explanada mediante a analogia da relação entre a unidade (o um) e os números, com a diferença de que a simples unidade do divino é superior à unidade do numeral um, que é, afinal de contas, capaz de multiplicação. Somente Deus é unidade absoluta – ou antes, está acima da unidade, pois a significado quantitativo do conceito de unidade, o único significativo para nós, não é aplicável a Ele[118]. A absoluta incompreensibilidade de Deus fica assim estabelecida como a expressão mais adequada da divina majestade, pois se Deus pudesse ser compreendido pelo nosso entendimento Ele seria, por definição, finito e incompleto[119]. Mesmo a infinitude pode ser predicada a Deus apenas de um modo metafórico, porquanto, falando em termos estritos, nenhum conceito quantitativo, seja "finito" ou "infinito", é aplicável a Deus[120].

Ibn Tzadik tem clara consciência das dificuldades que este conceito de Deus apresenta para a teoria da vontade divina. Ele considera evidente por si que a vontade seja idêntica à divina essência, mas deixa de explicar como a imutabilidade de Deus pode ser conciliada com o fato de Seu querer. Suas alusões ao assunto parecem mais facilmente compreensíveis quando interpretadas no sentido da doutrina de Gabirol sobre a vontade divina[121]. Sua abordagem do problema dos atributos divinos não é de todo clara. Ele rejeita explicitamente o ponto de vista de filósofos anteriores – o qual aparentemente está implícito também em seu próprio conceito da Divindade – de que nenhum atributo de qualquer espécie deve ser consignado a Deus. Atributos divinos são em si possíveis, desde que se entenda que diferem tanto dos atributos consignados a outros seres existentes quanto a essência divina difere da essência de todas as outras coisas. Além disso, os atributos divinos precisam ser concebidos como unos com a essência divina. Essa teoria é expressa pela bem conhecida fórmula do Kalam, segundo a qual os atributos divinos da sabedoria e do poder são idênticos à

116. *Ibid.*, pp. 48 e ss.
117. *Ibid.*, pp. 52 e ss.
118. *Ibid.*, pp. 50 e ss.
119. *Ibid.*, pp. 57 e ss.
120. *Ibid.*, p. 54.
121. *Ibid.*, pp. 53 e ss.

144 | A FILOSOFIA DO JUDAÍSMO

essência de Deus. Ibn Tzadik parece abrandar aqui o radicalismo de suas formulações anteriores, visto que a unidade divina, acima de toda unidade, torna-se agora, de
novo, uma essência que tem determinações positivas.

A elaboração detalhada de sua doutrina dos atributos proporciona, contudo, um
outro quadro. Nosso conhecimento dos atributos de Deus deriva em geral de Suas
ações e, portanto, tais atributos não são mais do que expressões figurativas de Seus atos.
Assim, atribuímos sabedoria a Deus com base na perfeição da criação; mas o sentido
desta predicação é apenas o de rejeitar Sua ignorância[122]. Isso leva ao importante
resultado de que todos os atributos podem ser encarados como atributos da ação, de
um lado, e atributos da essência, de outro. Enquanto os atributos da essência e os da
ação haviam sido justapostos até aqui como duas categorias separadas, agora eles são
vistos como dois aspectos do mesmo atributo, que pode aparecer como positivo na
medida em que descreve as ações de Deus, ou efeitos, e como negativo na medida em
que se refere à essência divina subjacente a tais efeitos. O conceito neoplatônico de
Deus fica assim inteiramente restaurado, embora numa passageira observação algo
alusiva, Ibn Tzadik pareça dar aos atributos um significado que leva a uma esfera
totalmente diversa. Se designarmos Deus, com base em Suas ações, como bondoso
ou misericordioso, esta determinação serve para despertar em nosso íntimo o desejo
de imitar esse divino modo de atuar. Os atributos divinos são assim convertidos em
modelos e exemplos de ação moral, e seu conhecimento nos conduz do domínio
teórico para o ético[123].

Que essa idéia é de importância bem maior para Ibn Tzadik do que faz supor sua
passageira alusão a ela, demonstram-nos suas considerações paralelas sobre a finalidade e o destino da existência humana. Ele começa dizendo que o homem foi criado
a bem do conhecimento, mais precisamente o do mundo supra-sensível, depois passa a considerar esse conhecimento apenas como condição preliminar para a conduta
correta que leva à eterna felicidade. A mesma noção repete-se em relação à mais alta
forma de conhecimento, o conhecimento de Deus: este atinge a perfeição quando
reconhecemos Deus como o verdadeiro bem, e nos esforçamos em andar por Seus
caminhos e procuramos nos tornar parecidos a Ele tanto quanto possível. De um
ponto de vista metafísico, os predicados éticos de Deus designam não a Sua essência
e, sim, os efeitos da ação divina, mas para o sentido do conhecimento de Deus eles
adquirem um significado central[124]. Encontraremos mais tarde Maimônides dando a
mesma torção ética ao que era originalmente um puro conceito teórico do conhecimento de Deus, exatamente no mesmo contexto e citando os mesmos versículos

---

122.*Ibid.*, p. 57.
123.*Ibid.*, p. 58.
124.*Ibid.*, pp. 66 e ss. Cf. Heinemann, *Die Lehre der Zweckbestimmung des Menschen...*, pp. 57 e ss.

O NEOPLATONISMO | 145

bíblicos que Ibn Tzadik. Mas, como o Rambam afirma explicitamente jamais ter visto o *Microcosmo* de Ibn Tzadik, não cabe pensar numa relação histórica direta entre os dois[125]. Não obstante, permanece o fato de que Ibn Tzadik antecedeu Maimônides num caminho que este trilhou com energia intelectual incomparavelmente maior.

O último na linha dos neoplatônicos judeus, Abraão ben Meir ibn Ezra (*c.* 1092-1167), não era um pensador sistemático, mas um espírito agitado em sua profundeza pelo pensamento filosófico. O que suas obras menores sobre os nomes de Deus e os preceitos da *Torá* (*Yessod Morá*) oferecem no plano da filosofia é de pouca monta. Em contrapartida, seus comentários bíblicos contêm um grande número de excursos filosóficos e, ainda que não seja possível construir com eles um sistema filosófico único e plenamente elaborado, pode-se reconhecer com nitidez uma postura básica do modo de pensar que as perpassa. De fato, qualquer sistematização seria incompatível com a irrequieta mobilidade do espírito de Ibn Ezra. Já a forma pela qual exprime seus pensamentos indica até certo ponto o caráter destes. Particularmente nas passagens filosóficas de seus comentários ele tende a condensar as idéias com enigmática brevidade, deixando adivinhar, mais do que entender, os nexos no jogo espirituoso da alusão. Sem dúvida há nessa maneira de escrever não apenas preferência estilística, nem somente o temor de exprimir abertamente a audácia extrema de seus pensamentos. De certo modo, sua linguagem velada é a expressão mais adequada para o caráter esotérico de suas idéias mesmas.

Ibn Ezra foi movido mais do que a maioria de seus predecessores judeus pelas misteriosas profundezas da concepção neoplatônica, e aborda seu teor metafísico mais de perto do que quaisquer deles, com exceção de Ibn Gabirol. Isto vale em especial para a sua doutrina de Deus. De um ponto de vista estritamente conceitual, sua idéia de Deus é, a rigor, menos neoplatônica do que a de Bahia ou de Ibn Tzadik. Mas, enquanto por trás das fórmulas neoplatônicas destes últimos sempre espreita o transcendente Deus-Criador da *Bíblia*, a teologia de Ibn Ezra está cheia de um genuíno espírito panteísta. "Deus é o Um; Ele fez tudo e Ele é tudo". "Ele é tudo e Dele vem tudo". "Ele é o um e não há ser senão apegando-se a Ele"[126]. Como no neoplatonismo em geral, esse panteísmo deve ser entendido como emanacionista. Deus é um com o Todo, porque Ele é a força primeva, da qual defluem todas as forças particulares e cujo efeito penetra o conjunto das coisas. Tal relacionamento é explicitamente enun-

---

125. Maimônides, *Guia dos Perplexos*, I, 54; III, 54. Que o *Microcosmo* lhe era desconhecido é afirmado pelo Rambam em carta a Samuel ibn Tibon (*Cartas de Maimônides* [Leipzig], II, 28b). Poder-se-ia mencionar de passagem que a reorientação da doutrina do conhecimento de Deus para a dimensão ética pode ser também encontrada em Abraão ibn Daud (*Sefer ha-Emuná ha-Ramá*, p. 46), em que se faz referência a *Jeremias* 9:23, como consta outrossim em Ibn Tzadik e Maimônides.

126. Comentário ao *Gênese* 1:26; Êxodo 23:21; *Iessod Morá*, editado por Stern, p. 34b. Evidência adicional é citada em D. Rosin, "Die Religionsphilosophie Abraham ibn Esras", *MGWJ*, XLII, 43, 61 e ss.

146 | A FILOSOFIA DO JUDAÍSMO

ciado com respeito ao mundo supraterreno, que não vem a ser nem passa, mas que só tem existência através de Deus[127]. Ele também se diferencia de Deus pelo fato de não ser, como Este, unidade absoluta. Com Ibn Gabirol, Ibn Ezra sustenta outrossim que as substâncias inteligíveis são compostas de matéria e forma[128]. O relato bíblico da criação refere-se apenas ao mundo terreno, que possui um começo temporal, muito embora Ibn Ezra, mesmo aqui, combine a idéia de criação com a de emanação, ao dizer que este mundo foi produzido pela mediação das substâncias inteligíveis eternas[129]. Também na relação da alma humana com a alma universal o lado neoplatônico é nele mais acentuado do que em outros. Todos os neoplatônicos judeus concordam que a alma humana tem sua origem na alma universal. Mas Ibn Ezra entende a imortalidade da alma não como mero ascenso ao mundo inteligível, porém como reunificação com a alma do mundo[130]. Do mesmo modo, julga que a iluminação profética depende da relação da alma do profeta com a alma universal[131].

O aristotelismo de então modificou as idéias neoplatônicas em pontos essenciais sem afetar seu caráter fundamental. Assim, Ibn Ezra fala de um conhecimento divino, mas concorda com os aristotélicos islâmicos que este conhecimento se estende apenas à essência geral, às leis formais dimanantes de Deus, que governam todas as substâncias, sendo o particular incluído nesse conhecimento somente na medida em que é um elo nesta corrente de causalidade formal. A mesma limitação aplica-se à divina providência, que tem – ao menos no mundo terreno – apenas um caráter geral[132]. (As exceções à regra são aqueles homens que desfrutam de uma divina providência específica[133].) Esses teoremas aristotélicos não contradizem em nenhuma medida as tendências fundamentalmente neoplatônicas de Ibn Ezra, pois esse aristotelismo mesmo sofrera transformação neoplatônica que o munira de sua própria formulação da idéia de que Deus é a força primária da qual descendem todos os outros poderes formais que permeiam o mundo. Uma diferença fundamental, entretanto, vem à tona com o desenvolvimento ulterior do aristotelismo islâmico, em que a matéria não é derivada (como no monismo neoplatônico) de Deus, porém é colocada – de maneira dualista – junto a Ele. Deus torna-se assim meramente o mais alto princípio que governa as formas. Isso acarreta a limitação do conhecimento e providência divinos à causalidade geral das formas somente. Ibn Ezra aceita esse dualismo e, em conseqüência, entende a

---

127. Comentário ao Êxodo 3:15; Daniel 11: 12. Cf. Rosin, op. cit., pp. 66 e ss.
128. Comentário ao Êxodo 26:1; excurso sobre o comentário mais curto ao Êxodo 3:13. Ver também Rosin, op. cit., pp. 29, 161.
129. As citações aduzidas por Rosin, op. cit., p. 69, atestam-no.
130. Comentário ao Gênese 25:8; Salmos 49:16.
131. Comentário aos Salmos 139:18.
132. Comentário ao Gênese 18:21; Salmos 73:12.
133. Comentário ao Êxodo; excurso sobre 33:17.

O NEOPLATONISMO | 147

criação do mundo terreno como a ação de dar forma à matéria incriada[134]. Nesse ponto, entretanto, os vários elementos de sua filosofia parecem chocar-se. Pois, para um pensador que, como Ibn Gabirol, sustenta que até as substâncias inteligíveis são compostas de matéria e forma, constitui estranha inconsistência manter que o mundo inteligível deflui de Deus tanto no tocante à sua matéria quanto à sua forma, e no entanto considerar – ao mesmo tempo – a matéria do mundo terreno como um substrato incriado da criação. Tendo em vista o caráter aforístico do pensamento de Ibn Ezra, não devemos nos surpreender que nele as velhas e as novas idéias ainda não estejam de um modo homogêneo ajustadas.

IEHUDÁ HALEVI

A singular figura de Iehudá Halevi não pertence a nenhuma escola filosófica. Apenas o fato de que alguns traços de seu pensamento o une à tradição neoplatônica justifica discuti-lo nesse contexto. Ele nasceu cerca de 1085 em Toledo. Após anos de estudo e de perambulação, estabeleceu-se no sul da Espanha, praticando a profissão de médico em sua cidade natal e, possivelmente, mais tarde, em Córdova. Por volta do ano de 1140 dirigiu-se para a Palestina. Ficou detido algum tempo por seus ardorosos admiradores no Egito, mas em seguida rumou para a efetiva meta de sua viagem. Se ele a alcançou, não sabemos; o certo é que morreu pouco depois de 1141. Ao lado de Ibn Gabirol, Iehudá Halevi é o mais celebrado poeta judeu do Medievo, distinguindo-se pela profundidade e fervor de seu sentimento, e por seu perfeito domínio da língua sagrada. Lendo sua poesia a gente esquece que o hebraico não era na época um idioma vivo, e mostra-se capaz de animar com genuíno sentimento até as formas artificiais da prosódia árabe, que os poetas judio-espanhóis transferiram para a língua hebraica. A grandeza de Halevi reside sobretudo na poesia religiosa e, nesta, de novo, ele é no mais das vezes ele próprio quando esta tem por objeto Israel e Sion. Nenhum outro poeta judeu expressa com tal profundeza de sentimento e em tons tão comoventes o orgulho pela eleição de Israel, a dor com seus sofrimentos e o anseio de redenção. A mesma emoção também impregna sua filosofia, que procura mostrar que o judaísmo é o único portador da verdade religiosa e a única fonte de vida religiosa, e que o povo judeu é o cerne da humanidade, capaz de realizar a vida religiosa.

O título inteiro do original árabe da sua obra filosófica, *Al-Hazari* (em geral denominado *Kuzari* em hebraico), é *O Livro de Argumentação e Prova em Defesa de uma Fé Menosprezada*. A apologia feita por Halevi, ao contrário da de seus predecessores racionalistas, não tenta identificar o judaísmo com a verdade racional, mas, elevan-

134. *Comentário ao Gênese* 1:1.

148 | A FILOSOFIA DO JUDAÍSMO

do-o acima da esfera racional, reivindica em seu favor a posse exclusiva da plena verdade. Ele também criou para servir a seus propósitos apologéticos uma forma de representação literária extremamente feliz. No décimo século chegou à Espanha o rumor de que os Kazares, um povo que vivia perto do Mar Cáspio, haviam abraçado o judaísmo depois de um de seus reis ter examinado os credos islâmico, cristão e judaico, e haver-se convencido da verdade do judaísmo. A história de sua conversão forneceu a moldura para o *Kuzari*. Após uma breve introdução em que um filósofo, um cristão, e um erudito muçulmano apresentam sem maior êxito as suas opiniões, segue-se um diálogo entre o rei kazar e um sábio judeu, o que o conduz logo à conversão e prossegue com o fito de introduzi-lo mais profundamente na doutrina judaica. Esta moldura também oferece oportunidades para o confronto e a crítica de posições filosóficas e religiosas rivais.

Básico para o próprio ensinamento de Halevi é a sua crítica do conhecimento filosófico. Ele rompe com o racionalismo de todos os seus predecessores judeus, e nega que no domínio metafísico, que é o efetivo objeto da verdade religiosa, haja certeza racional. A pretensão da filosofia de constituir um saber acerca das bases últimas da realidade e o fato de se dar crédito a suas asserções só são possíveis porque não se faz nenhuma diferença entre o autêntico conhecimento da matemática e lógica e o pseudo conhecimento da metafísica[135]. A legitimidade da distinção é provada já por não haver escolas em querela na matemática, enquanto as concepções das escolas filosóficas se acham em violento conflito uma com a outra e o acordo só existe entre os adeptos da mesma escola[136]. Em seu desafio à filosofia, Iehudá Halevi segue o grande pensador islâmico, al-Gazali, que defende uma posição similar em seu livro, *Sobre a Destruição da Filosofia*, em que desenvolveu uma crítica cabal das teorias dos aristotélicos islâmicos e uma brilhante refutação de seus argumentos[137].

Na sua demonstração da arbitrariedade das teorias filosóficas, Iehudá Halevi contenta-se com alguns exemplos para ilustrá-la. Ele marca um ponto interessante ao mostrar que a doutrina dos quatro elementos, então corrente na filosofia natural, não tem nenhuma base na experiência. Nós encontramos em nossa experiência, por certo, as quatro qualidades fundamentais: calor, frio, umidade e secura, mas nunca sua manifestação pura como elemento primário. Em termos teóricos, podemos re-

---

135. Iehudá Halevi, *Sefer ha-Kuzari* (editado por Hirschfeld), V, 14, p. 322.
136. *Ibid.*, V, 14, p. 328.
137. D. Kaufmann, *Geschichte der Attributenlehre in der jüdischen Philosophie...*, pp. 119-140, foi o primeiro a provar a dependência de Halevi em relação a Gazali. Com respeito à crítica de Halevi à metafísica e sua conseqüente rejeição das teorias racionalistas da religião dos filósofos islâmicos e judeus, sua demonstração é adequada. Mas ele justapõe corretamente o modo de Halevi ver a religião ao de Gazali. Para uma análise comparativa das doutrinas desses dois pensadores, ver J. Guttmann em "Religion und Wissenschaft im mittelalterlichen und im modernen Denken", pp. 166-173 e, de um ponto de vista diferente, D. H. Baneth, "Jehuda Hallewi und Gazali".

O NEOPLATONISMO | 149

duzir todos os corpos a esses elementos, mas não podemos atribuir existência real a eles[138]. Halevi discute com uma boa dose de sarcasmo a teoria algo bizarra da emanação defendida pelos aristotélicos árabes, de acordo com os quais cada intelecto particular emite outro intelecto quando pensa em Deus e uma esfera quando pensa em si mesmo[139]. Ele demonstra a impossibilidade da doutrina da imortalidade do intelecto adquirido, apontando para as absurdas conclusões a que isto deve levar; por exemplo, a imortalidade começa quando uma certa porção de conhecimento foi obtida[140]. O objeto de sua crítica é o aristotelismo islâmico porque suas doutrinas contradizem as concepções religiosas de Halevi. Porém, mesmo quando concorda com suas proposições, rejeita seus argumentos, porque deseja derivar a verdade da revelação e não da filosofia.

É claro que Halevi está atacando as conclusões da filosofia, não seus fundamentos. Ele não tenta provar a impossibilidade da metafísica como tal, mas só demonstrar a futilidade dos esforços metafísicos prévios e daí deduzir o caráter não científico da metafísica. Conquanto se tenha dito amiúde que Halevi está criticando princípios básicos, isto é até menos verdade no seu caso do que no de Gazali; de fato, sua rejeição da metafísica está longe de ser absoluta. Ele admite que a redução do mundo a um princípio divino também é requerido pela razão, e que a filosofia, com sua prova da unidade da divina causa do mundo, é superior a todas as outras explanações do mundo[141]. Assim, a existência e unicidade de Deus são também verdades racionais, ainda que não sejam passíveis de prova estrita. Somente a determinação precisa da relação entre Deus e o mundo está além do conhecimento filosófico. Até mesmo filósofos que estão distantes do anti-racionalismo de Iehudá Halevi hão de admitir que a questão de se o mundo foi criado, ou é uma eterna ação de Deus, não pode ser decidida em bases filosóficas. A asserção de sua insolubilidade não é feita unicamente por Halevi; um século mais tarde, a mesma concepção ainda era mantida por um racionalista tão radical quanto Maimônides[142]. Halevi também reconhece uma verdade racional na esfera da ética, afirmando a existência – embora claramente utilitá-

138. Iehudá Halevi, *Sefer ha-Kuzari*, V, 14, pp. 322 e ss.
139. *Ibid.*, IV, 25, pp. 280 e ss.
140. *Ibid.*, V, 14, p. 326.
141. *Ibid.*, IV, 15, pp. 256 e ss.; II, 6, p. 74; I, 97, p. 46; também IV, 3, p. 288, que enfatiza a impropriedade da especulação e vê nessa característica a fonte de doutrinas falsas como o dualismo e o politeísmo. Halevi admite a superioridade dos argumentos filosóficos sobre os referidos modos populares de pensamento e cavila contra a filosofia porque nega a Deus o conhecimento de singulares e sustenta a eternidade do universo.
142. Iehudá Halevi, *op. cit.*, I, 65, 67, p. 28; cf. Maimônides, *Guia dos Perplexos*, II, 15, 16; em II, 15, o Rambam procura provar que Aristóteles não acredita que poderia demonstrar a eternidade do mundo. Com base na afirmação feita nos *Tópicos* I, 11, e também na declaração céptica de Galeno, é possível verificar que, nos círculos islâmicos, em época anterior a Iehudá Halevi, essa questão não havia sido ainda inteiramente resolvida.

150 | A FILOSOFIA DO JUDAÍSMO

ria – de uma moralidade racional, independente da revelação[143]. Sua concepção de uma ética racional e a redução desta às normas que favorecem a honestidade entre ladrões não deve ser analisada como uma depreciação da ética. Muitos dos filósofos racionalistas judeus seguiram a mesma linha de raciocínio. Para Halevi, há um nível mais baixo e acima dele existe a esfera específica da verdade religiosa, mas não há nenhuma demarcação clara de fronteiras.

A fonte da verdade religiosa é a revelação bíblica. Sua autenticidade é provada pelo argumento de Saádia segundo o qual a natureza pública do ato de revelação exclui a possibilidade de erro[144]. Iehudá Halevi nunca se cansa de opor a certeza histórica do fato da revelação ao caráter duvidoso dos argumentos filosóficos. A interpretação da fé, na revelação, como uma espécie de conhecimento histórico é comum a ele e aos filósofos racionalistas judeus e o conceito de conhecimento religioso perde, assim, pouco de seu intelectualismo. Halevi concordaria que se a metafísica fosse possível, ela haveria de incorporar a verdade religiosa tal como a revelação o faz. Ele difere dos racionalistas apenas por objetar que tal metafísica exista efetivamente. A diferença reside não tanto em seu conceito de verdade religiosa, como na sua avaliação da metafísica. Contra as tentativas ilegítimas de modernizar a doutrina de Halevi, deve-se enfatizar que sua polêmica antimetafísica não serve à causa de uma verdade religiosa autônoma, mas a de um conceito estritamente supernatural de revelação.

A interpretação dada por Halevi aos fenômenos da vida religiosa também é desenvolvida em termos de polêmica antimetafísica. A metafísica dos peripatéticos árabes procurava ser mais do que um mero conhecimento de Deus. Reclamava para si a função específica da religião, a de estabelecer comunhão entre o homem e Deus. De acordo com essa doutrina, o intelecto humano, por meio do conhecimento metafísico, entra em contato imediato com o "intelecto ativo" do cosmo e, por seu intermédio, com Deus. A profecia também é explicada do mesmo modo. Halevi partilha do ponto de vista de que a genuína vida religiosa é uma questão de comunhão imediata entre o homem e Deus, mas nega o poder do intelecto para efetuar tal comunhão. Sua crítica lógica da metafísica refuta indiretamente essa pretensão da filosofia, enquanto a história a contradiz de maneira mais direta, uma vez que os filósofos, ao que se saiba, jamais alcançaram tal comunhão com Deus ou se elevaram à visão profética.

---

143. *Ibid.*, III, 7, p. 148; II, 48, pp. 106 e ss. A introdução da necessidade de cultuar Deus como uma das exigências de ética racional é surpreendente, porque pressupõe que o caráter pessoal de Deus pode ser apreendido e estabelecido pela razão. Leo Strauss, em seu ensaio "The Law of Reason in the Kuzari" (*PAAJR*, XIII, 47-96), assinalou as dificuldades que permeiam a concepção de uma ética racional em Halevi. É impossível entrar aqui numa discussão acerca dos méritos da tentativa de Strauss a fim de dirimir tais dificuldades.

144. *Ibid.*, I, 84 e ss., pp. 36 e ss.

O NEOPLATONISMO | 151

Ao contrário, a história atesta que a profecia e a comunhão com Deus são encontradas exclusivamente fora dos círculos de filósofos[145].

A objeção final e decisiva de Halevi baseia-se na natureza do próprio relacionamento religioso. A filosofia pretende que a razão humana é capaz, por seus poderes próprios, de descobrir o caminho para a comunhão com Deus. Isso contradiz a natureza da relação religiosa, que é iniciada por Deus somente; só Deus pode mostrar a senda pela qual o homem consegue a comunhão com Ele. Aqui reside a diferença entre a genuína e a pseudo-religião. O anseio pela comunhão com Deus é inato no homem, e todos os homens empenham-se em alcançá-la. A filosofia faz, a seu modo, o que as várias religiões tentam fazer. Todas buscam alcançar a comunhão com Deus, mas uma vez que intentam descobrir por si mesmas os meios para tanto, nunca chegam a ir além da ilusão de semelhante comunhão[146]. Apenas uma revelação dada por Deus pode mostrar ao homem como atingir a sua meta. A revelação estabelece não só a única verdadeira religião, como a única real. Halevi coloca essa real religião histórica em agudo contraste com a "religião intelectual" dos filósofos. Vale notar que nesse contexto, embora em nenhum outro, ele introduz a idéia de uma religião da razão[147].

O ponto de partida da relação religiosa está em Deus e não no homem. Entretanto, o conflito entre Iehudá Halevi e os aristotélicos não é redutível à simples fórmula de que, para um, a atividade na relação religiosa compete a Deus, e, para os outros, compete ao homem. Os próprios aristotélicos julgavam que o pensamento humano não era um processo puramente ativo. O intelecto humano passava da potencialidade à atualidade através da ação do intelecto ativo, e sua realização específica consistia na aquisição da disposição necessária. De outro lado, Iehudá Halevi não exclui toda atividade da vida religiosa humana. A revelação divina fornece apenas os meios pelos quais o homem pode atingir a comunhão com Deus; o homem mesmo deve recorrer a tais meios e com sua ajuda adquirir a disposição especial que o capacitará a receber a divina influência. Não obstante, Iehudá Halevi considerou essa distinção entre filosofia e religião de uma forma mais radical do que se afigura a partir de sua apresentação algo formal. O deus dos filósofos permanece imoto em si próprio; ele nada sabe do homem e não se preocupa com este. O homem, em seu desejo de conhecimento, usa as leis que governam a ordem da emanação a fim de alcançar o seu próprio objetivo[148]. Assim, até mesmo desde um ponto de vista puramente lógico, o ato de conhecimento não constitui parte da atividade humana, não obstante a iniciativa cabe ao homem, e é ele que se eleva ao auto-suficiente mundo divino. O Deus da religião, de

145. *Ibid.*, I, 4, p. 8.
146. *Ibid.*, I, 79, p. 32; I, 98, p. 52; I, 109, p. 60; II, 32, p. 100.
147. *Ibid.*, I, 13, p. 16, p. 16, "religião especulativa"; I, 1, p. 6; I, 81, p. 34, "as leis racionais".
148. *Ibid.*, I, 1, pp. 4 e ss.

152 | A FILOSOFIA DO JUDAÍSMO

outra parte, deseja elevar o homem até Ele. Embora o homem deva preparar-se para a comunhão com Deus por meio da observação dos mandamentos divinos, é Deus, no entanto, que o atrai para a sua comunhão.

Iehudá Halevi dá para a separação entre religião e filosofia um outro sentido, em que ela atinge sua máxima profundidade. Para o filósofo, Deus é somente um objeto de conhecimento em relação ao qual adota a mesma atitude teórica que em relação a outros objetos de conhecimento. Como primeira causa das coisas, Deus é, sem dúvida, o mais importante objeto de conhecimento; mas se trata apenas de uma prioridade lógica, que tal conhecimento desfruta a partir de um ponto de vista puramente teórico[149]. Em termos históricos, essa caracterização da filosofia é com certeza unilateral. Os oponentes aristotélicos de Iehudá Helevi estavam longe de ver, em Deus, um mero objeto de conhecimento, e Halevi mesmo atribuía-lhes uma tendência bastante diversa, a de querer chegar à comunhão com Deus por meio do conhecimento e contrapor uma espécie de pseudo- religião à verdadeira religião. Embora incorreta no plano histórico, a sua concepção do relacionamento da filosofia para com Deus é, em um nexo mais profundo, verdadeira. Ela vale plenamente para a ciência, na medida em que é pura ciência, e apreende com segura claridade a atitude da ciência para com seus objetos e sua absoluta indiferença para com todas as distinções não teóricas de valor. De fato, semelhante quietude teórica e ausência de paixão não é estranha à religiosidade contemplativa do aristotelismo. Assim, Iehudá Halevi pode contrapor fundamentalmente a filosofia como o mero conhecimento de Deus e a religião como a vida com Deus. O homem piedoso é impelido a Deus não por desejo de saber, porém por seu anelo pela comunhão com Ele. Não conhece maior ventura do que a proximidade de Deus, nem maior dor do que a separação Dele. O coração anelante busca o Deus de Abraão; o labor do intelecto está dirigido ao Deus de Aristóteles[150].

A superioridade da religião em face do conhecimento encontra sua expressão psicológica na assunção, por Halevi, de uma faculdade especificamente religiosa que medeia a relação com Deus. Enquanto, em geral, o homem era relacionado ao mundo supra-sensível por meio de sua alma racional, considerada como a sua mais elevada faculdade, Iehudá Halevi distingue desta uma força divina superior, que funciona como órgão psicológico da divina revelação[151]. O intuito último da introdução de semelhante disposição religiosa especial é, talvez, melhor interpretado como uma

---

149. *Ibid.*, IV, 13, pp. 252 e ss.; IV, 15, 16, p. 260. Que a caracterização que Iehudá Helevi faz da tarefa do filósofo, a despeito de sua unilateralidade, tem um grão de verdade, torna-se visível no interesse paralelo traçado por Maimônides no *Guia dos Perplexos*, I, 36.

150. *Ibid.*, IV, 15, 16, pp. 258 e ss.

151. *Ibid.*, I, 95, p. 44. Na maior parte (cf. I, 42, p. 20; II, 14, p. 80), o estádio em questão é chamado o nível da palavra divina, ou o próprio divino. Para Halevi, significa por vezes o poder, específico do homem, que o prepara para a comunhão com Deus e, por vezes, a divina essência, com a qual o homem entra em comunhão. Tal mudança de significado é que causou tanta confusão.

O NEOPLATONISMO | 153

tentativa de dar expressão psicológica ao caráter específico da experiência religiosa. Na elaboração concreta de sua doutrina, Halevi mostra que seu propósito imediato não foi tanto uma teoria dos princípios da religião, quanto uma explicação do status especial de Israel, para além da esfera do natural. A faculdade religiosa foi concedida somente ao povo de Israel. Ela era inerente ao primeiro homem, mas só foi herdada por um eleito em cada geração, que constituiu assim o cerne da humanidade, até que passou a toda a descendência de Jacó. Desde então tornou-se propriedade, ainda que em graus variados, do povo judeu como um todo, que é assim o cerne da humanidade[152]. Aquilo que Abraão bar Hiya atribuíra à alma racional, Iehudá Helevi transpôs à faculdade religiosa supra-intelectual, ao passo que, no tocante ao intelecto e à moralidade, ele não faz valer nenhuma diferença entre Israel e os outros povos. Essa faculdade religiosa, entretanto, é apenas uma disposição que deve ser desenvolvida através da lei divina. Isto é realizado por meio das partes cerimoniais e cultuais da lei bíblica.

Para Iehudá Halevi a lei cerimonial não é um fim em si mesmo. Ela não serve para a perfeição moral ou intelectual do homem, como pensavam os filósofos racionalistas judeus, mas, sim, ao propósito supra-racional de desenvolver a disposição humana para a união com Deus. Isso deve ser entendido de uma maneira muito concreta. A observância da lei divina não produz por si esse resultado, o qual depende antes da forma específica das ações ordenadas por Deus. É verdade que podemos não estar em condições de entender a natureza de sua eficácia, ainda assim sabemos também que os efeitos de certos medicamentos dependem de sua composição específica sem que compreendamos a conexão desta última com seus efeitos. De igual modo, sabemos que a vitalidade de um organismo depende da estrutura específica de suas partes, e que ele pode ser destruído até por mudanças menores[153]. Em correspondência a essas analogias naturalistas, que ilustram a eficácia da lei cerimonial, Halevi explica a superioridade religiosa da Terra Santa de maneira igualmente naturalista em termos da natureza de seu clima, que seria particularmente adequado ao desenvolvimento da faculdade religiosa de Israel. Iehudá Halevi esclarece a influência desses dois fatores ao comparar Israel a um videira de fina qualidade, que produzirá uvas perfeitas somente se for plantada em solo adequado e receber cuidados devidos. O solo da Terra Santa e os preceitos da lei cerimonial são o modo apropriado de cultivo[154]. Tais idéias são expostas como uma explanação teórica da doutrina bíblica da eleição. Israel é o povo de Deus por causa de sua peculiar disposição religiosa; a Terra Santa e sua circunvizinhança imediata, em virtude do clima favorável, é o único lugar onde a profecia manifesta-se por si; a lei cerimonial e cultual da *Torá*, aquela parte da legis-

---

152. *Ibid.*, I, 47, p. 22; I, 95, pp. 42 e ss.
153. *Ibid.*, I, 99, p. 52; II, 12, p. 76; II, 26, pp. 94 e ss.
154. *Ibid.*, II, 12, p. 76.

154 | A FILOSOFIA DO JUDAÍSMO

lação divina adicionada à lei moral de caráter racional e universal, e que foi outorgada apenas a Israel, não constitui um estádio preparatório para a parte universal da legislação, mas, antes, o meio para a destinação religiosa específica de Israel.

Esta formulação teórica da idéia de eleição tem um corte fortemente particularista que é estranho à Bíblia. Ela intensifica o caráter distintivo de Israel atribuindo-lhe uma faculdade religiosa específica, faltante em outras nações. O próprio Halevi esforça-se para mitigar a aspereza de suas conclusões. A lei moral foi dada a todos os povos; aquele que a observa pode estar certo de sua recompensa celestial[155]. Não há dúvida que uma estreita e rígida interpretação da doutrina de Halevi sobre a faculdade religiosa significaria que os prosélitos ficariam excluídos da comunhão com Deus, mas isto estaria em contradição gritante com o evidente propósito do principal tema do *Kuzari*, que é a conversão de um rei pagão ao judaísmo. Portanto, a noção deve ser considerada no sentido de que a forma mais alta de comunhão, a profecia, é negada aos não judeus, mas também que todo aquele que se submete à influência do modo de vida judaico alcança as formas mais baixas da comunhão, as quais se aplicam à nação inteira (só indivíduos proeminentes atingem os níveis mais elevados). Na era messiânica esta última barreira também há de cair e Israel irá assimilar as outras nações, assim como a semente oculta na terra absorve seus materiais[156].

Embora o propósito imediato de Halevi fosse, sem dúvida, o de apenas justificar a posição especial do povo judeu, ainda assim o significado de suas formulações é mais extensivo, pois incluem uma descrição do caráter específico da vida religiosa que, como vimos, é concedida, em sua plenitude, somente a Israel. Uma vez que a excelência do povo judeu se deve à sua comunhão com Deus, a descrição dessa excelência importa numa descrição da natureza dessa comunhão, da qual um dos aspectos é completamente externo: a providência sobrenatural, especial, que governa os destinos do povo judeu paira sobre essa comunhão entre Deus e Israel. O restante da humanidade está sujeito às ações da lei da natureza, e a esta Iehudá Halevi aplica o conceito filosófico de "providência geral", que ele identifica com a ordem teológica das coisas[157]. Uma divina providência sobrenatural que se manifesta em forma de recompensa e punição, existe apenas para Israel, não só no passado bíblico, porém continua no presente e governa os dispersos membros do povo judeu. De acordo com a intenção básica de Iehudá Halevi, todavia, recai maior significação sobre a comunhão interna da alma com Deus do que à ligação simplesmente externa. A primeira constitui o objetivo da eleição de Israel, e é essa vida com Deus que eleva a alma acima do nível da vida meramente intelectual.

155. *Ibid.*, III, p. 62.
156. *Ibid.*, I, 115, p. 64; IV, 23, pp. 264 e s.
157. *Ibid.*, I, 109, p, 58; II, 32, p. 100; IV, 3, p. 230.

O NEOPLATONISMO | 155

A forma mais elevada da comunicação com Deus é concedida aos profetas. Eles compreendem Deus através da experiência imediata, a qual difere tanto do conhecimento filosófico conceitual de Deus quanto a certeza imediata da intuição difere da inanidade do pensamento discursivo. O Deus dos profetas não é a suprema causa abstrata do mundo, porém uma presença viva que permeia tudo acima e além das limitações da natureza. Ele não é simplesmente "Deus", mas o "Deus deles"[158]. Até mesmo os profetas, entretanto, não podem compreender a presença de Deus sem qualquer tipo de mediação. Deus se lhes revela em manifestações sensíveis que servem como sinais de Sua presença. Esta certeza de Deus baseada na percepção imediata constitui o fundamento do amor de Deus que distingue religião de filosofia. Nesta conexão, Iehudá Halevi desenvolve sua distinção entre o Deus de Aristóteles e o Deus de Abraão. Ao nível mais baixo da vida religiosa não há diferença entre profetas e a média dos crentes, visto que a vida religiosa significa invariavelmente comunhão com Deus. A diferença entre profecia e vida religiosa normal é uma questão de grau e não de essência. No tocante à comunhão com Deus, toda religião transcende a natureza. Enquanto os aristotélicos consideram a profecia como a expressão dos poderes naturais do homem elevados ao auge, Iehudá Halevi vê toda religião como um grau mais baixo do dom sobrenatural e supra-racional da profecia[159]. Essa descrição da vida dos pios é similar à do profeta. Falta ao homem piedoso apenas as revelações proféticas específicas, mediadas pelas imagens sensíveis. Ele também vive na presença de Deus, embora numa forma mais indeterminada desta, para cuja exata análise Iehudá Halevi carece de ferramentas conceituais. O efeito dessa experiência de Deus é que por si só o conhecimento intelectual de Deus jamais será capaz de produzir a devoção da alma a Ele[160]. Oração e adoração constituem o clímax da vida do homem piedoso; por seu intermédio, ele adquire o poder que permeia a sua vida quotidiana.

Em conformidade com o seu ponto de vista religioso, Iehudá Halevi nega explicitamente o ideal do extremo ascetismo e da contemplação interior; nisto, está mais próximo da atitude fundamental do judaísmo do que os neoplatônicos judeus. Em oposição ao referido ideal, ele retrata uma vida religiosa em que o cumprimento ativo da divina vontade tem igual valor à prática da reminiscência na prece e na devoção. A vida inteira do pio é santificada pelo desempenho de seus atos religiosos ordenados por lei divina, e torna-se, assim, um serviço de obediência jubilosa[161]. A descrição desta forma de vida transforma-se numa ética religiosa completa, na qual o ideal moral de Iehudá Halevi desdobra-se com plenitude. Até a ética racional do *Kuzari*

---

158. *Ibid.*, IV, 5, 6, pp. 246 e ss.; IV, 15, pp. 258 e ss.; IV, 3, pp. 232, 238 e ss.
159. *Ibid.*, V, 20, 4, introdução, p. 348; cf. também I, 103, p. 56; I, 109, pp. 58 e ss.; II, 34, p. 102.
160. *Ibid.*, III, 11, p. 156; III, 17, p. 166; V, 23, p. 356.
161. *Ibid.*, II, 50, pp. 108 e ss.; III, 11-17, pp. 152 e ss.

156 | A FILOSOFIA DO JUDAÍSMO

ultrapassa o seu utilitarismo inicial, e absorve valores como o amor ao próximo, a humildade e a perfeição da alma[162].

É nesse ponto que Halevi desenvolve plenamente sua concepção da personalidade moral ideal. O homem piedoso é retratado como um soberano, no total controle dos poderes de sua alma, a cada um dos quais ele designa suas funções específicas, estabelecendo assim uma vida completamente harmoniosa. Tal ponto de vida é facilmente reconhecível como platônico, pois aplica ao homem piedoso aquilo que Platão já dissera acerca dos filósofos. A origem platônica faz-se ainda mais evidente quando se considera que o juiz que decide os usos dos poderes da alma não é outro senão a razão. Entretanto, Halevi diverge de Platão pelo fato de orientar a ordem inteira da vida para o destino religioso, supra-intelectual do ser humano. O homem piedoso governa os poderes de sua alma a fim de servir a Deus por meio deles, e erguer-se às "angélicas" alturas da comunhão com Deus[163]. Um dos principais elementos da piedade é o júbilo em Deus. O homem devoto atinge a plena ventura da comunhão com Deus neste mundo, encarando-a como um antegozo da vida futura da alma no além. Para ele, a bem-aventurança do mundo vindouro não é algum evento muito distante: ele o antecipa nesta vida e, na sua comunhão com Deus, sente-se seguro da vida eterna[164].

Iehudá Halevi não vê contradição entre essa concepção interior da vida religiosa e a natural, um modo quase mecânico no qual ela é levada a cabo. Para uma compreensão histórica de sua doutrina é fácil ver como esses dois lados de seu conceito de religião combinam. Sua descrição da vida religiosa origina-se da observação imediata dos fenômenos da religião; a "reificação" deles deve-se à subseqüente interpretação de tais fenômenos em termos de determinadas categorias metafísicas. Por estranho que pareça à primeira vista, a influência da metafísica neoplatônica é mais marcante nesse ponto. A assunção de uma faculdade especial da alma a mediar a comunhão de seres humanos eleitos lembra a velha idéia grega do *theios anthropos*, o "homem divino". A precisa formulação dessa idéia, à qual Iehudá Halevi está em débito, é difícil de determinar, embora a posição especial que ele concede à faculdade religiosa traga à mente a noção de Proclo sobre uma faculdade supra-racional da alma em que se esteia o nosso conhecimento do divino[165].

Mais importante, porém, é a conexão entre a teoria geral de Halevi, no tocante ao processo religioso, e as categorias básicas da metafísica neoplatônica. As formas

162. *Ibid.*, III, 7, pp. 148 e ss.
163. *Ibid.*, III, 5, pp. 142 e ss.
164. *Ibid.*, I, 103, p. 56; III, 20, p. 172.
165. Cf. Zeller, *Die Philosophie der Griechen*, III, 2, p. 879. Outras analogias da literatura islâmica e grega são apresentadas por Wolfson em seu ensaio "Halevi e Maimonides on Prophecy" (*JQR*, XXXIII, 64-66), e Heinnemann no ensaio mencionado na nota 171, pp. 162-163.

O NEOPLATONISMO | 157

descem em fluxo contínuo do mundo mais elevado ao inferior, e os seres do mundo inferior recebem-nas conforme a disposição de sua matéria o permita. Apesar de seu dualismo subjacente, o de matéria e forma, tal noção é menos aristotélica do que platônica, visto que a idéia das formas a descer do mundo superior ao mais baixo é estranha ao sistema aristotélico original, e aparece somente entre aqueles peripatéticos que sofreram influência neoplatônica. Iehudá Halevi faz largo uso desse princípio de explicação. Contanto que tenha a disposição apropriada, a matéria pode receber a alma vegetativa junto com a correspondente forma de vida; em um nível mais alto de perfeição, ela receberá a alma vital ou animal; no nível ainda mais elevado, que é o do organismo humano, receberá a alma racional. A noção de uma faculdade religiosa representa uma nova espécie na cadeia do ser. O mesmo processo que engendra os outros níveis de seres produz este também. Assim como a alma vegetativa, à qual Iehudá Halevi dá o nome estóico-neoplatônico de *natureza*, "escolhe" as essências capazes de acolhê-la, do mesmo modo procedem as almas animal e racional, e até mesmo a mais alta forma-alma "angélica"[166]. As faculdades pertencentes a cada uma dessas formas acham-se primeiro apenas na fase da potencialidade e precisam ser transpostas para a da atualidade. Esse processo depende das condições de vida em que se realiza o desenvolvimento do organismo. Já houve menção antes ao símile da vinha, que requer o devido tipo de solo e de cultivo, se é que deve produzir frutos de acordo com a sua capacidade. A mesma idéia, aplicada ao homem, é elaborada com grande minúcia como doutrina "filosófica", mas com a clara aprovação do próprio Iehudá Halevi. A forma idêntica da essência humana é impressa nos seres humanos individualmente em graus variáveis de perfeição; além das disposições herdadas, ela depende de circunstâncias externas como clima e nutrição, educação e ensino[167].

Apoiando-se em fontes antigas, Iehudá Halevi desenvolve uma completa teoria ambientalista, que também se aplica à evolução das disposições religiosas do povo judeu. Essa mera potencialidade exige certas condições externas, tais como os efeitos climáticos da Terra Santa e as ações prescritas pela lei divina, a fim de desenvolver a capacidade de absorver o divino influxo e realizar a comunhão com Deus. Assim, acontece que a própria filosofia que Iehudá Halevi combate de maneira tão vigorosa proporciona-lhe os princípios pelos quais ele interpreta os fenômenos religiosos. Sua teoria dos efeitos quase "naturais" dos atos religiosos baseia-se menos na concepção

---

166. Iehudá Halevi, *op. cit.*, II, 14, p. 80; II, 26, p. 94. Sobre as origens neoplatônicas dessas doutrinas, cf. Pseudo-Bahia, *Kitab Ma'ani al-Nafs*, editado por Goldziher. D. Neumark em "Jahuda Hallevi's Philosophy in its Principles", 1908, cap. II, *Essays in Jewish Philosophy* (1929), pp. 231 e ss., foi o primeiro a esclarecer a importância dessa doutrina para o sistema de Halevi, mas, em muitos casos, não posso concordar com sua interpretação.

167. Iehudá Helevi, *op. cit.*, I, p. 4.

158 | A FILOSOFIA DO JUDAÍSMO

sacramental dos mandamentos religiosos do que na interpretação metafísica destes como liames numa ordem cósmica.

A cosmovisão de Iehudá Halevi aproxima-se, assim, da dos neoplatônicos e aristotélicos, e tende na realidade a obliterar as diferenças religiosas entre elas. A variedade de forma dos poderes concedidos aos diferentes corpos em separado depende da disposição de sua matéria. Onde quer que a disposição necessária exista, é certo que a forma correspondente se realiza. A atividade divina produz forma sempre que existam as necessárias condições na matéria. Atribuindo isso à bondade de Deus, que não nega a nenhum ser a perfeição de que ele é capaz, essa explanação não é muito diferente da explanação filosófica da emanação das formas a partir de Deus[168]. Tal necessidade estende-se também à mais alta forma religiosa e à comunhão com Deus, da qual é condição. Ela é sobrenatural, na medida em que difere essencialmente de todas as demais esferas do processo natural. Mas em seu próprio domínio, como em toda parte aliás, também vale a mesma lei. Isto implicaria que, embora outro e mis elevado nível de ser seja acrescentado, a concepção básica do processo cósmico permanece a mesma. O parentesco com a visão de mundo da filosofia é fortalecido pela declaração de Halevi de que, se necessário, a religião poderia admitir até a assunção de uma matéria incriada[169].

Tudo isso, entretanto, não afeta o núcleo central do ensinamento de Halevi. Em primeiro lugar, ele diverge da então vigente doutrina filosófica da emanação ao atribuir a produção de forma diretamente a Deus e ao negar a existência de seres mediadores entre Deus e o mundo[170]. Há, sem dúvida, uma causalidade inerente a todas as coisas, mas ela é de caráter inteiramente natural e mecânico. Halevi considera a hipótese de essências supra-sensíveis que produzem formas como uma espécie de politeísmo e como uma negação da atividade criadora única de Deus[171]. Uma situa-

---

168. *Ibid.*, II, 26, p. 94; V, 10, p. 308. As analogias neoplatônicas podem ser encontradas no Pseudo-Bahia, *op. cit.*, p. 40. Cf. também Maimônides, *Guia dos Perplexos*, II, 14, o sétimo argumento, que deriva a eternidade do mundo da eterna perfeição de Deus.

169. Iehudá Halevi, *op. cit.*, I, 67, p. 28.

170. *Ibid.*, V, 21, pp. 354 e ss.

171. Já acentuei na nota 151 que o conceito *imar ilahi* (palavra divina) tem significados variados — às vezes psicológico, às vezes metafísico. Goldziher foi o primeiro a investigar a significação e a origem desse conceito em seu ensaio "Le Amr ilahi chez Juda Halevi", *RÉJ*, L, p. 323 e *passim*. Ele conclui que isto foi haurido em fontes neoplatônicas, entre as quais sublinha a idéia-*logos*. O autor supõe que traços da influência desta última podem ser vistos em Halevi. Na edição alemã deste livro (v. nota 151), eu assinalei que Halevi não reconhece um *logos* separado do ser divino, e usou apenas um equivalente figurativo para a divina essência. Recentemente, Wolfson ("Halevi and Maimonides on Prophecy", *JQR*, XXXI, 353 e ss.) contradisse a hipótese de Goldziher e concluiu que o *imar* de Halevi e o conceito filosófico do *logos* nada têm em comum. Heinemann, também, em seu ensaio "Temunat ha-historia schel Iehudá Ha-levi" (*Tzion*, VII, 147-177), supõe também que Halevi não reconhece um *logos* como uma essência metafísica separada de Deus. Não obstante, ele mantém a hipótese de Goldziher de que o *imar* está ligado ao conceito filosófico do *logos*, e busca a fonte do *imar* na doutrina estóica do *logos*. Ele assinala

O NEOPLATONISMO | 159

ção paralela ocorreu no início do período moderno quando o desenvolvimento de princípios criativos de forma a partir da explanação natural e a preferência por explicações mecânicas foram justificadas com o argumento de que, fora de Deus, não eram possíveis quaisquer forças dotadas de propósito. Deus torna-se assim o único princípio da forma.

Tudo isso, entretanto, não altera em si a concepção da divina causalidade. Remanesce ainda a possibilidade de que a unidade do princípio divino da forma produza *necessariamente* a pluralidade das formas individuais conforme a disposição da matéria. Mas esta é uma concepção que dificilmente Iehudá Halevi manteria, pois ele distingue enfaticamente o Deus de Israel, que opera milagres e interfere livremente no curso do mundo que Ele criou, do Deus da filosofia, a causa primeira do mundo, que atua por uma necessidade interna. As contradições são de algum modo harmonizadas pela distinção entre o divino ato criativo original e a influência contínua de Deus sobre o mundo. A criação foi uma ação da livre vontade divina, que trouxe o mundo à existência "quando e como lhe aprouve", e da sabedoria divina, que determinou a ordem do mundo segundo um plano[172]. Todas as coisas e suas disposições são derivadas, em última instância, desse ato espontâneo de criação, e a relação permanente entre forma e matéria é também regulada por essa ordem estabelecida na criação do mundo.

Assim, os eventos dentro deste mundo ocorrem de acordo com uma ordem determinada que inclui até a causalidade divina. Trata-se de uma variação especial da costumeira distinção entre o ato criativo de Deus e sua contínua ação dentro da na-

---

que Iehudá Halevi não apenas chama o mais alto poder, dado somente a Israel, pelo nome de *imar*, mas também diferencia os poderes específicos por meio dos quais plantas, entidades orgânicas e o homem são distinguidos de todos os outros objetos animados e um do outro pelo nome de *imar* — por meio de um *imar* especial que cada um possui. Ele compara isso à doutrina estóica, segundo a qual o pneuma, do qual o *logo* é o mais alto estágio, é encontrado nos homens, animais e plantas, e a diferença entre as almas humanas, as almas animais e das plantas reside unicamente em seus diferentes graus de absorção desse pneuma. Ele pretende que o panteísmo dos estóicos, segundo o qual o pneuma serve como princípio da vida divina que preenche e anima o mundo, é modificado por Halevi, assim como foi reinterpretado pelos Padres da Igreja, que aceitaram a doutrina estóica no sentido monoteísta de um Deus transcendental. Ele considera o pneuma, que em cada um de seus estádios é denominado *logos*, como os trabalhos do divino. A concepção estóica, porém, permanece inalterada (isto é, que todas os estágios da vida são enformados com poder pneumático, que se torna manifesto no maior ou menor grau de cada estádio). Que Halevi tem um laço terminológico com o conceito do *logos* é indubitável. Ainda assim, do ponto de vista do conteúdo, há uma diferença essencial. Para Halevi (como é enfatizado nos capítulos I, 39; V, 20, 3ª e 4ª introduções, p. 348), há entre os vários níveis do *imar* não uma diferença em grau, mas de espécie e essência. Deus confere a cada nível de existência poderes específicos e locais. Essa doutrina se aproxima da dos neoplatônicos e dos aristotélicos islâmicos e judaicos, de acordo com os quais tais formas são aquinhoadas a toda categoria e tipo de ser pelas substâncias suprasensíveis segundo o poder de absorção de cada nível e tipo de existência. Mas, para Halevi, Deus mesmo atribui aos vários níveis de ser as formas a eles apropriadas.

172. Iehudá Halevi, *op. cit.*, I, 67, p. 28; V, 14, p. 324.

160 | A FILOSOFIA DO JUDAÍSMO

tureza. Mas a questão é complicada devido ao fato de que a esfera religiosa sobrenatural está incluída no nexo natural, ao passo que, ao mesmo tempo, presume-se que ela manifesta a miraculosa operação de Deus. Sem dúvida, Iehudá Halevi atribui a ação imanente de Deus no mundo à espontânea causalidade divina, e é seriamente que ele adjudica à graça de Deus a outorga das formas à matéria disposta adequadamente. Entretanto, interpretando a ação divina em termos do nexo metafísico de matéria e forma, chega a uma limitação causal da operação divina que é inconciliável com sua intenção básica. Halevi tenta relacionar a certas condições a comunhão do homem com Deus e a resultante determinação do destino do eleito; no entanto encara, concomitantemente, a divina providência como uma manifestação da soberania transcendente da vontade divina, sempre livre para irromper no curso do mundo. Estas duas concepções da atividade divina – Deus como o princípio formal supremo das coisas, e Deus como a vontade onipotente que governa o curso do mundo – nunca foram sintetizadas numa unidade orgânica[173].

Em outras partes dos escritos de Halevi também aparecem contradições evidentes. Em sua doutrina da essência de Deus, segue os filósofos judeus racionalistas, sustentando que a unidade de Deus exclui qualquer enunciado positivo referente à Sua essência. Os atributos que predicamos a Deus, a menos que denotem simplesmente Suas ações ou nossas relações com Ele, devem ser considerados como negações[174]. À primeira vista pode parecer que tal conceito estivesse limitado à idéia racionalista de Deus, enquanto a noção do divino, veiculada pela revelação bíblica, expressa no Tetragrama e em seus atributos correlatos, possui um conteúdo positivo. Um exame mais detido, contudo, mostra que a idéia de Deus não é modificada pela revelação[175];

173. Baneth chega a uma conclusão similar em "Jehuda Hallewi und Gazali", pp. 33 e ss. Heinemann, no ensaio mencionado na nota 171, tentou conciliar as oposições pressupondo que todos os casos se relacionam à ação conjunta da livre vontade divina e das condições das leis da natureza.

174. Iehudá Halevi, *op. cit.*, II, 2-6, pp. 70 e ss. As contradições formais no capítulo II, 2, são de pouca pertinência à tese central de Iehudá Halevi. No que concerne às possibilidade de resolver tais contradições, cf. D. Kaufmann, *Geschichte der Atributenlehre in der jüdischen Religionsphilosophie...*, p. 157, nota 101; Horovitz, "Zur Textkritik des Kusari", *MGWJ*, X, 271, nota 1. Ao contrário, é difícil conciliar a declaração feita no fim do cap. II, 2, de que a razão não é um atributo de Deus, porém que Deus é a essência da razão e é, portanto, denominado sábio, com a tese central de Iehudá Halevi. Devido à forma lacônica das referidas enunciações, é impossível determinar precisamente como Halevi mesmo teria solucionado essa contradição. Horovitz ("Zur Textkritik der Kusari", p. 272, nota 1) salienta com razão que os aristotélicos, inclluindo tanto Ibn Sina quanto Maimônides, rejeitavam qualquer atribuição de qualidades essenciais a Deus, mas, não obstante, o caracterizavam como sábio, sem divisar qualquer contradição nisso. Assim, Iehudá Halevi estava seguindo a tradição da escola do aristotelismo. Voltarei à questão quando discutir a doutrina dos atributos de Maimônides. De qualquer modo, não há em absoluto nenhuma justificação para revisar completamente a interpretação da doutrina de Iehudá Halevi a respeito dos atributos, de modo a admitir atributos da essência, como fez Neumark com base nesse exemplo isolado ("Jehuda Hallevi's Philosophy in its Principles", cap. IV; em *Essays in Jewish Philosophy*, pp. 265 e ss.).

175. Iehudá Halevi, *op. cit.*, IV, 3, pp. 228 e ss.

um novo aspecto do *modus operandi* de Deus torna-se simplesmente manifesto. O conceito racional de Deus O entende apenas do ponto de vista de Seus efeitos naturais, enquanto a noção profética de Deus, uma vez que ela é a expressão da experiência profética O conhece na plenitude e na imediatidade de Seus atos. Mas a mesma concepção da essência divina subjaz aos dois pontos de vista. A idéia religiosa de Deus, em Iehudá Halevi, apresenta uma nova teoria da ação divina e não da essência divina. O Deus de Abraão, a quem a alma se aferra em sua aspiração e anelo, é concebido metafisicamente em termos da idéia neoplatônica de Deus.

4. O Aristotelismo e seus Oponentes

O CONCEITO DE DEUS E DE MUNDO NO ARISTOTELISMO E NA RELIGIÃO REVELADA

Em meados do século XII o aristotelismo substituiu o neoplatonismo como influência dominante na filosofia judaica da religião. Esta mudança já era perceptível no pensamento de Abraão Ibn Ezra, e a polêmica de Iehudá Halevi dirigia-se contra a filosofia em roupagem aristotélica. É verdade que a primeira obra do aristotelismo judeu, *Emuná Ramá* (A Fé Exaltada) de Abraão ibn Daud só foi publicada algumas décadas após o *Kuzari*. Ainda assim, é evidente que Iehudá Halevi não teria endereçado seus ataques ao sistema aristotélico se este não contasse com adeptos entre seus contemporâneos. O aristotelismo judaico é, sem dúvida, mais antigo do que sua expressão literária. Não se trata, por certo, de uma inovação completa com respeito ao neoplatonismo. Este, em sua vertente islâmica e judaica, absorveu numerosos elementos aristotélicos em acréscimo aos já presentes no sistema neoplatônico original; por sua vez, inversamente, o aristotelismo havia sofrido uma transformação neoplatônica nas mãos de seus adeptos islâmicos. Sua estrutura metafísica viu-se radicalmente transformada pela adoção da doutrina da emanação. O mundo das formas conceituais aparecia agora como um desdobramento de um princípio unitário da forma; na medida em que mesmo a matéria era encarada originalmente como um elo na cadeia das emanações, o aristotelismo foi substituído por uma visão de mundo inteiramente monista[1]. Em conjunto com sua metafísica, a atitude religiosa do

---

1. Todas essas declarações são aplicáveis a al-Farabi (cf. sua doutrina da emanação no seu *Musterstaat* [Estado exemplar ou ideal], tradução alemã de *al-madina al-fadila* por Dieterici, pp. 29 e ss.). Ali, al-Farabi afirma que as esferas celestes foram emanadas a partir das inteligências puras, e não faz distinção alguma entre sua matéria e forma. De acordo com o que ele diz na p. 44, a matéria dos corpos sublunares são emanações das esferas celestiais e, assim sendo, não há dúvida de que introduz a matéria no processo de emanação. A mesma doutrina é repetida por Ibn Sina (Avicena; cf., por exemplo, Schahrastani, *Religions parteien und Philosophenschulen*, II, 264 e ss.; tradução alemã por Haarbrücker), mas por suas emaranhadas e complicadas investigações sobre a geração dos corpos celestiais, parece que o processo de emanação leva à existência da matéria, e sua função é somente trazê-la da potência ao ato. Com Ibn Ruschd, o dualismo aristotélico de matéria e forma é restabelecido em sua força pristina.

164 | A FILOSOFIA DO JUDAÍSMO

neoplatonismo invadiu o sistema aristotélico, e o ideal peripatético do eudemonismo do conhecimento recebeu uma interpretação religiosa totalmente estranha ao seu intuito original. O verdadeiro propósito do conhecimento era agora definido como a compreensão do mundo supra-sensível, e a bem-aventurança auto-suficiente do conhecimento tornou-se a bênção da comunhão com Deus, mediada pelo conhecimento[2]. Tal desenvolvimento, já prenunciado na Antigüidade pelos comentadores neoplatônicos de Aristóteles, foi plenamente elaborado na Idade Média islâmica.

Entretanto, apesar dessa influência, os alicerces do sistema aristotélico afirmavam em tudo o seu direito, e seus motivos originais podiam ser rejeitados, mas jamais reduzidos ao silêncio por completo. Não só as concepções neoplatônicas receberam uma versão conceitual modificada, como também, ao seu lado, permaneceram intactas as efetivas idéias aristotélicas. Umas poucas e breves indicações relativas a alguns pontos de particular importância para a filosofia da religião devem bastar aqui. A extensão do princípio da emanação para a matéria foi de novo abandonada no curso dessa evolução, sendo restabelecido o antigo dualismo de forma e matéria. Assim, Deus tornou-se apenas a fonte da essência das formas, e o processo de plasmação do mundo é representado como a moldagem ou formação da matéria por Deus. Da mesma maneira que em Aristóteles, o próprio Deus foi definido, desde o início, como o supremo pensamento a pensar a si próprio[3]. De começo, ocorreu um compromisso malsucedido para combinar essa fórmula à idéia neoplatônica do divino Um que está acima de todo pensar. Em todo caso, a definição lançou o problema que ocupou os intérpretes de Aristóteles até os nossos dias, ou seja, se e até que ponto o conhecimento que Deus tem de Si mesmo inclui um conhecimento do mundo Dele derivado. Não mais concebida de maneira neoplatônica como uma emanação da alma universal, essencialmente independente do corpo, a alma era agora definida como a forma do corpo[4] e, como resultado, todas as antigas dificuldades acerca da doutrina aristotélica da imortalidade foram revividas. A teoria do conhecimento também voltou-se, a partir da doutrina platônica da reminiscência – cujos aspectos metafísicos haviam sido preservados no neoplatonismo – para a teoria aristotélica da abstração[5]. Embora essa epistemologia colocasse o pensamento humano em um contexto transcendental por meio da doutrina da iluminação do passivo intelecto humano pelo ativo intelecto cósmico – uma doutrina em última análise incompatível com a teoria aristotélica da abstração – ela amarrou mais firmemente o pensamento humano a

---

2. Al-Farabi, *Musterstaat*, p. 73; *Philosophische Abhandlungen*, p. 123, traduzido por Dietirici; sobre Ibn Sina, cf. Schahrastani, *op. cit.*, II, p. 278.
3. Al-Farabi, p. 13; sobre Ibn Sina, cf. Schahrastani, *op. cit.*, II, pp. 255 e s.
4. Schahrastani, *op. cit.*, II, pp. 310 e ss.
5. Al-Farabi, *Philosophische Abhandlungen*, pp. 68 e s.; sobre Ibn Sina, cf. Schahrastani, *op. cit.*, II, p. 316.

suas pressuposições sensíveis do que o neoplatonismo jamais pôde fazê-lo. Essa modificada concepção do conhecimento também acarretou uma mudança na estrutura do sistema, que agora tornou a enfatizar os pressupostos da metafísica na lógica e nas ciências naturais, sustentando que o ascenso da alma ao conhecimento metafísico devia começar a partir deste último. Em grau maior ou menor, o caráter intelectualista do ideal aristotélico de vida coloriu todas as formulações religiosas. Em última análise, a bênção da comunhão com Deus era, ao menos em certa medida, concebida como uma participação no eudemonismo do divino conhecimento[6].

A maioria desses traços enfatiza as diferenças características da religião filosófica em face da religião revelada. Conquanto a tensão entre ambas existisse no neoplatonismo, ela emerge com mais força no sistema conceitual do aristotelismo, cuja precisão escolástica difere neste aspecto não só do neoplatonismo em geral, mas de sua atenuada forma popular, tão difundida no mundo islâmico em particular. Não é de surpreender, portanto, que a apresentação sistemática efetuada por Avicena fosse seguida imediatamente pelo ataque sistemático de Gazali à filosofia, e que Iehudá Halevi do mesmo modo atacasse a filosofia aristotélica como a inimiga da religião revelada. As duas facções estavam, destarte, plenamente cônscias do contraste existente entre as concepções filosófica e religiosa do mundo. O aristotelismo islâmico encontrou seu paladino em Averróis, que desenvolveu o sistema aristotélico em termos mais radicais do que jamais o fora anteriormente. Os peripatéticos judeus tentaram conciliar as oposições na base do sistema aristotélico. Até então, haviam trabalhado quietamente para alcançar um compromisso produtivo entre o modo de ver religioso e o filosófico; agora, a relação entre os dois tornou-se o foco consciente e a questão dominante de toda a indagação filosófica. Pode ser útil, por isso, antes de examinar o decurso ulterior desse trabalho, apresentar em grandes linhas a situação do problema, e retomar mais uma vez – num contexto mais sistemático – certos pontos antes já tocados de passagem.

Essa situação é extremamente complicada porque os dois mencionados mundos espirituais contrastantes apresentam pontos de contato e oposição igualmente fortes. Tais pontos de acordo e desacordo não podem ser simplesmente repartidos em doutrinas mais ou menos individuais, pois se referem antes ao todo de ambos os sistemas do que a aspectos de pormenor. De outro lado, as filosofias aristotélica e neoplatônica aparecem como decisivas confirmações das idéias básicas do monoteísmo religioso, ao colocar Deus como o supremo princípio de realidade. Se o Deus de Aristóteles, na condição de primeiro motor, não era ainda, no pleno sentido, a mais alta causa do mundo, o neoplatonismo converteu o divino Um na fonte primeira de todo ser e foi seguido nisso pelo ulterior aristotelismo emanacionista. Tanto os espíritos das esferas

---

6. Essa característica é única para todas as citações mencionadas na nota 2.

166 | A FILOSOFIA DO JUDAÍSMO

do sistema aristotélico quanto as formas do mundo terreno, e de início também a matéria, eram derivados de Deus, no qual toda causalidade tinha a sua origem. Assim, as provas filosóficas da existência de Deus apareciam como a validação científica da idéia monoteísta. Argumentos tirados da filosofia grega já eram usados nas demonstrações do Kalam; mais tarde, foram abertamente adotados. A mesma justificação científica para a fé religiosa foi descoberta na ordem finalista das coisas. A explicação aristotélica do mundo encarava todo o acontecer do ponto de vista teleológico. Todas as mudanças eram referidas às "formas" das coisas, concebidas como forças dotadas de intencionalidade. Essa imanente ordem teleológica da existência, transformada quer pelo neoplatonismo, quer pelo aristotelismo tardio por ele influenciado, converteu em transcendente essa teleologia imanente. Uma vez que todas as formas são derivadas de Deus, o nexo teleológico interno de todas as coisas torna-se um efeito da suprema, divina causa final, e a pluralidade dos propósitos individuais é vista como parte de uma ordem teleológica mais ampla, que aponta de volta para Deus. Na intencionalidade do mundo revela-se a perfeição de sua origem divina quer para a filosofia, quer para a religião. Em concordância com a crença religiosa na providência, a percepção científica do universo sustentava que a ordem do mundo fundada em Deus realizava o bem de todas as criaturas. Há um aspecto nessa doutrina que a aproxima até mais da idéia religiosa de providência: a noção filosófica de um contínuo influxo de formas no mundo fortalece a dependência permanente do nexo teleológico em relação a Deus[7].

Quando aplicada ao homem, a conseqüência mais importante – do ponto de vista religioso – dessa teoria da realidade é a sua concepção do relacionamento entre corpo e alma. O neoplatonismo e o aristotelismo, ambos subordinam o corpo à alma. A idéia de independência da alma é desenvolvida pelo neoplatonismo de forma mais clara e simples, ao considerar a alma individual como uma emanação da universal, e ao sustentar que a alma, quanto à substância, se distingue do corpo. Embora a doutrina peripatética da alma como o "princípio da forma" do corpo exclua semelhante dualismo fundamental, ela também assevera que o espírito pensante é independente do corpo.

Assim, a idéia da imortalidade da alma implícita no conceito neoplatônico poderia ser adotada pela psicologia aristotélica e aplicada à mais alta porção pensante da alma. A crença religiosa na imortalidade torna-se, destarte, uma idéia científica, e as demonstrações da imortalidade e imaterialidade da alma, como no caso das provas da existência de Deus, surgem como confirmações científicas de verdades religiosas.

Essa doutrina do homem apresenta dois outros e não menos importantes corolários. O primeiro diz respeito à relação metafísica do espírito para com Deus. A

---

7. Schahrastani, *op. cit.*, II, p. 273.

O ARISTOTELISMO E SEUS OPONENTES | 167

conexão geral do mundo terreno com o princípio divino doador de forma surge ao espírito humano como iluminação devida ao espírito divino[8]. Todo conhecimento humano é interpretado como a recepção das formas conceituais provenientes do mundo superior do espírito; o conhecimento é a participação do pensar humano no domínio da verdade, que é concebido, em duração intemporal, no puro mundo do espírito. O espírito pensante não produz verdade, mas ele a recebe diretamente do intelecto ativo e, em última instância, de Deus. Este conceito de conhecimento encontra facilmente o seu lugar dentro do quadro geral do conceito religioso de revelação. O segundo corolário concerne ao domínio da ética. A concepção metafísica da natureza do homem proporciona as bases para um ideal de vida que, tanto nas suas versões neoplatônica como aristotélica, teve, por necessidade, parentesco com o *ethos* religioso. A ética do neoplatonismo apresenta, em si mesma, um caráter religioso. Ela impõe ao homem, como dever, a tarefa de libertar-se das cadeias dos sentidos, e de procurar elevar-se, através da purificação moral e espiritual, à sua morada celestial. Trata-se de um traço estranho à ética aristotélica, a qual, no entanto, em seu idealismo científico, partilha, com a religião, da exigência da disciplina da vontade e do domínio do espírito sobre os apetites. A reinterpretação religiosa desse idealismo produziu então um resultado aparentado ao neoplatonismo. Assim, também as demandas morais da religião revelada obtiveram sua justificação científica e, como no ensinamento da tradição religiosa, a salvação no além ficou condicionada ao cumprimento dos imperativos éticos. Toda a interconexão das idéias religiosas encontrou, destarte, na filosofia, o seu exato paralelo.

Na mesma interconexão de idéias, entretanto, revela-se uma contradição não menos radical. O Deus da filosofia, seja na versão neoplatônica como a mais alta unidade, seja na versão aristotélica como o mais alto pensamento, difere inteiramente do Deus pessoal das religiões monoteístas, o Deus da vontade e da moralidade. Embora a profunda diferença na concepção da essência divina permanecesse por longo tempo oculta à consciência medieval, e embora ela julgasse que poderia igualar a transcendência do Um neoplatônico – que está acima e além de todas as determinações conceituais – com a majestade do Deus bíblico – a quem nenhuma coisa criada é comparável –, ainda assim a brecha entre as concepções da divina causalidade foi menos facilmente transposta. No sistema de emanação, Deus é o supremo princípio de poder, desdobrando-se na plenitude de poderes individuais. Ele foi a causa do mundo, não no sentido de uma vontade criadora, mas como poder primevo, o qual, necessariamente, produziu a multiplicidade dos poderes separados[9]. A ordem teleológica da realidade constituía uma expressão dessa interconexão de poderes, sendo

---

8. Al-Farabi, *Musterstaat*, pp. 69 e ss.; Schahrastani, *op. cit.*, II, p. 328.
9. Al-Farabi, *Musterstaat*, pp. 23 e s.; Schahrastani, *op. cit.*, II, pp. 258 e ss.

168 | A FILOSOFIA DO JUDAÍSMO

as formas ativas as forças que realizavam esta ordem. Elas eram as representantes da interrelação causal de todo o acontecer, o qual se estendia em rigorosa continuidade desde Deus até o nível mais baixo da realidade sensível. Só até onde ia o alcance dessa interconexão geral das coisas regida pela lei causal, ia o do cuidado divino por elas. Logo, falar de uma providência divina seria possível aqui apenas no sentido de um acontecer que se processa, segundo uma lei com vistas a fins, baseada em Deus.

A doutrina do homem é construída dentro desse contexto e em estrita correspondência com suas idéias básicas. A alma humana, tanto nas versões neoplatônica, como aristotélica, é concebida como um tipo especial de forma ativa que flui do mundo mais elevado, e seu destino é determinado pelas leis que correspondem à sua essência. Percebe-se isto de modo mais claro na doutrina aristotélica segundo a qual a imortalidade do intelecto adquirido depende do nível de conhecimento alcançado[10]. Neste caso as conseqüências éticas também se tornam evidentes. A imortalidade é uma conseqüência necessária do nível de conhecimento atingido; ela é, pois, intelectual e não moralmente determinada. A perfeição moral serve, em última instância, para um fim intelectual; é um meio e não um fim em si mesma. Isso não se aplica de modo estrito ao puro neoplatonismo, embora, mesmo aqui, a significância da ação moral seja essencialmente catártica, porquanto permite que a alma volte de novo ao mundo inteligível. A interpretação resultante da natureza da relação do homem com Deus é de particular importância, pois tal relação perde o seu caráter pessoal e tornase parte da lei geral da ordem cósmica. O nexo dos efeitos que se estendem a partir de Deus para o mundo terreno opera para ligar a Deus a alma devidamente qualificada, ao elevá-la ao mundo espiritual que Dele emana imediatamente. O mesmo nexo de efeitos também medeia a iluminação profética. Em lugar da concepção de profecia como uma missão, temos agora a profecia como uma infusão da luz do conhecimento no espírito do profeta conforme leis causais fixadas[11]. Sem dúvida, isto não é apenas metafísica; é também religião. Mas é a religião do misticismo ou da contemplação e não a religião pessoal do monoteísmo.

No centro desse sistema ergue-se a idéia de um nexo dinâmico de efeitos, que estabelece uma ordem de coisas, quer teleológica, quer causal, e combina as leis da

---

10. Al-Farabi, *Musterstaat*, p. 73.
11. Al-Farabi, *Philosophische Abhandlungen*, pp. 125-127; *Musterstaat*, pp. 80 e ss.; Schahrastani, *op. cit.*, II, pp. 281 e ss., 317 e s., 329 e ss. Nesses dois pensadores encontramos junto a essa explicação da profecia, a interpretação de que a ocorrência de legisladores proféticos é uma necessidade para a existência da ordem social humana e, portanto, Deus provê tais profetas. Parece, pois, que esses pensadores aceitam a idéia de profetas missionários, rejeitando assim implicitamente a explanação naturalista da profecia. Mas essa admissão da profecia missionária não é a da tradição religiosa, pois a ocorrência de profetas que são necessários para a existência da ordem social é assegurada pela ordem teleológica natural das coisas. A Providência, que combina com essa ordem teleológica, garante de antemão que vão aparecer profetas. Cf. al-Farabi, *Musterstaat*, pp. 84 e ss., pp. 90 e ss.; e, em especial, Schahrastani, *op. cit.*, II, p. 282.

O ARISTOTELISMO E SEUS OPONENTES | 169

natureza com as do conhecimento em uma unidade sistemática. O principal representante dessa unidade é a idéia de forma, que, desde Aristóteles, serviu tanto de conceito como de poder ativo. Uma vez que os processos sejam considerados como realizações, as relações conceituais tornam-se então, automaticamente, relações entre efeitos. Os dois pontos de vista combinam-se na idéia de emanação, o que denota a um só tempo o desdobramento de conceitos a partir de um princípio último e a emergência de poderes a partir de uma fonte última de poder. Esses dois conjuntos de idéias são levados a uma relação ainda mais íntima por um terceiro tipo de nexo que, como o precedente, é também derivado da idéia de forma. Uma variação especial, mas outrossim muito importante, da idéia de forma, a define como espírito pensante. Essa concepção do intelecto, baseada evidentemente na doutrina da identidade do ato de pensar com o pensamento, possibilita a interpretação do nexo conceitual meramente ideal como um nexo pensante, real e efetivo. O processo de emanação torna-se, assim, uma seqüência de essências intelectuais em que o mesmo conteúdo conceitual continua a desdobrar-se na multiplicidade de seus elementos. É assim que o aristotelismo islâmico, em particular, interpretou o processo de emanação. De outro ponto de vista, essas essências pensantes são concebidas como potências dinâmicas. Graças à sua energia, pela qual uma potência produz outra, elas comunicam os poderes de suas formas ativas ao mundo corpóreo – uma vez que as mesmas formas estão presentes no pensamento humano como conceitos[12]. Dessa maneira, todos os aspectos da interrelação da realidade podem ser considerados como manifestações do princípio divino da forma.

Essa regularidade dinâmica circunscreve e define a ordem natural do processo cósmico. Ao contrário da moderna filosofia natural, que confina o conceito de natureza a relações imanentes dentro da realidade empírica, a noção medieval de uma ordem natural inclui a realidade supra-sensível, direta até Deus. A fronteira entre o natural e o sobrenatural é assinalada pela oposição entre a necessária interconexão das forças no cosmos e a livre, espontânea providência de Deus. Daí a crença na magia e na astrologia coadunar-se facilmente com uma interpretação "naturalista" do mundo, enquanto os milagres, no senso estrito, ficam excluídos. A limitação radical à explanação naturalista do mundo caracterizava aquilo que o Medievo tardio considerava como uma espécie de livre-pensamento. Ateístas anteriores, como os Dariya, não desempenharam papel algum na filosofia da Idade Média posterior; as provas aristotélicas da existência de Deus os havia liquidado cientificamente. Ser livre-pensador agora significava negar a existência de uma esfera transcendental além da ordem natural estabelecida por Deus. A luta do judaísmo e do cristianismo nos

---

12. Al-Farabi, em *Philosophische Abhandlungen*, pp. 71 e ss.; *Musterstaat*, p. 13; Schahrastani, *op. cit.*, p. 255.

170 | A FILOSOFIA DO JUDAÍSMO

últimos séculos da Idade Média contra a "descrença" visou realmente esse tipo de livre-pensamento. Na sua forma mais extrema a referida filosofia negou de fato a religião revelada como tal. Uma versão mais moderada tentou interpretar a religião revelada de modo a manter no seu interior o referencial de uma cosmovisão naturalista. O paralelismo entre as mundivisões religiosa e filosófica acima esboçadas marcou as linhas ao longo das quais semelhantes tentativas teriam se movido. Em última análise, elas representaram um esforço a fim de transpor a teleologia de uma vontade divina para a teleologia da regularidade dinâmica da natureza. O parentesco interno dessas duas concepções era sentido de modo tão intenso que ninguém percebeu a arbitrariedade aí envolvida. As pessoas julgavam estar interpretando e não reinterpretando. A validade da própria idéia de revelação via-se garantida pelo conceito de revelação natural da filosofia. A revelação histórica era reconhecida e aceita nesses termos. A possibilidade formal de combinar a revelação histórica com uma visão de mundo filosófica era proporcionada pela noção de que a primeira se endereçava às massas a cujo alcance conceitual se adequava. Por trás da acepção literal escondia-se o mais autêntico e profundo sentido, acessível aos aristocratas do pensamento, os filósofos. A concepção personalista e supernaturalista de religião residia na sua forma exotérica, enquanto a dinâmica-naturalista abrigava seu verdadeiro sentido esotérico[13].

Desde o próprio início, embora sem igual consistência, os aristotélicos islâmicos enveredaram por esse caminho, ajustando as doutrinas do islã ao sistema peripatético como eles o entendiam. Destarte, interpretaram a noção islâmica de Deus nos termos de seu próprio conceito de Deus, mais neoplatônico – ou, alternativamente, mais aristotélico; a doutrina da criação do mundo, nos termos de sua teoria sobre uma eterna emanação do mundo a partir de Deus; a onisciência de Deus, nos termos de Seu conhecimento da regularidade das formas ativas, em última instância fundamentada Nele; a crença na providência, nos termos de uma intencionalidade geral de todo o ser. De modo similar, as doutrinas da revelação e da imortalidade da alma foram adaptadas a idéias filosóficas correspondentes. Ao mesmo tempo, os doutores islâmicos procuraram aproximar-se o mais possível das idéias religiosas, e tirar o máximo da religião em prol da filosofia. Assim, Avicena explica com grande minúcia que a limitação do conhecimento divino às leis gerais das formas que governam todas as coisas não se destinava a excluir o conhecimento de Deus das coisas individuais. Este último estava implícito no Seu conhecimento da causalidade geral do ser, mesmo se apenas como um liame na cadeia do inteiro nexo natural. Não obstante, os

---

13. O mais detalhado e radical desenvolvimento desse ponto de vista pode ser encontrado nos escritos de Ibn Ruschd (Averróis), traduzidos para o alemão e editados por M. J. Müller, sob o título de *Philosophie und Theologie*. As citações reunidas por Stöckl (*Geschichte der Philosophie des Mittelalters*, II, 25) provam que Avicena também sustenta a maior parte dessa concepção.

O ARISTOTELISMO E SEUS OPONENTES | 171

teólogos filosóficos procuraram ampliar essa noção de tal modo que nem sequer um grão de poeira restasse escondido do conhecimento de Deus[14]. Tentativas análogas foram provavelmente efetuadas com o fito de justificar a doutrina da divina providência e podemos, talvez, supor que os filósofos judeus que ampliaram a doutrina da providência natural para aplicá-la ao ser humano individual estavam seguindo o exemplo de precursores do islã[15].

Até o conceito dos milagres era em parte justificado por Avicena, ao argumentar que homens eminentes, como os profetas, que se achavam em relação imediata com o mundo do espírito, podiam através desta ligação absorver poderes especiais que os habilitavam a produzir efeitos extraordinários além das normais capacidades humanas[16]. Avicena conseguiu mesmo interpretar o conceito aristotélico de alma de modo a salvaguardar a diferença substancial de alma e corpo; assim, a imortalidade podia ser atribuída à alma como tal e não mais ficava restrita somente ao intelecto adquirido[17]. Além do mais, parecia que os aristotélicos por vezes renunciavam, em favor do ponto de vista religioso, ao princípio fundamental da visão de mundo filosófica, ou ao menos o amoldavam por via reinterpretativa. Al-Farabi defendeu Aristóteles, com muita minúcia, contra a acusação de haver ensinado a eternidade do mundo. Se este negava que o mundo tinha um início temporal, isso significava apenas que o universo como um todo, ao contrário das coisas individuais, não podia vir à existência no tempo, mas foi produzido por um ato de criação supratemporal, e que somente no interior de um mundo já existente era possível falar de sucessão temporal[18].

É difícil compreender, diante dessa presteza em ir ao encontro do ensinamento religioso, como Gazali e Iehudá Halevi puderam acusar os aristotélicos de negar as doutrinas básicas da religião[19]. E mesmo que se queira levar em conta essa apresentação tendenciosa da filosofia por parte de seus opositores, tal informação mal conviria aos aristotélicos judeus, que não tinham qualquer interesse concebível para alargar deliberadamente o fosso entre o aristotelismo e a religião. O próprio Maimônides considerou genuinamente aristotélica a doutrina da eternidade do mundo, reportando-se à autoridade de Al-Farabi[20]. E não era só nesse ponto que sua interpretação do aristotelismo concordava com a dos anti-aristotélicos. Sua exposição da doutrina aristotélica do conhecimento divino e sua explicação da teoria do caráter puramente

---

14. Schahrastani, *op. cit.*, II, p. 257.
15. Cf. Maimônides, *Moré Nevukhim*, III, 18, por sua confiança nas palavras de al-Farabi.
16. Schahrastani, *op. cit.*, II, p. 331.
17. Schahrastani, *op. cit.*, II, pp. 324 e ss.
18. Al-Farabi, *Philosophische Abhandlungen*, pp. 37 e ss.
19. Cf. a exposição da falsa doutrina dos filósofos no penetrante ensaio de Gazali (Schmölders, em *Essai sur les écoles philosophiques chez les arabes*, pp. 36 e s.) e a apresentação da filosofia feita por Halevi no *Sefer Ha-Kuzari*, I, 1; IV, 19.
20. Maimônides, *Moré Nevukhim*, II, 15.

172 | A FILOSOFIA DO JUDAÍSMO

natural da profecia são de longe mais bem definidas e inequívocas do que as dos peripatéticos islâmicos[21]. A razão disso só pode advir do fato de o Rambam ter-se abstraído de todas as acomodações e encobrimentos da posição filosófica e haver preferido apresentar o que lhe parecia ser a autêntica opinião dos aristotélicos. Que estes não eram avessos a tais acomodações e glosas é algo bastante claro. Inclusive Averróis, o mais radical dos aristotélicos, não desdenhava semelhantes táticas, embora nos círculos filosóficos todo mundo soubesse o que elas valiam. Entretanto, Maimônides e os subseqüentes aristotélicos judeus tomaram em seu verdadeiro nexo o aristotelismo e entenderam perfeitamente como este interpretava, segundo seus próprios termos, o islamismo. Eles simplesmente não estavam preparados para discutir essa posição. Não alimentando o desejo de ocultar a oposição entre filosofia e religião revelada, puseram-se a formular o problema em toda a sua agudeza e a procurar uma solução que pudesse superar as contradições por dentro.

ABRAÃO IBN DAUD

O primeiro aristotélico judeu, Abraão ibn Daud de Toledo (morreu *c.* 1180 como mártir), parece desconhecer ainda os problemas acima mencionados em sua agudeza. Sua obra, *A Fé Exaltada* (em hebraico, *Emuná Ramá*), dá a impressão de que reina uma completa harmonia entre judaísmo e filosofia aristotélica. Racionalista enérgico, ensina que a verdadeira filosofia está em total acordo com a religião, e que somente aqueles que são muito fracos para manter numa das mãos a luz da fé e, na outra, a luz da ciência, permitem que a primeira seja extinta quando acendem a segunda[22]. É a maior glória do judaísmo que a verdade à qual chegou a ciência após longa labuta, tenha sido, desde os tempos antigos, propriedade comum de todo o povo judeu[23]. Em termos concretos, essa declaração do princípio da completa concordância entre religião e verdade científica significa para Ibn Daud a concordância do judaísmo com o aristotelismo, na forma como ela havia sido formulada pelos aristotélicos árabes, particularmente por Avicena, a quem seguiu de perto. Na maior parte, sua filosofia é apenas uma apresentação lúcida e sistemática das principais linhas do ensinamento básico de Avicena. Evitando todos aqueles aspectos do sistema que poderiam conflitar com a religião monoteísta, Ibn Daud tomou especial cuidado em eliminar a doutrina da emanação do mundo a partir de Deus, mas não levou a cabo um exame profundo da sua própria posição; a exemplo da maioria dos neoplatônicos judeus, ele simplesmente aproximou ou equacionou teorias filosóficas e idéias religiosas, rodeando mais do que resolvendo o problema de suas diferenças. Não é de surpreender que, tão logo

21. *Ibid.*, III, 16; II, 32.
22. Abraão ibn Daud, *Sefer ha-Emuná ha-Ramá*, traduzido e editado por Samson Weil, p. 2.
23. *Ibid.*, p.4.

O ARISTOTELISMO E SEUS OPONENTES | 173

Maimônides haja colocado as questões negligenciadas por Ibn Daud no centro do debate filosófico, a obra deste último tenha ficado para trás. O Rambam talvez a tenha utilizado em alguns pontos menores, mas ela não exerceu influência alguma[24] sobre o desenvolvimento ulterior da filosofia. De fato, a reputação de Ibn Daud estriba-se principalmente na sua largamente lida obra histórica, *O Livro Da Tradição* (em hebraico, *Sefer ha-Cabalá*). *A Fé Exaltada*, cujo original em árabe está atualmente perdido, embora composto em 1161, só foi vertido para o hebraico no fim do século XIV. Das duas traduções, a intitulada *Emuná Nissaá* continua inédita; a outra, publicada pela primeira vez em 1852, recebeu o título de *Emuná Ramá*. Porém, mesmo essas versões não conseguiram despertar maior interesse pela obra.

No início de seu texto, Ibn Daud estabelece que o escreveu com o fito de solucionar as dificuldades ligadas ao problema do livre arbítrio, porquanto a elucidação e a discussão de tais dificuldades requerem uma explicação das verdades religiosa-filosóficas e metafísicas básicas[25]. O próprio livro não proporciona evidência dessa suposta importância central do problema do livre-arbítrio, sendo esta última questão uma dentre as muitas sobre filosofia da religião, todas elas abordadas com igual atenção. A discussão efetiva dos problemas da filosofia da religião é precedida por aquilo que é tido como uma explicação necessária e pormenorizada dos princípios básicos da física e metafísica aristotélicas. Assim, a análise dos princípios gerais da filosofia natural e da doutrina da matéria, da forma e do movimento fornecem um material para a prova da existência de Deus. De modo similar, a longa explanação da psicologia aristotélica serve para demonstrar a imortalidade da alma e sua relação com as essências imateriais.

Os argumentos em favor da existência de Deus são os dos peripatéticos islâmicos, a começar pela prova aristotélica da existência de um primeiro motor. Cada movimento pressupõe a existência de uma causa movente, distinta do objeto movido; dada a impossibilidade de séries regressivas infinitas, cumpre por necessidade colocar a hipótese da existência de um primeiro princípio de movimento. Este motor imóvel tem poder infinito e, como todos os corpos e seus poderes inerentes são finitos, a infinitude necessária deste motor acarreta logicamente sua incorporeidade[26]. A esta prova é acrescentada uma outra já desenvolvida por Al-Farabi e Avicena: o ser simplesmente contingente de todas as coisas deve ter sua fonte em um ser que necessariamente existe. Na forma em que Ibn Daud, como todos os filósofos judeus subseqüentes, enuncia este argumento a partir de seus predecessores islâmicos, a dedução puramente conceitual da possível para a necessária existência é combinada com a dedução causal relativa a uma primeira causa; o nervo do argumento parece ser a idéia de

24. *Ibid.*; cf. Jacob Guttmann no livro *Moses ben Maimon...*, editado por Bacher, Brown, *et al.* II, 233 e ss.
25. Abraão ibn Daud, *op. cit.*, pp. 1-4.
26. *Ibid.*, pp. 18 e ss., p. 47.

174 | A FILOSOFIA DO JUDAÍSMO

que a série de causas conduz necessariamente a uma primeira causa. Conforme a definição de Ibn Daud, algo pode ser declarado um existente possível se sua existência for devida a alguma outra coisa; sua efetiva existência implica por conseguinte a existência de sua causa. Exatamente como no argumento aristotélico original, a impossibilidade de uma regressão infinita é invocada neste ponto a fim de inferir um ser cuja existência não foi causada. Tal existência sem causa é caracterizada como existência necessária[27].

Esta prova difere do argumento aristotélico original somente no fato de querer estabelecer uma primeira causa de existência, em vez de uma primeira causa do movimento. Muito embora a conclusão puramente conceitual a partir da existência possível para a necessária não seja tampouco desenvolvida de uma forma plena e independente por Ibn Daud, ela está implicitamente contida na sua discussão. Assim, a interpretação do conceito de possibilidade oferece dois sentidos: ao lado daquele a cujo ver ele é apenas uma outra expressão do fato de uma coisa ser causada, encontra-se também o outro, segundo o qual esta coisa tem apenas uma existência possível cuja essência deixa indeterminado se ela existe ou não. Em contrapartida, pode-se dizer que um ser existe necessariamente, se a sua essência implica a sua existência[28]. A formulação de ambos os conceitos é uma questão de pura dedução conceitual da necessidade a partir da contingência. Se todas as coisas tivessem existência meramente possível, não poderia haver realidade. A realidade é possível só porque há um ser cuja essência implica existência. Essa demanda de uma congruência de essência e existência no fundamento último do mundo contém, evidentemente, o elemento principal da prova ontológica da existência de Deus, com a diferença de que aqui temos, como um mero postulado, aquilo que esta prova empenha-se em estabelecer por dedução.

Como já foi observado, esse desenvolvimento da demonstração aristotélica original transformou o primeiro motor do mundo na causa do existir da realidade. Enquanto ao lado do Deus de Aristóteles havia um mundo que Ele simplesmente pôs em movimento, agora Deus causa a existência de todas as coisas. Só que essa concepção permite também uma rigorosa demonstração da unidade de Deus, pois a prova da existência de um primeiro motor não leva necessariamente a uma causa única, final e imaterial do movimento. Se supusermos uma causa imaterial do movimento

---

27. *Ibid.*, pp. 47 e ss.
28. *Ibid.*, p. 48. Cf. Jacob Guttmann, *Die Religionsphilosophie des Abraham ibn Daud*, p. 121. Ao contrário, Wolfson ("Notes of Proofs of the Existence of God in Jewish Philosophy", *Hebrew Union College Annual*, I, 583 e s.) afirma que, de acordo com a concepção de Ibn Daud, uma entidade necessariamente existente é uma que, desde o início, é não-causada e que a identidade de essência e existência surge desse estado de ser não causado. Mas visto que Ibn Daud procura provar, na citação mencionada, que um existente necessário é não-causado, uma vez que sua essência inclui sua própria existência, é impossível que a expressão "uma entidade necessariamente existente" deva significar uma entidade *não-causada*.

O ARISTOTELISMO E SEUS OPONENTES | 175

para cada esfera celeste, essas essências imateriais poderiam muito bem coexistir de maneira independente junto com Deus, que possui uma supremacia apenas como a mais elevada dessas causas de movimento. Em compensação, da idéia da existência necessária de Deus, sua unidade é rigorosamente dedutível. Seguindo Avicena, Ibn Daud mostra que só pode haver um ser de existência necessária; todos os outros seres, materiais ou imateriais, derivam dele, que é sua fonte[29]. Inclusive as inteligências das esferas celestiais têm, por sua essência, apenas uma existência possível e somente por meio de Deus tornam-se reais. Por isso lhes é inerente também a pluralidade de elementos, que combina, nelas, a existência possível, dimanada de sua essência, à necessidade do existir, conferida por Deus[30]. Mas só um ser de existência absolutamente necessária pode ser totalmente simples. Toda multiplicidade de determinação dentro de uma essência implica que os elementos nela contidos foram unidos por uma causa superior e, portanto, sua existência deixaria de ser uma decorrência necessária de sua essência.

Mas semelhante transformação do conceito aristotélico de Deus na noção de uma única causa do mundo não leva, de modo algum, os aristotélicos islâmicos à idéia de um Deus-Criador como concebido pelo judaísmo e pelo islã. A adoção da teoria neoplatônica da emanação pelos peripatéticos maometanos já foi descrita anteriormente. A versão deles, entretanto, substituiu a série neoplatônica de intelecto, alma e natureza pela seqüência das inteligências imateriais das esferas; a última delas, o intelecto ativo, também controlava o mundo terreno. Ademais, supunha-se que cada uma dessas inteligências emanava não só o espírito da esfera seguinte, mas também uma nova esfera juntamente com sua alma. Contudo, essas variações de pormenor não afetavam o princípio básico. Ibn Daud, embora repetindo fielmente essa teoria, rejeita, em última instância, a tentativa de explicar as esferas celestes e as inteligências como emanações de Deus. Menos sujeito à objeção é o ponto de vista segundo o qual o mundo terreno emanava do mundo supraterreno e de suas inteligências controladoras[31], ainda que algures ele considerasse o céu e a terra como criações imediatas de Deus; a divina atividade é mediada pelas inteligências das esferas apenas no tocante aos detalhes dos eventos no mundo[32].

Mas essa rejeição da doutrina da emanação universal não era justificada a partir de princípios; ao contrário, este ponto crucial ilustrava claramente o que foi visto como falta de uma atitude firme, estribada na percepção das diferenças fundamentais entre o aristotelismo e a religião judaica. Ibn Daud recusava a doutrina como "não provada";

29. Abraão ibn Daud, *op. cit.*, pp. 49 e s.
30. *Ibid.*, pp. 63 e ss.
31. *Ibid.*, p. 67.
32. *Ibid.*, p. 86.

176 | A FILOSOFIA DO JUDAÍSMO

ele a acusava de ir além dos limites do conhecimento humano, e perder-se na pura arbitrariedade. Uma vez que o espírito do homem era incapaz de compreender como o mundo procedia de Deus, toda tentativa de penetrar este mistério último da origem do mundo constituía um uso impróprio de nossas forças. De nossa parte, podemos apenas constatar a ordem dada das coisas e mostrar como, em seu interior, o terreno acontecer procede das essências supraterrenas, mas temos que renunciar a todas as tentativas de determinar a origem dessa ordem ela mesma[33]. Em parte alguma, porém, Ibn Daud parece reconhecer que a questão fundamental é a da concepção da natureza da divina atividade: todo o sentido da doutrina da dimanação mediata do mundo a partir de Deus está em conceber como necessária a conexão do mundo e Deus, enquanto a representação bíblica, aceita por Ibn Daud, de uma imediata produção do mundo como obra de Deus, a entende como um livre ato criativo. A fronteira entre a teoria da emanação e a da criação é ainda mais apagada pelo fato de que este filósofo, como Ibn Ezra, atribui eternidade às inteligências das esferas e só aceita uma origem temporal para o mundo corpóreo[34]. Essa obliteração da diferença fundamental entre os conceitos de emanação e criação permitiu que Ibn Daud considerasse a doutrina da emanação dos aristotélicos árabes não mais do que uma tentativa do racionalismo filosófico para transpor seus limites e penetrar mais profundamente do que seria possível ao entendimento humano, no mistério da origem do mundo. O corolário é que temos apenas de retificar essa transposição dos limites de nosso pensamento a fim de estabelecer completa harmonia entre as doutrinas bíblica e aristotélica da origem do mundo.

Da minuciosa psicologia de Ibn Daud, tão-somente a sua concepção da natureza da alma, que ele deve a Avicena, é de importância. Tal qual o pensador árabe, adotou a definição aristotélica da alma como sendo a enteléquia de um corpo orgânico natural[35]. Seu argumento a propósito procede de uma crítica das teorias materialistas da alma, segundo as quais esta constituía um dos acidentes do corpo, ou, numa formulação mais radical dos médicos, um composto de vários elementos combinados no corpo. Os tradicionais argumentos polêmicos, correntes na filosofia religiosa judaica desde Isaac Israeli e Saádia Gaon, foram apresentados por Ibn Daud de modo muito mais penetrante do que por seus predecessores. Ainda que, como admitia, uma mistura específica de elementos combinada em um único corpo fosse uma pressuposição necessária de toda vida orgânica, nem por isso poderia esta ser derivada de uma simples mistura de substâncias inorgânicas.

A maravilhosa intencionalidade manifesta na estrutura e na ordem dos organismos não pode ser o resultado de uma mistura de elementos a obedecer a leis pura-

33. *Ibid.*, p. 67.
34. *Ibid.*, p. 47.
35. *Ibid.*, p. 21.

O ARISTOTELISMO E SEUS OPONENTES | 177

mente mecânicas. Ela pressupõe, ao contrário, a existência de um princípio criativo imaterial, de caráter intencional[36]. Se os organismos resultam apenas de uma mistura, então só poderão exibir aquelas qualidades que estão presentes nos elementos originais, embora em diferentes proporções. O fato de revelarem características inteiramente novas mostra que um elemento imaterial, do qual tais características derivam, foi adicionado a esses elementos materiais. A alma é assim definida à moda aristotélica como o princípio de vida orgânica. A independência da alma racional do homem em relação ao corpo fica provada de uma maneira ainda mais precisa. Os objetos de nosso pensamento (conceitos) diferem essencialmente, graças à sua universalidade, de todos os seres corpóreos e, portanto, particulares. Cada conceito recobre uma infinidade de casos possíveis, e é, por conseguinte, em si próprio infinito, ao passo que toda existência corpórea é finita. Da mesma forma, cada um deles é uma unidade indivisível, enquanto toda realidade corpórea é divisível. Assim, o conhecimento de conceitos não pode ser realizado com a ajuda de nossos órgãos corpóreos, mas pressupõe necessariamente a existência de um substrato incorpóreo[37]. Igual fato sucede com a nossa autoconsciência. Os sentidos podem conhecer os seus objetos, mas não a si próprios. Portanto, o pensamento, que por sua natureza compreende tanto os seus objetos quanto a si mesmo, não pode possivelmente depender de qualquer órgão corpóreo[38].

Assim, a alma pensante do homem é independente do corpo não só na função, como na essência. Entretanto, seguindo Aristóteles, que neste particular expressava uma tendência geral da filosofia grega, tal independência era limitada à consciência pensante apenas no sentido estrito do termo. Cumpriria notar que isto difere muito da separação entre a consciência *per se* e o corpo, um conceito natural para a filosofia moderna desde Descartes. Não há distinção radical entre a consciência sensória, cujos objetos são coisas corpóreas, e as outras funções da vida orgânica. A linha demarcatória entre o corpóreo e o não corpóreo é definida pela direção do pensamento sobre objetos não sensoriais. A imortalidade da alma pensante segue-se de sua imaterialidade. Como ela é em essência independente do corpo, a morte deste não a afeta[39]. Todavia, essa separação estrita entre a alma pensante e o corpo dificilmente se concilia com o conceito aristotélico da alma como a forma do corpo. Segundo Aristóteles, matéria e forma sempre andam juntas. Uma vez que a alma pensante é uma parte da alma, que foi definida como a forma do corpo humano, é difícil entender como ela poderia existir à parte do corpo.

36. *Ibid.*, p. 22.
37. *Ibid.*, pp. 34 e s.
38. *Ibid.*, p. 35.
39. *Ibid.*, p. 37.

178 | A FILOSOFIA DO JUDAÍSMO

Tal dificuldade, que cobre todas as versões da doutrina aristotélica do intelecto, foi enfrentada por Avicena (e, na sua esteira, por Ibn Daud). Ele argumentou que era ilegítimo estender nossa experiência para além do círculo dos fatos observados[40], pois nenhuma forma poderia existir à parte da coisa à qual é inerente. O princípio aristotélico da correlação necessária de matéria e forma fica, assim. degradado ao grau de uma verdade indutiva, inaplicável à alma, a despeito do caráter desta última como forma, e a imortalidade substancial da alma individual é afirmada com base na psicologia peripatética. Em oposição à doutrina de que somente o intelecto adquirido é imortal, a imortalidade é agora atribuída à porção pensante da alma como tal, e a filosofia reúne-se à crença religiosa na imortalidade da alma. A concepção da alma como uma substância particular exclui também a doutrina neoplatônica segundo a qual a alma individual é apenas uma parte da alma universal, e leva Ibn Daud a rejeitar a concepção corrente no neoplatonismo, sobre a preexistência da alma humana[41].

De uma outra forma, no entanto, a psicologia torna-se, para Ibn Daud, o ponto de partida da prova da existência de substâncias espirituais supra-individuais. O intelecto humano tinha originalmente apenas a capacidade de conhecer. Por si, é tão-só potencial, e unicamente pela aquisição de conhecimento é que ele converte a sua potencialidade em atualidade. Quando o nosso pensar conquista os primeiros princípios axiomáticos do conhecimento, torna-se "intelecto atual" e, ao se lhe juntarem conhecimentos ulteriores, faz-se "intelecto adquirido". A passagem da potencialidade à atualidade, porém, pressupõe por toda parte um princípio movente, que neste caso precisa ser um intelecto já de posse atual de conhecimento que somente em nós deverá tornar-se realidade. Chegamos, assim, à idéia de um "intelecto ativo", que efetua, em todos os seres humanos, a transição da potencialidade para a atualidade do pensar[42]. Como os aristotélicos árabes, Ibn Daud adota a doutrina de Alexandre de Afrodísias, que remove da alma individual o "intelecto ativo" de Aristóteles e o transforma em intelecto cósmico. Ele não concorda, entretanto, em identificar, como Alexandre, o intelecto adquirido com o intelecto divino, entendendo-o apenas como o mais baixo na série das essências imateriais, e vendo-o como aquele intelecto que confere aos seres terrenos a sua forma. O conhecimento humano processa-se de tal modo que os conceitos defluem do intelecto ativo para dentro do intelecto individual. Este conhecer é uma participação no mundo da verdade, que no intelecto ativo se torna real em uma atualidade não-temporal. As demais essências imateriais são interpretadas como causas eficientes do movimento das esferas e, por meio dessas conexões

40. *Ibid.*, pp. 38 e ss.
41. *Ibid.*, p. 36.
42. *Ibid.*, pp. 57 e ss.

O ARISTOTELISMO E SEUS OPONENTES | 179

entre as deduções astronômicas e psicológicas, a doutrina neoplatônica das essências mediadoras era integrada – embora numa forma modificada – no sistema aristotélico[43].

Os peripatéticos islâmicos descreveram a profecia como a mais alta forma de iluminação do espírito humano pelo intelecto ativo. Ibn Daud também adotou essa explanação natural da profecia, enfatizando que as revelações proféticas não advinham imediatamente de Deus, mas, sim, das substâncias intelectuais criadas, mormente do intelecto ativo[44]. O conhecimento profético é único no fato de, ao contrário do conhecimento científico, não comunicar a ordem conceitual geral da realidade, porém o conhecimento do futuro. Para Ibn Daud, o intelecto é o órgão exclusivo da revelação profética. Enquanto Maimônides havia de declarar, alguns anos mais tarde, que constituía característica da revelação profética estender-se em igual medida à imaginação e ao intelecto, Ibn Daud via na imaginação apenas um elemento perturbador. A máxima profecia é aquela que está mais livre das confusas mesclas da imaginação[45]. Mas nem Ibn Daud nem os aristotélicos árabes que sustentavam concepções similares abordam o tema de maneira consistente. Ibn Daud fala das substâncias espirituais que se adaptam às capacidades da mente humana e aparecem de uma forma sensível; isto parece implicar que, mesmo à parte das adições arbitrárias da imaginação humana, um elemento sensível é inerente à própria essência do ato de revelação[46].

A distinção entre a concepção natural da profecia e a noção bíblica da profecia como uma missão fica muito obscurecida. Os adeptos islâmicos de Aristóteles, em sua discussão da função social e religiosa dos profetas, haviam chegado próximo da idéia de missão profética. Mas, enquanto encaravam o aparecimento de profetas, como uma manifestação da providência geral, provendo a raça humana dos necessários legisladores e mestre proféticos[47], Ibn Daud traduz a mesma idéia numa linguagem de missão profética ensinando que Deus, na sua mercê para com as criaturas dotadas de intelecto insuficiente, envia eleitos que ensinam e iluminam seus divinos precei-

---

43. *Ibid.*, pp. 58 e ss.
44. *Ibid.*, pp. 70 e ss., pp. 86 e ss.
45. *Ibid.*, pp. 70 e ss.
46. *Ibid.*, pp. 89 e ss. Ibn Daud não diz aqui explicitamente que os dados sensoriais não se manifestam ao poder da imaginação, mas, em termos de sua teoria psicológica, um poder extra-intelectual precisa intervir. Al-Farabi também observa na passagem, citada por Diesendruck — "Maimonides' Lehre von der Prophetie", *Jewish Studies in Memory of Israel Abrahams*, p. 84 – a partir do livro *Hatkhalot hanimtzaim* (A Origem das Coisas), *Ha-Hassif*, p. 40, que a profecia é inerente ao poder intelectual somente, e a imaginação de que se fala em *Musterstaat* (pp. 81 e ss., p. 93) é vista unicamente como uma condição necessária da profecia. *Musterstaat* também fala das perturbações devidas à imaginação, assim como Ibn Daud; cf. pp. 76 e ss., 84. Desse modo, a aparente rejeição da imaginação no tocante à profecia por Ibn Daud, que aparece na p. 70, pode ser atribuída à brevidade da exposição ali apresentada. Além disso, verifica-se, em todos os diferentes autores que discutem a profecia, que a palavra "imaginação" inclui não apenas fantasias mas também o poder criativo da conceituação, que está separado da primeira. Se prestarmos atenção a esse uso lingüístico, podemos aclarar muitas ambigüidades.
47. Cf. nota 11.

180 | A FILOSOFIA DO JUDAÍSMO

tos aos homens e os guia para o caminho da vida perfeita[48]. As divergências de Ibn Daud com o aristotelismo são evidentes na discussão das condições da verdadeira profecia; ele descreve o profeta como o mensageiro de Deus, e na realidade combina o caráter cabalmente universal da profecia, implícita na teoria de Aristóteles sobre a revelação, com o pensamento de Iehudá Halevi, segundo o qual a profecia *strictu sensu* está adstrita a Israel e à Terra Santa[49].

Mais radical ainda é seu afastamento do aristotelismo árabe na questão do livre arbítrio. Os aristotélicos tinham transformado a doutrina islâmica da predestinação numa teoria filosófica da determinação absoluta dos atos humanos[50]. Contra isso, Ibn Daud aferra-se à tradicional doutrina judaica da liberdade de ação do homem. Enquanto os primeiros filósofos judeus haviam estendido a onisciência de Deus de modo a incluir os livres atos da criatura humana, argumentando que a liberdade de decisão do homem não era afetada pelo conhecimento prévio que Deus possuía dos seus resultados, Ibn Daud, evidentemente na esteira de Alexandre de Afrodísias, exclui a ação humana da divina presciência. Deus, afirma ele, limitou sua onisciência da mesma maneira como limitou sua onipotência com respeito aos atos humanos[51].

O sistema de ética algo fragmentário adotado por Ibn Daud funde elementos platônicos e aristotélicos de uma forma que muitos filósofos árabes e judeus o fizeram antes dele. Como em Aristóteles, a filosofia prática, concebida em sua acepção mais ampla como instrumento para alcançar a felicidade, inclui a ética, a economia e a política. A ética é desenvolvida como a doutrina das virtudes, combinando a definição platônica de virtude como o correto relacionamento entre as partes da alma, com a doutrina da virtude aristotélica concebida como um meio entre extremos. Assim, Ibn Daud interpreta as virtudes cardeais em um sentido aristotélico, como o meio entre os modos extremos de comportamento da alma[52]. Ele identifica esta ética com a da *Torá*. A *Torá* contém toda a "filosofia prática" na sua forma mais perfeita e, de fato, essa parte racional predomina na legislação bíblica. Ibn Daud apela, em termos explícitos, para as polêmicas proféticas contra o culto sacrificial, a fim de demonstrar que a própria Bíblia atribui um valor muito menor às ordenações cultuais e cerimoniais do que às leis éticas. As primeiras constituem principalmente meios para o cumprimento das superiores exigências éticas da *Bíblia*; elas possuem valor intrínseco apenas na medida em que o seu próprio caráter irracional proporciona

---

48. Abraão ibn Daud, *op. cit.*,p. 73.
49. *Ibid.*, pp. 74 e ss.
50. Al-Farabi, *Philosophische Abhandlungen*, p. 128.
51. Abraão ibn Daud, *op. cit.*, p. 96; Alexandre de Afrodísias, *De Fato*, cap. 30.
52. Abraão ibn Daud, *op. cit.*, p. 98. Provas da combinação das teorias platônica e aristotélica da verdade no aristotelismo islâmico e judaico podem ser encontradas na introdução de Goldhizer à sua edição de Pseudo-Bahia, p. 20.

O ARISTOTELISMO E SEUS OPONENTES | 181

uma oportunidade para demonstrar obediência incondicional à lei divina[53]. A demonstração concreta de Ibn Daud quanto à identidade da ética bíblica e filosófica leva-o para longe de seu ponto original de partida filosófica, pois a ética religiosa do amor a Deus e a da reverência à Sua majestade encerram somente conexões muito tênues com semelhante doutrina das virtudes. Discernem-se também contradições similares na ética social de Ibn Daud, tal como este a apresenta na sua economia e política; filosoficamente falando, ela é construída numa pura base utilitária, enquanto seus fundamentos religiosos residiriam, é dito, no mandamento do amor ao próximo[54].

O fim último do homem, entretanto, encontra-se fora do domínio da ética. Acima da razão prática humana, orientada para baixo a fim de guiar moralmente as partes inferiores da alma, há uma razão teórica, dirigida para cima, que recebe conhecimento das substâncias espirituais. É nesta última que se encontra a verdadeira meta do homem. Mas esse ideal aristotélico do conhecimento, como o ápice da perfeição humana, é uma reinterpretação em sentido religioso, subordinando todo conhecimento ao ideal último, que é o conhecimento de Deus. As ciências empíricas são apenas os passos preliminares para a metafísica, cujo conteúdo próprio é o conhecimento de Deus. Tal conhecimento de Deus, e o amor a Deus nele estribado, constituem a vocação do homem, na qual alcança sua perfeição e felicidade[55].

MOISÉS MAIMÔNIDES

Maimônides quer levar ao acordo interior os mundos espirituais cuja oposição havia sido encoberta e embotada em Ibn Daud. O largo âmbito e o poder penetrante de seu pensamento filosófico foram empenhados nessa tarefa de plantar o aristotelismo no solo do judaísmo. Enquanto os escritos de Ibn Daud dão a impressão de que a luta de Al-Gazali e de Iehudá Halevi contra o aristotelismo não deixou nele qualquer marca, Maimônides expõe com toda agudeza a oposição entre o aristotelismo e a revelação, a fim de superá-la por uma síntese genuína. Esta realização maior o converteu na figura filosófica de proa da Idade Média judaica tardia. Os problemas que ele colocou foram retomados mais de uma vez por seus sucessores, os quais nem sempre se contentaram com suas soluções, mas procuraram alcançar a unidade da religião e da filosofia por outras linhas, ou tentaram ultrapassar o próprio aristotelismo. Mas tal desenvolvimento, que perdurou por três séculos, foi inteiramente dominado por Maimônides. Sua obra não só lançou a base das subseqüentes indagações filosóficas, como as influenciou efetivamente com sua continuada vitalidade e rele-

---

53. *Ibid.*, pp. 102 e ss.
54. *Ibid.*, pp. 100 e ss.
55. *Ibid.*, pp. 45 e ss.

182 | A FILOSOFIA DO JUDAÍSMO

vância imediata. As discussões dos problemas por ele levantados prosseguiram depois do Medievo, às vezes desenvolvendo criticamente a sua posição e outras vezes em oposição radical, mas sempre em referência ao Rambam. O seu impacto estendeu-se para além do judaísmo; os fundadores do aristotelismo cristão, Alberto Magno e Tomás de Aquino, encontram nele para um guia a conduzi-los a um sistema de aristotelismo teístico, e os traços de sua influência sobre a filosofia cristã podem ser seguidos até os primeiros séculos da era moderna[56].

A grandeza de Maimônides não reside na introdução de motivos completamente novos na especulação filosófica[57]. No seu modo de entender o sistema de Aristóteles, ele acompanhou os peripatéticos islâmicos, Al-Farabi e Avicena. Na crítica ao aristotelismo, foi precedido por Gazali e Iehudá Halevi. Na exegese bíblica e, mesmo, nas doutrinas filosóficas era devedor, em não poucos pormenores, dos racionalistas judeus anteriores a ele. Como todos os pensadores cuja força encontra-se na síntese de idéias tradicionais, foi-lhe negado também originalidade. Mas há também uma coisa que é a originalidade da síntese criativa, e Maimônides a possuía em altíssimo grau. Entre o sistema emanacionista dos aristotélicos árabes e o extremo voluntarismo de Gazali, ele trilhou o seu próprio caminho, como resultado de um maduro e profundo repensar de idéias anteriores e contemporâneas. Outros podem ter buscado igualmente um caminho similar, mas foi Maimônides que respondeu ao desafio da conjuntura intelectual de seu tempo e descobriu a formulação clássica dos problemas então propostos.

Maimônides (Rabi Mosché ben Maimon [cujo acróstico é o Rambam], 1135-1204) nasceu em Córdova, onde seu erudito pai servia como juiz na corte rabínica. Após a conquista da capital almorávida pelos almôadas, em 1148, Maimon e sua família deixaram a cidade, provavelmente para escapar da perseguição religiosa do fanatismo dos conquistadores. Depois de viver por uma década em diferentes cidades do sul da Espanha, a família estabeleceu-se, em 1159, na cidade de Fez, no norte da África. O que determinou essa escolha de domicílio, é desconhecido. Fez achava-se também sob o domínio almôada. Maimon e seus familiares podiam praticar sua religião somente em segredo, sendo improvável que tivessem abraçado o islamismo de maneira aparente, para efeito externo, a despeito dos rumores que correram mais tarde neste sentido. Em 1165, lograram fugir do poder almôada. Maimônides estabeleceu-se em Fostat, perto do Cairo, onde, de início, foi sócio de seu irmão, um mercador de jóias. Após a morte deste, dedicou-se à sua vocação, na medicina. Sua extraordinária

---

56. No que se refere à influência de Maimônides na filosofia cristã, cf. o ensaio de Jacob Guttmann na crestomatia de Bacher e Braun: "*Moses ben Maimon...*", vol. I. Joseph Koch provou que o Mestre Eckhart também seguiu Maimônides em importantes aspectos de sua teologia.
57. Para a exposição seguinte, utilizei Julius Guttmann, *Die religiösen motive in der Philosophie des Maimonides....*

O ARISTOTELISMO E SEUS OPONENTES | 183

erudição talmúdica o tornou guia espiritual da comunidade judaica do Egito, ainda antes de ter sido formalmente indicado para um cargo público. Mais tarde, foi-lhe conferido a dignidade de *Naguid*, isto é, de juiz-mor e chefe político dos judeus egípcios.

Seu espírito universal abarcou todo o círculo da ciência de seu tempo, tendo composto importantes obras em muitos campos. Foi um autor fecundo em medicina, um investigador de julgamento crítico e independente, embora nunca divergisse de tradições médicas aceitas[58]. De significação incomparavelmente maior são os seus escritos talmúdicos, em cujos estudos introduziu métodos científicos contemporâneos, imprimindo-lhes, pois, uma forma totalmente nova. No seu *Comentário sobre a Mischná*, redigido em árabe, apresenta com muita clareza tudo o que é necessário para uma compreensão do texto; nos casos de matérias mais difíceis e complicadas, um sumário conciso dos conceitos e princípios relevantes precede a minuciosa interpretação. Sua maestria aparece em toda a sua altitude no seu código rabínico, escrito em hebraico, e intitulado *Mischné Torá* (Repetição da Lei). Aqui, pela primeira vez, a totalidade da lei religiosa judaica é apresentada de modo sistemático, e o vasto material proveniente das discussões do *Talmud* é exaustivamente sumariado e organizado, de acordo com um plano elaborado nos seus menores detalhes. A obra teve entusiástica acolhida, mas também, desde logo, oposição acerba. A crítica básica era que o código coligia as leis sem indicar suas devidas fontes, resolvia as controvérsias talmúdicas sem justificar as decisões por via argumentativa, e tentava, por seu caráter de digesto legal compreensivo, substituir o *Talmud*. Apesar de toda a oposição, essa obra monumental rapidamente se impôs; tornou-se uma autoridade padrão, particularmente entre os judeus espanhóis e orientais, e serviu de base a todas as compilações ulteriores da lei judaica, até e inclusive o *Schulkhan Arukh* (A Mesa Posta), famosa codificação da lei judaica, por Iossef Caro.

O primeiro esforço filosófico de Maimônides é uma curta explicação dos mais importantes termos técnicos da lógica, que subsiste tão-somente numa tradução hebraica. Escrito quando o autor contava apenas dezesseis anos de idade, este pequeno tratado não pode ter a pretensão de possuir significado independente. Durante várias décadas subseqüentes, Maimônides não compôs obras filosóficas de caráter original e somente tocou em questões ligadas à filosofia nos escritos médicos e, sobretudo, talmúdicos. Na introdução ao *Comentário sobre a Mischná*, em que discute os pressupostos históricos e dogmáticos da lei religiosa talmúdica, passa reiteradas vezes ao domínio filosófico, e seu comentário sobre o *Pirkei Avot* (Ética dos Pais), uma coletânea de sentenças éticas dos mestres da *Mischná*, tem como prefácio uma apresentação sistemática dos funda-

---

58. Cf. o ensaio "Maimuni alz medizinischer Schriftsteller", na coletânea, previamente mencionada, de Bacher e Braun, I, 1.

184 | A FILOSOFIA DO JUDAÍSMO

mentos da ética. Em conexão com uma passagem da *Mischná* (b. Sanhedrin, X, 1) que nega a eterna bem-aventurança aos adeptos de algumas concepções heréticas, Maimônides dá um sumário das doutrinas básicas e obrigatórias do judaísmo, texto de um alcance extraordinariamente rico que se tornou o ponto de partida de todas as tentativas ulteriores de desenvolver uma dogmática judaica. Do mesmo modo, seu código de leis, a *Mischné Torá*, abre-se com uma exposição contida das doutrinas básicas da fé judaica e de sua ética – uma apresentação popular e elementar de sua filosofia da religião, exposta num estilo que a tornaria acessível, tanto quanto possível, ao crente comum. Seu *magnum opus* filosófico, *O Guia dos Perplexos* (*Dalalat al-Hairin*, em árabe, e *Moré Nevukhim*, em hebraico) só foi publicado em 1190.

Como já expressa o título dessa obra, ela procura conciliar a aparente contradição entre a filosofia e a revelação e servir de guia para aqueles que, em vista dessa contradição, chegaram a duvidar ou da filosofia ou da religião. Mas esse empenho em estabelecer a unidade da religião e da filosofia não foi visto como uma conciliação de dois poderes opostos. Apesar da aguda consciência do Rambam quanto às diferenças entre o judaísmo e as escolas aristotélicas, ele não julgava que a filosofia fosse algo alheio ou externo à religião, mas que necessitava de certos ajustes e adaptações para efetivar essa conciliação. Muito ao contrário; a relação entre as duas é essencialmente a da identidade, e a demonstração desta constitui a principal preocupação de Maimônides. A convicção da unidade dessas duas formas de verdade dominou a filosofia judaica desde Saádia e, nisso, o autor do *Guia* concorda plenamente com seus predecessores judeus. Mas, para Maimônides, o caso não se reduz simplesmente à questão da congruência dos conteúdos objetivos da revelação, de um lado, e do conhecimento filosófico, de outro. A filosofia é antes um meio, na realidade o único meio para a apropriação interna do conteúdo da revelação. A fé religiosa é uma forma de conhecimento[59]. O conhecimento histórico da fé tradicional apreende seus objetos de uma maneira externa e indireta, mas o conhecimento filosófico torna possível uma apreensão imediata dos objetos da fé. Deparamo-nos aqui com um conceito intelectualista da fé, o qual, ao igualar os graus do conhecimento filosófico aos da certeza religiosa, faz a interioridade religiosa depender da profundidade do entendimento filosófico[60]. A filosofia não só tem a religião como seu objeto, mas é o elemento central da própria religião, a estrada real que conduz a Deus. Assim, o Rambam concebe a sua tarefa filosófica como sendo ao mesmo

---

59. Maimônides, *Guia dos Perplexos* (daqui em diante referido como *Guia*), I, 50. [Na paginação usada abaixo, a edição árabe de Munk é a fonte, e a edição hebraica mencionada é a traduzida por Iehudá ibn Schmuel (Jerusalém, 1948). Na edição árabe, há uma página separada para cada uma das três divisões básicas do livro.]
60. *Ibid.*. III, 51.

O ARISTOTELISMO E SEUS OPONENTES | 185

tempo uma tarefa religiosa, e o *pathos* desse racionalismo religioso dá o tom característico do *Guia dos Perplexos*.

Com a mesma determinação com que baseia a fé religiosa no conhecimento filosófico, Maimônides, no entanto, limita severamente o escopo desse conhecimento. Não só a essência de Deus, mas também a do mundo supra-sensível em geral estão além de nossa compreensão. A questão de se o mundo procede de Deus numa eterna emanação, ou se tem um início temporal, por mais importante que seja do ponto de vista religioso, é impossível de ser solucionada de um ou de outro modo. O Rambam justifica essa incapacidade de nosso intelecto com o argumento de que a razão nos habilita a conhecer o mundo terreno em nosso derredor, mas não o que está além. Isto parece ser aquela espécie de agnosticismo mais adequada a Iehudá Halevi do que a Maimônides[61]. De fato, todavia, não se trata de um agnosticismo simples, sem maior sofisticação. A partir do mundo dos sentidos, podemos claramente inferir a existência de um mundo supra-sensível, remontando até a sua divina causa última. Mas o que quer que digamos deste mundo será, por necessidade, baseado em inferências decorrentes de sua relação com o mundo material; nós somos incapazes de penetrar em sua essência específica. As subseqüentes formulações de Maimônides concernentes a Deus, segundo as quais todas as asserções a respeito Dele referem-se apenas a Suas ações e são de caráter negativo (denegando meramente imperfeições Nele) aplicam-se de igual maneira ao nosso conhecimento do mundo supra-sensível. Sem dúvida, o conhecimento dos profetas é visto como superior ao dos filósofos. No entanto, tendo por base a discussão do Rambam sobre a profecia, parece que nem sequer os profetas podem transcender os limites do conhecimento humano.

Até dentro desses limites, contudo, o conhecimento metafísico possui uma qualidade especial que o coloca à parte das outras ciências. Maimônides expõe a sua concepção sobre a natureza do conhecimento metafísico na introdução ao *Guia*. Os objetos da metafísica e dos adjacentes princípios das ciências naturais não nos são conhecidos em sua clareza contínua, como são os fatos da realidade empírica. A verdade metafísica nos vem em lampejos de iluminação momentânea; esta característica é comum tanto ao conhecimento filosófico quanto ao profético, e ela determina as respectivas apresentações da verdade metafísica. Se os profetas falaram em forma de parábolas e metáforas, isto se deveu (mesmo à parte de sua consideração para com as massas que não podem compreender a verdade em sua forma pura) à própria natureza da verdade, que não se presta à formulação conceitual direta. A filosofia tentou efetuá-la, mas apenas se enredou em ambigüidades e dificuldades; a natureza de seu tema a impede, como também à profecia, de atingir a clareza das outras ciências[62].

61. *Ibid.*, I, 31-32; II, 24.
62. *Ibid.*, I, Introdução: árabe, pp. 4 e ss.; hebraico, pp. 6-7.

186 | A FILOSOFIA DO JUDAÍSMO

A natureza peculiar do conhecimento metafísico aparece outrossim no fato de que exige não só a perfeição do intelecto, mas ainda a purgação e a purificação da inteira personalidade humana. A concepção do conhecimento metafísico como uma intuição momentânea, sustentada de forma similar pelos aristotélicos islâmicos e, em especial, por Ibn Tofail, explica a identificação maimonidiana da metafísica e das ciências naturais com as duas disciplinas esotéricas mencionadas no *Talmud* – os "mistérios da Carruagem" e os "mistérios da Criação"[63]. Esse conceito de conhecimento metafísico parece derivar, em última instância, do misticismo neoplatônico e está estranhamente em desarmonia com a lucidez da dedução metafísica, que é a marca distintiva da parte principal da obra de Maimônides, e que está, aparentemente, mais de acordo com a noção aristotélica de metafísica como uma ciência demonstrável.

Maimônides, ao que tudo indica, subscreve este último modo de ver, mas não explica como pretende conciliá-lo com a doutrina da natureza intuitiva do conhecimento metafísico, tal como enunciada em sua introdução. Podemos, talvez, supor que ele tinha em vista algum tipo de combinação do pensamento conceitual com o intuitivo, nos termos exigidos por Platão para uma compreensão das idéias; mas não há indicações pormenorizadas quanto ao modo da atuação conjunta de ambos, ou até que ponto o conceito passa para a intuição. De qualquer maneira, esses dois aspectos do conhecimento são comuns ao profeta e ao filósofo. O conhecimento intuitivo do profeta inclui o conceitual do filósofo e não pode existir sem este; o pensamento discursivo do filósofo passa de repente por uma iluminação flamejante do intelecto que, segundo se admite, permanece abaixo da iluminação do profeta. Como a filosofia reúne em si estes dois elementos, ela é em essência idêntica à religião, e constitui o nosso único meio de acesso imediato às verdades da fé[64].

A fim de demonstrar a unidade das verdades religiosas e filosóficas, Maimônides teve que reinterpretar e transformar o aristotelismo. Aqui, sem dúvida, reside sua

---

63. *Ibid.*
64. Os três elementos da teoria do conhecimento (epistemologia) de Maimônides, isto é, racionalismo metafísico, ênfase nas categorias apreensíveis pela cognição humana e captação intuitiva de conhecimento metafísico podem ser encontrados, indubitavelmente, em diferentes fontes. Mas aqui, e em instâncias similares, não basta provar que ele foi influenciado por várias fontes, mas cumpre perguntar, em cada caso, até onde ele pôde ir para moldar dessas diversas fontes uma concepção unificada e consistente. No texto atual tentei lidar com essa questão, e não por alusões somente. Mas cabe acrescentar que a conciliação e a construção não são completas e que remanesce ainda contradição entre os vários pontos de vista. O racionalismo metafísico de Maimônides é plenamente realizado na declaração de que o pensamento pode elevar-nos ao mundo supra-sensível. Isso é ambíguo, se a essência interior do mundo supra-sensível for incognoscível para nós, se o nosso conhecimento desse mundo for puramente negativo. Do mesmo modo, não é claro, como já observei no texto, como o elemento discursivo e o intuitivo são unidos na cognição metafísica, apesar do fato de que a dependência do conhecimento humano em relação ao intelecto ativo introduz um elemento de intuição no pensamento discursivo e assim lança uma ponte sobre a brecha entre os dois.

O ARISTOTELISMO E SEUS OPONENTES | 187

mais significativa realização. Mas até chegar à bifurcação dos caminhos, ele percorreu uma boa distância com a forma tradicional do aristotelismo. Demonstrou a existência de Deus utilizando-se de argumentos puramente aristotélicos. Enquanto o Kalam provava primeiro o início temporal do mundo, para daí deduzir a existência de um criador, o Rambam empenhava-se em dissociar a prova da existência de Deus da controversa questão acerca da origem temporal ou eterna do mundo. Suas provas da existência de Deus pressupõem a eternidade do mundo, para demonstrar que, mesmo nessa suposição hipotética, a existência de Deus é certa[65]. Baseando sua posição na estrita ciência – isto é, na metafísica de Aristóteles – Maimônides repudia a prova do Kalam como superficial e tendenciosa. Seus argumentos são mais ou menos os mesmos que os de Ibn Daud, embora apresentados de maneira muito mais refinada e sutil. O Rambam, também, parte da prova aristotélica da existência de um primeiro motor, e acrescenta-lhe o argumento ulterior dos aristotélicos árabes, no sentido de que em si o existir de coisas meramente possíveis pressupõe um ser de existência absolutamente necessária. Duas outras provas nada adicionam de fundamentalmente novo. Uma, em essência procedente de Aristóteles, argumenta que, dado o fato de haver, além dos corpos que são moventes e movidos, outros que são movidos e, no entanto, não são causa de movimento, deve existir também um ser que move e não é movido. A segunda prova não decorre do movimento dos corpos, mas de sua passagem da potência ao ato: a passagem pressupõe a existência de um princípio atualizador externo à coisa assim modificada. A impossibilidade de uma regressão infinita de causas, assim como levou na primeira prova a um primeiro motor, serve agora para estabelecer a existência de um primeiro princípio atualizador, livre de toda potencialidade e, portanto, também imaterial em sua natureza[66]. Como Ibn Daud, Maimônides só pode demonstrar a origem do mundo como um todo, a partir de Deus, por dedução a partir da existência contingente das coisas. Nesta prova, portanto, o movedor do mundo no primeiro argumento torna-se a causa do ser de todas as coisas. Como no mundo da corporeidade, os moventes imateriais das esferas celestes também têm sua origem em Deus, uma vez que só pode haver um ser necessariamente existente, e porque em geral uma pluralidade de seres imateriais só é em geral possível se um deles for a causa da multiplicidade[67].

O argumento do existir meramente possível de coisas é apresentado por Maimônides de uma forma mais estrita e específica do que a de Ibn Daud, o qual a combina com a idéia de que a série de causas deve terminar numa primeira causa. Maimônides não infere a existência de uma causa do mundo, essencialmente necessária, a partir

---

65. Maimônides, *Guia* I, 76: árabe, p. 127b; hebraico, p. 202. *Crítica do Kalam*, I, 73-76.
66. *Ibid.*, II, 1: árabe, pp. 5b-9a; hebraico, pp. 212-217.
67. *Ibid.*, II, 1: árabe, p. 7; hebraico, p. 241; II, 4: árabe, p. 14b; hebraico, p. 225.

188 | A FILOSOFIA DO JUDAÍSMO

da impossibilidade de uma série infinita de causas, mas demonstra que o mundo não poderia existir a menos que houvesse um ser cuja essência excluísse a não-existência. Esse conceito positivo de existência necessária encontra sua formulação mais freqüente na idéia, tomada de Avicena, segundo a qual a existência, que é em todas as outras substâncias uma determinação acidental acrescida à essência destas, é no caso de Deus idêntica à sua essência[68]. Esta base suprema do ser é absolutamente simples; toda essência dotada de uma pluralidade de determinações depende, para a sua existência, dessas determinações e suas combinações, deixando por isso de ser uma essência última[69].

Maimônides chega, assim, ao conceito de Deus como uma essência absolutamente simples da qual está excluída toda definição positiva. Neste ponto central segue a tradição neoplatônica tal como foi absorvida pelo aristotelismo árabe. Sua explicação sistemática da idéia de Deus é idêntica à dos neoplatônicos na estrutura formal, ainda que ele vá além de seus predecessores islâmicos no tocante à consistência de sua elaboração. Sua bem conhecida investigação sobre a doutrina dos atributos divinos é a mais poderosa e cabal apresentação da referida teoria na filosofia islâmica ou judaica. Embora não ensine em essência nada que não tenha sido também defendido por uma série de antecessores judeus, mesmo assim a agudeza conceitual e a profunda consistência sistemática com que desenvolveu essas idéias básicas o tornam seu expoente clássico na filosofia judaica. O que o levou a aceitar o conceito neoplatônico de Deus foi, decerto, a aparentemente ineludível consistência formal com que o neoplatonismo processou a idéia da unidade abstrata e a aplicou a Deus. Esse conceito de unidade exclui toda pluralidade, seja de determinações conceituais ou de partes efetivas. O que quer que exiba uma pluralidade de elementos conceituais é composto por eles e, por isso, deixa de ser verdadeiro. Ao mesmo tempo, porém, a demanda religiosa para que o conceito de Deus seja purgado de toda turvação sensível parece encontrar aqui sua realização mais radical. Aos olhos de Maimônides, portanto, a transformação filosófica da idéia de Deus não era, de modo algum, uma concessão ao pensamento científico, mas, ao contrário, a sublimação filosófica da idéia de Deus se lhe afigurava uma exigência genuinamente religiosa, pois somente ela poderia apreender o verdadeiro sentido da idéia de um Deus único.

A parte crítica da doutrina de Maimônides sobre os atributos, a demonstração da impossibilidade de predicar atributos positivos a Deus, é basicamente um desdobramento apenas das conseqüências lógicas implícitas no conceito de Deus por ela exposto. Na medida em que o dualismo de sujeito e objeto envolve, em toda proposição, uma pluralidade de determinações conceituais, a absoluta simplicidade de Deus ex-

68. *Ibid.*, I, 57.
69. *Ibid.*, II, prefácio, 21.

O ARISTOTELISMO E SEUS OPONENTES | 189

clui quaisquer proposições predicativas. Esta idéia básica fica plenamente evidente se as várias possibilidades de enunciados positivos acerca de Deus forem ilustradas com exemplos concretos. As propriedades que atribuímos a Deus não podem ser diferentes de Sua essência; se fossem, a unificação da essência e dos atributos implicaria a pluralidade em Deus[70]. Nenhum deles pode ser considerado parte da essência divina, pois esta essência, então, conteria ela própria uma pluralidade de determinações. Uma definição da essência divina é impossível em dois sentidos: no estrito, a redução do conceito definido às suas condições, só pode ser aplicado a um ser contigente, e Deus não o é; ao passo que uma definição que arrole características particulares só pode ser aplicada a uma entidade composta[71]. Assim, nenhum enunciado positivo a respeito de Deus pode ir além da mera tautologia, isto é, Deus é Deus. A teoria do Kalam segundo a qual Deus possui atributos, que são no entanto idênticos à sua essência, é rejeitada por Maimônides como uma tentativa velada de atribuir propriedades positivas ao divino[72]. Inclusive as determinações formais da unidade e da existência não podem ser consideradas predicados positivos de Deus, pois, em Deus, ambas são unas com Sua essência e não constituem qualidades inseparáveis a Ele adicionadas[73].

Tampouco Deus é definível por Sua relação com outras coisas. Pois, embora a hipótese de semelhante relação não possa afetar de modo algum a unidade divina, ainda assim a diferença absoluta de espécie entre a essência divina e a de todas as outras coisas exclui qualquer comparação. Do mesmo modo, a auto-suficiência de Seu ser, o qual está completamente voltado para Si próprio, elimina qualquer relação entre Ele e as outras coisas. O único enunciado positivo que se pode fazer acerca de Deus refere-se aos efeitos Dele oriundos. Uma vez que conhecemos – e *podemos* conhecer – Deus somente como a mais elevada causa do ser, esta última categoria de atributos deve necessariamente ser possível[74].

Dessa negação de qualquer conhecimento positivo acerca de Deus decorre a necessidade de interpretar as declarações escriturais a Seu respeito segundo o verdadeiro significado destas. Aqui, mais uma vez, Maimônides segue o exemplo de seus predecessores judeus e muçulmanos, ao entender as declarações positivas da Bíblia, nas suas referências a Deus, como sendo, em parte, forma de expressão positiva de proposições em essência negativas e, em parte, afirmações relativas, não ao ser, mas ao atuar de Deus. Porém é no desenvolvimento e na aplicação desse princípio que se manifesta e, de fato, atinge o seu apogeu, o poder superior do pensamento filosófico do Rambam. Pois a tarefa por ele empreendida não é meramente exegética, como

70. *Ibid.*, I, 51: árabe, 57b; hebraico, pp. 25 e s.
71. *Ibid.*, I, 52: árabe, p. 59; hebraico, p. 97.
72. *Ibid.*, I, 50: árabe, p. 57a; hebraico, p. 94.
73. *Ibid.*, I, 57, 430.
74. *Ibid.*, I, 52: árabe, pp. 60 e ss.; hebraico, pp. 99-100.

190 | A FILOSOFIA DO JUDAÍSMO

poderia parecer à primeira vista, e sim eminentemente filosófica. O problema real era determinar o que, de fato, é cognoscível no tocante a Deus, a despeito da impossibilidade de efetuar enunciações positivas a Seu respeito. No que fora dito, já estava lançado o alicerce para a doutrina dos atributos do atuar divino. A fim de completar essa estrutura bastava apenas acrescentar que a multiformidade das ações divinas de modo algum implicava a pluralidade no próprio princípio divino ativo, permanecendo a mesma essência divina absolutamente simples da qual deriva a divina plenitude infinita. Os vários aspectos dos atos divinos são indicados pelos atributos do atuar. As expressões antropomórficas da *Escritura* pertencem à mesma categoria; não apenas a ira, mas também o amor e a mercê de Deus são simples descrições de Seu atuar[75].

A doutrina dos atributos negativos procura demonstrar que os enunciados relativos à essência de Deus são negativos em termos de seu verdadeiro significado lógico; ao mesmo tempo, responde à questão do valor desse conhecimento negativo. Maimônides mostra que no domínio do conhecimento empírico é possível conhecer o objeto com crescente precisão, excluindo dele mais e mais suas determinações positivas. No mundo empírico, que consiste de um limitado número de gêneros, uma série de exclusões leva por fim a uma definição positiva. No tocante a Deus, uma definição é impossível; ainda assim, nosso conhecimento a Seu respeito cresce na medida em que conseguimos evitar determinações falsas e impróprias, e um entendimento da absoluta diferença entre Ele e qualquer outra categoria de ser. A função específica desse conhecimento geral é excluir qualquer imperfeição da idéia de Deus. Conhecemos Deus através da negação das privações; distinguimo-Lo da totalidade do mundo corpóreo por meio do atributo da incorporeidade. Fazemos a distinção entre Ele e a totalidade do ser, ao considerá-lo desprovido de causa – tal é o significado real do atributo positivo de eternidade. Essa reinterpretação cabal de todos os enunciados concernentes à essência divina é mais do que uma exegese das determinações especificamente religiosas de Deus apresentadas na Bíblia, porquanto até os princípios filosóficos últimos estão sujeitos à reinterpretação. Assim, existência e unidade, que em Deus são idênticas à Sua essência, não lhe podem ser atribuídas como qualidades positivas separadas. Quando afirmamos que Deus existe, simplesmente negamos Sua não-existência; e quando dizemos que Ele é um, excluímos apenas a Sua multiplicidade[76]. A teoria dos atributos perfaz-se de maneira completa nos seus dois aspectos entrelaçados: a doutrina dos atributos do atuar e dos atributos negativos. A fim de chegar à noção de Deus como a causa auto-suficiente de todo o ser, precisamos elevar Sua essência acima de todas as imperfeições que poderiam prejudicar Sua atuação. Tomado como um predicado da essência, o da onipotência significa que negamos a

---

75. *Ibid.*, I, 54.
76. *Ibid.*, I, 58.

O ARISTOTELISMO E SEUS OPONENTES | 191

impotência em Deus; mas também expressa positivamente que o mais alto e perfeito efeito pode provir de Deus. Por força de Sua absoluta unidade, Deus é a causa dos mais perfeitos efeitos. Esse atuar é um fato positivamente verificável, enquanto a sua fonte na essência divina, ao contrário, só pode ser indicada por excluírmos qualquer imperfeição da atividade de Deus. Do mesmo modo, esses dois aspectos combinam-se no conceito da divina onisciência, que exclui de Deus toda ignorância e, com isso, define a divina essência de tal maneira que ela tem de ser concebida como a causa de ação significativa e segundo um propósito[77]. Deus aparece assim como uma causa essencialmente incompreensível do mais perfeito atuar; e Maimônides pode, como resultado final de sua análise, considerar a constatação de que nada podemos apreender de Deus, exceto o fato de Sua existência.

Aparentemente, o que temos aqui não é outra coisa senão a doutrina neoplatônica de Deus como o mais elevado e incompreensível Um, do qual sabemos apenas que está acima e além de toda perfeição conhecida ou cognoscível. Mas, ainda que Maimônides, de um ponto de vista puramente formal, aceite essa posição neoplatônica e a defenda com grande argúcia, o teor de sua própria idéia de Deus é muito diferente. Seu Deus é o Deus-Criador da *Escritura*, e sua doutrina dos atributos remodela o "Um" neoplatônico para servir como uma expressão ao Deus bíblico. Isso é de todo evidente na sua teoria dos atributos do atuar, segundo a qual a atividade divina é concebida como dirigida materialmente para uma predeterminada meta. Unicamente assim, podem atributos da graça e da mercê, de um lado, da cólera e da fúria, de outro, ser compreendidos como atributos do atuar. Pois, embora Deus esteja acima dos efeitos da mercê ou da ira, Ele pode, não obstante, atuar com misericórdia porque deseja o bem de suas criaturas, ou atuar raivosamente porque castiga a vilania[78]. O mesmo se aplica à doutrina dos atributos negativos; ela nega todas aquelas privações passíveis de afetar a perfeição da atividade divina e, além disso, tal atividade é explicada como a criação e o governo providencial do mundo, segundo um propósito predeterminado[79].

Como criador do mundo, Deus não pode ser o motivo de qualquer defeito ou ignorância. Maimônides, como Saádia, deduziu os atributos de Deus do conceito de Criador, determinando por esse modo a sua natureza. Vimos, no entanto, que o Rambam não os predicava positivamente a Deus, mas apenas os utilizou para negar seus opostos. O método de sua argumentação segue a tradição dos neoplatônicos gregos, para quem enunciados negativos referentes a Deus serviam como meios para expressar um conteúdo positivo. Até sua negação da possibilidade de uma definição lógica da essência divina era acompanhada de uma forte percepção de que na raiz

77. *Ibid.*, I, 58: árabe, p. 71; hebraico, p. 116.
78. *Ibid.*, I, 54: árabe, p. 65; hebraico, p. 105.
79. *Ibid.*, I, 58: árabe, p. 71; hebraico, p. 116.

192 | A FILOSOFIA DO JUDAÍSMO

dessa forma negativa de nosso conhecimento de Deus esconde-se um conteúdo positivo superior. Tal fato torna-se particularmente evidente mesmo quando a existência e a unidade de Deus são interpretadas de uma forma negativa. Quando Plotino e, de um modo algo diverso, os filósofos islâmicos exaltavam Deus até acima da existência, pretendiam somente excluir Dele as limitações do conceito de ser. Ou, para enunciar a mesma idéia nos termos em que Maimônides a sustentava: o atributo positivo de ser não pode ser predicado a Deus porque ser e essência não estão Nele separados como em todo outro ser, uma vez que Sua essência inclui existência. Temos de nos satisfazer com o enunciado negativo, negando a Deus a não existência precisamente porque a essência de Deus contém dentro de si própria, numa forma superior, aquilo que, em geral, denominamos ser ou existência. Neste ponto Maimônides vai além de Plotino. Não podemos atribuir unidade a Deus num sentido positivo, porque em Sua própria essência Ele é Um, numa acepção ainda mais precisa do que a denotada pelo atributo positivo de unidade.

Verifica-se o mesmo quando Maimônides, ao negar toda fraqueza e ignorância em Deus, expressa a idéia de que Ele possui poder, vontade e conhecimento num grau que os atributos positivos são insuficientes para expressar. Assim, até de um ponto de vista formal, o emprego que o Rambam faz dos atributos negativos é algo diferente do efetuado pelos neoplatônicos gregos. Estes enfatizam especialmente que Deus está inclusive além das mais elevadas perfeições conhecidas por nós, as quais não podem, pois, ser atribuídas positivamente a Ele. A questão já fora ilustrada pelos conceitos de existência e unidade. Maimônides concorda que a essência de Deus transcende todas as perfeições e que estas, portanto, não Lhe podem ser predicadas positivamente. Mas, como seus predecessores na Idade Média, o Rambam acentua constantemente a necessidade de negar qualquer imperfeição em Deus. De acordo com os neoplatônicos gregos, Deus é o supremo Um, além de todas as perfeições por nós conhecidas; Maimônides, de outro lado, ao negar todas as privações em Deus, quer dizer que a absoluta perfeição divina inclui todas aquelas coisas que não podem ser predicadas a ela como atributos positivos. Isto já havia sido mostrado em relação ao atributo formal de existência. (No que se refere ao conceito de unidade, o próprio Plotino sustenta sua significação positiva.) Enquanto a concepção plotiniana e de seus seguidores salienta que Deus está além do ser, Maimônides reitera que é preciso negar o não-ser de Deus. No tocante ao atributo formal de existência, não faz muita diferença se é enunciado positiva ou negativamente. A questão muda de figura, porém, no caso dos atributos materiais como o conhecimento. Os neoplatônicos gregos mantinham que Deus elevava-se além do conhecimento. Maimônides, todavia, em sua negação da ignorância em Deus, pretende dizer que a absoluta unidade divina inclui em si mesma uma perfeição correspondente ao conhecimento.

O ARISTOTELISMO E SEUS OPONENTES | 193

Na Idade Média, adversários da doutrina maimonidiana da negação das privações objetaram que ela levava à predicação indireta daqueles atributos mesmos que, segundo o Rambam, não deveriam ser predicados diretamente a Deus. Ao negar-Lhe ignorância, por exemplo, afirmamos de fato Seu conhecimento; denegando-Lhe fraqueza, estamos, de fato, asseverando Seu poder[80]. De um ponto de vista puramente lógico, é duvidoso que essa objeção atinja realmente a concepção de Maimônides sobre a privação, embora, a partir de um enfoque material, é certo, segundo o Rambam, que a essência divina contém, se não conhecimento, vontade e poder próprios – ao menos algo semelhante a eles. Muitas vezes Maimônides vai além dessa limitação. Ele apresenta em pormenor a noção aristotélica de Deus como o supremo pensamento e procura mostrar que a identidade do pensamento, do pensador e daquilo que é pensado, presente em todo pensamento ativo, nos permite atribuir pensamento a Deus sem ferir Sua unidade[81]. Prosseguindo, demonstra que o conhecimento divino se estende a todas as entidades particulares do mundo. Conquanto esse conhecimento seja idêntico à essência de Deus, não tendo, destarte, nada em comum com o conhecimento humano, além da denominação homônima, ainda assim não deixa de ser conhecimento; apesar da diferença essencial entre este e o nosso conhecimento humano, a natureza do conhecimento é comum a ambos[82]. Similarmente, o argumento de Maimônides segundo o qual a vontade de Deus atua com independência completa de causas e influências externas, por não estar dirigida a nenhum fim externo a Deus, tal argumento assume que se trata de uma vontade, embora de outra espécie, que não é comparável a nenhuma outra coisa[83].

Nesses casos Maimônides ultrapassa os limites fixados por sua própria teoria dos atributos. Sua doutrina da negação de privações apenas nos habilita a afirmar que a simples essência divina inclui em si perfeições que correspondem, de uma ou de outra maneira, às qualidades de conhecimento, vontade e poder, cujas essências porém permanecem indeterminadas. A importância de tais limites é mais do que meramente lógica[84]. Para o autor do *Guia*, como para os neoplatônicos, Deus é incompreensível e

---

80. A questão foi repisada especificamente por Hasdai Crescas; cf. abaixo, pp.245-246.
81. Maimônides, *op. cit.*, I, 68.
82. *Ibid.*, III, 21, 22.
83. *Ibid.*, II, 18, a segunda via.
84. Cf. aqui o meu ensaio, "A Teologia de Maimônides", nos Festschrift em honra de J. H. Hertz, a seção hebraica, pp. 53-69.   De um ponto de vista mais lógico-formal, Wolfson trata da doutrina dos atributos em seu ensaio mais antigo, "Crescas on the Problem of Divine Attributes"(*JQR*, n.s., VII, 19); e em seu ensaio mais recente, "Maimonides on Negative Attributes" (*Ginzberg Jubilee Volume*, seção inglesa, pp. 411-466). Entre outras coisas, no ensaio mais antigo ele diz que no enunciado "Deus existe", apesar de sua interpretação negativa, a atribuição positiva implícita é de igual valor. Todas as enunciações desse tipo são tautologias, pois unidade, existência e conhecimento são, no caso de Deus, idênticas à sua essência. Mesmo, porém, se a afirmação "Deus existe", na análise é tautológica, ou seja, "Deus é Deus", ainda há algum conteúdo na declaração porque, primeiro ela nega falta de existência em relação

194 | A FILOSOFIA DO JUDAÍSMO

misterioso; de fato, Ele é Deus precisamente por ser incompreensível e misterioso. Além disso, como no neoplatonismo, Sua essência combina a infinita perfeição com a absoluta simplicidade de uma maneira que nos é ininteligível; ela encerra todas as perfeições requeridas para um atuar planejado e com vista a fins. Mas a natureza dessas perfeições ultrapassa o nosso entendimento, exatamente como a natureza das perfeições divinas em geral permanece velada para nós. O Deus do Rambam é o Deus-Criador e, como tal, é um Deus pessoal. Mas o conceito de personalidade dificilmente é compatível com o do divino Um e, portanto, cumpre interpretá-lo no sentido de que denota algo oculto a nós na essência de Deus. O mesmo se aplica às Suas qualidades éticas. Deus age moralmente em relação ao homem, e as pressuposições de semelhante atividade devem estar necessariamente ocultas dentro da essência divina. Mas Seus atributos éticos expressam apenas o fato de que, ocultas na essência de Deus, encontram-se as pressuposições para tal atividade; seu valor é assim apenas simbólico.

O conceito de Deus-Criador que serve, em Maimônides, de pressuposto para a doutrina dos atributos, é plenamente estabelecido na doutrina da criação. É este o ponto em que Maimônides entra em desacordo fundamental com o ensinamento de Aristóteles. Na sua crítica à doutrina aristotélica sobre a eternidade do mundo, ele insiste que sua oposição básica à doutrina judaica da criação não se relaciona à questão de saber se o mundo é eterno ou teve um início no tempo, mas se emanou de Deus por necessidade ou se foi criado livremente por Ele[85]. Maimônides liga, porém, o conceito de "livre criação" ao começo temporal do mundo; a tentativa de explicar a eterna processão do mundo a partir de Deus em termo de um eterno atuar da vontade divina é vista como algo que disfarça a oposição entre conseqüência necessária e livre criação[86]. Terá Deus plasmado o mundo como Seu soberano senhor conforme a Sua vontade ou estará Ele obrigado a obedecer às eternas leis do universo? A discussão desse problema é guiada, em Maimônides, pelo desejo de substituir o sistema

a Deus e, segundo, pretende que Deus existe de um modo que Lhe é único: que sua existência é una com Sua essência e nada tem em comum com o nosso modo de existência exceto um nome lingüístico comum. No segundo sentido do enunciado está implícito o valor essencial da forma positiva de atribuição (Wolfson, *op. cit.*, JQR, n.s., VII, 20). Contra a proposição de que se pode atribuir predicações positivas a Deus, arrolei na edição alemã deste livro toda uma série de objeções. Num ensaio mais recente, Wolfson tenta justificar seu ponto de vista anterior dando uma análise mais pormenorizada deste. Mas se bem compreendi a sua exposição, ele demole a tese à qual eu havia objetado. Ele agora vê a significação do enunciado "Deus existe" como sendo tautológico apenas na medida em que nega a falta de existência a Deus (Wolfson, *op. cit.*, pp. 420-421). Somente por esta via indireta pode a existência de Deus ser afirmada, o que está em concordância com a minha opinião. Mas isso corta o valor essencial da forma positiva de atribuição, e minhas objeções anteriores desaparecem diante dessa formulação da teoria. Para a compreensão da teoria da atribuição negativa, o referido ensaio é rico em novos materiais e discernimentos, cuja discussão me envolveria em um discurso por demais detalhado.

85. Maimônides, *Guia*, II, 25
86. *Ibid.*, II, 21.

O ARISTOTELISMO E SEUS OPONENTES | 195

aristotélico da necessidade por um sistema de liberdade compatível com a soberania divina, e de acordo com o caráter voluntarista da idéia judaica de Deus.

A doutrina da eternidade do mundo converteu a noção original aristotélica, acerca de um mundo eternamente coexistente com Deus, na idéia de um mundo eternamente procedente de Deus. Essa concepção, à qual o Rambam fazia objeção – infelizmente sua apresentação do caso é neste particular um tanto obscura – parece ter se desviado do dualismo peripatético, ao incluir a matéria na seqüência de emanações, em vez de colocá-la como um princípio independente ao lado de Deus. Não obstante, o mesmo ponto de vista apresenta argumentos contra um início temporal do mundo – argumentos baseados nas assunções dualistas de Aristóteles, as quais, por seu turno, são extraídas de seu conceito da natureza. Segundo Aristóteles, não podemos conceber o movimento como algo que tenha vindo a existir, pois a origem do movimento, uma transição da potência ao ato, é por si um movimento, e o alegado primeiro movimento deve ter sido precedido por outro movimento, e assim por diante *ad infinitum*. A idéia de uma origem temporal da matéria conduz a similar regressão infinita, pois, em consonância com a doutrina aristotélica da geração, todo vir-a-ser pressupõe matéria e, como conseqüência, a origem da matéria-prima teria de pressupor, por sua vez, outra matéria-prima, e assim por diante[87]. A esta série de argumentos, derivada das condições de processos naturais, os aristotélicos islâmicos acrescentaram outras séries de argumentos que remontam ao filósofo neoplatônico Proclo, concluindo que a ação divina precisa ser concebida como eterna. Se o atuar de Deus tivesse um início, deveria ter passado da potência ao ato. Tão-somente uma atividade eterna de Deus é compatível com sua imutável atualidade. No essencial a prova é a mesma que o seguinte argumento: apenas um ser cuja atividade depende de condições externas é às vezes ativo e, outras vezes, inativo. A atividade divina, que não é causada por quaisquer fatores externos, mas cuja causação reside unicamente na necessidade de sua própria essência, deve, pois, ser tão eterna quanto a sua essência. A tendência dessa linha de demonstração – através de uma dissolução dialética do conceito de vontade divina para convertê-lo numa atuação necessária – faz-se até mais evidente na sugestão de que condiz mais com a sabedoria divina gerar o mundo na máxima perfeição possível, a qual, no entanto, só pode ser realizada em um mundo eterno[88].

Maimônides objeta a essas duas séries de argumentos que as leis e condições válidas ao devir no mundo são por elas aplicadas também às relações do mundo para com Deus, sem perguntar primeiro se cabe atribuir-lhes uma tal validade absoluta.

---

87. *Ibid.*, II, 14: árabe, p. 30a; hebraico, p. 249.

88. *Ibid.*, árabe, p. 31; hebraico, p. 250. Kaufmann (*Geschichte der Atributenlehre in der jüdischen Religionsphilosophie...*, p. 302, nota 139; p. 304, nota 145) já havia salientado que a mesma prova fora aduzida por Schahrastani em nome de Proclo.

196 | A FILOSOFIA DO JUDAÍSMO

As próprias provas de Aristóteles refutam a origem temporal do mundo, ao demonstrar que todo vir-a-ser depende de determinadas condições, as quais, portanto, não podem elas mesmas ter vindo a ser. Isto é indubitavelmente certo no atinente a todo devir em nosso mundo, mas nada prova no que tange à origem do próprio universo. Quem pensa que o mundo veio a ser, não pensa a sua origem como similar à geração natural das coisas dentro dele, e é mera petição de princípio aplicar ao problema da origem do mundo como um todo as leis do devir *intra*mundano, com as quais, por certo, um vir-a-ser absoluto no tempo é incompatível. Maimônides embota um pouco o fio dessa crítica com a formulação de que as condições no caso do ser que já veio à existência, não devem ser aplicadas ao processo do seu devir. As condições de vida do embrião diferem das de um homem adulto[89]. Todavia, é clara a intenção geral do Rambam, a despeito de sua formulação inadequada. Ela é dirigida contra um dogmatismo que considera as leis imanentes da natureza como absolutas e as aplica sem exame ulterior às relações de todo o universo para com Deus. O mesmo erro é cometido por aqueles que tentaram inferir do conceito de emanação divina a emanação eterna do mundo. Uma tal inferência submete a vontade absoluta de Deus às mesmas leis de motivação que se aplicam às nossas vontades limitadas e condicionadas. Somente uma vontade suscitada por impulsos externos e direcionada para propósitos exteriores, pode-se dizer, está sujeita a mudanças temporais. No que concerne à vontade absoluta de Deus, a qual não é afetada por qualquer fator externo, a questão sobre as causas que O levam a atuar em certos momentos e em outros não, é ilegítima. Deus permanece o mesmo em seu ser, ainda que escolha, em Sua espontaneidade, um determinado momento para atuar. A necessária processão do mundo a partir de Deus só pode ser demonstrada quando se estende as leis intramundanas também a Deus[90].

Maimônides escora a sua critica aos argumentos de seus opositores com uma penetrante análise das dificuldades em que a teoria da emanação se envolve. O pivô de seu argumento, que adentra os pormenores do conceito contemporâneo de natureza, é a alegação de que a doutrina da emanação dos aristotélicos é incapaz de dar conta, como lhe cumpriria fazer, das causas da determinação concreta da realidade. Maimônides reconhece que Aristóteles conseguiu explicar a ordem dada do mundo sublunar por sua dependência do mundo das esferas celestes. Que a matéria que é comum a todos os corpos no mundo terreno deveria assumir uma série de variadas formas, e que os corpos assim constituídos deveriam seguir um ao outro em determinada ordem é explicável, junto com todas as complicações conseqüentes, pela influência das esferas celestes. Mas uma multiplicidade análoga reina dentro destas

89. *Ibid.*, II, 17.
90. *Ibid.*, II, 18.

esferas. Embora também sejam compostas da mesma matéria básica, apresentam grande variedade, tanto no que diz respeito às estrelas pertencentes às diferentes esferas, quanto no que se relaciona à direção e velocidade de seus movimentos. Aqui surge, outrossim, a pergunta sobre o que causou essas diferentes manifestações de uma e mesma matéria, ou – colocando a questão mais no sentido do sistema aristotélico – o que a levou a tomar formas tão diversas. A questão se aguça ainda mais devido ao fato de essa variedade não mostrar nenhuma ordem racional; por exemplo, esferas de movimento mais veloz e mais lento se alternam sem nenhuma ordem reconhecível[91]. Defrontamo-nos aqui com uma variedade de dados finais, para os quais não se pode descobrir nenhuma causa ulterior dentro do mundo corpóreo. Maimônides mostra, em prosseguimento, que essa variedade tampouco se explica por retrocessão, na série de emanações dos aristotélicos, à essência imaterial precedente. Se, como ensina a doutrina da emanação, uma essência simples só pode produzir outra essência simples, então o último elo de semelhante série de emanações terá de ser simples também. A emanação de objetos corporais, como as esferas celestes e, *a fortiori*, a emanação a partir de inteligências simples não apenas das esferas, mas inclusive das estrelas nelas fixadas, são em si inexplicáveis. Mas é tanto menos compreensível como uma tal emanação haveria de produzir essa racionalmente inexplicável variedade na estrutura das esferas celestes. Esta dada ordem dos céus só pode ser explicada como obra da vontade divina[92].

O Rambam mesmo acentua o parentesco dessa demonstração com uma das provas da criação desenvolvidas pelo Kalam. Segundo o Kalam, a determinação que é dada no mundo em todas as suas partes, da cor de uma flor até a configuração das estrelas, não pode ser concebida como necessária. Cada uma das coisas poderia ser diferente do que de fato é. Caso possua precisamente uma determinada qualidade, esta só pode ser obra de uma vontade livre, que escolheu justamente esta entre todas as possibilidades[93]. Gazali esclarece a referida idéia, especialmente por meio da diversidade dos movimentos estelares. A prova apresentada por Maimônides, de que a teoria da emanação não dava conta da passagem das essências imateriais para os corpos celestes, já fora empreendida, em termos similares, por Gazali. Isto levou muitos estudiosos a negar a originalidade do Rambam neste assunto[94], muito embora uma comparação mais conscenciosa com o Kalam demonstraria que o propósito e o significado dos argumentos de Maimônides eram inteiramente de outra ordem. O ponto de partida do

---

91. *Ibid.*, II, 19.
92. *Ibid.*, II, 22.
93. *Ibid.*, I, 74, a quinta prova: árabe, pp. 119b e ss.; hebraico, pp. 190 e ss.; II, 19: árabe, p. 40a; hebraico, p. 264. Na última referência aqui citada, Maimônides assinala as similaridades e diferenças da prova por ele apresentada e a do Kalam.
94. Duhem, *Le système du monde*, V, 191 e ss., e Narboni, comentário ao *Guia*, p. 34.

198 | A FILOSOFIA DO JUDAÍSMO

argumento, o conceito de contingência, é em essência diverso da alegação do Kalam. Para Maimônides, a determinação dos objetos particulares não é algo acidental simplesmente porque poderíamos imaginar determinações alternativas; ao contrário, ele encara o mundo como um todo interligado, conjugado por certas leis. É esta uniformidade de leis no mundo, e não a mera conceptibilidade, que proporciona o critério do que é possível ou impossível. Por isso, a indagação de Maimônides concentra-se nas condições últimas do processo cósmico, das quais todas as ulteriores dependem segundo uma ordem ditada por leis fixas. Mesmo em relação a essas condições, do fato de sua contingência como tal, Maimônides não infere, com respeito a elas, sua dependência de um ato de vontade divina. A indedutibilidade lógica dessas condições serve-lhe, em primeira instância, muito mais como argumento contra a doutrina da emanação, uma vez que esta exige que o mundo seja logicamente dedutível. Se o mundo corpóreo ou, antes dele, sua fonte nas esferas celestiais, provém *necessariamente* de substâncias intelectuais puras, então sua estrutura, também, deve ser racionalmente dedutível. O reconhecimento de que a realidade fatual não pode ser logicamente derivada constitui, em termos estritos, apenas uma refutação do racionalismo da doutrina da emanação. Só a pressuposição anterior de que a origem do mundo reside em Deus, acarreta a conclusão de que um ato livre da vontade divina lhe deu a forma que tomou.

Maimônides não arrogou a essa demonstração rigor lógico. Embora considerasse que os argumentos em favor da criação do mundo eram, no todo, mais ponderáveis do que os de sua eternidade, ele, no entanto, sustentou que uma decisão lógica compulsória – de um lado ou de outro – constituía uma impossibilidade[95]. Sendo esta a questão, o motivo religioso, que requer a existência de um Deus sobrenatural, pode decidir o caso de uma vez. A ordem intencional da vontade divina é superior à natureza dinâmica da causalidade teleológica. Maimônides não nega a teleologia natural ou a interrelação dinâmica dos eventos, mas as limitou à esfera intramundana. Tudo o que ocorre em nosso mundo está sujeito a essa ordem. Um processo permanente de emanações ata o mundo, das essências imateriais aos corpos terrenos, e proporciona o meio natural para o exercício de seu governo divino. Mesmo em relação a essa origem, o princípio de emanação tem apenas uma aplicação limitada, visto que as substâncias incorpóreas, cujas diferenças decorrem de sua mútua interdependência, devem, por necessidade, proceder uma da outra. Entretanto, a criação do universo como um todo é um ato da livre vontade divina e a teleologia natural, necessária, da ordem imanente do mundo permanece eternamente subordinada à livre determinação de Deus.

95. Uma análise minuciosa, tanto das provas opostas com respeito à eternidade do mundo, quanto daquelas que tratam da origem do mundo a partir da vontade de Deus, é dada por Bamberger em seu livro, *Das System des Maimonides, eine Analyse des More Newuchim vom Gottesbegriff aus*, cap. 2, "Die Kosmologie". Lidei com várias questões relacionadas com isto em meu ensaio "Das Problem der Kontingenz in der Philosophie des Maimonides", *MGWJ*.

O ARISTOTELISMO E SEUS OPONENTES | 199

No presente contexto é impossível fazer mais do que apenas aludir ao fato de que esse restaurado personalismo da idéia de Deus explode a definição do conceito de Deus, implícito na doutrina dos atributos. É mais importante examinar as conseqüências do ponto de vista recém-conquistado. Ele desobriga Maimônides da necessidade de interpretar as idéias religiosas acerca da atividade de Deus e da relação Dele com o mundo em termos de um dinamismo imanente, teleológico e largamente impessoal. É-lhe dado reinvestir tais idéias com seu significado original, ainda que ele faça um uso econômico e muito cauteloso dessa possibilidade. Sempre que uma interpretação natural de um acontecimento religioso pareça suficiente, e não prejudique a significação religiosa, o Rambam a adota. Ao todo, toma cuidado para evitar que a afirmação da atividade sobrenatural de Deus se torne um meio para a contínua suspensão da ordem natural, ou para uma irrupção nela. Essa tendência aparece claramente na atitude de Maimônides para com os milagres. Ao destruir o sistema aristotélico de necessidade, estabelecera a possibilidade de haver milagres; no entanto, estava longe de retornar à fé ingênua da religião popular. Isso pode ser visto, de uma forma muito nítida, no seu *Comentário sobre a Mischná*, onde ensina que a disposição para os milagres foi implantada na natureza na época da gênese. Ambos, tanto o processo regular da natureza, quanto os eventos extraordinários que não podem ser deduzidos da ordem natural, derivam do curso imanente dos acontecimentos, por causa da disposição com a qual a natureza foi dotada na sua criação[96]. No *Guia dos Perplexos*, Maimônides parece não manter mais essa posição extrema, que excluiria toda e qualquer interferência divina no curso da natureza, admitindo a possível erupção de Deus na ordem natural. Tais erupções, porém, não são concebidas como uma subseqüente suspensão desta ordem, mas como parte do divino e original plano global para o mundo[97]. Um grande número de relatos miraculosos da *Bíblia*, sobretudo os que apresentam um caráter marcadamente mitológico ou fabuloso, como o das falas da serpente no Jardim do Éden, ou o do asno de Balaam, são explicados por meio de uma exegese alegórica, ou então pela interpretação das histórias como experiências e fantasias da imaginação profética.

Sua doutrina sobre o conhecimento de Deus é plenamente consoante com a fé religiosa na divina onisciência. Ao contrário dos aristotélicos islâmicos, Maimônides não limitou o conhecimento divino às leis gerais das formas das substâncias. Deus conhece os objetos individuais não apenas como liames na causalidade geral das formas, mas direta e imediatamente. Como criador do mundo, Deus o conhece em

---

96. Comentário à *Ética dos Pais*, V, 6.
97. Maimônides, *Guia*, II, 29: árabe, p. 64b; hebraico, pp. 302-303. Do teor das enunciações, que foram cuidadosamente editadas, é difícil determinar com certeza se o Rambam mantém o seu ponto de vista anterior ou o modifica da maneira sugerida no texto.

200 | A FILOSOFIA DO JUDAÍSMO

todos os seus pormenores. O fato de não podermos conceber um conhecimento que abranja uma multidão infinita de seres, e que permaneça o mesmo a despeito da mudança de seus objetos, não contradiz a possibilidade de que haja um tal conhecimento por parte de Deus[98].

Desta concepção modificada do conhecimento divino, o Rambam não tira todas as conseqüências para o conceito de providência. Essa noção sofrera grande transformação no âmbito da filosofia aristotélica. O aristotelismo, como já foi salientado, igualou a providência divina com a intencionalidade natural do mundo. As essências genéricas eram os objetos reais da providência, que em decorrência estava limitada à ordem geral das coisas. Maimônides percebeu que essa generalidade punha a perder o sentido religioso da idéia de providência; no entanto, não retornou inteiramente ao significado original desta idéia. Pois, para o mundo subumano a providência geral é suficiente; é tão-somente em relação ao homem que ele admite uma providência individual. O próprio Rambam tenta interpretá-la de um modo naturalista, como Ibn Ezra o fizera antes dele, mediante a idéia de que o homem está habilitado a estabelecer, pelo conhecimento, uma ligação com o mundo inteligível e, em última instância, com Deus. Por meio desse elo de comunhão a criatura humana torna-se digna daquela orientação em que Deus modela o destino do homem. Deus o avisa da aproximação de perigos exteriores, e assim lhe estende Sua proteção[99]. A divina providência não significa, portanto, interferência no curso externo da natureza, mas ela é transferida para a vida íntima do homem, onde fica assentada na conexão natural entre o espírito humano e o divino. Essa interpretação naturalista da providência alcança apenas de maneira imperfeita o seu objetivo, porquanto o caráter intelectual da conexão entre o homem e Deus torna o poder desse liame dependente do nível de

98. *Ibid.*, III, 20.
99. *Ibid.*, III, 17: árabe, pp. 35b e ss.; hebraico, p. 427. A semelhança com a opinião de Ibn Ezra não se limita a esse conceito somente. Ele interpreta a operação da divina providência, que guarda o homem, o qual está ligado a Deus através da atividade intelectual, advertindo-o dos perigos pendentes por meio de um exemplo que é inteiramente comparável ao apresentado por Maimônides. Nossa explicação da doutrina da providência, em Maimônides, segue a maioria dos estudiosos modernos que se apóiam no capítulo 17 da terceira seção, em que o problema da providência é exposto de um modo sistemático. Mas Samuel ibn Tibon, tradutor do *Guia*, já tinha notado na carta ao Rambam que, no capítulo III, 23 (árabe, pp. 48-49; hebraico, pp. 449 e ss.) e no capítulo III, 51 (árabe, pp. 127-128; hebraico, pp. 585-587), há locuções que veiculam uma teoria exatamente contrária à indicada no capítulo 17 (cf. Diesendruck, "Samuel and Moses ibn Tibbon on Maimonides' Theory of Providence", *HUCA*, XI, 341-366). É claro que tais contradições não eram involuntárias. Maimônides não propôs uma exposição completa de seu pensamento final sobre esse assunto e portanto — de conformidade com a posição por ele adotada ao fim da introdução ao *Guia* — permitiu opiniões contraditórias uma com a outra em vários lugares do livro, incitando desse modo o leitor informado a descobrir a verdadeira doutrina do autor. Os comentadores medievais, entretanto, quando acontecia uma discussão desse problema da doutrina esotérica de Maimônides, eram de opiniões diversas no tocante à seriedade e à aplicação do caso, e uma vez que não há hipóteses convincentes e comprobativas, não temos alternativa senão manter as formulações do capítulo 17.

O ARISTOTELISMO E SEUS OPONENTES | 201

conhecimento do ser humano individual. Fatores intelectuais e não éticos são decisivos para o governo da divina providência[100].

Maimônides, em sua teoria da profecia, adota a posição aristotélica, limitando-a rigorosamente em alguns pontos essenciais. Ele concorda que o fenômeno da profecia está baseado no vínculo natural entre o espírito humano e o intelecto ativo[101]. Sua peculiaridade resulta do fato de que a influência do intelecto ativo sobre o profeta é de uma natureza mais compreensiva e sublime do que no caso do conhecimento comum. Enquanto no conhecimento teórico, a influência do intelecto ativo vai apenas ao intelecto, e no caso dos oráculos, dos sonhos e das inspirações dos estadistas se estende apenas à imaginação, ela abarca quer a imaginação quer a razão do profeta, o qual deve possuir uma disposição natural em ambas as direções[102]. Embora o Rambam deixe de fornecer uma explicação psicológica adequada do entrelaçamento desses dois lados do conceito de profecia, não pode haver engano sobre o significado geral de sua teoria. O lado intelectual do processo é o mesmo para o profeta e para o filósofo, pois é a mesma verdade que ambos estão captando. A identidade das verdades da revelação e da razão é expressa psicologicamente pelo fato de que o profeta é, *ipso facto*, um filósofo, e que a inspiração profética inclui a inspiração filosófica. O lado imaginativo do processo dá conta, antes de tudo, do teor especificamente fatual da profecia e, depois, da forma simbólica e pictórica na qual a fala profética anuncia a verdade conceitual[103]. O propósito dessa forma de fala profética é conforme à capacidade intelectual das massas; sua causa psicológica repousa na peculiaridade do gênio profético. Sentimo-nos tentados a concluir que o conteúdo especulativo da revelação profética é exposto de uma forma inadequada, e que a filosofia, com sua apresentação puramente conceitual da verdade religiosa última, é superior à profecia. Esta, entretanto, não era por certo a opinião de Maimônides. O profeta é superior ao filósofo, mesmo do ponto de vista puramente especulativo, porque seu conhecimento atinge alturas intuitivas, muito além das fronteiras da compreensão discursiva[104]. A diferença entre as duas formas de apresentação é ainda mais minimizada pela concepção de que a filosofia também, como já foi indicado antes, apenas alude à verdade metafísica final.

---

100. Maimônides tenta, ainda que sutilmente, aplicar a hierarquia intelectual à moralidade; cf. *Guia*, II, 18: árabe, pp. 37b e ss.; hebraico, pp. 432-433.

101. Maimônides, *Guia*, II, 32, especialmente: árabe, p. 73b; hebraico, pp. 317-318; II, 36, especialmente: árabe, p. 78; hebraico, pp. 326-327. Diesendruck procura explicar essa teoria em seu "Maimonides' Lehre von der Prophetie"(*Jewish Studies in Memory of Israel Abrahams*, pp. 74-134).

102. Maimônides, *Guia*, II, 37. A doutrina do augúrio e sua comparação à inspiração do estadista tem sua fonte última em Platão; cf. *Ménon*, 99.

103. Sobre a predição profética do futuro, cf. Maimônides, *Guia*, 38: árabe, p. 82; hebraico, pp. 331-333. Acerca da forma metafórica do Santo Espírito profético, cf. II, 47, sobretudo o fim do capítulo. Discutiremos mais tarde a função política dos Profetas, à qual não demos atenção aqui.

104. *Ibid.*, II, 38: árabe, pp. 82b-83; hebraico, pp. 333-334.

Maimônides limita essa teoria naturalista da profecia por dois lados. Em geral, ele ensina que a vontade divina pode recusar a inspiração até a indivíduos que possuem a necessária disposição e as qualificações naturais para a profecia[105]. Essa doutrina paradoxal que atribui não a ocorrência, porém a suspensão, da profecia a um ato da vontade divina habilita Maimônides a retomar a noção de profecia como missão. A segunda restrição é ainda mais importante. Considera-se aí que a explanação naturalista da profecia aplica-se a todos os profetas bíblicos, com exceção de Moisés. As expressões escriturais que enfatizam a superioridade de Moisés acima de todos os outros profetas, não assinalam, de acordo com o Rambam, uma diferença em grau, mas uma diferença em espécie[106]. A profecia de Moisés é um fenômeno *sui generis*, transcendendo a ordem natural, e devido, em sua totalidade, à ação sobrenatural de Deus. Desta maneira, Maimônides salvaguarda a singularidade da religião bíblica contra o perigo inerente a uma interpretação naturalista da profecia. Se a profecia é convertida em um fato explicável em termos naturalistas, torna-se um dado universal, e a maioria das diversas religiões históricas tem em comum, como os aristotélicos islâmicos haviam efetivamente ensinado, o caráter revelacional. Com base nesses pressupostos, a única diferença entre elas está na relativa diferença de níveis mais altos ou mais baixos de revelação. A fim de evitar quaisquer dessas conclusões, que são incompatíveis com a exclusividade absoluta reivindicada pela religião bíblica, Maimônides alçou a profecia de Moisés acima de todos os outros fenômenos de profetismo. Assim como a profecia de Moisés não é a mais elevada representante de um certo tipo, mas um fenômeno absolutamente único, do mesmo modo a religião que ele revelou é mais do que a forma superior entre uma variedade de religiões reveladas; é a única verdadeira religião revelada – e aí, a referência polêmica ao islã é evidente – que nunca será negada e superada por outra revelação[107].

Por meio de seu modificado conceito do divino ato criativo, Maimônides viu-se colocado diante de um problema que jamais poderia ter surgido com base em premissas estritamente aristotélicas: o problema do propósito da criação. Também o aristotelismo entendia o mundo de um ponto de vista teleológico e considerava todos os eventos naturais como expressões de uma intencionalidade imanente. Porém nunca levantaria a questão da finalidade última da criação porque, como Maimônides mostra com muita argúcia, o mundo aristotélico não resulta da criação efetuada por uma vontade, mas de um efeito necessário de Deus[108]. Dada a doutrina da criação, esse problema parece ser inevitável. Uma análise mais profunda, entretanto, de-

---

105. *Ibid.*, II, 32: árabe, pp. 73a e ss.; hebraico, pp. 317-318.
106. *Ibid.*, II, 35; *Mischné Torá, Hilkhot Iessodei ha-Torá*, VII, 6.
107. *Ibid.*, II, 39; *Hilkot Iesodei ha-Torá*, VIII, IX.
108. *Ibid.*, III, 13: árabe, p. 22b; hebraico, pp. 406-407.

O ARISTOTELISMO E SEUS OPONENTES | 203

monstra que, mesmo aceitando essa doutrina, a questão, se desenvolvida até um certo ponto, deixa de existir. Pois se a existência do homem, como se costuma supor, foi o fim da criação, o mundo como um todo, poder-se-ia dizer, tem um propósito apenas na medida em que era uma condição indispensável para a existência humana. Como é evidente que a humanidade não necessita de uma grande parte do cosmos, não se pode afirmar que este tenha qualquer finalidade. A concepção antropocêntrica do universo, que é contraditada pelo fato de as essências do mundo celeste serem de longe superiores ao homem, é enfaticamente rejeitada pelo Rambam. Se esse argumento desaprova a elevação de um ser individual particular, como o homem, convertendo-o no propósito do universo como um todo, a pergunta mais essencial, que é a de saber se a criação como tal possui uma finalidade última, pode ser respondida pela consideração de que esta conduz de modo necessário a uma regressão infinita. Admitindo, por exemplo, que a existência do homem constitui o fim último da criação, não podemos deixar de perguntar qual é a finalidade da criação do homem? Mesmo a resposta de que o homem existe a fim de cultuar Deus, seria simplesmente um convite para uma pergunta similar. Não há outra resposta senão a de que tal era a vontade divina, ou seja, de que o mundo não tem finalidade fora da vontade Dele, pois nada que Lhe é externo pode determiná-la[109]. A vontade de Deus, no entanto, quis o mundo como um todo; embora se possa sustentar que certos seres foram criados para servir outros, continua sendo verdade, de um modo geral, que originalmente todas as partes do mundo foram de igual modo pretendidas pela vontade divina. Elas constituem fins em si próprias, sem serem fins últimos. Aqui Maimônides se aproxima do voluntarismo dos Ascharitas, que elevavam a divina vontade acima de todos os propósitos e critérios externos a ela – embora ele tome o cuidado de demarcar a sua posição contra o extremo irracionalismo deles. Os mestres da Ascharia não só negavam um propósito último do mundo como um todo, mas rejeitavam outrossim toda e qualquer teleologia imanente. Recusavam inclusive a indagação teleológica no âmbito interno do organismo individual; os vários órgãos não foram criados com o fito de servir propósitos específicos, mas a natureza de cada um deles havia sido ordenada em separado por um ato da vontade divina[110].

O Rambam considerava essa abolição de toda teleologia imanente das coisas uma inaceitável degradação de Deus, cujas ações ficariam completamente sem sentido se não fossem dirigidas para um fim e, na verdade, para um fim intrinsecamente significativo. A vontade divina não deve ser concebida como completamente arbitrária; ela é guiada pela sabedoria divina, a qual produziu o mundo na sua máxima perfeição possível. Maimônides elucida, mais tarde, essa idéia, ao afirmar que Deus criou

109. *Ibid.*, árabe, pp. 23b e s.; hebraico, pp. 407-408.
110. *Ibid.*, III, 25: árabe, pp. 55b e ss.; hebraico, pp. 462 e s.

tudo cuja existência era possível, porque a existência era um bem em si mesma[111]. Embora essa conclusão concordasse com o resultado prévio a que chegou ao reconhecer uma teleologia imanente e ao assumir que Deus criara as coisas a bem delas próprias, ainda assim as duas linhas de pensamento mantêm entre si uma oposição quase inconciliável. Se é verdade que as ações de Deus, se é que devem ter algum sentido, precisam ser direcionadas para alguma finalidade, então não podemos nos deter em desígnios imanentes. A significância da ação divina exige não só que a estrutura do mundo deva ser ordenada segundo um propósito, mas que sua existência, também, deva ter uma finalidade. Do contrário, impor-se-ia por si mesma a conclusão paradoxal de que a existência do mundo deve ser atribuída tão-somente à vontade de Deus, enquanto suas determinações particulares são devidas à sabedoria divina. O próprio Maimônides vê-se forçado a ir além dessa posição quando descreve o ser como um bem que se fez realidade pela criação do mundo, pois, desse modo, ele coloca um conceito de valor que lhe permite atribuir um propósito à divina criação. Assim procedendo, entretanto, abandona o ponto de vista segundo o qual todo alegado desígnio leva sempre de novo à pergunta sobre o propósito desse propósito – indagação que só chega a termo na vontade divina. A exigência no sentido de que o atuar de Deus deve ser entendido como significativo impele-nos ao conceito de um valor último intrínseco – o conceito mesmo que era negado pela negação de um propósito último do mundo. É possível que Maimônides tivesse em mente conciliar as duas tendências na idéia de um princípio básico de significado que não se encontra fora de Deus, mas que está fundamentado em Sua essência; mas ele nunca chegou a formular essa idéia[112].

Daquilo que foi dito acerca da finalidade da criação, deveria ficar bastante claro que a concepção de Deus não acarreta nada quanto à Sua natureza moral. Outras considerações confirmam que, na sua doutrina dos valores religiosos, o Rambam teve bem menos sucesso em estabelecer contato com o judaísmo bíblico, do que em sua metafísica religiosa. Suas concepções relativas aos fins últimos da existência humana estão muito próximas do aristotelismo e ele substitui uma religiosidade da contemplação interior pela religiosidade ética da *Bíblia*. A perfeição ética, por certo, é estimada em grau mais alto do que as perfeições das condições externas da vida ou do corpo, ainda que não toque no cerne essencial do homem. O valor da perfeição ética reside na sua utilidade social e, por conseguinte, diminui quanto mais pensamos o homem como um ser apartado da sociedade. Apenas a perfeição espiritual

---

111. *Ibid.*: árabe, pp. 56 e ss.; hebraico, pp. 463-464.
112. Uma tentativa de aplainar as enunciações contraditórias na obra de Maimônides e edificar um todo sistemático foi empreendida por Diesendruck, "Die Teleologie bei Maimonides", mas muitas de suas construções são forçadas.

O ARISTOTELISMO E SEUS OPONENTES | 205

pertence à verdadeira essência do homem, e a ética só é significativa para ele na medida em que for necessária à consecução de sua perfeição espiritual[113]. Em contraste característico com Saádia, que atribuíra um fim puramente moral à revelação, para Maimônides a distinção entre a lei divina e as leis humanas é tal que a primeira não se contenta em prover o bem-estar externo do homem e regrar suas relações mútuas, porém os conduz ao conhecimento da verdade e lhes ilumina o espírito. A ética é abordada apenas em suas dimensões sociais[114]. Além disso, ela ajuda a emancipar o homem da dominação dos sentidos, que é o obstáculo principal ao pleno desenvolvimento de seu intelecto. O homem necessita da ética porque ele precisa afirmar sua verdadeira essência na luta contra as suas paixões[115].

Tudo isso concorda com a concepção aristotélica que vê no conhecimento a máxima perfeição e ventura do homem. De fato, Maimônides é inclusive mais extremado, pois, embora Aristóteles subordinasse a ética às virtudes intelectuais, ainda assim concedeu à primeira certa porção de valor intrínseco. Entretanto, como já foi demonstrado, a doutrina peripatética da eudemonia do conhecimento adquiriu dos aristotélicos árabes e do neoplatonismo, bem como de alguns comentadores próximos dessa escola – um conteúdo religioso completamente desconhecido ao próprio Aristóteles, mas no qual, para Maimônides reside o verdadeiro significado de toda a doutrina. Este conteúdo religioso transparece, primeiro, no fato de que o nosso conhecimento é, em última instância, dirigido para Deus. O conhecimento da natureza constitui apenas um passo preliminar rumo ao conhecimento metafísico, cujo supremo e essencial objeto é Deus. Além do mais, uma vez que o conhecimento da verdade brota no domínio das substâncias puramente espirituais e é vertido no intelecto humano, representa também o liame entre o homem e Deus[116]. Essa comunhão com Deus não pertence ao domínio da experiência subjetiva, mas é um fato da realidade metafísica. O conhecimento dota o ser humano com a ventura dessa comunhão imediata com Deus, e suscita a emoção do amor a Ele e a felicidade desta comunhão. A eudemonia do conhecimento transforma-se na bem-aventurança da comunhão com Deus. Para Maimônides, tal comunhão jamais se converte numa união mística e mesmo a ênfase emocional característica do misticismo permanece estranha à sóbria contenção de seu espírito. Sua piedade, entretanto, apresenta um caráter marcadamente contemplativo. A mais alta ventura é a contemplação de Deus. A vida deste mundo possui apenas um valor relativo. O Rambam ensina que nenhum ascetismo seria capaz de isentar o homem de seus deveres neste mundo, ainda que

113. *Ibid.*, III, 54: árabe, pp. 132b e ss.; hebraico, p. 596.
114. *Ibid.*, II, 40: árabe, pp. 86b e ss.; hebraico, p. 339; III, 27.
115. Introdução do *Comentário à Mischná* (ed. Hamburg, p. 53); Maimônides, *Guia*, II, 36: árabe, p. 79; hebraico, pp. 327-328; III, 33.
116. Maimônides, *Guia*, III, 51: árabe, pp. 125 e ss.; hebraico, pp. 581-582.

206 | A FILOSOFIA DO JUDAÍSMO

procure cingir a participação do homem nas coisas externas ao absolutamente necessário. Como Bahia, considera o mais alto ideal (realizado somente por Moisés e os
Patriarcas) a concentração da mente em Deus numa permanente comunhão, que
não é afetada pelas atividades externas ou pelas relações sociais[117].

O conhecimento é também a condição prévia para a imortalidade da alma. Maimônides aceita a doutrina da imortalidade adquirida, segundo a qual apenas a atualização pelo conhecimento do poder intelectual do homem conduz à imortalidade[118].
Destarte a imortalidade torna-se a do espírito cognoscente. Mas essa idéia metafísica
possui outrossim um significado religioso; é a comunhão com Deus conquistada
pelo conhecimento que dota o homem de vida eterna. Nesse ponto Maimônides
manifesta a característica tipicamente ética da religiosidade judaica, a qual já havíamos detectado em outros filósofos judeus. O capítulo conclusivo do *Guia dos Perplexos*
enumera os vários níveis de perfeição humana, o mais elevado dos quais é a perfeição
do conhecimento, e descreve o supremo conhecimento de Deus como o do entendimento da divina atividade ética, pela qual somos levados a imitá-la em nossas próprias ações[119]. A ética, embora previamente subordinada ao conhecimento, tornou-se
agora o significado e propósito últimos do conhecimento de Deus. É a mesma transição da teoria para ética que Maimônides efetuou em sua doutrina da essência divina, na qual argumentou que limitar o conhecimento de Deus a Suas ações de modo
algum prejudica a significância desse saber, uma vez que nos mune com o padrão da
moralidade.

Esta concepção do conhecimento de Deus é mais do que uma simples adaptação
à tradição judaica; é uma conseqüência necessária do conceito maimonidiano de
Deus. Enquanto o Deus de Aristóteles é ainda o pensamento supremo, e o dos
neoplatônicos é o mais alto ser em si residente, o do Rambam é um Deus da ação
moral. Tal concepção reflete-se claramente nas suas idéias relativas à comunhão entre
Deus e o homem. A transformação da eterna felicidade que dimana do conhecimento
de Deus para o amor a Ele não distinguiria, em si, o ponto de vista de Maimônides da
visão neoplatônica. Mas isto se torna uma coisa completamente diversa quando é
concebido como amor a um Deus que governa o mundo segundo propósitos morais,
e quando se lhe adicionam humildade e temor a Deus[120]. O conhecimento de Deus

---

117. *Ibid.*: árabe, pp. 126b e ss.; hebraico, pp. 583-584.
118. *Ibid.*, I, 70: árabe, p. 92b; hebraico, pp. 149-150; III, 27: árabe, p. 60a; hebraico, pp. 470-471.
119. *Ibid.*, III, 54: árabe, pp. 134b e ss.; hebraico, pp. 598-599.
120. *Ibid.*, III, 51: árabe, pp. 125a, 129a; hebraico, pp. 581, 588; III, 52. Como dissemos no texto, o valor que
    Maimônides consigna ao amor a Deus não tem nenhuma relação com o aspecto pessoal-moral de sua
    religiosidade, porque o amor a Deus pode também ser encontrado na religiosidade contemplativa e
    tradicional, e só o caráter (a maneira) do amor a Deus diferencia entre essas duas formas de religião.
    Quando Maimônides deriva o amor a Deus do conhecimento de Deus, deparamo-nos com uma suges-
    tão do amor contemplativo a Deus. Não obstante, é fácil demonstrar como a esse amor contemplativo

O ARISTOTELISMO E SEUS OPONENTES | 207

leva ao desejo de imitar a Sua atividade moral. Esta moralidade, baseada no conhecimento de Deus, é totalmente distinta da moralidade que antecede o conhecimento.
Originando-se no conhecimento de Deus, é parte da suprema perfeição do homem,
mesmo que a própria ação esteja voltada para um objeto externo. A despeito disso
tudo, porém, o aspecto teórico permanece central na consciência religiosa de Maimônides. A conexão entre o homem e Deus é estabelecida principalmente por meio
do conhecimento, e todos os outros aspectos da relação com Deus dependem sobretudo desse liame primeiro. O conhecimento é a verdadeira felicidade do homem, e sua
suprema perfeição consiste em ter os pensamentos repousando em Deus, mesmo quando
suas ações dirigidas para fora estão relacionadas com seus deveres mundanos. O caráter
contemplativo do pensamento religioso de Maimônides absorveu sem dúvida elementos éticos, ainda assim é por certo inadmissível definir seu sistema, como um todo,
exclusivamente em termos destes elementos.

Ao apresentar os conceitos religiosos fundamentais da literatura talmúdica, deparamo-nos com algumas idéias que poderiam servir de pontos de partida para o
Rambam. Sua concepção filosófico-intelectualista da religião poderia utilizar o fato
de o *Talmud* atribuir um valor religioso intrínseco ao estudo da *Torá*. De um modo
mais imediato, as descrições talmúdicas da visão beatífica facilitaram a absorção dos
ideais religiosos neoplatônicos e aristotélicos. Não obstante, essa concepção
intelectualista de religião, inspirada no pensamento filosófico, bem como o caráter
essencialmente contemplativo de seu ideal religioso, representam uma inovação. Tais
mudanças nos motivos religiosos primordiais tornam-se possíveis porque a atitude
interna de uma religião é algo muito menos tangível do que sua expressão em doutrinas metafísicas. Maimônides, por exemplo, percebeu com nitidez a diferença entre o
Deus-Criador da *Bíblia* e o Deus de Aristóteles que produz o mundo em um processo
necessário de emanação. No entanto, foi incapaz de distinguir entre o sentido de uma
comunhão moral com Deus, tal como ensinado mas não dogmaticamente formulado pelo judaísmo, e a idéia da comunhão do espírito cognoscente com Deus, tal
como defendido pelo aristotelismo.

Essa intelectualização da religião restringe a uma pequena elite a plena participação nos valores religiosos. No islamismo, tal fato colocou o problema de conciliar
um conceito exclusivo de religião com o caráter específico do islã como religião do
povo; e o resultado foi uma distinção radical entre as formas exotéricas e esotéricas
da religião. Averróis, um contemporâneo de Maimônides, defendeu essa posição na

a Deus é dado crescentemente uma feição pessoal. Suas observações no tocante à conexão entre o
conhecimento de Deus e o amor a Deus, e sobre as relações entre o amor a Deus e o temor a Deus estão
repletas de contradições, que Hoffman sombreou em seu ensaio, "Die Liebe zu Gott bei Mose ben
Maimon". As expressões de Maimônides, entretanto, podem ser interpretadas como formulações in-
completas de sua posição, ou como a apresentação de diferentes (vários) aspectos do assunto.

208 | A FILOSOFIA DO JUDAÍSMO

sua forma mais extrema, mas tampouco Maimônides a desconhecia. O sentido mais profundo da *Escritura*, idêntico à verdade filosófica, era acessível apenas a uma elite intelectual; como o filósofo muçulmano, o Rambam sustentava que este não deveria ser revelada às massas[121]. Seu ponto de vista não se distanciava muito da fórmula incisiva de Averróis, segundo a qual a religião constituía moralidade para o povo, mas conhecimento para os poucos eleitos. No entanto, Maimônides sabia demasiado bem que o judaísmo se endereçava de igual modo a todos os seus adeptos e não podia aprovar a rigorosa aplicação da distinção de Averróis entre os poucos iluminados e as massas. As massas não são simplesmente excluídas da verdade religiosa. A *Torá*, que procura iluminar o espírito de todo Israel, estabeleceu certas verdades singelas e básicas da religião; em particular, a incorporeidade de Deus e a eliminação de todos os elementos sensíveis do conceito de Deus. Estes estão ao alcance da apreensão de todo mundo, e sua propagação não só é permitida, como é um dever real. O entendimento figurativo, metafórico, dos antropomorfismos bíblicos que, conforme Averróis, precisam ser mantidos longe das massas, deveriam, na opinião do Rambam, ser ensinados inclusive ao mais humilde dos humildes[122]. Maimônides busca, aparentemente, evitar o que talvez seja a conclusão mais áspera implícita no seu intelectualismo – a restrição da imortalidade aos filósofos. É certo que, em termos estritos, dificilmente o seu sistema pode considerar uma aceitação convencional das verdades religiosas como suficiente para assegurar imortalidade ao intelecto. Mas aqui, ao que parece, o autor do *Guia* rebenta os limites de seu próprio sistema ao sugerir que um certo mínimo de conhecimento, do qual cada adepto do judaísmo seria capaz, era bastante para tornar todo Israel digno de uma porção no mundo vindouro.

Maimônides resumiu esse mínimo de conhecimento no seu *Comentário sobre a Mischná*, nos já mencionados treze artigos de fé[123]. Tais verdades da religião, obrigatórias a cada judeu, são: 1) A existência de Deus; 2) Sua unidade; 3) Sua incorporeidade; 4) Sua eternidade; 5) A obrigação de cultuar unicamente a Ele. 6) A profecia; 7) Moisés é o maior de todos profetas; 8) A *Torá* transmitida por ele é de origem divina; 9) A validade eterna da *Torá*. 10) Deus conhece todas as ações do homem, e 11) as retribui e as castiga devidamente. 12) Ele enviará um redentor messiânico, e 13) ressuscitará os mortos.

Essa tentativa de efetuar uma fixação dogmática da fé judaica é fundamentalmente diferente dos sumários das verdades essenciais do judaísmo que, de modo ocasional, eram promovidos pelos filósofos judeus anteriores, na medida em que tornavam a vida

---

121. Maimônides, *Guia*, I, introdução: árabe, pp. 3b e ss.; hebraico, pp. 5, 6; I, 33: árabe, pp. 36b e ss.; hebraico, pp, 61-62.

122. *Ibid.*, I, 35.

123. *Comentário à Mischná*, Sanhedrin 10 (11), a.

O ARISTOTELISMO E SEUS OPONENTES | 209

no mundo vindouro dependente da confissão dessas verdades. Maimônides foi muito além de seu ponto de partida na *Mischná*, que simplesmente negava um quinhão no mundo vindouro aos seguidores de certas doutrinas heréticas. A causa dessa "dogmatização" do judaísmo reside, evidentemente, na convicção de Maimônides de que as referidas verdades básicas e em geral obrigatórias – combinadas, sem dúvida, a seus pressupostos históricos – representam o mínimo de conhecimento que todo judeu, sem instrução filosófica, deve atingir a fim de participar da verdade do judaísmo. Somente a confissão dessas verdades abre ao intelecto o caminho para a imortalidade. Ao contrário da *Mischná*, trata-se aqui não de recompensa para o fiel e punição para o infiel, mas apenas das intrínsecas condições necessárias para a imortalidade. O dogmatismo religioso é uma conseqüência necessária do intelectualismo filosófico.

Esta concepção de religião não fica alterada pelo fato de que, de acordo com o Rambam, a *Torá* é a lei divina e Moisés, o legislador enviado por Deus. Na sua concepção da *Torá*, Maimônides seguiu as doutrinas dos aristotélicos islâmicos no que diz respeito à natureza da profecia. O propósito da missão profética era a legislação, o estabelecimento de leis políticas. Essa teoria baseia-se na concepção de que o homem só pode viver em sociedade, e que a vida em sociedade requer leis que determinam relações entre homem e homem. Para Maimônides, entretanto, uma legislação perfeita exige inspiração profética. Destarte, a legislação converte-se na principal função do profeta, e todas as suas outras atividades estão subordinadas a ela. Neste ponto o profeta preenche a tarefa que Platão atribuiu ao filósofo e, de fato, os filósofos islâmicos devem muito às idéias de Platão no que se refere à fundação de um Estado ideal dirigido por filósofos. Tal concepção de profecia conquistou apoio de uma característica peculiar compartilhada pelo islamismo e pelo judaísmo; ambos continham uma lei divina que incluía outrossim a lei política.

Maimônides também adotou essa doutrina. O desígnio da *Torá* é o de ordenar a vida social, e tanto suas leis políticas como os seus mandamentos morais estão voltados para este fim, educando o indivíduo e tornando-o apto a viver com o resto da sociedade[124]. Maimônides não encarava a lei política como o propósito único da revelação divina, e nisso também, era influenciado por seus predecessores muçulmanos. Ele sustentava que a diferença essencial entre a lei divina e a humana era a de que a primeira não só procurava estabelecer a ordem social, como também iluminar o espírito da espécie humana pela revelação da verdade. Seu propósito era conduzir o homem, quer do ponto vista corporal, quer espiritual à perfeição. As normas legais e éticas atendem ao primeiro objetivo; o segundo, é atendido por aquelas verdades gerais que na sua forma mais simples são dirigidas ao povo inteiro, dotando os seus membros com conhecimento adaptado às suas capacidades intelectuais, mas cujo conteúdo

---

124. Maimônides, *Guia*, II, 40; III, 27.

210 | A FILOSOFIA DO JUDAÍSMO

profundo ilumina também o espírito dos sábios[125]. O propósito último da *Torá* é o espiritual, servindo o primeiro apenas como uma preparação. É claro, todavia, que a segunda finalidade não mais possui o caráter de lei ou ordenação. Olhando para a *Torá* no seu aspecto externo, parece que a proclamação da verdade religiosa é uma parte de sua legislação política; mas, examinando-a em sua estrutura interna, verificamos que a lei política é um meio para um fim situado completamente além da esfera da legislação. Apenas esta última concepção nos conduz a um verdadeiro entendimento da *Torá* e, portanto, o fato de ela ser uma lei política não prejudica seu desígnio essencial, isto é, a de meio pelo qual o homem alcança a sua perfeição última, a comunhão com Deus.

A subordinação do elemento ético da religião ao seu aspecto teórico surge necessariamente de um modo ainda mais contundente no que diz respeito às leis cerimoniais e cultuais do judaísmo. O Rambam estava arraigado com o próprio cerne de seu

---

125. Leo Strauss, em seu livro *Philosophie und Gesetz*, foi o primeiro a tratar do valor das doutrinas dos aristotélicos islâmicos com respeito à função política e ao objetivo da profecia, da dependência dessa doutrina em relação a Platão, e de sua influência sobre Maimônides. Mas, por razões às quais apenas posso aludir no texto de meu livro, parece-me incorreto interpretar o significado básico da divina revelação, especialmente com respeito ao Rambam, como o desvelamento de leis e ordenações políticas. Posso concordar menos ainda com a hipótese de Strauss de que se deva assentar a interpretação política da profecia como a pedra fundamental para o entendimento de toda a filosofia medieval. Assim como, na revelação, as leis e os estatutos apresentados são meios para um fim que não pertence à esfera prática, porém à teórica, do mesmo modo achamos que, na filosofia em geral, para Platão, Aristóteles e seus discípulos medievais, a política e a arte do governo se baseiam na doutrina do fim último do homem e, portanto, em última análise, na metafísica. Semelhante hierarquia também é aplicável à interpretação filosófica da revelação. Por conseguinte, a relação da razão com a revelação tampouco pode ser compreendida a partir desse ponto de vista "político". Num ensaio ulterior ("On Abravanel's Philosophy and Political Teaching", pp. 99-100), Strauss adianta a tese de que a relação da revelação com a filosofia é estabelecida ou fixada pela política, na medida em que a adjudicação de verdades filosóficas para o entendimento das massas serve à necessidade de regulações políticas. Para falar a verdade, Maimônides (*Guia*, III, 25) declara explicitamente que muitos dos enunciados sobre Deus na *Escritura* foram ali inseridos somente para despertar medo ao Senhor no coração das massas. Mas por certo não constitui a significação maior de sua doutrina de que o ajustamento da verdade filosófica à compreensão das massas é o único propósito da lei e do estatuto! Tal seria o caso se fosse verdade que o objetivo final da Lei, a iluminação do espírito humano, é algo impossível para as massas — e esta não é com certeza a opinião de Maimônides. Ao contrário, ele sustenta ser mister ensinar-lhes a verdade, na medida em que elas consigam apreendê-la, na forma em que possam entendê-la.

Além do mais, se Strauss estiver certo, seria impossível analisar e estabelecer o relacionamento essencial entre razão e revelação por meio da diferenciação dos significados esotérico e exotérico da própria revelação. Não obstante, admitindo-se a importância desse problema, de um ponto de vista metodológico, não é ele o problema fundamental em termos do entendimento geral da filosofia do Medievo. Em seus ensaios posteriores, Strauss formula a tese de que, para os filósofos medievais, há um abismo entre as interpretações esotérica e exotérica de suas doutrinas, um abismo bem mais profundo do que foi até agora percebido. No que concerne às doutrinas esotéricas desses pensadores, ele ainda não se expressou de modo sistemático, sendo impossível formular uma avaliação decisiva de sua posição. Mas, no momento presente, é claro que, para Strauss, a filosofia em seu sentido esotérico não tem conexão com a revelação, como fora suposto em seus ensaios anteriores, mas é completamente autônoma.

O ARISTOTELISMO E SEUS OPONENTES | 211

ser no judaísmo talmúdico; ele foi um talmudista não menos do que um filósofo, e sua atividade rabínica encontrava-se no centro de seu trabalho prático. Porém, por mais profunda que fosse a influência da lei bíblica e talmúdica, ou de sua vida religiosa, na consciência do Rambam, sua teoria da religião avalia isto de um modo muito diferente do que uma ingênua piedade judaica poderia fazê-lo. O estudo da *Torá*, que um talmudista cabal e integral reputava como o mais alto ideal do conhecimento, passa agora a ser considerado muito inferior ao conhecimento filosófico. Na sua famosa alegoria do palácio real, os sábios talmúdicos, cuja saber se pauta pela fé na tradição, não chegam mais longe do que o palácio. O caminho para dentro do palácio é encontrado apenas por aqueles cuja fé se esteia em uma base filosófica[126]. O ideal de uma cultura religiosa em que o *Talmud* constituía somente uma parcela do conhecimento religioso, enquanto a filosofia, a rainha das ciências, era o seu ápice, estava ganhando terreno em muitos círculos judaicos, sobretudo entre os judeus espanhóis. Maimônides não foi o primeiro, embora tenha sido, sem dúvida, o mais potente defensor desse ideal.

A avaliação do estudo talmúdico corresponde ao das várias leis e ordenações bíblicas e, em particular, da lei cerimonial. A concepção maimonidiana do aspecto legal da *Escritura* já foi discutida; as leis cultuais e cerimoniais constituíam um meio para o duplo fim da *Torá* – a ordenação da sociedade e a proclamação da verdade religiosa. A primeira finalidade é servida por aquelas leis que educam o povo para o comportamento moral, a segunda, pelas leis que fortalecem a fé da criatura humana nas verdades religiosas específicas[127]. Maimônides desenvolveu essa idéia, familiar ao judaísmo e à filosofia desde os tempos antigos, de um modo inteiramente novo. Insatisfeito com a afirmação geral da existência de semelhante desígnio, procurou demonstrar esse propósito em leis particulares. Um certo número de preceitos bíblicos, tais como a observação do *schabat* e dos feriados, as leis das franjas (*Números*, 15:37-41) e dos filactérios (*Deuteronômio*, 6:8), prestam-se facilmente à interpretação em termos de um propósito racional[128]. Onde tais interpretações não era factíveis, o Rambam serviu-se do modo de ver histórico a fim de atingir seu alvo. Assim, certas leis são entendidas como defesas contra crenças e cultos pagãos correntes no período bíblico. Com respeito às leis sacrificiais, Maimônides foi até mais longe, considerando os sacrifícios como concessões à mentalidade reinante em tempos antigos, quando até Israel, sob a influência do paganismo, julgava inimaginável um culto a Deus sem a imolação de animais[129]. Dentro dos limites da crença na origem divina da Lei, o cami-

---

126. *Guia.*, III, 51: árabe, p. 123; hebraico, pp. 578-579.
127. *Ibid.*, III, 27.
128. *Ibid.*, III, 43, 44.
129. *Ibid.*, III, 29; especialmente, cf. fim do capítulo. Há muitas explicações pormenorizadas na seção III, caps. 37 e 46. A interpretação do culto sacrificial na seção III, 32: árabe, pp. 69b e ss.; hebraico, pp. 485-487.

212 | A FILOSOFIA DO JUDAÍSMO

nho estava aberto para uma explanação histórica dos mandamentos bíblicos. Aplicando seus princípios e empregando um método estritamente histórico, Maimônides tentou descobrir o sentido das leis bíblicas comparando-as às concepções e prescrições da literatura dos sabeus (do país de Sabá), que seriam, julgava ele, traduções árabes de escritos pré-mosaicos[130].

O valor de seu princípio metodológico não sofre prejuízo pelo fato de ter sido essa literatura composta na época islâmica, ainda que se houvesse abeberado, é indubitável, em tradições mais antigas. Não obstante, essas fontes túrgidas ajudam-no em muitos casos a acertar o alvo, e dada a influência que sua obra exerceu sobre o *De Legibus Hebraearum Ritualibus* do teólogo inglês setecentista, John Spencer, os pontos fundamentais de sua abordagem muito contribuíram para moldar a moderna interpretação histórico-religiosa das leis bíblicas[131]. Porém, muito embora esse método histórico de explanação se destinasse a provar a sabedoria da divina legislação, ele tendia na realidade a tirar o significado imediato de numerosas leis bíblicas. Como o sistema sacrificial, cuja prática caíra em desuso, outras partes, consideráveis, das leis que ainda eram observadas haviam perdido seu sentido original com o ocaso do antigo paganismo. Ademais, a relação – ou antes a distância – entre o intuito último da divina revelação e a lei religiosa não é de modo algum a mesma para Maimônides e para aqueles pensadores em cujo entendimento o fim último da lei divina era moral em si mesma. A diferença é básica, visto que a identidade de meios e fins, tão característica destes pensadores, perdeu-se no sistema do Rambam, o qual considera a moralidade apenas como um meio para o propósito teórico ou contemplativo da religião. A lei cerimonial torna-se, na maior parte, apenas um meio para um meio, e desloca-se um tanto para a periferia da religião – se não na consciência religiosa de Maimônides, ao menos para a sua teoria.

Esta conclusão coloca mais uma vez em relevo a significação histórica da obra realizada por Maimônides. Sua teoria da lei religiosa procurou revelar o conteúdo espiritual da legislação bíblica. Mas essa espiritualização do judaísmo interpretou a lei em termos dos valores religiosos do aristotelismo, e com isso deu-lhe um sentido religioso diferente em alguns pontos essenciais. O aristotelismo teísta de Maimônides fixou o lugar do Deus-Criador bíblico no quadro da cosmologia filosófica, e conseguiu, assim, uma verdadeira síntese metafísica entre a religião bíblica e o aristotelismo. Por esta realização ele foi reverenciado pelo Medievo tardio como "o grande mestre" que havia fundamentado cientificamente a fé judaica. Na esfera do racionalismo filosófico, era sentimento corrente que até mesmo a interpretação maimonidiana da Lei proporcionava uma justificativa da religião judaica. Mas os ideais religiosos desse

---

130. *Ibid.*, III, 29.
131. Cf. meu ensaio "John Spencers Erklärung des biblischen Gesetze in ihrer Beziehung zu Maimonides", *Festschrift für Simonsen*, pp. 259 e ss.

O ARISTOTELISMO E SEUS OPONENTES | 213

aristotelismo teístico continuavam aristotélicos, embora tivessem sido introduzidos no judaísmo histórico sem maior consciência de discrepâncias religiosas básicas. Não é difícil compreender a oposição que o sistema de Maimônides provocou nos círculos que viviam plena e integralmente na tradição judaica. O genuíno judaísmo sentiu, muito antes de estar em condições de dar uma expressão científica a tal sentimento, que a validação científica da religião judaica envolvia uma profunda transformação de seus conteúdos religiosos.

A LUTA CONTRA A FILOSOFIA NOS CEM ANOS APÓS MAIMÔNIDES; A INFLUÊNCIA FILOSÓFICA DO RAMBAM E DE AVERRÓIS

O *Guia dos Perplexos* abriu caminho com assombrosa rapidez. Não resta dúvida que a fama de seu autor como talmudista facilitou o sucesso de sua obra filosófica. Mas a entusiástica recepção de que esta foi objeto logo após a sua aparição deveu-se primordialmente ao fato de que dava respostas às perguntas que haviam agitado os espíritos com preocupações filosóficas desde a penetração, nos círculos judaicos, do aristotelismo islâmico. O livro converteu-se imediatamente no foco do interesse filosófico e imprimiu o rumo ao trabalho ulterior neste campo de estudos. Ainda em vida de Maimônides, seu admiradores na Provença, que sabiam pouco ou nada de árabe, pediram a Samuel ibn Tibon que vertesse o texto para o hebraico. Essa tradução, logo seguida de outra, bem mais fluente, embora menos exata, efetuada pelo poeta Iehudá al-Harizi, levou também a obra a judeus que viviam fora da esfera cultural islâmica. A sua influência foi incomensuravelmente maior nas comunidades judaicas dos países cristãos da Europa meridional do que a exercida pelas traduções de tratados filosóficos judaicos mais antigos, compostos várias décadas antes. Na Espanha setentrional, que estava sob domínio cristão, no sul da França e, em grau menor, na Itália, desenvolveu-se rapidamente uma literatura filosófica em hebraico, ainda que de início haja produzido poucas obras de valor original. No campo da filosofia geral, consistia sobretudo de compilações de obras de aristotélicos islâmicos e, na esfera da filosofia da religião, era completamente dominada por Maimônides, cujas idéias procurava assimilar e expor em várias formas. Somente aqui e ali é possível detectar o impacto do derradeiro e mais radical dos aristotélicos islamitas, pois a influência de Averróis começou a crescer somente nos últimos decênios daquele século.

No rasto do Rambam deflagrou-se uma violenta controvérsia entre os judeus, do começo ao fim do século XIII, sobre o próprio direito da filosofia existir. A reelaboração racionalista da religião judaica, no sistema de Maimônides, despertou grande resistência porque, além dos círculos de filósofos no sentido de escola, arrebatou uma larga camada de pessoas dotadas de cultura filosófica, entre as quais provocou uma espécie de religião de iluminismo filosófico, que calou fundo na vida judaica. Em muitos casos a

214 | A FILOSOFIA DO JUDAÍSMO

querela viu-se aguçada por certas tendências extremadas, surgidas entre os adeptos do *Guia* ou a eles atribuídas, e que foram muito além do próprio Rambam em suas posições. O principal objeto da controvérsia, todavia, não estava no radicalismo dessas conclusões, mas na racionalização filosófica do judaísmo como tal. Porém, nas comunidades do sul da França e da Espanha, em especial, isso desencadeou entre maimonistas e antimaimonistas lutas acerbas, as quais vieram a reacender-se sempre de novo, no decurso de todo um século, e a revolver o judaísmo em seu imo. A acrimônia em ambos os lados atingiu tal ponto que os adversários se excomungavam uns aos outros, e no auge da contenda a própria Igreja cristã se imiscuiu e queimou a obra herética de Maimônides.

Não é aqui o lugar para seguir de perto o curso externo dessa controvérsia. Mas as oposições em que ela se moveu lançam tanta luz sobre a postura da filosofia na história espiritual do judaísmo medieval, que o traçado histórico da filosofia não pode passar ao largo delas. O próprio Rambam viu-se forçado a defender-se da acusação contra ele levantada no Oriente, segundo a qual nas partes dogmáticas de seu grande Código de leis, tinha renunciado à crença na ressurreição dos mortos e ensinara unicamente a imortalidade da alma. Era a mesma acusação que a ortodoxia muçulmana já havia dirigido contra os aristotélicos islâmicos. Maimônides, que no *Comentário sobre a Mischná* havia incluído a ressurreição dos mortos entre os dogmas básicos do judaísmo, podia rebater com facilidade essa acusação[132], no entanto era significativo que ela pudesse ser feita, em geral. O fato de o Rambam não mencionar a ressurreição dos mortos, nem em seu Código nem no *Guia dos Perplexos*, não constitui por certo evidência de que tivesse repudiado a idéia antes proposta no *Comentário sobre a Mischná*; ainda assim, isso denota que se tratava apenas de um dogma herdado, a ser crido com base na tradição, e não de um elemento integrante da consciência religiosa de Maimônides. Não só a crença na ressurreição dos mortos, mas também a esperança histórica judaica para o futuro em geral foram obscurecidas pela idéia da imortalidade individual; por forte que fosse sua crença no advento do Messias, é óbvio que não era a redenção messiânica, mas a bem-aventurança eterna da alma individual, que constituía o tema central de sua escatologia. Até que ponto existiam dúvidas acerca de sua crença na ressurreição dos mortos torna-se visível no fato de que, pouco antes de sua morte, um proeminente rabi hispânico, que também era bem versado na ciência profana da época, Rabi Meir ben Todros Abulafia, acusou-o dessa heresia em epístola endereçada aos eruditos judeus da Provença e, desconhecendo de todo as reações similares no Oriente, tentou sem maior sucesso organizar um movimento contra ele[133].

---

132. Ensaio sobre a ressurreição dos mortos, em *Responsen und Briefen des Maimonides* (edição de Leipzig), II, pp. 7b e ss. Gazali caracteriza os aristotélicos muçulmanos como aqueles que descrêem da ressurreição dos mortos. Cf. Schmölders, *Essai*, p. 36; Horten, *Die Hauptlehren des Averroës*. p. 278.
133. Meir ben Todros Abulafia, *Kitab al-rasil* (edição Brill), pp. 14 e ss.

O ARISTOTELISMO E SEUS OPONENTES | 215

Foi tão-somente no terceiro decênio do século XIII que um movimento no qual tais concepções conflitantes se chocavam com a máxima violência reuniu força no sul da França[134]. Os iniciadores da disputa, Salomão ben Abraão de Montpellier e dois de seus discípulos, admiravam Maimônides como talmudista, mas julgavam sua filosofia à luz de uma fé ingênua e rejeitavam tudo o que parecia apartar-se da doutrina tradicional. A instrução filosófica de que dispunham não os habilitava a apreender e formular a profundidade última da oposição.

Os textos remanescentes dessa literatura polêmica não deixam claro qual é exatamente a objeção de seus autores à teologia de Maimônides. No transcurso da controvérsia, negaram que tivessem jamais contestado a pura espiritualidade de Deus; e que houvessem atacado Maimônides por causa de sua rejeição de todo e qualquer antropomorfismo; não obstante, insistiram que a idéia segundo a qual Deus estava entronado nos céus devia ser tomada em seu nexo literal[135]. De modo análogo, imaginaram que a vida no além precisava ser entendida em moldes materiais, e consideraram herética a interpretação alegórica das expressões talmúdicas proposta pelo Rambam[136]. Por fim, objetaram à exegese maimonidiana dos preceitos bíblicos[137]. E, com maior veemência ainda, atacaram os seguidores de Maimônides, em cujo radicalismo detectaram as inevitáveis conseqüências da doutrina de seu mestre. Em relação a Samuel ibn Tibon, o tradutor do *Guia dos Perplexos*, alegaram que, para ele, todas as narrativas bíblicas eram alegorias e todos os mandamentos, meras ajudas para a vida moral[138]. Aparentemente, também acusaram o partido filosófico de frouxidão na observância da lei cerimonial. Os maimonistas não tiveram dificuldade para refutar tais ataques. Rejeitaram como falsas as acusações levantadas contra eles mesmos e, em réplica às objeções ao Rambam, lograram mostrar que eruditos de impecável ortodoxia compartilhavam de suas concepções. Mas os rabinos do norte da França, para quem os iniciadores da disputa apelaram, viviam inteiramente no mundo do *Talmud* e condenaram por unanimidade o autor do *Guia*. Foram tão longe que pronunciaram uma interdição de seus escritos, e só depois que seus aliados do sul da França pediram ajuda à Igreja, alguns deles retiraram suas assinaturas.

---

134. Grätz, *Geschichte der Juden* (edição alemã), VII, 34 e ss.; N. Brill, *Die Polemik für und gegen Maimuni im 13. Jahrhundert*, em *Jahrbücher für jüdischen Geschichte und Litteratur*, IV, 1-33. I. Sarachek, *Faith and Reason, The Conflict over the Rationalism of Maimonides*.

135. *Responsen und Briefen des Maimonides* (Leipzig), III, 19b.

136. *Ibid.*, p. 18a.

137. Koback, *Jeshurun* (seção hebraica), VIII, 146 e ss.

138. *Ibid.*, p. 100. N. Brill, *op. cit.*, p. 9, interpreta a referida seção à luz do fato de Ibn Tibon chamar os mandamentos de "regras convencionais". Mas a palavra hebraica que designa "regra" significa realmente "guia". Portanto, a interpretação correta é que assim como as narrativas bíblicas são parábolas populares, os mandamentos também procuram guiar as massas por caminhos éticos. Mas, cf. essa expressão no *Sefer ha-Kuzari*, de Iehudá Halevi, IV, 19.

216 | A FILOSOFIA DO JUDAÍSMO

Para aqueles que conseguiam olhar com objetividade a controvérsia, ficava óbvia a superioridade de Maimônides sobre seus oponentes. Estes, entretanto, lograram aliciar o apoio de escritores, sobretudo na Espanha, capazes de combater com armas filosóficas e atacar as posições de Maimônides com base em princípios. Iehudá Alfakar, em especial, alçou a polêmica ao nível filosófico. A tentativa de Maimônides no sentido de conciliar a Bíblia e a filosofia, argumentou ele, importava em subordinar a primeira à autoridade da segunda. Afinal de contas, o próprio Maimônides admitira que, se as provas filosóficas da eternidade do mundo fossem conclusivas, ele teria reinterpretado a *Escritura* em conformidade. Tais reinterpretações do nexo inequívoco do texto bíblico a fim de agradar a filosofia eram ilegítimas. Afastar-se do sentido literal da *Escritura* só era permissível lá onde outras doutrinas da *Bíblia* justificam tal procedimento, como no caso dos enunciados antropomórficos a respeito de Deus; mas a *Torá* não deve jamais ser sacrificada aos argumentos dúbios e incertos da filosofia. Alfakar considerava a tentativa maimonidiana de realizar semelhante harmonização como coisa tíbia, que não fazia justiça nem à *Torá* nem à filosofia. Com grande perícia, ele aponta essa tibieza na atitude do Rambam para com os milagres relatados na *Bíblia*. Ao ver de Alfakar, o empenho de Maimônides em invalidar uma parte dos prodígios bíblicos era inútil, enquanto não pudesse suspender todos os milagres. E ele censura pela mesma tibieza a asserção feita pelo autor do *Guia*, de que a idade avançada consignada pela *Escritura* aos membros da primeira geração não era geral, porém estaria cingida especificamente às pessoas nomeadas no texto bíblico. Em relação a isso, observa que realmente pouco importa se muitos ou alguns poucos viveram até idade tão provecta, visto que a contradição com o nosso conhecimento científico, relativo ao comprimento natural da vida dos seres humanos, permanece não afetada pelo número exato das alegadas exceções[139]. Aquilo que fora apenas sentido instintivamente pelos opositores iniciais do Rambam, era aqui formulado pela primeira vez em conceitos claros. O fato de a discussão de Alfakar mostrar mais habilidade crítica do que originalidade positiva, não prejudica o significado de sua explicação.

A disputa reavivou-se nos primeiros anos do século XIV. Por esta época, o iluminismo filosófico oriundo de Maimônides havia se estabelecido firmemente nas comunidades do sul da França e na Espanha. A popularização da filosofia tivera um tremendo progresso desde os primórdios do século XIII, e a orientação filosófica da pregação contemporânea e da exegese bíblica muito contribuíram para a sua disseminação em círculos mais amplos. O status da filosofia também colheu proveito da indiscutível autoridade talmúdica de Maimônides, que no curso de uma centúria elevou o seu nome acima da discórdia dos partidos. Até os adversários da filosofia

---

139. *Responsen des Maimonides*, III, 1b e ss.

O ARISTOTELISMO E SEUS OPONENTES | 217

não se propunham a impugnar o próprio Rambam, mas apenas os abusos a que seus ensinamentos se prestavam; objetavam à popularização da filosofia que nutria a confusão nas almas dos jovens, e desejavam proibir o estudo da disciplina filosófica e das ciências aos que não haviam atingido ainda a idade madura. Um grupo mais extremo tentou negar à ciência qualquer lugar na vida judaica, e o caráter fluido e em constante deslocamento das frentes de luta dificultam demasiado a apresentação de um apanhado confiável do embate inteiro[140].

Entretanto, tais empecilhos afetam a cadeia externa de eventos mais do que os motivos internos da controvérsia. Examinando-os mais de perto, duas coisas chamam desde logo a atenção. Em primeiro lugar, o iluminismo filosófico foi atacado por sua desenfreada alegorização da *Bíblia*. Essa tendência já tinha sido notada nos primeiros discípulos de Maimônides, mas com o decorrer do tempo estendeu-se ainda mais até incluir as porções histórica da *Escritura*. A interpretação alegórica da figura de Abraão como o princípio da forma, e a de Sara, como o da matéria, foi citada muitas vezes como um exemplo preventivo[141]. Os alegoristas filosóficos, de sua parte, negavam que seu método dissolvesse a realidade concreta das personagens e dos eventos bíblicos. Não queriam substituir um sentido primordialmente histórico por uma interpretação alegórica, mas antes buscavam descobrir uma dimensão profunda de sentido nessas ocorrências históricas. No entanto, subsistiu a suspeita de que deslocavam o conteúdo histórico da *Bíblia* a fim de jogar com conceitos abstratos.

De maior significação ainda era o segundo ponto da controvérsia. Os oponentes da filosofia atribuíam aos racionalistas filosóficos a intenção oculta de destruir a crença na atividade divina sobrenatural, e de subordinar toda a realidade às operações necessárias das leis da natureza[142]. Os alvos desses ataques rejeitaram indignados tais imputações e, de fato, os escritos de um dos filósofos contemporâneos, Levi ben Abraão de Villefranche, tido por um dos mais malévolos, mostrou que estava muito longe de quaisquer desses extremismos – por certo, ele nunca ultrapassou a posição de Maimônides[143]. Sem dúvida, uma boa dose de suspeita e desconfiança devia-se a uma espécie de mentalidade de caça-heresia que atribuía aos racionalistas filosóficos concepções mais radicais do que eles realmente sustentavam; ainda assim, essa desconfiança é em si própria um testemunho instrutivo da profunda impressão causada pela racionalização filosófica do judaísmo. Ademais, tendências extremas não estavam de

---

140. Grätz, *op. cit.*, pp. 222 e ss.; Geiger, *Wissenschaftliche Zeitschrift für jüdische Theologie*, V, 123-198; Perles, *R. Salomon ben Abraham Adereth*, pp. 12-54; E. Renan e A. Neubauer, *Les rabbins français du commencement du quatorzième siècle*, pp. 647 e *passim*.
141. Kaufmann apresenta uma listagem de interpretações alegóricas similares na coletânea, *Zunsfestschrift*, pp. 143 e ss.
142. Aba Mari, *Minkhat Kanaut* (uma coletânea de cartas escritas durante a época da controvérsia), editada por Bisliches, nº 7, pp. 40 e ss.; nº 14, pp. 49 e ss.; nº 25, p. 69.
143. Cf. L. Baeck, "Zur Charakteristik des Levi ben Abraham ben Chajim", *MGWJ*, LXIV, 28, 343 e ss.

218 | A FILOSOFIA DO JUDAÍSMO

todo ausentes. A grande realização do Rambam – sua harmonização da *Escritura* e Aristóteles – não havia conquistado aquiescência universal. A forma do aristotelismo que ele combatera tinha também, a despeito de seus esforços, seguidores judeus. Particularmente potente foi a influência de Averróis, que completara a sua filosofia por volta da mesma época que o Rambam o fizera, e que fornecera uma nova forma – e, de um ponto de vista religioso, ainda mais radical – a tendências às quais Maimônides se opusera.

Os judeus da Europa cristã assumiram os principais papéis, não só nessas disputas, mas também na composição de obras filosóficas. Não obstante, a filosofia judaica dispunha de representantes também nos países islâmicos, quer entre os contemporâneos mais jovens de Maimônides, quer na geração subseqüente. Podemos mencionar de passagem um pensador anterior, o médico Abu'l Barakat, que viveu no Leste e que morreu nos anos sessenta do século XII, depois de ter abraçado o islamismo. É bem provável que sua conversão ao islã tenha provocado o seu completo desaparecimento da literatura judaica; ao passo que, em certas escolas de teologia muçulmana, sua reputação prosseguiu até os tempos modernos. Porém, não foi apenas a conversão que o impediu de influenciar a filosofia judaica. Também a islâmica, até onde sabemos, não lhe dedicou muito atenção devido ao simples fato de se tratar de um opositor radical do sistema aristotélico dominante. O seu ainda inédito *Kitab al-Mutabar*, que lida com a lógica, a filosofia natural e a metafísica, contém uma crítica severa à filosofia aristotélica. Por enquanto, somente a sua crítica ao aristotelismo foi investigada[144]. Nela, deparamo-nos com as mesmas objeções principais que Hasdai Crescas levantaria duzentos anos depois contra a filosofia peripatética da natureza, bem como uma discussão de certas facetas do aristotelismo que seriam negligenciadas por Crescas. A crítica deste será abordada em pormenor, mais tarde, e nos permitirá chegar a uma melhor compreensão das intenções fundamentais da crítica de Abu'l Barakat.

O contemporâneo mais jovem de Maimônides, Iossef ben Iehudá ibn Aknin, que nasceu na Espanha e se fixou posteriormente no Marrocos, onde talvez tenha conhecido o Rambam, não exerceu influência permanente, apesar de sua vasta produção literária. A razão disso pode residir na afinidade espiritual entre ele e Maimônides. Como o autor do *Guia*, compôs uma série de obras talmúdicas e filosóficas, e procurou interpretar a religião judaica no espírito da filosofia aristotélica. Mas seus escritos foram completamente obliterados pelas obras de Maimônides. O pouco que veio a público em anos recentes não basta para uma reconstrução detalhada de sua filosofia, embora a tendência geral de seu pensamento apareça com suficiente clareza. Em seu comentário hebraico sobre a *Ética dos Pais*, ele traduz livremente para o hebreu

---

144. Cf. Pines, "Études sur Awhad al Zamma Abu'l Barakat al-Baghdadi", *RÉJ*, CIV, 1-95.

O ARISTOTELISMO E SEUS OPONENTES | 219

quase todo o comentário do Rambam, que explicara os ditos dos rabis mischnaicos dentro do espírito da ética aristotélica[145]. A parte devida ao próprio Ibn Aknin no comentário limita-se à tentativa de fazer justiça ao significado original dos aforismos talmúdicos. Ele o faz aduzindo enunciados paralelos de outros textos do *Talmud*. De seu volumoso livro sobre filosofia moral, *Tab al-Nufus* (*O Remédio da Alma*), somente alguns poucos capítulos foram até agora publicados, dois dos quais têm importância filosófica. Um breve capítulo sobre a essência da alma explica, na esteira das interpretações dadas por Avicena à psicologia aristotélica, que a alma humana poderia existir independentemente do corpo, muito embora constitua a forma deste último e seja em essência imortal[146]. O minucioso capítulo sobre pedagogia contém uma plena e típica exposição do ideal cultural e espiritual alimentado pelos judeus que haviam caído sob a influência da filosofia e da ciência do islã. Era o ideal a que o Rambam proporcionara a mais profunda justificação[147]. Ibn Aknin exige que o estudo da *Escritura* e do *Talmud* seja combinado ao das ciências, devendo começar com a lógica, incluir a matemática, a física, e findar pela metafísica. Abeberando-se nos escritos filosóficos islâmicos, ele esboça um breve escorço dos vários assuntos pertencentes a esses ramos da ciência. Como Maimônides, identifica a física e a metafísica com as "obras da criação" e as "obras da carruagem" mencionadas no *Talmud*[148]. A metafísica, que é a meta e a rainha de todas as ciências, constitui também a chave do verdadeiro entendimento da *Torá*, a qual encerra o todo da verdade filosófica. Tudo isso está em completo acordo com as concepções de Maimônides.

Não obstante, Ibn Aknin adota uma posição inteiramente diversa no tocante à relação da ciência com a revelação. Essa atitude já é nítida na sua exigência de que o estudo das ciências deva ser precedido por um estudo profundo da *Torá* e do *Talmud*. Esta condição não só é estabelecida no referente à metafísica, como fez Maimônides, mas também é aplicada à lógica, que constitui a introdução ao curso dos estudos científicos. Uma dedicação prematura à lógica poderia resultar numa perversão de seus métodos e, destarte, em grave perigo para a fé[149]. Ibn Aknin coloca-se em oposição ao Rambam, mas não menos à tendência dominante na filosofia judaica em geral, ao exigir que as palavras da *Escritura* sejam aceitas mesmo quando contradizem as

---

145. Iossef ben Iehudá, *Sefer Ha-Mussar* (editado por Bacher, 1910); cf. introdução, pp. XIV-XV.
146. *Responsen und Briefen des Maimonides* (Leipzig), II, 44-46.
147. Este capítulo foi publicado no livro de Güdemann, *Das jüdische Unterrichtswesen während der spanisch-arabischen Period*, quer no original árabe quer na tradução alemã. Mais recentemente, A. S. Halkin estampou um capítulo adicional sob o título "Classic and Arabic Material in Ibn Aknin's Hygiene of the Soul" (*PAAJR*, XIV, 26-147), que inclui apotegmas éticos de sábios gregos e islâmicos no original árabe e em tradução inglesa; Halkin investiga o material até a suas fontes. Mas com base nessa crestomatia é impossível determinar qual foi o ponto de vista filosófico de Ibn Aknin.
148. Güdemann, *op. cit.*: árabe, p. 45; alemão, p. 114.
149. *Ibid.*: árabe, p. 16; alemão, p. 67.

220 | A FILOSOFIA DO JUDAÍSMO

teses da filosofia. Tais contradições, é verdade, são apenas aparentes, e se devem à fraqueza do intelecto humano. O espírito dos Profetas, iluminado pela luz divina, penetra nas profundezas cerradas para sempre à razão, a qual só pode contar com seus próprios recursos. A relação da profecia com o intelecto, mesmo quando este último está plenamente desenvolvido, é análoga à que existe entre o pensamento de um hábil e experimentado estudioso e um principiante. Aquilo que o intelecto altamente desenvolvido do primeiro reconhece não só como possível, mas como efetivamente verdadeiro, pode parecer impossível ao intelecto do segundo. Assim, o nosso intelecto nunca pode constituir o critério da verdade profética[150]. Essa concepção do relacionamento da razão com a revelação estava difundida na escolástica cristã, mas no mundo judaico era adotada apenas pelos oponentes da filosofia. A despeito de todas as suas concessões à filosofia, Ibn Aknin é um crítico da filosofia, ainda mais radical do que Iehudá Halevi. Sua doutrina é de fundamental importância, embora se diga que ele a aplicou com extrema cautela.

Iossef ben Iehudá de Ceuta, no Marrocos (m. 1226), muitas vezes confundido com Iossef ibn Aknin por causa da semelhança dos nomes, era o discípulo favorito do Rambam[151], que lhe dedicou o seu *Guia dos Perplexos*. Ele é excelente testemunho do fato de que filósofos bem familiarizados com o aristotelismo, ainda assim seguiam o Kalam em questões centrais. Sua obra filosófica subsistente é um pequeno volume em três capítulos, tratando daquela essência que é necessariamente existente e da maneira como todas as coisas procedem dela e da criação do mundo[152]. Iossef ben Iehudá apresenta e contrapõe as doutrinas dos aristotélicos e dos *Mutakalimun* (o Kalam), mas em importantes pormenores se alinha claramente ao lado destes últimos. No primeiro capítulo, sua posição ainda não aparece. Nas pegadas de Avicena, argumenta que a existência contingente de todas as substâncias demanda uma causa necessariamente existente, e enfatiza, contra a concepção de muitos dos *Mutakalimun*, que essa prova de uma primeira causa necessária não acarreta logicamente a criação temporal do mundo, mas deixa a questão não decidida se o mundo é eterno, como sua causa, ou tem um começo temporal[153]. O último capítulo, por outro lado, menciona as provas padrão do Kalam quanto à criação temporal do mundo, de um modo que não deixa dúvida sobre a concordância do autor com elas.

Ele cita duas das muitas demonstrações do Kalam. Uma, que remonta aos inícios do Kalam e que Saádia já havia utilizado, argumenta que, dado o fato de todos os corpos estarem sujeitos a acidentes com um princípio no tempo, eles próprios de-

---

150. *Ibid.*: árabe, pp. 14-15; alemão, pp. 64-67.
151. Baneth contestou recentemente essa identificação; *Letters of Maimonides* (Jerusalém, 1946), I, 6.
152. Iossef ibn Aknin, *Um Tratado acerca da: Existência Necessária; O Procedimento das Coisas da Existência Necessária; A Criação do Mundo*, editado por Judah L. Magnes em sua dissertação (Berlim, 1904).
153. Cf. Güdemann, *op. cit.*, texto hebraico, p. 12; cf. também p. 5.

O ARISTOTELISMO E SEUS OPONENTES | 221

vem ter também um começo no tempo. A formulação de Iossef nesse arrazoado é muito similar à dos *Mutakalimun* caraítas. Que todos os corpos estejam sujeitos a acidentes evidencia-se pelo fato de que todo e qualquer corpo se encontra em estado de movimento ou de repouso; nenhum dos dois estados pertence à sua essência. Repouso e movimento devem ter vindo a existir, visto que um corpo pode passar de um estado a outro. Iossef ben Iehudá nos proporciona um vislumbre das controvérsias que fervilhavam entre os últimos expoentes do Kalam e seus opositores aristotélicos. Por exemplo, os aristotélicos rebatiam o argumento anterior ao afirmar que, muito embora os estados separados de movimento tivessem vindo a existir, tal fato não se aplicava ao movimento em geral, uma vez que todo movimento particular era precedido de outro movimento que é sua causa. Do mesmo modo, cada corpo separado tinha vindo a existir, mas não os corpos como tais. A esse argumento aristotélico, que também foi citado por Maimônides de uma forma algo diferente, os filósofos do Kalam replicaram que aquilo que se aplica a movimentos separados e a corpos separados aplica-se igualmente ao movimento em geral e aos corpos em geral, uma vez que o todo e suas partes estavam necessariamente reunidos e sujeitos à mesma determinação[154].

A segunda prova, que se assemelha a uma das demonstrações do Kalam para a criação do mundo, mencionada pelo Rambam, baseia-se nas diferenças racionalmente inexplicáveis entre substâncias. Os quatro elementos, dos quais são compostos todos os corpos terrenos, radicam num substrato material. Por que motivo uma parte dessa matéria assume a forma de um elemento e outra, a forma de um elemento diferente, isto permanece um mistério para nós, do mesmo modo que não podemos explicar como substâncias compostas, inteiramente diferentes, são derivadas de tais elementos. As substâncias celestiais também compartem de uma matéria, no entanto as esferas celestes diferem uma da outra na direção e velocidade de seus movimentos, e no número de estrelas que contêm. Tal variedade de características específicas só pode dever-se à ação de uma vontade livre. A racionalmente inexplicável variedade de formas das substâncias mostra que o mundo é obra de um Deus, o qual cria por meio de Sua livre vontade[155].

O argumento a favor da idéia de que o universo foi criado recebe suporte ulterior da crítica aristotélica à teoria emanacionista. Sua alegação básica, enunciada primeiro por al-Gazali e depois repetida pelo Rambam, é que a doutrina da emanação não consegue mostrar como o muito poderia proceder do um, ou o mundo material do espiritual. Além do mais, as diferenças que têm sido notadas entre os corpos no mundo terreno bem como no celestial, que serviram de argumento decisivo a favor da cria-

154. *Ibid.*, pp. 17-18.
155. *Ibid.*, pp. 19-20.

222 | A FILOSOFIA DO JUDAÍSMO

ção do mundo, podem também ser usadas logicamente para refutar a doutrina da emanação[156]. Se Iossef ben Iehudá compôs sua obra antes de conhecer Maimônides, e há indícios de que este foi o caso, afigurar-se-ia que a torção dada pelo Rambam à referida prova já havia sido elaborada por seus predecessores imediatos. Mas é precisamente a comparação com Iossef ben Iehudá que também põe em relevo o grande avanço impresso por Maimônides na sua formulação do argumento. Só que ele reconhece claramente que a diferença entre as substâncias não estabelece o fato de terem sido criadas, mas apenas fornece uma prova negativa contra a teoria da emanação. Ademais, sua crítica desta teoria parte da suposição de que todos os fatos da realidade estão conectados por leis; logo, uma vez que admitimos certos fatos básicos, o resto pode ser racionalmente explicado. Tais fatos básicos, no entanto, são em essência contingentes e, portanto, contradizem a doutrina da emanação. Maimônides também compreendeu que esse argumento não refutava a doutrina em apreço, mas apenas aumentava a dificuldade de mantê-la.

O único filho do Rambam, Abraão ben Moisés ben Maimon (1186-1237), conquanto mal tenha divergido dos ensinamentos de seu pai, apresentou, ainda assim, um espírito religioso muito diferente. Sua polêmica contra os oponentes do Rambam, no sul da França, deixa a impressão de que ele concorda com o pai em todos os pontos. No entanto, a recentemente publicada seção ética de seu alentado *Kitab al-Kifaiat al-Abidin* (O Livro que Satisfaz os Servidores de Deus), está impregnado de ideais ascéticos de piedade sufista, achando-se possivelmente até mais próximo do espírito do sufismo do que os *Deveres do Coração* de Bahia ibn Pakuda[157]. Abraão ben Maimon adota a principal doutrina sufista, segundo a qual, além dos mandamentos e preceitos que são obrigatórios a todos os membros da comunidade religiosa, a revelação também ensina caminhos para a perfeição; e ele se põe a expor essas "estradas para a perfeição" que conduzem à comunhão com Deus. Todos os autênticos crentes podem dar os primeiros passos nessa trilha, ainda que poucos consigam avançar até atingir seus estádios mais elevados. Quanto mais elevado o caminho, menor é o número dos que podem palmilhá-lo. O propósito do livro de Abraão foi desenvolver essa visão da perfeição moral e religiosa. Perseguindo o seu alvo, ele seguiu os sufistas não só em sua concepção geral desse ideal, mas também na enumeração e descrição de suas várias formas, e na explicação das várias sendas que levam à comunhão com Deus[158]. A relação dessas "estradas" para os mandamentos da *Torá*, obrigatórios para

---

156. *Ibid.*, pp. 15-16.
157. Samuel Rosenblatt, *The High Way to Perfection of Abraham Maimonides*, vol. I, 1927; vol. II, 1938 (a parte principal do texto árabe junto com uma tradução inglesa). O primeiro volume contém uma introdução pormenorizada de autoria do editor que analisa o livro e demonstra que as doutrinas são de valor limitado.
158. *Ibid.*, introdução, I, 48-53.

O ARISTOTELISMO E SEUS OPONENTES | 223

todos, é similar ao relacionamento, em Bahia, dos deveres do coração aos deveres dos membros. Contudo, a ética no sentido estrito do termo, como a relação do homem com o seu próximo, ocupa maior espaço em Abraão do que em Bahia. Mercê, magnanimidade, a prontidão para perdoar insultos – todas essas coisas são partes do caminho para a perfeição. Não obstante, também para Abraão, os estados interiores da alma e suas relações imediatas com Deus constituem o essencial. Pureza de intenção, ascetismo, domínio das paixões, sujeição de todos os poderes da alma ao serviço de Deus, abstenção de relações sexuais e concentração de todos os pensamentos em Deus, são etapas no caminho que conduz diretamente à comunhão com Deus[159].

Ainda assim, apesar de sua dependência do ensinamento sufista, os ideais de Abraão não diferem fundamentalmente dos de Moisés Maimônides. O Rambam teria aceito todas as exigências acima expostas, e o objetivo último não é concebido por Abraão segundo as linhas místicas e panteístas do sufismo mais radical, porém, e em plena concordância com seu pai, nos termos da comunhão com Deus[160]. A ventura dessa comunhão é descrita por Maimônides em cores ainda mais quentes do que pelo Rabi Abraão. Este, também, considera o intelecto como o mais elevado poder do ser humano pelo qual está ligado ao mundo supra-sensível. Concebe também a luta entre as naturezas superior e inferior do homem como uma batalha entre a razão e os impulsos sensíveis, e considera que o meio através do qual o indivíduo apreende a majestade e a sabedoria de Deus é o conhecimento da natureza, no qual tais atributos se manifestam[161].

Mas não são apenas os conceitos e a terminologia compartilhados por Abraão e os sufistas que o separam de seu pai. A despeito da importância que dedica à razão, Abraão estava muito longe do racionalismo maimonidiano. De conformidade com o Rambam, o liame entre o homem e Deus era constituído apenas e exclusivamente pelo conhecimento teórico. O ascetismo e o controle das paixões eram tão-somente meios condutores ao pleno desenvolvimento do conhecimento; inversamente, o amor a Deus e a humildade são subprodutos do conhecimento teórico de Deus. Para Rabi Abraão, por outro lado, os dois primeiros não constituíam meras preparações para a contemplação, nem os dois últimos, apenas subprodutos. A purificação da alma possui um valor intrínseco; ela pode nos ligar a Deus. Nesse processo, o conhecimento teórico é somente um dentre muitos fatores. Um exemplo bastará para esclarecer este ponto: o conhecimento de que as esferas celestiais – e, *a fortiori*, as substâncias imateriais – são infinitamente mais perfeitas que os homens, pode servir para acabar

159.Cf. *Ibid.*; a relação do índice de assuntos em I, 130-131; II, 382-383.
160.A concepção do fim último procede da descrição da completa união do homem e Deus (*ibid.*, introdução, I, 96-99, 52 e *passim*).
161.*Ibid.*, II, pp. 312, 374, 376-380. Cf. introdução, I, 42-44.
162.*Ibid.*, II, 60.

224 | A FILOSOFIA DO JUDAÍSMO

com nossa arrogância e nos tornar mais humildes[162]; no entanto, este não é o único caminho para a humildade. Aqui, como em casos similares, o conhecimento teórico não é decisivo para o temor a Deus. A suprema perfeição religiosa é impossível sem a perfeição intelectual, mas não lhe é idêntica, pois contém outros poderes e qualidades da alma, de valor igual ao conhecimento teórico. Se Rabi Abraão afirma que a razão é o mais alto poder da alma, para ele a "razão" é algo maior e mais importante do que o conhecimento teórico.

Seu tratamento dessas teses metafísicas mostra também até onde a influência sufista o levou a modificar – embora não a rejeitar – os ensinamentos paternos. Abraão manteve a definição aristotélica da alma como a forma do corpo orgânico[163], mas acreditava que a alma humana se originava no mundo supraterreno; seu propósito na terra era preparar-se para voltar à sua fonte[164]. Assim, ele veste a concepção neoplatônica da alma em roupagens aristotélicas, exatamente como Isaac Israeli e Iossef ibn Tzadik haviam feito. Quando Abraão discute a relação entre o profeta e o filósofo, não enfatiza suas semelhanças, porém suas diferenças[165]. Ele define a profecia como uma divina inspiração que inunda a alma do profeta e confere-lhe o dom da divina sabedoria; mas não diz que esse divino influxo é mediado pelo intelecto ativo, nem que é necessário um preparo intelectual para a recepção da luz profética[166]. De tudo isso não devemos concluir, entretanto, que o Rabi Abraão rejeitava a doutrina da profecia defendida pelos aristotélicos árabes e judeus, sobretudo por ser precisamente nessa discussão da profecia que ele se apoia com mais vigor nas opiniões de seu pai. Podemos simplesmente inferir que essa doutrina não mais ocupava um lugar central no seu sistema, e que a concepção teórica do laço entre o homem e Deus deixava de ser essencial.

O mesmo é verdade no tocante à sua concepção da natureza da atividade divina, que lhe serve de base para uma genuína confiança em Deus. Em total concordância com Maimônides, objeta não só à negação aristotélica da providência especial que concebia Deus apenas como a fonte da ordem causal das coisas, mas, outrossim, à doutrina oposta que atribuía tudo direta e imediatamente a Deus, negando destarte, afora a ignorância ou a piedade, a causalidade por completo[167]. De conformidade com o ensinamento bíblico, há um nexo causal entre objetos cuja fonte última é

---

163. *Ibid.*, II, 58-60.
164. *Ibid.*, II, 306-308.
165. *Ibid.*, II, 54.
166. Cf. *ibid.*, introdução, I, 65, e as citações nela constantes. Só uma vez (II, 58) menciona-se ali que a união do homem com Deus é efetuada por intermédio dos anjos, mas é impossível determinar se tais anjos são idênticos às inteligências separadas nos termos dos aristotélicos; trata-se apenas de uma apresentação teológica da teoria filosófica da profecia.
167. *Ibid.*, II, 126-132.

O ARISTOTELISMO E SEUS OPONENTES | 225

Deus, e que é governado – e pode ser suspenso a qualquer momento – pela vontade divina. Ao verdadeiro crente é permitido e até exigido utilizar as causas naturais para seus próprios fins terrenos. Somente um profeta que tenha recebido uma promessa explícita de milagres pode confiar na ação direta de Deus. O que distingue o crente do incréu é sua atitude antes as causas naturais que ele utiliza. O crente sabe, em última instância, que depende de Deus, em qualquer caso dado, sejam ou não efetivos os meios naturais; sabe que, sem a aquiescência divina, o melhor remédio será ineficaz, e o melhor alimento, não lhe dará sustento; mas quando Deus quer, o homem pode ser sadio, mesmo quando a sua comida é pobre. Portanto, a criatura humana deve fazer tudo o que puder para atingir os seus propósitos, ciente, durante todo o tempo, que o êxito depende somente de Deus[168].

Na sua concepção da ação divina, o Rabi Abraão desvia-se, de um modo característico, de seu pai. Segundo o Rambam, a providência especial depende da ligação entre o espírito humano e Deus, e não – desconsiderando os milagres – da interferência do curso externo dos eventos no mundo. De acordo com Rabi Abraão, a ação externa das forças naturais também se encontra sob a providência divina; a diferença entre ela e os milagres efetivos não fica de todo clara. Com essa noção, Abraão retorna à concepção tradicional da providência individual, embora esta não fosse sua intenção consciente. O motivo não foi tanto o tradicionalismo teológico como o caráter de sua própria religiosidade, que o levou à fé de que nosso destino está completamente nas mãos de Deus, e que a consecução de nossos ideais depende, a cada momento, de Sua vontade.

Nos países cristãos da Europa meridional, a filosofia judaica adaptou-se completamente aos requisitos do aristotelismo. O pensamento averroísta penetrou no domínio filosófico judaico no começo do século XIII, muito embora a sua reinterpretação de Aristóteles não tenha, de início, se tornado objeto de estudos sistemáticos. O tradutor do *Guia dos Perplexos*, Samuel ibn Tibon, também verteu vários dos tratados menores de Averróis para o hebraico e, em seu comentário filosófico sobre a *Bíblia*, sempre o cita em conjunto com outros filósofos mais antigos. Como mostra amplamente seu tratado acerca de Gênese 1:9, na discussão sobre problemas cosmológicos Ibn Tibon aplicou com muita minúcia a interpretação filosófica à *Escritura* e ao *Talmud*. Ao contrário de Maimônides, entretanto, ele sustentava que a *Bíblia* fora escrita primordialmente para as massas, e que só em segundo lugar ela tomara em consideração os filósofos.

Seu genro, Iaakov Anatoli, traduziu para o hebraico, na corte de Frederico II, os comentários médios de Averróis sobre vários livros da lógica de Aristóteles. Lá, também entrou em contato com os eruditos cristãos que o citado rei patrocinava, especial-

168. *Ibid.*, II, 132-138, 148-150.

226 | A FILOSOFIA DO JUDAÍSMO

mente com o tradutor Miguel Scotus. O *Malmad (ha)-Talmidim* (O Ensino de Alunos) de Anatoli, uma coletânea de preleções sobre o *Pentateuco*, é de importância mais histórica e cultural do que filosófica. A interpretação alegórica da *Escritura* já é levada bem longe, embora se mova ainda no âmbito das idéias do Rambam. O livro ilustra o laço espiritual existente entre os representantes do iluminismo filosófico nas diferentes fés. Anatoli denota não só familiaridade com o cristianismo, como transcreve grande número de observações de Scotus, além das várias interpretações filosóficas apresentadas por Frederico II e, na realidade, baseadas em Maimônides[169].

A extensa literatura filosófica do fim do século XIII e começo do XIV permaneceu, na maior parte, em terreno batido. Os volumosos escritos de Schem Tov ibn Falaquera (m. 1290) atestam grande erudição filosófica; mas sua originalidade não estava à altura de seu conhecimento. Num diálogo entre um amante e um inimigo da filosofia, escrito em estilo popular, esforça-se em refutar apreensões religiosas acerca do estudo da filosofia; e, numa série de tratados menores, oferece um compendioso apanhado dos vários campos da filosofia. Alguns deles seguem demasiado de perto os aristotélicos islâmicos mais velhos; por exemplo, seu tratado *Sobre a Alma* ignora totalmente a doutrina do intelecto, de Ibn Ruschd, enquanto uma obra sua de caráter enciclopédico (não publicada até agora) baseia-se inteiramente em Averróis[170]. Escreveu também um comentário extremamente valioso sobre o *Guia dos Perplexos*, em que salienta as diferenças entre Maimônides e Averróis, limitando-se à mera confrontação dos pontos de vista conflitantes.

Levi ben Haim de Villefranche (c.1250-1315), embora violentamente atacado por seus opositores filosóficos, não foi, na realidade, muito além da posição básica do Rambam, nem acrescentou muitas idéias próprias às do *Guia*.

Mais extremo em seu racionalismo foi Iossef Kaspi (1279-c.1340), autor de muitas obras filosóficas e exegéticas. Ele também escreveu um comentário sobre o *Guia* em que tenta repetidamente interpretar os desvios que o Rambam apresenta em relação ao aristotelismo, em especial a sua polêmica contra a doutrina da eternidade do mundo, como uma simples acomodação de parte do mestre às concepções religiosas convencionais[171].

O filósofo italiano Hilel ben Samuel (m. após 1291) não excede seus contemporâneos em matéria de originalidade filosófica. Mas sua tentativa sistemática de tratar a questão da imortalidade da alma – que Maimônides abordara de maneira apenas incidental – é de importância, pois abre o debate com a reinterpretação de Aristóteles

---

169.C. F. Güdemann, *Geschichte des Erziehungswesens und der Kultur der Juden in Italien*, pp. 161 e ss.

170.Steinschneider, *Die hebraïschen Übersetzungen...*, par. 2, pp. 5 e ss.

171.Uma série de semelhantes interpretações radicais das doutrinas de Maimônides está arrolada na edição de Werbluner do *Comentário ao Guia*.

172.Para a exposição da psicologia de Hilel, utilizei um ensaio inédito de meu pai.

por Averróis, em um ponto central[172]. A concepção de Avicena no tocante à doutrina aristotélica do intelecto e sua imortalidade, que Ibn Daud havia adotado sem alteração, fora rejeitada pelos aristotélicos islâmicos ocidentais em favor da audaciosa teoria averroísta sobre a unidade do intelecto. Não só a doutrina de Avicena acerca da imortalidade substancial da alma, mas inclusive a forma da imortalidade individual, possibilitada pela doutrina da eternidade do intelecto adquirido, havia sido problematizada por Averróis. Assim, foi um problema premente que Hilel ben Samuel levantou no *Tagmulei (ha)-Nefesch* (As Recompensas da Alma). Mas ele travou a batalha com armas emprestadas. Seu conhecimento de latim, do qual traduziu não só obras médicas, como o neoplatônico *liber de causis*, permitiu-lhe lançar mão da refutação de Tomás de Aquino a Averróis. A contribuição do próprio Hilel ben Samuel é comparativamente muito pobre, no entanto, apesar de seu ecletismo algo inseguro, é mérito seu haver introduzido na filosofia judaica a discussão contemporânea de um problema central.

A prova da existência e da substancialidade da alma segue o padrão aristotélico convencional. A vida orgânica pressupõe a existência de um princípio especial de vida que, por constituir a essência dos corpos orgânicos, não pode ser uma determinação acidental desses corpos, mas deve ser sua forma substancial. Hilel desenvolveu essa idéia da alma, comum a todas as escolas aristotélicas, juntamente com seus corolários sobre a imutabilidade e a indivisibilidade da alma, em estreita dependência de Avicena. Às vezes tal dependência é direta e mesmo literal, outras vezes é mediada pelo *De Anima*[173] de Dominicus Gundalissmus, o qual, por sua vez, sofreu a influência de Avicena. Até a definição da alma, enunciada por Hilel, que combina o conceito aristotélico da primeira entel. quia do corpo orgânico natural com o de uma substância do tipo forma, independente, inclusive com uma emanação a partir de substâncias espirituais puras, não dista muito da definição de Avicena, a despeito do óbvio toque de neoplatonismo[174].

Hilel discute dois lados do problema, agora reconstruído em termos averroístas. Num ponto, ele atribui a Averróis a opinião – no seu comentário sobre o *De Anima*, de Aristóteles – de que todas as almas dos homens são uma só e a mesma, multipli-

---

173. Hilel ben Samuel, *As Recompensas da Alma*, edição de S. Halberstam, pp. 1-7. Na p. 2a do livro, Hilel reforça suas alegações invocando argumentos apresentados no sexto livro da física de Ibn Sina e do primeiro livro de seu primordial compêndio médico, o *Cânone*, do qual utilizou em largo grau o primeiro texto mencionado. Paralelos ao latino *De anima de Gundissalinus* (editado por Lewinthal) podem ser encontrados, especialmente nas pp. 2a, 3, 4a. É possível que ambos usem uma fonte comum (além de Avicena) mas isto não parece muito razoável.

174. Hilel ben Samuel, *As Recompensas da Alma*, do cap. 4 nas pp. 3b e ss. Ibn Sina também pensava que a alma individual que, segundo ele, era gerada juntamente com o corpo, era uma emanação de substâncias imateriais — isto pode ser provado a partir das enunciações de Schahrastani em II, 325 e ss. Sobre a definição de Hilel, cf. I. Husik, *A History of Medieval Jewish Philosophy*, p. 317.

228 | A FILOSOFIA DO JUDAÍSMO

cando-se apenas acidentalmente, ao se juntarem a diferentes corpos humanos. Mais tarde, Hilel discute a bem conhecida doutrina do averroísmo acerca da unidade do intelecto em todos os homens. Em ambos os casos, todavia, estamos lidando com a mesma doutrina, pois, quando Averróis fala da unidade da alma, refere-se somente à parte racional desta, enquanto sua parte animal e a vegetativa estão ligadas aos corpo e, portanto, participam da pluralidade corpórea.

De acordo com a primeira seção da obra de Hilel, Averróis havia demonstrado a unidade da alma, porque a forma, a essência conceitual de todas as coisas, é a mesma em todas as criaturas humanas, tendo mudado a idéia de uma forma essencial, comum a todos os indivíduos, para a de uma alma comum. Opunha-se à idéia de uma pluralidade de almas individuais, uma vez que estas não podiam ser entendidas ou como eternas ou como criadas. Não podiam ser eternas, visto que a forma de uma substância não podia existir independentemente do corpo. Do mesmo modo, a alma não podia ser criada, porquanto a forma *qua* forma não podia ter um começo temporal. A menos que recorramos à idéia de uma miraculosa *creatio ex nihilo*, a forma deve ter sido ou derivada de outra forma, ou deve ter surgido da matéria. Ambas as formulações contradizem a própria noção de forma. Dado o fato de ser inaceitável, como ficou evidenciado, a idéia de Avicena de que a alma individual veio à existência ao mesmo tempo que o corpo, a multiplicidade das almas individuais torna-se dificilmente defensável[175]. A princípio Hilel adotou essa prova averroísta e, com ela, seu necessário corolário, a unidade da alma na espécie humana; mas adicionou que a pluralidade das almas individuais emanara dessa alma universal[176]. Ainda que esse argumento de Averróis tenha sido dirigido contra a inteira idéia das emanações, Hilel pretendeu que a objeção averroísta à origem temporal da alma não se aplicava ao processo da emanação. Deixando de lado os fracos contra-argumentos por ele apresentados, não fica claro por que Hilel adotou de início a posição averroísta da unidade da alma e, depois, mediante uma simples mudança na formulação, retrocedeu à posição contrária, a de Avicena.

Hilel também efetua uma discussão, na sua forma familiar, da teoria de Averróis relativa ao intelecto possível ou material[177]. O filósofo árabe tenta responder às objeções da doutrina aristotélica do intelecto, assumindo a posição já tomada por Alexandre de Afrodísias e o conjunto da escola dos aristotélicos, que concebia o intelecto ativo como uma essência espiritual suprapessoal. Entretanto, ele alargou esta definição de modo a incluir o intelecto potencial. Em consonância com essa doutrina, há apenas uma mente suprapessoal, que é individualizada só na medida em que, indivi-

175. *Ibid.*, cap. 5, p. 8.
176. *Ibid.*, pp. 9b e ss.
177. *Ibid.*, cap. 7, pp. 13b e ss.

O ARISTOTELISMO E SEUS OPONENTES | 229

dualmente, homens de diferentes disposições nela participam (em diferentes formas), de acordo com suas capacidades individuais. Em oposição à exposição prévia
de Hilel, tal doutrina assume a individualidade da alma individual, mas eleva o intelecto acima disso. Entretanto, como só a parte racional da alma é imortal, a imortalidade individual está de novo em perigo. Em suas polêmicas contra essa doutrina,
Hilel refere-se aos argumentos dos oponentes cristãos de Averróis, embora deixe de
dizer que efetivamente também copia as enunciações de Tomás de Aquino no livro
De Unitate Intellectus contra Averroistas.

O capítulo inteiro, em especial a demonstração minuciosa de que a doutrina de
Averróis contradiz o significado e o texto de Aristóteles é tomado de Tomás de Aquino.
Os pormenores de natureza mais exegética em seu argumento não devem nos deter
aqui. Em sua conclusão, Hilel se afasta de Tomás de Aquino na medida em que considera apenas o intelecto potencial um componente da alma individual, enquanto
continua a afirmar o caráter suprapessoal do intelecto ativo. Com respeito ao intelecto potencial, usa o mesmo argumento que Tomás de Aquino adiantara contra Averróis,
objetando à inerência do intelecto à alma individual. A definição aristotélica do intelecto como a forma do corpo é incompatível com a noção de que o intelecto – que,
para Aristóteles, está completamente separado do corpo – deva ser, não obstante,
parte da alma. Averróis procurou superar essa contradição interna da psicologia
aristotélica, distinguindo entre intelecto e alma que está ligada ao corpo, e tornando
o intelecto uma substância suprapessoal. Para Hilel, tal argumento não é impositivo.
A alma pode ser a forma do corpo e, não obstante, conter poderes que independam
dele[178]. Assim, fica mantida a imortalidade da parte racional da alma e, uma vez que a
referida parte é, na função e no ser, independente do corpo, pode sobreviver à destruição deste[179].

Hilel renova assim, dentro dos limites da complicada concepção tomística, a tentativa de Avicena no sentido de estabelecer, com base na psicologia de Aristóteles, a
substancial independência e indestrutibilidade da alma racional.

Não há contradição formal no fato de Hilel ver, na união com o intelecto ativo, o
destino do intelecto humano e a mais alta felicidade do homem[180]. Tal concepção é
possível mesmo se pressupormos a independência substancial da alma individual.
De acordo com o seu intento original, esse modo de ver considera que a eternidade
do espírito humano não se deve à sua própria essência, porém à sua conexão com o
intelecto ativo, e interpreta a perenidade do espírito em termos de sua absorção por
um intelecto ativo universal. Nessa parte de sua doutrina, Hilel segue Ibn Ruschd e,

178. *Ibid.*, p. 17a.
179. *Ibid.*, p. 17b.
180. *Ibid.*, cap. 6, pp. 10 e ss.

230 | A FILOSOFIA DO JUDAÍSMO

em especial, aquela versão da teoria averroísta segundo a qual o intelecto potencial não parece estar separado da alma individual. Hilel, na maior parte, reproduz literalmente as obras menores de Averróis relativas à união do intelecto separado com o homem[181]. Embora, na sua combinação de interpretações tão diversas da psicologia aristotélica, Hilel consiga mantê-la isenta de contradições, a unidade desses elementos heterogêneos em sua doutrina é unicamente externa.

Isaac Albalag, um contemporâneo de Hilel que residia no sul da França ou no norte da Espanha, deve o seu nicho na história da filosofia judaica ao fato de ser o primeiro, e durante muitos anos o único, filósofo judeu a advogar a doutrina da dupla verdade. Ele a desenvolveu em observações e excursos apensados à sua tradução hebraica do tratado de al-Gazali sobre as principais opiniões dos filósofos[182]. Como os averroístas cristãos, de quem aparentemente tomou de empréstimo essa doutrina, sustenta que o conhecimento filosófico não precisa necessariamente conformar-se ao ensinamento da revelação. Quando surge uma contradição entre ambos, pode-se, do ponto de vista da fé, responder "sim" e, do ponto de vista da filosofia, responder "não", sem ferir o conhecimento ou a revelação[183]. No averroísmo cristão, a doutrina em apreço deu origem à suspeita de que seu intento era camuflar um radicalismo filosófico que não queria subordinar-se à autoridade da revelação; no caso de Albalag, tal suspeita tornou-se uma certeza.

Se homens de boa vontade sustentaram a doutrina da dupla verdade, isto se deveu à sua oposição a uma harmonia superficial entre fé e filosofia, pela qual o significado simples das declarações de fé era torcido para servir à filosofia, ou em que doutrinas filosóficas eram embotadas para acomodar as certezas da fé. A fim de não subverter a independência de cada esfera, a unidade da verdade era sacrificada. Albalag admite ser este o caso; trata-se de livrar a indagação filosófica das algemas da dependência da revelação. Ele objeta firmemente às tentativas do Rambam de refutar as provas em favor da eternidade do mundo de modo a não perturbar a versão do

---

181. Publicado em uma edição hebraica por Hercz. Em todo caso, o escrito não utiliza a suposição de que o intelecto potencial tem um caráter sobre-humano. Apesar disso, parece que eles o concebem como uma porção positiva da alma individual. A prova disso, se negligenciarmos para o momento certos casos isolados, pode ser vista na colocação do problema de como é possível a união dos intelectos potencial e ativo. Se o primeiro também é pensado como uma substância sobrenatural, que em última instância é idêntica ao intelecto ativo, a questão assim formulada é, portanto, atalhada, e se pode apenas perguntar como o intelecto humano é capaz, por intermédio do intelecto potencial, de atingir a unificação com o intelecto ativo. Esses vários modos de colocar as questões são misturados um com o outro muitas vezes por Ibn Ruschd.

182. Publicado em forma abreviada por Schorr no *Hehalutz*, IV-VII.

183. Schorr, *op. cit.*, VI, 93. A doutrina paralela do averroísmo latino pode ser vista no livro de Mandonnet, *Siger de Brabant et l'averroïsme latin au XIII siècle*, II, 154, 157. Por ser Albalag bem versado em livros cristãos (cf. Steinschneider, *Die hebraischen Ubersetzungen des Mittelalters*, p. 305), sua dependência em relação ao averroísmo latino, algumas de cujas definições são idênticas às suas, pode ser tomada como certa.

O ARISTOTELISMO E SEUS OPONENTES | 231

Pentateuco acerca da criação ou as interpretações convencionais desse acontecimento[184]. De outro lado, não concede a mesma liberdade à revelação que à filosofia. Ao contrário dos averroístas cristãos, que procediam com muita cautela em relação a qualquer mudança do significado literal da *Escritura*, Albalag procura distanciar-se de seus predecessores racionalistas na interpretação da *Bíblia*, e introduz na *Torá* suas próprias opiniões filosóficas, que são, na maior parte, averroístas. Interpreta a história da criação em consonância com a doutrina da eternidade do universo e, no relato escritural da criação temporal do mundo, vê uma expressão exotérica da doutrina filosófica da eterna derivação do mundo a partir de Deus. Na sua exegese da história da criação, e no seu acompanhamento dos suplementos midráschicos, desenvolve com grande habilidade cada detalhe da cosmologia aristotélica, que Averróis expusera[185]. Também tenta introduzir a doutrina deste filósofo sobre *o conhecimento de Deus* na *Escritura* e na *agadá* talmúdica[186]. Somente quando se dá uma reconstrução filosófica do texto bíblico, ele admite, de uma maneira incerimoniosa, um reconhecimento do texto literal e uma crença em sua veracidade[187]. Torna-se claro o juízo que se deve fazer dessas afirmações de Albalag e de seu modo de formular a doutrina da dupla verdade!

Mas Albalag não acreditava realmente na interpretação filosófica da *Torá*, apesar de sua falta de fé no sentido literal da *Escritura*. Ele pensava de fato que a *Torá* não pretendia ensinar religião e verdades metafísicas. Como enunciou explicitamente em sua introdução à tradução, as diversas leis dadas por Deus e pela *Torá* em geral, constituem questão de legislação política com o fito de ordenar a vida social. O mesmo propósito é servido pelas doutrinas constantes na divina *Torá*. Seu conteúdo principal é a idéia de recompensa e punição celestes, pela qual a *Torá* busca educar as massas no sentido da obediência à lei; seu valor consiste nos seus efeitos e não na sua veracidade ou falsidade[188]. Mesmo quando os preceitos correspondem à verdade e a gente pode apreendê-los como uma versão popular desta, o que é decisivo não é seu conteúdo de verdade, porém sua utilidade prática. Destarte, Albalag aparta-se de Maimônides e dos aristotélicos árabes, os quais defendiam que, além de seu valor prático, a lei divina tinha um outro propósito, superior. Segundo os aristotélicos islâmicos, o alvo da lei divina era mostrar ao homem o caminho da salvação ultraterrena, enquanto, conforme o Rambam, era o de aperfeiçoar o espírito humano ao lidar com a verdade religiosa.

---

184. Schorr, *op. cit.*, VI, 93; cf. VII, 160.
185. *Ibid.*, VI, 85-94; VII, 157. No que diz respeito à sua dependência de Ibn Ruschd, cf. meu ensaio "The Doctrine of Isaac Albalag", *Levi Ginzberg Jubilee Volume*, seção hebraica, pp. 75 e ss.
186. *Ibid.*, VII, 164 e ss.
187. *Ibid.*, VII, 160.
188. *Ibid.*, IV, 92-93.

232 | A FILOSOFIA DO JUDAÍSMO

O único pensador a partilhar com Albalag esta concepção foi Averróis. Embora enfatizasse que o objetivo da revelação era ultraterreno, Averróis ocasionalmente sublinha o valor político da fé na revelação e nas suas doutrinas – uma ênfase que dá peso ao juízo segundo o qual este caráter da revelação era, para ele, efetivamente, o mais importante. O que estava oculto e era esotérico na doutrina de Averróis tornou-se explícito em Albalag. Ao final de sua introdução, este se aproxima da idéia mais antiga quando afirma que a lei divina tem ligação com a verdade, mesmo para as almas mais perfeitas do que o comum dos seres humanos. A *Torá* refere-se àquelas verdades filosóficas que se encontram dentro da possibilidade de apreensão do intelecto humano e àquelas verdades proféticas que o intelecto não pode atingir sem ajuda[189]. Albalag consegue assim justificar quer a interpretação filosófica da *Torá*, quer a doutrina da existência de uma dupla verdade, ao converter a verdade profética, incompreensível para o intelecto humano desajudado, na verdade que contradiz nossa razão.

Mais tarde, entretanto, ele afirma que só um profeta pode compreender a verdade profética na *Escritura* e que outros homens, inclusive filósofos, nada podem fazer salvo aceitá-la das mãos do profeta; uma vez que uma tradição assim torna-se mais ou menos clara e certa com a passagem do tempo, semelhante verdade não mais existe para nós realmente[190]. A verdade filosófica engastada na *Torá* não é de valor bem maior. Embora declare na introdução que a *Torá* sugere claramente o conteúdo dessa verdade ao iniciado filosófico, mais tarde ele pretende que nunca podemos saber com certeza se sondamos a verdadeira intenção da *Torá*. Albalag rotula a interpretação filosófica da *Escritura* como um suporte apenas indireto da verdade por encadear a expressão escritural com a verdade, que nos é conhecida a partir de uma fonte diversa. Devemos provar primeiro a verdade em discussão, de maneira científica, e só depois buscar uma alusão a ela no texto escritural. Se isto não for possível, cumpre-nos procurá-la como uma verdade filosófica e nada mais; se a *Torá* a contradiz, o homem, na qualidade de filósofo, precisa sustentar essa verdade, mas, na qualidade de crente, deve sustentar o contrário, que se fundamenta na *Torá*[191].

A proposição de que o objeto da *Torá* deve guiar-nos ao conhecimento da verdade, não está de acordo com a afirmação de que a interpretação filosófica da *Escritura* é apenas um poio para verdades alcançadas por outras vias, ligando-as subseqüentemente a um versículo bíblico. Tal afirmação só é aceitável se olhamos a *Escritura* como uma lei política cujo intento não é o de revelar a verdade seja às massas, seja aos sábios. Aparentemente, esta é a genuína doutrina de Albalag; com uma franqueza quase cínica, admite que não crê nem em um profundo significado filosófico, nem

189.*Ibid.*, IV, 93-94.
190.*Ibid.*, IV, 94. Cf. VI, 90.
191.*Ibid.*, VI, 90-93.

O ARISTOTELISMO E SEUS OPONENTES | 233

em uma verdade profética da *Bíblia* que estaria além da indagação filosófica, ou, *a fortiori*, lhe seria contrária. O conhecimento da verdade é assunto da filosofia sozinha, e esta não precisa prestar nenhuma atenção à divina revelação, cujos fins próprios são legais e políticos[192].

Não temos razão para duvidar que Albalag acreditasse no caráter divino da *Torá*. Não a considerava meramente como uma revelação natural, o que havia sido a posição de doutrinas filosóficas, similares à dele, no início da filosofia islâmica e judaica. Sua idéia da natureza da relação da filosofia com a *Escritura* corresponde à doutrina que mais tarde veio a ser apresentada por Spinoza.

Na primeira metade do século XIV, o problema do livre arbítrio tornou-se objeto de viva discussão. Sua origem reside na tentativa de Avner de Burgos (que, após a conversão ao cristianismo, adotou o nome de Alfonso de Valadolid) de introduzir na esfera do pensamento judaico a doutrina determinista do aristotelismo islâmico. A única exposição subsistente de sua concepção determinista, um tratado intitulado *Minkhat Kanaut* (A Oferenda do Zelo), foi composta depois de sua apostasia[193]. Mas Avner menciona duas obras anteriores em que expôs essa doutrina, uma das quais ele escreveu, sem dúvida, antes de sua conversão. A fonte de sua teoria determinista foi o tratado de al-Gazali sobre as principais opiniões dos filósofos e, em particular, a exposição da filosofia de Ibn Sina, que também era um expoente do determinismo, e de quem Avner tomou emprestada a doutrina. Segundo essa teoria, a causalidade natural aplica-se aos atos voluntários do homem, assim como aos eventos naturais. Mas o tipo de causalidade aplicada ao ser humano é diferente do envolvido nas ocorrências naturais. A essência da vontade é que ela pode escolher entre alternativas; pode optar entre opostos. Mas a decisão para a escolha não é de natureza arbitrária; é tomada de acordo com fatores operativos sobre o ato de decisão e conforme com a sua natureza[194]. Basicamente, ela pode escolher entre alternativas, mas sua decisão é tomada de conformidade com leis necessárias.

Correspondendo a esse princípio de determinismo há uma tese teológica: Deus não pode conhecer de antemão as ações dos homens, se estas forem elas próprias indistintas até o momento da escolha – como uma teoria inteiramente voluntarista exigiria. Um voluntarismo cabal torna sem sentido tanto a onisciência quanto a onipotência de Deus. A não ser que as ações dos homens possam enquadrar-se na causação

---

192. Meu ensaio apresenta uma base mais precisa para essa visão a respeito da doutrina de Albalag.
193. A versão hebraica do tratado perdeu-se. Tudo o que resta é a tradução espanhola, feita pelo próprio Avner, e inédita até esta data. Quanto ao nosso conhecimento desse tratado, devemos exprimir nosso reconhecimento a Y. Baer, "Sefer Minkhat Kanaut schel Avner mi-Burgos, ve-haschpaató al Hasdai Crescas"(*Tarbiz*, XI, 188-206), que oferece uma abreviada tradução hebraica do texto, analisa o seu conteúdo e demonstra sua indubitável influência sobre Crescas.
194. Schorr, *op. cit.*, pp. 190, 197; cf. também p. 103.

234 | A FILOSOFIA DO JUDAÍSMO

natural, que é, em última instância, fundada na natureza de Deus, não é possível asseverar a onisciência ou a onipotência de Deus[195]. Avner, com grande discernimento lógico, refuta as objeções comuns ao determinismo. Os mandamentos divinos não são ab-rogados pelo fato da causalidade operar sobre as ações dos homens, como pretende a voz popular; o propósito dos mandamentos é antes motivar a vontade do homem e levá-lo a praticar uma certa ação[196]. Do mesmo modo, constitui um erro pretender que a recompensa do justo e a retribuição do malvado são desmerecidas se os seus atos forem determinados. Recompensa e castigo são conseqüências obrigatórias das ações humanas, e não há perversão da justiça se cada ação der origem a conseqüências necessárias[197].

Avner afirmava que essa doutrina do determinismo apareceu no judaísmo, no cristianismo e no islamismo. A teoria islâmica da predestinação já fora explicada pelo aristotelismo árabe, do qual Avner tomara sua teoria do determinismo. Ele transferiu sua interpretação para a doutrina cristã do pecado original, que identificou com a determinação causal da ação humana. Enquanto na maior parte dos casos é leal aos elementos da doutrina cristã e introduz idéias cristãs na filosofia, aqui ele se volta para uma outra direção. Embora a Igreja cristã tenha, pouco tempo antes, declarado herética a doutrina do determinismo dos averroístas cristãos, Avner, como alguns humanistas da Renascença tardia, interpreta essa doutrina no espírito do determinismo filosófico, sem qualquer consideração para com seus pressupostos religiosos[198]. Com uma audácia até ainda maior, procura associar essa doutrina ao judaísmo. Para Avner, a ênfase no livre arbítrio do homem que se encontra na *Bíblia* e no *Talmud*, e com a qual concordava a filosofia medieval judaica, era simplesmente apresentada em benefício das massas, pois a teoria do determinismo só poderia minar nelas a determinação de manter os mandamentos divinos[199]. A autêntica doutrina da *Bíblia* e do *Talmud* aparece naqueles versículos em que Avner, engenhosamente, desenterra a referência à predestinação dos atos humanos[200].

As idéias de Avner provocaram violenta oposição entre os aristotélicos judeus. Estes sempre haviam mantido a concepção judaica sobre a liberdade humana de escolha, e que esta doutrina correspondia à de Aristóteles, tal como eles a concebiam, em oposição aos comentadores islâmicos. Mesmo um tão devotado seguidor de Averróis como Albalag, jogou fora, com desdém, a doutrina do determinismo, em-

195. *Ibid.*, p. 192.
196. *Ibid.*, pp. 193-195.
197. *Ibid.*, pp. 193-195.
198. *Ibid.*, p. 196. Neste ponto menor, não posso concordar com Baer que procura amalgamar a doutrina de Avner do determinismo com a doutrina cristã da predestinação.
199. *Ibid.*, pp. 201-203.
200. *Ibid.*, pp. 191-196, 198.

bora soubesse que se tratava de um dos elementos constitutivos da cosmovisão de Averróis. Os aristotélicos judeus mostraram idêntica oposição a Avner, e parece que suas razões metafísicas para adotar o determinismo não lhes causaram a menor impressão. Na opinião deles, a única dificuldade era o dilema entre a liberdade do homem e a onisciência divina. Para eles, Deus sabia de antemão tudo acerca dos atos humanos, embora procurassem, até o próprio momento do ato, proteger a liberdade de escolha do homem, limitando de um modo ou de outro o conhecimento prévio de Deus.

O primeiro a levar à frente esta linha foi Isaac Polekar, que na juventude fora amigo de Avner e, posteriormente, tornara-se feroz antagonista dele. No seu popular livro filosófico, *Ezer la-dat* (O Amparo da Fé), o quinto capítulo inteiro é dedicado a uma discussão da teoria do determinismo de Avner. Polekar não se refere a ele pelo nome, conquanto trate de seu ponto de vista sob muitos ângulos. A relação da liberdade humana de escolha com a onisciência e a onipotência de Deus constitui o seu interesse primordial; ele superou o dilema graças a uma concepção semipanteísta da relação entre a vontade de Deus e a do homem. A vontade divina é o poder pelo qual toda e qualquer coisa é decidida no mundo, e os poderes de que depende a ação individual estão relacionados com ela, do mesmo modo que os poderes que movem qualquer membro individual do homem estão relacionados com a vontade que motiva seu corpo inteiro. Essa analogia é então aplicada aos atos humanos. Todas as ações do homem baseiam-se na imitação da divina vontade pelos humanos. No momento em que as ações são realizadas, o completamento delas é ordenado pela vontade divina e, nesse mesmo preciso momento, tornam-se objeto da vontade humana que, assim, imita a vontade divina[201]. Essa decisão do divino subsume o conhecimento com que Deus prediz as ações dos homens, e ambos se encontram na divina essência no mesmo momento. Justamente porque vem a existir, o conhecimento divino precisa, como a divina vontade, ser contemporâneo com o seu objeto. O que Deus sabe deve necessariamente vir a ser e, assim, é impossível que o conhecimento divino dos atos humanos tenha de preceder esses próprios atos. Mas não se pode concluir daí que o conhecimento de Deus modifica-se; todo conhecimento de particulares brota do eterno e todo-abarcante conhecimento divino, que é idêntico à essência divina[202].

Essa linha de pensamento leva a contradições em pontos essenciais. A cooperação mútua da vontade divina e da humana levanta o problema se há uma harmonia preestabelecida entre as duas, ou uma completa identidade da vontade humana com a divina. Em um caso ou no outro, não está claro como a independência substancial da vontade humana pode ser mantida em tais condições. Porém, a dificuldade

---

201. Cf. Polekar, *The Helpmeet of Religion* (*Ezer la-dat*, "O Amparo da Fé"), editado por Blaskov (Londres, 1906), pp. 57 e ss.

202. *Ibid.*, pp. 69-70. Avner argumenta contra uma opinião semelhante a esta, em Polekar, pp. 57 e ss.

236 | A FILOSOFIA DO JUDAÍSMO

primacial reside no fato de que Deus não conhece as ações dos homens até que sejam praticadas, mas, não obstante isso, nenhuma mudança de Seu conhecimento é predicada. É certo que um exemplo de semelhante tipo de pensamento encontra-se em Maimônides, no conceito de que Deus aparece para agir em tempo específico, mas sem mudar Sua essência. O Rambam, porém, fala de ações que, por assim dizer, ocorrem fora de Deus, enquanto Polekar refere-se ao conhecimento específico de Deus mesmo, e que é manifesto somente em um tempo particular, sem que esteja aí implicada qualquer alteração no conhecimento de Deus[203]. A despeito do fato de Polekar não haver atingido o alvo, seu propósito é claro. O conhecimento de Deus deve ser entendido de tal maneira que será impossível falar de uma divina presciência dos atos humanos, e assim ficará salva no homem a liberdade de escolha.

Uma solução mais penetrante para essa dificuldade foi apresentada, na geração seguinte, por Rabi Levi ben Gerson, o qual, embora nunca as mencionasse, tinha em mente as idéias de Avner. Ele aderiu ao ponto de vista dos aristotélicos árabes (especialmente Avicena), segundo os quais a presciência divina se estendia apenas às leis eternas que governam as formas do universo, e não às substâncias individuais, sujeitas a mudanças. Daí concluiu que o conhecimento divino não se estendia nem aos objetos separados nem às suas mudanças e, muito menos, às ações do homem, em particular. Em oposição a isso, Rabi Moisés Iossef de Narbonne (Moisés Narboni), escrevendo contra Avner, sustentou no seu estudo sobre o livre arbítrio a tese de Averróis, que correspondia à posição assumida por Narboni no seu comentário ao *Guia dos Perplexos*: que essa oposição entre o geral e o particular, embora aplicável à sempre mutante consciência do homem, não se aplica ao conhecimento divino[204]. Nisso também Averróis se afasta de Ibn Sina ou, no mínimo, da formulação principal que este deu à referida doutrina: ele derivou o conhecimento daquelas leis que determinam formas baseadas na essência divina do autoconhecimento de Deus mesmo; porém, identificou os dois. Deus é a suprema causalidade das formas e no interior de Sua essência está contida aquela ordem que se repete e se revela a si própria – embora em graus progressivamente mais baixos de perfeição e unidade – a cada nível de existência. Quando Deus conhece a Si mesmo, Ele conhece destarte a causalidade da forma em cada nível de existência, na medida em que ela existe fora Dele, mas na sua forma mais elevada, que é idêntica à sua essência.

203. Muitas das formulações de Polekar tornam razoável a interpretação de que o conhecimento atemporal de Deus não tem relação temporal com as ações do homem e não podem, portanto, precedê-las no tempo. Somente aquelas coisas que se relacionam ao conhecimento de Deus possuem um *locus* temporal, e elas não têm lugar antes no conhecimento de Deus do que na existência atual. Mas, afora o fato de que uma interpretação assim contradiz algumas das outras hipóteses de Polekar, ela leva a uma solução ilusória do problema, cujo sofisticado caráter se revela a qualquer inspeção imediata.

204. Cf. Moisés Narboni, "Ensaio sobre a Liberdade de Escolha", em *Palavras dos Sábios*, editado por Eliezer Ashkenazi (Metz, 1849).

O ARISTOTELISMO E SEUS OPONENTES | 237

A partir desse conceito de conhecimento divino, Narboni deduziu alguns corolários como os da relação entre este conhecimento e a liberdade de escolha do homem. De muitas de suas formulações verifica-se que ele não se havia afastado da posição assumida por Maimônides; Narboni as aceita no todo, ao comentar o *Guia*, postulando que o conhecimento de Deus estende-se aos atos livres do homem, assim como inclui qualquer outros evento no universo, inclusive em uma forma diferente da realidade empírica. Se tal declaração fosse tudo, caberia perguntar que possível contribuição Averróis poderia fazer a fim de resolver o problema de como o conhecimento de Deus seria extensível àquilo que ainda não fora decidido. Parece provável, pois, que a opinião real de Narboni era que o conhecimento divino, visto que incluía a essência de todas as outras coisas, também incluía a essência da vontade do homem, a qual dispunha do livre poder de escolher entre alternativas. Mas, no tocante àquela alternativa que o homem há de eleger a todo e cada momento, isto não esta incluso no conhecimento divino; na realidade, o conhecimento de Deus não conhece o individual *qua* individual. Isto não passa de uma enunciação cautelosa da posição que Levi ben Gerson adotou eventualmente. Parece que tal é a convicção autêntica de Narboni; sua aparente concordância com a postura convencional é desimportante[205].

Em sua indagação acerca do livre arbítrio, Narboni torna a discordar de Avner sobre se a lei moral e o desejo humano de felicidade podem manter seu sentido no quadro da determinação. Para Narboni, a referida doutrina se apresenta crivada de contradições internas e externas, e lhe parece indigno da estatura filosófica de Avner que este pudesse assentir com tão contraditória posição filosófica. Ele sugere que Avner adotou tal postura unicamente como forma de racionalização de sua apostasia do judaísmo, que é convertida, destarte, em ato necessário sem que o trânsfuga aceite qualquer responsabilidade por ele[206].

O tratado de Narboni é de importância filosófica, seja por seu conteúdo, seja pela luz que lança sobre o caráter de seu autor. Ele é uma notável personalidade filosófica, mas, afora um breve tratado sobre o livre arbítrio, não compôs obras originais. A maioria de seus escritos são comentários centrados à volta de Averróis. Somente o comentário ao *Guia*, ao qual já nos referimos, foi até agora publicado. Composto nos anos finais de sua vida, era um trabalho de amor; apesar da forma, o texto tem valor filosófico independente. Narboni montou, contra o Rambam, uma crítica averroísta mais penetrante do que qualquer de seus predecessores. É dirigida primordialmente contra a interpretação neoplatônica das doutrinas de Aristóteles, que Maimônides tomara emprestado de al-Farabi e Avicena, e contra a qual Averróis havia oposto uma explicação mais pura e rigorosa do sentido aristotélico. Essa crítica é aplicada tam-

---

205.*Ibid.*, pp. 39 e ss. Cf. também Narboni, *Comentário ao Guia*, III, 20, p. 58a.
206.*Ibid.*, pp. 37-39, 41.

238 | A FILOSOFIA DO JUDAÍSMO

bém a toda a série de provas em favor da existência de Deus, bem como ao conceito de Deus expresso por Maimônides[207].

Narboni atacou também a doutrina dos atributos formulada pelo Rambam que, em última análise, se reportava à idéia neoplatônica de Deus a partir do ponto de vista do aristotelismo. Ele provou que o conflito de Maimônides com os aristotélicos no tocante à eternidade do mundo aplicava-se apenas à versão de Aristóteles dada por Avicena, que havia sido demolida por Averróis. No entanto, apesar de toda a crítica, Narboni tinha Maimônides na mais alta conta e, num sentido mais profundo, ele próprio não se via como seu opositor. Tampouco abandonou sua convicção de que o autor do *Guia* era *o* intérprete filosófico do judaísmo. Com os seus contemporâneos, Narboni se achava sob a influência de Averróis, e tentou amoldar-se à sua interpretação de Aristóteles. Tal qual seus predecessores, Narboni não escolheu uma ou outra das alternativas surgidas dessa situação – ou seja, dar ao judaísmo uma interpretação congruente com a filosofia de Averróis (como Maimônides havia interpretado o judaísmo segundo as linhas que lhe foram sugeridas pelo estudo de al-Farabi e Ibn Sina), ou então repetir os argumentos de Maimônides contra Averróis. Levi ben Gerson, contemporâneo de Narboni, foi o primeiro a assumir esta tarefa.

LEVI BEN GERSON

Levi ben Gerson (Gersônides, 1288-1344), nascido em Bagnols, no sul da França, estava familiarizado com todos os ramos da ciência medieval, e contribuiu de forma marcante para cada um dos campos que trabalhou[208]. Na teologia, afora muitas dissertações talmúdicas, compôs um comentário ao *Pentateuco*, aos primeiros Profetas e à maior parte do Hagiógrafo. Na matemática, escreveu sobre aritmética, geometria e trigonometria; nos seus ensaios de geometria, deu-se a particular esforço para demonstrar seus axiomas[209]. Conquistou amplo reconhecimento como astrônomo; dois instrumentos astronômicos, o astrolábio (Baculus Jacobi), usado para medir ângulos de luz, e a câmara escura foram por ele inventados (esta última talvez ele haja apenas aperfeiçoado, tendo compreendido o seu verdadeiro significado). Os resultados das observações realizadas com a ajuda de tais instrumentos foram sumariados em suas tabelas lunares. Finalmente, na sua principal obra filosófico-religiosa, propôs uma nova hipótese para explicar o movimento das estrelas, a qual se diferenciava tanto da teoria ptolomaica quanto de suas retificações pelos astrônomos árabes. Os movi-

---

207. Moises Narboni, *Comentário ao Guia dos Perplexos*, editado por Goldenthal (Viena, 1852), I, 57; II, 1.
208. Para um rápido sumário de seus escritos, cf. Renan, *Les écrivains juifs du XIV siècle*, pp. 250-298; Steinschneider, *Gesammelte Schriften*, I, 233-258.
209. Cf. Carlebach, *Lewi ben Gerson als Matematiker*. Pode-se encontrar aí uma relação do restante da literatura.

mentos observados das esferas celestes contradiziam os princípios da física aristotélica, que levavam à doutrina segundo a qual a astronomia tinha uma única tarefa – observar e tabular os movimentos dos corpos celestes – e que a induziam a abdicar de toda e qualquer pretensão à verdade absoluta como ciência; Gersônides, ao querer harmonizar a física com a astronomia, tentou estabelecer uma verdadeira teoria dos fenômenos celestes. Uma vez que o abrangente capítulo de astronomia constante de seu livro ainda não foi publicado até agora, e por isso nem avaliado pelos especialistas, é impossível efetuar um julgamento justo quanto à sua validade[210]. Os astrônomos cristãos da Idade Média, todavia, e mesmo os do começo dos tempos modernos, não só fizeram pleno uso dos instrumentos por ele inventados, como, através da tradução latina de sua obra, ocuparam-se de suas teorias astronômicas.

Como filósofo, Gersônides, do mesmo modo que seus contemporâneos, não se limitou apenas ao campo da filosofia religiosa. Escreveu um comentário sobre o comentário de Averróis ao *Organon*, à *Metafísica* e obras científicas de Aristóteles, tendo composto também um tratado original de lógica. Destes escritos somente algumas poucas traduções latinas foram publicadas.

Mas seu *magnum opus* é o *Milkhamot Adonai* (As Guerras do Senhor), que sumaria sua filosofia religiosa. O livro trata apenas de algumas questões centrais controversas, mas um exame minucioso projeta o retrato de uma completa e bem acabada filosofia religiosa. O quadro pode ser preenchido se estudarmos seus comentários sobre a *Bíblia*, em especial no que diz respeito à filosofia "prática", que as *Milkhamot* não consideram. Neles, deparamo-nos com desvios das posições delineadas nas *Milkhamot*, mas não devemos concluir daí que a genuína doutrina de Gersônides é exposta nos comentários; aí, ele se adapta, consciente ou inconscientemente, ao ponto de vista religioso tradicional, não cabendo, porém, dúvida de que suas principais concepções se encontram nas *Guerras do Senhor*. Em termos estruturais, seu livro é de caráter inteiramente escolástico. Em cada questão discutida, é dada ampla citação de opiniões prévias em relação ao tópico: as razões pró e contra são pormenorizadamente analisadas, e só depois disso o autor apresenta a sua própria solução para o problema em pauta. Somente as doutrinas centradas na interpretação de Aristóteles são julgadas como importantes no plano filosófico. As controvérsias entre as várias escolas aristotélicas formam o ponto de partida da análise de cada questão, e proporcionam o material por cujo intermédio Gersônides clarifica seu próprio ponto de vista.

Gersônides concentrou a atenção nas suas diferenças com Averróis. Com base na filosofia deste último e em oposição a ela, procurou harmonizar de um novo modo a revelação e a verdade filosófica. Na formulação da idéia de Deus, seguiu totalmente

---

210. Uma breve relação dos conteúdos do capítulo em hebraico e em latim encontra-se em Renan, *op. cit.*, pp. 178 e ss.; *ibid.*, p. 278, para uma explicação do objetivo da teoria que aparece no texto. Cf. também Carlebach, *op. cit.*, p. 41; Duhem, *Le système du monde*, p. 201.

240 | A FILOSOFIA DO JUDAÍSMO

Averróis que, nesse ponto como em muitos outros, revertera do neoplatonismo de al-Farabi e Avicena, para a posição aristotélica original.

Para Gersônides, Deus não é o Um, além de toda definição, mas antes, no sentido aristotélico, o supremo pensamento. Houve, sem dúvida, tentativas teológicas anteriores a fim de satisfazer as demandas da posição aristotélica, mas elas próprias viram-se envolvidas em contradições ineludíveis. Gersônides diferencia-se de Averróis simplesmente pela maior precisão com que expôs o ponto de vista de Aristóteles. Contra a principal objeção oposta à doutrina dos atributos positivos – de que toda atribuição positiva destrói necessariamente a divina unidade – Gersônides mantinha que tudo quanto é dado analisar em termos conceituais não coloca de forma obrigatória uma pluralidade material *in re*. Nós podemos, em qualquer caso particular de "vermelho", distinguir conceitualmente entre "cor" e "vermelhidão", embora os dois não existam como realidades distintas. De modo similar, não há distinção em Deus entre Sua essência e Seu pensamento, ainda que, do ponto de vista analítico, as distingamos, e coloquemos Sua essência como objeto de Seu pensamento. Deus é, segundo Sua essência, o supremo pensamento, e a dualidade dos dois aspectos é inerente à forma de nossa conceituação, e não *in re*[211].

O mesmo ponto de vista forra a sua polêmica contra a idéia de que não podemos predicar atributos positivos de Deus como determinações separadas, mas apenas negar a não-existência, a multiplicidade e a imperfeição, porquanto Deus é o único ser em que a unidade e a existência não são por acidente adicionadas a uma essência, mas formam uma só coisa com ela. Contra isso, Gersônides sustentou a posição aristotélica original, revivida por Averróis, de que a existência e a unidade são substancialmente idênticas à essência de todos os seres, e mostrou que essas determinações formais, inerentes necessariamente às essências todas, não implicam quaisquer pluralidade nelas. E é pelo preciso fato de a unidade e a existência serem unas com a essência que podemos atribuí-las positivamente a Deus sem por isso afetar Sua unidade. Muito embora Maimônides e Avicena afirmassem que as qualidades das coisas contingentes nada têm em comum com as qualidades atribuídas a Deus, exceto seus nomes homônimos, e que, *stricto sensu*, seu conteúdo positivo era em essência inaplicável a Deus, Gersônides mantinha que os atributos por nós predicados às coisas e a Deus têm um e o mesmo sentido. A atribuição a Deus é primordial; a de todas as outras coisas, derivada. Ambos os atributos formais de existência e unidade, e as determinações materiais de sua essência, são originalmente aplicáveis só a Deus. Todos os outros seres participam dessas atribuições apenas por Seu intermédio; assim,

---

211. Levi ben Gerson, *Sefer Milkhamot Adonai*, III, 3, pp. 135 e ss. Um entendimento algo diferente desta prova pode ser encontrado em Wolfson, "Crescas on the Problem of Divine Attributes", p. 38, em que ele cita também as doutrinas paralelas de Averróis.

O ARISTOTELISMO E SEUS OPONENTES | 241

a incomparabilidade de Deus com suas criaturas é garantida pela forma essencialmente diferente em que tais atributos são aplicáveis a Deus[212]. Mas esse desvio da idéia neoplatônica de Deus não implica uma aceitação do Deus pessoal da *Escritura*. A estrutura inteira de seu sistema indica até onde Gersônides estava disposto a ir a fim de sustentar a idéia aristotélica de Deus como o supremo pensamento, e como o mais alto princípio formal do ser.

O relacionamento de Deus com o mundo é definido na discussão do problema da criação, que para Gersônides, como para Maimônides, constitui o ponto focal com o fito de harmonizar a cosmovisão escritural e a aristotélica. Do mesmo modo que Maimônides, ele rejeita a idéia da eternidade do mundo, mas vai além do Rambam ao manter que tal doutrina pode ser positivamente refutada; sua análise é diferente quer nas conclusões, quer no ponto de vista. O argumento positivo mais forte em prol da natureza criada do universo é sua teleologia. A estrutura teleológica das coisas prova que elas são um efeito de uma causa final. Tal raciocínio é ainda mais fortalecido pelo fato de que essa teleologia é expressa não só nas disposições internas, mas também na interrelação dos objetos individuais, a qual denota que cada objeto existe por causa de algum outro objeto[213]. Somente de maneira secundária cita Gersônides o argumento maimonidiano de que não se pode deduzir por via racional a individualidade específica das coisas, o que é especialmente verdade em relação aos fenômenos celestiais. Decerto, a estrutura teleológica das coisas constitui prova apenas de sua direta geração por Deus e não de sua criação temporal. Levi ben Gerson, no entanto, julgava autocontraditória a doutrina da emanação e a idéia a ela subjacente, de uma eterna processão de coisas a partir de Deus. É impossível pensar as coisas como eternas e criadas ao mesmo tempo. Se a gente deseja unir esses dois conceitos, cumpre colocar necessariamente a constante recriação das coisas por Deus e, assim, abandonar a perseverança substancial delas. Seu existir seria uma eterna geração e destruição[214].

Essa recusa da emanação contínua das coisas a partir de Deus deixa-nos apenas com duas alternativas de escolha: ou a natureza incriada do mundo é eterna ou então o mundo veio a existir em um único evento. A prova teleológica da geração das coisas por Deus também demonstra o começo temporal delas. Contra a eternidade do mundo, pode-se apontar o fato de que é impossível pensar o tempo passado como infinito em duração. Este argumento, proveniente do Kalam, foi brandido por Gersônides de maneira eficaz contra a doutrina aristotélica da impossibilidade de um início para o tempo. O próprio Aristóteles havia ensinado que um infinito atual

---

212. Levi ben Gerson, *op. cit.*, III, 3, 136 e ss.
213. *Ibid.*, VI, 1, 6, pp. 308 e ss.
214. *Ibid.*, VI, 1, 7, pp. 312 e ss.

era impossível; admitiu somente a possibilidade de um infinito potencial. Sua prova da existência de um primeiro motor baseava-se na impossibilidade de uma regressão infinita de causas. E se, em oposição à sua própria doutrina, Aristóteles mantinha a tese da eternidade do mundo e, assim, necessariamente admitia a existência de uma infinita duração do tempo passado, só podia justificar isso pretendendo que a infinitude do tempo era potencial somente porque o tempo, *per se*, em que o passado já se foi e o futuro ainda não veio, não tem existência atual. Gersônides negou essa distinção artificial. O existir do tempo passado não pode ser visto como meramente potencial, sem que seja cometida uma violência contra o sentido do conceito de potencialidade. Apesar da sucessão de suas partes, o passado ainda é um existente; se não houvesse início para o mundo, ter-se-ia necessariamente que conceber essa grandeza como sendo infinita. O conceito de infinitude só é legitimado se não levar a uma noção contraditória, como a de uma quantidade infinita, incomensurável. Mas isto é inevitável se postularmos a existência de um tempo passado infinito. Uma quantidade é passível de ser multiplicada indefinidamente sem jamais tornar-se uma quantidade infinita: a suposição da eternidade do mundo, entretanto, considera o passado *ab initio* como um perfeito infinito[215].

À demonstração aristotélica da eternidade do mundo, Maimônides objetara que ela transferia de maneira ilegítima as lei que governam todo vir-a-ser no interior do mundo à geração do mundo como um todo. Que tudo o que está em devir têm um substrato material, e que tal substrato não está sujeito ao devir, que todo movimento pressupõe um movimento prévio, e que o movimento *per se* é eterno; estas leis se aplicam unicamente ao vir-a-ser dentro da estrutura do mundo. É ilegítimo transferir essas condições, que se aplicam universalmente a objetos no interior do quadro do mundo, ao mundo como um todo. Maimônides formulou mais tarde esse argumento dizendo que as leis que se aplicam a um ser completo e perfeito não podem ser aplicadas não podem aplicadas a um ser que ainda está em processo de vir-a-ser.

Gersônides aceitou essa idéia, formulando-a, porém, de um modo mais preciso e rigoroso. Ele não julgava que o vir-a-ser do todo e o de suas partes devam ser tratadas da mesma maneira. Mas, embora seja ilegítimo igualar os dois, tampouco se deve negar, como fez o Rambam, seus traços comuns. O que precisa ser investigado é se as condições do vir-a-ser das partes se aplica somente a elas mesmas, ou se essas leis se aplicam a todo devir[216]. Levi ben Gerson argumentou que as leis às quais uma coisa está subordinada, por ser aquela coisa particular, não podem aplicar-se a ela antes que receba essa determinação particular. Aquelas leis, entretanto, que se aplicam a uma coisa, não em virtude de qualquer determinação particular, mas devido ao fato

---

215.*Ibid.*, VI, 1, 11, pp. 336 e ss., 344 e ss.
216.*Ibid.*, VI, 1, 4, p. 306.

O ARISTOTELISMO E SEUS OPONENTES | 243

de ser um existente em geral, aplicam-se obviamente àquilo que está em processo de vir-a-ser, tanto quanto àquilo que já veio a ser[217]. Se Maimônides havia atribuído um valor empírico a todas as condições do vir-a-ser, sem fazer distinções, o resultado final da distinção estabelecida por Gersônides era diferenciar entre aquelas leis que só têm uma validade empírica e aquelas cuja necessidade era trans-empírica. Estas regem o devir do mundo como um todo, e mesmo a atividade de Deus está subordinada a elas.

A conseqüência concreta, tirada por Gersônides dessa consideração geral, é a de ser impossível que tenha havido uma formação da matéria. Deus, como o mais alto princípio da forma, só pode ter produzido a suma das formas. A matéria, que se diferencia em essência de qualquer forma, não pode ser derivada de Deus. Além do mais, todo vir-a-ser deve ser precedido pela possibilidade de vir-a-ser, bem como por seu substrato, que é matéria[218]. Gersônides, com a mesma agudeza que caracterizava a análise de Averróis, mantinha o dualismo primordial, intransponível, de matéria e forma. A criação do mundo por Deus não é uma *creatio ex nihilo*, mas pressupõe uma matéria preexistente sobre a qual Ele exerceu seu ato criador. O Rambam havia declarado que semelhante idéia, a qual, a seu ver, podia ser encontrada no *Timeu* de Platão, era aceitável de um ponto de vista religioso; e Gersônides acomodou com facilidade a tal interpretação o relato escritural da criação. Assim, ele se esforçou em limitar a função da matéria ao papel puramente formal de substrato para o vir-a-ser. A matéria não contém nenhuma disposição determinada, mas é sem mais nem menos a possibilidade perfeitamente indiferente de vir-a-ser, e como tal não constrange de maneira alguma a divina criatividade[219]. Que a preexistência da matéria não significa preexistência temporal é evidente por si. O tempo só é encontrado no mundo. Assim como o ser de Deus é supratemporal, o ser da matéria informe (Gersônides poderia dizer) é subtemporal.

Mesmo nessa forma limitada, a divina criatividade vai além daquilo que é postulado acerca do Deus aristotélico. Deus já não é mais totalmente o supremo pensamento, contido em si; mais ainda, Gersônides rejeitou a teoria emanacionista da atividade criativa de Deus. O ato temporal de criação pode ser interpretado tão-somente como um ato da vontade divina, e Gersônides reafirmou reiteradas vezes essa conclusão[220].

217. *Ibid.*, VI, 1, 17, p. 366.
218. *Ibid.*, pp. 364 e ss.
219. *Ibid.*, pp. 367 e ss.; VI, 1, 18, pp. 373 e ss. Embora Gersônides fale de uma substância (corpo) eterna, o contexto significa apenas o plano de fundo indefinido da existência. Pode-se ver essa mesma concepção da geração do mundo explicitamente declarada na interpretação da física de Aristóteles por Ibn Ruschd. Cf. Duhem, *op. cit.*, pp. 216 e ss. A afirmação ali citada (p. 218), segundo a qual Gersônides considerava que a criação da matéria é possível, constitui apenas uma exposição de Maimônides, como se pode verificar pelo contexto.
220. Levi ben Gerson, *op. cit.*, VI, 1, 8, p. 320; VI, 1, 16, p. 359; III, 3, p. 137.

244 | A FILOSOFIA DO JUDAÍSMO

Não obstante, as razões que ele adiantava para rejeitar a *creatio ex nihilo* com certeza enfatizam o quanto permanecia ligado à idéia de que Deus, sendo a forma suprema, também é o mais alto pensamento, e já vimos como Levi ben Gerson defendia a legitimidade dessa definição contra seus predecessores neoplatônicos. Mas o pensamento divino só pode pensar gêneros e não seres individuais ampliados ou separados. O dualismo de matéria e forma, que se encontra na base de sua doutrina da criação, tornou esta conclusão inevitável. Uma vez que apenas as leis mais gerais da forma derivam de Deus, o conhecimento divino, por necessidade, abrange somente a ordem geral das formas; a multiplicidade de formas individuais, que vem a existir unicamente por meio da união de forma e matéria, deve ficar sempre além do escopo do conhecimento divino. Esta é uma conseqüência obrigatória da doutrina de Gersônides sobre a criação, assim como da concepção maimonidiana de uma *creatio ex nihilo* segue-se necessariamente que Deus, como o Criador de tudo, também conhecia todos os seus detalhes[221].

Ele chegou ao mesmo resultado sustentando que o conhecimento de Deus estava incluído na mesma categoria que o conhecimento humano, não apenas nos termos de seus nomes comuns, mas também em termos de seu conteúdo comum. O Rambam pôde opor-se a todas as objeções à sua doutrina de que o conhecimento divino se estendia aos particulares, porque estabeleceu uma distinção absoluta entre os modos de conhecimento divino e o humano. Que o conhecimento divino era infinito, que Deus conhecia de antemão as livres decisões do homem – isto não representava problema insolúvel para Maimônides, visto que o impossível para o conhecimento humano poderia muito bem ser possível para o divino (que é apenas homônimo do primeiro). Segundo Gersônides, entretanto, o conceito de conhecimento aplica-se igualmente aos modos divino e humano de apreensão, e qualquer coisa que contradiga o conceito de conhecimento é impossível para o divino outrossim. Com essa postura ele retornou à opinião, contra a qual o Rambam havia lutado, de que o divino conhecimento incluía apenas os traços genéricos, e propôs essa teoria sem quaisquer das qualificações que seus antecessores lhe haviam dado[222]. Ele nem sequer tornou a sua posição mais fácil aceitando que Deus não conhece o individual *qua* individual, porém somente como um elo na cadeia na ordem geral do ser. Até a idéia profunda de Averróis, de que o conhecimento divino transcendia a distinção entre o particular e o geral (porque tal distinção está limitada à esfera da consciência finita), não elevava, a seu ver, o conhecimento divino além das limitações que essa doutrina lhe fixava[223]. A agudeza analítica de Levi ben Gerson, nele muito mais desenvolvida que a profundeza

---

221. Cf. M. Joël, "Levi ben Gerson als Religionsphilosoph", *MGWJ*, X, pp. 307 e ss.
222. Levi ben Gerson, *op. cit.*, III, 2, pp. 126 e ss.; III, 4, pp. 137 e ss.
223. Cf. Horten, *Die Hauptlehren des Averroës*, p. 241; *Philosophie und Religion von Averroës*, p. 11.

O ARISTOTELISMO E SEUS OPONENTES | 245

especulativa, manteve imperturbável essa linha de pensamento com todas as suas conseqüências consistentes. Como já mencionamos antes, este conceito também serviu como meio para resolver o dilema da onisciência de Deus e a liberdade do homem. Como Ibn Daud, ele mantinha que Deus não conhece com antecipação os livres atos do homem. Esta posição resulta meramente do fato de que o indivíduo *per se* não é um objeto do conhecimento divino.

Conhecendo a Si próprio, Deus conhece o mundo geral e imutável das formas, que Dele procedem. Acompanhando Averróis, Gersônides formulou essa doutrina de maneira até mais incisiva: em última análise, diz ele, aqui não há uma questão de dualismo. Deus é a nova suma de toda a causalidade formal; Nele, a totalidade da forma existe em unidade última, e somente fora Dele é que ela se dispersa em multiplicidade[224]. O sentido da criação do mundo por Deus é que Ele permitiu que a forma unificada se separasse Dele, e se fragmentasse em uma pluralidade. Louvando-se na autoridade de Averróis, Gersônides rejeita a antiga teoria segundo a qual tão-somente a inteligência mais próxima da essência divina proveio imediata e diretamente de Deus. Por ter concebido a criação como um ato da vontade divina, foi mais fácil para Gersônides do que para Averróis sugerir que Deus criou uma multiplicidade de essências imateriais[225]. A divina ordem da criação também estabeleceu e determinou como, destas, as formas fluiriam para dentro do mundo material. Quase no espírito do moderno deísmo, Gersônides restringiu a atividade direta de Deus ao ato de criação do universo. A ordem dos eventos do mundo procede, se não mecânica ao menos teleologicamente dos referidos intelectos separados. Tais inteligências separadas são não apenas a fonte da ordem natural, mas também a causa da profecia, da providência e dos milagres. Se, para Maimônides, a operação do intelecto ativo havia sido obra de Deus, para Gersônides existia uma distinção definida entre o ato criativo original de Deus e a causalidade daquelas essências que são por Ele produzidas.

Em particular, o mundo terrestre recebe suas formas do intelecto ativo, que o governa. As formas então manam para todos os seres terrenos e, nesse processo, podemos localizar a causa dos fenômenos já mencionados. Assim como Deus inclui dentro de Si a totalidade da forma, do mesmo modo, também, está subsumida dentro do intelecto ativo a ordem das formas do mundo terrestre. Ela se estende mesmo além do mundo terreno até o celestial, uma vez que os acontecimentos terrestres estão subordinados às influências das estrelas; portanto, é lógico que o intelecto que governa o mundo terreno tenha um conhecimento da ordem celeste. Enquanto o intelecto de cada esfera particular apreende apenas aquela ordem a ele subordinada,

224. Levi ben Gerson, *op. cit.*, V, 3c, pp. 240 e ss.; V, 3e, pp. 257 e ss.
225. *Ibid.*, V, 3b, pp. 269 e ss.
226. *Ibid.*, V, 3m, pp. 283 e ss., 288 e s.

246 | A FILOSOFIA DO JUDAÍSMO

o intelecto ativo precisa, em certo sentido, apreender a ordem geral do cosmos[226]. Ele manifesta, de novo, a soma total da forma geral, embora não com a mesma originalidade, absolutismo e unidade que são característicos do divino conhecimento. Mas como Deus, o intelecto ativo não tem conhecimento do particular. A profecia, a providência e os milagres, no entanto, relacionam-se ao particular. Certos eventos específicos são comunicados ao espírito do profeta. Um milagre é a intervenção numa situação efetiva, específica, e o mesmo é verdade no tocante à doutrina da providência especial.

Gersônides emprega toda a sua argúcia dialética na explicação de tais fatos. Mesmo Averróis havia concluído que o divino conhecimento deve estender-se aos particulares, uma vez que a revelação profética ocorre em conexão com eventos específicos[227]. Como em tantos casos, não é certo que este represente o seu ponto de vista final sobre a questão. Em outras passagens, afirma que o conhecimento geral contido nas inteligências separadas é recebido pela imaginação humana em forma individual, tanto quanto a forma como um todo é particularizada por sua absorção na matéria[228]. Mas permanece obscuro se Averróis desejava apenas acentuar a diferença de formas psicológicas, ou a diferença material entre o conhecimento teórico das inteligências separadas, que é dirigido para o geral e o conhecimento humano, que é dirigido para o particular. Gersônides, sob influência evidente de Averróis, neste assunto levou tal pensamento adiante, numa direção que lhe permitia explicar a profecia, sem que precisasse fazer a menor concessão com respeito ao caráter puramente geral do conhecimento do intelecto ativo. Levi ben Gerson também aceitou que, na revelação profética, um conhecimento geral do intelecto ativo era recebido em forma individual; mas deu a isso o sentido de que o espírito profético aplicava uma conexão geral, comunicado a ele pelo intelecto ativo, a fim de iluminar um caso concreto. Do intelecto ativo provém o que em si próprio é somente uma conexão geral, mas que é aplicável a qualquer número de eventos separados e individuais. É o profeta que supre o conhecimento do caso particular e o subsume à ordem geral a ele revelada.

Gersônides pôde ampliar em pormenor essa concepção por causa de sua crença na astrologia, cujo fundamento estava na doutrina metafísica que coloca todas as ocorrências terrenas na dependência do mundo celeste. A conexão geral participada ao profeta pelo intelecto ativo é a ordem geral da constelação astrológica. A natureza e o destino de cada pessoa são determinados pela constelação sob a qual ela nasce, assim como as constelações determinam o tempo de vida das nações. A fim de entender essa conexão com absoluta certeza, não basta conhecer unicamente as condições gerais das várias constelações, pois cada uma das formas básicas contém formas heterogêneas especiais; só o conhecimento de suas sutis diferenças permite uma aplica-

---

227. *Philosophie und Theologie von Averroës* (traduzido por Müller), p. 122.

228. Paráfrase a "*De divinatione*", de Aristóteles, do qual Gersônides cita nas *Milkhamot*, II, 6, p. 106.

O ARISTOTELISMO E SEUS OPONENTES | 247

ção confiável da lei geral ao caso individual. O intelecto ativo conhece a ordem astrológica, da forma mais geral das constelações até suas últimas especificações, que, por seu turno, encerram todas as condições de ocorrência de um evento particular. Assim, quando um profeta trata do destino de uma pessoa ou de um grupo humano, ele recebe do intelecto ativo um conhecimento da ordem das constelações, e com suficiente precisão para habilitá-lo a predizer seu destino com todos os detalhes. Sem dúvida, há variações nos graus de certeza; estes dependem das capacidades de cada um dos profetas, mas isso não perturba o princípio geral envolvido[229].

Inclusive a profunda diferença entre o profeta e o adivinho comum não afeta, em princípio, a explanação. A revelação profética é endereçada ao intelecto do profeta e, assim sendo, a profecia pressupõe o pleno desenvolvimento da capacidade intelectual. O adivinho opera por meio da imaginação, que não pode receber a influência do intelecto ativo, mas somente as emanações das almas das estrelas que se encontram em um nível mais baixo. Ao contrário da profecia, com sua certeza e confiança, a adivinhação é propensa ao erro[230]. Apesar dessas diferenças, entretanto, o mesmo princípio de explicação aplica-se a ambos os casos. A explanação naturalista da profecia, que é aqui desenvolvida com extrema consistência, e a aceitação da astrologia (que Maimônides havia rejeitado), lança uma nova luz sobre o contraste entre o Rambam e Gersônides. O que repelia Maimônides na astrologia, até mais do que os fantásticos conceitos desta, era a sua explicação naturalista do cosmos. Esse naturalismo converteu-se, para Levi ben Gerson, num meio de libertar a crença religiosa na profecia de qualquer ligação direta com Deus. Até a profecia de Moisés está incluída nessa categoria. Esse determinismo astrológico tem apenas uma limitação. O livre arbítrio do homem poderia quebrar o curso de ação para ele ordenada pelas estrelas; a profecia poderia, portanto, predizer o futuro com base na determinação astrológica somente na medida em que o livre arbítrio do homem não fosse irromper no curso determinado das coisas[231].

A fim de interpretar a crença na providência, nessas bases, Gersônides precisava apenas encampar a doutrina de Maimônides. Este limitava a providência individual à espécie humana, tendo indicado que o espírito do homem, ligado ao de Deus, seria prevenido sobre quaisquer possíveis perigos. Este aspecto da providência situava-se em nível mais baixo do que a presciência profética e, por essa razão, recomendava-se a Gersônides. Ainda mais audaciosa é a introdução de milagres nessa conexão. Para Gersônides, os milagres não são o resultado direto de atos divinos, sendo produzidos pelo intelecto ativo. Constituem uma interferência nas leis da ordem natural, mas

---

229.Levi ben Gerson, *op. cit.*, II, 6, pp. 105 e ss., 108 e ss.
230.*Ibid.*, pp. 111 e ss.
231.*Ibid.*, p. 111.

248 | A FILOSOFIA DO JUDAÍSMO

essa interferência foi prevista e preparada na ordem natural estabelecida na criação. Maimônides já havia concordado que os milagres estavam arranjados no plano de Deus para a criação, mas a doutrina recebeu agora um novo giro: não são os milagres particulares que estão incluídos como parte do plano geral de criação, porém ao tempo da criação Deus estabeleceu condições gerais de conformidade com as quais poderiam ocorrer milagres. Tais condições são parte da ordem geral das formas, contida no intelecto ativo e, assim, concluímos que há uma lei natural de milagres, que os incorpora na ordem imanente do mundo![232].

A concepção da imortalidade adotada por Gersônides, a qual permaneceu fora dos problemas por nós considerados, relaciona-se mais estreitamente com as controvérsias das escolas aristotélicas do que quaisquer outras partes de seu pensamento. Num exame minucioso, ele contrasta as várias interpretações provocadas pela contraditória e obscura doutrina de Aristóteles acerca do intelecto. Mas um ponto, e talvez o decisivo, ficou fora da discussão. Quando o Estagirita distingue entre dois tipos de intelecto, o ativo e o passivo ou potencial, que é atualizado pelo anterior, a Gersônides pareceu evidente por si que o intelecto ativo não era parte da alma humana individual. A seu ver, tal interpretação, colhida em Alexandre de Afrodísias, constituía o autêntico entendimento de Aristóteles, e Levi ben Gerson o atribuía inclusive àqueles comentadores que, na realidade, o negavam – isto porque Gersônides foi até certo ponto desencaminhado pela versão dada por Averróis a essas doutrinas. Mas semelhante conseqüência fazia-se materialmente inevitável se o termo intelecto ativo era interpretado como um intelecto no sentido exato da palavra. Caso a consciência humana fosse dotada desde o início com um intelecto atual (efetivo), é difícil divisar o possível significado de um intelecto potencial, que começa apenas a desenvolver a capacidade de pensar.

Para Gersônides, o intelecto ativo, que era tão importante para o seu sistema, designava uma substância imaterial (como também para seus predecessores aristotélicos judeus e árabes) – uma substância cuja forma seguia para o mundo terrestre, e que levava o intelecto humano à atualidade do conhecimento. O objeto de sua explanação era o intelecto potencial ou, como o chamavam, o intelecto hílico. As principais interpretações contrapostas eram as oferecidas por Alexandre de Afrodísias e Temístio. No ver de Alexandre, o intelecto hílico era uma capacidade da alma humana, indissoluvelmente ligada ao seu sujeito, o homem, que pereceria com a morte da pessoa. Segundo Temístio – como Gersônides o compreendeu – o intelecto hílico era uma substância imaterial, existente desde toda a eternidade e unida à alma humana durante a sua estada na terra. A essas duas interpretações primordiais, duas outras foram mais tarde adicionadas. A fim de escapar às dificuldades inerentes às duas concepções, Averróis aceitou o pressuposto de que também o intelecto hílico constituía

---

232.*Ibid.*, VI, 2, 10, pp. 445 e ss., 450 e ss.

O ARISTOTELISMO E SEUS OPONENTES | 249

uma substância completamente independente da alma humana. Na síntese que Levi ben Gerson realiza dessa teoria, o intelecto hílico nada mais é senão o intelecto ativo, na medida em que se une ao homem. Enquanto o intelecto ativo por si mesmo só pode apreender a si próprio, devido à sua união com o homem, ele adquire a capacidade de conhecer particulares e, assim, granjeia – a este respeito – uma potencialidade que é completamente estranha à sua pura essência. Filósofos ulteriores, isto é, os escolásticos cristãos nos termos de Gersônides, modificaram a teoria de Temístio, de modo que o intelecto hílico foi considerado uma substância imaterial unida à alma, sem status preexistente, o qual passa a existir com o nascimento de uma criança[233]. A oposição primordial de Gersônides fica entre as duas colocações originais; pela discussão de suas assunções, ele chegou aos aspectos essenciais de sua própria posição.

Apesar da sutileza dialética com a qual movimentava razões pró e contra, Gersônides operava essencialmente dentro do quadro dos argumentos aristotélicos. Aristóteles havia acentuado com ênfase quer a pertinência do intelecto à alma, quer sua imaterialidade. Por estar a alma, agora, definida como a forma do corpo, indissoluvelmente ligada a este, passava a existir uma oposição entre os dois requisitos, que o próprio Aristóteles não pôde resolver. Se as suas afirmações fossem aplicadas ao intelecto hílico, de um lado surgiria uma contradição à posição de Temístio e, de outro, à de Alexandre. Uma vez que Temístio concebia o intelecto hílico como uma substância independente, juntada à alma humana somente enquanto durava a vida do homem, ela não mais podia ser a perfeição da alma, e sua relação com a essência humana tornava-se problemática. Uma essência imaterial não pode ser ao mesmo tempo a forma do homem. Além do mais, se for uma essência imaterial, o intelecto hílico precisa ser o mesmo para todos os homens; não pode pertencer à alma humana e participar de sua diferenciação individual[234]. A imaterialidade do intelecto contradiz a posição de Alexandre. Se a alma, com suas faculdades sensíveis, é o sujeito do intelecto hílico, como se pode conceber que este último seja totalmente independente da sensualidade? O fato de que o intelecto possa conhecer objetos não-sensíveis, e de que o envelhecimento do corpo não afete seus poderes – isto deve provar, segundo Aristóteles, que a função do intelecto não está amarrada a qualquer órgão corporal, independendo assim da sensualidade. Mas não se pode dizer o mesmo do intelecto hílico, tão logo o convertamos num poder da alma, como Alexandre de Afrodísias fez[235].

Ambas as doutrinas correm de ponta cabeça para igual dificuldade – a noção aristotélica da pura potencialidade do intelecto hílico. De acordo com o Estagirita, a essência do intelecto potencial reside em sua capacidade de absorver ou tornar-se todas as formas. Sendo a forma e o conceito equivalentes, o entendimento do conceito

---

233 *Ibid.*, I, 1, pp. 12 e ss.
234. *Ibid.*, I, 2, pp. 14-16; I, 3, p. 21.
235. *Ibid.*, I, 2, pp. 16 e ss.

equivalia à absorção de sua forma, e o intelecto que compreende todos os conceitos deve portar dentro de si próprio a possibilidade de todas as formas, ou ser a possibilidade de todas as formas. Mas o intelecto pode servir como esse puro meio para a compreensão de conceitos, somente se sua própria natureza não modificar as formas que ele recebe. Aristóteles, portanto, exigiu que o intelecto fosse perfeitamente simples em natureza. Isso significava, a princípio, que o intelecto não pode ser composto com o corpo, e deve permanecer imaculado por sua natureza sensível a fim de apreender todas as formas de uma maneira pura. Mas os comentadores viraram esta idéia em sentido diferente: o intelecto receptor não deve ter determinação formal peculiar a si mesmo, porque semelhante determinação o impediria, necessariamente, de compreender outras formas[236].

Este é um corolário necessário se identificarmos as idéias de conceito e forma; mas leva a um resultado impossível, segundo o qual o intelecto, com o fito de poder servir realmente como meio de conhecimento, torna-se uma quase suspensa possibilidade absoluta. De um lado, cumpre-lhe não compor-se com nenhuma matéria, qualquer que seja, e, de outro, precisa estar livre de toda determinação formal! O fundamento último de todas essas dificuldades – nas quais desemboca o motivo aristotélico básico, em si justificado – residia no fato de o relacionamento noético do pensamento com seu objeto ter sido tratado como uma relação objetual (*dinglich*), ficando subordinada às categorias objetuais de matéria e forma[237]. Esse percalço existia seja no caso de Temístio, para quem o intelecto hílico era uma substância imaterial e dotado portanto de uma determinação formal, seja no de Alexandre, que via no intelecto hílico uma capacidade da alma humana e por isso questionava sua não composição com a matéria[238]. Do ponto de vista de Alexandre, é possível escapar da dificuldade efetuando a distinção puramente formal de que a alma, como portadora de uma capacidade intelectual, constituía a condição apenas para a existência desta última e não para a sua função. A absorção de conceitos pelo intelecto realiza-se, por assim dizer, independentemente de seu substrato[239]. Agora, podemos por fim entender a idéia do intelecto como pura potencialidade. Por meio dessa distinção, removemos também as objeções feitas anteriormente à doutrina de Alexandre de Afrodísias.

---

236. *Ibid.*, pp. 13 e ss.
237. O elemento válido da concepção aristotélica é o esforço para dar conta dos erros cognitivos por meio da natureza do intelecto. A noção de que a cognição é uma abstração do conceito ou uma objetivação do conceito conhecido constitui um passo decisivo para materializar o processo cognitivo. A identificação do conceito com a essência formal dos objetos conduz à absorção da essência no pensamento. Assim, é desnecessário ao pensamento ter qualquer estrutura constitutiva ou estar ligado à matéria a fim de ser capaz de receber as formas claramente ou tornar-se uma delas.
238. Levi ben Gerson, *op. cit.*, I, 3, pp. 19 e ss.
239. *Ibid.*, pp. 20 e s., 23 e ss. Para Temístio, que concebe o intelecto ativo como uma substância independente, esse resultado é, por certo, impossível. Pois é da natureza de uma substância pensante pensar. Portanto, ela não pode ser impedida de receber conceitos (I, 4, pp. 34 e ss.).

O ARISTOTELISMO E SEUS OPONENTES | 251

Sob o ângulo funcional, o intelecto permanece imaterial; sob o ângulo material, sendo dependente da alma que é a forma do corpo, ele está vinculado ao corpo. Gersônides optou, pois, por Alexandre e contra Temístio.

Após essa decisão fundamental, as teorias ulteriores em termos cronológicos foram despachadas com facilidade. A crítica de Gersônides a Temístio aplicava-se igualmente às emendas feitas à doutrina deste último que mencionamos como sendo a quarta opção. A teoria de Averróis acerca da unidade do intelecto hílico está em completa contradição com a individualização do pensamento na pluralidade dos homens. Se o intelecto hílico é o mesmo para todos os seres humanos, ele deve possuir e não possuir igual conhecimento, porquanto uma pessoa conhece e outra não. Nessa concepção, o esforço do homem em busca do conhecimento perde todo sentido, pois o intelecto universal *per se* não necessita dele; mas a conexão entre o homem e o intelecto universal, por cujo intermédio o conhecimento é individualizado, desaparece com a morte e, com ela, a individualização também[240].

O final desse debate de larga extensão converte-se, assim, em retorno à posição básica de Alexandre. Em conseqüência, Gersônides também aceitou a eternidade do intelecto adquirido, que estava implícita em sua doutrina do intelecto. Enquanto o hílico é portado pela alma e, assim sendo, não pode sobreviver-lhe, os conceitos por ele adquiridos são (como Levi ben Gerson já havia mostrado) independentes da alma. Uma vez que alma não tem papel algum na compreensão de conceitos, estes podem existir independentemente dela. Mas essa interpretação da imortalidade é em um ponto essencial muito diferente da posição de Alexandre. No seu ponto de vista, aqueles conceitos cujos objetos são coisas do mundo dos sentidos não têm permanência. Sendo puras formas, não possuem existência fora do espírito; não podem, portanto, como simples produtos da abstração, ter uma duração em pensamento que perdure além de sua atualização temporária. Só quando o nosso pensamento compreende aquelas substâncias imateriais que existem independentemente dele, este adquire um conteúdo duradouro. O conhecimento das substâncias imateriais também implica a unificação com elas e, quando alcança tal união, o intelecto participa de sua eternidade[241].

Gersônides negava ambas as pressuposições do modo de ver de Alexandre. Sustentava que era impossível que o conhecimento pudesse levar a cabo uma união do intelecto humano com o intelecto ativo, porque tal união pressupunha uma apreensão atual do conteúdo do intelecto ativo, que o nosso intelecto humano não pode atingir. A essência da totalidade das formas individuais, que na terra ficam separadas, está unificada no intelecto ativo. Assim, não podemos conhecer o inte-

240. *Ibid.*, I, 4, pp. 25 e ss.
241. *Ibid.*, I, 8, p. 52; I, 9, pp. 53 e ss.

252 | A FILOSOFIA DO JUDAÍSMO

lecto ativo a não ser que tenhamos apreendido essas formas como um todo e compreendido sua interrelação unitária. Dado que tal conhecimento é negado ao homem, é-lhe impossível apreender a essência do intelecto ativo[242]. A única forma possível de imortalidade que Gersônides, em oposição a Alexandre, conseguia divisar residia na existência duradoura dos conceitos adquiridos pelo homem por meio da percepção sensível. Para Gersônides, esses conceitos eram mais do que meros produtos da abstração; visto que, neles, captamos a essência permanente das coisas, podemos atribuir-lhes existência permanente. Essa versão peculiar do realismo conceitual habilitou Gersônides a manter a permanência dos conceitos também em sua forma psicológica. Os conceitos que nós conhecemos não saltam para existência no momento em que os conhecemos, mas entram em nossa consciência na forma específica em que são conhecidos[243]. O fato de se apresentarem como conteúdos de nosso pensamento não prova que devam perecer, como Averróis pretendera. Mesmo se concedermos que esses conceitos vieram à existência, o princípio de Aristóteles de que tudo quanto vem a ser tem eventualmente de desaparecer não se aplica a objetos imateriais[244].

O intelecto adquirido do homem é a soma dos conceitos que ele adquiriu. Estes podem sobreviver à morte da alma, pois, de acordo com as provas anteriores de Gersônides, a alma não tem papel na aquisição dos referidos conceitos. O conceito conquistou uma existência independente, não sendo afetada pela morte do ser humano e pelo perecimento de sua alma. De conformidade com a doutrina aristotélica da unidade do pensamento e seus objetos, essa permanência dos conceitos serve como uma garantia da permanência do pensamento. Se nos parecer que o intelecto humano é, assim, mera soma de conceitos separados, cabe considerar que Gersônides procura fundamentar sua unidade negando que o conteúdo de nosso pensamento seja um simples agregado. Os conceitos que adquirimos no processo do pensar possuem uma interconexão unitária, em que pensamentos ulteriores subsumem os anteriores. Os conceitos de nosso conhecimento, os mais altos e os mais abrangentes acerca de qualquer tempo particular, constituem a forma que abarca todos os conteúdos prévios de nosso conhecimento[245]. Essa unitária interrelação que compõe o intelecto adquirido é imortal. Assim, retornamos à noção de imortalidade individual, que havia sido desarraigada, ou ao menos velada, na união de nosso intelecto com o intelecto ativo. Porém, o conteúdo religioso desta doutrina foi perdido. O intelecto individual permaneceu isolado. Do mesmo modo como Levi ben Gerson tinha antes separado

---

242. *Ibid.*, I, 12, pp. 85 e ss.
243. *Ibid.*, I, 10, pp. 61 e ss. Meu ensaio "Levi ben Gersons Theorie des Bregriffs", explica esta interessantíssima teoria dos conceitos de Gersônides, que forma o pano de fundo das matérias discutidas no texto.
244. Levi ben Gerson, *op. cit.*, I, 11, pp. 82 e ss.
245. Hilel ben Samuel, *Recompensas da Alma*, I, 13, pp. 89 e ss.

O ARISTOTELISMO E SEUS OPONENTES | 253

mundo e Deus e descartado a possibilidade de uma interconexão emanacional contínua entre Deus e o mundo, fica agora estabelecido um abismo intransponível entre o intelecto humano e a inteligência superior[246].

Se assim foi perdido o conteúdo religioso da teoria emanacionista, muito pouco da vida religiosa do monoteísmo bíblico o substituiu. A maneira pela qual Gersônides justificou a idéia da criação mostrava poucos traços de sua significação religiosa. A atuação de Deus estava limitada ao ato único da criação; por outro lado, o Deus de Levi ben Gerson permanecia tão distante do mundo quanto "o pensar pensando a si próprio" de Aristóteles. Esta impressão foi fortalecida pela engenhosa reconstrução dos conceitos de profecia, providência e milagres, em Gersônides. Enquanto o Rambam havia erigido uma verdadeira síntese do judaísmo e do aristotelismo, em Gersônides o elemento aristotélico era de importância decisiva. Sua rejeição da doutrina neoplatônica emendada apenas tornou mais clara a sobriedade teórica da doutrina aristotélica essencial. A julgar pelas intenções últimas de seu pensamento, Gersônides talvez seja o mais fiel discípulo de Aristóteles que a filosofia medieval judaica produziu; mas, exatamente por isso, era essencialmente estranho àquelas doutrinas bíblicas das quais, na sua formulação, ele parecia aproximar-se.

HASDAI CRESCAS

Não tendo sido possível, nos inícios do século XIV, conter o iluminismo filosófico por meio de controles externos e de supressão declarada, a necessidade de superá-lo internamente tornou-se tanto mais imperativa. A literatura polêmica do fim do século XIII e início do XIV havia apenas começado a tomar essa direção. Não obstante, houve também tentativas de estabelecer um outro tipo de judaísmo, oposto ao judaísmo racionalista da filosofia.

Rabi Moisés ben Nakhman (Nakhmânides) de Gerona, um sábio talmúdico e exegeta bíblico que adotou uma posição mediadora na batalha polêmica travada ao redor da filosofia na terceira década do século XIII, desenvolveu uma concepção única e vigorosa do judaísmo que utilizava algumas idéias filosóficas em seus detalhes, mas procurava escapar do racionalismo filosófico. Ele exaltava Maimônides por combater as doutrinas anti-religiosas de filosofias não-judaicas, mas estava convencido de que as opiniões do Rambam tinham um laivo místico que ameaçava os ensinamentos da fé, e que se fazia necessário livrar-se por completo do aristotelismo. Sua concepção do judaísmo sublinhava o caráter exclusivamente sobrenatural da *Torá*. Como na filosofia de Iehudá Halevi, louvava o caráter histórico da

---

246. O fato de o espírito humano receber seu conhecimento terreno do intelecto ativo, que, por seu turno, é influenciado pelas inteligências das esferas, não afeta o que foi dito aqui.

254 | A FILOSOFIA DO JUDAÍSMO

cosmovisão religiosa judaica, um ponto de vista que havia retrocedido nas teorias neoplatônicas e aristotélicas[247].

Mesmo quando não aparentes por fora, estes traços de sua doutrina radicam na orientação basicamente cabalista de Nakhmânides, e não podem ser entendidos à parte do desenvolvimento da Cabala. Ele até partilha com esta última a sua oposição ao aristotelismo, que agora se torna relevante para as nossas próprias investigações. A tese usual de que a Cabala (os mistérios judaicos que surgiram na segunda metade do século XII na Provença e que atingiram o pleno florescimento na Espanha setentrional, no século XIII) constituiu apenas uma reação ao racionalismo filosófico, viu-se recentemente desafiada por boas e suficientes razões. Ela foi, na verdade, um movimento religioso positivo, que cresceu em função de seus próprios poderes internos. Doutrinas gnósticas e mitológicas, dormentes no judaísmo durante muitos séculos, haviam despertado agora para uma nova vida sob o influxo das tendências religiosas que permeavam a Provença, onde a Cabala teve nascimento.

A essas doutrinas místicas foram adicionadas idéias neoplatônicas, provenientes em parte da filosofia judaica anterior e, em parte, de fontes não judaicas. Juntos, tais elementos produziram um tipo muito rico e independente de especulação mística e teosófica[248] que, como o misticismo em geral, era completamente oposto ao pensamento filosófico racional. É bem verdade que muitos dos grandes sistemas filosóficos racionalistas contêm elementos místicos, ou levam a uma contemplação mística de Deus, e que o próprio misticismo utiliza os conceitos e os métodos da filosofia racionalista a fim de explicar suas doutrinas por via especulativa, o que a especulação cabalista também fez até certo grau. Não obstante, a relação da Cabala com o pensamento racionalista, especialmente com aquela sua forma que foi o aristotelismo judaico, era em sua maior parte de oposição. Tal oposição, que se manifestou desde o início, tornou-se tanto maior quanto mais o referido pensamento especulativo se desenvolvia na Cabala. Porém, mesmo nesse nível, ela se satisfez em opor a sua própria versão do judaísmo à versão racionalista, e não tentou batalhar com a filosofia na esfera desta ou com as suas armas. Até mesmo depois que Moisés Narboni e Levi ben Gerson reconheceram a agudeza do conflito, levou muito tempo antes que fosse elaborada uma posição de crítica científica e cabal ao ponto de vista aristotélico.

Um forte impulso nesta direção veio do famoso erudito talmudista Nissim ben Reuven de Gerona, na segunda metade do século XIV[249]. Entretanto, a julgar por seu

---

247. Cf. Perles, "Über den Geist des Kommentars des R. Moses ben Nakhman zum Pentateuch", *MGWJ*, VII, 81, 117 e ss.

248. Cf. G. Scholem, "Hathalot ha-kabalá", *Knesset*, X (Tel Aviv, 1946), pp. 181-228. A concepção anterior de Scholem, expressa em "Zur Frage der Entstehung der Kabbala", *Korrespondenzblatt der Akademie für die Wissenschaft des Judentums*, IX, 4-26, progrediu e foi revista em muitos aspectos, sob o impacto de suas novas pesquisas.

249. Cf. Rosenmann, "Das Lehrhaus des Rabbi Nissim Gerundi in Barcelona", *Schwarzfestschrift*, pp. 489 e ss.

O ARISTOTELISMO E SEUS OPONENTES | 255

sermões, ele nunca foi além de prover de seu encorajamento. Sua importância filosófica reside no fato de ter incitado seu aluno, Hasdai ben Avraham Crescas a escrever um livro que, pela primeira vez desde os dias de Iehudá Halevi, ofereceu uma crítica em grande escala do aristotelismo.

Hasdai Crescas (n.c. 1340-m. 1410) foi, devido à sua autoridade pessoal e à sua posição de rabino-mor das comunidades judaicas aragonesas, uma das personalidades mais influentes do judaísmo hispânico. Após as terríveis perseguições de 1391, em que o seu filho único foi assassinado, trabalhou com empenho na reconstrução das dizimadas comunidades judaicas. Sua produção literária é bastante reduzida. Nunca chegou a realizar o projeto de compor um grande tratado talmúdico, destinado a dar continuidade à sua obra filosófico-religiosa. Afora um curto relato sobre as perseguições de 1391, escreveu em espanhol uma *Refutação dos Principais Dogmas da Religião Cristã*, que subsiste apenas na tradução hebraica. Trata-se de uma crítica ao cristianismo, de um ponto de vista filosófico, estando marcada pela calma objetividade de seu tom e pela agudeza lógica de sua argumentação. O *opus magnum* de Crescas, *Or Adonai* (A Luz do Senhor), completado em 1410, apresenta, em termos da estrutura formal, um feitio mais dogmático do que filosófico. Aborda as principais doutrinas do judaísmo não em termos de sua conexão sistemática, porém na ordem de sua importância dogmática. Assim, concede o primeiro lugar ao dogma básico da existência e unidade de Deus. O segundo é dado àquelas verdades religiosas que constituem os pressupostos do conceito de revelação. Seguem-se as doutrinas que, embora não sejam dedutíveis logicamente do conceito de revelação, não obstante têm valor religioso e são obrigatórias para todos os homens; por fim, dá-se o exame de uma série de doutrinas de caráter dogmático não obrigatório.

Crescas não foi de modo nenhum o grande antagonista da filosofia que ele parece ser quando visto a partir de algumas de suas declarações. Embora enuncie bruscamente sua convicção de que somente a *Torá* e não a filosofia possui o poder de levar o homem à verdade, ele não se contenta com uma demonstração das inadequações e contradições das teorias filosóficas, mas procura estabelecer as doutrinas do judaísmo de maneira positiva com o fito de substituir a falsa filosofia pela verdadeira. Se as suas declarações programáticas lembram uma das asserções de Iehudá Halevi, segundo a qual a filosofia é impotente para apreender as verdades religiosas, ainda assim Crescas se coloca em base totalmente diferente. Não só atribui à razão o poder de captar certas verdades metafísicas gerais, como tenta penetrar filosoficamente essas questões que Halevi relegou à fé. A mesma diferença separa-o da crítica de Gazali à filosofia, a qual tem sido erroneamente vista como uma nítida influência sobre Crescas. Nos termos deste, a crítica não é dirigida à filosofia como tal, mas à então dominante filosofia escolástica aristotélica, em especial à sua intelectualização da religião, que ele considerava o maior erro do aristotelismo. Embora se propusesse a provar o ver-

256 | A FILOSOFIA DO JUDAÍSMO

dadeiro sentido dos conceitos religiosos e a real essência da vida religiosa, sua postura em face da tradição judaica é muito mais liberal do que poderia fazer suspeitar a sua contínua insistência na necessidade de viver de acordo com os preceitos da *Torá*. Por certo, a separação de judaísmo e aristotelismo implicava um retorno aos fundamentos da religião bíblica, resultando daí que Crescas, ao aplicar esse ponto de vista a particulares na maior parte recapturava o sentido original dos conceitos individuais. Mas, a despeito dessa harmonização com a tradição judaica, remanescia ainda uma profunda diferença. Ele deu ao voluntarismo, que o ligava à *Bíblia*, uma torção determinista e, assim, imprimiu-lhe uma forma inteiramente nova.

Embora independente de sua concepção filosófico-religiosa básica, sua crítica aos conceitos fundamentais da física aristotélica – em muitos aspectos precursora da moderna ciência natural e filosofia da natureza – era em si mesma muito importante[250]. Por certo, a sua originalidade pode parecer duvidosa após a recente publicação da crítica de Abu'l-Barakat à ciência natural do aristotelismo. Mas não pode ter havido nenhuma conexão entre os dois pensadores; até onde é de nosso conhecimento, o livro de Abu'l Barakat nunca chegou à Europa e, além do mais, Crescas não sabia árabe. Assim, torna-se claro que ele propôs em termos independentes as mesmas questões que Barakat apresentou. Sem dissolver o dualismo de matéria e forma como tal, Crescas deu a esses conceitos um significado que implicava um conceito inteiramente novo de substância. O substrato comum dos quatro elementos era matéria-prima, que não carecia de qualquer espécie de forma, mas podia existir por si, sem qualquer dependência, *in re*. Essa matéria tornou-se uma substância material primária independente, concretizada unicamente por meio das formas dos elementos individuais[251].

No centro de sua análise encontrava-se a doutrina aristotélica sobre o espaço e o seu conceito de infinitude. Em oposição a Aristóteles, Crescas mantinha (é possível que a física do Kalam lho tenha sugerido) a possibilidade do vácuo. De sua crítica aos argumentos do Estagirita contra o vácuo, torna-se manifesto que o alvo de sua real objeção era a doutrina aristotélica do espaço. Uma vez que seu entendimento do conceito de espaço diferia do defendido por Aristóteles, ele também chegou a uma conclusão diversa no tocante ao vácuo. Para Aristóteles, que não diferenciava entre o

---

250.As principais idéias dessa investigação foram expostas em meu ensaio, "Chasdai Crescas als Kritiker der aristelischen physik". A obra magistral de Wolfson (*Crescas' Critique of Aristotle*) apresenta uma explicação detalhada dessa concepção e nas notas condizentes, que ele apresenta junto com uma tradução inglesa de *Or Adonai*, Wolfson dá uma demonstração precisa da conexão entre Crescas e a interpretação medieval da filosofia natural de Aristóteles. Joël, em *Don Chasdai Creskas' religionsphilosophische Lehren*, pp. 82 e ss., já havia provado que o jovem Pico della Mirandola citava Crescas em muitos pontos de seu ensaio "Examen doctrine vanitatis gentium" em função das objeções feitas por Crescas a Aristóteles. No que concerne ao paralelo entre Crescas e Galileu Galilei e Giordano Bruno, que são um tanto surpreendentes, cf. meu ensaio "Chasdai Crescas" e o livro de Wolfson.

251.Hasdai Crescas ben Avraham, *Or Adonai*, I, 2, 7, p. 12d.

O ARISTOTELISMO E SEUS OPONENTES | 257

espaço e o lugar de um corpo, o espaço é o limite entre o circundante e o corpo circundado. É evidente por si que com esta definição não pode haver espaço sem um corpo. Crescas mostrou as conseqüências desarrazoadas resultantes dessa concepção do espaço; seria impossível afirmar que a esfera celestial externa, não sendo limitada por qualquer outro corpo, estivesse no espaço no sentido literal da palavra. Seria também impossível dizer que qualquer corpo completo se achava em qualquer espaço específico; só se poderia declarar isto com respeito às suas mais externas seções[252]. Assim sendo, ficava dissolvido o significado natural de espaço. Para Crescas, portanto, o espaço não era mera relação de corpos, mas devia ser anterior aos corpos. Todo corpo ocupa um lugar, que é equivalente à sua extensão. Esta extensão, em virtude de seu caráter de contenedor do corpo, constitui a verdadeira essência do espaço. Até no espaço preenchido, a extensão *per se* – ou seja, o espaço livre de corpos – é primordial para o corpo estendido. Sob o ângulo conceitual, o espaço é simplesmente extensão e, assim, a não contraditória existência do vácuo é possível[253].

As objeções feitas por Aristóteles a esse ponto de vista baseavam-se na observação de que atribuímos ao espaço aquilo que pertence propriamente aos corpos. Tão logo distinguimos entre os dois, não é mais possível declarar, como Aristóteles o fez, que tal como o corpo se encontra no espaço, o espaço deve ser encontrado em um espaço ulterior; a extensão, como tal, não precisa mais de um espaço em que esteja localizada. O outro argumento aristotélico, de que o preenchimento de uma extensão imaterial por um corpo estendido violaria a impenetrabilidade dos corpos, é até menos significante. A impenetrabilidade não pertence à extensão *per se*, mas aos corpos materiais; não há, pois, nenhuma contradição com a impenetrabilidade se um corpo entra na pura extensão[254]. A partir dessa formulação do conceito de espaço, que Crescas justificou tanto conceitual quanto fisicamente, ele concluiu que o espaço era infinito. Um limite absoluto ao espaço é impossível, porque, além de um limite assim, deve estender-se um espaço ulterior (quer cheio, quer vazio). Enquanto Gersônides julgara o fato como uma simples limitação do poder da imaginação humana, que não poderia apreender a noção de um limite absoluto para o espaço, Crescas encarava-o como uma objetiva necessidade teórica[255]. Ele também não viu objeção à tese de que a existência material estendia-se infinitamente, mas, apesar disso, declarou que a existência material era finita, e que por trás dela encontrava-se o espaço vazio[256]. Como foi mais tarde o caso de Newton, para Crescas o espaço era o receptáculo infinito das

252.*Ibid.*, I, 2, 1, p. 10c.
253.*Ibid.*, p. 10b, c.
254.*Ibid.*, p. 9b.
255.*Ibid.*, pp. 9d e ss.
256.*Ibid.*, p. 11d.

258 | A FILOSOFIA DO JUDAÍSMO

coisas. Há uma outra similaridade entre os dois, no fato de que ambos pensaram o espaço como o arquétipo da onipresença de Deus[257].

O reconhecimento da infinitude na doutrina do espaço é plenamente explicado por Crescas. Assim como sustentava a infinitude do espaço, também defendia a infinitude em relação tempo e ao número. Em face da infinitude, esforçou-se por refutar Aristóteles e seus seguidores, e dois de seus argumentos são de interesse fundamental. Contestando a possibilidade de uma quantidade infinita, afirmava-se, com numerosas variantes, que ela levaria à absurda conclusão de uma quantidade infinita ser maior do que outra. Por exemplo, se cortarmos uma secção de uma linha infinitamente reta traçada a partir de um certo ponto, o restante da linha também deve ser infinito. A isto, Crescas replicou que as idéias de "igual a", "maior do que" e "menor do que" aplicam-se somente a quantidades finitas e não ao domínio do infinito. Não há medida para este, sendo, por conseguinte, tolice perguntar se duas quantidades infinitas são iguais entre si ou uma maior do que a outra[258].

De importância maior é o segundo contra-argumento. A assunção de um infinito não significa que algo finito cessa de súbito a ser finito depois de alcançar certa posição e então se torna infinito, mas que transcende todos os limites possíveis. A fim de provar que o movimento circular de um corpo infinito era impossível, Aristóteles afirmou que se os raios do corpo fossem infinitos, a distância entre eles seria necessariamente infinita e nunca poderia ser atravessada. Contra isto, Crescas pretende que jamais pode haver um ponto em que os raios se tornam infinitos. Tal ponto só poderia ser o ponto final do raio. Mas a infinitude de uma extensão quer dizer que ela não tem ponto final. Cada ponto que descrevemos em um dos raios possui uma distância finita do centro e o significado de um raio infinito é que ele se estende para além de qualquer ponto possível estabelecido em seu comprimento. De qualquer ponto possível, podemos traçar outros pontos a transcender a esfera do finito[259].

Crescas aplicou esse mesmo ponto de vista ao conceito de número. Aristóteles afirmara que não havia nenhum número infinito, uma vez que todo número tinha de ser ou par ou ímpar e, em ambos os casos, finito. Este não era um argumento compelativo para Crescas, porquanto a diferenciação entre par e ímpar vale apenas para os números finitos; números infinitos transcenderiam tal distinção, porque não possuem termo final[260]. Este argumento não é desenvolvido em rigoroso detalhe. Logicamente falando, em vez de discutir número infinito, Crescas deveria falar de uma série infinita de números que não tem fim, embora cada número particular nela seja finito. Em

257. *Ibid.*, p. 10d.
258. *Ibid.*, p. 10a. As mesmas palavras são usadas como uma objeção a um argumento similar extraído da temporalidade; III, 1, 4, p. 51a.
259. *Ibid.*, I, 2, 1, pp. 11b, c.
260. *Ibid.*, I, 1, 3, p. 4c; I, 2, 2, pp. 11d e ss.

O ARISTOTELISMO E SEUS OPONENTES | 259

seu conceito de infinitude, o autor de *Or Adonai* seguiu Gersônides, o qual declara taxativamente que uma grandeza permanece para sempre a mesma, não importando o quanto se tenha adicionado a ela; nenhuma adição pode tornar infinita uma grandeza finita[261]. Ainda assim, há uma importante diferença entre os dois. Gersônides apenas admitiu a possibilidade de majorar ilimitadamente uma grandeza e objetou à existência de um real infinito *per se*. Para Crescas, um real infinito existe, o qual, no entanto, só pode ser concebido como uma grandeza intérmina, e que nunca pode ser alcançada por uma extensão ilimitada do finito.

Essa diferença entre os dois é aguçada em termos do problema do tempo. Partindo do seu conceito de infinitude, Gersônides deduziu a impossibilidade do tempo sem um começo, visto que levaria à idéia de um passado infinito. Mas Crescas que afirmava a existência de um real infinito, chegou à conclusão oposta. O tempo era possível e concebível sem um início e ele não confirmou as conclusões que Gersônides havia tirado. Pois o tempo passado também remanesce a uma distância finita do presente, não importa quão para trás no passado remontemos. O tempo infinito significa simplesmente que, antes de cada segmento de tempo, existe um segmento precedente, e por esta razão por si não nos cabe o direito de falar de uma infinitude completada[262].

A aplicação desse ponto de vista à noção de causalidade é de especial significação em problemas de ordem filosófico-religiosa. Se uma série infinita é possível, então a cadeia causal também pode ser infinita. Assim, a prova aristotélica da existência de um primeiro motor é abolida[263]. A única prova restante com respeito à existência de Deus é a do ser meramente possível das coisas. Uma vez que as essências da coisas têm apenas uma existência possível, deve haver necessariamente uma substância existente, por meio da qual as coisas adquirem existência[264]. Maimônides já diferenciara esse argumento da questão da natureza finita ou infinita da cadeia causal. Com base em tal distinção, tiramos agora a conclusão positiva de que, mesmo se houver uma série infinita de causas, a existência de um ser cuja essência coincidisse necessariamente com a existência deve ser assumida como a primeira causa do mundo[265]. Esta dependência de toda existência em relação a Deus é também o principal significado do conceito de criação. A suposição de Levi ben Gerson segundo a qual o mundo

261. *Ibid.*, VI, 1, 11, p. 345.
262. *Ibid.*, III, 1, 4, p. 51b.
263. *Ibid.*, I, 2, 3, pp. 12a.
264. *Ibid.*, I, 3, 2, pp. 15c, d.
265. Os proponentes aristotélicos da doutrina da eternidade do mundo só na aparência acreditam que, em conjunto com a infinitude do tempo, são forçados a admitir uma série causal infinita. Eles limitam o reconhecimento de semelhante série tornando qualquer porção desta apenas por acidente a causa de seu termo imediatamente seguinte. Consideram finita a principal série causal. Cf. Horten, *Die Metaphysik Avicennas*, p. 382, pp. 479 e ss.; Wolfson, *Crescas' Critique of Aristotle*, pp. 494 e ss.

260 | A FILOSOFIA DO JUDAÍSMO

havia sido moldado de matéria independente do ser de Deus, é portanto impossível. Visto que todos os seres derivam do necessário ser de Deus, a existência de semelhante matéria independente é impossível. A matéria também vem a ser e, qualquer que seja seu status conceitual, ela deve ter sido gerada por Deus[266]. Assim, Deus é a causa absoluta e única do mundo. Mas isto não implica nenhuma relação com o problema se o mundo tem ou não um começo no tempo. Mesmo se afirmamos a eternidade do mundo, Crescas mantém a *creatio ex nihilo* no sentido dado a ela, na escolástica cristã, por Tomás de Aquino; isto é, o mundo, na plenitude de seu ser, brota de Deus e não possui base para ser independente Dele[267].

Em oposição a Gersônides, Crescas via a significação da idéia de criação na absoluta derivação do ser das coisas diretamente de Deus, o que tornava de importância puramente secundária o problema da criação temporal. A questão da origem do mundo na vontade divina também era menor. Ele asseverou enfaticamente a possibilidade de que um mundo eterno também fosse obra da divina vontade, possibilidade que o Rambam havia rejeitado. Na linha dessa concepção, a idéia da divina vontade sofria mudança decisiva. De acordo com Maimônides, o mundo não poderia ter sido gerado pela vontade divina a menos que esta fosse absolutamente livre. Causalidade voluntária e causalidade necessária são termos contraditórios. Para Crescas, tal oposição não existe, sendo possível entender o mundo como resultado da operação necessária da vontade divina. A essência do querer significa apenas que ele assente àquilo que lhe é apresentado de forma conceitual e, por meio desse assentimento, o traz à existência. Isto também é possível quando o ato de afirmação constitui uma conseqüência necessária da essência do agente querente. Inclusive, se dizemos que a bondade de Deus realiza o bem devido à necessidade de Sua natureza, e permite-lhe proceder Dele, a natureza voluntária do ato criativo de Deus não seria prejudicada. Assim, a doutrina emanacionista dos aristotélicos recebeu uma forma voluntarista. Crescas, como o seu mestre, Nissim ben Reuven, julgava que podia combinar essa idéia da eternidade do mundo com a doutrina bíblica dos milagres[268]. Apesar de suas inclinações, já que era uma doutrina da *Torá*, a crença na criação temporal do mundo precisa ser afirmada como verdadeira. Mesmo se aceitarmos esta como a autêntica opinião de Crescas, ela demonstra meramente sua hesitação em aceitar por completo as conseqüências de seu próprio pensamento filosófico.

266. Hasdai Crescas, *op. cit.*, III, 1, 4, p. 51c; III, 1, 5, p. 52a.
267. *Ibid.*, III, 1, 5, pp. 52a, b, d. No tocante a Tomás de Aquino, cf. Rohner, *Das Schöpfungsproblem bei Moses Maimonides, Albertus Magnus und Thomas von Aquino*, pp. 94 e ss., 107 e ss. O acordo detalhado entre os dois sugere a dependência de Crescas em relação a Tomás de Aquino. Como fui informado mais tarde, o ensaio de Y. Epstein, "Das Problem des göttlichen Willens in der Schöpfung nach Maimonides, Gersonides und Crescas", *MGWJ*, LXXV, 337, também trata da questão do contato com Tomás de Aquino.
268. Hasdai Crescas, *op. cit.*, III, 1, 5, pp. 52b, c, 53a.

O ARISTOTELISMO E SEUS OPONENTES | 261

Na base desse conceito da criatividade divina acha-se um novo conceito da essência de Deus. Entretanto, antes de apresentarmos o seu conteúdo, cumpre-nos elucidar o problema formal dos atributos divinos. Como Gersônides e Averróis antes dele, Crescas reconhecia a possibilidade de atributos positivos. Confirmou esse reconhecimento numa crítica penetrante da doutrina maimonidiana oposta. O Rambam tentou dar uma conotação negativa aos atributos positivos de Deus. Se dissermos que Deus é sábio, estaremos somente negando Sua falta de sabedoria. Mas esta tentativa de deslocamento semântico não realiza o seu propósito. A negação da ignorância é logicamente equivalente à afirmação de conhecimento. Para Crescas, era óbvio que a ignorância era algo negativo, e que a negação da negação produzia a asserção positiva de conhecimento; como ele o formula, a falta de conhecimento não tem outro contrário senão o conhecimento, e a negação de um era equivalente à afirmação do outro. Assim, o conceito de conhecimento tem o mesmo sentido para o homem e para Deus; a unicidade do conhecimento divino reside apenas em sua infinitude e originalidade, sendo todo outro conhecimento finito e derivado. Quanto mais negações houver, mais afirmações deverá haver, porquanto é óbvio que o oposto da ignorância e o oposto da impotência são duas coisas diferentes[269].

Enquanto a formulação de Maimônides se baseava na idéia de que a unidade absoluta da essência de Deus continha toda a positividade, embora só pudéssemos conhecê-la na forma separada de conhecimento, poder, e assim por diante, Crescas declarava que podemos literalmente aplicar tais predicados, com suas variedades, a Deus. Por certo, isso levanta imediatamente a questão de como esses múltiplos predicados poderiam ser conciliados com a unidade divina. A idéia básica com a qual Crescas respondia a essa objeção – talvez aguçando as concepções dos Ascharitas, cujas idéias eram muito mais simples do que as dele – vai ao cerne da questão. Qualidades múltiplas não implicam um objeto composto se tais qualidades estão ligadas umas às outras e com o referido objeto por necessidade interna. Que a absoluta necessidade da natureza de Deus exclua toda e qualquer composição é, neste sentido, incondicionalmente correto, pois Ele não pode ser composto de partes separadas. Do contrário, haveria uma pluralidade de determinações, cada uma das quais implicaria logicamente a outra, e que não poderiam existir em separado umas das outras. Mas Crescas não desenvolveu completamente tal idéia, pois permaneceu preso à visão convencional que elevava o ser divino acima de qualquer espécie de pluralidade e, portanto, para além de toda cognição. Ele distinguiu por isso entre atributos essenciais e a essência divina, em que não há pluralidade e que não pode ser conhecida. As qualidades essenciais não constituem a essência, mas a ela se somam, embora de modo necessário. Assim, deparamo-nos com a estranha idéia de que, sob os

---

269. *Ibid.*, I, 3, 3, pp. 17d e ss.

262 | A FILOSOFIA DO JUDAÍSMO

cognoscíveis atributos essenciais, encontra-se uma essência indefinível. A comparação à luz, que necessariamente pertence a um corpo luminoso, não clareia a obscuridade dessa concepção[270].

Especial atenção dedicou ele aos predicados da unidade e da existência que Maimônides considerara inaplicáveis, no sentido positivo, a Deus. O Rambam partiu, aqui, das opiniões de Ibn Sina, segundo as quais a existência e a unidade eram qualidades acidentais aditadas à essência. Daí decorria sua inaplicabilidade a Deus, porquanto, em Deus, a existência e a unidade eram inseparáveis de sua essência e idênticas a ela. Averróis e Gersônides, contrariamente a isto, haviam aceitado a doutrina aristotélica de que existência e unidade identificam-se em toda parte com a essência, e podiam, por conseguinte, ser atribuídas a Deus, como todas as outras coisas. Crescas considerou ambas as interpretações do conceito de existência – e do mesmo modo o da unidade – inadequadas. Sua crítica consistiu em apresentar os argumentos de uma concepção jogada contra a outra. A existência não pode ser idêntica à essência, pois isto tornaria todo juízo existencial uma tautologia; nem tampouco pode ser acidental em relação à essência, porque a substância como portadora das acidências não poderia então vir a ser, exceto por meio de um de seus próprios acidentes. Crescas concebia, portanto, a existência como a condição lógica da essência. Ela não resulta da essência como as acidências, mas é a precondição da essência[271].

Aqui, de novo, Crescas careceu dos meios a fim de trazer à plena evidência sua significativa intenção. Ele estimou corretamente que a existência não podia ser localizada na disjunção de substância e acidente, mas o importantíssimo conceito da precondição de uma essência não clarificava realmente a natureza do relacionamento entre essência e existência. Se a existência era a precondição da essência, então um juízo existencial torna-se de novo uma tautologia. Crescas tentou em vão estabelecer o caráter peculiar da determinação implícita no conceito de existência. A incerteza interna em que se viu colocado, evidencia-se no fato de os conceitos de existência e unidade, cujo caráter positivo procurou demonstrar, serem sempre mencionados de maneira negativa no curso da exposição oferecida por Crescas. A existência é sempre apresentada como equivalente à negação do não-ser e a unidade, como a negação da pluralidade[272]. Mesmo que estejamos lidando com uma incerteza semântica mais do que uma contradição material, o retorno a uma redação negativa dos conceitos mostra que ele não conseguia explicar claramente seu conteúdo positivo.

---

270. *Ibid.*, pp. 17c e ss. Sobre a inadequação de sua explicação em pormenor, de que Crescas foi acusado por filósofos posteriores, cf. Wolfson, "Crescas on Problem of Divine Attributes". Ainda assim, as intenções e o impulso básicos do pensamento de Crescas não são afetados por esse meio.

271. Hasdai Crescas, *op. cit.*, I, 3, 1, pp. 15b, c.

272. *Ibid.*, p. 15c; I, 3, 3, pp. 15d, 17d. Apesar da formulação negativa, o meio da p. 17d indica que Crescas entende que a existência e a unidade de Deus são atributos positivos.

O ARISTOTELISMO E SEUS OPONENTES | 263

A admissão dos atributos positivos levou Crescas a conferir à idéia de Deus um teor inteiramente diferente do que lhe conferiram Gersônides e Averróis. Ambos haviam substituído a concepção neoplatônica pela idéia aristotélica de Deus como supremo pensamento. Mas Crescas foi original ao fazer não do pensamento, mas da bondade o conteúdo primordial da idéia-Deus. Na doutrina dos atributos, deixa claro que a bondade foi a base universal que caldeou a pluralidade dos atributos num todo[273]. O pensar era obviamente um aspecto da idéia-Deus, mas não a sua feição central. Ele estava antes incluído no oni-abrangente princípio da bondade. Crescas situou claramente seu modo de ver em aberta oposição ao dos aristotélicos. Que a divina felicidade devesse residir no conhecimento, como o mestre do Liceu havia ensinado, era impossível por dois motivos. A analogia com os seres humanos, que servira a Aristóteles para construir essa idéia, mostrava que a bem-aventurança era conseqüência não da posse, porém da contínua aquisição de conhecimento e, assim sendo, não se aplicava a Deus, que não necessitava adquiri-lo – o conhecimento era Sua posse eterna. Acima de tudo, a ventura não podia ser predicada a um Deus cuja essência consiste unicamente no pensamento. O júbilo não vem do intelecto mas do sentimento e, portanto, não tem lugar em um Deus concebido como exclusivamente intelectual. Nós não podemos falar de Deus como jubiloso, a não ser que O apreendamos não como mera substância pensante, mas como substância querente e, portanto, sujeita a emoções[274]. O júbilo está relacionado ao ato de criação, que foi expressão da vontade divina. Por ser em Sua essência suprema bondade, Deus permite à Sua bondade transbordar e criar; nessa criação, que não é uma ocorrência de uma vez para sempre, mas que mantém continuamente o mundo em existência, encontra-se a ventura de Deus. O amor, que se regozija em atos de amorosa bondade, é alegria pela bondade produzida por Deus. É apenas outra maneira de dizer a mesma coisa quando atribuímos a Deus amor por Suas criaturas, um amor que é infinitamente maior do que o amor das criaturas por Deus[275].

A esta luz, Crescas pôde responder à questão sobre o propósito último do mundo (que Maimônides rejeitara porque, a cada tentativa de réplica, seria sempre possível redargüir: Por que Deus o desejou?). Para Crescas havia um desígnio derradeiro, em cujos termos a pergunta perdia o sentido. Se a essência de Deus é a bondade última, praticar boas ações é propósito último, e não há como continuar a questioná-lo[276]. Também é dado responder de igual modo à questão de Gersônides, segundo a qual se

273. *Ibid.*, I, 3, 3, pp. 17c, 18b.
274. *Ibid.*, I, 3, 5, pp. 19b, c.
275. *Ibid.*, pp. 19c, d; II, 6, 1, pp. 40d e ss.
276. *Ibid.*, II, 6, 5, p. 44d; III, introdução, p. 45d. A última citação mencionada pertence na realidade ao cap. II, 6, 5, mas por erro do impressor na primeira edição, ela foi deslocada e inserida depois do cap. III. Cf. Bloch, *Die Willensfreiheit von Chasdai Kreskas*.

264 | A FILOSOFIA DO JUDAÍSMO

Deus é a forma mais elevada, a matéria pode emanar Dele. Há uma comunhão de essência entre Deus, como o supremo bem, e o mundo, como bondade emanada, e essa essência comum estende-se a todos os elementos do universo, matéria e forma. A bondade emanada deriva obviamente da bondade última[277]. A tradição aristotélica, sem dúvida, proporcionava certos pontos de partida para semelhante concepção. Com a admissão da doutrina neoplatônica da emanação, também entrou no aristotelismo a noção de que, devido à perfeição de Deus, as coisas emanavam Dele, e Ele atualizava nelas a máxima perfeição a que podiam atingir. A afirmação de Platão, de que o ciúme não era encontrável em Deus, tornou-se para muitos filósofos árabes e judeus uma fórmula fixa da idéia de que Deus concede a cada ser o máximo montante de ser que lhe é dado receber. Entre os aristotélicos, Avicena, em especial, expôs uma doutrina similar, que, em referência a Deus como a suprema perfeição e a suprema bondade, parece não estar muito distante de Crescas. Mas se considerarmos o caso em termos mais exatos detectaremos uma nítida diferença entre os dois. Para Avicena, pensar era a perfeição de Deus. A bem-aventurança divina está no autocomprazimento de Seu pensar, e quando Ibn Sina falava do amor a Deus, isto era o Seu amor por Si mesmo como perfeição última. É próprio de tal perfeição que sua bondade deva transbordar, mas Avicena rejeitou expressamente a idéia de que isso ocorria como resultado da benevolência divina para com o mundo[278]. A bondade procede de Deus porque está baseada em Sua essência, mas Ele não quis isto. Ele o aprova unicamente por ser uma conseqüência necessária de Seu ser.

Em oposição a isso, Crescas transladou a essência divina para a bondade, e concebeu a processão do mundo a partir de Deus como sendo inteiramente voluntarista. Deus é vontade, e Seu amor não está confinado a Ele próprio apenas, mas é endereçado a Suas criaturas e à perfeição por elas realizada. Enquanto para Avicena, bem como para os neoplatônicos e aristotélicos judeus o amor de Deus por Suas criaturas era um efeito posterior, impróprio de Sua dignidade, o que os levava a interpretar os versículos bíblicos que falavam do amor divino como denotando simplesmente a beneficência de Seu ato, para Crescas tal amor não constituía um efeito, mas esteava-se na espontaneidade divina. Ele foi muito além da concepção de Platão sobre a bondade de Deus, sobretudo porque o Seu amor era dirigido pessoalmente a Suas criaturas e, em particular, ao homem[279].

---

277. Hasdai Crescas, *op. cit.*, III, 1, 5, 53a.
278. Cf. Horten, *Die Metaphysik Avicennas*, pp. 595 e ss. De acordo com o Rambam, no *More Nevukhim*, II, 19, 21, muitos dos modernos, isto é, dos aristotélicos islâmicos, propunham que o mundo foi tirado do ventre da eternidade pela vontade de Deus. É possível que Crescas se apóie nessa opinião. Ou pode ser que a característica idéia-Deus voluntarista seja de Crescas somente.
279. Hasdai Crescas, *op. cit.*, II, 6, 1, p.41a; II, 6, 3, p. 43d.

O mesmo desengajamento do intelectualismo aristotélico está implicado na concepção do homem e seu destino, como deixa claro o tratamento dado por Crescas às finalidades da *Torá*. Se buscarmos o propósito último para o qual tendem todos os objetivos particulares da *Torá*, este não poderá residir na transitória felicidade terrena dos homens. Destarte, Crescas nega que a perfeição moral do ser humano seja a meta final da *Torá*; nisso permaneceu ligado à tradição aristotélica e encarou a moralidade apenas em termos de seus efeitos sociais, como a promoção do bem-estar comum[280]. O derradeiro alvo da *Torá* só poderia ser o supremo bem do homem, a consecução da eterna felicidade. Para os aristotélicos, essa meta era alcançada por meio da perfeição intelectual do homem. O intelecto adquirido é o que sobrevive à criatura humana, e a ventura da vida vindoura é a do conhecimento; aqui Crescas encontrou o objeto de sua polêmica.

Podemos abordar mais tarde seu ataque à doutrina da eternidade do intelecto adquirido. Com isto, entretanto, combinou uma rejeição ao conceito intelectualista de felicidade humana, e utilizou-se dos mesmos argumentos invocados na sua análise do problema de Deus. O principal argumento é, mais uma vez, o psicológico; alegria e felicidade e também a alegria do saber não pertencem à esfera do intelecto, porém à do sentimento. Mesmo que o intelecto adquirido sobreviva à morte do homem, ainda assim nada se poderia dizer a respeito de sua felicidade. Para Crescas, sentimento e vontade não são meros fenômenos concomitantes do pensamento, mas elementos independentes da consciência; tal independência psicológica do sentimento levou-o a buscar o fim último do homem em alguma coisa diferente da esfera puramente intelectual. Por conseguinte, acrescentou um argumento que já havíamos encontrado em conexão com a idéia de Deus: que a simples posse do conhecimento não outorga por si só alegria. O conhecimento, que por certo não pode ser aumentado após a morte, não pode ser aquele bem para o qual são direcionados os nossos sentimentos[281]. O supremo bem do homem é, antes, o amor a Deus. Por seu intermédio, e não pelo conhecimento, a criatura humana alcança a comunhão com Deus, e a eterna ventura. Não deveríamos, contudo, considerar o amor a Deus, que em si próprio constitui a suprema felicidade, como um simples meio para a felicidade futura. Sendo o máximo bem do homem, é também o seu fim último. Somente quando olhado do ponto de vista de Deus, este amor é, ao mesmo tempo, um meio para a futura felicidade. Porém, uma vez que a finalidade do homem também reside na ventura do amor a Deus, não há oposição entre as duas metas, e o eterno amor a

---

280. *Ibid.*, II, 6, 1, p. 39a.

281. *Ibid.*, pp. 41c, d. Em termos de sua direção básica, essa ordem de conceitos é bastante próxima das noções voluntaristas que se encontram na escolástica cristã. Não obstante, não consegui desencavar um número suficiente de paralelos próximos que justificassem uma ligação histórica.

266 | A FILOSOFIA DO JUDAÍSMO

Deus contém por completo o objetivo último do homem[282]. Esta meta final não é como a dos aristotélicos, restrita apenas a filósofos. O amor a Deus não é o produto do conhecimento. Ele é obtido, não através da filosofia, mas pela *Torá*, que visa este alvo em todos os seus preceitos[283]. A religião revelada, portanto, adquire uma significação independente em relação à ciência. Neste ponto Crescas concorda totalmente com Iehudá Halevi, porém atinge seu alvo por um caminho mais simples, através da teoria da eficácia sobrenatural da lei cerimonial. Das numerosas conseqüências de sua doutrina, mencionaremos apenas uma. Para Crescas, a profecia era um fenômeno natural, o clímax da comunhão do homem com Deus, o qual poderia existir sem esse estádio final. Como essa comunhão em geral, seu estádio supremo não repousa no intelecto. Está enraizado no amor a Deus, que é produzido pela observância dos mandamentos divinos[284].

O pressuposto dessa doutrina da vida eterna é uma alterada noção da essência da alma. Esta deve ser concebida como imortal, e sua imortalidade não deve ser limitada somente ao intelecto adquirido. Crescas manteve o conceito aristotélico fundamental com respeito à alma como a forma do corpo, mas procurou defini-lo de modo a que se conformasse à independência substancial da alma. Na sua definição, portanto, combinou estes dois fatores da análise – que a alma era tanto a forma do corpo quanto a substância espiritual predisposta ao conhecimento; daí era muito fácil deduzir a imortalidade substancial da alma. Esta definição e sua validação lembra-nos Avicena e Tomás de Aquino: dos dois, foi Tomás quem desenvolveu a idéia com maior sutileza[285]. Em Crescas, todavia, o caráter da alma como forma e sua substancialidade espiritual foram combinadas de uma maneira superficial. Mais importante do que a posição dele é a sua crítica à eternidade do intelecto adquirido. Esta doutrina igualava o intelecto à totalidade dos conceitos por ele adquiridos, mas a unidade do pensamento é destarte dissolvida. Se os conceitos que constituem nossos intelectos são plurais, o entendimento resultante de sua soma terá de ser plural; é então difícil saber onde essa unidade mora[286]. A idéia de que o intelecto adquirido acha-se separado da alma e de sua predisposição para pensar, é igualmente difícil e cheia de contradições. É pelo pensamento que o intelecto potencial se torna atualizado; tal atualização ocorre por meio do ato de pensamento pelo qual adquirimos conceitos. Se mantivermos essa definição, o intelecto adquirido terá que resultar do intelecto potencial. Mas seria paradoxal, se o intelecto adquiri-

---

282.*Ibid.*, II, 6, 1, pp. 40a, b, 42b.
283.*Ibid.*, II, 6, 2, pp. 41b e ss.
284.*Ibid.*, II, 4, 4, pp. 34a, b.
285.*Ibid.*, II, 6, 1, p. 40b.
286.*Ibid.*, p. 39d.

O ARISTOTELISMO E SEUS OPONENTES | 267

do continuasse a existir separadamente do intelecto potencial, enquanto este estaria condenado a perecer com a morte da alma individual[287].

A partir de uma perspectiva teórica similar, Crescas criticou a doutrina aristotélica subjacente à doutrina da eternidade do intelecto; isto é, que, no pensamento atual, o pensamento – ou seja, o intelecto, aquilo que pensa – e aquilo que é pensado, são idênticos. Ele viu que o erro básico dessa doutrina estava em confundir com uma identidade a interconexão necessária de pensador e objeto de pensamento[288]. A despeito do fato de sua crítica ter menos por objeto as pressuposições do que as conseqüências dessa teoria, ela pôs em relevo todos os pontos difíceis que surgiam da identificação aristotélica do pensamento com seus objetos conceituais, e continha o ponto de partida para uma revisão fundamental de toda a postura aristotélica.

Embora defendendo a imortalidade substancial da alma, Crescas concedeu imortalidade não só à parte racional da alma, mas igualmente à vontade e ao sentimento. Destes dependia a ventura eterna. O significado mais profundo de seu voluntarismo, no entanto, ficou claro apenas com a investigação sobre o livre arbítrio. A formulação cresquiana do problema era essencialmente diferente da encontrada em qualquer filosofia religiosa judaica anterior. De Saádia em diante, a questão teológica dominante estava centrada no problema da conciliação da liberdade do homem com a onisciência e a onipotência de Deus. Para Crescas, isto retrocedeu a um segundo plano em face do problema filosófico da conciliação do livre arbítrio com a lei da causalidade. Os argumentos em favor do livre arbítrio são basicamente os tradicionais: a possibilidade implantada na essência da vontade para escolher entre alternativas, a falta de sentido de todo esforço humano se as ações do homem fossem predeterminadas, e a impossibilidade de compreender, a partir de um ponto de vista determinista, que ao homem foi dado uma lei divina por cuja observância era responsável. Contra isso, os argumentos em prol do determinismo constituem simples variações da idéia de que toda ação no mundo possui uma causa[289].

Crescas introduz a onisciência de Deus apenas como suporte adicional. Discorda de maneira ainda mais decidida da unânime doutrina de toda a filosofia anterior da religião judaica, decidindo o conflito a favor do determinismo. Externamente, sua solução se apresenta como um compromisso entre duas posições extremas. Crescas concorda com o indeterminismo na medida em que aceita seus pressupostos básicos referentes à possibilidade de eventos. Pode-se dizer que um evento é possível se for considerado simplesmente a partir da essência do objeto particular. De conformidade

---

287. *Ibid.*, pp. 39c, d. A questão básica já é levantada por Levi ben Gerson, *Sefer Milkhamot Adonai*, I, 2, p. 17. Mas sua resposta (*ibid.*, I, 3, p. 24) não afeta as formulações mais detalhadas de Crescas.
288. *Ibid.*, IV, 11, p. 70a.
289. *Ibid.*, II, 5, 3, pp. 34c e ss.

268 | A FILOSOFIA DO JUDAÍSMO

com sua essência, a vontade humana pode decidir de um modo ou de outro e, nesse sentido, é correta a caracterização da natureza da vontade humana. De maneira similar, o fato de existirem mandamentos éticos também pressupõe que a natureza da vontade humana não prescreveria o seu modo de ação, que a escolha humana não é predeterminada. Por outro lado, o determinismo é correto se centrarmos nossa atenção não na essência de particulares singulares, porém nas causas que atuam sobre eles. A vontade humana como tal tem a possibilidade de escolher entre inúmeras alternativas, mas as causas que operam sobre a vontade determinam claramente o caminho a escolher em qualquer dado momento. Se dois homens estivessem colocados em condições internas e externas identicamente similares, suas decisões também seriam as mesmas. Por comparação com as causas que determinam eventos de todos os lados, o conceito de possibilidade perde toda a validade[290].

Esse compromisso constituía realmente uma completa capitulação ao determinismo, e só pode ser defendido por um entendimento errôneo desse conceito, que é o mesmo que deparamos em Avner de Burgos. Este já se havia alienado em relação ao judaísmo muito antes de sua conversão, mas Crescas estava firmemente radicado no judaísmo, e via a si próprio como o defensor dos ensinamentos da *Torá* em face de seus detratores filosóficos, representando-a em sua pureza contra a perversão desta pelos aristotélicos. Que um homem de tamanha estatura intelectual pudesse aceitar o determinismo era algo de todo diferente, para a filosofia judaica da religião, do que o assentimento de Avner de Burgos. Crescas não era dependente de Avner, mas abeberava-se nas mesmas fontes, os aristotélicos árabes, os quais mudaram a noção islâmica de predestinação para a de uma determinação causal dos atos humanos. Estava especialmente perto de Averróis, para quem a ação do homem consistia na ação conjunta da vontade humana e a da causação externa que a penetrava. Sua opinião foi descrita como uma mediação entre as teses do extremo determinismo e do extremo indeterminismo[291]. De Avner ele tomou a interpretação determinista modificada da crença do judaísmo no livre arbítrio. Suas provas da *Escritura* e do *Talmud*, escolhidas para validar a posição determinista, repetiram no essencial as asserções de Avner[292].

Em termos materiais, Crescas ficou próximo dos argumentos de Avner, quando tentou refutar as alegações éticas contra o determinismo. Sustentava também que o significado do mandamento ético não era pervertido por um determinismo devidamente concebido, mas antes ajudava a guiar o homem para o bem. Assim como o

---

290. *Ibid.*, II, 5, 3, pp. 35b e ss.
291. Renan, no seu *Averroès et l'averroisme*, p. 159 e *passim*; *Philosophie und Theologie von Averroës* (traduzido por Müller); o meu ensaio, "Das Problem des Willensfreiheit bei Hasdai Crescas und den islamischen Aristotelikers", tratam especificamente da relação de Crescas com o aristotelismo muçulmano e, em especial, com Ibn Ruschd.
292. Cf. o ensaio de Y. Baer sobre o livro *Minkhat Kanaut, Tarbiz*, I, pp. 194 e ss., 204.

O ARISTOTELISMO E SEUS OPONENTES | 269

determinismo não convertia num absurdo a aspiração do ser humano pelo bem-estar material, mas, ao contrário, encorajava tal esforço, ele não tirava nada, tampouco, da aspiração ética do homem e dos mandamentos pertinentes a ela. Ambas constituíam meios necessários para levar a cabo o bem, uma vez que o bem e o mal não eram causados por uma eterna obrigação moral implantada na natureza humana, porém decorriam da motivação determinada da vontade[293]. Este argumento havia sido usado por filósofos anteriores, inclusive Iehudá Halevi, a fim de provar que o valor da lei moral não era impugnado pela presciência de Deus[294]. Halevi iniciara o seu argumento, pressupondo o livre arbítrio; Avner e Crescas situavam-no em um contexto predestinacionista e infundiam-lhe assim um sentido completamente diverso. Crescas justificava a recompensa para o justo e a retribuição para o iníquo, pretendendo que o conteúdo da verdadeira justiça estava contido na divina bondade. Deus não punia por motivo de vingança, mas para impedir o homem de cometer maldade. Recompensa e castigo justificam-se como meios para fortalecer a vontade de praticar o bem e, destarte, produzi-lo[295]. Todas as idéias básicas do moderno argumento determinista da ética aqui comparecem: a substituição do conceito indeterminista de liberdade por um conceito psicológico que define o livre arbítrio como a escolha psicologicamente motivada que causa uma ação, a concepção de ideais éticos como um fator psicológico motivante e a justificação da recompensa com base no poder motivador.

Em aditamento a essa justificação teleológica do castigo, há outra explanação causal. O fato de os atos humanos serem condicionados não invalida a recompensa do justo ou a punição do iníquo, na medida em que ambos seguem necessariamente do comportamento dos seres humanos, assim como a queimadura segue do contato com o fogo[296]. Crescas empregou essa idéia, que Avner tinha expresso apenas em termos gerais, com o fito de demonstrar que a verdadeira recompensa, alcançada somente no mundo vindouro, decorre da conduta do homem.

A bem-aventurança eterna consiste na comunhão com Deus, que procede necessariamente do amor a Deus. A genuína observância dos mandamentos divinos pressupõe a entrega jubilosa da alma a Deus e, por seu turno, produz o amor a Deus; a ventura deve brotar daí por necessidade interna, e pela mesma necessidade há de estar ausente quando seus pressupostos faltarem. Assim, é evidente por si que só a ação livremente desejada, e não a compulsiva, pode ser recompensada ou punida, embora ambas as ações sejam de igual modo necessárias. Pois somente quando a

---

293. Hasdai Crescas, *op. cit.*, II, 5, 3, p. 35c.
294. Iehudá Halevi, *Sefer ha-Kuzari*, V, 20, p. 346. É possível que Iehudá Halevi tenha tomado essa idéia de fonte islâmica que a utilizou para apoiar a doutrina do necessitarismo. Mas ela não apareceu nessa forma particular antes da época dos aristotélicos islâmicos.
295. Hasdai Crescas, *op. cit.*, II, 5, 5, p. 37a; II, 5, 3, p. 35d.
296. *Ibid.*, II, 5, 3, p. 35d.

270 | A FILOSOFIA DO JUDAÍSMO

necessidade penetrou na direção interna da vontade é que as ações do homem podem levá-lo para mais perto ou afastá-lo de Deus[297]. Somente nessa formulação vemos o sentido religioso do determinismo. Assim como Deus atua em razão da bondade de Sua essência, do mesmo modo procede o homem cujas ações são determinadas por seu amor a Deus. A essência de Deus é a Sua bondade, e a ventura do homem é a sua participação nesta bondade. O poder do bem repousa na vontade e no amor, mas o poder de ambos para conferir felicidade não pressupõe liberdade absoluta; baseia-se necessariamente na essência deles. Dessa maneira, o valor da liberdade é removido quer dos atos de Deus quer da comunhão de amor entre o homem e Deus. Tal diminuição do valor religioso da liberdade coloca a questão de saber o que teria levado Crescas a sacar sobre o determinismo metafísico dos aristotélicos islâmicos, que até mesmo os mais extremados partidários judeus do aristotelismo tinham rejeitado.

Como em sua doutrina sobre a vontade divina, Crescas fez a restrição de que a objetivamente possível teoria determinista teria que ser abandonada se contradissesse as palavras da *Torá*. Ele tentou entender a *Torá* de tal modo que a liberdade do homem não fosse destruída pelo vários motivos que operavam sobre o seu comportamento, e que a necessidade existia somente a partir do ponto de vista do conhecimento de Deus[298]. Mas essa restrição é tão frágil como era antes, qualquer que tenha sido a sinceridade de Crescas. Em seu íntimo, ele estava do lado do determinismo, mesmo que no fim não quisesse admiti-lo completamente.

Essa tentativa de superar o aristotelismo tem uma relação muito especial com os esforços de Maimônides para formular um aristotelismo teísta. A similaridade básica dos dois estava na explicação que davam à criatividade de Deus, na qual ambos defendiam uma posição mais voluntarista do que aristotélica. Só que em Crescas o voluntarismo afeta o sistema inteiro e, por essa via, supera o aristotelismo. O Rambam permaneceu aristotélico na sua teoria dos valores, bem como na sua doutrina do homem e das relações do homem com Deus. No conceito maimonidiano de Deus, o voluntarismo aplicava-se mais à atividade de Deus do que à sua essência. Crescas era um voluntarista especialmente na sua teoria dos valores religiosos. Os supremos va-

---

297. *Ibid.*, II, 5, 5, p. 37a, p. 37c.

298. *Ibid.*, II, 5, 3, p. 36a. Bloch explica na seção alemã de seu livro, *Die Willensfreiheit von Chasdai Kreskas* (pp. 37-38), a doutrina do livre arbítrio de Crescas, afirmando que este admite explicitamente que a principal concepção da *Torá* é o indeterminismo e que, portanto, Crescas se desvia de sua própria posição filosófica de determinismo. Mas Crescas, na realidade, apenas declara que, se a interpretação indeterminista da Torá fosse correta, seria preciso abandonar o determinismo; que ele não acredita ser tal interpretação a verdadeira torna-se visível à luz de sua tentativa de efetuar uma exegese determinista do Pentateuco. Ele somente admite a possibilidade de que esta interpretação, inteiramente contrária ao acento principal da tradição judaica, possa ser incorreta, e se for este o caso, Crescas está preparado a abandonar a sua própria posição filosófica. Cf. meu ensaio, "Das Problem des Willensfreiheit...", p. 342, nota 22.

O ARISTOTELISMO E SEUS OPONENTES | 271

lores religiosos estavam fora da esfera da razão. Os conceitos de Deus, homem e suas relações mútuas estão agora inteiramente redefinidos. Se para Maimônides a liberdade metafísica e a espontaneidade haviam sido considerações essenciais, no voluntarismo de Crescas tornaram-se assuntos sem importância. Para o Rambam, vontade e necessidade eram incompatíveis. Para Crescas, eram essencialmente compatíveis. Ele transformou a doutrina da emanação na volição necessária da criatividade divina. No lugar da razão, o amor a Deus, desenvolvido necessariamente na alma do homem, serviu como o elo entre Deus e o homem. Tal concepção estava totalmente afastada do judaísmo histórico, tanto metafísica quanto religiosamente. Maimônides tomou a idéia de liberdade do monoteísmo ético do judaísmo, enquanto Crescas recebeu deste a supremacia dos valores da vontade e do amor; vistos nos termos mais gerais, é difícil dizer qual dos dois permaneceu mais próximo da essência do judaísmo histórico.

5. O Fim e os Efeitos Ulteriores da Filosofia Religiosa Medieval

O FIM DA FILOSOFIA JUDAICA NA ESPANHA

Com Crescas chegou ao fim a era produtiva da filosofia judaica na Idade Média. O que se seguiu não a igualou quer como continuação quer como contraposição. A obra filosófica do século XV consistiu primordialmente numa utilização eclética das teorias tradicionais. Os pensadores deste período diferiam um do outro sobretudo pelo modo com que faziam tais combinações. Entre eles, encontramos homens extremamente eruditos, como nos revelam os diferentes comentários acerca de Maimônides e Averróis. A terrível pressão sob a qual os judeus espanhóis, os mais notáveis portadores da filosofia judaica, viveram durante o século XV impediu o surgimento de qualquer obra filosófica produtiva ou original. A essas perseguições e pressões nós podemos, ao menos em parte, atribuir a propensão mais conservadora de pensamento que se tornou característica do período. Não houve traço daquela ousadia que assinalou a expansão do iluminismo filosófico através do mundo judaico no período entre Maimônides e Gersônides. A filosofia exibia agora uma tendência definida para a ortodoxia, e rejeitava a possibilidade das concepções mais amplas dos aristotélicos judeus mais velhos; estava marcada por uma mudança fundamental na atmosfera espiritual em que se desenvolvia. A forma radical do pensamento filosófico, que os aristotélicos judeus, de Maimônides a Gersônides, sentiram-se obrigados a refutar, cessou cada vez mais de ser uma realidade pressionante, sendo operativa apenas como fator literário. Crescas foi o último filósofo cujo pensamento denota a consciência de estar enfrentando um vivo e poderoso inimigo. Mais imperativa do que a justificação filosófica do judaísmo era a necessidade de uma apologética judaica contra o cristianismo, e isso deu ao trabalho filosófico uma direção e um foco inteiramente diferentes.

Tal mudança de foco já se apresentava no contemporâneo mais jovem do que Crescas, Schimon ben Tzemakh Duran (1361-1444). Sua filosofia, embora desenvolvida de maneira independente, era em muitos aspectos paralela à de Crescas. Ele também se afastou da opinião do Rambam de que todos os atributos do divino eram unicamente negativos. Empenhou-se em preservar seu caráter positivo, mas, ao contrário de Crescas, que desenvolveu uma teoria inacabada, porém extraordinariamente

274 | A FILOSOFIA DO JUDAÍSMO

penetrante, Duran retornou à idéia comum aos anteriores filósofos judeus da religião, de que os atributos não colocavam pluralidade em Deus porque são todos idênticos à essência de Deus. À objeção de que quaisquer afirmações acerca de Deus seriam, portanto, tautológicas, ele replicou que o conceito de atributos predicados a Deus não inclui por si uma identificação com a divina essência. Só se pode dizer que a identificação de tais atributos com sua essência "ocorre" quando o nosso pensamento os considera relacionados à referida essência[1]. Essa teoria, muito obscura na forma em que é enunciada, tornar-se-á mais clara se a encararmos como um apanhado muito lacônico da doutrina de Tomás de Aquino. Esse último sustentou que os atributos divinos constituíam os vários aspectos da essência de Deus, que, tomada em si mesma, é simples. Os atributos estão separados apenas na forma em que nos são conhecidos por meio da experiência; em suas formas mais altas, livres de todos os defeitos empíricos aos quais têm sido associados – isto é, quando aplicados a Deus – são idênticos um ao outro e à essência de Deus[2].

Como Crescas, Duran rejeita a imortalidade do intelecto adquirido. A fim de justificar a imortalidade essencial da alma, ele atribui ao homem, em aditamento àquelas partes da alma que estão ligadas ao corpo humano, outra alma, imaterial, derivada de Deus, a *neschamá*, que é portadora da capacidade racional. Esta idéia, extraída da Cabala, é combinada de um modo algo artificial com a sua versão da psicologia aristotélica[3]. Isso o habilita a provar que a imortalidade do homem não depende da quantidade de conhecimento por ele adquirido, mas de sua conduta ética, em obediência aos mandamentos de Deus. A divina providência não ficava limitada àqueles homens que, como Maimônides havia ensinado, devido ao seu intelecto superior estavam em comunhão com Deus; todos os homens participavam de Seu amparo. Apesar da aparente semelhança dessa posição com a extensa análise efetuada por Crescas sobre a significância do intelecto, ela está muito longe da crítica baseada em princípios que o autor de *Luz do Senhor* fizera a tal intelectualismo. Quando chegava a questões de princípio, Duran acompanhava a orientação do Rambam e só modificava o intelectualismo deste último quando ia contra a tradição judaica. Assim, Duran também aceitou a teoria maimonidiana da profecia, mas, além de manter seus pressupostos naturais, enfatizou sua dependência da graça divina até mais do que Maimônides o fez[4].

Somente o conceito dos dogmas do judaísmo, que Duran desenvolveu na introdução de seu comentário a *Jó*, é de valor independente. Aí, aliou-se à formulação do

---

1. Schimon ben Tzemakh Duran, *Sefer Maguen Avot, p. 7b.*
2. *Ibid.*
3. *Ibid.*, p. 83b.
4. *Ibid.*, p. 74b.

O FIM E OS EFEITOS ULTERIORES DA FILOSOFIA RELIGIOSA MEDIEVAL | 275

Rambam, sobre o conteúdo do ensinamento judaico, nos treze artigos universalmente obrigatórios da fé. É característico que divirja de Maimônides nas razões para distinguir dogmas. O Rambam havia fixado em dogmas os conteúdos da fé judaica, porque considerava os elementos fundamentais de uma visão filosófica da religião como pressuposições indispensáveis da crença correta. Somente um judeu pode partilhar da vida eterna, e isto apenas se ele adotou ao menos os resultados do conhecimento filosófico de Deus, mesmo que fosse em forma de crença.

Para Duran, entretanto, essa racionalização filosófica do judaísmo estava subordinada a outro interesse. Pretendia estabilizar o conceito de ortodoxia; poder-se-ia ficar tentado a dizer que desejava estabelecer as fronteiras da racionalização filosófica do judaísmo. O desenvolvimento da filosofia judaica havia resultado em pontos de vista muito afastados do solo da tradição judaica. A tais pontos, os tradicionalistas tinham respondido com imputações de heresia. Qual era a possibilidade de fixar fronteiras dentro das quais um pensador poderia ainda ser considerado judeu? Esta pergunta padrão, que se tornou mais urgente no curso do desenvolvimento histórico do judaísmo, foi respondida por Duran de tal modo que, embora salvaguardando os princípios básicos do judaísmo pelo estabelecimento de fronteiras, ainda dava liberdade à especulação filosófica. Sua primeira resposta foi que qualquer contestação deliberada de uma das doutrinas da revelação constituía uma ruptura com o judaísmo. Todo judeu deve professar que as Sagradas Escrituras e, especialmente, o *Pentateuco* foram divinamente revelados, o que significava que o seu inteiro conteúdo precisa ser aceito como verdade absoluta. Para esse modo de ver não há distinção entre o importante e o significante. Quem quer que negue o mínimo pormenor das doutrinas da *Torá*, embora sabendo tratar-se de um ensinamento da *Torá*, torna-se por essa causa um incréu[5].

Duran deu assim expressão precisa ao conceito autoritário de religião que governa a inteira tradição judaica e, com ela, toda a filosofia judaica da religião. O reconhecimento formal da autoridade da revelação constituía também um assunção auto-evidente para os pensadores mais radicais do Medievo judaico, na medida em que pretendiam ser tidos como judeus. As poucas exceções a essa regra eram aquelas que advogavam a bem conhecida concepção de Albalag, de que a *Torá* era apenas um documento político e não pretendia ensinar a verdade. Todos os outros filósofos assentiam à absoluta veracidade de cada palavra da *Torá*. Nela, a verdade era dada de maneira conclusiva, havendo, pois, um firme limite à liberdade da especulação filosófica. Sua liberdade consistia apenas na de interpretar o significado da *Torá*, harmonizando-o com as conclusões deles próprios. O radicalismo filosófico revelava-se somente na audácia e na falta de respeito de tal interpretação. Até um pensador como

---

5. Schimon ben Tzemakh Duran, *Comentários ao Livro de Jó*, introdução, 9, p. 14b.

276 | A FILOSOFIA DO JUDAÍSMO

Gersônides, não queria outra coisa senão estabelecer o verdadeiro sentido da *Torá* com a ajuda da filosofia. O mesmo é válido quanto a Averróis no âmbito muçulmano[6]. Ele, também, não se propôs meramente a reconhecer a autoridade do islã; temos todos os motivos para crer na sinceridade dessa declaração, mas devemos outrossim levar em conta que sua interpretação naturalista da revelação não era idêntica à da própria religião revelada.

Entretanto, o fato de ser possível transformar por meio da interpretação o conteúdo reconhecidamente revelado da religião, mostra que é impossível definir os limites da ortodoxia apenas pela crença na revelação. Foi Averróis, com agudeza programática, que reclamou para a filosofia o direito à ortodoxia do ponto de vista do conteúdo. Depois de vindicar primeiro, para a filosofia, o direito soberano de encontrar a verdade, e com ela estabelecer o significado da revelação, enfatizou que havia um limite para essa liberdade de investigação filosófica e para a interpretação filosófica da revelação. Tais limitações são inerentes aos princípios básicos da religião que os filósofos, como simples crentes, devem afirmar sem alterar seu sentido literal; divergir de qualquer deles equivale a negar a revelação *in toto*. Duran adaptou a seus próprios propósitos essa distinção entre princípios da *Torá* e o restante da revelação. Mudar o sentido de qualquer dos detalhes da religião revelada não torna alguém um herético, mesmo que desse modo se afaste do verdadeiro significado das doutrinas. Quem quer que vá tão longe na interpretação dos pormenores está em erro, mas não é um hereje[7]. Com respeito aos detalhes, há completa liberdade de indagação filosófica. Isto não vale para os princípios básicos da *Torá*; é proibido modificar seu significado e todo mundo precisa aceitá-los tal como são.

Duran sentiu-se forçado a provar que tais princípios eram universalmente obrigatórios. Os treze princípios da fé não poderiam adequar-se ao propósito de Duran, visto que Maimônides não apresentara as razões de suas escolhas. Duran substituiu os treze artigos por sua própria lista de três dogmas: a existência de Deus, a revelação e a retribuição. Todos esses conceitos estavam necessariamente implicados na idéia de revelação. A revelação seria impossível sem um Deus que se revelasse a Si mesmo, e a lei, assim revelada, é assegurada pelo pensamento da retribuição[8].

Sabemos, pelas próprias palavras de Duran, que esses três princípios não foram estabelecidos de início por ele, mas já eram conhecidos muito antes de seu tempo[9].

---

6. *Philosophie und Theologie von Averroës*, pp. 14-15. Dei ulterior substantivação à minha tese acerca da influência de Ibn Ruschd sobre a doutrina dos *Ikarim* (princípios), tanto de Duran quanto de Albo, em meu ensaio "Towards the Investigation of the Sources of the *Book of Ikkarim*" (*Memorial Volume in honor of Asher Gulak and Samuel Klein*, pp. 57-75).
7. Schimon ben Tzemakh Duran, *Sefer Maguen Avot*: árabe, p. 14b; tradução alemã, pp. 13-14.
8. Schimon ben Tzemakh Duran, *Comentários ao Livro de Jó*, VIII, p. 13b.
9. Schimon ben Tzemakh Duran, *Sefer Maguen Avot*, p. 2b.

O FIM E OS EFEITOS ULTERIORES DA FILOSOFIA RELIGIOSA MEDIEVAL | 277

Tudo indica que tenham se originado em Averróis, para quem essas três verdades eram inerentes a toda religião revelada, embora ele não as chamasse especificamente de dogmas[10]. Esta idéia, segundo a qual os três princípios básicos que dimanam do conceito de revelação são compartilhados por todas as religiões reveladas, encontra-se também em Duran. Mas, como a origem da referida doutrina indica, esses três princípios são insuficientes para preencher a finalidade que o esquema de Duran lhes consignou. Quem quer que admita a autoridade da revelação deve, de alguma forma, ratificar tais doutrinas. Por outro lado, elas receberam uma definição tão ampla que deram lugar inclusive à mais radical reinterpretação da revelação. Tampouco excluíram a possibilidade de substituir a idéia de um Deus pessoal por um princípio divino impessoal, a partir do qual o mundo proviesse por necessidade, ou que a revelação pudesse ser interpretada como um fato natural, ou que a recompensa no além consistisse na ventura resultante da perfeição do intelecto. Assim, Averróis pôde afirmar tais dogmas como universalmente obrigatórios, sem contradizer as suas próprias concepções. A fim de utilizar tais princípios para os seus próprios fins, Duran teve que imprimir-lhes um significado mais preciso e concreto. Ele o fez mostrando que acarretavam conclusões inequívocas; se este não fosse o caso, eles não serviriam como princípios. Eram, portanto, universalmente obrigatórios, como os próprios dogmas da *Torá*. Mesmo se ele não se tivesse pronunciado com completa clareza acerca desses pontos, suas concepções sobre as noções de revelação e de retribuição indicariam que, para Duran, seus significados sobrenaturais eram essenciais e fidedignos em relação ao verdadeiro conteúdo dessas doutrinas[11].

Só é crente aquele homem que reconhece serem a revelação e a recompensa obra da divina providência, a qual conhece e governa toda coisa particular. Em concordância com isto, Duran enfatizou que a *creatio ex nihilo* não era uma das doutrinas fundamentais da revelação, mas que as doutrinas aristotélicas da eternidade do universo, segundo as quais o mundo coexistia necessariamente com Deus, não poderiam ser harmonizadas com os princípios da religião revelada. Tomados em si próprios, os três dogmas de Duran não resolvem a questão se Deus criou e regeu o mundo livremente, ou se este último proveio Dele necessariamente, estando portanto sujeito ao inquebrantável governo da lei natural. Mas, ao estabelecer os corolários necessários de tais dogmas, aproveitou a oportunidade para salvaguardar o significado sobrenatural da religião, e instituir uma barreira à mudança interpretativa dos conteúdos da revelação que lhes imporiam o sentido da necessidade natural.

---

10. *Philosophie und Theologie des Averroës*, p. 120; tradução alemã, p. 110. Para casos paralelos, cf. meu ensaio "Towards the Investigation of the Sources...", p. 61, nota 1.
11. Cf. Schimon ben Tzemakh Duran, *Sefer Maguen Avot*, p. 2b; *Comentários ao Livro de Jó*, introdução, 8, pp. 14a, b.

278 | A FILOSOFIA DO JUDAÍSMO

Essa teoria dos dogmas é uma das mais famosas doutrinas da filosofia judaica medieval, porém não se inscreve sob o nome de Duran, mas sob o de Iossef Albo (m. 1444), um dos alunos de Hasdai Crescas. Tornou-se muito conhecido por sua participação na disputa religiosa travada em Tortosa, e dedicou o seu livro *Ikarim* (Princípios Básicos) a uma discussão sobre o problema dos dogmas. Este livro de Albo logrou larga circulação por seu estilo fluente e exposição vivaz e interessante. No que tinham de mais importante, suas doutrinas derivavam, em grande parte, do Rambam, Crescas e Duran, dando prova, na sua estruturação dialética, de mais sagacidade do que profundidade. A primeira parte principal do livro lida com a doutrina dos três dogmas da fé; depois, a cada dogma é devotado um capítulo. Desse modo, o campo inteiro da filosofia religiosa é coberto. Sua teoria dos dogmas foi totalmente calcada na de Duran, mas Albo analisou suas idéias com maior precisão e, destarte, pôde esclarecer o propósito da doutrina[12].

Como Duran, Albo pensava que uma concepção errônea de uma das verdades da fé não tornava ninguém herético, e tal fato lhe permitiu defender os direitos da investigação filosófica. À primeira vista, parece que apenas a afirmação dos três dogmas básicos era um requisito absoluto da ortodoxia[13]. Ele também aceitou a idéia de Duran segundo a qual se pode deduzir uma série de corolários de cada um dos princípios básicos. A negação de qualquer dos corolários implica uma negação do seu princípio radicial; apenas um crente que aceite tais corolários tem, para ele, um quinhão no mundo vindouro[14]. Exigindo a aquiescência aos corolários, sua intenção de manter o caráter sobrenatural da religião tornou-se ainda mais óbvia do que no caso de Duran. Como acreditava que o dogma da revelação também incluía o conhecimento divino dos particulares, e que a recompensa e o castigo compreendiam outrossim uma providência especial de Deus para com o indivíduo, qualquer concepção que incluísse a ação divina dentro dos limites do natural era contraditória com respeito à religião revelada[15]. O mesmo tipo de considerações aplicava-se à crença na *creatio ex nihilo*; conquanto não fosse obrigatória como princípio básico, ainda assim a relação do mundo com Deus não precisava ser necessariamente entendida de modo que a livre soberania divina sobre a criação pudesse ser minimamente diminuída. De um ponto de vista dogmático, era permitido manter a concepção platônica de que Deus criou o mundo a partir da matéria preexistente, muito embora essa crença não fosse congruente com o verdadeiro significado da *Torá*; de outro lado, a doutrina aristotélica

---

12. Sobre a relação de Albo com Duran, cf. Jacob Guttmann, *Die Stellung des Simon ben Tzemakh Duran in der Geschichte der jüdischen Religionsphilosophie*, pp. 56 e ss.
13. Iosef Albo, *Sefer ha-Ikarim*, I, 15.
14. *Ibid.*, I, 2.
15. *Ibid.*, I, 13.
16. *Ibid.*, I, 5. Cf. também,cap. IV, 7.

O FIM E OS EFEITOS ULTERIORES DA FILOSOFIA RELIGIOSA MEDIEVAL | 279

da eternidade do universo, uma vez que desarraigava de Deus a liberdade, foi declarada falsa[16].

Tudo isso concordava completamente com a opinião de Duran, mas as proposições de Albo estavam redigidas de maneira tão precisa que se podia delinear com clareza o estatuto doutrinário dos princípios daí decorrentes. Todavia, os corolários deduzidos da idéia da revelação e as conclusões dela derivadas, eram insuficientes para compreender, na sua inteireza, os elementos básicos da fé judaica. Albo foi forçado a admitir que, afora os princípios deduzidos do conceito de revelação – e que, por isso mesmo, seriam verdadeiros – havia outras crenças peculiares ao judaísmo, tais como a ressurreição e a vinda do Messias, que poderiam ser enquadradas nesses princípios, mas não deles deduzidas logicamente. Também elas eram crenças universalmente obrigatórias, embora fosse possível, inclusive, não colocá-las no mesmo nível dos princípios básicos inerentes ao conceito de revelação[17]. Poder-se-ia questionar do mesmo modo os dogmas peculiarmente judaicos, que Duran e Albo haviam contraposto aos treze artigos de Maimônides; Albo não dispõe de melhores critérios de seleção destes princípios do que o Rambam dispôs para os seus treze artigos de fé.

A doutrina de Albo sobre os princípios derivados teve uma importância ulterior, e não menos essencial, pois propiciou um critério de verdade para aqueles credos que se apresentavam como divinamente revelados. Para Averróis, a quem atribuímos a depreensão dos três dogmas básicos do conceito de revelação, esse conceito não tinha significação exclusiva. Em toda a parte podia-se encontrar a profecia como uma ocorrência natural, e os muitos credos históricos eram todos igualmente de origem divina. Além disso, a regulação da vida comunal, que era a função dos profetas, exigia que esses legisladores proféticos estivessem presentes em toda a parte. As diversas religiões diferenciavam-se uma da outra somente pela variante superioridade de seus fundadores e, por conseguinte, pela perfeição de seus conteúdos.

De início, Albo aceitou essa idéia. Ele também via a lei divina como uma pressuposição necessária para uma vida comunitária bem regrada e, portanto, concluiu que Deus não podia privar a espécie humana de legisladores por Ele iluminados[18]. Em princípio, também admitiu a possibilidade de uma pluralidade de religiões reveladas, e desenvolveu a idéia de que a diferença entre as leis das várias religiões baseava-se na natureza variada dos homens para quem foram estabelecidas e para os quais eram apropriadas[19]. Mas Albo está longe da idéia de uma revelação universal, aventada por Averróis, e torce a doutrina deste último de modo a não impugnar o valor exclusivo e sobrepujante da revelação escritural. Por revelações múltiplas, ele se refere apenas

17. *Ibid.*, I, 23.
18. *Ibid.*, I, 6.
19. *Ibid.*, I, 25.

280 | A FILOSOFIA DO JUDAÍSMO

àquelas das quais a *Bíblia* fala – a Adão, Noé e Abraão – e que precediam a revelação mosaica. De acordo com o *Talmud*, os sete mandamentos dos filhos de Noé são universalmente aplicáveis à humanidade, tendo sido aperfeiçoados pela revelação mosaica unicamente por causa dos filhos de Israel. Há ainda muitas religiões reveladas, e a diferença entre suas ordenações é explicada ao modo acima sugerido[20].

De outro lado, Albo recusou-se a reconhecer as fés extra-bíblicas, e manteve de forma incondicional o caráter exclusivo da revelação bíblica. O cristianismo e o islamismo, que surgiram depois do judaísmo, pretendiam injustamente ser religiões reveladas. A polêmica contra o islã não tinha real significação para Albo, mas ele estava séria e prementemente preocupado com a polêmica contra o cristianismo. A doutrina dos princípios necessários da religião revelada e suas conseqüências forneceu o trampolim para essa disputa. Só era de origem divina aquela religião que não apenas concordava com os princípios básicos mas também com as suas conseqüências[21]. As diferenças entre religiões reveladas sempre diziam respeito ao seu conteúdo legislativo e nunca ao dogmático. Teoricamente era possível que a lei mosaica pudesse ser ab-rogada por outro profeta posterior, mas um profeta assim deveria ser publicamente autorizado por Deus, como Moisés o fora[22]. A verdade, porém, era uma e a mesma para todas as religiões e suas principais características foram estabelecidas pelas assunções do conceito de revelação. O cristianismo contradizia tais pressupostos com sua doutrina de Deus, pois dissolvia a unidade da essência divina, algo que estava logicamente implicado na idéia toda de Deus. A crítica filosófica do cristianismo, que em alguns pontos era acompanhada pela crítica histórica, acentuava o anti-racionalismo do credo cristão na sua expressão dogmática[23]. Albo diferenciou nitidamente entre as questões contrárias à natureza e as contrárias à razão: os limites da natureza poderiam ser rompidos pela atividade de Deus, mas os da razão são invioláveis[24].

Albo defendeu o caráter sobrenatural da religião, a partir de qualquer ângulo. A profecia – que é a origem da religião – brota da vontade divina. Albo admitia, entretanto, que certos requisitos psicológicos se faziam necessários para a consecução da profecia. Mas tais exigências, as quais tomadas em si próprias se encontravam além da capacidade da natureza humana comum, proporcionavam apenas a possibilidade da profecia.

---

20. *Ibid.*, I, 25; III, 13, 14.
21. *Ibid.*, I, 13, 18.
22. *Ibid.*, I, 25; III, 18,19.
23. *Ibid.*, I, 26; cf. III, 25. Edição de Husik, pp. 224 e ss., 231 e ss. A crítica minuciosa do cristianismo inclui neste capítulo, que se relaciona à de Duran, foi suprimida pelo censor e, desde aquela época, está faltando nas edições mais populares do livro.
24. *Ibid.*, I, 22.

O FIM E OS EFEITOS ULTERIORES DA FILOSOFIA RELIGIOSA MEDIEVAL | 281

Ser investido do espírito divino é algo condicionado sempre à vontade divina que poderia, em casos excepcionais, desconsiderar os referidos pré-requisitos psicológicos[25]. O conteúdo da revelação também aponta para além da esfera natural. Isto é verdade até para os preceitos éticos, que visam a felicidade no mundo terreno, e que, em princípio, pertencem à esfera da razão natural. De fato, a razão pode postular uma ordem ética geral, mas nunca fixar de maneira concreta o que é efetivamente bom e útil para o homem. Com referência à Aristóteles, que enunciou claramente ser impossível estabelecer o meio correto – que em termos conceituais era a essência da virtude – Albo mostrou que só a revelação poderia fixar concretamente a ordem política e moral correta, retornando assim a uma das idéias de Saádia Gaon[26]. Isso se aplicava, de um modo ainda mais verdadeiro, à consecução da eterna felicidade, que não poderia ser alcançada por meios naturais. Como Crescas, Albo rejeitou a doutrina filosófica de que se poderia atingir a ventura mediante a perfeição do intelecto; não era o conhecimento, porém a observância dos divinos preceitos que era exigida. Se um homem observava tais preceitos com a justa intenção, eles atuavam de tal modo sobre a sua alma que a preparavam para a vida duradoura. Albo, porém, não tentou, como Crescas, ultrapassar o intelectualismo aristotélico em suas assunções fundamentais; ao contrário, admitiu que o propósito da existência do homem era aperfeiçoar sua capacidade racional. Entretanto, semelhante perfeição do intelecto não deve ser tomada em termos de entendimento teórico, mas na convicção do homem de que sua felicidade está em obter o favor de Deus; a isto, Albo acrescentou a idéia de Iehudá Halevi de que somente a *Torá* poderia dar ao homem pleno conhecimento dos meios para ganhar o favor divino[27]. Sua doutrina da profecia, previamente mencionada, era não menos eclética. Ele se opunha à concepção da profecia como fenômeno natural e, em conjunto com isto, ao ensinamento de Maimônides segundo o qual o ato divino fazia-se necessário a fim de impedir a ocorrência da revelação natural. Ao contrário, a profecia baseava-se na vontade divina. Não obstante, Albo persistiu na doutrina do Rambam sobre as condições psicológicas para a profecia, mas enfraqueceu-as tornando-as meras pressuposições. Isso foi feito repetidas vezes, especialmente quando tentou combinar as doutrinas de Crescas e Maimônides.

Sua doutrina dos atributos divinos fornece excelente exemplo desse ecletismo. Albo tratou primeiro do princípio da unidade divina na linha de Maimônides, e concluiu ser proibido efetuar atribuições positivas a Deus[28]. Mais tarde, porém, ele cita a opinião de

---

25. *Ibid.*, III, 8, 10, 11.
26. *Ibid.*, I, 8.
27. *Ibid.*, III, 2, 5-7.
28. *Ibid.*, II, 10, 23.

282 | A FILOSOFIA DO JUDAÍSMO

Crescas como sendo a da teologia judaica genuína; é impossível negar uma negação, sem por esse meio fazer uma afirmação; por exemplo, a negação de ignorância implica conhecimento. A aceitação de atributos positivos, que decorre desta prova, não afeta a unidade da essência divina, uma vez que tais atributos são plurais unicamente na forma imperfeita pela qual nos são dados a conhecer por via empírica. Contudo, em sua forma pura e perfeita, lá onde são predicados a Deus, são idênticos um ao outro e à divina essência[29].

A fonte dessa doutrina – tanto no caso dele como no de Duran – era Tomás de Aquino, e a minuciosa exposição de Albo torna nítida a semelhança desta com a de Aquino. De início parecia que Albo não conseguia decidir-se entre duas concepções contraditórias, mas limitava-se a colocá-las uma ao lado da outra como se fossem de igual valor. No fim, porém, Albo expôs a posição de Maimônides – que atribuiu aos filósofos em geral – uma explicação que a harmonizava com a postura oposta. Se, com o Rambam, era preciso negar todos os atributos em Deus, cumpria ainda efetuar uma distinção fundamental entre a negação dos atributos da perfeição e sua privação. Estes, como os da ignorância, são negados em Deus, mas aqueles primeiros, como os do conhecimento, não o são a menos que indiquem uma falta de perfeição; pode-se portanto afirmá-los plenamente como uma divina perfeição. Em vez de abandonar a posição do Rambam, ele a conciliou, assim, com a oposta, mudando seu sentido e virando-a de cabeça para baixo[30]. Tais compromissos não têm importância material nem histórica. Apenas no que tange ao problema dos dogmas, Albo exerceu forte influência sobre o pensamento judaico ulterior, embora mesmo aí não fosse um inovador.

Essa tendência conservadora manteve-se ao longo de todo o século XV e, de novo e de novo, a preocupação era com as mesmas duas questões: o reconhecimento da atividade sobrenatural de Deus, e a eliminação do intelectualismo na doutrina do homem e seu destino ultramundano. Com veemente fanatismo, o cabalista Schem Tov ben Iossef ibn Schem Tov (*circa* 1440) atacou a filosofia em geral a partir dessas duas orientações, e criticou Maimônides com causticidade até maior do que faziam racionalistas tão extremados como Albalag. Exatamente devido à moderada posição anterior do Rambam, Schem Tov o considerou o grande inimigo da religião, em cujas doutrinas da providência, profecia e milagres, encontrou, reiteradas vezes, a mesma tendência – a limitação da atividade sobrenatural de Deus. Na doutrina maimonidiana da imortalidade do intelecto adquirido e do conhecimento como um liame entre Deus e o homem, ele vislumbrou a tentativa de tornar a filosofia superior à *Torá* e de colocar o filósofo descrente em um nível mais·elevado do que o crente confesso[31].

---

29. *Ibid.*, II, 21.
30. *Ibid.*, II, 30.
31. Cf. Jacob Guttmann, "Die Familie Schemtob in ihren Beziehungen zur Philosophie", pp. 188 e ss., 326 e ss.

O FIM E OS EFEITOS ULTERIORES DA FILOSOFIA RELIGIOSA MEDIEVAL | 283

Da postura defensiva que a filosofia estava sendo forçada a adotar crescentemente, é característica a forma pela qual o filho de Schem Tov, Iossef ben Schem Tov achou o seu caminho de volta à disciplina que seu pai havia proscrito. Preocupou-se mais em defender a filosofia no fórum da ortodoxia do que promover o esclarecimento de problemas filosóficos. Acreditava que a via mais segura para conseguir seu intento era o de mostrar que Aristóteles não defendia as doutrinas errôneas a ele atribuídas. Em oposição ao ponto de vista convencional de que Aristóteles havia rejeitado a providência individual, ele citava engenhosamente a sentença da *Ética a Nicômaco*, que concordava com a idéia convencional dos deuses a preocupar-se com o homem, e daí deduziu que o homem passou a ser amado pelos deuses mediante o cultivo de seus poderes intelectuais. Graças a um golpe de sorte, pôde empregar esse remanescente de uma fase mais antiga e mais religiosa do pensamento do Estagirita, a fim de interpretar o seu sistema inteiro.

Por caminhos estranhamente tortuosos, logrou remover o caráter agressivo da doutrina aristotélica da eudemonia do conhecimento. É verdade que Aristóteles havia concebido a felicidade do homem como resultante do desenvolvimento da razão, seu máximo poder. Mas isso se aplicava apenas à felicidade terrena. A idéia de que o entendimento pudesse dar ao homem felicidade e bem-aventurança extraterrenas não poderia ter sido encontrada em Aristóteles; foram tão-somente os seus comentadores que introduziram tal asserção no sistema. Mas os argumentos não eram efetivamente convincentes e não foi possível completar o pensamento de Aristóteles, segundo o espírito deles. Uma vez que o Estagirita tinha explicado positivamente o modo pelo qual o homem atingia a felicidade extraterrena, poder-se-ia com razão cingir suas declarações a este mundo, e assim era dado ligá-las aos ensinamentos da *Torá*. Acima da felicidade neste mundo, que é alcançada pela razão, está a ventura no mundo futuro que é obtida somente por meio da observância dos mandamentos da *Torá*[32]. Assim, Aristóteles era lançado contra os aristotélicos, inclusive Maimônides, que havia sido influenciado em pontos essenciais pelas interpretações dominantes do Estagirita. A partir dessa perspectiva, que colocava a meta da *Torá* inteiramente no nível sobrenatural, Iossef ben Schem Tov também rejeitava a maimonidiana interpretação racionalista dos mandamentos divinos. Nesse particular, seu filho, Schem Tov ben Iossef, retornou ao Rambam em um volumoso e substancial comentário ao *Guia* (escrito em 1488, quatro anos antes da expulsão dos judeus da

---

32. *Ibid.*, pp. 419 e ss. Wolfson, em seu ensaio, "Isaak ibn Shem Tob's unknown commentaries on the physics and his other unknown works" (*Freidus Memorial Volume*, pp. 279 e ss.) elucidou claramente as idéias de Isaac ben Schem Tov, o até agora desconhecido irmão de Iossef. Em seu supercomentário aos comentários médios de Ibn Ruschd à *Física* de Aristóteles, Isaac refuta a crítica de Crescas à filosofia natural aristotélica da mesma maneira como o seu irmão o fez. Em seu comentário ao *Moré Nevukhim* tenta provar que as investigações do Rambam estão de acordo com a *Torá*. Cf. J. Guttmann, "Die Familie Schemtob...", p. 336.

284 | A FILOSOFIA DO JUDAÍSMO

Espanha). Um ponto de vista similar foi expresso por seu contemporâneo, Abraão Schalom, o qual, após uma penetrante análise dos problemas, defendeu vigorosamente Maimônides dos ataques de Crescas.

A filosofia judaica na Espanha alcançou o seu final com Isaac Abravanel (n. Lisboa, 1437-m., Veneza, 1509), o último na linha dos estadistas judeus na Península Ibérica. Durante vários anos, antes da expulsão dos judeus, serviu à família real espanhola e, a seguir, ao rei de Nápoles. Apesar de seus conhecimentos enciclopédicos, que abrangiam também a literatura cristã, e de sua perícia dialética, era pobre em idéias originais, e o labor da indagação filosófica como tal constituía algo secundário para ele, em face do interesse dominante em embotar de tal maneira o fio das teorias e dos conceitos filosóficos que estes perdiam sua contestabilidade religiosa. Num trabalho sobre os ensinamentos básicos do judaísmo, rejeitou primeiro as objeções que pensadores vindos depois de Maimônides tinham feito aos treze princípios da fé formulados por este último, mas posteriormente Abravanel concluiu que uma lista desse tipo não tinha qualquer significado, pois cada versículo da *Torá* devia ser objeto de crença incondicional, e não se podia traçar nenhuma distinção entre versículos mais e menos importantes[33]. Ele dedicou o melhor de sua energias à discussão sobre a criação, embora, aqui, também, operasse essencialmente com argumentos tradicionais. Contra a hipótese de Gersônides a respeito de uma matéria preexistente, Abravanel objetou que a correlatividade de matéria e forma obsta a existência de uma matéria informe[34]. Contra Crescas, inclinou-se de preferência para a concepção do Rambam, segundo a qual a eternidade do mundo não poderia ser conciliada com o conceito sobre a geração do mundo pela vontade divina; a idéia de Crescas acerca de uma vontade necessária parecia dissolver o conceito de vontade[35]. Para Maimônides, somente a criação temporal do mundo era congruente aos requisitos da religião; Abravanel aceitou essa posição, embora não fosse demonstrável, mas apenas possível, do ponto de vista filosófico (como Maimônides havia indicado). Sua única dificuldade era a idéia do ato criativo de Deus ter início em um tempo determinado; ele, por isso, inclinava-se para uma concepção que, antes da existência de nosso mundo, Deus dera à existência um sem-número de universos, cada qual criado, a seu turno, para um tempo limitado[36].

Ele tentou restituir aos milagres e à profecia seu caráter sobrenatural que até Maimônides, inconscientemente, havia enfraquecido. A profecia não se originava no

---

33. Isaac Abarbanel, *Sefer Rosch Amaná*, pp. 29 e ss. Schimon bem Tzemakh Duran (*Comentários ao Livro de Jó*, p. 2, 14) já tinha interpretado a idéia de que qualquer objeção aos enunciados da Escritura constitui heresia, no sentido de que cada proposição escritural deve ser considerada um princípio de fé, mas ele não foi consistente na elaboração deste ponto de vista formativo.
34. Isaac Abravanel, *Sefer Mif'alot Elohim*, II, 4, p. 13b.
35. *Ibid.*, I, 3, pp. 6 e ss.
36. *Ibid.*, VII, 3, pp. 45 e ss.; VII, 5, p. 49a.

O FIM E OS EFEITOS ULTERIORES DA FILOSOFIA RELIGIOSA MEDIEVAL | 285

intelecto ativo, mas em Deus mesmo, e não dependia de quaisquer poderes específicos racionais e imaginativos; seu único pressuposto residia na pureza moral do profeta, pois sem tal precondição Deus não teria atribuir a alguém a missão profética[37].
De maneira análoga, Abravanel sustentou haver uma providência específica, sobrenatural, individual, que era exercida exclusivamente em favor de Israel, enquanto
outras nações ficavam aos cuidados da divina providência, mediada por processos
naturais. Como foi também o caso de sua assunção de que a *Torá* constituía a conexão sobrenatural entre o homem e Deus, ele quase retornou assim ao ponto de vista
de Iehudá Halevi. Ao passo que a concepção deste último servia de articulação teórica da consciência de uma comunhão religiosa entre Deus e o homem, situada além
dos limites do pensamento, para Abravanel isso era, de fato, uma tentativa de arrancar a religião totalmente da ordem natural, e de converter a viva intuição religiosa e
histórica de Iehudá Halevi em um sóbrio e escolástico sobrenaturalismo.

Em contraste com sua falta de originalidade na metafísica, Abravanel mostrou-se
não só independente, como pleno de substância na esfera da filosofia da história e da
cultura. Desenvolveu uma crítica da cultura de todo alheia à filosofia judaica anterior
e ao pensamento judeu no conjunto[38]. Em seu comentário aos capítulos de abertura
do *Gênese*, sustentava que Deus quis que os homens se satisfizessem unicamente
com as posses conferidas pela generosidade da natureza, sem o benefício do trabalho
humano. Tais posses teriam atendido plenamente as necessidades dos homens, e eles
poderiam ter devotado todas as suas energias ao seu verdadeiro destino – a perfeição
de seus espíritos e, em especial, o conhecimento de Deus[39]. Desse ponto de vista, as
aflições e os transtornos da humanidade brotaram do fato de os homens, insatisfeitos
com a existência natural, terem moldado civilizações que serviram apenas para aliená-
los de sua verdadeira meta. As primeiras gerações dos homens já haviam dado o
passo inicial nessa direção. Abravanel interpretou a proibição de comer da árvore do
conhecimento do bem e do mal segundo o espírito do Rambam, mas deu-lhe uma
torção importante quando afirmou que Deus proibira os homens de perseguir bens
desnecessários, que só poderiam ser obtidos pela criação de uma civilização, com

---

37. *Ibid.*, X, 8, pp. 79 e ss.; *Perusch l'Moré Nevukhim* (*Comentário ao Moré Nevukhim*), II, 36.
38. Y. F. Baer foi o primeiro a discutir a crítica da cultura, de Abravanel; cf. o seu ensaio, "Don Isaac
Abravanel e sua Relação com a Cultura e os Problemas Históricos", (*Tarbiz*, VIII, 241-259). Seu precedente foi seguido por Finkelsherer ("Quellen und Motive der Staats- und Geselschaftsauffassung des
Don Isaak Abravanel", *MGWJ*, LXXXII, 406-508), e por Isaak Heinemann ("Abravanels Lehre vom
Niedergang der Menschheit", *MGWJ*, LXXXII, 381-400), que discutiram a questão de um modo bastante completo. Leo Strauss criticou as idéias políticas de Abravanel sob diferentes pontos de vista em
seu ensaio "On Abravanel's Philosophical Tendency and Political Teaching" (*Isaak Abravanel*, editado
por Trend e Loewe, pp. 93-129). A crítica à monarquia, feita por Abravanel, e que Baer em seu ensaio e
E. Urbach na revista trimestral *MGWJ* (LXXXI, 2, 257-270) discutem, é de pouco interesse de um
ponto de vista filosófico.
39. Abravanel, *Comentário à Torá*, Gênese, II, 5.

286 | A FILOSOFIA DO JUDAÍSMO

suas artes e ofícios e seu sistema específico de valores. A primeira recusa deste mandamento acarretou outros males em sua esteira, como o conflito entre Caim e Abel. Passos ulteriores ao longo dessa via levaram à degradação da espécie humana que, por sua vez, causou o dilúvio. Mesmo depois disso, os homens retornaram ao seus caminhos não naturais, como provou a história da Torre de Babel[40].

Em conexão com essa história, veio para o centro da investigação de Abravanel uma idéia de há muito conhecida, mas que só agora era revelada em sua plena significância. Sua crítica da cultura também incluía uma avaliação crítica da vida política. O estado natural do homem, que fora ordenado por Deus, era apolítico. O referido estado mostrou apenas as formas mais primitivas da associação humana, formas que não exigiam a existência de uma ordem política. O Estado constituía uma parte, e a mais perigosa, dessa civilização que desviava o homem de seu verdadeiro destino. Na medida em que não foi a divisão de trabalho, instituída necessariamente pela civilização, que deu existência ao Estado, este se baseou na sede de honor e no desejo de domínio, que só poderiam ser satisfeitos pela reciprocidade da vida política[41]. Uma aproximação temporária ao estado natural do homem havia sido feita pelos israelitas no deserto, porém Deus não ordenara a extinção da civilização e do Estado aos filhos de Israel em sua própria terra, uma vez que tal recuo era impossível num mundo imperfeito.

Em sua crítica ao Estado, Abravanel foi mais radical do que a teologia cristã, a qual encarava a ordem política como um meio necessário para coagir a humanidade, que fora infectada pelo pecado de Adão, a efetuar a observância da moralidade. De acordo com Abravanel, entretanto, essa ordem era em si própria pecaminosa. De fato, a crítica em que acusava a vida suntuosa e suas ruinosas conseqüências traía indubitável influência das concepções estóicas. Mas ele foi mais longe do que os estóicos por incluir no seu criticismo a civilização como tal e, especialmente, a vida política. Na antigüidade, uma condenação assim da ordem política, encontrava-se somente entre os cínicos, que exigiam um completo regresso à natureza. Abravanel, que era um adepto de Sêneca em muitos itens de sua crítica cultural, afirmou essas conclusões de maneira ainda mais forte que o filósofo romano. (Cabe lembrar que Sêneca, apesar de sua proximidade dos cínicos, filiava-se sobretudo ao estoicismo[42]).

Abravanel imprimiu à crítica cultural dos cínicos um sentido totalmente diverso, ao pretender que o conhecimento de Deus e a perfeição religiosa da criatura humana constituíam os verdadeiros fins da vida natural. Tratava-se de doutrinas ascéticas, encontráveis na filosofia judaica anterior – em Bahia e até certo ponto no Rambam –

---

40. *Ibid.*, Gênese, III, 22; IV, 11.
41. Compare a isto o comentário ao Gênese, 11.
42. No que concerne à sua dependência dos cínicos, cf. Baer.

O FIM E OS EFEITOS ULTERIORES DA FILOSOFIA RELIGIOSA MEDIEVAL | 287

em que, todavia, não haviam sido plenamente desenvolvidas; agora, apareciam ligadas a uma crítica cabal da cultura. Assinalar as fontes do pensamento de Abravanel
não explica a sua adoção de um ponto de vista que era novo, não apenas na filosofia
religiosa judaica, mas no judaísmo como um todo. Embora o relato da *Torá* sobre as
primeiras gerações humanas ofereça algum apoio às suas opiniões, o relacionamento
essencial da *Escritura* com a civilização e o Estado era absolutamente positivo, sendo
mais do que forçar a questão o fato de Abravanel ver as leis políticas da *Torá* apenas
como uma concessão à depravação humana existente. Sob um ângulo histórico-lite-
rário, é difícil entender como ele chegou a aceitar essa doutrina dos cínicos, mesmo
com sua troca de roupa religiosa, em oposição ao ponto de vista geral do judaísmo.
Sua postura evidencia um intenso envolvimento pessoal – e como pretenderam alguns estudiosos modernos, é possível que suas experiências nos negócios de Estado,
e o colapso da vida judaica na Espanha, com que Abravanel se deparou no curso de
sua existência, o tenham levado a negar a civilização e o Estado, e a exaltar a vida
simples e tranqüila do estado de natureza.

A FILOSOFIA JUDAICA NA ITÁLIA

Após a expulsão da Espanha, a filosofia judaica foi em sua maior parte cultivada
na Itália. Abravanel escreveu aí suas obras mais importantes e, com ele, outros re-
fugiados ibéricos transplantaram sua tradição filosófica para o solo italiano. No
entanto, muito antes disso, os judeus da Itália haviam participado de estudos filosóficos. Já nos deparamos com Hilel ben Samuel, no século XIII; desde seu tempo,
não cessara entre seus correligionários o interesse pela filosofia, embora não tivessem produzido obras relevantes e influentes. Na Itália, a relação com a filosofia
cristã era mais forte do que fora o caso na judiaria ibérica ou provençal. Não é
impossível que alguns dos filósofos judeus da Espanha tenham sido, também, influenciados até certo ponto por pensadores cristãos; e, tempos depois, pode ter havido
uma influência ao menos uma parcial influência em sentido contrário, como a
exercida por Ibn Gabirol e por Maimônides sobre a filosofia cristã. Em nosso capítulo acerca de Crescas, aludimos mais de uma vez à possibilidade de tais influências.
Embora Crescas cite as opiniões de seus predecessores islâmicos e judeus, nunca
menciona nenhum escolástico cristão em seu *Or Adonai*; é de se crer que ele via a si
mesmo – e justificadamente – como alguém situado por completo na continuidade da filosofia arábica e judaica[43].

---

43. De maneira similar, Albalag. Um maior envolvimento com a filosofia cristã começa no século XV, sem
afetar vitalmente o curso da indagação filosófica. Sobre as traduções hebraicas das obras escolásticas,
cf. Steinschneider, *Die hebraischen Übersetzungen des Mittelalters*, par. 274-305.

288 | A FILOSOFIA DO JUDAÍSMO

Na Itália, esses laços com a doutrina cristã eram evidentes desde o próprio início. Hilel ben Samuel fez largo uso de Tomás de Aquino e, embora nem sempre lhes agradecesse, referia-se amiúde aos eruditos cristão a quem devia obrigações. Deparamo-nos repetidas vezes com esse contato com escolásticos cristãos. Isso não significa dizer que faltasse contato com a filosofia da Renascença, mas tal fato não bastava para levar a cabo uma renovação da filosofia judaica na pequena comunidade de judeus na Itália. Apesar da intensa participação nos movimentos culturais do Renascimento, a florescência da filosofia na península italiana não frutificou a filosofia judaica em geral. Sua participação no estudos filosóficos renascentistas ficou isolada em algumas ocorrências isoladas; na medida em que o interesse filosófico não se viu desalojado pelas crescentes tendências cabalísticas, ocupou-se sobretudo com os temas tradicionais do Medievo. A situação permaneceu inalterada mesmo quando os judeus, mais tarde, encontraram um abrigo na Holanda. Eles continuaram a viver no mundo dos problemas medievais, contentando-se talvez em enfeitar as idéias mais antigas com o bordado do ensinamento humanístico. Uma autêntica filosofia judaica moderna não surgiu até o século XVIII.

Um judeu italiano, Iehudá Messer Leon, desenvolveu sua atividade ainda antes do início da filosofia renascentista, tendo sido, obviamente, afetado pela tendência humanista da cultura na Itália. Autor de uma retórica, que se abeberava em Aristóteles, Cícero e Quintiliano, procurou aplicar suas categorias à *Escritura*. Em nível filosófico, entretanto, pertence ao período medieval. A maior parte de seus escritos se constitui de comentários a Aristóteles – ou, antes, supercomentários sobre Averróis. O único a ser cabalmente investigado (nenhum deles foi publicado até agora) é o comentário ao *Isagoge* de Porfírio e aos primeiros livros da *Lógica* de Aristóteles, composto em 1450. Quer formal quer materialmente, essa obra depende da escolástica cristã. Os numerosos excursos voltados para problemas de lógica geral, que interrompem a interpretação, são elaborados, em termos de conteúdo, de conformidade com o esquema da literatura escolástica. Leon segue, na maior parte, a orientação do escolástico inglês, Walter Burleigh, um discípulo de Duns Scotus e, em todo o transcurso da obra, move uma campanha acirrada contra Gersônides, sem mencionar uma só vez o seu nome. Seu compêndio de lógica também parece basear-se em fontes cristãs; um de seus copistas pensou tratar-se de um resumo da Lógica do Maestro Paulo (Paulo de Veneza), um filósofo do começo do século XV[43].

Elihau del Medigo (*c.* 1460-1493), natural de Creta, esteve em estreito contato pessoal com o cabeça dos platônicos florentinos, conde Pico della Mirandola. À instância de Pico, que julgava as traduções medievais inadequadas, verteu, do hebreu para o latim, os escritos de Averróis, e os expôs em diversas monografias latinas,

---

43. Husik, *Juda Messer Leon's Commentary on the Vetus logica* (Leyden, 1906), p. 64 e *passim*.

O FIM E OS EFEITOS ULTERIORES DA FILOSOFIA RELIGIOSA MEDIEVAL | 289

várias das quais reelaborou em hebraico. Antes disto, prelecionou sobre filosofia na Universidade de Pádua, e manteve uma relação bastante próxima com eruditos cristãos. Mas, ainda assim, permaneceu totalmente no âmbito da filosofia judaica e arábica mais antiga, concebendo a sua tarefa como a de tornar disponível ao mundo da erudição cristã as doutrinas de Averróis em sua forma original, e de interpretá-las de um modo mais lúcido. Aparentemente, não foi afetado pelas novas tendências platonizantes de seu discípulo, amigo e patrono, Pico della Mirandola; e o exame dos livros de del Medigo não mostraram até agora traços de tal influência.

Sua obra filosófico-religiosa menor, *Bekhinat ha-Dat* (O Exame da Religião) está baseada em Averróis. O livro é uma reelaboração do exame averroísta da conexão entre religião e filosofia, mas o ponto de vista do mestre é modificado numa escala considerável. Para Averróis, o sentido mais profundo das doutrinas da revelação concorda necessariamente com as idéias da filosofia, e o filósofo estava justificado ao interpretar os conteúdos da revelação de tal modo que se harmonizassem com os resultados da reflexão filosófica. Não reconhecia quaisquer limites a essa liberdade, contanto que as conclusões da filosofia demonstrassem que o conceito de revelação era uma genuína possibilidade. As massas deviam ser excluídas desse sentido esotérico da religião, e cumpria-lhes ficar ligadas ao significado literal da revelação[44]. Tal distinção entre religião filosófica e religião das massas também foi assumida por Elihau del Medigo. Ele também mantinha que as massas deviam sustentar a acepção literal da *Escritura*, e somente ao filósofo era dado reinterpretar o significado do texto[45]. Mas negava o direito a uma interpretação filosófica da verdade religiosa no tocante aos princípios básicos da religião, e exigia que os filósofos, como os outros, os aceitassem[46]. Escolheu os treze princípios da fé, formulados por Maimônides, como expressão de tais doutrinas fundamentais, mas, a exemplo de seu predecessor Duran, alicerçou-os nos três princípios maiores – a existência de Deus, a revelação e a divina retribuição[47]. Caso surja uma contradição entre razão e revelação com respeito a tais princípios, o filósofo também deve submeter-se à revelação. Mas precisa evitar a tentativa de harmonizar a filosofia *per se* com a revelação, porque constituem duas esferas diferentes e operam segundo leis diferentes[48].

É óbvio que Elihau aceitava a doutrina da dupla verdade, que reaparece em algumas de suas demais obras[49]. Embora essa doutrina fosse anteriormente advogada por

---

44. *Philosophie und Theologie von Averroës*: árabe, pp. 2-6, 14-16, 17, 20-21; alemão, pp. 3-6, 14, 17, 20.
45. Elihau del Medigo, *Sefer Bekhinat ha-Dat*, pp. 6, 7.
46. *Ibid.*, pp. 4 e ss.
47. *Ibid.*, pp. 23 e ss.
48. *Ibid.*, pp. 8, 11, 17 e ss.
49. Cf. meu ensaio, "Elia del Medigos Verhältnis zu Averroës in seinem *Bekhinat ha-Dat*", pp. 197 e *passim*; 208, nota 58.

290 | A FILOSOFIA DO JUDAÍSMO

Isaac Albalag, tudo leva a crer que del Medigo a tomou do averroísmo cristão, com o qual se familiarizara na época em que viveu em Pádua. Ele limitou a referida teoria por duas considerações. A primeira é a de que se pode resolver qualquer controvérsia que não afete os fundamentos da fé, reinterpretando a revelação. Com referência aos próprios dogmas básicos, julgava improvável que qualquer ensinamento da verdadeira revelação entrasse em conflito como os princípios primeiros da razão, como ocorria com os dogmas cristãos, e estreitava de tal maneira a teoria da dupla verdade que a revelação podia ser usada em oposição aos resultados da dedução filosófica[50]. A partir de tais idéias, construiu um compromisso cauteloso e circunspecto entre a doutrina da dupla verdade e a interpretação filosófica da religião. Não obstante, Elihau del Medigo justificava, até certo ponto, essa doutrina popular, aproximando-se, assim, da tendência averroísta da filosofia cristã de seu tempo.

O único filósofo judeu verdadeiramente renascentista foi Leone Ebreo. Nascido na Espanha, só na maturidade sofreu a influência da cultura italiana. Iehudá Abravanel, o filho de Isaac Abravanel, e conhecido entre os cristãos como Leone Ebreo (nasceu *c.* 1460 e morreu depois de 1521), tinha trinta anos de idade quando os judeus foram expulsos da Espanha, mas absorveu com entusiasmo juvenil o espírito do platonismo italiano, que jamais alcançou uma expressão tão direta e pessoal como obteve nos seus alegres e imaginativos *Dialoghi d'Amore* (Diálogos de Amor). O próprio fato de Leone exprimir a sua concepção de mundo em italiano evidencia o novo rumo tomado por seu filosofar. Ele escreveu, não como um judeu para outros judeus, ao modo dos filósofos judeus espanhóis, porém para os membros de um círculo filosófico iluminista, que estavam acima de qualquer religião particular; não se contentou em usar o latim, como fizera Elihau del Medigo, mas, na trilha dos primeiros filósofos italianos, utilizou a língua viva da nova cultura[51]. Em vez da secura e sobriedade conceitual dos medievais, encontramos aqui uma imaginação enfeixante, uma apresentação emocionalmente comovente de uma visão de mundo estribada nas profundezas do sentimento. Sofreu tão entranhada influência de movimentos contemporâneos do pensamento que chegou a oferecer também interpretações de antigos mitos pagãos[52]. Que mitos pagãos devessem ser apresentados de maneira despreconcebida e constituir de fato os veículos para a comunicação da verdade filosófica – isso era inaudito na filosofia judaica. Aqui, a fé renascentista na unidade da verdade, que fora concedida a toda a humanidade, e que também poderia ser encontrada na mitologia pagã, substitui o brusco desafio a qualquer expressão do politeísmo pagão.

---

50. Elihau del Medigo, *op. cit.*, pp. 12 e ss.
51. Se o diálogo foi escrito originalmente em espanhol, como Gebhardt pretende em sua nova edição dos *Dialoghi d'Amore* de Leone Ebreo (Iehudá Abravanel), isso, de todo modo, não afeta a intenção primeira de Leone.
52. Leone, *op. cit.*, II, pp. 26 e ss.

O FIM E OS EFEITOS ULTERIORES DA FILOSOFIA RELIGIOSA MEDIEVAL | 291

O platonismo de Leone, derivado de Platão e dos neoplatônicos gregos, voltou a dar ênfase à direção estética da forma platônica de pensamento, quase perdida no neoplatonismo árabe e judaico e inteiramente abandonada na reformulação aristotélica do platonismo. Para Leone, a beleza é a essência do mundo, assumindo no seu sistema um significado metafísico. Como em Platão, para o autor dos *Dialoghi*, as belezas dos corpos dependem das idéias que eles incorporam[53] e, muito embora se abstenha de subsumir Deus à categoria da beleza, Leone ainda O vê como a fonte de toda a beleza. Deus é superior à beleza e ao mundo preenchido pela beleza; é Ele quem aquinhoa a beleza[54]. Intimamente relacionada a essa transfiguração estética do mundo é a sua cabal animação. O universo é concebido como uma unidade viva, animada e vitalizada pelo supremo poder do amor[55].

O conceito de amor em Leone, que constitui a doutrina central de seu sistema, repousa sobre fundamentos judaicos. Se o mundo é pensado como obra do amor que se esforça por atingir a mais alta perfeição, e o amor que preenche o mundo é concebido como uma aspiração por Deus, temos o que parece ser uma interpretação similar àquela que Crescas deu ao amor escritural. O que diferencia Leone de Platão e Plotino – sua idéia de que o amor corre não só das criaturas para Deus, mas de Deus para as Suas criaturas – o une a Crescas. Este, por sua vez, se aproxima de Leone na concepção do amor divino como o desejo que procura fazer com que o amor proceda da essência divina. Graças à extensão cosmológica do amor, entretanto, o termo tem para Leone um significado muito diverso do que para Crescas. Este havia mencionado, ao passar pela doutrina de Empédocles, que o amor era o princípio unificador do mundo; mas, para Crescas, isto constituía apenas uma simples metáfora, enquanto que, para o filósofo renascentista, se tratava de uma realidade. Por causa disso, Crescas estava em condições de preservar o caráter pessoal do amor, ao passo que, para Leone, um significado assim, na medida em que toca à linha mestra de seu pensamento, fica submersa na extensão cosmológica do conceito. O oni-abarcante princípio do amor perde, em Leone, seu sentido pessoal, tornando-se um esforço cósmico para produzir a perfeição ou a união com a perfeição[56]. Assim, a comunhão última com Deus não repousa apenas no amor. O amor é meramente uma expressão do impulso para Deus, o qual só é consumado pela completa unidade com Ele. Toda e qualquer parte do cosmos partilha desse impulso. O amor que anima o universo é plenamente expresso no esforço do cosmos para chegar a Deus e unir-se a Ele[57].

53. *Ibid.*, III, pp. 101 e ss., 110 e ss.
54. *Ibid.*, III, pp. 99 e s., 124 e ss.
55. *Ibid.*, I, p. 37; pp. 73 e ss.
56. *Ibid.*, I, p. 6; III, pp. 58 e ss., pp. 76b e ss.
57. *Ibid.*, III, pp. 140b, 144b e ss.

292 | A FILOSOFIA DO JUDAÍSMO

A crença na vida unitária do cosmos é alheia às teorias islâmicas e judaicas da emanação, na Idade Média, e é evidentemente o sentimento cósmico da Renascença que gerou essa crença em Leone. Os medievais distinguiam com nitidez um mundo divinamente animado do mundo terrenamente inanimado, governado pela necessidade cega; os corpos terrestres situavam-se abaixo do nível da vida, e o mundo inteligível os transcendia. Sobretudo naqueles sistemas profundamente influenciados por Aristóteles, as substâncias espirituais eram entendidas como inteligências autosubsistentes. O conceito aristotélico do motor imóvel foi aplicado tanto a Deus quanto às inteligências Dele dependentes. A emanação das formas singulares a partir das inteligências era concebida de tal forma que as últimas permaneciam imotas. A despeito de sua estrutura dinâmica, um semelhante quadro do mundo remanescia basicamente fixo e estático. Essa fixidez foi abandonada por Leone; um fluxo de vida pulsava por entre todas as esferas da existência. O movimento do amor estendia-se de Deus para as inteligências puras, e até o mundo terreno, abaixo. Apesar de toda essa suposta transformação, todavia, semelhante quadro do mundo não era mais do que uma emancipação da cosmovisão tradicional de sua rigidez lógica, e uma libertação de seus prévios elementos dinâmicos enquistados. Essa concepção dinâmica do vir-a-ser tornava muito fácil animar a ordem mundial, e Leone não precisou criar uma nova teoria das interconexões do cosmos, porém apenas interpretar, em termos de seu princípio do amor, a visão de mundo convencional. Não só os neoplatônicos, como também os aristotélicos carregavam consigo elementos para a animação do mundo de corpos terrestres, por meio de suas noções da matéria empenhadas na realização da essência conferente da forma, e de corpos à procura de seu lugar natural[58]. A idéia de essências superiores a emanar de si próprias essências inferiores em virtude de sua perfeição, uma idéia subjacente à doutrina da emanação, pode perfeitamente ser convertida na idéia de seu amor aos seres inferiores que delas derivam[59].

Leone Ebreo compreendeu a comunhão de idéias que ligava a antiga filosofia da Renascença à visão de mundo judaica e islâmica da Idade Média, pois fora educado na tradição de ambas as filosofias. Assim como a tradição filosófica em cujo âmbito

58. Os dois servem de principais pontos de partida para Leone efetuar a prova da existência do amor em corpos terrenos (*Ibid.*, II, pp. 5b, 11a). O esforço da matéria em busca da forma já era explicado por Ibn Gabirol (*Fons vitae*, V, pp. 316 e ss.) como significando o amor pelo bem. Jacob Guttmann (*Die Philosophie des Salomon ibn Gabirols*, pp. 52 e ss.), Pflaum (*Die Idee der Liebe: Leone Ebreo...*, p. 100) e também Klausner (*Tarbiz*, III, 1, p. 79) vêem nele a fonte da doutrina de Ebreo. Mas a verdade é que Gabirol nunca foi além dos limites da doutrina que também era compartilhada pelo aristotelismo. A comparação que Leone traça entre a matéria a aspirar à forma e a mulher sensual (II, 11) demonstra que ele também depende de Maimônides (cf. *Moré Nevukhim*, I, introdução: árabe, 7b; hebraico, 8b; III, 8).

59. Uma explanação congruente com a doutrina aristotélica do movimento dos corpos celestes por meio de inteligências puras, que se baseia em intérpretes islâmicos de Aristóteles, pode ser encontrada nos *Diálogos do Amor* II, 69 e ss.

O FIM E OS EFEITOS ULTERIORES DA FILOSOFIA RELIGIOSA MEDIEVAL | 293

crescera pôde ser, sem maiores dificuldades combinada com o neoplatonismo quando Leone o encontrou na Itália e facilmente absorveu seus elementos estéticos, a mesma tradição serviu-lhe de base para dar uma alma ao mundo mediante o princípio do amor.

Dos conceitos que herdou do Medievo, o mais importante é o do conhecimento. Ele sustenta que o intelecto humano potencial não é atualizado e levado ao conhecimento efetivo, salvo pela iluminação suprapessoal do intelecto ativo. Leone difere dos filósofos medievais somente por seu retorno à doutrina de Alexandre de Afrodísias, que havia identificado o intelecto ativo com Deus e, destarte, forjado um liame direto entre Deus e o homem[60]. A doutrina da unidade do espírito humano com Deus, esposada por Leone, corresponde a essa posição. De início parecia que ele divergia da doutrina da comunhão do conhecimento entre Deus e a criatura humana, uma vez que subordinava o conhecimento ao amor, e o convertia numa precondição do amor. Isso, porém, só era válido como uma forma inicial preparatória do conhecimento, por meio do qual nossas almas se inflamavam de amor pelo objeto conhecido. A fim de estarmos unidos a ele, o amor, se considerado tão-somente como desejo de uma tal unificação, será insuficiente. O amor atinge a sua meta apenas na forma final e suprema do conhecimento, o conhecimento completo e unificador de Deus[61]. Essa separação da intuição, que nos une a Deus, do conhecimento discursivo, constitui um passo firme para o misticismo. Entretanto, a concepção do conhecimento como a ligação entre Deus e o homem permaneceu essencialmente inalterada, e serviu de cimalha à doutrina do Ebreo sobre o retorno do mundo a Deus.

A relação de Leone com o judaísmo não era diferente da que a filosofia medieval apresentava. Embora sua noção do amor como alma do mundo estivesse próxima do panteísmo, o passo decisivo nessa direção nunca foi por ele empreendido. Para Leone, o mundo fora moldado por Deus, e na sua conhecida investigação do problema se o mundo é eterno ou foi criado no tempo (colhido principalmente em fontes medievais judaicas), ele se decidiu em favor da criação temporal. Mas também aceitou a idéia da matéria preexistente, que lhe veio não só via sistemas filosóficos medievais, como também de Platão. Combinava isto com a teoria de seu pai sobre a multiplicidade de mundos criados antes do aparecimento da presente ordem do universo, embora Isaac Abravanel não tivesse invocado a assunção de uma matéria preexistente[62]. Em termos das intenções básicas de Leone, tais modificações não afetavam a essência da idéia de criação. Como os platônicos de fé cristã, de seu tempo, presumia estar de acordo com a revelação escritural. Firmemente alicerçado no solo do judaísmo e da

60. Leone, *op. cit.*, I, 22, pp. 25 e ss.; cf. também III, p. 76.
61. *Ibid.*, I, pp. 28b e ss.; III, p. 141.
62. *Ibid.*, III, pp. 48 e ss.

294 | A FILOSOFIA DO JUDAÍSMO

tradição filosófica, combinava os dois, assim como os seus predecessores medievais haviam feito. A fé de Israel, a cosmovisão da Idade Média e um novo sentimento de mundo suscitado pelo renovado contato com o legado da antigüidade foram levados, em sua consciência, a um todo unificado.

O novo desenvolvimento da ciência natural do século XVII só afetou de leve o judaísmo. Iossef Schlomó del Medigo (1591-1655), um dos descendentes de Elihau del Medigo e, como ele, natural de Creta, foi aluno de Galileu, e absorveu as novas teorias astronômicas. Adotou a concepção heliocêntrica e reconheceu que isso destruía para sempre a suposta diferença essencial entre as esferas celeste e terrestre. Os corpos celestes não eram compostos de uma substância especial, e seus movimentos não eram esféricos[63]. Abandonou também a idéia aristotélica de substância corpórea. Sua crítica dirigia-se especialmente contra o conceito de forma do Estagirita que, na sua opinião, não poderia explicar os processos naturais. Não havia necessidade da forma, quer para transformar o ser potencial da matéria em atualidade (realidade) (semelhante matéria potencial era em si uma ficção), ou para esclarecer as distinções entre as diversas espécies de objetos naturais que são o produto de diferentes qualidades e disposições da própria matéria. Por fim, não precisamos da forma como causa eficiente, porque a matéria não é um substrato passivo, como Aristóteles pensava, porém qualquer variação é causada pelas determinações qualitativas da matéria. Empiricamente, nós só conhecemos a substância material com todas as suas qualidades, e tais dados são inteiramente suficientes para explicar eventos naturais[64].

Essa concepção da matéria não se deve à influência da doutrina da subjetividade das qualidades sensíveis, de Galileu. A matéria está equipada de uma multiplicidade de qualidades sensíveis, por cujo intermédio os elementos se diferenciam um do outro, mas a matéria com todas as suas qualidades específicas constitui um dado último e não há necessidade de ir além dela e torná-la dependente do ambíguo conceito de matéria indeterminada. Como muitos filósofos da natureza, na época do Renascimento, del Medigo discordava da doutrina dos quatro elementos. Ele listou apenas três e não retirou o fogo de seu rol, como era o costume, porém o ar[65]. Estava plenamente cônscio das conclusões metafísicas implicadas nessa mudança do conceito de natureza. Com o fito de compreender o movimento das estrelas, observou ele, não se fazia preciso nenhum recurso aos motores imateriais de Aristóteles[66]. Entendia também que a sua crí-

---

63. Iossef Schlomó del Medigo, *Sefer Elim u-maaian ganim*, pp. 33, 147 e ss.
64. *Ibid.*, pp. 33-36. A discussão pomenorizada sobre a criação da matéria em *Sefer Novlot Hokhma*, pp. 44-78, expõe os conceitos do modo costumeiro, porque Del Medigo intencionalmente se baseia na tradição e não dá os seus próprios pontos de vista. Cf. 66b, 67b.
65. *Ibid.*, p. 33. (Sobre o atomismo na filosofia da Renascença, cf. Lasswitz, *Geschichte der Atomistik*, I, pp. 306 e ss.)
66. Iossef del Medigo, *Sefer Elim...*, pp. 39, 41.

O FIM E OS EFEITOS ULTERIORES DA FILOSOFIA RELIGIOSA MEDIEVAL | 295

tica à doutrina da forma poderia ser estendida também à psicologia aristotélica e, aparentemente, tendia a estear as almas dos animais na combinação de elementos materiais. Quando chegou à alma humana, recuou dessa conclusão, mas adotou a posição platônica que concebia a alma, não como a forma do corpo orgânico, porém como uma substância conectada ao corpo[67]. Com respeito aos pormenores da psicologia, uma vez que rejeitara a idéia dos motores imateriais, e a dominante teoria filosófica judio-arábica do intelecto ativo como uma substância espiritual supra-individual, preferiu a doutrina escolástica cristã, que transformava o intelecto ativo em um aspecto da alma individual[68]. Essas doutrinas psicológicas estavam muito longe da certeza que del Medigo encontrava nas ciências da natureza. Em vez de construir a sua própria doutrina, contentou-se com a crítica às teorias convencionais, mas não chegou a conclusões apodícticas. Algumas vezes apoiava-se em idéias platônicas e, outras, em noções aristotélicas, e concluía com possibilidades em lugar de certezas.

Tal é a natureza de suas indagações sempre que estas lidam com problemas metafísicos básicos e filosófico-religiosos. Sua hesitação é parcialmente clarificada pelo fato de estar impedido de exprimir de modo pleno as suas próprias idéias acerca de tais questões. Na sua obra principal, defendeu a Cabala, contra a qual seu ancestral Elihau havia lutado, mas em outra parte zombou amargamente das superstições dela. Quando dava voz às doutrinas livre-pensantes, imediatamente embotava a sua agudeza com todo tipo de qualificações. Entretanto, é duvidoso que a sua cautela tivesse algo mais a esconder do que idéias latitudinárias isoladas sem conexão sistemática. As mudanças na cosmovisão científica, que ele sustentava, não produziram sequer uma sugestão para a renovação da metafísica ou da harmonização dos pontos de vista religioso e científico. Reconhecia a necessidade dessa tarefa, mas não dispunha dos imprescindíveis poderes de concentração para realizá-la. Como aconteceu a muitos espíritos inquietos da Renascença, a crítica que endereçava às tradições religiosas e filosóficas não conduziram a qualquer grau de emancipação em relação a elas. Talvez possa ser encontrada aí a razão dessa sua atitude ambivalente em face da Cabala. Ele escarneceu das práticas supersticiosas ligadas às formas mais exteriores e grosseiras do cabalismo, mas, como outros de sua geração que tinham começado a duvidar da escolástica aristotélica, del Medigo foi atraído pelo ponto de vista platonizante da Cabala. Sua formulação em prol da harmonia entre religião e razão – a de que se deve seguir a razão onde quer que apresente provas positivas e demonstrativas, mas que no referente às probabilidades é preciso manter-se apegado à tradição religiosa[69] – servia não apenas para ocultar seus pensamentos íntimos, como lhe permitia perma-

67. *Ibid.*, pp. 35 e ss., 41.
68. Iossef del Medigo, *Sefer Novlot Hokhma*, pp. 18 e ss.
69. Iossef del Medigo, *Sefer Elim...*, pp. 62 e ss.

296 | A FILOSOFIA DO JUDAÍSMO

necer leal às convicções religiosas que haviam sido abaladas pela crítica da ciência. O iluminismo científico, ligado à tradição, e a confiança no misticismo, no seu caso, não formaram um todo consistente.

A INFLUÊNCIA DA FILOSOFIA JUDAICA SOBRE O SISTEMA DE SPINOZA

O sistema de Spinoza pertence mais propriamente ao curso do pensamento europeu do que a uma história da filosofia judaica. O objetivo primordial da filosofia judaica até esse tempo – interpretar e validar a religião do judaísmo em termos filosóficos – perdera o sentido para Spinoza desde o começo mesmo de sua obra. Sua filosofia coloca-se em profunda oposição à religião judaica, não só com respeito à forma dogmática tradicional, como também às convicções últimas. Desde o início, Spinoza reconheceu esse fato de maneira muito clara e abandonou a tentativa de conciliar tal oposição, sem qualquer empenho em harmonizá-la. A crítica apresentada no *Tractatus Theologico-Politicus* é testemunha desse reconhecimento íntimo, que domina todas os seus trabalhos filosóficos. Separada de qualquer conexão com a religião judaica, sua filosofia não é mais dirigida aos crentes no judaísmo, mas à comunidade dos pensadores europeus, unidos pela idéia de uma verdade autônoma. Spinoza situou-se conscientemente dentro desse movimento europeu de pensamento, e procurou desenvolver o seu sistema neste âmbito. Sua influência se exerceu exclusivamente fora das fronteiras do mundo do judaísmo, encontrando seu lugar por inteiro no interior da história da filosofia moderna. Somente quando o judaísmo se prendeu à vida espiritual das nações européias, o pensamento spinoziano teve algum acesso e influência sobre o mundo judeu.

Spinoza esteve envolvido com a filosofia judaica apenas na medida em que esta serviu como uma das causas formativas de seu pensamento. Filósofos judeus mais antigos propiciaram-lhe a primeira entrada no universo da filosofia, e graças a um esforço contínuo e diligente, adquiriu um conhecimento pormenorizado de suas doutrinas. A correspondência e, ainda mais, o *Tractatus Theologico-Politicus* mostram que até na maturidade tinha conhecimento profundo e abrangente das obras daqueles pensadores. O *Tractatus* processa-se sobretudo com base em filósofos medievais. Por certo, de um ponto de vista filosófico, isso não é muito importante, porque Spinoza não usou as teses de tais autores para desenvolver o seu próprio sistema, mas para promover a sua polêmica contra a *Bíblia*. No entanto, a influência deles sobre o seu sistema, embora não aparente, foi significante. A visão de mundo erigida pelos filósofos judeus, que era uma síntese de elementos aristotélicos e neoplatônicos, exerceu efeito decisivo sobre o pensamento spinoziano e tomou nova vida em seu sistema, embora numa forma modificada. Mesmo que, como Spinoza afirmava, a transferência dessa cosmovisão para o solo judeu tivesse enfraquecido ou destruído completamente seus principais objetivos,

O FIM E OS EFEITOS ULTERIORES DA FILOSOFIA RELIGIOSA MEDIEVAL | 297

as discussões e controvérsias dos filósofos judeus amiúde concerniam à forma original dessas idéias, e eles desenvolviam seus argumentos com abrangência e clareza.

Não foi difícil para Spinoza purificar essa cosmovisão de suas adaptações ao ensinamento judaico, e introduzir os elementos fundamentais dessa doutrina em seu próprio sistema. Sem dúvida, filósofos judeus como Maimônides, Gersônides e Crescas, que exerceram uma forte e contínua influência sobre Spinoza, estão inteiramente distantes do panteísmo deste último. É possível que outras fontes judaicas, como os comentários bíblicos de Abraão ibn Ezra e a literatura da Cabala, desempenhassem algum papel na formação de seu panteísmo, mas isso é incerto[70].

70. Não podemos tratar das várias e contraditórias teorias no tocante às relações precisas de Spinoza com o judaísmo. Teremos necessariamente de nos contentar apenas com umas poucas observações e anotações, ou seja, a uma orientação geral. M. Joël foi o primeiro a demonstrar, em termos científicos, a dependência de Spinoza para com a filosofia judaica da religião, uma hipótese que já havia sido aventada por outros. Ele encetou as investigações sobre o tema no seu livro acerca de Crescas (*Don Chasdai Creskas' religionsphilosophische Lehren*), prosseguindo-as no estudo das origens das doutrinas de Spinoza (*Zur Genesis der Lehre Spinozas*), em que mantém que o fundo filosófico-religioso das doutrinas metafísicas de Spinoza, isto é, de doutrinas como o problema da criação do homem e do livre arbítrio humano — que Descartes havia removido da esfera da filosofia, classificando-as sob o título de milagres — levaram Spinoza para além de Descartes, à formulação de suas próprias concepções filosóficas. Mais ainda, em seu ensaio sobre *Spinozas theologisch-politischer Traktat*, Joël sustentava que Spinoza tinha emprestado de pensadores judeus a maior parte de seu material para o entendimento e a crítica da Bíblia. Embora a maioria dos estudiosos estivesse disposta a admiti-lo, alguns questionavam o modo de Joël conceber o desenvolvimento filosófico de Spinoza, e ele foi vigorosamente contestado nesse ponto por Kuno Fischer, que na linha de sua própria hipótese afirmava que as concepções de Spinoza só podiam ser compreendidas contra o imanente fundo cartesiano. Em anos mais recentes, L. Roth (*Spinoza, Descartes, Maimonides*) defende a tese de Joël em forma diferente, enquanto Tj De Boer, em seu contra-argumento (*Maimonides, en Spinoza...*), chega à mesma conclusão negativa que a de Fischer. Mas a maioria dos *scholars* aceita a hipótese de Joël de que a filosofia religiosa judaica constituiu, no plano filosófico, uma das influências de peso na formação da metafísica e da ética spinozianas. Assim mantém Freudenthal, na segunda parte de seu livro sobre Spinoza, publicado postumamente, *Spinoza, Leben und Lehre...*, pp. 84 e ss. Isso concorda no fundamental com os pontos de vista por mim expressos em "Spinozas zusammenhang mit dem Aristotelismus". Eu apenas estabeleci o lugar da filosofia judaica da religião no desenvolvimento da filosofia de Spinoza de uma maneira mais específica e unificada, demonstrando que este havia tomado da tradição judaica uma bem elaborada concepção metafísica, que ele modificou sob a influência de sua diferente concepção de natureza e epistemologia. Assim, justifiquei o *insight* essencial de Joël, que — assim suplementado — é basicamente correto. Mas, até para a estrutura metafísica do pensamento de Spinoza, a visão de mundo judaico-aristotélica é somente um fator, em relação ao qual a visão matemática da natureza e a epistemologia de Descartes devem ser consideradas como de igual importância. Uma *weltanschauung* bastante similar à do aristotelismo judaico pode ser encontrada na filosofia italiana do Renascimento. Mas não há absolutamente nenhuma base para procurar qualquer outra fonte para as tendências mutuamente convergentes do que a dos pensadores judeus, com cujas obras Spinoza estava profunda e intimamente familiarizado. Esse julgamento aplica-se à tentativa de Gebhardt ("Spinoza und der Platonismus") para atribuir a Leone Ebreo uma determinada influência sobre Spinoza, porque neste último não se pode encontrar nada — afora alguns detalhes menores — que já não tenha sido dito por filósofos judeus anteriores. A relação de Spinoza com a filosofia medieval foi recentemente objeto de uma abrangente investigação de Wolfson, em *The Philosophy of Spinoza Unfolding the Latent Process of His Reasoning*. Aí, analisa o sistema spinoziano em seus vários componentes a fim de determinar se o seu autor emprestou idéias

298 | A FILOSOFIA DO JUDAÍSMO

Entretanto, as raízes históricas da filosofia de Spinoza estendiam-se muito além da esfera judaica. A essas fontes judias, cumpre acrescentar a influência da filosofia e da ciência da época. Tomadas em conjunto, tais correntes de pensamento produziram o material que ao fim se encarnou no sistema de Spinoza. A tentativa de revelar as fontes judaicas de sua doutrina não pode desconsiderar por completo esses outros elementos integrantes. O único e mais importante sistema filosófico que obteve inteira expressão no século de Spinoza foi a ciência matemática da natureza. O ideal dessa ciência – compreender a natureza como um nexo causal-matemático – também era a meta de Spinoza, que transferiu o referido ideal, da ciência da natureza para o conhecimento da realidade como um todo. Para ele, a noção de lei nas ciências naturais tornou-se o axioma do conhecimento metafísico, substituindo o aristotélico conceito de substância. Entender a realidade não mais significava encará-la como a realização de essências gerais no substrato indeterminado da matéria, mas vê-la como uma rede de elementos causalmente conectados. A causalidade não era a manifestação de poderes dinâmicos (a doutrina do aristotelismo), porém a interconexão lógico-matemática de condições. Isso abole a estrutura finalista da visão de mundo aristotélica, cuja essência se compunha de formas criativas dotadas de propósitos, operando teleologicamente, e cuja dinâmica era a encarnação de leis teleológicas. Para Spinoza, a causalidade é necessidade lógico-matemática. Por causa de seu recém-descoberto método, as ciências naturais negavam o dinamismo do aristotelismo e do neoplatonismo, e Spinoza aplicou essa concepção à esfera da metafísica. Embora mantivesse a cosmovisão aristotélica, isso se deu somente porque ele a transferiu para a estrutura da moderna lei natural, e veremos ainda como elementos essenciais de sua doutrina daí decorreram.

Na esfera da filosofia, Descartes propusera-se à tarefa de compreender o método científico das novas ciências e, por seu exemplo, estabelecer a estrada para o verdadeiro conhecimento em geral. O conhecimento deve procurar primeiro uma certeza

dos medievalistas, ou se ele se opõe às noções tradicionais, ajuizando uma crítica silenciosa das principais concepções dos filósofos medievais, no desenvolvimento de suas próprias doutrinas características. Conquanto o escopo de sua investigação inclua toda a filosofia do citado periodo, seu centro está na relação de Spinoza com os pensadores árabes e judeus do Medievo. É pena que o trabalho de Wolfson não tenha sido ainda analisado em termos do que é refutável e do que é irrefutável. Mas não há dúvida de que, depois de descartadas as incorreções, restará muita coisa de novo e valioso, podendo-se afirmar desde logo que o incontestável valor desse livro reside na sua explicação do vínculo entre Spinoza e o pensamento medieval — uma análise abrangente e minuciosa que ultrapassa tudo quanto foi tentado até agora. Mas o ponto essencial da referida relação não é em geral modificado por quaisquer dos mencionados estudos em pormenor. Na medida em que Spinoza aceitou idéias medievais, elas são de grande importância para a formação de sua filosofia, e tais idéias, que estão relacionadas no meu texto antes mencionado, se revestem de uma outra forma, peculiarmente spinoziana, sob o impacto da nova noção de natureza e da nova epistemologia, as quais, em conjunto com a tradição medieval, moldaram o pensamento do autor da *Ética*.

O FIM E OS EFEITOS ULTERIORES DA FILOSOFIA RELIGIOSA MEDIEVAL | 299

fundamental e absoluta, que pudesse resistir firmemente a todas as dúvidas, e precisa trazer à tona o conteúdo do conhecimento por meio da analogia e da dedução estrita. Spinoza aceitou esse método lógico-dedutivo. A seu ver, o verdadeiro conhecimento também estava enraizado em uma certeza fundamental, que apreendia os princípios últimos do conhecimento com evidência imediata. A partir daí, todo o corpo de conhecimento podia ser explicado em termos dedutivos (do geral para o particular) sem lacunas quaisquer ou saltos.

Spinoza também aplicou esse conceito de conhecimento à metafísica. A verdadeira metafísica não seria possível, salvo se a partir de um axioma primário claramente apreendido estivéssemos em condições de construir uma cadeia dedutiva de raciocínios que abarcasse a plenitude da existência[71]. Essa idéia de uma metafísica dedutiva tem de novo seu ponto de partida no aristotelismo. O caráter empírico do sistema aristotélico também caracteriza sua metafísica que procede por inferência, de certos existentes dados, para os seus pressupostos. As várias provas aristotélicas da existência de Deus, por exemplo, inferem do mundo para a sua causa primeira e superior. Os elementos neoplatônicos absorvidos no aristotelismo árabe e judaico não mudaram basicamente esse ponto de vista sistemático, e até o argumento da contingência do mundo em relação a uma causa necessária que o trouxe à existência, apesar de seu caráter totalmente conceitual, parte do mundo e encaminha-se para Deus.

A metafísica de Spinoza vai em direção inteiramente oposta, e procura derivar a existência de seus pressupostos últimos[72]. Isso só é possível se a própria existência for um nexo lógico. Na interconexão natural matemático-causal do ser, elevada por Spinoza ao status de interconexão não temporal de continuidade lógica, a ordem do ser coincide na verdade com a ordem do entendimento lógico. Mas a fim de que essa apreensão dedutiva da existência seja possível, a primeira causa desta tem de ser reconhecida como necessidade conceitual. Como seu predecessor Descartes, mas em termos de uma intenção que ia muito além da cartesiana, Spinoza retorna à prova ontológica da existência de Deus, formulada pela escolástica cristã, a fim de achar o caminho que vai do conceito à realidade. O conceito de Deus contém em si a idéia da existência de Deus, pois, nessa idéia, o pensamento encontra a certeza absoluta e um ponto de partida para a dedução futura e, com isso, a certeza de que a interrelação de suas definições corresponde à interrelação das coisas[73]. Semelhante ideal de conhecimento implica que, a fim de alcançar a idéia de Deus, Spinoza não segue os filósofos judeus, porém os escolásticos cristãos, cujo conceito de *ens realissimum* adaptava-se

---

71. Spinoza, *Tractatus de intellectus emendatione*, par. 38, 42, 97-99 (a numeração dos parágrafos segue a edição Bruder).
72. Cf. a crítica ao silogismo aristotélico, *Breve Tratado* I, 1 fim; I, 7.
73. *Íbid.*, I, 1; *Ética*, I, 11; *Tractatus de intellectus emendatione*, par. 97.

300 | A FILOSOFIA DO JUDAÍSMO

melhor, inclusive em seus detalhes, à construção formal de sua idéia de Deus, do que as formulações existentes na teologia judaica.

Apesar dessas diferenças radicais tanto em conteúdo quanto em método, ainda assim é possível reconhecer, no sistema spinoziano, a similaridade com o aristotelismo judaico. De acordo com o Estagirita, o mundo também é governado por uma causalidade conceitual, edificando-se num sistema conceitual ordenado. As essências gerais, na concepção de Aristóteles, são conceitos hipostasiados de gêneros que, para ele, se constituem nos representantes de uma conformidade conceitual à lei. No pico dessas formas conceituais encontra-se a mais alta forma divina, em que os acontecimentos do mundo têm sua fonte. A adoção da idéia neoplatônica de emanação pelos aristotélicos árabes era uma tentativa de derivar a variedade das formas individuais da forma divina primordial, e de entender a origem do mundo em Deus como o desdobramento da divina essência conceitual fundante numa multiplicidade de conceitos singulares. Esse ponto de vista aparece em sua expressão mais clara nas doutrinas da emanação de Al-Farabi e Avicena, que Maimônides discutira. Eles tinham defluído de Deus uma série de essências individuais de natureza imaterial, que em sua essência lógica eram puras formas conceituais, até que a última delas se dividira numa multiplicidade de formas separadas, que desceram para a matéria. Mesmo quando Averróis divergiu da noção de processão descendente de substâncias imateriais, derivando a ordem unificada do mundo em linha imediata de Deus, o princípio de explanação do universo permaneceu inalterado. Tal como o desenvolvimento de um conceito, a processão do mundo a partir de Deus constituía um processo eterno e necessário. O paralelismo e a similaridade com o sistema de Spinoza torna-se de todo manifesto num pormenor. Assim como no aristotelismo as substâncias imateriais subjacentes ao mundo inteiro foram as primeiras a defluir de Deus, e só mais tarde as formas separadas dos corpos vieram a existir, da mesma maneira, outrossim, Spinoza, em sua *Ética* deriva imediatamente de Deus os infinitos modos (ou, como ele os denomina no *Tratado sobre a Reforma do Entendimento*, as "firmes e eternas coisas"). Essas são as leis comuns da existência, e delas deriva a multiplicidade dos corpos separados[74].

Mas a substituição do conceito de lei pelo conceito de forma, dá à dedução feita por ele um molde inteiramente novo. Spinoza, não só nega a reificação aristotélica dos conceitos genéricos, como pretende que tais conceitos, em sua vazia abstração, são totalmente inúteis à compreensão do ser concreto das coisas[75]. Sua idéia de lei, como a da ciência moderna, é destinada à cognição do nexo concreto do ser de todas as coisas. As essências conceituais gerais no sentido aristotélico não procedem de Deus, mas da ordem concreta, causal, do ser atual (real). A generalidade dessa ordem

---

74. Spinoza, *Ética*, I, 21-23; *Tractatus de intellectus...*, par. 101.
75. Spinoza, *Ética*, II, 40, 1, escólio.

O FIM E OS EFEITOS ULTERIORES DA FILOSOFIA RELIGIOSA MEDIEVAL | 301

não é uma abstração conceitual, mas é a universalidade do todo infinito no qual qualquer detalhe particular encontra seu lugar[76].

Assim, Deus torna-se o princípio da ordem causal em que todas as conexões causais estão radicadas. Mas Spinoza não fica completamente livre desse hipostasiar de conceitos. Deus, o princípio da lei, é, *qua* substância, um ser material. Se a função lógica do conceito de Deus é estabelecer a interconexão lógica dos corpos, Deus também serve de substrato material do ser das coisas individuais. Essa reificação aplica-se tanto ao princípio divino da lei quanto às leis fundamentais do ser que derivam de Deus. Essas "firmes e eternas coisas" incluem em si mesmas as leis "segundo as quais cada coisa particular acontece e é ordenada"[77]. Elas constituem o todo infinito, concreto, no qual cada particular está contido. Nesse conceito, a validade ilimitada da lei geral e a extensão ilimitada de um ser infinito coincidem.

A transição de um para o outro é realizada pelo conceito de espaço, que significa a lei do espaço que determina todas as partes individuais deste, e o conjunto do espaço que as inclui todas. Consoante à analogia de Spinoza, a unidade da lei torna-se idêntica ao todo material do ser na divina substância. Como no caso da forma aristotélica, em que os conceitos genéricos eram reificados, aqui, também, a lei geral é convertida em uma realidade. Em ambos, a derivação das coisas a partir de Deus defronta-se com as mesmas limitações: a individualidade de coisas particulares permanece um simples dado. A emanação aristotélica só pode chegar, em seu processamento, até as formas singulares, que são concebidas como as essências conceituais de coisas empíricas. A individualidade dos particulares deve ser explicada por meio do novo princípio de matéria, o qual absorve a forma em diferentes materializações; a despeito de todas as tentativas para introduzir, no início do aristotelismo arábico, o princípio da matéria na seqüência de emanações, a concretude do particular não deixa de ser arbitrária. Para Spinoza, somente os modos infinitos, as eternas leis do ser, procedem do divino ser infinito. Os modos finitos, a totalidade das coisas empíricas, não podem derivar de Deus; cada um desses modos pressupõe outro modo finito como sua causa, e a série regride ao infinito[78]. Isto corresponde exatamente à função lógica da lei. O particular concreto pode ser explicado de acordo com a lei. A lei difere do conceito geral aristotélico no fato de ela funcionar adequadamente para tal explanação, mas, apesar disso, é sempre impossível deduzir um evento particular de uma lei geral. Estendendo o necessário dualismo entre lei causal e fato causalmente determinado à relação entre Deus e as coisas individuais, é fixado um limite para a derivação das coisas a partir de Deus, um limite pelo qual Deus cessa de ser a causa eficiente de toda a realidade.

76. Spinoza, *Tractatus de intellectus emendatione*, par. 93, 101.
77. *Ibid.*
78. Spinoza, *Ética*, I, 28.

302 | A FILOSOFIA DO JUDAÍSMO

A alteração assim efetuada no conceito de Deus e na derivação das coisas a partir de Deus, pela mudança formal do nexo conceitual, tem seu paralelo na relação modificada de Deus para com as coisas. A forma especial de panteísmo, de Spinoza, faz-se aqui compreensível em termos metodológicos. Conforme a doutrina da emanação, que os aristotélicos haviam adotado desde o Medievo, as essências formais derivavam uma da outra. Visto que os aristotélicos entenderam tais conceitos como essências existentes, essa derivação deveria ser não só uma sucessão lógica, mas real. Cada uma dessas essências conceituais produz outra essência devido ao seu poder inerente. A realidade conceitual tornou-se um poder operativo do qual provém um novo ser. Essa processão de coisas umas das outras, que foi interpretada mais como uma metáfora do que uma teoria, não podia ser facilmente combinada com o conceito spinoziano de interconexão causalmente ordenada. Destarte, o conceito de emanação não tem lugar no sistema. A causalidade, concebida como uma sucessão matemática e legalmente ordenada, nada possui em comum com essa obscura processão de coisas umas das outras. A causalidade é uma rede de condições em que uma determinação segue da outra de acordo com leis estritas. Somente desse modo é possível explicar a processão das coisas a partir de Deus. Deus não é a substância primária da qual emanam outras substâncias. Ele é o princípio da uniformidade da lei, na qual se estriba quer o sistema de leis quer o sistema de fatos causalmente conectados. Assim como essa lei é inerente aos fatos, do mesmo modo Deus deve ser necessariamente inerente às coisas particulares separadas. O fato de a divina lei de existência também servir como seu substrato material, não afeta de modo algum essa interconexão. Da substância divina procedem em sucessão ordenada e segundo lei apenas aquelas determinações que podem ser deduzidas de Deus, mas não outras substâncias. "Uma substância não pode produzir outra substância"; verificamos assim que a imanência de Deus nas coisas, sua única substancialidade, é o exclusivo modo possível em que o pensamento de Spinoza permite a derivação das coisas a partir de Deus. Spinoza, por certo, chegou a essa conclusão por um caminho complicado, partindo da idéia tradicional de substância[79]. Mas sua argumentação resulta de um pensamento tardio e não é a fonte de sua conclusão. Entretanto, ele nos proporciona uma percepção imediata desse conceito, quando converte a extensão em atributo divino, e os objetos no espaço tornam-se determinações da essência divina, uma conclusão exigida por seu ponto de vista fundamental.

A processão de corpos materiais a partir de Deus causou sensíveis dificuldades à doutrina da emanação. Ela se viu forçada a introduzir ou a matéria no processo de emanação e derivá-la da crescente rudeza da forma, ou teve de restringir o processo

---

79. Wolfson, no seu volume, *op. cit.*, explica a prova de Spinoza para a exclusiva substancialidade de Deus como uma oposição crítica ao ponto de vista da filosofia judaica.

O FIM E OS EFEITOS ULTERIORES DA FILOSOFIA RELIGIOSA MEDIEVAL | 303

de emanações a apenas uma seqüência de formas, e tornar a matéria outro princípio substancial independente de Deus. Nenhuma dessas alternativas pode ser conciliada com Spinoza, não só porque estas duas opiniões se baseiam na cisão dualista do mundo em matéria e forma, mas também porque é impossível haver nele uma substância independente da oni-abrangente causalidade divina, assim como é impossível que no interior de um mundo incorpóreo de essências espirituais possa existir um processo capaz de resultar num mundo corpóreo. A igualdade de causa e efeito, em que toda verdadeira relação causal implica, obriga-nos a predicar a extensão, o atributo primordial da matéria, a Deus, a fonte primeira do mundo material[80]. Assim como a lei de todos os seres deve se incluída em Deus, também a lei do ser material deve Nele estar contida. A partir deste exemplo podemos compreender porque o Deus de Spinoza não é o Um do neoplatonismo, que não possui determinações positivas, mas antes o *ens realissimum* da escolástica ocidental. Ele não pode servir de fundamento aos corpos individuais no mundo, a menos que seja a lei deste fundamento. É verdade que a infinitude dessa realidade não é mais do que uma função da lei, que fixa cada acontecimento individual, e a hipostasização de Deus ao nível da realidade material não produz qualquer conteúdo de ser.

A relação necessária entre Deus e o mundo serve como o lugar decisivo para a abordagem do conteúdo religioso da idéia-Deus que constitui uma questão inevitável. A singularidade da doutrina de Spinoza não está contida nessa necessidade *per se*, porém em sua forma específica. Segundo a teoria da emanação dos aristotélicos árabes, o mundo proveio necessariamente de Deus, mas tal necessidade era a do sistema como um todo, isto é, da causalidade dinâmica. Deus, como a mais elevada forma, era o supremo poder teleológico, de cuja plenitude de ser o mundo procedia. Sua causalidade era a causalidade da realização teleológica, da concretização da unidade teleológica do todo que está implicitamente contido em Deus. Em Crescas, essa idéia é interpretada em termos voluntarísticos. A bondade divina é determinada por sua própria essência divina para criar. Para Spinoza, a necessidade da ação de Deus era a única que o sistema pode reconhecer, ou seja, a do nexo causal lógico-matemático, cuja identificação com a pura implicação lógica em conexão com a divina causalidade está nítida e plenamente expressa. Assim como a partir da definição de cada coisa segue uma série de conseqüências, e essas conseqüências multiplicam-se na medida em que a definição exprime mais realidade, do mesmo modo, também, da necessidade da natureza divina devem decorrer infinitas conseqüências em infinitos modos[81].

---

80. Spinoza, *Ética*, I, 5ª definição, 4º e 5º axiomas: II, 2. Joël (*Zur Genesis der Lehre Spinozas*, p. 41) refere-se justificadamente à idéia de Gersônides segundo a qual nada pode vir de Deus que já não esteja incluído em Sua essência. Mas o ponto spinoziano essencial está ausente em Gersônides, isto é, de que, com o conhecimento do efeito, é dado necessariamente um conhecimento da causa.
81. Spinoza, *Ética*, I, 16.

304 | A FILOSOFIA DO JUDAÍSMO

A atividade de Deus não é mais do que outra locução para a lei matemático-causal que governa a existência. Uma tal rede tornar-se-ia impossível se permitíssemos à teleologia operar, seja uma teleologia de uma vontade que fixa metas, ou a de um poder capaz de criar de modo intencional. A polêmica de Spinoza contra o conceito de causação final, dada a sua visão de mundo, era simplesmente uma conclusão autoevidente. Uma vez descartado o conceito de teleologia, a atribuição de valor à existência teve outrossim de ser abandonada. Para a necessária interconexão matematicamente articulada das coisas, não há diferenças de valor entre os objetos particulares nela contidos. As diferenças entre bom e mau, belo e feio, são referidas às avaliações humanas e não são inerentes à natureza dos objetos[82].

A hierarquia do valor das coisas, que está na base da teoria da emanação e é o fundamento de sua construção metafísica do mundo, torna-se insignificante no sistema de de leis matematicamente ordenadas, de Spinoza. Onde quer que fale de maior ou menor perfeição, ele está querendo dizer maior ou menor realidade[83]. A concepção de existência, isenta de valor nas ciências naturais, é aqui estendida à explanação metafísica última, do mundo, e a atração que a filosofia de Spinoza sempre exerceu sobre aqueles que admiram o método científico reside nessa rejeição, na sua concepção do todo, de todas as considerações de valor. Mas em Spinoza esse modo naturalista de pensamento é inconscientemente convertido numa relação religiosa com o mundo. Para ele, a negação de todas as diferenças no tocante ao valor, implícita na cosmovisão científica, torna-se uma afirmação religiosa de existência, a qual, devido à atividade divina, é estendida igualmente a todos os seres. O valor de uma perfeição indiferente a toda e qualquer avaliação faz-se o portador de afirmações religiosas de valor, implantadas em todos os seres. A mesma combinação paradoxal da completa equanimidade em face da avaliação, e a avaliação religiosa absoluta de conteúdo, também caracteriza a sua idéia de Deus, que não é mais do que a soma de todas as leis da existência. Na consciência de Spinoza, porém, Deus é a suprema fonte da perfeição.

Essa consciência religiosa nada tem em comum com a religião da *Escritura* e sua crença em um Deus bom e benevolente. Ela só pode ser entendida a partir do ponto de vista dos fundamentos religiosos da metafísica da emanação, que compreende a divina perfeição como a plenitude do ser, transcendente a toda compreensão humana. Para o emanacionismo, também, a plenitude do ser contém a máxima plenitude de valor, sendo superior a qualquer dos valores encontrados no mundo. Para Spinoza, o mero conceito de ser torna-se o objeto da apreciação religiosa. Deus, que de acordo

---

82. *Ibid.*, I, apêndice.
83. *Ibid.*, I, 11, escólio; I, 33, escólio 2.

O FIM E OS EFEITOS ULTERIORES DA FILOSOFIA RELIGIOSA MEDIEVAL | 305

com seu conteúdo lógico pode ser chamado o conceito de ser das ciências naturais, torna-se o objeto de um místico sentimento divino.

Na doutrina spinoziana do espírito humano encontramos quer semelhança quer oposição ao aristotelismo. Segundo os aristotélicos árabes e judeus, o intelecto humano é um elo dentro do processo cósmico de emanação; assim como todas as formas do mundo terreno são condicionadas, o espírito humano também o é como uma forma essencial por meio do processo de emanação. O conhecimento humano, todavia, pertence em outro sentido também a este processo. A razão, humana, que considerada *per se* só é potencialmente intelecto, é levada à atualidade do conhecimento por influência do intelecto supra-individual. A realização do conhecimento efetua-se com a incorporação no espírito humano das formas conceituais procedentes do intelecto ativo. Aristóteles interpretou o pensamento humano de acordo com a analogia da percepção – o efeito daquilo que é pensado sobre a mente investigante. Isto, para os aristotélicos árabes, queria dizer que o objeto do pensamento tem uma existência separada no intelecto ativo, independente da mente humana individual, e do qual desce para o intelecto particular. O mundo real, que se encontra no intelecto ativo e que é imutável, é revelado ao pensamento humano à medida da capacidade individual. A metafísica do conhecimento não podia possivelmente ser aceita nessa forma por Spinoza, devido à sua dependência do princípio da emanação.

Mas em seu ensaio de juventude, *O Breve Tratado*, em que é dado reconhecer muitas conexões entre a concepção de Spinoza e esse modo mais antigo de pensamento, ele ainda defende a opinião de Aristóteles, segundo a qual o pensar, como a percepção sensível, é um ato passivo em que a mente é presa de seu objeto. Que o pensamento é presa de seu objeto também vale no caso do conhecimento divino[84]. Mais tarde, contudo, prevaleceu em Spinoza a influência de Descartes e ele renunciou inteiramente à concepção da passividade do conhecimento. O pensamento não recebe a idéia do mundo exterior, mas a produz em virtude de seu próprios poderes. A verdade do pensamento não é causada por via externa, dependendo apenas da natureza e habilidade do próprio intelecto[85]. O mesmo é verdade no tocante ao conhecimento relativo ao ser atual. A correspondência entre o conhecimento e o seu objeto não se deve ao fato de que o conhecimento depende do objeto. Ao contrário, a verdade interior do pensamento é uma garantia da realidade de seu objeto, e a identidade da ordem lógica que domina tanto o conhecimento quanto o seu objeto assegura a correspondência entre a conexão interna das coisas e a do verdadeiro conhecimento[86].

---

84. Spinoza, *Breve Tratado*, II, 15, 16, 22.
85. Spinoza, *Tractatus de intellectus emendatione*, par 71.
86. *Ibid.*, par. 35, 38, 41 e ss.

306 | A FILOSOFIA DO JUDAÍSMO

Essa doutrina da correspondência lógica entre o conhecimento e o seu objeto é a base, em Spinoza, da teoria metafísica do paralelismo entre o ser espiritual e o corporal, pela qual ambos são paralelos um ao outro, embora nunca interajam[87]. Que a correspondência lógica do conhecimento e o seu objeto possa ser convertida no paralelismo metafísico do ser espiritual e material se deve ao fato de que o pensamento divino oni-abrangente nada mais é senão a conexão atualizada da verdade. Todo pensamento é uma parte da conexão interior da mente divina, e a conexão causal dos conteúdos da mente é idêntica à conexão lógica da ordem de pensamento que radica na mente divina. Por necessidade, essa relação universal de verdade tem de corresponder, ponto por ponto, à relação universal de existência material no espaço, que é o objeto da anterior[88].

Desse modo, o conhecimento humano torna-se uma parte do conteúdo do infinito conhecimento divino. Os axiomas apreendidos pelas mentes humanas são parte da interconexão universal de axiomas, cuja fonte é a mente divina. O limitado e incompleto complexo de idéias compreendido pela mente humana não pode, por certo, expressar a plenitude e a pureza da interconexão da mente divina. Enquanto nesta última cada conteúdo é articulado numa estrutura de interconexão lógica, e a dedução de cada determinação particular é imediata e claramente compreensível dentro do conteúdo do conhecimento total, o limitado complexo de axiomas humanos contém uma multidão de elementos separados, cujas bases dedutivas não se encontram dentro da própria mente; aquilo que é dedutivamente determinado aparece aos homens como algo que é dado externamente[89]. A razão humana consegue conhecimento claro e adequado somente na medida em que os pressupostos de seu conhecimento estiverem dentro dela; ou, para expressá-lo de outro modo, na medida em que a coerência dedutiva do conhecimento divino torna-se evidente dentro dela. A partir desse conhecimento espontâneo e, portanto, adequado, nosso espírito apreende a ordem básica da existência que é comum a todas as coisas, e que esteia as idéias constituintes do intelecto humano como ele o faz com todas as outras idéias. Visto que essa ordem radica na essência de Deus, segue-se que esse divino princípio da ordem, por cujo intermédio todos os seres manifestam os atributos básicos de Deus, deve ser o objeto supremo e original do conhecimento adequado. Quando o espírito humano questiona reflexivamente os fundamentos de nossa própria essência, abre-se diante dele o conhecimento absolutamente certo da essência eterna e infinita de Deus. A forma mais alta de nosso conhecimento é estribada no fato de que estamos

---

87. Spinoza, *Ética*, II, 7. Ali, a teoria metafísica é derivada diretamente da lógica.
88. *Ibid.*, II, 8.
89. *Ibid.*, II, 11, 23 e ss.
90. *Ibid.*, II, 38 e ss., 45 e ss. A asserção de Spinoza de que a mente humana tem uma compreensão adequada da essência de Deus está em oposição radical à doutrina neoplatônica da incompreensibilidade

O FIM E OS EFEITOS ULTERIORES DA FILOSOFIA RELIGIOSA MEDIEVAL | 307

aptos a deduzir a essência comum das coisas, isto é, a ordem racional do ser, a partir de Deus[90].

Vemos assim renovada, embora numa forma diferente, a mesma interconexão do conhecimento humano e divino que apareceu primeiramente em Aristóteles. Em ambos os casos, o conhecimento do homem alicerça-se em sua participação no conhecimento divino. Spinoza, porém, remove essa idéia da linguagem das imagens, transferindo-a para a terminologia de uma epistemologia autônoma. No aristotelismo, o conhecimento era definido como a absorção do conceito, uma definição que resultava na reciprocidade do conhecimento divino e humano: do intelecto divino, ou do intelecto ativo dele dedutível, formas conceituais derivam para a mente humana. Em Spinoza, porém, é precisamente a espontaneidade do conhecimento que testemunha sua origem divina. O conhecimento racional não é a recepção passiva de um objeto externo, mas o produto da interconexão da mente. Todavia, no interior dessa autoprodutiva regularidade da mente, Deus está em ação. Assim, de um objeto externo de nossa mente, Deus converte-se numa fonte interna de nosso poder de conhecimento, na causa lógica e primordial de todo conhecimento humano racional. Trata-se do mesmo pensamento básico articulado no aristotelismo. Aí, toda verdade é concebida no intelecto ativo; aqui, é revelada na mente divina. Em ambos os casos, o conhecimento humano participa da interconexão interna de idéias.

É possível demonstrar, no modo de Spinoza entender a consciência humana, a continuidade desse desenvolvimento. Para ele, o espírito humano é uma idéia imanente à mente divina ou, melhor ainda – um complexo de tais idéias. Para a consciência particular não há correlação entre o ato de pensar e o conteúdo de pensamento nele contido; a consciência nada mais é do que a totalidade dos conteúdos do pensamento. Sem dúvida, Spinoza chegou a essa difícil concepção por necessidade interna, como conseqüência de sua idéia de substância, para a qual a consciência individual como um modo da mente divina torna-se um conteúdo do pensamento; mas Spinoza encontrou o exemplar dessa idéia de consciência em Aristóteles. Embora a doutrina da alma racional seja definida, nesse último, como a forma do homem, ela é construída em outras bases, e se aproxima de Spinoza na doutrina do intelecto adquirido. A predisposição do intelecto, que constitui a essência do homem, é atualizada (efetivada) em nós pelas idéias produzidas sob o influxo do intelecto ativo. Isso molda o intelecto adquirido do homem, o qual constitui a parte eterna da alma individual. O

---

absoluta da essência divina. Tais doutrinas ligam-se diretamente às teorias das diferentes concepções da derivação do mundo a partir de Deus. A teoria emanacionista do mundo pode aceitar um desconhecido divino Um. Em oposição a isso, se concebermos Deus como o princípio da ordem a partir da qual toda a existência é derivada por necessidade lógico-matemática, Sua essência também deve estar aberta à compreensão lógica.

308 | A FILOSOFIA DO JUDAÍSMO

entendimento humano, mais uma vez, torna-se a soma dos conteúdos do pensamento. Conceito e espírito são idênticos.

O intelectualismo de Spinoza trata a consciência humana como a totalidade de seus conteúdos de pensamento, sendo o conjunto da vida da alma reduzido a um processo teórico de representação. Querer, empenhar-se e sentir não são fenômenos independentes, mas subprodutos mecânicos da vida da representação. Da tendência das representações à autopreservação, todos os impulsos do desejo e da vontade podem ser deduzidos[91]. O aristotelismo está longe de um tal intelectualismo unilateral. O conhecimento teórico não é a única atividade da consciência. É verdade, sem dúvida, que a psicologia do aristotelismo mantém a superioridade da razão sobre todos os outros poderes da alma. A razão é o supremo poder da alma humana, e todas as demais capacidades da alma são dirigidas para a incorporação e realização da razão. A mais elevada atividade da razão e a atividade essencial da alma humana são as do conhecimento; em última instância, todas as outras funções da alma são compostas e estão ligadas à existência material. Só na razão pura encontra-se a alma completamente em seu próprio reino, e sua essência é realizada com plenitude.

O intelectualismo psicológico de ambos os sistemas tem como sua mais importante conseqüência o intelectualismo de seus ideais de vida religiosa e ética. Aqui estão mais próximo um do outro do que em qualquer outro ponto. De acordo com Aristóteles, cuja ética se propunha a analisar a ventura humana, a felicidade resulta daquela atividade que realiza a natureza essencial do homem; sua mais alta e principal ventura é encarnada no desenvolvimento de seu mais elevado poder, a reflexão teórica. A eudemonia do conhecimento constitui a consumação da vida humana. Os aristotélicos árabes e judeus seguiram um passo adiante, e tornaram o supremo objetivo do homem seu único real propósito na vida, mas outras formas de perfeição humana também foram levadas em conta. Como o pensamento puro é o mais elevado mas não o único poder do espírito, a eudemonia teórica é a mais alta, mas não a única perfeição do homem. Todas as outras virtudes humanas são destinadas a fazer possível o livre exercício da razão humana. A perfeição moral do homem não tem um valor absoluto, porém serve de criada para a operação do pensamento, que é o propósito da evolução humana e é condicionada por funções subordinadas. Spinoza não admite nisto multiplicidade de formas de atividade psicológica. Ele não aceita, pois, uma hierarquia de valores. Uma vez que a consciência é puramente processo intelectual, a perfeição intelectual é necessariamente a exclusiva perfeição do homem. A única possível diferença de valor entre os conteúdos da consciência é a diferença em seu grau e ordem lógicas. A independência do conhecimento puro, que brota da própria essência do pensamento humano, é a única forma possível de toda atividade. Em contraste direto, apresenta-se o conheci-

91. *Ibid.*,II, 49; III, 9-11.

O FIM E OS EFEITOS ULTERIORES DA FILOSOFIA RELIGIOSA MEDIEVAL | 309

mento empírico, que é passivo e dependente. A verdadeira liberdade do homem é a liberdade da razão pura; ele se encontra em cativeiro na medida em que é determinado por representações e fantasmas obscuros, externamente dados[92]. O poder da razão teórica liberta-nos da sujeição às paixões, assim como a nossa fraqueza nos torna seus escravos. O livre desenvolvimento do pensamento, que o aristotelismo concebera como o resultado da perfeição, é,para Spinoza, a fonte da liberdade ética[93].

O entendimento ético não possui status independente além do entendimento teórico, mas está contido nele, assim como a vontade está contida na razão. Tal conclusão é exigida por razões metodológicas, e também para harmonizar com o conceito spinoziano de consciência. A negação de quaisquer diferenças em valor elimina a possibilidade de aí haver qualquer valor ético independente. Spinoza transfere, de maneira inteiramente consciente, a exigência de um conhecimento isento de valor para o domínio da ética, e dá a si mesmo a tarefa de tratar com as ações e paixões humanas do mesmo modo com que trataria linhas, planos e corpos[94]. O único valor é a distinção que existe para ele na diferença lógica entre verdade e erro, entre conhecimento adequado e conhecimento inadequado. Do ponto de vista ontológico, isto é a mesma coisa que a diferença entre força e fraqueza; ou seja, entre maior ou menor plenitude de realidade. Nessa base, ele precisa erigir distinções de valor ético, a fim de alinhá-las com os pressupostos últimos de seu sistema.

À primeira vista, o ideal do homem livre que é determinado pela razão parece mais próximo do estoicismo do que do aristotelismo; porém, isso é mais válido para a análise formal do ideal do que de seu conteúdo interno e principal. Para Spinoza, ao contrário da Stoa (ao menos em sua forma original), o valor primordial e central da razão não aparece na liberdade que ela concede ao homem, mas apenas no conhecimento teórico. A despeito de todas as diferenças em suas metodologias, Spinoza concorda totalmente com a concepção aristotélica que sustenta a eudemonia do conhecimento como objetivo final da existência humana. Tal comunidade de ideais comprova-se passo a passo na doutrina da imortalidade da alma de Spinoza, e em sua idéia do *amor dei intellectualis*, que constituem o apogeu e a conclusão de seu sistema.

O aristotelismo arábico explicava a idéia do Estagirita sobre a imortalidade da parte raciocinante da alma humana como a outorgante da imortalidade ao intelecto por meio da atividade do conhecimento. A capacidade do homem para pensar estava ligada ao destino do corpo; só a razão adquirida a partir do conhecimento, que é idêntica à soma do conhecimento adquirido por um homem, independe do corpo e, portanto, é imortal. Essa concepção é comumente formulada no enunciado segundo

---

92. *Ibid.*, III, 1-3.
93. *Ibid.*, IV, 23-26, 16 e ss.; especialmente 66, escólio.
94. *Ibid.*, III, introdução.

310 | A FILOSOFIA DO JUDAÍSMO

o qual a imortalidade se prende ao conhecimento metafísico porque o seu objeto é ser eterno. No conhecimento metafísico o espírito do homem está unido ao seu objeto. Essa é a base da posição de Spinoza no *Breve Tratado*. Nele, demonstra que a alma humana deve eventualmente desaparecer, porque está unida a corpos perecíveis; logo, não pode alcançar a imortalidade a não ser na medida em que esteja ligada à essência imperecível de Deus[95]. No sistema spinoziano amadurecido não há mais qualquer lugar para uma idéia assim; nem a unidade da alma com Deus, nem a imortalidade adquirida podem conciliar-se com seus pressupostos básicos. Mas a outra forma que a idéia da imortalidade assume na *Ética* de Spinoza não altera de modo fundamental essa idéia fundante. A parte indestrutível do homem é a idéia eterna contida na mente divina, e essa idéia constitui a essência intemporal do espírito humano[96].

O conhecimento, que segundo a doutrina aristotélica da emanação flui do espírito divino para o humano, vem a ser para Spinoza a idéia imanente na mente divina, formando a parte imortal do homem. A doutrina da imortalidade de Spinoza é até mais próxima do desenvolvimento ulterior do aristotelismo. A eternidade da idéia divina, que constitui o espírito humano, contém em si a eternidade da soma do conhecimento inerente a essa idéia. O conhecimento empírico é inadequado porque trata de coisas perecíveis; o conhecimento adequado deriva da essência eterna do espírito, e participa de sua eternidade. Quanto mais o espírito conhece nessa forma, mais ele participa da eternidade e menos temor tem da morte[97]. Tal como no aristotelismo, aqui, também, o conhecimento metafísico é a parte eterna da consciência, cujo quinhão de eternidade aumenta à medida que nosso espírito cresce na compreensão desse conhecimento.

Como doutrina da comunhão do conhecimento entre Deus e o homem, ela é apenas um novo modo de expressão de idéias anteriormente explicadas. De acordo com o aristotelismo, os fundamentos dessa comunhão residem no fato de que cada porção de nosso conhecimento conceitual dimana das inteligências puramente espirituais, que derivam todas, eventualmente, de Deus. É especialmente um conhecimento metafísico que não só tem como seu objeto próprio o mundo eterno do espírito, mas também repousa numa união real do nosso espírito com este domínio, uma união que se aprofunda tanto mais quanto o conhecimento o faz. Conhecer Deus é ser tomado por Ele. A felicidade do conhecimento torna-se assim a felicidade da comunhão com Deus, tal como realizada no conhecimento. A vida eterna do espírito cognoscente é a eterna comunhão com Deus e constitui a ventura eterna dessa comunhão. O *Breve Tratado* de Spinoza vê a referida unificação com Deus como o máximo bem do homem; e no

---

95. Spinoza, *Breve Tratado*,II, 23; cf. Joël, *Zur Genesis der Lehre Spinozas*, pp. 65 e ss.
96. Spinoza, *Ética*, II, 23.
97. *Ibid.*, V, 31, 38 e ss.
98. Spinoza, *Breve Tratado*, II, 22 e ss.

O FIM E OS EFEITOS ULTERIORES DA FILOSOFIA RELIGIOSA MEDIEVAL | 311

conhecimento vê os meios de atingir esse bem e, portanto, o de adquirir imortalidade[98]. A fórmula *amor dei intellectualis*, que se encontra na *Ética* de Spinoza, expressa a mesma idéia na terminologia de sua epistemologia modificada. Deus não é mais o objeto externo de nosso conhecimento, porém é, antes, seu pressuposto lógico primacial, o mais fundamental elemento interno de nosso entendimento.

Daí por que o conhecimento intuitivo, que apreende a idéia de Deus como a certeza final do conhecimento, não produz a comunhão do espírito com Deus, mas antes repousa nela e leva o nosso espírito à consciência. Uma vez que nos revela a unidade de nossa alma racional com Deus, ela nos eleva à mesma felicidade da comunhão com Deus, semelhante à união com Deus já mencionada. Também para Spinoza, a alegria do conhecimento e o amor a Deus coincidem. O supremo conhecimento proporciona a suprema alegria ao nosso espírito. Visto que a idéia de Deus está na raiz desse conhecimento, a ventura do conhecimento contém em si mesma um amor pela divina causa do conhecimento[99].

A conexão dessas idéias com o aristotelismo é básica, e vai muito além da esfera da especulação metafísica. O sentimento religioso fundamental que impregna o sistema de Spinoza o aproxima do aristotelismo judio-arábico da Idade Média. A significação religiosa do panteísmo de Spinoza não é que ele experiencia a natureza como uma expressão da vida divina. Como causa da natureza, Deus é o mero princípio do ser, e a significação religiosa desse princípio do ser é mais latente do que vital. A intensa e imediata experiência religiosa de Spinoza revelou-se primeiro na consciência da comunhão do espírito humano com o divino. Seu panteísmo chega à plena expressão religiosa como um panteísmo do conhecimento e não como da natureza. A alegria da natureza, para Spinoza, como para o aristotelismo, é um afeto religioso básico, dirigido a Deus como fonte e totalidade de toda verdade.

Apesar de sua profunda conexão interna, os dois sistemas estão separados pela diferença entre metafísica teleológica e mecanicista, e isso explica a diferença de suas relações com as religiões historicamente reveladas. A metafísica teleológica do aristotelismo podia estabelecer compromisso com a religião revelada; mesmo para um aristotélico tão radical como Averróis, tal compromisso estribava-se numa convicção sincera[100]. A transformação mecanicista da metafísica, de Spinoza, leva a uma quebra necessária com a religião revelada. A eterna processão da ordem teleológica do mundo a partir de Deus podia ser identificada facilmente à crença na providência e na

---

99. *Ética*, V, 32-36. Cf. Joël, *Spinozas theologisch-politischer Traktat*, pp. 44 e ss., e a introdução, pp. ix e ss. Gebhardt, em seu "Spinoza und der Platonismus", pp. 21-29, mantém que o diálogo de Leone Ebreo é a fonte da doutrina do *amor dei intellectualis*. Mas Wolfson, *op. cit.*, p. 305, seção II, prova que esse conceito já se encontra em Tomás de Aquino.

100.Cf. em adição a isso e ao que segue, aquilo que é dito no início do capítulo sobre "O Aristotelismo e seus Oponentes".

312 | A FILOSOFIA DO JUDAÍSMO

criação, enquanto a união da alma racional com Deus podia ser identificada à crença na imortalidade da alma, dando a impressão de que as doutrinas religiosas eram apenas expressões populares da verdade filosófica. Entre a doutrina spinoziana de Deus como o esteio da necessidade matemática e a idéia de Deus vigente nas religiões monoteístas, ou entre a idéia spinoziana de espírito humano como um elo na rede necessária da mente divina e a fé da religião revelada na imortalidade da alma individual do homem, existe um abismo intransponível.

Para o aristotelismo, a revelação era um evento real, até se introduzido e acontecido dentro da interconexão necessária do mundo. A transmissão universal do conhecimento desde o espírito divino até o homem podia ser intensificada e elevada a ponto de explicar a ocorrência da profecia. Para Spinoza, entretanto, não há outra relação entre o espírito humano e o divino além da processão logicamente necessária a partir de Deus da coerência de idéias, a qual constitui o conhecimento humano. Junto com a idéia de revelação, o aristotelismo podia afirmar o conceito de uma legislação divina, porquanto admitia a existência de uma lei moral, a despeito do fato de que essa lei estava subordinada à finalidade última do homem que era o conhecimento teórico. Para Spinoza não há lei que proceda de Deus, exceto a eterna lei da natureza. Sem dúvida, quando a ocasião justificava, Spinoza também utilizava demonstrações do mesmo modo que a filosofia medieval havia feito a fim de transformar o conceito de Deus das religiões históricas. Assim como esses filósofos medievais que defendiam a idéia da eternidade do mundo tentavam provar que sua criação temporal não era congruente com a perfeição eterna de Deus, também Spinoza no *Breve Tratado* julgou que não seria adequado à bondade divina a moldar um mundo finito em vez de infinito e, em completo acordo com o espírito do Medievo, ele identificou a divina providência com a lei natural das coisas[101]. Em sua polêmica contra a idéia de teleologia, empregou exatamente as mesmas provas que o aristotelismo empregara contra a idéia de que a atividade de Deus era voluntariamente determinada e dirigida para a realização de fins fixados e específicos[102]. Todavia, para Spinoza, essas provas serviam apenas para destruir por dentro o conceito tradicional de Deus e não para mudá-lo de tal modo que pudesse ser reconciliado com o dele próprio.

A crítica filosófica da revelação, objeto apenas de alusão nas obras de filosofia estritamente sistemáticas de Spinoza, é exposta em pormenor no *Tractatus Theologico-Politicus*, mas fica obscurecida pela deliberada ambigüidade com que o livro foi escrito. Spinoza pretende que é um crente na divina origem da *Escritura*, e propõe-se a

---

101.Spinoza, *Breve Tratado*, I, 2; I, 5. Cf. Joël, *Zur Genesis der Lehre Spinozas*, pp. 35, 58 e ss. No início de I, 2, Spinoza emprega a expressão típica do neoplatonismo e aristotelismo medievais, de que Deus nunca é cioso. Cf. o fim do capítulo sobre Iehudá Halevi e nota 168.

102.Spinoza, *Ética*, I, apêndice, p. 219 (edição Bruder).

O FIM E OS EFEITOS ULTERIORES DA FILOSOFIA RELIGIOSA MEDIEVAL | 313

atacar somente aquelas distorções impostas pela teologia judaica e cristã ao escrito bíblico. Aparentemente, ele próprio se identifica com a doutrina escritural, de modo a poder apresentar, em nome da *Bíblia*, sua própria crítica às idéias bíblicas. O leitor, porém, tem pouca dificuldade para entender a ambigüidade intencional do texto e para reconhecer a verdadeira doutrina de Spinoza. O aparente consentimento do filósofo para com a origem divina da *Escritura* é formulado de tal maneira que se torna manifesta a impossibilidade filosófica do conceito de revelação. A iluminação sobrenatural atribuída aos profetas é colocada em oposição absoluta à iluminação natural do espírito humano. Em vez de interpretar a iluminação profética ao modo da filosofia medieval, em termos de condições gerais do conhecimento humano, Spinoza sustenta que a possibilidade de profecia está simplesmente além dos limites da razão humana. Para a interpretação da profecia, podemos fiar-nos apenas nas palavras da própria *Escritura*[103].

Asseverar o caráter sobrenatural da profecia é asseverar sua impossibilidade filosófica; que isto é o real sentido das palavras de Spinoza fica inteiramente claro a partir da crítica do filósofo aos milagres, na qual delineia um paralelo entre o milagre e a profecia. Na crítica dos milagres, ele abandona seu pretenso acordo com o ponto de vista bíblico e argumenta puramente a partir das assunções de seu próprio sistema. Um milagre, na medida em que constitui um ato que transcende os limites da natureza, é impossível, uma vez que a ordem da natureza provém com absoluta necessidade da essência divina. Quando baseia a ordem e a causalidade da natureza na eterna vontade de Deus, parece, à primeira vista, estar próximo da noção bíblica de Deus; no entanto, ele unifica de imediato a vontade divina com o intelecto de Deus, e claramente sugere que essa idéia de uma ordenação divina não passa de uma expressão metafórica para a origem lógica das leis da natureza na essência divina. Podemos conhecer Deus apenas a partir da ordem determinada das coisas; o que quer que suceda em contrário a essa ordem, necessariamente conflita com o nosso conhecimento certo de Deus. Mesmo que se trate de um evento cuja explanação causal seja impossível devido simplesmente às limitações de nosso intelecto, este evento não pode servir de meio para o nosso conhecimento de Deus[104]. Essa crítica dos milagres afeta de forma direta a profecia; as duas pressuposições da religião revelada são erradicadas pelo conceito filosófico de Deus. Spinoza mantém a ficção da completa concordância da *Bíblia* tão-somente para demonstrar a impossibilidade de uma lesão na lei da natureza. Isso ele vê como a doutrina mesma da *Bíblia*, e por isso pode

---

103.Spinoza, *Tractatus theologico-politicus*, I, par. 7, 44 (os parágrafos são numerados segundo a edição alemã de Bruder).
104.*Ibid.*, par. 7-26.
105.*Ibid.*, par. 59 e ss. Cf. Joël, *Spinozas theologisch-politischer Traktat*, pp. 12 e ss., 57 e ss.; L. Strauss, *Die Religionskritik Spinozas als Grundlage seiner Bibelwissenschaft*, pp. 173 e ss.

314 | A FILOSOFIA DO JUDAÍSMO

contestar milagres da própria *Escritura*[105]. O material para semelhante demonstração lhe fora preparado por Maimônides e seus seguidores mediante a interpretação racionalista da *Bíblia*, que Spinoza rejeita em princípio, mas não hesita em utilizá-la sempre que ela puder ajudá-lo a minar a doutrina da revelação.

Spinoza também refuta a idéia de uma legislação divinamente outorgada com as mesmas provas empregadas para destruir a idéia de milagre. A única coisa que procede de Deus não é um mandamento, que um homem pode obedecer ou desobedecer, mas uma verdade eterna e necessária. Deus é, pois, a fonte da moralidade, apenas na medida em que a ordem eterna, que está Nele radicada, contém dentro de si certos atos que possuem conseqüências benignas e outros, malignas, e que podem atuar como guias de nossas ações. Apenas uma pessoa que não reconheça esta conexão procura a conduta, que é dirigida para a realização de resultados benéficos, como um mandamento. Somente a partir de uma tal falta de conhecimento é possível converter Deus, que é o fundamento das leis da natureza, no legislador da religião revelada[106]. Aqui, de novo, Spinoza mantém uma conexão externa com a religião revelada. A genuína revelação de Deus é a verdade eterna. Somente por causa da ignorância de seus receptores é que essa verdade foi convertida em um mandamento ordenador de atos específicos. O imperfeito entendimento de Adão transformou a verdade revelada das conseqüências de seus atos em mandamento. Segundo Spinoza, foi por falta de conhecimento que Israel – juntamente com todos os seus profetas, inclusive Moisés – deturpou a verdade a eles revelada convertendo-a em estatuto e mandamento[107]. Mas a assim chamada revelação, que aparentemente todos os profetas entenderam mal, é meramente um tema do vocabulário teológico do *Tractatus*. A única coisa de importância real é a crítica à doutrina profética de um legislador divino. Essa idéia originou-se do entendimento inadequado em face dos profetas e, juntamente com o da religião revelada, cuja doutrina fundamental é a idéia da lei divina, ela deve ser consignada ao domínio da fantasia popular. O retrato psicológico dos profetas, feito por Spinoza, corresponde a tal juízo sobre a religião revelada. Ao contrário do Rambam, para quem a inspiração profética dependia da perfeição da razão e da imaginação, Spinoza faz da imaginação sozinha o instrumento da profecia, e atribui aos profetas uma proficiência imaginativa unilateral[108]. Desse modo, ele confere aos profetas o mesmo status que os adivinhos dispunham no sistema de Maimônides. Para Spinoza, o poder da imaginação torna-se o instrumento por meio do qual os profetas recebem a sua visão da revelação divina. Sua doutrina autêntica é que as idéias proféticas relativas a Deus situam-se no nível da representação imaginativa. A religião revelada acha-se na mesma relação com a filosofia que a imaginação com o conhecimento.

106.Spinoza, *Tractatus theologico-politicus*, IV, par. 23 e ss.

107.*Ibid.*, I, par. 26 e ss.

108.*Ibid.*, I, 23 e ss.; II, par. 17.

O FIM E OS EFEITOS ULTERIORES DA FILOSOFIA RELIGIOSA MEDIEVAL | 315

Não pode haver dúvida quanto ao motivo da separação entre religião e filosofia que é feita pelo *Tractatus Theologico-Politicus*. Isso nada tem em comum com a tentativa da filosofia moderna para delimitar as duas esferas separadas de consciência religiosa e científica. De acordo com Spinoza, a necessidade religiosa é atendida de maneira mais plena no conhecimento metafísico; na completa e plena verdade deste último, ela encontra a sua mais profunda satisfação. A distinção entre filosofia e fé, nele, é como a existente entre as concepções filosófica e popular de Deus e de moralidade. A fé, nesse sentido, não inclui o conteúdo inteiro da religião revelada. Ela se limita às exigências éticas da *Escritura* e à representação de Deus e sua relação com o homem, que são necessárias para estabelecer suas bases. Tanto as leis do culto e as cerimoniais do *Antigo Testamento* (às quais Spinoza atribui apenas um significado político para a preservação da nação judaica) quanto as idéias cristãs de natureza dogmática no *Novo Testamento* estão efetivamente fora do domínio da fé. A *Escritura* é a palavra de Deus na medida em que contém essa religião humana universal. Segundo a concepção em apreço, a religião é uma doutrina da obediência – isto é, uma doutrina para a manutenção dos mandamentos éticos na medida em que são leis divinas, e não uma doutrina da verdade. Sua meta primacial é a piedade e não o conhecimento, e suas representações religiosas fundamentais são doutrinas "piedosas" e não "verdadeiras". O critério da primeira é a extensão em que ela preencheu seu propósito, que é a educação para a piedade[109].

A relação da fé popular com o conhecimento filosófico de Deus é comparável à relação do conhecimento esotérico da revelação com o exotérico, proposta pelos filósofos medievais e à qual Spinoza deu uma formulação inteiramente nova. Para os aristotélicos árabes, e numa forma diluída para Maimônides, a religião das massas consiste na observância dos mandamentos divinos. Para o filósofo, todavia, ela consiste no conhecimento de Deus. O conceito ético de religião é o pressuposto popular do especulativo. Para os medievais, a religião e, especialmente, a revelação (em que acreditavam de todo coração) continham ambas as formas de religião. Mas, para Spinoza, o conhecimento teórico era a propriedade peculiar do filósofo. A *Escritura* encerra apenas a idéia ética popular de Deus. De acordo com Spinoza, a especulação teórica é alheia à *Escritura* porque esta (e aqui, mais uma vez, seu pensamento está encoberto pela terminologia da religião revelada) é o produto do pensamento popular. Ainda assim, sua doutrina da obediência contém o mais alto nível de consciência ética e religiosa que as massas podem possivelmente atingir. Por causa desse cerne religioso, ela possui um valor intrínseco. O sistema de Spinoza não reconhece outra religião afora o amor intelectual do filósofo a Deus, e não admite outra ética salvo a da conquista das paixões pelo pensamento. Por isso, exclui as massas, para quem a

109. *Ibid.*, XII, par. 32-38; XIV, par. 13-31.

316 | A FILOSOFIA DO JUDAÍSMO

investigação filosófica, tanto na religião quanto na ética, fica além de suas capacidades. A religião popular e a ética não encontram lugar lógico nesse sistema[110]. O próprio Spinoza enfatiza que o entendimento por si só não pode compreender como os homens, simplesmente pela obediência, poderiam obter a salvação. Se admitimos suas pressuposições, a moralidade é não só impossível como auto-contraditória, a menos que alicerçada no conhecimento. A transferência da religião popular e da ética à esfera da revelação remedeia essa lacuna no sistema, e serve para remendar a contradição entre as conseqüências do sistema e o reconhecimento por Spinoza de uma moralidade que não tem base filosófica. Spinoza perseguiu a intelectualização da consciência moral e religiosa até o seu extremo lógico. A impossibilidade de apreender a natureza da religião e da ética em termos das pressuposições de um estrito intelectualismo veio a ser necessariamente óbvia em seu sistema.

---

110. *Ibid.*, par, 22, 26 e ss. Cf. J. Guttmann, "Religion und Wissenschaft im mittelalterlichen und modernen Denken", p. 200. Strauss (cf. *Die Religionskritik...*, pp. 241 e ss.) tenta harmonizar a concepção de religião, em Spinoza, e seus princípios filosóficos. Em meu ensaio "Mendelssohns Jerusalem und Spinozas theologisch-politischer Traktat" nota 42. Indico brevemente aí por que não posso concordar com ele nesse esforço.

III

A FILOSOFIA JUDAICA DA RELIGIÃO NA ERA MODERNA

Introdução

A barreira que separava o judaísmo da vida social e espiritual da Europa não foi rompida antes da metade do século XVIII. Até essa época, as correntes principais do pensamento europeu tiveram apenas um contato superficial com o mundo do judaísmo. Os judeus poloneses e alemães não estavam sós nem eram os únicos a rejeitar qualquer relação com as culturas alheias, e a ocupar-se exclusivamente do *Talmud* e de seus problemas. Mesmo a ampla e multifacetada cultura dos judeus italianos e holandeses mantinha-se arraigada no Medievo judaico e era apenas perifericamente afetada pela cultura moderna. O Iluminismo do século XVIII foi o primeiro movimento a efetuar um completo e concreto contato social e espiritual com a Europa moderna.

Tudo isso é especialmente verdade com respeito à filosofia. Interesses filosóficos vinham sendo satisfeitos até então pelo cultivo da tradição filosófica da Idade Média judaica; tentativas esporádicas de aliança com os movimentos dominantes de idéias da época, dos quais já falamos, não conduziram a quaisquer resultados dignos de nota. Rejeitando tendências heréticas que invadiam muitas vezes os círculos judaicos da Holanda durante o século XVII, os pensadores judeus recorriam aos argumentos tradicionais que compartilhavam com a teologia cristã de então. Não é por acaso, pois, que a primeira personalidade representativa do judaísmo europeu moderno tenha sido não menos a expressão exemplar da transição da filosofia medieval para a moderna. Moisés Mendelssohn foi, em sua juventude, um seguidor da escola de Maimônides. Mas sua primeira obra filosófica independente ergue-se firmemente no solo da moderna filosofia. O encaminhamento do judaísmo para as novas esferas da cultura européia tornou necessário que este se defrontasse com os fundamentos filosóficos da Iluminismo europeu.

Daí por diante, os judeus desempenharam um papel vital no movimento filosófico do pensamento em todos países de cultura européia; e, em especial na Alemanha, o nascedouro do judaísmo moderno, eles obtiveram resultados importantes. Mas a parte esmagadora desse trabalho filosófico não tinha nenhuma conexão com o judaísmo *per se*, pertencendo antes à história geral da filosofia das várias nações européias. No decurso da Idade Média e no início do período moderno, o judaísmo era uma cultura independente e, do ponto de vista espiritual, oni-abarcante, completamente esteada em

320 | A FILOSOFIA DO JUDAÍSMO

bases religiosas, com a capacidade de absorver até aqueles empenhos filosóficos que careciam de uma relação direta com a religião judaica. Mas a cultura européia moderna apartou a vida espiritual de seu ancoradouro na tradição religiosa, e destruiu, destarte, os fundamentos da unidade tradicional da cultura judaica. Doravante, o judaísmo ficaria ligado à vida religiosa no sentido mais estreito e específico, e todas as outras esferas culturais, incluindo a filosofia, estariam fora de seus limites.

Mesmo as questões mais gerais de filosofia da religião seriam, na sua maior parte, tratadas de forma independente de sua conexão com o judaísmo, e isto seria verdade inclusive em relação àqueles pensadores que se encontravam em completa harmonia com o judaísmo. Estes pensadores judeus estavam simplesmente conformando-se à tendência geral da filosofia moderna – para demonstrar a verdade da religião independentemente de qualquer conexão com uma religião positiva particular, e para desenvolver as características fundamentais de uma visão de mundo religiosa, sem tocar nas qualidades específicas das religiões existentes. Tal ponto de vista produz conclusões diferentes para o judaísmo e para o cristianismo. As doutrinas religiosas fundamentais do judaísmo são inteiramente idênticas – ao menos em suas formulações conceituais – às idéias gerais da religião monoteísta. Suas noções religiosas não vão além dessas idéias e, ao contrário do cristianismo, não as contradiz. O judaísmo foi assim poupado do conflito que resultou da colisão da crítica racional com os dogmas cristãos.

De outro lado, o judaísmo viu-se em perigo de vir a ser simplesmente identificado com a idéia da religião monoteísta e, por esta via, perder seu conteúdo específico. Essa identificação recorreu continuamente durante o reinado da religião da razão, seja a da Ilustração ou a da religião ética de Kant e, onde quer que isto tenha ocorrido, a necessidade de uma apresentação filosófica especial e fundamentadora do judaísmo parecia ter desaparecido. Mas uma análise mais profunda abalou essa simples identidade e, por ter mudado a natureza do problema filosófico, uma fundamentação filosófica independente do judaísmo tornou-se indispensável. Fica agora claro porque no período moderno, diferentemente dos tempos medievais, não houve um desenvolvimento contínuo da filosofia religiosa judaica, e nós nos deparamos tãosomente com uma série de fenômenos isolados.

1. Moisés Mendelssohn

O primeiro filósofo judeu moderno, Moisés Mendelssohn (1729-1786), ocupa um lugar próprio tanto na história da filosofia como na do judaísmo. Por força de sua personalidade e obra, contribuiu, mais do que qualquer outro em seu tempo, para derrubar as barreiras espirituais e sociais que isolavam os judeus do mundo, e abrir o caminho para o ingresso destes na Europa moderna. Mas não foi como filósofo do judaísmo que conseguiu a sua posição na história judaica. Tentar construir uma teoria filosófica do judaísmo era algo que originalmente estava longe de seu pensamento e, não fosse o desafio de certos cristãos, jamais teria dedicado tantos esforços ao labor de esclarecer as suas posições com respeito à fé de seus antepassados. Seu pendor filosófico orientava-se quase por completo para as questões filosóficas gerais de seu tempo. Seu caráter de filósofo moderno já se fazia ver pelo largo espectro de problemas que seu interesse filosófico abrangia. A religião não mais constitui, como na Idade Média, o centro preponderante de seu trabalho de filósofo. Sua produção filosófica dirige-se a domínios tão afastados dos interesses religiosos como a psicologia e a estética e, mesmo quando se propõe a interpretar os fenômenos da vida psíquica e estética em termos das pressuposições de sua metafísica religiosa, ainda assim sua investigação de tais objetos é feita inteiramente em função deles próprios. A autonomia da vida cultural, em toda a diversidade de suas ramificações, é o pressuposto auto-evidente de sua atividade filosófica.

Como filósofo da religião, ele tampouco pode ser considerado um filósofo do judaísmo. Das duas obras principais de filosofia religiosa, *Fédon* e *Morgenstunden* (Horas Matutinas), a primeira tenta demonstrar a imortalidade da alma e a segunda a estabelecer a crença na existência de Deus, não tanto como doutrinas judaicas, mas como doutrinas de religião racional e de metafísica geral. Os próprios livros foram escritos para o público alemão ilustrado e procuravam, com êxito, influenciá-lo.

No entanto, o conteúdo dessas obras era plenamente congruente com a doutrina judaica. A filosofia da Ilustração alemã, em cujo solo Mendelssohn floresceu, não professou nada que não pudesse ser aceito do ponto de vista judeu. Foi uma circunstância particularmente feliz que naquele preciso momento, quando o judaísmo buscava sua inclusão na cultura moderna, estivesse ela dominada por uma tendência

322 | A FILOSOFIA DO JUDAÍSMO

que vinha ao encontro de tal aspiração. As doutrinas básicas das religiões monoteístas, a crença num sábio e misericordioso Deus, e a fé na imortalidade da alma, eram aqui representadas como verdades metafísicas e reputadas como o teor essencial de uma religião da razão. Quando Mendelssohn começou as suas indagações filosóficas, a forma de Ilustração dominante na Alemanha admitia ainda a crença na revelação e nos milagres, que faziam parte e eram sustentados, sem dúvida, pelas religiões históricas. O Iluminismo germânico via na revelação bíblica o divino desvelamento dessas verdades, que constituíam igualmente o conteúdo essencial da religião da razão. O mistério dos dogmas cristãos, quando não era posto de lado em seu todo, era interpretado segundo o espírito da crença racional em Deus. Não obstante, a essência da religião não residia na aquiescência a certos dogmas, mas estava contida na verdade religiosa fundamental da razão, e na lei moral universal, nela radicada. Se isto importava que o cristianismo devia renunciar a elementos básicos de seu conteúdo, o judaísmo podia sentir-se à vontade no âmbito dessa perspectiva, com pouca dificuldade.

A idéia de Deus delineada por Mendelssohn em suas *Horas Matinais* é basicamente similar à idéia-Deus bíblica. Em seu ensaio premiado, *Abhandlung über die Evidenz* (Dissertação sobre a Evidência), ele já havia transformado o conceito de Ser Supremo no de um Deus pessoal, porque aceitava como verdadeiramente real tão-só as faculdades da alma em sua mais compreensiva totalidade. Tudo nelas, em seu sentido mais eminente, podia ser predicado a Deus, e assim é possível chegar ao conceito de Supremo Ser dos Seres, que une dentro Dele o supremo saber, intelecto, justiça, bondade e benevolência[1]. A mesma conclusão é alcançada pela dedução do mundo contingente a partir de sua fonte necessária. O contingente não pode proceder do necessário exceto por um ato de vontade que, sendo o ato do mais perfeito Ser, deve estar dirigido para o mais elevado bem. A razão criativa divina é equivalente à suprema perfeição moral[2].

As provas da imortalidade da alma apresentadas no *Fédon* sustentam do mesmo modo a idéia tradicional da imortalidade. A alma tem de ser imortal, pois é uma substância simples. Essa doutrina deve ser verdadeira, porque a consciência pressupõe um sujeito simples, não composto, como portador de suas operações[3]. Tal demonstração metafísica, todavia, prova somente a indestrutibilidade da alma. Ela não decide se, em sua existência futura, a alma manterá seu status consciente, ou afundará ao nível de ser inconsciente. Mas a bondade de Deus garante que a alma nada perderá de seu ser cons-

---

1. Mendelssohn, *Abhandlung über die Evidenz*, parte III (nova edição), II, 310. Nem todos os escritos de Mendelssohn foram até agora publicados na nova edição e minhas citações procedem da edição de G. B. Mendelssohn (*Gesammelte Schriften*).
2. *Ibid.*, pp. 103 e ss.; *Morgenstunden* XII (*Gesammelte Schriften*), II, 333 e ss.
3. Mendelssohn, *Phaedon*, segundo diálogo (*Gesammelte Schriften*), II, 152 e ss.

ciente na sua vida futura[4]. Em todas essas questões, Mendelssohn está relacionado de maneira muito mais estreita à tradição judaica do que seus predecessores neoplatônicos e aristotélicos medievais. Os atributos pessoais, que haviam sido por eles removidos da idéia de Deus, foram preservados por Mendelssohn e, em vez da imortalidade do intelecto ativo – que, em geral, era ligada à contemplação especulativa e, na maior parte, equilibrava-se de modo incerto entre a eternidade da alma humana individual e a absorção no espírito universal – Mendelssohn, de maneira vigorosa e incondicional, sustentava a imortalidade da alma humana individual.

Apenas em um pormenor, Mendelsssohn se desprende da tradição judaica. Como Leibniz, ele reduz a esfera da liberdade humana. A liberdade, definida como um ato não causado, é impossível, quer em relação a Deus quer ao homem. Todo ato de vontade tem seus motivos. A vontade é livre somente no sentido de que é determinada por um reconhecimento do bem[5]. Esta doutrina difere do determinismo de Spinoza, porque a necessidade que obriga a vontade não é uma necessidade lógica, porém uma que é suscitada por atração ao bem. Não obstante, isto é determinismo, e força Mendelssohn a perguntar como é possível punir o pecador, uma vez que ele foi forçado a praticar o mal contra a sua própria vontade! O filósofo responde afirmando que a divina retribuição não é um fim em si, mas antes vem para purgar o pecador e assim aprontá-lo para a vida vindoura. Não há danação eterna no mundo futuro. A punição aplicada pela justiça divina está a serviço da bondade de Deus, que nunca exclui o homem para todo o sempre da bem-aventurança da vida eterna[6].

A fé na bondade de Deus é a convicção religiosa última de Mendelssohn. O conhecimento alcançável pela razão satisfaz totalmente suas necessidades religiosas, em cujos termos uma vida sem Deus, providência e imortalidade da alma (isto é, sem aquela ordem divina que leva todas as criaturas à bem-aventurança) seria vazia e despida de valor[7]. A piedade, em Mendelssohn, baseia-se em segura e pacífica fé em um bom Deus, que cuida do ser humano e a quem o homem obedece devido ao senso de gratidão. Por estar muito longe do comprometimento apaixonado, e carecer do reconhecimento das ambigüidades e tensões da existência religiosa, a piedade de Mendelssohn encontra a sua força na simples claridade de uma fé serena e confiante.

---

4. Mendelssohn, *Phaedon*, terceiro diálogo (*Gesammelte Schriften*), II, 164 e ss.
5. Sobre o determinismo dos atos divinos, cf. *Morgenstunden* XII (*Gesammelte Schriften*), II, 334; *Sache Gottes*, par. 21 (*Gesammelte Schriften*), II, 417. Sobre os atos humanos, cf. *Gedanken vor der Wahrscheinlichkeit* (nova edição), I, 162 e ss.; *Abhandlung über die Evidenz*, parte III (nova edição), II, 304 e ss.; *Sache Gottes*, par. 44 (*Gesammelte Schriften*), II, 423 e s.; *Über Freiheit und Notwendigkeit* (*Gesammelte Schriften*), III, 370 e ss.
6. Mendelssohn, *Sache Gottes*, par. 77 e ss., pp. 441 e ss.; *Jerusalem*, parte 2 (*Gesammelte Schriften*), III, 345 e ss. Na edição hebraica, cf. *Ieruschalaim: Ketavim K'tanim...*, traduzidos por Sch. Herberg, pp. 33-143.
7. Mendelssohn, *Morgenstunden* VIII (*Gesammelte Schriften*), II, 303. *Jerusalem*, parte I, III, 287; edição hebraica, pp. 33-143.

324 | A FILOSOFIA DO JUDAÍSMO

Clareza de sentimento e pensamento fundem-se nela numa plena unidade, e todos os escopos da vida acham o seu lugar no âmbito desse quadro religioso de conjunto. Apesar de sua autonomia interna, o conhecimento científico do mundo e a sua interpretação estética são ambos incorporados finalmente à esfera religiosa, e servem para confirmá-la. A sabedoria divina é manifesta na plenitude do mundo, e quanto mais a reconhecemos mais fortalecida fica nossa fé na providência e bondade de Deus.

Tudo isso constitui a fé típica do Iluminismo, sendo desenvolvida por Mendelssohn numa religião da razão universal. Mas essa fé da razão é, para ele, idêntica à fé do judaísmo. Quando foi desafiado por Lavater a contradizer as provas de Bonnet sobre a verdade do cristianismo, ou a aceitar a religião cristã, Mendelssohn veio pela primeira vez a público expressar a sua convicção dessa identidade. Com a declaração de que, desde os dias de juventude, todos os seus estudos da sabedoria do mundo destinavam-se a prepará-lo para efetuar um exame de sua religião ancestral, proclamava orgulhosamente que os resultados de tal exame tinham apenas confirmado sua fé[8]. Desse tempo em diante, deparamos freqüentes referências na correspondência de Mendelssohn a seu acordo com as doutrinas talmúdicas e rabínicas. Em conversações com seus amigos judeus, ele já vinha falando coisas desse naipe, fazia algum tempo. Em uma de suas cartas, vai tão longe a ponto de pretender que sua intenção original era publicar em hebraico o ensaio sobre a imortalidade, em concordância explícita com pronunciamentos rabínicos sobre o assunto, em vez de colocar suas concepções na boca de Sócrates, com quem, como crente na verdadeira religião, nada tinha em comum[9]. A todo esse esforço para adaptar-se ao padrão de pensamento da tradição judaica, corresponde o seu anunciado intuito de basear-se totalmente em fontes judias. A convicção mais entranhada de Mendelssohn e sua reiterada afirmação de crença na revelação eram, sem dúvida, verdadeiras e genuínas.

Para ele, razão e revelação estavam relacionadas tal como haviam sido expostas pelos filósofos judeus da Idade Média, e o Iluminismo conservador achava-se tão próximo destes últimos em espírito que Mendelssohn pôde utilizar e combinar as fórmulas de ambos de modo a tornar relevante, para a discussão dos problemas de seu tempo, os argumentos medievais. Isto se faz de todo evidente em sua crítica dos milagres, que Bonnet e Lavater haviam usado para substanciar a verdade do cristianismo. A principal idéia da crítica em questão é que o critério fundamental da verdade de qualquer religião encontra-se, não em algum milagre externo, mas na verdade interior de sua doutrina. Desse modo, a religião é encaminhada do tribunal da história para o da razão. Não há milagre que ateste a verdade de qualquer fé que não seja capaz de resistir ao exame da razão. Só depois de ter passado pela prova da razão

---

8. Mendelssohn, *Schreiben an Lavater* (nova edição), VII, 8 e ss.; edição hebraica, pp. 172-213.
9. Mendelssohn, *Hebräischer Brief an Hartwig Wessely* (nova edição) XIV, 119.

MOISÉS MENDELSSOHN | 325

pode sua divina origem ser confirmada por prodígios e milagres. Mendelssohn aplica esse critério com consistência, não só no tocante à crítica às doutrinas essenciais do cristianismo, isto é, a Trindade, o pecado original e a expiação vicária, como à doutrina metafísica do judaísmo, que ele não aceita com base na revelação unicamente. Só depois de demonstrada sua verdade racional, é possível, de acordo com ele, aceitar a revelação bíblica[10]. Tal foi a doutrina clássica do Iluminismo desde os dias de Leibniz e Locke e, mesmo essa linha, que mantém a crença na revelação divina, avaliou a revelação em termos de verdade racional, e tornou o assentimento a ela dependente do seu acordo com a razão. O mesmo ponto de vista, embora nem sempre acompanhado de igual nitidez e percepção quanto às conseqüências, fora defendido pelos filósofos judeus do Medievo, a quem seus contemporâneos islâmicos e posteriormente suas contrapartes cristãs, poderiam ter objetado com a mesma pergunta que Lavater propôs diretamente a Mendelssohn: Como pode reconhecer como válido os milagres de sua própria tradição particular e negar os do islã e do cristianismo? Para os teólogos islâmicos, os pais da filosofia religiosa judaica responderam (enquanto prestavam especial atenção ao conteúdo moral da religião) que, antes de examinar a prova dos milagres, o conteúdo da revelação deve primeiro ser comprovado em termos de sua concordância com os requisitos da razão. A mesma resposta é dada pelos apologistas judeus como Iossef Albo (cujo trabalho era bem familiar a Mendelssohn) aos pensadores cristãos[11].

A prova dos milagres foi derrubada pela crítica dos deístas, que salientavam as histórias miraculosas das religiões idólatras, e pretendiam não haver base para crer mais nos relatos milagrosos de uma religião do que nos de outra. Mendelssohn aceitava tal objeção. Embora cresse na possibilidade metafísica de milagres, ele descarta a prova dos prodígios porque estes podem ser legitimamente utilizados tanto por uma religião quanto por outra[12]. Poderia parecer que neste ponto ele diferia de todos os seus predecessores judeus. Porém, é neste caso que apela a eles de maneira inteiramente explícita, citando o raciocínio deles a fim de demonstrar que o judaísmo é uma fé arraigada em um solo diferente e é de todo independente de milagres. Na esteira desses pensadores judeus que tentaram imputar um caráter especial aos milagres bíblicos por conta de sua natureza pública, Maimônides deu um importante passo adiante na sua formulação. Ele se recusou a atribuir valor plenamente probatório ao milagre profético, mesmo se executado em público. A certeza da

---

10. Mendelssohn, *Gegenbetrachtungen über Paligenesie* (nova edição), VII, 91 e ss.; *Brief an den Erbprinzen von Braunschweig. Wolfenbüttel* (nova edição), VII, 300; edição hebraica, pp. 214-221.

11. Cf. em relação a Saádia, pp. 62 e ss., sobre Iossef Albo, pp. 248 e ss.; cf. também *Ikarim* I, 18, 22.

12. Mendelssohn, *Schreiben an Lavater* (nova edição), VII, p. 16; edição hebraica, pp. 177-213; *Gegenbetrachtungen über Bonnets Paligenesie*, pp. 84 e ss.; *Brief an Bonnet. Feb. 8, 1770*, pp. 321 e ss.

326 | A FILOSOFIA DO JUDAÍSMO

revelação no Monte Sinai estava fundada no fato de que Deus falou face a face ao povo inteiro; assim, a revelação, como um fato, não é mais dependente da veracidade de um único profeta, mas, sim, da fidedignidade de um povo inteiro. Esse argumento recebeu pleno endosso de Mendelssohn. Ele, também, pensava que a revelação divina imediata da religião do judaísmo era, em essência, diferente da autoridade mediata de outras fés, abonada tão-somente pelos milagres de seus profetas. A revelação direta, do judaísmo, resguardava-o daquelas objeções que podiam ser levantadas contra as histórias miraculosas de outros credos[13]. A crítica histórica dos milagres feita pelos deístas haveria de destruir, no futuro, essa distinção, mas dentro do círculo de discussão convencional do Iluminismo no concernente aos milagres, ela ainda podia ser mantida. Essa distinção achava-se, em espírito, tão próxima do racionalismo da Idade Média que Mendelssohn podia utilizar-se de provas medievais para defender a sua crença na revelação, embora remanescendo ainda no movimento iluminista do pensamento[14].

Há, não obstante, uma diferença entre Mendelssohn e o Medievo que, à primeira vista é apenas uma diferença de forma, mas constitui efetivamente uma diferença em essência e abordagem. Para o racionalismo medieval as verdades religiosas funcionam como verdades religiosas e racionais, ao mesmo tempo. A verdade racional é revelada ao homem por via externa, a fim de que possa ser transmitida ao povo comum para quem as abstrações filosóficas são de compreensão por demais difícil. O propósito da revelação é dar a público as doutrinas essenciais da visão filosófica de Deus, em conjunto com suas conclusões morais, e torná-las acessíveis a toda e qualquer pessoa, para fortalecê-las e validá-las, devido à sua divina origem. Este modo de ver – que também era aceito pela escolástica cristã (embora restrito aos aspectos racionais da fé) – manteve-se no decurso de todo o período do Iluminismo e mesmo depois dele. Leibniz repetiu-o na incisiva fórmula de que o cristianismo fizera da religião dos filósofos a religião do povo[15]. Mendelssohn não reconhece uma tal repetição por meio da revelação das verdades da razão. As verdades racionais caem por completo e de maneira exclusiva dentro da esfera da razão. A importância da congruência entre revelação e razão é que a razão pressupõe a verdade racional. Por

---

13. A réplica de Mendelssohn à resposta de Lavater (nova edição), pp. 43 e ss., com referência às *Hilkhot Iessodei ha-Torá de Maimônides*, caps. 8, 9, 10, e aos *Ikarim* de Albo, I, 18. Cf. também *Gegenbetrachtungen*, pp. 86 e ss.; *Brief an Bonnet*, p. 324. De acordo com essas referências, os milagres não podem ser considerados como "um certo testemunho para a divina missão de qualquer dos profetas", mesmo que sejam historicamente validados. Tais alegações são refutadas pela revelação pública. A questão crucial do Iluminismo no tocante aos milagres,isto é, se eles têm atestação histórica, aplica-se a ele também, mas é respondida pelo caráter indubitável, conclusivo e público dos milagres.

14. Cf. Bamberger, "Mendelssohns Bregriff vom Judentum", em *Korrespondenzblatt der Akademie für die Wissenschaft des Judentums*, X, 12 e ss.

15. Leibniz, *Théodicée*, introdução, par. 3.

MOISÉS MENDELSSOHN | 327

necessidade, a verdadeira revelação há de estear-se na religião da razão e há de ver nesta última sua verdadeira base.

Mendelssohn defende primeiro sua teoria dizendo que as verdades da razão são, por sua natureza, intransmissíveis à humanidade por meio de uma divina revelação. É impossível provar a um homem mediante "a voz do trovão e o som de trombetas" verdades eternas como a "existência de um ser necessário e independente que é onisciente e onipotente e que recompensa". Ocorrências miraculosas não podem infundir quaisquer conceitos na mente irrefletida do "animal homem", cujo pensar próprio não o tenha levado ao reconhecimento da existência de um governante invisível do universo. Em outras palavras, milagres não são capazes de dar nascimento a convicções. Para os sofistas, que tiravam provas da razão, os milagres podem apontar para o fato de que há seres poderosos a quem é dado fazer coisas extraordinárias, mas os milagres não fornecem de nenhum modo uma demonstração da existência do Deus único, eterno e onipotente[16].

A razão mais profunda para excluir as verdades da razão da esfera da revelação independe das considerações formais acima mencionadas. É de necessidade que as verdades eternas, as quais são básicas por definição à felicidade e à bem-aventurança do ser humano, devam estar igualmente disponíveis para todos os homens. Se a revelação fosse verdadeiramente necessária para dá-las a conhecer, isto contradiria a bondade de Deus, pois Ele estaria então revelando-as apenas a uma porção da humanidade e o restante da raça humana estaria sendo privado dessa revelação. A particularidade da revelação atesta o fato de que não é a revelação, porém a razão que é a fonte universal do conhecimento e a única senda que Deus proporcionou para a eterna bem-aventurança da religião. Mendelssohn expõe tais conceitos no seu livro *Jerusalém*, e encontra neles os "conceitos do verdadeiro judaísmo", segundo o qual "todos os habitantes da terra são convidados a partilhar da ventura, e os meios para tanto são tão extensos quanto a própria raça humana"[17]. Mendelssohn sem dúvida refere-se aqui ao conhecido dito talmúdico de que "os piedosos de todas as nações têm um quinhão no mundo vindouro". Mas ele vai mais longe do que o *Talmud*, tanto na importância com que investe essa sentença, como pelo feitio racionalista que ele lhe dá. Sua real fonte reside no deísmo, que, por razões similares, havia levado Tyndal a proclamar que o cristianismo deve ser tão velho quanto o próprio mundo, e que a verdade do cristianismo tem de ser revelada em todos os países e em todos os tem-

---

16. Mendelssohn, *Jerusalem*, parte 2 (*Gesammelte Schriften*), III, pp. 319 e ss.; edição hebraica, *loc. cit.* Sobre a fonte do processo de pensamento no *Tractatus theologico-politicus*, de Spinoza, cf. meu ensaio, "Mendelssohns Jerusalem und Spinozas theologisch-politischer Traktat",pp. 38 e ss. Esse ensaio pode ser proveitosamente comparado com o que vai seguir nas notas de pé de página.
17. Mendelssohn, *Jerusalem*, parte 2 (nova edição, pp. 315 e ss.; edição hebraica, *loc. cit.*). De maneira similar, *Gegenbetrachtungen* (nova edição), VII, 73 e ss.

328 | A FILOSOFIA DO JUDAÍSMO

pos. Mendelssohn extrai a conclusão última desses pensamentos quando passa a divorciar da revelação a verdade religiosa universal.

Como que em contraste à particularidade das religiões reveladas, a filosofia não era mais concebida (o que foi verdade, em grande parte, durante a Idade Média) como um tribunal universal a adjudicar as pretensões das diferentes fés religiosas. Tal função havia sido agora assumida por uma religião universal da humanidade. Essa religião da razão é também universal, devido ao fato de não estar atada aos métodos específicos das ciências, mas aberta ao entendimento do intelecto natural, não estragado, de cada homem. Só agora vemos a importância que Mendelssohn atribui aos poderes racionais do homem natural. No domínio da ciência, não nutre a menor intenção de substituir o senso comum pela investigação exata[18]. Ele exige continuamente que a metafísica científica seja estrita e rigorosa em seu raciocínio. A certeza imediata da razão normal do homem não é o traço distintivo da metafísica, porém da consciência humana moral e religiosa universal; o racionalismo, que especifica o lugar lógico da religião no entendimento teórico, destroça a dependência da religião no tocante à sutileza escolástica e encara a religião como o legado de toda a humanidade[19].

Esse modo de ver, que logo seria rematado de maneira mais profunda pela doutrina rousseauniana do sentimento, e a da razão prática kantiana, era a meta do racionalismo iluminista de Mendelssohn, sendo alcançado por meio do conceito de "razão natural". Até as perguntas que ele opôs a Lessing, relativas à educação da raça humana, só podem ser compreendidas em termos dessa concepção básica. Suas objeções não se dirigem contra a crença no progresso da razão teórica *per se*, mas pretendem que não cabe introduzir nesse processo as supremas certezas religiosas e morais. Necessariamente, tal coisa deve ser o legado de todas as gerações; o quinhão atribuído às gerações mais antigas terá de ser o mesmo que o destinado às épocas ulteriores. É esse interesse na universalidade da verdade religiosa que é oposto à idéia de sua evolução no curso da história.

Com tais pensamentos, Mendelssohn afirma o espírito fundamental da civilização européia ocidental de seu tempo. O racionalismo medieval não compreendeu plenamente as conseqüências universais dos conceitos racionais da verdade religiosa; na realidade da vida medieval, as comunidades religiosas permaneceram isoladas em sua exclusividade. Aqueles interesses científicos que transcendiam as fronteiras das religiões particulares forjaram apenas laços frouxos e tênues entre os estudiosos, os quais remanesceram, no todo, dentro do domínio exclusivo de suas religiões particu-

---

18. Mendelssohn, *Abhandlung über die Evidenz*, parte 3 (nova edição, II, 313; parte 4, p. 328; *Morgenstunden* VIII (*Gesammelte Schriften*), II, 306 e ss.
19. Mendelssohn, *Abhandlung über die Evidenz*, parte 3 (nova edição), II, pp. 311 e ss.; *Jerusalem*, parte 2 (*Gesammelte Schriften*), III, pp. 316 e ss.; (edição hebraica, *loc. cit.*).

lares. A modernidade lutou – antes de tudo, em relações às várias denominações cristãs – para chegar a uma comunidade interconfessional que seria baseada numa cultura oni-abrangente, independente de qualquer conexão eclesiástica. O Iluminismo justificava tal objetivo com sua idéia das convicções religiosas e morais fundamentadas na autonomia da razão, e transcendentes às fronteiras das religiões particulares. Mendelssohn associava-se com a referida comunidade; suas obras filosófico-religiosas serviram de uma espécie de credo de uma assim projetada comunidade futura, e exerceram certa influência nessa direção. Sua idéia da religião da razão proporcionou a justificativa teórica para uma nova atitude, que lhe pareceu refundir a vida espiritual da Europa.

Mas incumbia agora a Mendelssohn a tarefa de situar a religião revelada do judaísmo junto à religião da razão, e revestir a revelação com um teor diferente das verdades religiosas básicas, que já eram propriedade da religião da razão. Foi para este alvo que ele dirigiu a bem conhecida tese de seu livro *Jerusalém*, segundo a qual o judaísmo não era uma religião revelada mas uma lei revelada. As eternas verdades da religião da razão são, é certo, pressupostas pelo judaísmo, mas, como verdades da razão, se aplicam aos judeus como à toda a humanidade. O elemento específico judaico encontra-se somente na observância dos mandamentos, e na crença na revelação em que eles se baseiam[20]. Esta idéia, tão distante da metafísica, não permite, assim, nem conflito nem competição entre razão e judaísmo e, de acordo com Mendelssohn, dá aos adeptos do judaísmo liberdade de pensamento, porque o judaísmo prescreve apenas os atos do homem, mas liberta seus pensamentos.

Que o judaísmo era só uma lei já havia sido proposto por Spinoza no *Tractatus Theologico-Politicus*, que de muitos modos serviu de modelo para *Jerusalém*[21]. Spinoza também diferencia o conteúdo religioso geral da *Escritura* das especificidades da lei judaica, assim como Mendelssohn divorcia as verdades da religião da razão, da observância judaica. Por ser destinada somente aos judeus, o *Tractatus* adjudica à lei judaica apenas finalidade e função políticas. A identificação da lei judaica à ordem política judaica tinha em mira limitar seu alcance de aplicabilidade ao tempo em que existia o Estado judeu, e de remover dela qualquer possível valor em relação ao presente. Para Mendelssohn, também, a lei da *Torá* é uma lei política. A sua crença de que a lei bíblica possui valor eterno é contrária à explanação política de Spinoza. Para Mendelssohn, a singularidade da legislação bíblica reside na sua identificação de religião e Estado, e no fato de ambos não estarem separados desde o começo[22]. A lei

---

20. *Jerusalem*, parte 2 (*Gesammelte Schriften*), III, pp. 311 e ss., 319 e ss.; 348 e ss.; (edição hebraica, *loc. cit.*).
21. Cf. meu ensaio "Mendelssohns Jerusalem und Spinozas theologisch-politischer Traktat", pp. 36 e ss.
22. Mendelssohn, *Jerusalem*, parte 2, *loc. cit.*, pp. 350 e ss.; (edição hebraica, *loc. cit.*).

política é meramente um elemento da religião, e esta permanece em vigor mesmo quando sua porção política perdeu a função. Como lei religiosa, serve de complemento à religião da razão. A distinção traçada por Spinoza entre a lei religioso-política do Estado judeu, de um lado, e a fé, de outro, é aqui substituída pela dicotomia entre a lei religiosa particular e a verdade universal da religião.

Vimos as distinções teóricas entre os dois mundos em que Mendelssohn vivia. Em sua crença, era um filho da religião universal da razão, e em sua observância das leis da religião era um membro da comunidade judaica. Plenamente devotado a ambos os mundos, não vê conflito ou tensão entre eles. O idealismo de sua religião da razão, e a prioridade de seu sentimento judaico, são ambos partes genuínas da essência espiritual de Mendelssohn. Assim como o seu sistema pôde adaptar ambos, um ao outro, sua integridade pessoal não foi afetada pela ocupação conjunta de sua alma, por um e outro. Os dois aspectos de sua consciência estão colocado, se não juntos, pelo menos não em oposição um ao outro. Assim, ficou a salvo de um tumulto interior, porque separou os dois lados de sua existência, as duas bases de sua consciência.

Essa dualidade é claramente reconhecível em sua vida pessoal. Mas a despeito de sua separação, os dois elementos esforçam-se por ser reunidos. A observância da lei judaica não é, para Mendelssohn, meramente uma questão de fingir apoio ou de convenção. Observando os mandamentos, ele culta Deus, em quem sua razão acredita. A lei, dada por Deus, é uma lei religiosa, na qual, devido à sua própria piedade pessoal, ele se sente em casa. Por causa disso, é de todo impossível separar a lei religiosa da verdade. É impossível que a lei religiosa deva simplesmente permanecer ao lado da verdade religiosa, que é por si mesma constitutiva da religião. Forçosamente, a lei religiosa deve possuir importância e sentido religiosos, estando assim ligada ao coração da religião. Sua teoria procura desvelar essa conexão, um encadeamento que era evidente por si para o sentimento religioso de Mendelssohn.

Mendelssohn tenta restabelecer a significância da lei religiosa atribuindo-lhe a função, não de tornar conhecidas as verdades eternas da religião da razão, mas de fortalecê-las. A *Escritura* não é a revelação da religião da razão, porém todas as suas leis "relacionam-se às verdades eternas ou se baseiam nelas, ou lembram ao homem a existência delas, e incitam a humanidade a obedecê-las". "A lei cerimonial é em si própria uma espécie de *Escritura* viva, incitando o espírito e a alma, plena de significação, estimulando continuamente o homem a refletir, e dando ocasião e oportunidade para a instrução oral". Cada costume e cerimônia tem um "significado genuíno" e encontra-se "em estreita relação com o entendimento teórico da religião e da moralidade"[23].

---

23. *Ibid.*, p. 321, p. 324; p. 341; (edição hebraica, *loc. cit.*).

MOISÉS MENDELSSOHN | 331

A necessidade de dispor de um guia assim para o conhecimento das verdades religiosas eternas é tanto mais premente quando se compreende que, devido à natureza do espírito humano, há muitas oportunidades de deturpar tais verdades. A dominância dos erros pagãos por milhares de anos não teria sido possível, não houvesse um profundo empuxo do espírito humano para a perversão das puras verdades da razão. Para Mendelssohn, a idolatria surgiu porque os homens pintavam as verdades da razão em imagens, e depois as tomaram erroneamente por realidades. O povo judeu foi resguardado desse erro. Na lei cerimonial, foi dada uma representação da verdade, que leva a ela e não para longe dela. A função da lei cerimonial consistia em preservar a pureza das doutrinas da religião da razão e, assim, para Mendelssohn, o povo judeu foi transformado em um reino de sacerdotes, pelo fato de que não só possuía "conceitos sadios e não falsificados" de Deus, como tinha também a missão, "por sua própria existência, por assim dizer, de proclamá-los incessantemente às nações, ensiná-los, apelar para eles, pregá-los e procurar mantê-los"[24].

É claro que tudo quanto Mendelssohn confere aqui à revelação, ele o retira da razão. A crença no poder vitorioso, por cujo intermédio a eterna e básica verdade da religião conquista e governa em toda a parte e por todos os tempos o não pervertido espírito humano, é agora seriamente restringido. A clareza original do espírito humano natural é obscurecida pela propensão desse mesmo espírito para o erro, e é isso que dá nascimento à idolatria, tornando necessária a lei revelada, a fim de preservar, na vida do povo judeu, a crença pura em Deus. A clareza teórica da verdade religiosa, no curso da história, desapareceu da maioria dos homens. Trata-se de uma variante da teoria da degradação segundo a qual, originalmente, a humanidade possuía a verdade em toda a sua plenitude, mas a perdeu no decorrer da história, tornando necessária a revelação. Tal restrição ao otimismo original da razão não é mera construção teórica.

A onipresença do entendimento religioso em todos os homens é um postulado fundamental do pensamento de Mendelssohn. Ele muda de parecer tão logo passa da teoria para uma avaliação dos fatos da história. Pode-se ver quão cabal é essa transformação, por uma carta a seu amigo Herz Homberg, na qual procura demonstrar a necessidade dos mandamentos práticos, mesmo nos tempos modernos. Como Homberg, presta escassa atenção à autoridade revelada da lei ou a seus significados simbólicos, e a justifica simplesmente como "um laço de unidade" que deve permanecer em vigor enquanto "o politeísmo, o antropomorfismo e a usurpação religiosa governarem o mundo. Enquanto esses maus espíritos da razão permanecerem unidos, os teístas genuínos precisarão manter entre si alguma espécie de unidade, a fim de evitar que tais [forças das trevas] pisoteiem tudo sob seus pés"[25]. O povo judeu

24. *Ibid.*, pp. 332 e ss., pp. 338 e ss.; (edição hebraica, *loc. cit.*).
25. Mendelssohn, *Brief an Homberg, Sept. 22, 1783* (*Gesammelte Schriften*), V, 699.

332 | A FILOSOFIA DO JUDAÍSMO

deve continuar a existir como uma associação de teístas autênticos, e deve, pois, ser ligado pelas leis unificadoras da *Torá*.

Mendelssohn não abandona a visão de uma religião universal da razão, mas, em relação ao futuro previsível, ele vê o judaísmo como um guardião fiel e o mais firme sustentáculo da verdadeira crença em Deus. A religião da razão não pode existir sem esse suporte, e sem esteio no mandamento prático. Das palavras de Mendelssohn é fácil reconhecer o desapontamento que sofreu no seus últimos anos de vida, quando as idéias do Iluminismo recuaram em face das forças da velha religião dogmática e do novo irracionalismo. Mesmo antes disso, não conseguiu demonstrar a existência separada do judaísmo, exceto na maneira delineada na carta a Homberg, se pretendia ir além do simples dever formal de obediência à lei como lei. O valor histórico dessa associação de teístas reside no fato de a razão religiosa não gozar, na realidade, do domínio a ela devido de acordo com a teoria de Mendelssohn.

O desacordo entre essas duas tendências é reconhecível na interpretação mendelssohniana da história da religião. Aqui, sua doutrina da razão natural, simples, como o órgão de uma verdade religiosa universalmente presente em cada ser humano, encontra o seu máximo suporte. A bondade da providência requer que os meios de salvação sejam tão difundidos quanto o gênero humano[26]. Porém não há acordo entre esse significado da providência e o curso real da história. O significado religioso da história, exposto ao final de *Jerusalém*, difere completamente dessas explanações precedentes. Mendelssohn termina sua obra com um apelo à tolerância religiosa, e contrasta essa idéia de tolerância religiosa com a da unificação das religiões existentes, uma doutrina que surgira de um entendimento equivocado da natureza humana. Toda tentativa de unificar as religiões do mundo leva, em última análise, à destruição da liberdade de pensamento. A liberdade de pensamento é impossível sem que seja concedido igual respeito a diferentes idéias e opiniões religiosas, respeito este que confere a cada homem o direito de invocar Deus de conformidade com as luzes de seu espírito e segundo a maneira de seus antepassados. Essa liberdade também corresponde à intenção da providência, que busca, não uma unidade espúria, mas a diversidade. Pessoa alguma sente e pensa exatamente como seu próximo, e não foi à toa que Deus formou os homens com faces diferentes[27].

Essa divinamente desejada diferença de pensamento e experiência humanos torna-se, para Mendelssohn, a base da multiplicidade de fés religiosas. Sendo a princípio uma conseqüência do erro humano, a referida diversidade veio a ser incorporada ao plano divino, o que se faz claramente reconhecível pelo curso da história. Com tão

---

26. Mendelssohn, *Jerusalem*, parte 2, *loc. cit.*, p. 316; (edição hebraica, pp. 226-228). *Gegenbetrachtungen über Bonnets Paligenesie* (nova edição), VII, 74 e ss.
27. Mendelssohn, *Jerusalem*, parte 2, *loc. cit.*, pp. 358 e ss.; (edição hebraica, *loc. cit.*).

profunda e profícua teoria, Mendelssohn não abandona o racionalismo religioso como tal, mas destrói a base de sua própria doutrina da religião, que só conhecia verdades racionais pré-fabricadas, garantidas por uma legislação revelada sobrenatural. Segundo essa doutrina, ninguém pode deduzir qualquer nexo religioso significativo a partir da multiplicidade das religiões históricas.

Destarte, o inteiro conteúdo religioso da revelação é engolido pela razão, e somente quando essa doutrina é separada de sua idéia de razão, torna-se possível, para Mendelssohn, restituir ao judaísmo aquele significado religioso que este possuía para ele, pessoalmente. Mendelssohn enxerga nessa congruência com a razão a mais profunda validação do judaísmo. Porém, ao lado da verdade universal da razão, não resta lugar algum para a verdade da revelação histórica.

2. O Idealismo Pós-Kantiano na Filosofia Judaica da Religião

A surpreendente tese de Mendelssohn segundo a qual o judaísmo era apenas uma legislação revelada não teve muitos seguidores. Em seu terreno voltou a crescer de novo a costumeira forma de racionalismo que convertia a Escritura bíblica na revelação da mesma verdade que também é parte do entendimento religioso. Sem dúvida, este racionalismo passou, em múltiplos sentidos, por numerosas transformações marcantes. Já ao fim do século XVIII, a filosofia kantiana havia penetrado em largos círculos de leitores judeus, e tinha destruído a crença no poder da metafísica para demonstrar teoricamente as verdades básicas da religião. Junto com isso, desvaneceu-se a fé numa revelação sobrenatural, mesmo entre os discípulos de Mendelssohn. Mas, a despeito desses deslocamentos fundamentais, quer nas idéias de razão quer nas de judaísmo, a relação entre ambos permaneceu basicamente inalterada. A razão prática de Kant substituiu a razão teórica como o *locus* lógico da verdade racional religiosa; assim como a congruência com a razão religiosa servira outrora para justificar a revelação sobrenatural, agora com a sua cobertura era justificada a religião histórica do judaísmo. A convicção de que a religião judaica representava a verdade universal da religião ética da razão em sua forma historicamente mais pura e mais perfeita, e que ela era a semente espiritual da religião da humanidade, proporcionava um firme esteio para a autoconsciência religiosa. Quando nas décadas de vinte e trinta do século XIX, as idéias de desenvolvimento da escola histórica alemã irromperam também no pensamento judaico, elas foram sem dificuldade ligadas com este racionalismo anterior.

O exame histórico evolutivo via agora, no ideal ético universal e nas suas pressuposições religiosas, a essência historicamente duradoura do judaísmo. Desde sua formação, este desenvolvera-se em clareza e plenitude sempre crescentes e tornara-se a base permanente a alicerçar as diferentes formas de vida e pensamento religiosos, apesar de algum obscurecimento temporário e historicamente condicionado de seu intento. Esta identificação do judaísmo com as simples e básicas idéias da razão religiosa tornou desnecessárias toda análise ou justificação filosófica do judaísmo. A justificação filosófica da religião da razão foi posta sobre os ombros da ética e filosofia da religião em geral. O pensamento judaico podia simplesmente aceitar os resul-

336 | A FILOSOFIA DO JUDAÍSMO

tados dessas disciplinas, e tinha apenas de adicionar a prova de que o judaísmo era, de fato, idêntico à religião ética da razão. Os representantes da teologia judaica nas décadas de vinte e trinta do século XIX contentaram-se com isso. Em todo o campo dos estudos judaicos, cultivado e desenvolvido na época com tão admirável energia, somente um modesto canto foi reservado à filosofia sistemática da religião.

Os poucos pensadores solitários que, ao tempo do início da Ciência do Judaísmo, procuraram expor o judaísmo em termos filosóficos (embora segundo linhas totalmente diversas) não estavam, em suas conclusões, longe do racionalismo. Eles não começaram ali, mas encontraram sua metodologia pré-fabricada na filosofia alemã pós-kantiana, que desenvolvera muito além – em várias direções – as idéias simples do racionalismo iluminista, bem como muito além da religião prática da razão de Kant. De um lado, a corrente anti-racionalista da expirante época do Iluminismo foi acolhida de uma forma mais madura e mais cerrada, sendo desenvolvida em uma teoria da religião que tentou livrar de qualquer mediação racional as certezas imediatas da religião. De outro lado, o idealismo especulativo procurou de um modo inteiramente novo alicerçar a religião na razão. A filosofia transcendental de Kant foi promovida por este idealismo a uma metafísica do espírito, que derivava a totalidade-mundo do movimento auto-encetado de um supremo princípio espiritual, e demonstrava que esta interpretação idealista da existência era o verdadeiro sentido da concepção religiosa do mundo, quando plena e completamente entendida.

A tarefa central da filosofia era, agora, tornar autoconsciente o espírito, o qual não trazia dentro de si a verdade pré-fabricada, como a velha metafísica havia colocado, mas a produzia no curso de seu próprio movimento. Era encargo do método dialético da filosofia descrever a lei dialética do espírito, que dava origem a todos os seus conteúdos. As leis da concreção do espírito na história são organizadas por via dialética e correspondem a esta dialética correlação da verdade. A tarefa da filosofia da história era demonstrar que o processo histórico leva ao pleno desenvolvimento da verdade do espírito por meio de uma série necessária de estádios. Como ocorre com todos os departamentos do espírito, o mesmo se dá também com o religioso; torna-se necessário contar com uma elucidação filosófica da história, de modo a completar a autoconsciência sistemática do espírito e demonstrar a verdade religiosa dele deduzida como um concomitante necessário do desenvolvimento histórico da consciência religiosa. Assim como esse método de construção filosófico-histórico penetrou, a partir dos sistemas do idealismo especulativo, em todas as esferas do espírito, do mesmo modo ele também promoveu nos círculos judaicos diversas tentativas de compreender em termos filosóficos o desenvolvimento interno do judaísmo. Uma tal tentativa foi feita, de uma forma altamente fantástica, numa obra anônima, *O Oriente Bíblico*, publicada em 1821 em dois fascículos e em geral atribuída ao rabino-mor de Hamburgo, Isaac Bernays. De igual modo, um dos pioneiros dos estudos

O IDEALISMO PÓS-KANTIANO NA FILOSOFIA JUDAICA DA RELIGIÃO | 337

históricos do judaísmo, o grande erudito galiciano, Nakhman Krochmal, abriu o seu *Guia dos Perplexos de Nosso Tempo* (publicado postumamente em 1851) com uma filosofia histórica do judaísmo; inspirada no idealismo especulativo alemão, ela devia servir de fundamento para investigações particularizadas, constituindo-se no efetivo valor do livro. Sua doutrina histórico-filosófica exerceu grande influência na filosofia religiosa proveniente dessa escola do idealismo especulativo, que será adiante tratada.

Por mais forte, porém, que fosse a influência da escola do idealismo especulativo, os pensadores judeus rejeitavam aqueles elementos da filosofia idealista da religião que, sentiam eles, militavam contra a fé judaica. A filosofia religiosa do idealismo era, em suas realizações mais significativas e influentes, uma dedução filosófica a partir do cristianismo. Se a antiga corrente racionalista vira o conteúdo essencial da religião na crença em Deus, na liberdade e na imortalidade, as verdades profundas da religião eram agora situadas nas doutrinas especificamente cristãs, que antes eram encaradas como supra-racionais e suplementares aos princípios racionais acima mencionados. O conceito dialético de verdade tornava possível interpretar, como a profundidade mais funda da verdade especulativa, aquilo que na velha lógica racionalista havia sido visto como anti-racional.

A apresentação mais radical dessa tese veio de Hegel, que encontrou na doutrina cristã da Trindade o arquétipo de sua noção do autodesenvolvimento do espírito, e na idéia cristã da encarnação, a imanência do espírito infinito dentro do espírito finito. A estrutura filosófica da história da religião foi erigida de modo a conduzir ao cristianismo como a forma final e mais perfeita da verdade religiosa, em que todas as aspirações religiosas prévias eram realizadas. O judaísmo, com seu monoteísmo "abstrato", recebia um lugar nesse esquema desenvolvimentista, como uma representação parcial da verdade, mas esta fora superada pela verdade universal do credo cristão. A relação do judaísmo com o cristianismo era, para Hegel, como a relação do pensamento reflexivo – com suas dicotomias entre absoluto e relativo, finito e infinito – com a verdade especulativa, que abole dialeticamente tais distinções.

Com base nessas formulações, torna-se evidente que a crítica do judaísmo na filosofia especulativa partia do ponto de vista de um panteísmo racionalista, o qual era tido como o conteúdo próprio de dogmas cristãos. De acordo com esse modo de ver, a unilateralidade do judaísmo consistia em distinguir rigorosamente entre Deus e o homem, entre espírito finito e infinito, quando de fato o infinito vive dentro do finito e é manifestado por este.

O idealismo ético de Fichte mantém a espontaneidade da consciência humana dentro do panteísmo do espírito. Mas o panteísmo estético de Schelling, que precede a sua virada para a teosofia, e acima de tudo, o panteísmo lógico de Hegel, envolve completamente o espírito finito no desenvolvimento do espírito infinito. A realidade

338 | A FILOSOFIA DO JUDAÍSMO

é o desdobramento da verdade, e o espírito finito é um elemento necessário neste processo. Toda a vida do espírito está sob a lei necessária de seu auto-desdobramento dialético. Nem mesmo a esfera ética é exceção. A liberdade nada mais é do que a determinação racional da vontade, e a lei moral não é primariamente uma lei do deve-ser, mas a auto-realização do espírito objetivo, que brota da contradição entre o conceito de homem e sua realidade como substância finita, condicionada pelas forças da natureza, tendo por isso o mal como a inevitável expressão dessa oposição e seu inevitável ponto de partida.

Essa oposição entre a teoria hegeliana do espírito e a religiosidade judaica aguça-se ainda mais se considerarmos que a esfera ética da razão está subordinada à esfera lógica do entendimento, em que o espírito retorna da atividade do querer para uma autocompreensão de sua essência. Como em Aristóteles e Spinoza, também em Hegel o pensamento torna-se a essência do espírito; e, para ele, o sentido último da religião é que nela o espírito se ergue à consciência da eterna interconexão da verdade e concebe a si mesmo como um membro desse grande todo.

SALOMÃO FORMSTECHER

Uma das tentativas de dar ao judaísmo uma base filosófica coube a *Die Religion des Geistes* (A Religião do Espírito), de Salomão Formstecher (1808-1889). O livro, publicado em 1841, está em débito com Schelling, de quem toma emprestado, embora em forma muito simplificada, suas pressuposições metafísicas fundamentais. O fluxo dos fenômenos indica uma subjacente substância uniforme que necessariamente se encontra além da esfera da sensação, e que é manifestada unicamente pelas múltiplas formas da percepção sensível. Assim, a investigação da realidade perceptível leva ao reconhecimento de uma alma divina do mundo, cujas manifestações são as forças da natureza, e que nos é revelada em objetos naturais. A natureza é um organismo unificado que serve como manifestação da alma divina do mundo por meio de uma hierarquia de poderes e eventos[1].

No caso de Formstecher, assim como no de Schelling, o espírito encontra-se ao lado da natureza como outra manifestação do divino, e somente nessa manifestação pode a alma do mundo subjacente à natureza ser reconhecida como Deus no verdadeiro sentido. O espírito se nos desvela unicamente como espírito humano, mas a consciência humana tem uma significação que vai além da existência separada do homem. Na qualidade de mais alta forma de vida na terra, ela leva a vida à plena autoconsciência. Só porque funciona como autoconsciência do mundo, tem o espírito conhecimento da natureza. Ele pode combinar ocorrências sensíveis numa uni-

---

1. Formstecher, *Die Religion des Geistes*, pp. 17-22.

O IDEALISMO PÓS-KANTIANO NA FILOSOFIA JUDAICA DA RELIGIÃO | 339

dade objetiva, porque contém em si mesmo os axiomas primaciais do ser natural[2]. Esta dupla função do espírito – servir como consciência do mundo e de si mesmo – é básica para a compreensão de seus múltiplos aspectos. A autoconsciência da vida do mundo objetiva-se na física, enquanto a consciência da atividade pela qual ela conhece a natureza objetiva-se na lógica. Com este conhecimento das duas esferas da realidade, fica combinado em nosso espírito um entendimento da função que é inerente a cada uma delas, um conhecimento do ideal que deve ser realizado por uma e outra. As idéias, que os vários objetos naturais estão destinados a realizar, encontram-se representadas na função estética do espírito. O espírito, como autoconsciência do mundo natural carrega os arquétipos dos objetos naturais dentro de si e, em sua criação artística, a natureza alcança uma consciência das idéias que incorpora. O ideal como princípio da vida humana, o ideal do próprio espírito, é o bem. Enquanto a natureza corporifica necessariamente a sua essência, o espírito cumpre o seu ideal em liberdade. Esta liberdade é a essência do espírito, e a vida ética, como a vida da liberdade, é o seu destino próprio[3].

Por meio dessa subordinação da natureza ao espírito, e da esfera estética à da ética, essa metafísica torna possível a expressão do monoteísmo ético judaico nas formas panteístas da filosofia da natureza e da filosofia das idéias, de Schelling, as duas fases da sua filosofia que influenciaram especialmente Formstecher. Pois tal era o propósito dela, como se pode verificar na descrição do relacionamento entre Deus e o mundo. Embora o mundo seja a manifestação de Deus, Deus em Seu ser não é dependente do mundo. Deus é um espírito livre, autodeterminante em essência, manifestando-Se no mundo por um ato de Sua liberdade. Nós podemos, portanto, reconhecer apenas a manifestação de Deus e não a Sua essência. Nosso espírito, que é somente a autoconsciência da terra, e que reconhece o todo do cosmos em sua relação com a existência terrena, é incapaz de conhecer Deus exceto em símiles antropomórficos. Toda tentativa de definir a essência de Deus deriva da tentativa de conferir a essas imagens significado e valor absolutos; mas quem quer que o faça, comete o pecado do antropomorfismo. Essa afirmação é dirigida especificamente contra as tentativas do idealismo especulativo no sentido de constringir o absoluto de acordo a leis do pensamento que se aplicam apenas à consciência humana, de introduzir a distinção entre subjetivo e objetivo no ser absoluto de Deus, e de penetrar no mistério do "por que" e do "como" da manifestação divina no mundo. Esse esforço para dar um nexo absoluto dos modos humanos de pensamento pode ser caracterizado como uma forma de gnosticismo pagão, como uma tentativa de aplicar a visão naturalista do mundo da filosofia pagã a Deus, o qual só pode ser pensado

2. *Ibid.*, pp. 22-29.
3. *Ibid.*, pp. 29-34.

340 | A FILOSOFIA DO JUDAÍSMO

como espírito. O pensamento, que reconhece as suas próprias fronteiras e limitações, há de apartar-se de todas essas tentativas de derivar o mundo de Deus em qualquer forma que seja, e há de aceitar o mundo como uma dada manifestação de Deus, ficando satisfeito com isto somente[4].

A concepção da religião, que constitui o objeto do livro de Formstecher, mana desses pressupostos metafísicos. A religião é o conhecimento do ideal inerente ao espírito. Por ter originalmente o espírito um ideal duplo, o ideal estético do ser natural, e o ser ético de sua própria vida, resultam duas formas fundamentais de religião: a religião da natureza e a religião do espírito – ou, falando em termos históricos, o paganismo e o judaísmo. A estas duas formas, em que o espírito humano expressa religiosamente os ideais *a priori* existentes dentro dele, correspondem idéias opostas a respeito de Deus. Se o espírito concebe a si mesmo como a autoconsciência da natureza, e vê na vida natural seu próprio supremo ideal, necessariamente Deus há de ser o mais alto princípio da natureza – isto é, alma do mundo. Na esfera dessa cosmovisão básica é possível divinizar a natureza em todos os seus vários graus, do fetichismo, que atribui divindade a objetos naturais, ao monoteísmo físico, o hipostasiar toda a natureza como um só Deus, sem mudar basicamente o modo de ver primordial do paganismo. Em oposição a isto, o espírito autoconsciente reconhece seu ideal na ética, e representará o seu Deus espiritualmente. De acordo com a religião do espírito, Deus é a essência da ética, e não depende do mundo para a Sua própria existência, como a doutrina da religião da natureza havia suposto, mas cria livremente o mundo como Sua manifestação[5].

Formstecher persegue a oposição básica desses modos de ver através da série inteira de conceitos religiosos, sem prestar muita atenção à fonte estética da religião da natureza. A religião natural não pode figurar a origem do mundo exceto como emanação, e a alma humana, que é parte da natureza, fica afastada de sua divina fonte devido ao seu próprio ingresso no mundo. Assim, o destino do homem é retornar a Deus, e sua tarefa é tornar-se Deus. A religião do espírito eleva o homem acima da natureza; ela não reconhece qualquer idéia de um fado, que tenha sido decretado cosmicamente para o homem, e de nenhum descenso necessário da alma humana a partir de Deus, mas concede à alma humana a liberdade de seu destino ético. Além do mais, subordina absolutamente o homem a Deus e, em vez de tornar-se Deus, dá-lhe a tarefa de tornar-se como Deus. Todos os diversos tipos de religião natural são forçosamente metafísicos, assim como os vários tipos de religião espiritual são necessariamente éticos[6].

---

4. *Ibid.*, pp. 21 e ss., 358.
5. *Ibid.*, pp. 63-72.
6. *Ibid.*, pp. 100-195.

O IDEALISMO PÓS-KANTIANO NA FILOSOFIA JUDAICA DA RELIGIÃO | 341

A essa doutrina dos tipos de religião corresponde uma teoria do desenvolvimento da religião. Esse desenvolvimento processa-se de conformidade com o esquema básico da filosofia idealista alemã da história, segundo a qual o destino do espírito é tornar-se autoconsciente e apreender sua essência original. Os dois ideais, de beleza e de bondade, são inatos ao espírito e, em sua verdade absoluta, imanentes a ele. Formstecher denomina essa posse de ideais pelo espírito, que é anterior a todo desenvolvimento histórico, revelação pré-histórica. Mas o espírito carrega o seu conteúdo ideal inconscientemente. Só quando o homem passa a reconhecer a natureza e ele próprio como seus produtos, é despertado dentro dele a consciência do ideal da natureza, e somente então, quando o seu próprio espírito começa a trabalhar, o homem começa a ter consciência do ideal de sua própria vida espiritual. Este conscientizar-se do ideal é revelação histórica; pode ser encarado como o conhecimento consciente da revelação pré-histórica[7].

A partir desse início, a revelação histórica processa-se por meio de uma série de estádios necessários. Com a primeira consciência do ideal, o espírito não é cônscio de que haja apreendido seu conteúdo mediante os poderes dele mesmo, mas crê que essa introvisão lhe tenha sido concedida por um poder externo. Assim, o primeiro passo da autoconsciência do espírito é em forma de profecia. O profeta pensa que sua apreensão da verdade é o espírito inspirado que nele entrou de fora, e concebe a própria verdade como sendo objetiva. A continuação desse desenvolvimento atravessa uma série de estágios intermediários, que, da forma da objetividade, deslocam a verdade para a da subjetividade, e na qual o espírito se torna cônscio de si próprio como o portador da verdade. A fixação de uma revelação profética na *Sagrada Escritura* e numa tradição religiosa constitui, na realidade, um preparo para a transição à subjetividade, apesar da rigorosa objetividade que está envolvida no ponto de partida de tal canonização[8].

A revelação histórica, contudo, manifesta o conteúdo absoluto da revelação pré-histórica somente numa forma relativizada e limitada. Não obstante, essa relatividade é, em essência, diferente em cada um dos dois tipos de religião. A verdade da religião natural é relativa, por necessidade, porque formula o ideal estético inferior de um modo absoluto. Quando alcança o seu ápice no monoteísmo físico, atinge o seu próprio limite, pois qualquer coisa além deste ponto é autocontraditória e é engolida pela religião do espírito.

A religião do espírito é essencialmente idêntica à verdade religiosa absoluta. Embora seja religião natural, porquanto seu princípio é o espírito que se eleva a si próprio acima da natureza, no seu entendimento desse princípio ela independe das impressões de um ambiente natural específico. Porém, a religião espiritual, por outro lado,

7. *Ibid.*, pp. 53-56.
8. *Ibid.*, pp. 87-100.

342 | A FILOSOFIA DO JUDAÍSMO

tampouco está livre da relatividade. Antes de mais nada, a verdade absoluta exige que até o ideal estético inferior deva ser manifestado. Não basta que a religião do espírito saiba da sua própria oposição à religião natural; ou melhor, ela deve interpenetrar esta última e torná-la sua própria numa unidade harmoniosa. Isto não é uma contradição de seu princípio original, mas antes o seu preenchimento. Em segundo lugar, a religião espiritual não alcança a sua forma absoluta enquanto não cruzar a estrada que vai da objetividade para a subjetividade[9].

O desenvolvimento em questão pode ser considerado sob outro aspecto. De início, a religião espiritual encontrou seu portador em um povo, os judeus, assim como o espírito, em cada idade e lugar, está ligado à individualidade concreta de um povo para a sua manifestação própria. Tal incorporação na individualidade concreta da vida de um povo é uma necessidade do espírito, especialmente na sua fase objetiva. A oposição ao mundo pagão que cercava Israel antigo tornou necessárias a manutenção da identidade de um povo à parte e a concha protetora da teocracia. A verdade universal era conhecida como tal, mas era, ainda assim, particularizada. O judaísmo, na sua transição da objetividade para a subjetividade, está, pois, vinculado ao desenvolvimento por etapas rumo a um universalismo completo. O primeiro passo nessa direção foi a destruição da vida nacional independente, de Israel, que provocou a dispersão do povo judeu entre outros povos a quem levou a sua fé. Mas a necessidade de manter a existência em meio a povos hostis trouxe como resultado o domínio de uma teocracia da lei religiosa que substituiu a teocracia do Estado: uma separação das nações por meio do sistema de preceitos religiosos e modo de vida. A despeito desse isolamento auto-imposto, que foi reforçado pela perseguição externa, o desenvolvimento do judaísmo progrediu, como o do espírito geral, da sujeição de sentimento à autonomia da razão, e, cada vez mais, ele passou a apreender seu conteúdo religioso na forma da livre subjetividade de pensamento. Esse processo veio a ser concluído na era moderna, e a libertação dos judeus, da opressão social, também libertou a consciência da missão universal do judaísmo, que sempre esteve presente na idéia messiânica, e que ora se apresentava depurada da escória de uma esperança nacional particularista para o futuro. A verdade absoluta da religião espiritual achava-se agora prestes a emergir em seu pleno brilho e clareza históricos[10].

Junto com esse desenvolvimento progressivo da religião espiritual, ocorreu outro, similar, em sua oponente, a religião natural. Os portadores de tal desenvolvimento são as religiões oriundas do judaísmo, as fés da cristandade e do islã, as quais, por sua evolução, ganharam um lugar na filosofia histórica da religião. O islã, orientado diretamente para a espiritualidade, avassalou povos do Sul, substituiu à força a velha

9. *Ibid.*, pp. 56-63, 195-202.
10. *Ibid.*, pp. 202-359.

O IDEALISMO PÓS-KANTIANO NA FILOSOFIA JUDAICA DA RELIGIÃO | 343

religião pela nova. Apesar dessa substituição forçada, manteve o conteúdo da religião judaica sem mudanças substanciais; porém, a religião espiritual permaneceu um tanto externa, sem qualquer base no livre consentimento do espírito. No outro extremo, o cristianismo procurou estear-se na força interna da verdade, mas, por causa disso, teve de acomodar-se aos modos de pensamento e de vida das nações pagãs, as quais tentou influenciar e converter. Combinou a religião espiritual do judaísmo com a metafísica do paganismo; sua concepção da conciliação ética do homem com Deus, incluindo o conceito pagão da encarnação de Deus na forma humana, foi unida à sua concomitante apoteose do espírito humano. Assim como as idéias pagãs estão presentes no dogma cristão, do mesmo modo, no seu culto e, em especial, na sua religião popular, encontramos elementos pagãos que também penetraram ocasionalmente no judaísmo nas formas de Gnose e Cabala.

A história do cristianismo é a história de uma batalha contínua entre os seus elementos judaicos e pagãos, uma luta que eliminou gradualmente os elementos pagãos. Um passo decisivo nessa direção foi dado com a Reforma protestante que, em seus estádios ulteriores, enfatizou o racionalismo ético, porém a interpretação especulativa do dogma cristão ainda é um bastião das tendências metafísicas pagãs[11]. Até chegar esta época, quando o lado judaico do cristianismo há de triunfar, o judaísmo deverá remanescer isolado. É possível, no entanto, entrever como o desenvolvimento do judaísmo quanto do cristianismo tende a uma única meta, resultando ambas numa religião espiritual, que agora está se tornando um fenômeno universal.

O judaísmo pode preparar-se para esse dia, descartando-se de seus elementos particularistas e, gradualmente, de suas leis cerimoniais. Isso representava o otimismo do movimento reformista judaico, ao qual a construção histórica de Formstecher dá um fundamento filosófico[12].

SAMUEL HIRSCH

Uma concepção semelhante a essa, mas proveniente dos postulados hegelianos, foi expressa por Samuel Hirsch (1815-1889) em seu livro *Die Religionsphilosophie der Juden* (A Filosofia Religiosa dos Judeus), publicado em 1842 como primeiro tomo do projetado *Das System der religiösen Anschauung der Juden* (O Sistema das Concepções Religiosas dos Judeus). Em termos metodológicos, Hirsch era dependente de Hegel em maior extensão do que Formstecher de Schelling. Hirsch não emprega o método dialético de Hegel, mas concebe o propósito e a função da filosofia religiosa exatamente no espírito hegeliano. A tarefa da filosofia é tomar o conteúdo dado à

11. *Ibid.*, pp. 365-413.
12. *Ibid.*, pp. 351-353, 421-452.

consciência religiosa em forma de algo imediato, e convertê-lo no conteúdo consciente do espírito, concebendo-o em sua necessidade inteligível. Com Schelling e Hegel, ele pensa a tarefa da filosofia não como a de descobrir uma nova verdade, mas como a de elevar o conteúdo dado da consciência ao nível de verdade conceitual. O espírito religioso é o portador da verdade, mas sente apenas a sua necessidade, sem que seja capaz de reconhecê-la. Assim sendo, o seu conteúdo precisa ser examinado pelo espírito que não reconhece nenhuma verdade que ele não possa propor a si mesmo como uma coisa estranha e, portanto, não espiritual. Sua oposição a semelhante verdade não espiritual que é imposta a ele, leva-o a negar a religião *per se*. O espírito olvida que sua oposição não é ao conteúdo, mas à forma da consciência religiosa; ao lhe dar um outro conteúdo, ele se envolve em uma oposição à verdade e, portanto, em uma oposição a si mesmo. A vã tentativa do espírito para sobrepujar esta oposição impele-o eventualmente a considerar todo e qualquer conhecimento contraditório e a encontrar a verdade na imediatidade do sentimento que está livre de todas as contradições. Esta contradição nas filosofias do sentimento não pode ser unificada a menos que consideremos o verdadeiro caráter do dualismo original; temos de entender que essa dicotomia não se encontra no conteúdo, mas na forma da consciência religiosa. Assim, a tarefa da filosofia da religião é superar a oposição mostrando a necessidade com que o espírito dá a si próprio conteúdo na religião, e demonstrando que o conteúdo da religião nada mais é senão o conteúdo do espírito mesmo[13].

Embora Hegel reconheça claramente a referida tarefa metodológica, sua própria filosofia da religião não correspondeu de todo às exigências que ele lhe fazia. O conteúdo, que deduzia na via filosófica, não era idêntico ao conteúdo da consciência religiosa. De acordo com Hegel, a religião contém a verdade do espírito absoluto apenas na forma de representação, e quando a filosofia apreende esta verdade na forma de um conceito, ele muda o conteúdo da consciência religiosa de maneira fundamental. A consciência religiosa e a filosófica estão divididas, não só em sua forma, como em seu conteúdo. Assim, Hirsch primeiro coloca para si mesmo a tarefa de mostrar a completa identidade da verdade religiosa e filosófica. A religião, segundo ele, contém a verdade não na forma inadequada de representação, porém a mesma verdade é dada ao sentimento religioso que a filosofia deriva especulativamente[14]. Além disso, os conteúdos da religião e da *Escritura* são idênticos. A *Escritura* é a plena e absoluta corporificação da consciência religiosa, sendo assim idêntica à verdade filosófica. Por causa desse espírito dogmático relativo à autoridade da *Escritura*, rejeita a crítica histórica da *Bíblia* em seu volume sobre *A Filosofia Religiosa dos Judeus*[15].

---

13. S. Hirsch, *Das System der religiösen Anschauung der Juden und sein Verhältnis zum Heidentum, Christentum und zur absoluten Philosophie*, I, XVIII-XXIII.
14. *Ibid.*, pp. XVI-XVIII, 30-34.
15. *Ibid.*, p. 79, nota 507 e ss.

O IDEALISMO PÓS-KANTIANO NA FILOSOFIA JUDAICA DA RELIGIÃO | 345

Em obras posteriores, entretanto, conclui que o absoluto conteúdo-verdade da *Escritura* não é de modo algum afetado pelas questões históricas concernentes às origens dos livros sagrados[16]. Suas diferenças com Hegel trazem-no a outra concepção no tocante à estrutura do sistema. Ele vê na filosofia da religião não uma parte, mas o todo da filosofia do espírito. A continuação, que Hirsch não chegou a escrever, devia levar a cabo esse programa.

Mas no fundo dessa diferença metodológica com Hegel, encontra-se uma profunda diferença em substância. À interpretação hegeliana da vida ética em termos da necessária auto-realização da razão, Hirsch opõe a idéia da liberdade absoluta como o conteúdo essencial da consciência ética. A fim de desenvolvê-lo, começa por uma análise da idéia de homem e, como Hegel, divisa a propriedade peculiar do homem, que o eleva acima da natureza, em sua autoconsciência, em sua capacidade de dizer "eu" para si próprio e, assim, para colocar-se acima e contra o mundo. Esta consciência de si mesmo como um "eu" nada mais é do que a consciência da liberdade, que é, portanto, a essência da autoconsciência. Mas essa liberdade primária é somente uma liberdade abstrata e, por conseguinte, vazia de todo conteúdo. Ela encerra uma dupla contradição: primeiro, por causa de sua vacuidade abstrata, não tem determinação concreta, e precisa agarrar-se a qualquer conteúdo externo; e segundo, como um mero dado, é, de novo, algo natural e, desse modo, o oposto da verdadeira liberdade[17]. A contradição no conceito de uma liberdade arbitrária força a consciência a ir além de seu ponto de partida inicial.

Até aí, Hirsch concorda com Hegel, mas vai diferir dele no modo como leva a consciência a superar essa contradição. Hegel faz com que a liberdade abstrata, que não pode existir por causa de sua autocontradição interna, passe à liberdade concreta e, por meio dessa necessidade, suspende a livre autodeterminação da consciência. Esse assunto torna-se mais claro em outro contexto, em que o fato do pecado é deduzido. A consciência do pecado é, para Hegel, apenas a consciência da inescapável divisão dentro do homem, que apreende a si mesmo, devido à sua emancipação, como sendo ao mesmo tempo uma criatura com vontade natural e uma criatura destinada à razão. Quando o homem vê a sua determinação racional como a fonte de seu desenvolvimento, e acredita na inocência original de seu ser, atribui tal cisão, que necessariamente surge no processo dialético, à sua própria divisão.

Esta derivação do pecado substitui a simples finitude da consciência, que não contém pecado em geral, pelo pecado real que provém da liberdade de consciência[18]. O progresso além da liberdade abstrata e suas contradições precisa, portanto, ser

16. Steinthal, *Über Juden und Judentum*, p. 208.
17. Hirsch, *op. cit.*, pp. 11-25.
18. *Ibid.*, pp. 43-45.

346 | A FILOSOFIA DO JUDAÍSMO

procurado de tal modo que a liberdade não seja negada, como ela o é por Hegel, mas guardada e preservada. Isso é possível se o homem não é compelido, a fim de livrar-se das contradições, a palmilhar um determinado caminho, mas lhe é dado uma escolha entre muitas alternativas. Uma possibilidade é que ele sacrifique sua liberdade à sua natureza, e isto constitui a essência do pecado; a outra é que ele subordine sua natureza à sua liberdade, alcançando, por esta constante sujeição da sensualidade à atividade da liberdade, uma vida constantemente renovada e em crescimento. Não a realidade, mas a possibilidade do pecado é o pressuposto para a transição da liberdade abstrata à concreta; e isso não é interpretado em termos de Hegel como a irrupção da razão dentro do homem, porém nos de Kant e Fichte, como a tarefa intérmina de sujeitar os sentidos à razão.

O desenvolvimento dialético do espírito não é um processo necessário, como é verdade com respeito à natureza, pois ao espírito várias possibilidade são concedidas[19]. Como Hegel destruiu essa distinção, ele prestou escassa atenção aos testemunhos da consciência religiosa, e os considerou como descrições inadequadas da verdade filosófica. Assim, introduz no relato bíblico de Adão e Eva suas próprias noções no tocante ao pecado, que ele pôde encontrar na *Escritura* apenas em forma de parábola e alegoria. Opondo-se a isto, Hirsch vê-se em completo acordo com a história bíblica. Assim, não hesita em caracterizar o referido relato como mítico, porém o mito não é para ele (como é verdade para a interpretação racionalista do mito) uma fabricação poética; é a apresentação de um evento interno na roupagem de uma ocorrência externa, que exibe esse conteúdo livre de toda contingência[20].

Às várias formas da autoconsciência ética dos homens, correspondem, segundo Hirsch, outras tantas formas da consciência de Deus. Agora, ele pode interpretar a vida religiosa da humanidade. A abstrata consciência original de liberdade continha em si o sentimento de que a liberdade era algo dado ao homem; e ela produziu assim uma representação de Deus, igualmente abstrata, como o doador dessa liberdade, que, em comparação com a mesma forma de autoconsciência, nada mais era senão o estádio preparatório da religião para chegar à concreção histórica. Sua própria corporificação dependia da direção em que o homem transcende a liberdade vazia, a qual se apresenta no início de sua própria autoconsciência. Se sacrifica a sua liberdade à sua natureza, justifica-o com a idéia de que o poder da sensibilidade é irresistível. Ele atribui à natureza um domínio absoluto, e a eleva ao status de um princípio divino. A religião passiva, que nasce de tal atitude, é a base para o paganismo em todas as suas formas. Como algo oposto a isso, se o homem se ergue ao nível da liberdade concreta, à força de subordinar sua natureza à sua liberdade, a imagem abstrata de Deus é preenchida com

19. *Ibid.*, pp. 38-42, 62-64.
20. A doutrina do mito, *ibid.*, pp. 53-58; interpretação do pecado de Adão, *ibid.*, pp. 62-104.

O IDEALISMO PÓS-KANTIANO NA FILOSOFIA JUDAICA DA RELIGIÃO | 347

o conteúdo da liberdade concreta. Deus não é apenas o poder que nos concedeu o poder da liberdade, mas Ele também deseja o conteúdo de nossa liberdade material. A vontade humana e a vontade divina são uma e a mesma[21].

Esta ativa religiosidade é a religião do judaísmo. A autoconsciência do homem, à qual sua consciência de Deus corresponde, é sempre o dado primário. Tal conclusão, embora derivada de maneira diferente, é muito próxima à de Formstecher, e lembra seu entendimento histórico dos dois tipos religiosos básicos, paganismo e judaísmo, sendo concedido ao cristianismo o mesmo papel de elevar o paganismo ao judaísmo. Mas os pormenores da construção histórica de Hirsch são diferentes, por causa da diferença nos princípios primeiros aí envolvidos. O paganismo não é, como para Formstecher, uma apreensão unilateral de uma idéia essencialmente válida que é imanente ao espírito, mas é visto como conseqüência de uma total perversão da consciência humana. Portanto, não pode desenvolver sua verdade parcial até o nível mais elevado, porém é obrigado a revelar-se em sua vacuidade interior. A explicação plenamente detalhada de tal desenvolvimento é feita com a ajuda da dialética hegeliana, segundo a qual cada estádio no processo leva, por meio da força de suas contradições inerentes, ao novo estádio, até que, no fim, o paganismo mesmo reconhece sua própria insuficiência. Nesses detalhes, Hirsch trabalha com o pleno uso da dialética hegeliana, mas muda a sua ordem a fim de ajustá-la ao seu próprio propósito. Além do mais, o judaísmo está isento desse tipo de desenvolvimento. À religião grega e à romana, que, de acordo com Hegel, constituem junto com o judaísmo as religiões do espírito individual, são conferidas outra posição, pois elas estão situadas na esfera das religiões da natureza, ainda que sejam religiões antropológicas da natureza. Seu desenvolvimento geral de modo algum conduz a um passo dialético positivo na direção da religião absoluta, mas não tem outro resultado senão o de pôr a descoberto a vacuidade do paganismo[22].

O judaísmo é parte desse desenvolvimento apenas na medida em que proveio da libertação da perversão básica da consciência ética implícita no paganismo. Não requeria, portanto, a completa ruína deste. Por não estar a liberdade ética totalmente perdida para a humanidade, é possível ao homem, em qualquer fase de seu desenvolvimento, reorientar-se para a liberdade concreta e, por conseguinte, para a verdadeira consciência de Deus. Este decisivo ponto de virada ocorreu com Abraão que, dentro do âmbito do paganismo, alcançou e realizou plenamente uma fé ativa.

O desenvolvimento ulterior do judaísmo, tal como a sua origem, não é descrito segundo linhas dialéticas, pois no espírito de Hirsch a dialética histórica está direcionada mais para a autodestruição da falsidade do que para o autodesdobramento

---

21. *Ibid.*, pp. 25-30, 48-53, 97 e s., 110-116.
22. Descrição da idolatria, *ibid.*, pp. 116-385. A concepção básica é sumariada no fim, pp. 383-385.

348 | A FILOSOFIA DO JUDAÍSMO

da nova verdade. Se o homem concentra sua mente na essência da verdade religiosa, não pode haver desenvolvimento ulterior. Todo aquele que tenha atingido a liberdade ética, é capaz de apreender a verdade religiosa em seu conteúdo eterno. Todo aquele que esteja buscando Deus no caminho certo, há de encontrá-Lo sempre e em toda a parte. Ele se revela ao homem no todo de suas vidas, na totalidade de seu fluxo e de suas circunstâncias cambiantes, no bem e no mal. Se perguntarmos pelas razões de nossas vicissitudes mutantes, tais razões não podem ser procuradas na ventura e na desventura. Nós não temos outro destino salvo o de nos mantermos tanto na felicidade quanto na infelicidade; a meta de nossas vidas é a liberdade, e as condições naturais de nossas vidas são ocasiões pedagógicas que nos conduzem rumo à liberdade. Assim, reconhecemos Deus como o Senhor do Universo, a quem todas as coisas servem, tendo Ele dirigido todas as coisas para nos servirem e nos ajudarem a atingir a liberdade. O relacionamento entre criador e criatura é mudado para a relação de pai e filho. Este Deus do judaísmo não é abstratamente distante do espírito do homem, como Hegel pensava, mas imediatamente presente a ele[23].

A divina revelação histórica ao povo judeu corresponde a essa perpétua revelação de Deus na vida do indivíduo. As duas formas de revelação, milagres e profecias, são dirigidas para o reconhecimento de Deus como livre soberano da natureza, que aceita o homem ao Seu serviço. Esta forma sobrenatural de revelação era necessária a fim de desarraigar a idéia da onipotência da natureza – uma idéia que os judeus adquiriram no Egito, e que persistiu durante sua estada entre os povos pagãos – e para demonstrar a vacuidade de semelhante culto da natureza. Quando o povo judeu superou essas tentações, tais meios de revelação desapareceram. Um único milagre, inerente ao próprio fato da existência do povo judeu, continua permanentemente, e como a vida do indivíduo, aponta repetidamente para Deus[24].

Assim, em lugar do desenvolvimento da verdade religiosa ocorre então apenas a educação ética do homem feita por Deus, sua compenetração cada vez mais profunda do teor da verdadeira fé. Somente no sentido de uma tal educação é possível falar do "desenvolvimento" do judaísmo. Aqui precisamos distinguir dois momentos. A imediata vocação do homem que alcançou liberdade moral e o conhecimento de Deus é no sentido de renovar e realizar seu próprio destino ético de maneira cada vez mais plena. Mas quem tiver descoberto essa destinação e apreendido essa verdade, é levado por si só a querer também difundi-la. Do verdadeiro conhecimento de Deus brota necessariamente o amor para com a humanidade. Em conclusão ao comentário talmúdico sobre o versículo bíblico, Hirsch mostra como Abraão, que é para ele o protótipo da mais alta religiosidade, tenta converter o povo falando-lhe da essência

23. *Ibid.*, pp. 445-457.
24. *Ibid.*, pp. 537-620.

O IDEALISMO PÓS-KANTIANO NA FILOSOFIA JUDAICA DA RELIGIÃO | 349

de seu Deus. Depois que essa tentativa dá em nada, Abraão se retrai para dentro de si mesmo por algum tempo, ao fim porém reconhece que as pessoas não podem ser aproximadas de Deus por meio de palavras, mas unicamente pelo exemplo vivo, e neste modo de atuar ele descobriu a sua própria vocação[25]. Essa vocação é também a do povo judeu. Abraão não recebeu a verdade apenas para si, mas para a humanidade como um todo; e os judeus devem prestar testemunho dessa fé não com a palavra, mas com a vida, e provar o poder de sua fé pela realização desta na própria existência deles. Segundo Hirsch, os sofrimentos de Israel também servem a esse propósito. Israel é o servo sofredor de Deus, através de cujos ordálios a impotência do mal se torna manifesta[26].

Somente depois que esse intensivo sentimento religioso se torna parte da vida do povo judeu pode haver uma religiosidade extensiva; isto é, um tempo que essa verdadeira fé deve ser espalhada no mundo pagão. Em Roma, o paganismo chegou ao fim. Neste momento histórico, o cristianismo, a encarnação da religiosidade extensiva, começou a cumprir sua missão. O primeiro princípio do cristianismo, que é manifesto na vida de Jesus, baseia-se totalmente no judaísmo. Jesus busca o reino do céu, mas não tem a intenção de transcender o judaísmo. Inversamente, ele reconhece que o reino do céu não pode chegar antes que cada judeu se torne aquilo que o povo de Israel estava destinado a tornar-se, o "filho de Deus", educado para superar o pecado e pronto a carregar sozinho o destino de Israel, o sofrimento do servo do Senhor. Ele procura tornar-se o primeiro a palmilhar esse caminho, e servir de exemplo para os outros. Quando Jesus se refere a si próprio como o filho de Deus, está apenas dirigindo a atenção para a sua missão de servir como a concreção individual da missão de Israel, que é chamado na *Escritura* o primogênito de Deus.

O que é dito acima está em completo acordo com o Judaísmo, segundo o qual todo homem pode alcançar as alturas da perfeição ética. Jesus não pensa que ele seria a única pessoa a atingir semelhante inteireza, mas apela a todas as criaturas humanas a segui-lo e serem filhos de Deus, e a aceitarem os sofrimentos do servo do Senhor[27]. Hirsch descobre a verdadeira representação do sentimento de Jesus no *Evangelho de São Mateus*, ao passo que em Marcos e Lucas encontra traços do anti-semitismo posterior. No *Evangelho de São João*, a vida de Jesus não é apresentada em termos históricos, porém é explicada filosoficamente; em sua "explanação" Jesus representa menos a realização do conceito de Israel do que a realização da idéia de humanidade livre, que é anterior a toda realidade como fim último da criação. Apesar dessa tendência, que percorre o evangelho inteiro de João, e que deliberadamente procurou

25. *Ibid.*, pp. 457-528.
26. *Ibid.*, pp. 617-620, 627-631.
27. *Ibid.*, pp. 646-690.

350 | A FILOSOFIA DO JUDAÍSMO

debilitar a conexão entre a idéia cristã e sua fonte judaica, sua interpretação dessa idéia e a cristianização joanina do *logos* remanesce dentro das fronteiras do judaísmo, embora chegue perto dos limites para cruzá-las[28].

Para Hirsch, a ruptura com o judaísmo veio somente com Paulo. O conteúdo positivo do ponto de visa religioso deste não levava necessariamente ao rompimento. Graça desmerecida e expiação de pecados não eram estranhos ao judaísmo, nem o era a idéia da necessária prioridade da crença para o cumprimento dos preceitos. O judaísmo sabe – e a história dá a este conhecimento sua base fatual – que os divinos mandamentos não podiam ser observados exceto se a pessoa estivesse convencida de que o pecado pode ser superado. Se Paulo julgou que com essas idéias estava desviando-se do judaísmo é porque tinha apenas um conhecimento superficial dele.

Mas essa interpretação errônea do judaísmo levou a conseqüências de largo alcance. Paulo considerou que a decadência do paganismo se devia ao próprio desespero deste; por causa de sua concepção do judaísmo, concluiu também que, por ser somente uma série de leis, o judaísmo não podia conferir ao homem o poder de praticar o bem. Daí ter proclamado que até o advento de Jesus a humanidade estivera totalmente sob o domínio do pecado, idéia à qual deu uma formulação dogmática em sua doutrina do pecado original. Esta incluía a total depravação do gênero humano e sua redenção através de Jesus, sendo tal redenção considerada a única saída dessa depravação. Efetuava-se agora uma ruptura completa com o judaísmo, cuja doutrina da liberdade era inteiramente invertida; só depois que a obra de Paulo for totalmente desfeita será possível, de novo, estabelecer uma ponte sobre a brecha entre judaísmo e cristianismo[29].

Devido à sua doutrina do pecado original e da redenção, o cristianismo resulta num anti-racionalismo e dá origem a um conflito entre fé e razão, conflito que até então nunca havia ocorrido. O cristianismo distinguiu incisivamente entre Deus e o homem, e a noção de Hegel segundo a qual o cristianismo constitui a concretização da unidade do divino e do humano, é errônea. As contradições que Hirsch descobre no paulinismo dão-lhe o ensejo para construir dialeticamente o desenvolvimento do cristianismo. Ele vê na concepção católica da Igreja o corolário da doutrina paulina, pois ela exige um mediador entre Deus e o homem, e precisa outrossim contar com uma instituição que ofereça acesso a este mediador. A Igreja torna-se assim um mediador para o mediador[30]. O protestantismo, com sua idéia do sacerdócio universal de todos os crentes, não só nega a idéia católica da Igreja, mas o paulinismo também. Não obstante, foi Lutero que sustentou o paulinismo com mais força do que o catolicismo, e desenvolveu a contradição inerente ao cristianismo de uma forma ainda

28. *Ibid.*, pp. 701-722.
29. *Ibid.*, pp. 722-767.
30. *Ibid.*, pp. 775-786.

O IDEALISMO PÓS-KANTIANO NA FILOSOFIA JUDAICA DA RELIGIÃO | 351

mais rígida do que antes. Os princípios protestantes causam uma renovação filosófica, transcendendo a realização filosófica da Antigüidade que fora sepultada no escolasticismo; com Descartes começa a filosofia da liberdade. A despeito de sua descoberta do verdadeiro método, as contradições entre a consciência religiosa e a filosofia dialética de Hegel, que dela deriva, ainda permanecem[31].

Somente depois que forem superadas as contradições na consciência religiosa, quando o cristianismo recuar da forma pauliniana, poderá ele servir sua missão de ser uma religião extensiva, uma religião para o mundo inteiro. Quando esse tempo vier, o cristianismo tornar-se-á em termos materiais idêntico ao judaísmo. O desenvolvimento humano atingirá o seu termo final nos dias do Messias, na era da verdade absoluta, que há de assistir à unificação da religiosidade extensiva e intensiva. Hirsch mantém ainda assim a necessidade da existência separada do judaísmo, mesmo no referente a esse tempo futuro, e advoga o retorno dos judeus à sua própria terra. Em sua doutrina, o judaísmo se tornará uno com todo os povos, mas conservará, não obstante, seu próprio culto especial, em que sua missão histórica encontra sua expressão simbólica permanente[32].

NAKHMAN KROCHMAL

Nakhman Krochmal (1785-1840) foi também um dos fundadores dos estudos judaicos modernos (Wissenschaft des Judentums). Seu empenho em unificar a investigação histórica com a interpretação filosófica distingue-o de todos os seus contemporâneos. Em seu *magnum opus, Guia dos Perplexos de nosso Tempo* (publicado postumamente em 1851)[33], as seções históricas superam em número as filosóficas. À primeira vista, os capítulos filosófico-sistemáticos de abertura parecem ser nada mais do que uma introdução ao corpo principal da obra, ou seja, os capítulos históricos. Mas essas seções introdutórias constituem o fundamento sobre o qual repousa a estrutura do livro. Mesmo como historiador, Krochmal não descreveu meramente o curso da história judaica, mas a interpretou continuamente de uma maneira histórico-filosófica. Ele interpretou a história externa dos judeus como o resultado da relação interna entre o povo judeu e o espírito absoluto. Por causa desse relacionamento, a existência do povo judeu não é limitada no tempo, como sucede com outras nações,

---

31. *Ibid.*, pp. 786-832.
32. *Ibid.*, pp. 832-884.
33. Krochmal nunca completou o livro. Faltam alguns capítulos, que ele pretendia escrever e, com respeito às seções finais, nunca efetuou uma determinação completa de sua respectiva ordem. Zunz dispôs os capítulos subsistentes conforme sua idéia da ordem que Krochmal tencionava lhes dar e, sem dúvida, ele o fez com uma estimativa correta. As citações do livro foram tiradas da edição Rawidowicz (Berlim, 1924), que inclui as investigações e cartas de Krochmal.

352 | A FILOSOFIA DO JUDAÍSMO

porém, depois de períodos de decadência e degeneração, o povo judeu nova e novamente revive com a força da juventude. Krochmal divisa um processo unitário na história do espírito judaico, no qual a verdade, presente no judaísmo desde o começo, evolui para formas cada vez mais claras e mais elevadas de pensamento conceitual. Tal entendimento quer do destino externo quer do desenvolvimento interno do povo judeu baseia-se inteiramente na filosofia de Krochmal, que ele aplica aos acontecimentos efetivos da história judaica, lançando uma nova luz sobre eles.

É verdade que a interpretação filosófica da história judaica era baseada em uma investigação cabal de fatos particulares. O livro de Krochmal contém grande número de pesquisas críticas esclarecedoras, que são devotadas em parte à *Escritura* e em parte à literatura pós-bíblica, sendo algumas de importância fundamental. Porém, tais investigações não estão incluídas por seu valor intrínseco, mas por fornecerem uma sólida e firme base fatual para a interpretação filosófica da história judaica. A despeito de todo esse árduo e minucioso trabalho fatual preparatório, a construção histórica de Krochmal – que organizou, como os historiadores alemães que lhe serviram de modelo, segundo um esquema estabelecido de antemão – conduz a grandes dificuldades.

Estas tornaram-se óbvias na sua construção completamente artificial do curso externo da história judaica. Mas, na pintura do desenvolvimento interno do judaísmo, ao qual dedicou grande atenção seja em termos de escopo, seja de valor, estavam também presentes dificuldades. A suposição de que o propósito de tal desenvolvimento era unicamente o de revelar a verdade concedida aos judeus no início de sua história com uma clareza e plenitude progressivamente maiores, não só levou a uma simplificação excessiva, mas também a uma intelectualização do palco histórico, que não fazia justiça à variedade das forças espirituais, que na realidade operam na história. Mas, quando chegam à história do espírito judaico, todas essas jaças podem ser desconsideradas – assim como no caso dos eruditos alemães que foram os seus exemplos – em favor da fecunda idéia de desenvolvimento que ele emprestou da filosofia alemã. A tentativa de estabelecer a história espiritual do povo judeu com base em fatores unificados e leis tornou possível um apanhado compreensivo da história judaica, que de outro modo nada mais seria senão uma série de opiniões e pontos de vista particulares, quer de indivíduos ou de grupos. Nenhum dos pais fundadores da Wissenschaft des Judentums apreendeu essa idéia de maneira tão plena como Krochmal e, a despeito de sua unilateralidade racionalista na consideração das forças operativas na história, suas idéias acerca da história do espírito judeu têm um valor fundamental para o desenvolvimento dos estudos judaicos[34].

---

34. Meu próprio ponto de vista sobre Krochmal é apresentado de maneira mais pormenorizada em meu ensaio, "As Bases do Pensamento de R. Nakhman Krochmal"(*Knesset*, VI, 250-286). Farei uso desse ensaio muitas vezes.

O IDEALISMO PÓS-KANTIANO NA FILOSOFIA JUDAICA DA RELIGIÃO | 353

Embora os capítulos introdutórios do livro enunciem suas concepções filosóficas de forma muito rápida, seus elementos básicos podem ser detectados com bastante clareza, quer ali quer nas notas sobre os capítulos históricos. Eles não deixam dúvida de que Krochmal encarava a metafísica idealista alemã como idêntica à verdade perfeita. Enquanto Formstecher assim como Hirsch só adotavam os sistemas de Schelling e Hegel com restrições, reconhecendo a oposição entre o conceito-Deus pessoal do judaísmo e o panteísmo, Krochmal não via oposição entre a filosofia idealista e o judaísmo. Insistia que as doutrinas da filosofia moderna estavam em completo acordo com o judaísmo. Mesmo em sua forma filosófica, elas não eram novas para o judaísmo; encarava a moderna filosofia como a herdeira lógica das teses da filosofia judaica medieval e especialmente de Maimônides e Ibn Ezra, a quem dedicava particular admiração[35].

Há um grão de verdade nesse julgamento. Mas ele diz respeito muito mais às fontes árabes da filosofia medieval, nas quais Maimônides e Ibn Ezra se abeberaram, do que às próprias doutrinas destes. Tal é definitivamente o caso de Maimônides. O idealismo filosófico alemão centrava sua atenção – com novas ferramentas para o labor do pensamento e dentro de uma estrutura moderna – em torno do mesmo panteísmo emanacionista que encontramos nos neoplatônicos e neo-aristotélicos árabes, e aos quais Ibn Ezra estava ligado de certo modo. Maimônides, entretanto, opunha-se a essas noções com a idéia do Deus pessoal, como Formstecher e Hirsch o fizeram no tempo de Krochmal.

Krochmal aproximou ainda mais a filosofia idealista da tradição filosófica judaica, ao despi-la de seu caráter dialético[36]. Somente no capítulo, ao que parece escrito por volta do fim de sua vida, em que trata dos pressupostos de uma filosofia religiosa engastada na lógica (uma doutrina tipicamente hegeliana), desenvolveu ele as idéias de Hegel na sua forma dialética. Das alusões fortuitas que lá aparecem, podemos conjeturar que, *circa* do termo de seus labores filosóficos, estava pronto para aceitar a dialética hegeliana. Mas esse capítulo permanece inteiramente isolado no corpo do livro de Krochmal. Fora dele, não encontramos método dialético no desenvolvimento de suas idéias,e nenhum entendimento dialético do processo pelo qual o mundo dimana de Deus, e de como as esferas separadas da existência desenvolvem-se, desdobram-se uma a partir da outra. A forma simples com que Krochmal aceitou a metafísica do idealismo filosófico alemão está mais próxima, em espírito, da metafísica medieval e da do início da idade moderna, do que da dos fundadores do idealismo alemão, não obstante o fato destes terem tentado divorciar-se daquelas concepções

---

35. Krochmal, *Guia dos Perplexos de nosso Tempo*, cap. 16, pp. 273, 274.
36. Rawidowicz tratou disso em conexão com a teoria da história de Krochmal, na introdução à edição da carta deste último e também no ensaio, "Was Krochmal an Hegelian..." (*Hebrew Union College Annual*, pp. 563-566). Mas desse tópico, em si mesmo muito importante, ele tira conclusões que, em termos de sua proposta básica, são injustificadas.

354 | A FILOSOFIA DO JUDAÍSMO

metafísicas que se aproximam das idéias de Krochmal. As diferenças entre os vários adeptos do idealismo germânico são irrelevantes à vista dos elementos comuns partilhados por todos os membros dessa escola. Embora expressos em diferentes formulações, todos eles mantiveram os mesmos princípios, e Krochmal não foi inconsistente ao aceitar as opiniões de um pensador em certos pontos e os de outro, em outros[37].

Sua doutrina sobre a natureza e a essência da religião e as relações desta com a filosofia proveio inteiramente de Hegel. Que toda religião, da mais baixa à mais elevada, tinha sua base na direção comum da consciência humana, e que, apesar de suas diferenças, partilhava de uma única essência, era uma opinião aceita por todas as escolas da filosofia da religião na Alemanha, desde Schleiermacher. Mas os membros da escola divergiam sobre a definição do conteúdo da religião. Krochmal definia a religião como a crença em poderes espirituais. Esta crença podia ser encontrada até em religiões primitivas de caráter animístico. O verdadeiro sujeito desses credos primitivos não era o transitório objeto natural, mas o poder que o mantinha em existência – isto é, o poder espiritual (Krochmal fala aqui do "espiritual" no sentido mais geral) em seu interior. Esse espírito não era só impermeável à mudança mas, ao contrário do corpo, que era uma entidade individual limitada, o espiritual era essencialmente geral e ilimitado. A generalidade e a falta de limitação dos poderes espirituais inerentes aos objetos naturais são, entretanto, apenas relativos, pois a multiplicidade de formas dos poderes espirituais coloca-os em oposição entre si.

No caso do paganismo, os poderes espirituais perdem essas qualidades quando são considerados apenas em sua ligação com a existência corpórea[38]. Somente no

---

37. O único dos filósofos pós-kantianos ao qual o *Guia dos Perplexos de nosso Tempo* alude, sem, entretanto, mencionar seu nome, embora seja especificamente nomeado em uma das cartas de Krochmal, é Hegel. Uma vez que Krochmal incluiu o essencial da lógica de Hegel em seu livro, e em muitos lugares a conexão entre os dois pensadores é bastante óbvia, o ponto principal da questão concernente à relação entre ambos girava em redor do problema se Krochmal era ou não hegeliano. Uma resposta positiva ao caso foi dada por Y. L. Landau no seu livro *Nakhman Krochmal – ein Hegelianer*. Uma resposta negativa foi a de Rawidowicz nas duas investigações citadas na nota anterior. Seja no ensaio "A Influência de Hegel sobre Nakhman Krochmal", seja no livro *A História da Literatura Hebraica Moderna*, II, 201-208, Klausner mantém que Krochmal era dependente de Hegel. Se a gente propõe assim a questão é mister, na minha opinião, responder pela negativa. Krochmal, por certo, era devedor de Hegel por muitas idéias importantes, mas em suas posições metafísicas básicas estava mais perto de Schelling do que de Hegel, e em alguns assuntos é mais influenciado por Fichte. Mas a questão toda de determinar até onde e o quanto ele foi influenciado por cada um dos representantes do idealismo alemão é ambígua. É fato indiscutível que este foi a base de seu pensamento. A extensão da dialética e as conseqüências daí derivadas não bastam para diferenciar Krochmal da corrente básica do idealismo. É injustificado argumentar, como Rawidowicz fez, que a filosofia ocupa apenas um lugar secundário no pensamento de Krochmal, e enfatizar unilateralmente, quando se trata de sua doutrina histórica, sua dependência da escola histórica e seus precursores, depreciando assim a relação de Krochmal com a filosofia idealista da história. Klausner, em seu livro, *op. cit.*, p. 196, acentua que, além de Hegel, outros expoentes da escola idealista alemã afetaram Krochmal, e com este julgamento ele chega perto de nosso modo de ver.

38. Krochmal, *Guia dos Perplexos de nosso Tempo*, VI, p. 29.

O IDEALISMO PÓS-KANTIANO NA FILOSOFIA JUDAICA DA RELIGIÃO | 355

estádio mais alto da religião, a religião bíblica, o espiritual era revelado em sua pureza. Aí, a fé não era dirigida para poderes espirituais individuais, mas para o espírito absoluto, que constitui o fundamento deles. O espírito absoluto, que para Krochmal, como para Hegel, denotava a verdade absoluta, era a causa de todas as causas e o fundamento de toda existência verdadeira. Os corpos naturais, que estão sujeitos a contínuo vir-a-ser e destruição, não existem verdadeiramente. Apenas o espírito existe efetivamente, pois, ao contrário dos corpos, ele não está sujeito à mudança. Mas os poderes espirituais individuais existem em razão do espírito absoluto, que os porta e sustém. O espírito absoluto é a única realidade universal e infinita no pleno sentido dos termos. Somente como fé no espírito absoluto pode a religião expressar aquilo que está plenamente engastado em sua essência. A adoração de Deus corresponde a essa concepção de Deus. Tal adoração depende do reconhecimento do homem, segundo o qual somente por motivo de sua essência espiritual pode ele apreender o amor de Deus, e assim assegurar a si próprio uma vida duradoura. Numa formulação muito cuidadosa, Krochmal exprimiu aqui a idéia que a meta da adoração de Deus era a unificação do espírito humano com o espírito divino. Teoricamente, a religião era a percepção espiritual e, em seu alcance mais elevado, a apreensão do espírito absoluto; praticamente, constituía o esforço para a unificação com o espírito, de modo a tornar-se idêntico a ele[39].

Mas a filosofia também ensinava que o espírito era a essência de todos os seres – e isso era uma clara demonstração da identidade da verdade filosófica e religiosa. Esta identidade, que pode ser encontrada em todos os níveis do desenvolvimento religioso e filosófico, torna-se clara ao máximo nos mais altos níveis da religião e da filosofia. A religião bíblica, a mais elevada forma de religião, contém a mesma fé no espírito absoluto que comparece na verdade última da filosofia. Dado este postulado da identidade da religião e da filosofia, a única diferença entre as duas encontra-se na maneira como elas representam seu conteúdo comum. A filosofia concebe o espírito na forma de um conceito, e a religião na forma de uma representação, à qual Krochmal ocasionalmente acrescentava a dimensão do sentimento. A representação é uma forma de consciência mais alta do que a da sensação e observação, porém mais baixa do que a do conceito. Enquanto, em questões de princípio, apenas a elite pode alcançar as cumeadas do pensamento especulativo, a imaginação é comum a todos os homens. Assim, a religião, a qual capta o espiritual sob a aparência de representação, faz dele o legado de todos os homens. Todo ser humano está destinado a essa crença no espiritual; embora necessite de educação e treino para ser atualizada, a consciência religiosa é inata ao homem[40].

---

39. *Ibid.*, pp. 29, 30; cf. também cap. VII, p. 38.
40. *Ibid.*, pp. 30, 38; cf., sobre a relação da representação com o conceito, II, pp. 11, 12.

356 | A FILOSOFIA DO JUDAÍSMO

Não era apenas a fé da congregação religiosa, radicada como estava na tradição, que dependia da representação, mas todos os gênios religiosos, inclusive os Profetas, e o maior de todos ele, Moisés, apreenderam a verdade apenas através da representação. A religião da *Torá* era, em termos de seu conteúdo, infinitamente superior às religiões do paganismo, mas compreendia sua verdade superior, da mesma forma que aquelas haviam apreendido sua verdade falhada, inferior[41]. De acordo com essa doutrina, a fonte da religião jaz no espírito humano. De outro lado, Krochmal não só considerava a *Torá* como tendo sido divinamente revelada, mas dizia explicitamente que a profecia era um fato incontestável; e era especialmente franco quanto à natureza maravilhosa da teofania no Monte Sinai[42]. A oportunidade de unificar essas duas abordagens apresentou-se na doutrina da profecia, que consideraremos mais adiante. De acordo com essa doutrina, a revelação depende de uma conexão interna entre o espírito divino e o espírito humano. Por força dessa conexão, o espírito humano participa da verdade divina; através da consciência do homem, com a qual está ligado, o espírito divino se faz manifesto, mas sua verdade é sempre dada de uma forma apropriada ao poder de apreensão do homem. No conhecimento de Deus, o humano e o divino estão ligados entre si numa unidade indissolúvel.

Para Krochmal, o valor da religião não diminuía pelo fato de ela compreender a verdade apenas sob o aspecto da representação, pois seu objeto primeiro era a verdade compartilhada pela filosofia e pela religião.

A verdade final e completa estava contida na religião bíblica e encontrava-se essencialmente presente nos patriarcas judeus. O desenvolvimento ulterior do espírito do judaísmo – e mais do que isto, do espírito da humanidade – não acrescentou nada a essa verdade, mas simplesmente a conduziu para um foco conceitual mais claro que sempre estivera presente. O valor da *Torá*, portanto, não era somente histórico. Como Krochmal o formulou, certa vez, na terminologia da filosofia medieval, ela era a fonte de verdade para todas as gerações, e todas as introvisões da filosofia estavam nela contidas; por meio de interpretação correta, poder-se-ia descobri-las ali[43].

Para Krochmal, como para Hegel, a forma com que a verdade era dada à consciência não era uma casca externa sem efeito sobre o seu conteúdo, mas às vezes gravava o conteúdo do conhecimento com seu próprio caráter. Era impossível, portanto, que essa identidade da verdade religiosa e filosófica fosse uma identidade absoluta. A verdade adotava e abandonava diferentes formas, segundo a maneira pela qual era captada, seja como representação, ou como conceito. A verdade não podia ser apreendida firmemente a não ser como conceito, e a representação, que se achava a meio caminho

41. *Ibid.*, p. 30; XVI, p. 272.
42. *Ibid.*, VIII, pp. 43 e s.
43. *Ibid.*, XVI, p. 273.

O IDEALISMO PÓS-KANTIANO NA FILOSOFIA JUDAICA DA RELIGIÃO | 357

entre a sensação e o pensamento, dava a seu objeto um caráter distinto, que não era essencial a ele, mas pertencia somente à descrição sensível do objeto. A verdade da filosofia era a verdade da religião em um plano mais alto. A prova para o argumento de que a religião não pode atingir um perfeito entendimento de seu objeto, apresenta-se nas várias contradições que caracterizam a fé religiosa, da qual Krochmal citava muitos exemplos da *Escritura* e do *Talmud*. Ele tornava esses paradoxos, que estavam contidos na consciência religiosa, dependentes da forma imaginativa, à qual a religião estava limitada, e pensava que elas desapareceriam uma vez que o conhecimento conceitual substituísse o conhecimento por representação[44]. Sua afirmação, portanto, de que a *Escritura* continha todas as introvisões da filosofia, significava apenas que elas estavam lá potencialmente. Se depurarmos as doutrinas escriturais de sua escória de representação, e as transmutarmos em sua forma puramente conceitual, e deduzirmos delas todas as conclusões que o pensamento pode derivar, elas estarão presentes em ato.

Além disso, tais interpretações não introduzem nada de estranho no texto, mas desenvolvem unicamente o que já se acha ali. Apesar de todas as diferenças entre verdade, tal como entendida através da representação, e verdade como entendida por meio de conceitos, ainda é a mesma verdade em ambos os contextos. A interpretação da *Escritura* que muda seu conteúdo em uma forma conceitual não afeta a essência das verdades escriturais, embora se oponha à forma representativa em que elas aparecem na *Escritura*. Uma tal interpretação da *Escritura* era tarefa da filosofia religiosa. Ela não poderia cumpri-la a menos que lhe fosse dada completa liberdade para transferir o conteúdo escritural para uma forma conceitual, e ela não deveria hesitar em opor-se a doutrinas escriturais particulares, que são apenas uma expressão desse conteúdo. A completa liberdade de interpretação bíblica era uma necessidade não só para a filosofia, como também para a religião.

A meta do ideal religioso era a comunhão do espírito humano com o divino, que não poderia ser alcançada sem um conhecimento de Deus. Quanto maior o grau de conhecimento, mais forte era a comunhão. Esse ideal, portanto, só poderia realizar-se mediante o livre desenvolvimento do conhecimento. Isso constituía, *in toto*, a mesma abordagem da perfeição religiosa que encontramos na filosofia medieval judaica da religião, e Krochmal, por isso, rejeitava incisivamente as objeções de Luzzato às teorias racionalistas da religião, nos termos de Maimônides e Ibn Ezra. Eles não haviam substituído os ideais da filosofia grega pelos do judaísmo, como Luzzato os acusava, mas apenas se apartado dos ideais da religião popular, que Luzzato identificara erroneamente como sendo os do judaísmo como um todo. Similarmente, Krochmal reputava como um grande mérito dos eruditos medievais o fato de que, mesmo com respeito à metafísica, eles não se considerassem obrigados por quaisquer doutrinas

---

44. *Ibid.*, III, p. 14.

358 | A FILOSOFIA DO JUDAÍSMO

escriturais particulares. A oposição que moviam à religião bíblica em sua forma imaginativa não se limitava às questões mencionadas por Luzzato, mas incluía o conjunto das opiniões religiosas da *Escritura*. Não obstante, os referidos sábios nunca deixaram de ser fiéis à essência da religião bíblica, e se esta continuasse a caminhar na trilha dos grandes cabeças do pensamento medieval, a moderna filosofia religiosa não renunciaria à verdade da *Escritura*[45].

O emprego efetivo que Krochmal faz aqui de sua percepção fundamental – de que a unidade básica da verdade religiosa e filosófica não era afetada pelas oposições emergentes da distinção entre representação e conceito – provava quão profundamente tal distinção penetrara no próprio conteúdo da cosmovisão religiosa, e quão duvidosa era a tarefa de estabelecer fronteiras entre a forma e o conteúdo da verdade religiosa. A oposição absoluta entre a metafísica dos sábios medievais e a forma externa da religião bíblica era essencialmente entre a doutrina da emanação, que Krochmal atribuiu a Maimônides e Ibn Ezra, e a visão bíblica de Deus e seu relacionamento com o mundo. Era essa doutrina da emanação que a moderna filosofia tentava desenvolver por outros meios. A despeito dessa oposição, a metafísica dos filósofos medievais e a dos tempos modernos podia ser identificada com a religião bíblica porque ambas colocavam o mais alto princípio espiritual como a fonte do mundo. A diferença entre a fé *Escritural* em um Deus-Criador pessoal e o panteísmo emanacionista da metafísica medieval e moderna não estava mais no conteúdo da verdade religiosa, mas era inerente a suas diferentes formas de expressão daquela verdade.

A doutrina de Krochmal, embora não idêntica ao panteísmo, lhe era muito próxima. As poucas e breves ocasiões em que ele apresentou os seus próprios pontos de vista fornecem apenas o esboço mais geral, mas não deixam dúvida de que pensou que o mundo mora dentro de Deus. Interpretou o monoteísmo bíblico de tal maneira que a verdadeira existência podia ser atribuída apenas ao espírito absoluto, e todos os outros seres existem somente na medida em que participam no ser deste espírito; a partir dessas posições, entretanto, não se pode ainda deduzir a imanência do mundo em Deus. No entanto, isto é expressamente afirmado em sua asserção de que Deus é tanto a causa quanto a totalidade do mundo. Em um contexto Krochmal designa Deus como a "causa geral que compreende em sua unidade todas as causas e o ser de todos os existentes"; e em outro lugar, Deus é "a fonte e a meta de todo ser espiritual"... "A existência de todos os seres espirituais em sua absoluta verdade". Os poderes espirituais criados são pensados como contidos dentro do ser de Deus[46]. São ligados a Ele

---

45. O ensaio polêmico de Krochmal contra Luzzato está impresso na edição de Rawidowicz, pp. 432-443. Cf., especialmente, pp. 435-437.
46. Krochmal, p. 29, p. 38.

O IDEALISMO PÓS-KANTIANO NA FILOSOFIA JUDAICA DA RELIGIÃO | 359

e aos corpos materiais, e na medida em que são juntados aos corpos no mundo material, participam de Sua verdadeira existência. Só eles podem ser considerados imanentes imediatamente em Deus. Mas, como os poderes espirituais mantêm, através de seu poder, todas as substâncias materiais, e como a cada classe de substância material corresponde um poder espiritual, que está relacionado ao individuais, por meio dos referidos poderes espirituais, a imanência no divino é mediada também para o mundo material.

Essa metafísica limitada e esporádica é tudo quanto pode ser respigado a partir dos capítulos sistemáticos da obra de Krochmal; além do mais, falta toda a argumentação para provar seu modo de ver. A fonte mais importante para o conteúdo de sua doutrina e os argumentos de apoio podem ser encontrados em sua explicação pormenorizada da filosofia de Ibn Ezra. Para Krochmal, a filosofia dos pensadores medievais, embora incompleta, era em princípio a mesma que a da filosofia moderna. Ele interpreta assim Ibn Ezra, sempre que se sente autorizado, no espírito da moderna filosofia. Várias vezes concorda explicitamente com idéias que descobre em Ibn Ezra, mas que se referem antes a suas próprias doutrinas metafísicas. Elas precisam ser desenvolvidas e alicerçadas em termos de um contexto muito amplo para que se entenda o seu pensamento. É importante ter em mente este trabalho de base, e verificar como ele abre seu caminho a partir do mundo sensível dado até o mundo supra-sensível de sua metafísica[47].

A justificação da filosofia de Ibn Ezra (e, portanto, da própria posição de Krochmal) é baseada em sua epistemologia. Ao analisar o ato de conhecimento, ele descobre o caminho que vai do mundo sensível ao supra-sensível. Essa análise é muito similar à da epistemologia crítica, segundo a qual o conhecimento da realidade empírica nasce por um processo de conceituação dos dados originais de fenômenos sensoriais, substituindo destarte o conhecimento sensorial das coisas por um conhecimento científico da realidade. Os detalhes da existência bruta são ordenados dentro de uma rede de leis. A ocorrência singular não pode ser entendida a menos que seja vista como parte de uma ordem de lei duradoura. O propósito da ciência é descobrir os princípios e as leis gerais com base nos quais os eventos individuais ocorrem, e alicerçar fenômenos individuais em sua essência geral. A ciência, portanto, começa com leis individuais que estão próximas da experiência sensorial, e ergue-se a partir destas, passo a passo, às leis mais gerais, até compreender, finalmente, toda a existência como um único sistema.

Mas esse processo tem ainda outro aspecto. No próprio momento em que a consciência compreendeu os dados sensoriais sob a forma de uma lei, a experiência

---

47. A prova de que Krochmal interpretou Ibn Ezra em termos de seus próprios princípios pode ser encontrada em meu ensaio sobre Krochmal, *op. cit.*, sec. 2. Cf., especialmente, pp. 270, 273, 274, 276, 277.

360 | A FILOSOFIA DO JUDAÍSMO

empírica desses objetos naturais já havia mudado. As qualidades sensíveis das coisas tal como dadas a nós na percepção são entendidas como resultados de certas causas, que verdadeiramente dão existência aos objetos. Em lugar das qualidades sensoriais como cor, som ou olor, temos agora suas causas objetivas que não podem ser apreendidas pelos sentido, mas somente pelo pensamento abstrato. Mas a transição da experiência sensorial para o entendimento é uma transição gradual, onde os dados sensíveis em causa são lentamente deslocados por categorias conceituais, e no fim descobrimos que na base da existência material multifacetada o conceito já estava presente. Ademais, o pensamento procura ir além e esforça-se em verter todas as qualidades sensoriais e convertê-las em conceitos. Assim, o conceito não é uma abordagem subjetiva da existência, como a teoria do sensualismo sustenta, mas antes é somente através do conceito que a existência pode ser entendida objetivamente[48].

Em termos dessa descrição do conhecimento da existência empírica, Krochmal alcançou a metafísica, atribuindo um tipo especial supra-sensível de ser às leis gerais que determinam as interconexões da realidade. Tais leis não são meramente conectivos entre diferentes fenômenos, dependentes deles para a sua existência, mas constituem a essência geral das coisas, e têm uma existência separada, independente daquilo que ligam.

Essa concepção das leis do ser como existentes autônomos é também expressa por sua relação com o tempo. Enquanto opostas aos acontecimentos individuais, que se encontram continuamente em fluxo, as leis da natureza são imutáveis. Mas para Krochmal a validade supratemporal tornou-se um ser supratemporal e adquiriu uma realidade metafísica além do tempo. O próprio Krochmal estava cônscio da semelhança dessas substâncias gerais com as idéias platônicas. Mas, ao contrário das idéias platônicas, elas não apenas são padrões de eventos materiais, aos quais a gente pode referir-se, mas constituem a fonte de onde os corpos materiais derivam. Não se pode julgar essas substâncias gerais como isentas de vida, porque são forças dinâmicas. Elas têm sua própria vida interior, em que as essências mais gerais são lentamente destacadas e individualizadas, e dos conceitos mais gerais sempre procedem conceitos mais particulares. O "geral" não só contém o particular dentro de si mesmo, mas é a fonte a partir da qual o particular se desenvolve. Essa processão lógica do individual a partir do geral é também uma diferenciação material, em que as essências individuais vêm à existência. O último estádio dessa descida é o passo que vai da existência não material à material.

Além disso, a relação do fato separado com a substância geral, que lhe serve de base, é como a relação do particular com o geral. Assim, quando as substâncias espirituais mais baixas e mais particularizadas continuam a desenvolver-se em sua parti-

48. Krochmal, *op. cit.*, XVII, pp. 285-287.

O IDEALISMO PÓS-KANTIANO NA FILOSOFIA JUDAICA DA RELIGIÃO | 361

cularização, produzem os fatos da existência material[49]. Mas como é possível ao particular vir do universal, mesmo se esse universal é limitado? Mais precisamente, como podem as substâncias universais supra-sensíveis, que estão além do tempo e do espaço, ser transformadas em objetos empíricos, em existência sensorial, sujeita a mudança, vinculada ao tempo e ao lugar? Krochmal não podia explicar isto, assim como os filósofos alemães para quem o problema sempre se propusera – embora em formas diferentes para os vários adeptos da escola idealista – foram incapazes de dar conta dele, fato que se tornou, portanto, uma das principais dificuldades de sua teoria[50]. Mas quando Krochmal, por fim, descobriu um meio de retornar ao mundo material, cuja concepção havia alcançado por sua descrição do processo de conhecimento, ordenou o entendimento desse mundo em termos de sua metafísica. Ele denotou primeiro as leis naturais como "as substâncias gerais das coisas" e, depois, atribuiu a elas um tipo especial de existência. Não obstante, com o fito de explicar como essas substâncias transcendentais podiam ordenar o curso natural dos acontecimentos, Krochmal mostrou que elas não só produziam existentes individuais, mas que estes eram inerentes a elas. As substâncias transcendentais entram no mundo da natureza, e são os poderes que o preservam e determinam suas combinações. Em concordância com Schelling, de cuja metafísica o capítulo sobre Ibn Ezra está muito próximo, ele salienta que a natureza carrega espírito em todos os tempos, embora em diferentes estádios de desenvolvimento. Na natureza inanimada, o espírito não é de modo algum autoconsciente; na natureza animada, a autoconsciência começa primeiro a ser despertada; ao passo que no homem, ela atinge plena autoconsciência e depois retorna e encontra-se até nos níveis inferiores da natureza[51].

Mas a partir dessas substâncias espirituais devemos dar outro passo para cima. Enquanto substâncias, necessitam de um sujeito, dentro do qual existam; enquanto idéias necessitam de espírito, em que estão reunidas. Deve existir, portanto, um supremo ser que é o sujeito delas, um supremo princípio espiritual ao qual pertencem como idéias. Krochmal comparava suas substâncias espirituais às idéias platônicas, mas ele as entendia da mesma maneira como tem sido amiúde o caso na história do platonismo: isto é, como os conteúdos da divina mente. Por serem os pensamentos de Deus, não eram silentes e despidas de vida, mas, sim, forças vitais, capazes de operar no mundo natural. Assim chegamos, embora com um conjunto de termos diferentes, à doutrina krochmalniana previamente mencionada, ou seja, que Deus

---

49. *Ibid.*, p. 287, sec. 2, p. 288.
50. O mesmo problema aparece em Krochmal como em Schelling, pois a metafísica do primeiro está muito próxima da do segundo, como haveremos de provar daqui a pouco. Sobre o abismo entre o mundo ideal e o empírico-temporal no caso de Schelling, cf. Cassirer, *Das Erkenntnisproblem in der Philosophie und Wissenschaft der neueren Zeit*, III, p. 276.
51. Krochmal, *op. cit.*, p. 289.

362 | A FILOSOFIA DO JUDAÍSMO

contém em Si mesmo todos os poderes e substâncias espirituais, a despeito do fato destes sustentarem o ser das substâncias corpóreas e preservarem sua existência. Mas Deus não é somente o sujeito deles; é também sua fonte. O capítulo sobre Ibn Ezra revela ainda de uma forma mais explícita como a fonte deles está em Deus.

De Schelling, Krochmal aceita a idéia (que atribui de novo a Ibn Ezra, desta vez por causa de um equívoco terminológico) de que todos os seres – quer existam no mundo espiritual ou no material – são complexos de substâncias e formas, e que apenas Deus está acima de tal dualidade[52]. A mesma substância é comum a todas as coisas; suas diferenças nascem das várias formas que essa substância toma. Apesar da unidade substancial intrínseca de todas as coisas, a multiplicidade de formas é a razão para a sua diferenciação em uma multiplicidade de fenômenos. Daí seguem-se duas definições adicionais: a substância é sempre o sujeito principal em que a forma existe. Por direito próprio, ela é completamente ilimitada e só a forma a torna limitada e finita. Por motivo dessa união com a forma, a substância é privada de sua infinitude concreta, que continua a existir nas coisas apenas potencialmente.

De tudo o que foi dito a respeito da substância comum a todas as coisas, cumpre tirar a conclusão de que ela é idêntica a Deus. A infinitude de Deus permeia todos os seres, e somente devido à multiplicidade de formas ela é encerrada em fronteiras estabelecidas. Assim, o processo pelo qual as coisas procedem de Deus é um processo de divina autolimitação. Mas Deus também contém em Si mesmo um aspecto emanacionista, porque Sua substância permanece absoluta, e fora ou dentro desta, ela não é afetada pela forma e existe absolutamente[53]. Mas a ilimitada substância de Deus não pode ser compreendida por nossa consciência, que só pode apreender coisas limitadas e condicionadas; e nós não podemos sequer defini-la como algo que é e existe, porque o que existe é composto de substância e forma. Nós O conhecemos apenas como a fonte misteriosa da existência, e tudo quanto nos seres individuais é fragmentado e separado, combina-se dentro Dele em uma unidade inseparável.

O descenso das coisas a partir de Deus é também contínuo e intérmino. Começa com a criação da forma hílica, que Krochmal também denota como a "forma das formas" ou a "idéia das idéias", porque todas as formas e todas as idéias estão incluídas nela. Ela vem a existir devido à autoconsciência e ao autoconhecimento de Deus. Este autoconhecimento de Deus é o primeiro ato de uma progressiva autolimitação divina, pois, assim como a idéia de Deus se desenvolve lenta e progressivamente, as

52. Ibn Ezra concorda com a doutrina de Ibn Gabirol, segundo a qual todos os seres, com exceção de Deus, são compostos de matéria e forma. Ele chama a matéria de "substância" e desvia-se assim do emprego usual do termo, que firmou e se tornou tradicional após a sua morte. Krochmal utiliza o termo em sua conotação tradicional e atribui a Ibn Ezra a doutrina de que todos os seres são compostos de substância e forma.
53. Krochmal, *op. cit.*, pp. 296-298.

idéias separadas nela contidas também se desenvolvem e, a partir da forma dessa forma primária, todas as idéias separadas desdobram-se. O caminho do geral ao particular (de que falamos anteriormente) origina-se nesta forma primária, e a partir daí desce através da hierarquia das substâncias espirituais, até alcançar a existência da coisa individual, natural[54].

Nesta idéia de descenso do mundo a partir de Deus, Krochmal enxerga o verdadeiro significado da crença escritural na Criação. É impossível que Deus tenha podido criar o mundo a partir de algo independente Dele, ou que o mundo pudesse chegar à existência sem qualquer fundamento, em geral. O vir a existir do mundo só é possível por ser Deus mesmo a sua fonte e por Sua substância permeá-lo. Krochmal tomou da Cabala a idéia de que a "nadidade" (o nada) era o único nome predicável a Deus, a quem é proibido até atribuir existência e, portanto, Ele aparece ao pensamento humano como nadidade. Embora o mundo descenda dessa divina substância, a "nadidade" é a fonte de seu descenso[55].

Da idéia bíblica da Criação permanece apenas a noção de que a autolimitação de Deus é um ato espontâneo da liberdade divina. A fim de efetuar a transição do autocontido para o mundo, Fichte e Schelling necessitavam desse ato; apenas Hegel foi capaz de dispensá-lo, porque, para ele, o absoluto não precede o processo dialético que desenvolve a existência, mas existe somente dentro dele. Para Krochmal, a divina essência encontra-se fora do processo desenvolvimentista. Assim, também ela precisa de um ato espontâneo para a sua autolimitação substancial e seu ingresso na forma; e, a despeito de alusões a outras abordagens possíveis, ele sustenta a idéia de um ato espontâneo, e por este meio a representação chega mais perto da idéia escritural da liberdade divina de ação[56.]

Krochmal viu claramente que a mudança na forma dessa noção exige uma mudança correspondente em todas as outras noções escriturais. Mas não desenvolveu siste-

---

54. *Ibid.*, pp. 308, 318. Como demonstrei em meu ensaio sobre Krochmal, suas doutrinas metafísicas básicas, expressas no capítulo sobre Ibn Ezra, são derivadas inteiramente de Schelling e especialmente de sua avaliação de Bruno. O Deus de Krochmal é o "absoluto" de Schelling. Nas seções sistemáticas de introdução ao seu livro, Krochmal reveste essa metafísica com terminologia hegeliana. Designa Deus como espírito absoluto, mas se trata, antes, do absoluto schellinguiano. Rawidowicz entendeu corretamente que o espírito absoluto de Krochmal não é idêntico ao de Hegel, porém ele próprio o identificou erradamente com a causa primeira dos medievais. Klausner, *História da Moderna Literatura Hebraica*, II, 198, enfatiza que, em seu ensaio sobre Ibn Ezra, Krochmal injetou idéias da filosofia moderna, mas ele não considera o referido capítulo como especialmente dependente de Schelling.
55. Krochmal, *op. cit.*, pp. 306, 307.
56. Krochmal nunca fala sem ambigüidade do primeiro ato divino de concentração e autolimitação, pelo qual Deus se dá autoconsciência e poder de vontade. Mas se esse ato for entendido como um verdadeiro ato de autolimitação da parte de Deus, e se a divina substância que, antes, estava além de toda forma, tiver sido agora vestida de forma, poder-se-á compreender isso como expressão da livre vontade de Deus. Somente quando a forma prévia já existe nos é dado esfolhar dela — por raciocínio lógico — as outras formas.

364 | A FILOSOFIA DO JUDAÍSMO

maticamente as conclusões que defluem de seu ponto de vista fundamental, e reinterpretou apenas alguns poucos dos ensinamentos escriturais em termos de sua metafísica. Já mencionamos sua teoria da profecia em conexão com suas concepções relativas à religião: a base para a revelação profética acha-se na ligação intrínseca do espírito humano com o divino, ela é prevalente em todos os homens, porém é mais forte e vital no profeta. O espírito do homem irradia aqueles poderes espirituais que são inerentes a Deus, sendo assim, finalmente, a radiação de Deus mesmo. Desse modo, tais poderes espirituais podem iluminar o homem, mas este só pode apropriar-se de suas influências de acordo com seus poderes de compreensão. Krochmal concluiu, portanto, que o espírito profético ainda não atingiu o estádio do entendimento conceitual e pode receber a divina revelação somente sob a forma de representação.

Achava-se, de forma similar, em condições de lidar com os poderes de predição dos profetas em termos de sua doutrina da revelação. Por causa de suas assunções filosóficas, estava habilitado a considerá-los de um modo positivo, mas a capacidade do profeta para prever acuradamente o futuro dependia da força de suas faculdades. Quanto ao futuro próximo, diretamente ligado ao presente que é bem conhecido do profeta, um conhecimento detalhado é possível. Além disso, entretanto, o profeta pode prever apenas os lineamentos gerais do que vai acontecer. Essa limitação do conhecimento profético do futuro é extremamente importante para a exegese crítica krochmaliana da *Escritura*. Assim, Krochmal nega que a segunda parte do *Livro de Isaías* tenha sido escrita pelo profeta Isaías, e sustenta as opiniões daqueles que pretendem que esta seção deveria ser atribuída a um segundo Isaías, porque o primeiro não poderia de maneira alguma referir-se ao retorno de Israel do exílio babilônico como um *fait accompli*, ou ter mencionado especificamente o nome de Ciro[57].

A única vez que Krochmal fala claramente do problema da providência é em uma de suas cartas. A providência é mediada por aqueles poderes que procedem de Deus, os quais na linguagem da *Escritura* e do *Talmud* são denominados "mensageiros de Deus". Como Maimônides já havia ensinado, o que quer que se diga a respeito dos poderes ativos na natureza reflete, meramente, a difundida opinião da identidade da providência com as leis da natureza, cuja fonte é Deus. Mas Krochmal dá um passo adiante, ao atribuir um efeito sobre as operações da natureza não só às suas forças imanentes, mas também àquelas potências e substâncias espirituais que se encontram em sua raiz e que estão diretamente relacionadas com Deus. Estas são capazes de operar de uma maneira que não pode ser atribuída às próprias forças naturais e que, portanto, parecem ser miraculosas. Que essa explicação da providência e dos milagres é próxima da dos filósofos medievais já o próprio Krochmal sentiu. Era dessa maneira que Maimônides havia explicado a providência e Ibn Ezra, os mila-

---

57. Krochmal, *op. cit.*, XI, p. 117.

O IDEALISMO PÓS-KANTIANO NA FILOSOFIA JUDAICA DA RELIGIÃO | 365

gres. Krochmal postula igualmente a existência de uma classe mais alta de milagres, realizados pela interferência de Deus no curso do mundo, mas não explica como isso seria conciliável com seus princípios metafísicos fundamentais[58].

Com base em sua metafísica, Krochmal também constrói uma filosofia da história em que os acontecimentos históricos são primeiro explicados em termos de fatores empíricos, mas depois são tratados em termos de causação metafísica, sendo suas causas empíricas consideradas como manifestações dessas causas metafísicas ativas. Isso é feito particularmente com referência ao conceito central de sua filosofia da história, o conceito do espírito de um povo. Ele o define como a "soma total da porção espiritual e herança que uma nação cria em todas as esferas do espírito, na jurisprudência, na ética e na ciência. Estas somam-se ao "tesouro espiritual" da nação; "elas se reúnem para formar, em sua totalidade, um tesouro espiritual em cada nação". As criações nacionais em todos esses campos e disciplinas partilham de certas características comuns porque, embora o espírito de uma nação tenha um caráter único, diferente para cada uma, há um relacionamento recíproco entre todas as esferas da vida espiritual pelo qual as características específicas de uma área são transferidas para as outras[59].

Krochmal atribuiu a cada nação uma "espiritualidade" que está presente no povo desde o início de sua existência nacional, e que grava todas as suas criações espirituais. A unidade do espírito objetivo das diferentes nações não é mais uma conseqüência do inter-relacionamento e do relacionamento recíproco entre as diferentes esferas do espírito, mas é explicada como a unidade subjetiva do espírito nacional, a unidade do poder de criar em todas as várias esferas do espírito, que é anterior a todas as criações culturais individuais da nação. Desta "espiritualidade" todos os membros da nação participam: por meio dela tornam-se membros daquela nação[60]. A referida espiritualidade contém potencialmente tudo o que deve ser realizado no desenvolvimento cultural das nações e levado à lenta fruição. A idéia da capacidade espiritual das nações também provê a transição para a metafísica. A espiritualidade, que é inerente a todos os povos na época de seu surgimento para a existência, tem sua fonte nas substâncias espirituais que se revelam em geral no mundo empírico.

O processo que leva para cima, a partir da natureza inanimada e vai revelar-se no espírito humano, não cessa com o homem individualmente, mas atinge o seu apogeu no espírito das nações. A transição da explanação empírica para a metafísica não é efetuada sem saltos ou contradições, que se tornam agudos e claros quando se trata de explicar as características especiais de nações. As representações religiosas de um

---

58. A carta é publicada na edição de Rawidowicz, pp. 443-447; cf., em especial, p. 447.
59. Krochmal, *op. cit.*, VII, p. 35.
60. *Ibid.*, p. 36.

366 | A FILOSOFIA DO JUDAÍSMO

povo são parte do espírito daquela nação e expressam seu espírito peculiar juntamente com suas demais consecuções culturais. Mas elas o fazem de uma maneira muito especial. Os deuses, em que cada nação acredita, são encarnações da essência e da aptidão espiritual da nação – seja para a guerra, para a plasmação de sistemas legais, de arte ou ciência – e essas mesmas características e capacidades são ligadas a seus deuses, e suas manifestações são vistas como uma ocorrência natural, pois a impressão que fornecem corresponde a tais características.

Esta é uma explicação positivista da representação de Deus, que à primeira vista constitui uma negação completa da validade da religião[61]. Mas, seguindo-a imediatamente, deparamo-nos com a opinião de que a religião é a crença no espiritual, e que as crenças politeístas também estão direcionadas para substâncias espirituais contidas dentro do espírito absoluto, mesmo que tais fés não possam apreendê-las, exceto quando estão ligadas a substâncias corpóreas[62]. A conciliação dessas duas concepções, à qual Krochmal apenas alude, encontra-se na doutrina segundo a qual as aptidões espirituais das nações têm sua fonte supersensorial nas substâncias espirituais, e que em cada nação estão corporificadas ou substâncias específicas ou aspectos particulares dessas essências. O que pode ser considerado, do ponto de vista psicológico, como sendo a encarnação das aptidões espirituais da nação, é, do ponto de vista metafísico, uma fé nos poderes espirituais reais concretizados na referida capacidade.

De forma similar, Krochmal descreve o desenvolvimento da nação, a princípio empiricamente, e depois em termos da base metafísica de seu pensamento. Ele adere à doutrina popular de que cada nação passa por três períodos de evolução: crescimento, maturidade e degeneração. Krochmal considera tais estádios absolutamente necessários, e tira a conclusão de que a vida de qualquer nação é de duração finita. Todas as nações hão de eventualmente afundar na decadência e morte por causa do poder destrutivo da cultura, que se torna predominante em seu período maduro. O desenvolvimento do espírito provoca um luxuoso refinamento da vida, que por seu turno mina os poderes vitais da nação. A contínua acumulação de riqueza leva a uma sede de prazer, que destrói a pureza da criação artística. A ânsia de poder e prestígio provoca divisões sociais no seio da nação, e a paixão pela novidade suscita a imitação de costumes, de pensamentos, formas e estilos de vida estrangeiros. Tudo isso corrói o poder da nação para resistir a seus inimigos externos e ela, em vez de confiar em seus próprios poderes, começa a acreditar em todas as espécies de superstições, e lentamente começa a degenerar e morrer[63].

61. *Ibid.*, p. 37.
62. *Ibid.*, p. 38, sec. 2.
63. *Ibid.*, VIII, p. 40; VII, pp. 35, 36.

O IDEALISMO PÓS-KANTIANO NA FILOSOFIA JUDAICA DA RELIGIÃO | 367

Em aditamento à explanação empírico-causal da extinção e desaparecimento das nações, há uma explicação metafísica: uma vez realizada a meta espiritual da nação, ela tem de morrer. A origem do espírito das nações encontra-se em uma das substâncias espirituais finitas, as quais se fundamentam no Espírito Absoluto. Por causa de sua especificidade individual, tais poderes são eles próprios finitos, sendo assim incapazes de conferir às nações que os possuem algo mais do que existência temporária[64]. Hegel mostrara em pormenor como combinar a explicação empírica e a metafísica; Krochmal, que dedica apenas umas poucas linhas a esse problema, não procura uma combinação assim. Não obstante, como Hegel, sublinhou que nações marcadas por realizações espirituais de importância intrínseca superariam sua própria destruição física. Suas consecuções seriam absorvidas e ulteriormente desenvolvidas por outras nações; toda nação encontra seu lugar, faz sua própria contribuição e está integralmente relacionada com esse desenvolvimento todo[65].

Essas teorias gerais de natureza filosófico-históricas, que Krochmal desenvolve de uma maneira extremamente rápida, funcionam como base para a explicação filosófica da história judaica. É fácil ver que sua concepção do espírito da nação se estriba em idéias provenientes da *Escritura*. O modo do idealismo filosófico alemão conceber o caráter nacional surge aí como uma espécie de generalização do entendimento judaico da essência e do papel do povo judeu. Tal concepção, que era aceita por Krochmal, fazia do espírito da nação o fundamento de sua existência; cada nação unificou-se no decorrer da tarefa de desenvolver o seu espírito à perfeição. Tudo isso não passava de uma simples mudança filosófica da terminologia relativa àquilo que a *Escritura* diz de Israel. De acordo com ela, Israel existe como povo unicamente em virtude de sua fé e por amor à sua fé; para Krochmal, cada povo existe apenas por força de seu poder espiritual. Seu papel é criar aqueles legados espirituais que somente podem vir à existência devido à sua espiritualidade singular. Por meio dessa idéia, isto é, do conceito de povo, era fácil dar uma justificação filosófica à crença escritural na missão de Israel – pois a fé de Krochmal nesta não era o vestígio de um modo teológico de pensamento, porém o resultado de seu sistema filosófico.

Ele foi o primeiro filósofo judeu moderno a tornar não só a religião judaica, mas também o povo judeu, um objeto para a investigação filosófica. Fazendo-o, todavia, apenas ampliou os limites da filosofia religiosa judaica. O povo judeu existe tãosomente em virtude de sua espiritualidade, uma espiritualidade religiosa, e só pode ser entendido por seu intermédio. O que o diferencia – e Iehudá Halevi, seu predecessor medieval – da tradição da filosofia religiosa judaica, é que ele lida com o judaísmo não apenas em termos de uma consideração de suas doutrinas, mas abarca em

64. *Ibid.*, VIII, p. 40.
65. *Ibid.*, VII, p. 37.

368 | A FILOSOFIA DO JUDAÍSMO

sua investigação o povo judeu vivente, e procura compreender sua história toda em termos de seu fundamento religioso. O perigo desta tentativa é que ela priva Israel de seu lugar único na história, atribuindo-lhe uma missão somente no sentido de que todas as grandes nações têm uma missão. O pensamento de Krochmal, entretanto, distancia-se inteiramente dessa conclusão. O fato de que, desde o começo de sua existência nacional, apenas Israel possuía fé no espírito absoluto e reconhecia a verdade religiosa última, eleva-o acima do destino de outras nações e o distingue delas não apenas em grau, mas igualmente em espécie. Sua missão, portanto, é *sui generis*: não visa apenas a desenvolver e manifestar o conteúdo espiritual de Israel ao seu máximo, porém inclui a tarefa de proclamar a palavra de sua fé a outras nações e, ao assim fazer, tornar-se o professor da humanidade[66].

Krochmal vê nessa diferença essencial entre o conteúdo do espírito judaico e o de outras nações uma prova em favor de suas diferentes origens metafísicas. O espírito do judaísmo não se originou em uma das substâncias espirituais especiais que se esteiam no Espírito Absoluto, mas flui da própria fonte do Espírito Absoluto. A distinção entre o politeísmo de outros povos, e a crença do judaísmo na unidade divina, recebe assim uma explicação metafísica. Cada nação acredita nos poderes espirituais a ela revelados. As nações, cujo espírito tem sua fonte numa das substâncias espirituais especiais, acreditam nesses poderes; mas Israel, cujo espírito vem diretamente do Espírito Absoluto, crê somente nele. Essa conexão entre Israel e o Espírito Absoluto é ao que os textos escriturais e o *Talmud* se referem quando dizem que Deus habita em Israel, que Seu espírito pousa sobre o povo judeu e que esse espírito nele residente acompanha o povo até em seu exílio[67]. O relacionamento deve ser representado em grande parte da mesma maneira como as substâncias espirituais especiais são relacionadas com os vários outros povos. De acordo com a metafísica de Krochmal, depois que o espírito produziu a natureza, ele é então absorvido por ela e está contido dentro dela em diferentes graus e níveis. No mais alto nível, torna-se o espírito residente no íntimo de um povo. Tudo o que foi dito a respeito das substâncias espirituais especiais é aplicável ao Espírito Absoluto, que também produz um poder espiritual que impregna o povo judeu e traz à existência sua essência histórica.

Krochmal não informa como essa derivação direta de poder espiritual do Espírito Absoluto pode ser conciliada com sua metafísica, que postula uma transição gradativa do absoluto ao particular, de Deus para a realidade empírica[68]. Ele se afasta de tais

---

66. *Ibid.*, VII, p. 38.
67. *Ibid.*, pp. 38, 40.
68. N. Rotenstreich dedicou vários de seus ensaios relativos a Krochmal às dificuldades implícitas no relacionamento entre o espírito do povo judeu e o Espírito Absoluto. Em sua opinião, uma delas reside no fato de que o Espírito Absoluto, que é a suprema entidade metafísica que existe independentemente do mundo e não é suscetível de qualquer mudança, não obstante desce à arena histórica ("Absolute and

O IDEALISMO PÓS-KANTIANO NA FILOSOFIA JUDAICA DA RELIGIÃO | 369

considerações, como Hegel o fizera – e, mais ainda, a direita hegeliana que utilizou a doutrina hegeliana da unidade do espírito finito e do espírito infinito (de acordo com a qual este último se torna realidade concreta no espírito humano) para justificar a cristologia, ensinando que o espírito infinito se manifestou absolutamente em Jesus Cristo.

Essa fundamentação da nação judaica no Espírito Absoluto é adiantada não somente para explicar o monoteísmo judaico, mas também para elevar o povo judeu acima da destruição que é o quinhão comum de todos os outros povos. Não obstante, a lei histórica segundo a qual todas as nações precisam crescer, maturar e decair, também se aplica a Israel. Krochmal combina esta suposição com a crença na eternidade de Israel por meio da doutrina, algo artificial, de que o período degenerativo de Israel nunca leva à sua destruição, mas em seu próprio nadir, o poder espiritual do povo é renovado[69]. Assim, o ciclo dos três estádios, que nas outras nações constitui o todo de sua existência, repete-se no caso de Israel de novo e de novo. A sua história é uma série de tais ciclos. O primeiro começa no dias dos Patriarcas e termina pelo exílio da Babilônia; neste ciclo o período de crescimento estende-se até a conquista da Palestina, o período de maturidade vai até a morte do Rei Salomão e todos os anos subseqüentes pertencem ao período do declínio. O segundo ciclo inclui a era que vai do exílio babilônico à revolta de Bar Kokhbá; o período de crescimento termina com Alexandre Magno, o de maturidade com a morte da Rainha Salomé Alexandra e, uma vez mais, entra uma época de declínio. O terceiro ciclo, que Krochmal não analisa em detalhe, finda com o século XVII; o quarto ciclo continua em andamento.

A despeito do processo cíclico, uma tendência uniforme marca o desenvolvimento espiritual de Israel, que de ciclo em ciclo é elevado a um plano mais alto de consciência conceitual. O primeiro ciclo, que em termo de seu conteúdo foi verdadeiramente criativo, permaneceu, não obstante, no plano da fé irrefletida. Com o segundo, começa a reflexão; seus inícios podem ser encontrados entre os profetas babilônicos pós-exílicos, que foram os primeiros a considerar o problema da teodicéia (o mal

---

Temporal in Ranak's Doctrine", *K'nesset*, VI, 339; "Ranak's Concept of History", *Zion*, VII, 30-31; *Jewish Thought in Modern Times*, I, 53-57). Mas, essa dificuldade não existe a não ser que identifiquemos o Espírito Absoluto com o espírito do povo judeu e, portanto, ele estaria sujeito às vicissitudes da história. Parece-me que as concepções de Krochmal, seja no atinente ao espírito das outras nações seja ao de Israel, são que estas constituem manifestações — uma, de poderes metafísicos específicos, e outra, do Espírito Absoluto. Ambas são possíveis apenas se houver uma ponte entre o mundo ideal e o empírico. Para nós, o caso deve ser assim, embora não tenhamos conseguido prová-lo de maneira conclusiva. No que tange à relação do espírito de Israel com o Espírito Absoluto, não temos nenhum outro problema salvo aquele que foi abordado no corpo de nosso texto, isto é, de que deve haver uma transição imediata da existência metafísica última para os filamentos da existência empírica. Nessa assunção vemos evidência de elementos específicos pessoais no modo de Krochmal conceber Deus, apesar de sua concepção do divino ser basicamente diferente.

69. Krochmal, *op. cit.*, VIII, p. 41; IX, pp. 51, 52.

370 | A FILOSOFIA DO JUDAÍSMO

que assalta o justo) e a responsabilidade dos filhos pelos pecados de seus pais. O nível de reflexão intelectual sobe de ciclo para ciclo[70]. As análises pormenorizadas dos dois primeiros ciclos são ricas em percepções históricas, e as pesquisas críticas e perceptivas efetuadas por Krochmal nas matérias tratadas são extremamente valiosas. Mas a ordenação da história judaica segundo tais ciclos é antes forçada, o que se pode ver de pronto a partir da esquematização dos períodos históricos, e sua influência sobre a investigação ulterior foi diminuta.

Na parte tardia de sua obra, em que aborda o desenvolvimento interno do espírito judaico, Krochmal raramente utiliza este esquema; tende a descrever o ascenso gradual e contínuo da verdade inscrita no espírito judeu a alturas cada vez maiores de pensamento conceitual, e dispensa inteiramente a noção de degeneração e renovação. Quando Krochmal usou pela primeira vez esse dispositivo na investigação efetiva da história do espírito judaico, desejava limitar sua aplicação a certas porções da história judaica, mas mesmo então empregou-o de maneira intermitente. Porém o que resta de sua obra prova seu empenho em tentar compreender os vários aspectos da vida espiritual dos judeus em termos do princípio de desenvolvimento por ele adotado.

Em adição aos fundamentos da fé, também considerou o desenvolvimento do corpo da lei judaica como baseado na *halakhá*, e a ética judaica como fundamentada na *agadá*, e devotou um capítulo inteiro a cada um desses tópicos. No começo de seu livro, descreve o relacionamento da *halakhá* com as leis da *Torá*, em termos análogos aos da filosofia religiosa com as crenças básicas da *Escritura*. O *midrasch* halákhico determinava os princípios implícitos nas leis da *Torá* e abstraía deles o conceito primário do qual evoluíam os mandamentos positivos derivados, que eram os da *Torá*[71]. Mas, no capítulo sobre a *halakhá* ele não menciona novamente essa hipótese. Aqui, sua tese é de que o *midrasch* halákhico deduz as conseqüências dos mandamentos bíblicos e, com base nessas leis, ordena as várias circunstâncias da vida. Tais conseqüências estão potencialmente contidas na legislação bíblica e, assim como é verdade no caso da explanação filosófica da *Escritura*, o *midrasch* halákhico não acrescenta nada de novo; ele meramente revela o que estava escondido, mas encontra-se presente o tempo todo. As leis derivadas dessa maneira são, portanto, de origem sinaítica, apesar do fato de não estarem baseadas numa tradição oral específica. A Lei Oral não se apresenta lado a lado com a *Torá* escrita, mas está incluída nela por via de implicação lógica[72].

A mesma coisa se aplica, em acepção mais ampla, às ordenações rabínicas, que não têm garantia escritural explícita, mas que se baseiam no caráter geral da lei bíbli-

---

70. Uma descrição da teoria cíclica da história aparece nos capítulos 9-10.
71. Krochmal, *op. cit.*, III, p. 13.
72. *Ibid.*, XIII, pp. 215-216.

O IDEALISMO PÓS-KANTIANO NA FILOSOFIA JUDAICA DA RELIGIÃO | 371

ca. A derivação de conclusões a partir dos mandamentos bíblicos é um processo que passa por um certo número de fases e envolve complicada e obscura hermenêutica. Krochmal traça esse processo a partir do período dos escribas na Babilônia pós-exílica até a geração dos mestres da *Mischná*. Ele explica a hermenêutica usada pelo *midrasch* halákhico em seus vários estádios de desenvolvimento, bem como a forma da própria *halakhá*; também trata das tentativas de organizar o *midrasch* antes da época da *Mischná* de Rabi Iehudá o Príncipe, e assim lança o fundamento da investigação crítica do *Talmud*, onde a sua influência é reconhecível até hoje em dia.

Sua investigação da *agadá* não traça a evolução desta no decorrer dos vários estágios; aqui ele tenta apenas fixar seu relacionamento essencial com a *Escritura* e distinguir entre seus vários elementos. Juntamente com Zunz, supõe que a *agadá* se desenvolveu a partir de sermões destinados a inspirar as massas, ensinando-lhes devoção e moralidade. A *agadá*, pois, deixa a *Escritura* em sua forma representativa e busca tão-somente trazer essas metáforas, de um modo impressivo, para mais perto do entendimento do homem comum, a fim de orientar as exigências morais da Sagrada Escritura no sentido das necessidades da época. A transformação da fé escritural em forma conceitual nunca foi além de uma elite composta de alguns poucos; para as massas, iria remanescer necessariamente como fé por um longo tempo. Entretanto, para o propósito de adaptar a *Escritura* à compreensão das massas, o *midrasch* agádico serviu admiravelmente; nesse contexto, tal exegese, que pode bordejar o ridículo, torna-se inteligível. A *agadá* não tenta determinar o significado literal da *Escritura*, mas procura vestir idéias religiosas em uma forma que apanhará num laço a alma, descobrindo estas idéias no texto que é, então, explicado de uma maneira engenhosa e aguda, eventualmente muito distante de seu significado real, literal. As parábolas agádicas, cujos diferentes tipos Krochmal analisa, também servem para tal propósito de interpretação[73]. Embora essa importante seção da *agadá* permita que o conteúdo da *Escritura* permaneça na forma da fé, há dois outros elementos, um dos quais conceitualmente superior e outro, inferior a ela. O primeiro é seu elemento filosófico. Da explanação filosófica da *Escritura* pelos rabis talmúdicos (que no caso das doutrinas esotéricas da "Obra da Carruagem" e da "Obra da Criação" eram ensinadas apenas em círculos íntimos de iniciados), raios individuais de pensamento filosófico penetraram a *agadá* e foram preservados. Abaixo de tais culminâncias, há representações de superstições, como a crença em demônios e na magia, que eram populares entre as massas e até sustentadas por vários rabis[74]. Embora essa distinção entre as

---

73. A *Agadá* é examinada no capítulo XIV. Sobre a exegese *agádica* da Bíblia, cf. pp. 240-241; sobre as parábolas, pp. 242 e ss.

74. No referente aos elementos filosóficos incorporados na *agadá*, cf. pp. 244 e ss. Os materiais filosóficos do *Talmud* são ordenados e discutidos no cap. XII, pp. 168 e ss. Acerca das superstições, cf. pp. 246 e ss., 250 e ss.

372 | A FILOSOFIA DO JUDAÍSMO

várias camadas da *agadá* fosse alterada em muitos itens por historiadores ulteriores, a hipótese central continuou fecunda.

Krochmal abordou com mais pormenores a história da reflexão filosófica no judaísmo, que transforma fé em entendimento conceitual e assim progride continuamente. Como dissemos, ele localizava os primórdios desse avanço nos Profetas pós-exílicos. Na antiguidade posterior, esse progresso teve prosseguimento com os filósofos judiohelenísticos e seus efeitos podem ser discernidos nas explicações filosóficas dos sábios talmúdicos do judaísmo palestinense. Isso foi mais tarde sucedido pela filosofia judaica medieval e pela primitiva Cabala, que a seguiu em paralelo e a continuou até o tempo de Nakhmânides[75]. A última fase deste decurso começa com Moisés Mendelssohn. Krochmal estava perfeitamente cônscio de que a filosofia judaica fora sempre fortemente influenciada de fora por outros povos, o que porém não afetou a continuidade de seu desenvolvimento interno porque em cada estádio seu conteúdo era a mesma fé escritural, e ela tomava do exterior apenas aquelas ferramentas que a ajudavam a interpretar a referida fé. Mesmo quando marcada pela filosofia corrente com respeito ao seu teor, tal conteúdo compunha-se basicamente das mesmas idéias que o judaísmo legara à filosofia antiga. O neoplatonismo, que exerceu grande influência sobre a filosofia medieval judaica, é um exemplo relevante de filosofia que é influenciada pelo judaísmo, e aqui Krochmal se refere à presumível ligação, advogada por muitos eruditos, entre o neoplatonismo e Filo. Ele especula sobre conexões similares no tocante à filosofia cristã e islâmica, cujos elementos religiosos vieram principalmente do judaísmo[76]. Sua concepção fundamental da história geral da filosofia como um desdobramento constante de elementos básicos, capacita-o a encarar o desenvolvimento da filosofia judaica como um processo linear em que um conteúdo evolve através de planos cada vez mais altos de maturidade conceitual.

Krochmal nunca pretendeu apresentar uma história completa da filosofia judaica. Até a exposição das partes dessa história, que ele formulou, era inadequada. Sua apresentação da filosofia judaica alexandrina nada mais é do que um extrato das obras de estudiosos cristãos contemporâneos, adaptada a seus propósitos especiais; ainda assim, tem valor intrínseco, como uma crestomatia daqueles ditos do *Talmud* e dos *midraschim* que, de acordo com ele, foram influenciados pela filosofia alexandrina e cuja origem podia ser seguida até as comunidades essênias.

---

75. Krochmal comenta mais do que uma vez os paralelismos entre a antiga Cabala e a filosofia medieval. Lachover arrola as várias declarações pertinentes a esse assunto em seu ensaio "A Cabala e os Mistérios na Doutrina de Ranak", *Knesset*, X, pp. 300-302. Quanto ao desenvolvimento da Cabala antiga, cf. cap. XVI, p. 258. Em relação ao neoplatonismo, cf. cap. XIV, p. 273; v. também cap. XII, p. 167.

76. O próprio Krochmal pensava ser possível que os próprios inícios da filosofia grega já tivessem sido influenciados pelo judaísmo. Ele fundamenta essa tese, que era popular na Antiguidade e na Idade Média, com uma prova histórica. Krochmal nos lembra que os moldadores e os criadores da filosofia grega viviam na Ásia Menor, onde lhes era possível entrar em contato com a religião judaica.

O IDEALISMO PÓS-KANTIANO NA FILOSOFIA JUDAICA DA RELIGIÃO | 373

Dos filósofos da Idade Média, investiga apenas Ibn Ezra com alguma completitude. Os capítulos que pretendia dedicar à doutrina maimonidiana dos atributos e à doutrina das esferas da Cabala primitiva, nunca foram concretizados[77]. Embora impresso mais tarde, seu extenso capítulo sobre Ibn Ezra foi escrito antes das primeiras monografias de Munk. Constitui a primeira tentativa de expor as doutrinas de um filósofo judeu medieval em termos históricos. Krochmal se propunha a uma tarefa muito difícil, porque as doutrinas de Ibn Ezra estavam espalhadas em comentários escriturais. Ele os coletou, todos, em um conjunto e tentou combiná-los numa unidade sistemática. Sua indagação de amplo alcance sobre o pensamento de Ibn Ezra, conduzida segundo o espírito da época krochmaliana, nos fornece não apenas uma introvisão das próprias doutrinas metafísicas de Krochmal, mas também possui valor histórico e filosófico independente. O reconhecimento que o *Guia dos Perplexos de Nosso Tempo* faz de sua proximidade com as doutrinas de Ibn Ezra tem uma base definida nos fatos. Elas expunham concepções similares, mas com modos diferentes de pensamento. De fato, Krochmal deu às idéias de Ibn Ezra uma forma conceitual diversa, porém, não obstante, permaneceu fiel às suas tendências básicas.

Que o pensamento religioso judaico sempre se manteve leal à fé da *Escritura*, simplesmente mudando-a em forma conceitual, é algo que se poderia dizer da principal linha de desenvolvimento. Ao lado disso, encontramos outras tendências que se desviam dessa norma e que contradizem os fundamentos do judaísmo escritural. A essa categoria pertence o gnosticismo dos primeiros séculos após o advento da cristandade, a cujo respeito Krochmal escreveu com pormenor, apoiando-se na investigação cristã contemporânea, bem como na Cabala ulterior (considerada por ele como a forma degenerada da Cabala antiga, que estaria de acordo com a filosofia e cujo nadir teria sido alcançado nas doutrinas sabataístas). Os erros cometidos pelo gnosticismo e pela Cabala ulterior se lhe afiguravam como o resultado do triunfo da faculdade imaginativa sobre o pensamento conceitual.

É característico de seu ponto de vista racionalista, e também ilustrativo de seu agudo entendimento histórico, que ele tenha reconhecido a similaridade entre gnosticismo e sabataísmo[78]. Conquanto haja atacado violentamente tais tendências, admitia que uma compreensão de seu significado era essencial para o completo entendimento do judaísmo. Krochmal estava também convencido de que, a fim de avaliar o judaísmo devidamente, era preciso prestar atenção às religiões do islã e do cristianismo, que provinham do judaísmo e eram por ele influenciadas[79]. Mas estas

---

77. Sobre sua intenção de falar desses dois assuntos, cf. cap. XVI, p. 274.
78. Ambos se encontram no fim do cap. XV, p. 271, que aborda o gnosticismo.
79. Krochmal, *op. cit.*, XII, p. 167.

374 | A FILOSOFIA DO JUDAÍSMO

são não mais do que tendências acessórias em que descobrimos o desenvolvimento do espírito judaico; no entanto, cumpre não desconsiderá-las se quisermos entendê-lo verdadeiramente.

Como propósito dessa história compreensiva do espírito judeu, Krochmal sugere "o reconhecimento de nossa existência e essência, que constituem a alma comum de Israel", e acrescenta que por esse meio estaremos aptos a discernir nosso futuro[80]. Tudo isso é dito de acordo com o espírito do modo histórico de pensamento de seu próprio tempo, que via na consciência histórica os meios de captar a natureza e a essência da comunidade, e que, com base nessa consciência, tentava determinar a tarefa futura da comunidade. O modo histórico de pensamento era partilhado por Krochmal com outros fundadores da Wissenschaft des Judentums (Ciência do Judaísmo). Apenas uma coisa o separava deles: a fé de que a autoconsciência do espírito é possível unicamente com base na filosofia.

SALOMÃO LUDWIG STEINHEIM

Salomão Ludwig Steinheim (1789-1866), cujo livro *Offenbarung nach dem Lehrbegriff der Synagoge* (A Revelação segundo a Doutrina da Sinagoga) foi publicado em quatro volumes entre 1835 e 1865, era contrário em princípio a todo racionalismo filosófico. Num franco ataque à filosofia religiosa racionalista em todas as suas formas, desenvolveu a doutrina de que a verdade religiosa dava-se exclusivamente na revelação. Em seu anti-racionalismo, Steinheim foi muito mais longe do que Iehudá Halevi fora na Idade Média: não só a razão era impotente para captar a verdade religiosa, mas havia uma oposição essencial entre razão e revelação. A razão precisa abandonar a si mesma para encontrar a verdade que está na revelação.

A fonte desse anti-racionalismo era Jacobi; Steinheim também recorre a Bayle ao afirmar a dicotomia entre razão é fé, embora Bayle se encontrasse muito distante da forma específica e das bases metodológicas do anti-racionalismo de Steinheim. Não obstante, Steinheim censura Jacobi por contrapor à ciência nada mais do que o conhecimento imediato de Deus, por nosso espírito. Se procuramos a raiz de nossa fé no espírito humano, destruímos a distinção entre este conhecimento e o dogmatismo filosófico, e assim perdemos a possibilidade de nos opor à arrogância deste último. Não podemos descartar a ciência a menos que nos oponhamos a ela, não por uma verdade imanente em nosso espírito, mas por uma verdade que nos foi revelada. Nós não devemos enfraquecer este conceito de revelação convertendo-o na verdadeira propriedade não mediada de nossa consciência, mas incumbe-nos tomá-lo em seu

---

80. *Ibid.*, p. 167.

O IDEALISMO PÓS-KANTIANO NA FILOSOFIA JUDAICA DA RELIGIÃO | 375

mais estrito significado como uma mensagem de Deus, dada à humanidade em um único ato em um tempo específico[81].

Steinheim não procura basear a realidade dessa revelação em evidências externas, como era costumeiro na Idade Média. O conteúdo da revelação constituía prova suficiente de que ela não poderia originar-se no espírito humano. A razão humana era obrigada a admitir, uma vez que haja comparado o seu conteúdo ao da revelação, que os ensinamentos da fé têm claramente uma origem extra-humana, e a razão deve subordinar-se a ela. A prova da impossibilidade das doutrinas reveladas se originarem no homem está no fato de que tais doutrinas ensinam algo que a razão humana, por sua própria natureza, jamais poderia atingir. A razão pode reconhecer esse ensinamento revelado, que é basicamente alheio a ela, só porque a revelação corresponde às nossas necessidades humanas mais do que os discursos da própria razão. A razão crítica compara os ensinamentos da fé às proposições da razão dogmática, e admite livremente a superioridade dos primeiros[82].

A necessidade da auto-renúncia da razão não se limita à esfera religiosa. Uma oposição irreconciliável existe não somente entre revelação religiosa e razão, mas também entre razão e conhecimento empírico. É não apenas impossível derivar a realidade empírica das leis *a priori* da razão humana, como a própria realidade empírica dissolve-se se tentarmos construí-la de acordo com os ditames da razão. Às antinomias intrínsecas da razão, que Kant havia salientado, Steinheim adiciona a antinomia do conhecimento racional e empírico, entre as bases matemáticas e o conteúdo empírico da experiência[83]. A razão introduz as suas próprias autocontradições na realidade. Uma vez que a razão tenha reconhecido isso, cumpre-lhe admitir um conhecimento de existência que esteja isento de contradições e submeter-se ao seu testemunho. A necessidade conceitual do conhecimento racional já contém a contradição em face da experiência. Essa necessidade conceitual de conhecimento racional deve estar em toda parte e ser sempre a mesma; portanto, exclui a diferença entre aqui e ali, mais cedo e mais tarde. A mudança temporal é especialmente incompatível com essa necessidade conceitual. Um mundo conceitualmente necessário seria uma negação eleática de todo vir-a-ser[84].

Steinheim interpreta a segunda antinomia de Kant com o significado de que as leis do espaço e do tempo são inaplicáveis ao espaço efetivo e à ordem temporal porque elas os destruiriam. O espaço e o tempo são infinitamente extensivos e não possuem limite. Mas o objeto físico desapareceria se fosse infinitamente divisível ou construído a partir de elementos indivisíveis. Ao analisar o mundo material, a

---

81. L. Steinheim, *Die Offenbarung nach dem Lehrbegriff der Synagoge*, I, 150 e ss.
82. *Ibid.*, I, 66-74, 96 e ss.; II, 17 e ss. e *passim*.
83. *Ibid.*, II, 45 e ss., 78 e ss.
84. *Ibid.*, I, 246-253.

376 | A FILOSOFIA DO JUDAÍSMO

ciência natural assume a existência de partículas em última instância extensivas, e não presta atenção a essa contradição em face das exigências da matemática[85]. Seguindo Kant, Steinheim atribui essa contradição entre a construção racional da realidade e o conhecimento empírico desta ao fato de que a razão hipostasia suas leis[86]. Ele não tenta reduzir a referida contradição a um uso ilegítimo dos princípios da razão, ou resolvê-la por meio do desnudamento de suas origens. A dialética da razão não aparece primeiro, como era verdade para Kant, somente quando avança do condicionado para o incondicionado. Para Steinheim, a experiência e a razão encontram-se em profunda e insolúvel oposição. A única saída está na decisão em favor da experiência e contra a razão. Steinheim concede um peso decisivo à completa identidade desse problema nas esferas do conhecimento empírico e da fé religiosa. Assim como a razão crítica é cônscia das contradições entre a razão construtiva e as ciências da experiência, do mesmo modo é cônscia das contradições entre ela e a revelação; em ambos os casos, é a própria razão crítica que exige que renunciemos à razão construtiva[87]. Contudo, o anti-racionalismo de Steinheim está muito longe do irracionalismo. Ele reivindica o estrito caráter de conhecimento para as verdades da fé e a segunda parte de seu livro traz o título paradoxal de "A Fé da Sinagoga Considerada como uma Ciência Exata".

Na minuciosa comparação que efetua entre os princípios básicos do judaísmo e os da razão, Steinheim tenta demonstrar a completa oposição de uns com os outros e sustenta que a verdade está inteiramente com a revelação. A parte crucial de seu argumento, suscitada por essa oposição, é a contradição entre a idéia que a razão faz da necessidade e a idéia que a revelação faz da liberdade, que é manifesta em suas respectivas doutrinas de Deus e do homem. A razão não pode conceber coisa alguma em outros termos exceto nos de necessidade. Todas as suas interferências baseiam-se no princípio de que todo efeito precisa ter uma causa. Por meio desse princípio ela conclui que Deus, a suprema ou primeira causa do mundo, existe. A razão de Deus está subordinada ao princípio da necessidade, do qual sua existência é derivada. Suas ações são possíveis somente de acordo com a lei da necessidade. Quando adicionado a esta, outro princípio racional – o de *ex nihilo nihil fit* – exclui a possibilidade de que a realidade material, tal como nos é dada, devesse ter tido um começo temporal. Assim, é impossível que o Deus da razão devesse ser um criador. Quando muito, Ele poderia ser organizador do mundo. Apesar de suas diferentes formas de expressão, tanto a mitologia pagã, em suas variadas formas, quanto as doutrinas filosóficas de Deus, concordam, pois estão fundamentadas nas mesmas assunções básicas da razão.

---

85. *Ibid.*, II, 48 e ss., 78 e ss.
86. *Ibid.*, II, 48.
87. *Ibid.*, II, 57-75.

O IDEALISMO PÓS-KANTIANO NA FILOSOFIA JUDAICA DA RELIGIÃO | 377

A religião natural – isto é, a religião sem revelação – não pode encaminhar-se em nenhuma outra direção. Para ela, Deus é duplamente condicionado: pela necessidade que determina Suas ações e pela matéria sobre a qual atua fazendo formas. Portanto, o mundo que é por Ele moldado, só pode ser tão perfeito quanto tais condições o permitam. Não é um mundo bom, mas apenas o melhor possível. A religião natural resulta necessariamente numa teodicéia, que escusa Deus, ao pretender que, a despeito de todas as imperfeições de Sua criação, este ainda é o melhor mundo possível. Em contraste, o ensinamento da revelação nega o princípio de *ex nihilo nihil fit*, e fala da livre atividade criativa de Deus pela qual algo é criado a partir do nada – não o melhor mundo possível, mas um bom mundo é criado[88].

Essa contradição entre a idéia da criação e os axiomas de nossa razão demonstra que a primeira não é produto de nossa razão, mas lhe é dada de fora. Sua superioridade ante as doutrinas da razão não repousa simplesmente sobre o fato de que é mais satisfatória do ponto de vista religioso. Os dois princípios a sustentar a mitologia e a especulação são mutuamente contraditórios. Se afirmamos *ex nihilo nihil fit*, não faz sentido buscar uma causa para a existência material; e se sustentamos a proposição de que todo efeito precisa ter uma causa, não podemos excluir a matéria desse princípio e temos, portanto, de jogar pela amurada o princípio de *ex nihilo nihil fit*. A conciliação desses dois princípios, pela representação de um Deus que molda a forma da matéria, ignora as conseqüências dessa solução de compromisso. Em termos de tais conseqüências, devemos tomar a matéria como um absoluto e, assim, abandonar o princípio causal, ou junto com o idealismo negar a existência real da matéria a fim de atender ao princípio causal de causação[89].

Somente a doutrina revelada da criação pode nos livrar dessas contradições. A razão, por força de seu princípio de necessidade, precisa negar igualmente a liberdade de Deus e do homem. Em oposição a isso, a autoconsciência do homem oferece claro testemunho em favor de sua liberdade, tanto assim que é impossível para o pensamento desconsiderar totalmente tais depoimentos. A razão deve permanecer presa na contradição entre o postulado da necessidade e o fato da liberdade, ou de tal modo assimilar a idéia de liberdade que remova a sua verdadeira significação, e converta o espontâneo ato livre num ato destituído de condicionante externo, mas ligado a uma necessidade interna que dimana da essência do homem. A liberdade encontra o seu verdadeiro lugar apenas nos ensinamentos da revelação, que rompe com a crença da razão na necessidade e, por esse meio, demonstra que ela se origina de uma outra fonte que não é a razão[90].

88. *Ibid.*, I, 310-325; cf. pp. 214-227, 230 e ss., 258 e ss.
89. *Ibid.*, II, 143 e ss.
90. *Ibid.*, I, 325-341; cf. pp. 263-285.

378 | A FILOSOFIA DO JUDAÍSMO

Assim, o anti-racionalismo de Steinheim leva aos mesmos conteúdos de fé que a ética racionalista havia ensinado. No teor, sua fé corresponde completamente aos postulados kantianos de Deus: liberdade e imortalidade. Steinheim difere de Kant somente no fato de localizar a fonte dessa doutrina, não na razão ética, mas na revelação. Esse mesmo acordo material quanto ao significado do judaísmo alinha Steinheim com seus contemporâneos, Formstecher e Hirsch. Eles só se diferenciam em termos das pressuposições filosóficas nas quais baseiam as doutrinas do judaísmo. O conteúdo deste ensinamento e sua oposição ao paganismo é entendido por eles do mesmo modo. Para todos os três, a essência do judaísmo consiste na crença em um livre e espontaneamente criativo Deus que transcende o mundo; na liberdade moral do homem; e na comunhão moral de Deus e o homem, uma comunhão que perdura após a morte do homem. Eles todos mantêm firmemente tais princípios básicos de uma religião ética personalista. Nem Hirsch nem Formstecher deixam-se influenciar pelo idealismo especulativo no entendimento do conceito de Deus ou nas doutrinas dos supremos valores religiosos, não havendo paralelo com o modo como os neoplatônicos e os aristotélicos judeus foram influenciados pelas teorias correspondentes dos respectivos sistemas. Apesar do fato de que os pensadores medievais estavam, em suas personalidades totais, bem mais fundamente enraizados na tradição e na substância da vida judaica, e de que a crença na divina autoridade da revelação fosse para eles evidente por si, os pensadores modernos, em sua explanação teórica, sustentaram com maior firmeza o verdadeiro significado das doutrinas religiosas centrais do judaísmo.

3. A Renovação da Filosofia Religiosa Judaica no Fim do Século XIX

O começo promissor da moderna filosofia judaica da religião estava ligado de um modo muito estreito às assunções do idealismo alemão e, com o declínio deste, os poderes dela também declinaram. Mas, no fim do século XIX, verificou-se uma florescência do trabalho filosófico independentemente de tais pressuposições, dessa vez sob os auspícios de um movimento abrangente no sentido do entendimento sistemático do judaísmo. Ele surgiu, na origem, como uma reação à compreensão errônea do judaísmo, então corrente na assim chamada literatura científica anti-semita, bem como na teologia cristã; desde o próprio início, entretanto, não se contentou com a apologética, mas se esforçou igualmente em realizar o aclaramento interno da consciência judaica. Aceitou como primeira e mais urgente tarefa a apresentação de um quadro correto e convincente dos reais ensinamentos do judaísmo. Assim, na maioria dessas representações, a análise filosófica do judaísmo foi diferida em favor da descrição histórica, de maneira que o próprio judaísmo, por assim dizer, pudesse falar em seu próprio benefício. Não é aqui o lugar para discutir em pormenor essas descrições sobretudo históricas do judaísmo. Em termos de seu programa, *Die Ethik des Judentums* (A Ética do Judaísmo) de Moritz Lazarus também pertence à referida série. Mas, por ser esta representação da eticidade judaica fortemente determinada por pontos de vista filosóficos, ela requer uma breve caracterização.

MORITZ LAZARUS

Moritz Lazarus (1824-1903) só conseguiu publicar em vida o primeiro volume de seu *A Ética do Judaísmo*. Seus materiais para o segundo volume vieram à luz postumamente, em 1911. A obra declara explicitamente que seu principal propósito é a reprodução do conteúdo dado do ensinamento ético judaico, sobretudo em termos das fontes talmúdicas, devendo os conceitos da ética filosófica ser empregados apenas para dar forma à apresentação. Essa posição é modificada no segundo volume, em que só os juízos de ética filosófica possibilitam a completa avaliação das idéias

380 | A FILOSOFIA DO JUDAÍSMO

assistemáticas do *Talmud* [1]. Na realidade, porém, a filosofia é de significação bem maior em todo o transcurso da obra. Ela não apenas confere forma externa ao ensinamento ético judaico, mas é também de significância metodológica – ensinamentos éticos individuais são reportados a uma teoria ética básica que é por eles exibida. Essa teoria é então julgada à luz da essência da ética e, assim, recebe a sua justificação.

O conteúdo da ética judaica é também interpretado em termos da doutrina filosófica da ética, a tal ponto que seu princípio maior parece ser a noção kantiana de autonomia. Por certo, isto só se torna possível porque o princípio da autonomia é concebido de uma forma algo solta. Lazarus faz do princípio da autonomia o princípio da ética judaica porque, tomado como um sentimento ético religioso, exige o cumprimento dos estatutos éticos, divinamente dados, de puro amor a Deus sozinho, e devido a uma aspiração a imitar Deus, bem como por ser o referido princípio – que Lazarus reconhece claramente – dotado de intensa consciência daquela certeza interna implícita na idéia do bem ético. Para ele, o sentimento ético é a ética da autonomia, e o significado metodológico do princípio kantiano da autonomia é totalmente borrado na exigência da pureza de intenção[2]. A frouxidão conceitual permite que Lazarus considere a diferença entre o imperativo da razão prática, de Kant, os juízos de valor, de Herbart, e o impulso ético, de Rümelin, como sendo de natureza meramente psicológica[3].

Mas essa identificação da ética judaica com a ética kantiana da autonomia tem, em termos temáticos, outra e ainda mais profunda razão. Lazarus sente que a essência da religião é a idealidade do sentimento ético, ao qual a religião apenas acrescenta a consciência de que Deus é a fonte da ética. Ele vê, portanto, no relacionamento religioso do homem com Deus, somente o motivo ético, esquecendo-se de considerar o motivo especificamente religioso da idéia escritural da santidade de Deus, junto com os sentimentos religiosos fundamentais, de reverência e amor[4]. Dentro da própria esfera ética, ele é ao mesmo tempo mais suscetível ao calor emocional da ética talmúdica do que à energia apaixonada da ética do profetismo. Em conformidade com o seu próprio caráter e personalidade, as qualidade de uma equilibrada harmonia ética estão mais em evidência do que a seriedade inexorável da exigência ética.

Embora sua análise não esgote o conteúdo da ética judaica, ela capta, com grande sensibilidade, alguns de seus aspectos essenciais, e também dá mostra de fina percepção psicológica, que é um dos maiores talentos de Lazarus. Isto fica claro nos capítu-

---

1. M. Lazarus, *Die Ethik des Judentums*, I, 82; II, p. XIV (O segundo volume foi publicado em colaboracão com J. Winters e A. Wünsche.)
2. *Ibid.*, I, 89-106; cf. especialmente pp. 99 e ss., 104 e ss.
3. *Ibid.*, I, 116.
4. *Ibid.*, I, 187-206, 127; II, 100.

A RENOVAÇÃO DA FILOSOFIA RELIGIOSA JUDAICA NO FIM DO SÉCULO XIX | 381

los básicos do livro. Que os mandamentos éticos, de acordo com a *Bíblia* e o *Talmud*, possuem uma certeza interna imediata constitui uma afirmação das mais corretas e informativas, cujo valor não é em absoluto diminuído por injustificadas conseqüências extraídas em função das idéias de autonomia. De menor importância é a demonstração, feita por Lazarus, de como, formalmente, a ética judaica é uma ética do dever, mas materialmente o seu ideal supremo é o do amor e da harmonia interna do homem, e que os impulsos éticos naturais do homem não são suplantados pela ética religiosa, mas são reduzidos à sua causa última, e que a ética judaica é uma ética quer do indivíduo quer da sociedade[5]. Além disso, a continuidade do desenvolvimento ético do judaísmo, e o desdobramento dos elementos bíblicos básicos são descritos de uma maneira elucidativa[6]. Mas a efetiva riqueza do livro reside na explicação concreta desses discernimentos gerais. A idéia de comunidade ética não é simplesmente expressa em formulações abstratas; Lazarus demonstra como é realizada na vida ética dos judeus, e como estampou os estilos de vida e as instituições judaicas[7].

Considerando a importância do "Estudo da Lei" e de seu significado para a vida da grei israelita, Lazarus mostra como o judaísmo concebe a conexão entre a vida moral e intelectual, e que significação ética é dada a esse idealismo do intelecto[8]. Já podemos ver, com base nesses exemplos somente, que Lazarus não apenas tenta apresentar as doutrinas éticas do judaísmo, mas também sua concretização na vida real da comunidade judia. Até como teórico da ética judaica, ele permanece um psicólogo social que procura apreender o espírito geral dos judeus e entender a ética que se encontra tanto na base das normas éticas formuladas quanto na do comportamento moral efetivo. Tal superposição da ética sistemática e da psicologia da moral certamente estraga a unidade metodológica do livro, mas a metodologia não é seu mérito primordial. Seu valor está na riqueza de introvisões concretas que, a bem dizer, Lazarus não podia dominar em termos conceituais.

HERMANN COHEN

A filosofia judaica da religião foi renovada por Hermann Cohen (1842-1918), o cabeça da Escola de Marburgo do neokantianismo. Em sua obra, a tendência a basear filosoficamente o judaísmo nas idéias ético-teológicas de Kant (que podiam ser assinaladas nos círculos judaicos do século XIX e difundiram-se, em particular, após o retorno da filosofia alemã a Kant) encontrou por fim sua realização sistemática. Cohen

5. *Ibid.*, I, 351-361, 236 e ss., 321 e ss.
6. *Ibid.*, I, 289-310.
7. *Ibid.*, II, 257-360.
8. *Ibid.*, I, 76 e ss.; II, 185 e ss.

382 | A FILOSOFIA DO JUDAÍSMO

efetuou essa tarefa em conexão com seu próprio sistema filosófico: de sua fundamentação da ética, o conceito da religião da razão, cuja materialização histórica ele vê no judaísmo, cresce e desenvolve-se de maneira contínua. Assim, seu entendimento dos princípios básicos da religião depende incondicionalmente da extensão fundamental que dá à filosofia transcendental kantiana. Que esses princípios adquirem uma nova forma, pode-se ver até em suas obras mais antigas que são dedicadas à interpretação de Kant, e nas quais Cohen entende a razão crítica inteiramente em termos do idealismo absoluto e exclui dela qualquer noção de uma realidade transcendente. Para ele, o mundo da experiência não é uma manifestação de uma realidade metafísica que está além do conhecimento, como o é para Kant, mas consiste simplesmente daquilo que é. Não há realidade além e exclusiva do ser dos objetos experienciados que se baseiam na objetividade do conhecimento. Não se pode falar da coisa-em-si em termos de uma realidade absoluta dominada pela contradição. Antes, tal conceito simboliza a tarefa intérmina do conhecimento, para a qual toda materialização do ideal de conhecimento, todo nível de conhecimento já alcançado, deve ser entendido apenas como uma "aparência" da verdadeira realidade que ainda está para ser construída.

Essa crítica de conceitos transcendentais atinge bem fundo nas representações religiosas. Segundo Kant, a crença da razão prática tem o poder de tornar acessível aquela realidade absoluta que se encontra além da apreensão de nosso conhecimento. Enquanto a razão teórica está presa para sempre à esfera das aparências, a razão prática pode elevar-nos à esfera do ser inteligível; ela pode afirmar a absoluta realidade da existência de Deus, da liberdade e da imortalidade. Mas, ao ver de Cohen, essa significação metafísica não mais pode ser conferida às representações religiosas. Elas, também, precisam encontrar seu lugar lógico nos postulados firmados da consciência.

Kant já tinha apontado o caminho para isso com sua doutrina das idéias da razão teórica. Ele mostrara que hipostasiar as idéias de alma, mundo e Deus em objetos absolutos era uma ilusão dialética, e havia reconhecido sua verdadeira significação na tentativa que faziam para subordinar nosso conhecimento da experiência às idéias absolutas. A exigência da razão no sentido de unir os dados da experiência numa unidade sistemática, e a suposição de que os fenômenos eram sujeitáveis a tal conexão – de que é possível conceber todos os particulares como especificações de um princípio geral, e apreender a experiência como um todo cabalmente sistemático e, por isso, teleológico – ficou gravada nessas idéias em diferentes modos. Em seu aspecto mais compreensivo, isso pode ser visto na idéia de Deus, que nos ensina a olhar o mundo real como se fora o resultado de um plano racional unificado. Portanto, na medida em que é um princípio regulador, a idéia de Deus tem uma necessária e duradoura função na construção do conhecimento teórico.

A RENOVAÇÃO DA FILOSOFIA RELIGIOSA JUDAICA NO FIM DO SÉCULO XIX | 383

Cohen transfere essa interpretação da idéia de Deus da esfera da epistemologia para a da ética em seu livro *Kants Begründung der Ethik* (A Fundamentação Kantiana da Ética, [1877]). Em nenhum dos dois lugares, Deus existe como uma realidade metafísica, mas tanto na epistemologia quanto na ética Ele tem o mesmo valor como idéia. A significação ética da idéia de Deus aparece na crítica de Cohen à doutrina de Kant sobre os postulados da razão prática, que contém a fundamentação moral de Kant no tocante à crença em Deus e na imortalidade. Para Kant, a existência de Deus e a imortalidade da alma eram postulados da razão prática, porque somente elas podem garantir a unidade da virtude e da felicidade que são requeridas pela ética, mas que não são exemplificadas no mundo de nossa experiência cotidiana. Cohen vê nessa doutrina dos postulados uma concessão à eudemonia, que conflita com os princípios da ética kantiana. Ele nega a imortalidade da alma como sendo uma falsificação sensível e, portanto, mítica, da idéia de personalidade ética[9]. Mas a idéia de Deus apresenta uma conexão mais profunda e mais interna com o problema da ética.

A mesmíssima idéia de propósito unitário, que já havia levado à idéia de Deus na esfera teórica, volta na ética como a idéia de um reino da intencionalidade ética, e é aí expressa pelo conceito da sumidade de todos os seres morais. Nesse nexo, que é imanente à ética, a idéia de Deus ainda não é algo mais do que o símbolo da unidade do mundo ético; sua função independente é conectar os domínios teleológicos um ao outro e amarrá-los numa unidade. É impossível que o mundo ético e o natural devam ser separados um do outro, e deve haver uma necessária congruência da teleologia natural e a moral[10]. Como base dessa congruência, "a idéia de Deus é absolutamente necessária segundo o método crítico; se essas idéias inteligíveis aparecem como incondicionais, esta (a idéia de Deus) é sua base incondicional – e é, por conseguinte, um princípio de grau superior e de maior abrangência"[11]. A ética, que é basicamente autônoma, é coroada pela idéia de Deus porque, precedendo toda e qualquer pretensão metafísica, alcança uma interrelação orgânica com os princípios da ética que o sistema kantiano nunca ofereceu.

Tal definição da idéia de Deus, apresentada por Cohen na exposição do sistema de Kant, foi edificada de um modo sistemático na *Ethik des reinem Willens* (A Ética da Vontade Pura), em que sua plena importância aparece primeiro. Precisamente porque Cohen distingue de maneira tão completa quanto Kant o fez, entre evidência teórica e moral, entre as leis da natureza e a vontade moral, pôde ele atribuir um peso decisivo ao esforço de manter a unificação desses dois domínios. Essa unidade ba-

9. Kant, *Begründung der Ethik* (ed. al., 1910), pp. 350 e ss., 360 e ss.
10. *Ibid.*, pp. 364 e ss.
11. *Ibid.*, 365 e ss.

seia-se na comunidade do caráter metodológico de ambos. A evidência moral não é a de emoções incontroláveis. No âmbito da ética reina a mesma legítima razão produtiva que na lógica; ambas estão unificadas no princípio da pureza, ou – se usarmos a terminologia de Kant – no princípio da autonomia de valor. Assim, a distinção entre validade lógica e ética nunca pode levar à oposição e, no seu topo, a ética de Cohen precisa arrolar, como a lei básica da verdade, o princípio metodológico da correlação do conhecimento lógico e ético[12].

Mas essa correlação entre natureza e ética tem um significado que vai além da esfera do método formal. Ela contém o problema da realização do ético. O ser da ética é o de uma tarefa, que difere essencialmente do ser da natureza; mas é da essência da ética exigir realização; esta, entretanto, só é possível no reino da natureza. Apesar de sua independência do domínio da natureza, o reino dos princípios morais pode ser realizado somente na concreta realidade da natureza. Se a natureza não torna possível a exiqüibilidade dos ideais éticos, eles perderão, se não a validade, ao menos a aplicabilidade[13]. Que seja possível sua realização dentro da natureza é a assunção indispensável para a realização da moral. A unidade da natureza e da moralidade, assim entendida, é garantida pela idéia de Deus.

Com respeito ao seu conteúdo, o significado dessa idéia da unidade da natureza e da ética é apresentado primeiro de um modo muito abstrato. O ser da ética é o ser de uma tarefa infinita. A consciência ética é por natureza dirigida para o futuro, e a infinitude da tarefa ética implica uma infinita continuação da ação ética. Essa direção para o futuro é imanente a cada momento de atividade ética. Não há ética sem a idéia de eternidade, que distingue o caráter da consciência ética. Mas esse caráter eterno da ética pressupõe a permanência da natureza. Porque a continuidade da atividade ética não deve ser interrompida, necessariamente o futuro da natureza deve estar assegurado. A continuação dessa linha de pensamento mostra o que Cohen realmente pretendia dizer ao exigir a permanência da natureza em bases éticas. Para a eternidade da ética não é suficiente que a natureza simplesmente exista. Por necessidade, a humanidade, o objeto da ação ética, tem de existir e manter-se na natureza, e a preservação de sua existência não deve ser impedida pela entropia ou por outras formas de processo natural[14]. Tudo isso, entretanto, supõe apenas as condições naturais para a possibilidade de vida ética. O significado de todas essas assunções é que elas tornam possível a realização progressiva da ética. A realização dos ideais éticos dá a nota principal para a atividade ética da espécie humana. E esta é a verdadeira significação da idéia de Deus – que a genuína ética pode e deve ser realizada. A idéia de Deus é o

12. H. Cohen, *Ethik des reinen Willens*, pp. 83 e ss.
13. *Ibid.*, pp. 391 e ss., 436 e ss.
14. *Ibid.*, pp. 438 e ss.

A RENOVAÇÃO DA FILOSOFIA RELIGIOSA JUDAICA NO FIM DO SÉCULO XIX | 385

garante daquela humanidade histórica que se desvela e se desenvolve em condições naturais e realiza esse objetivo[15].

Assim, é feita uma conexão imediata com a idéia judaica de Deus. O que Cohen formula aqui, no contexto de seu sistema, é a fé judaica na ordem moral divinamente esteada. Ele coloca como a essência da fé judaica em Deus a futurição messiânica dos Profetas, que Cohen interpreta segundo o espírito do moderno liberalismo como um progresso contínuo rumo ao reino messiânico da ética. Ele injeta esse conceito messiânico em seu ideal da eternidade da ética e os une um ao outro. Mas a era messiânica, que deveria rematar todo desenvolvimento moral, torna-se agora uma obra intérmina de aperfeiçoamento ético. Os esforços éticos não findam em um reino messiânico de paz. A pintura profética do messiânico fim dos tempos é apenas um símbolo estético. A ética o concebe como uma meta infinitamente distante que dirige toda ação ética, mas que jamais é alcançada, e justo por causa disso nos é continuamente presente[16].

O sentido do conceito-Deus de Cohen se apresenta em sua plenitude quando discute a transcendência de Deus. Deus é a base para a unidade da natureza e da ética, não podendo por isto ser absorvido pelo mundo da ética ou da natureza. Está fora dos dois, assim como toda base se encontra fora daquilo que se baseia nela. Cohen toma o especial cuidado de negar qualquer identificação panteísta de Deus com a natureza. O filósofo não era insensível ao apelo estético do panteísmo, tendo sido atraído por ele na juventude, mas na maturidade se lhe opôs vigorosamente porque o encarava como uma espécie de naturalismo ético. A identificação de Deus e a natureza acarretaria a identidade da natureza e da ética. Spinoza revela esse corolário de seu *deus sive natura* quando fala das ações do homem como sendo tão naturais quanto linhas e planos, julgando ser legítimo basear a ética em semelhante descrição. A metafísica do panteísmo abala a autonomia da ética, que o idealismo crítico erige. Porque natureza e ética não são identificadas, mas, sim, correlacionadas, segue-se forçosamente que Deus, como princípio desta correlação, deve estar fora de ambas as esferas. O Deus da ética não é o Deus do panteísmo, mas o Deus do monoteísmo[17].

Mas a introdução do Deus monoteísta na doutrina ética implica Sua reconstrução numa idéia, envolvendo a negação de Suas pretensões metafísicas e de Seu caráter pessoal. A transcendência de Deus só pode ser a de uma idéia, que pode decerto transcender as esferas particulares separadas da consciência metódica, mas nunca ir além das fronteiras desta última. Cohen viu um corretivo à sua doutrina de Deus nos esforços feitos pelos filósofos judeus medievais para despojar Deus dos elementos

15. *Ibid.*, 449 e ss.
16. H. Cohen, *Jüdische Schriften*, pp. 402-410.
17. H. Cohen, *Ethik des reinen Willens*, pp. 456-466; cf. pp. 15 e ss., 55.

386 | A FILOSOFIA DO JUDAÍSMO

antropomórficos, e especialmente na doutrina maimonidiana dos atributos, a cujas pressuposições metafísicas Cohen deixou de fazer justiça.

O significado de Deus como idéia não procura tirar do conceito de Deus algo da plenitude de seus conteúdos ou sua validade. A fé ética em Deus pode ser dirigida em seu pleno brilho e entusiasmo para Deus entendido como uma idéia, para o Deus que mantém a ordem moral da existência; em vez da existência material que os corpos têm, Ele recebe o status do ser de princípios que subjazem à existência material das coisas[18]. Essa acomodação de Deus ao status dos princípios produtivos do idealismo é, como se pode ver facilmente, apenas uma comparação relativa. Embora Cohen introduza a idéia de Deus no âmago de sua doutrina ética bem mais profundamente do que Kant havia feito, esta idéia nunca vai além do caráter de um postulado. Que a ética é realizada na natureza nunca é deduzido, mas postulado, já que o conceito de natureza é constituído independentemente das leis da ética, tanto mais quanto o fluxo efetivo dos eventos naturais tem que corresponder às necessidades da consciência ética. Este postulado é meramente impelido um passo adiante se atribuímos à idéia de Deus a função de garante da realização ética. Nessa conexão surge outra questão que não pode ser discutida exceto por uma análise sistemática do conceito de realidade nos termos de Cohen: trata-se de saber se tal função não ultrapassa o caráter como idéia, se não deveríamos antes pensar a Seu respeito como o supremo existente a fim de que pudesse, como poder determinante, garantir a realização do ideal ético dentro do quadro dos acontecimentos naturais.

A incorporação da idéia de Deus à doutrina da ética levanta necessariamente o problema da relação da ética com a religião, que foi a origem histórica da idéia de Deus. Esta relação aparece em duas diferentes formas principais, dependendo se a tratamos histórica ou sistematicamente. Sob o ângulo histórico, a religião é a fonte do idealismo ético, e a filosofia, que busca desenvolver e confirmar seus princípios em continuidade com as forças históricas da cultura, não pode ignorar a religião como uma das fontes da ética[19]. Cohen entende a religião como religião em geral, mas, ainda assim, vê no monoteísmo judaico a expressão mais pura e mais profunda do poder primordial da moralidade. Somente nos Profetas judeus a religião se desenredou dos embaraços do mito, e o interesse ético motiva a referida religião do começo até o fim[20].

Os Profetas são os criadores dos mais importantes conceitos éticos nos quais a ética da vontade pura será baseada – isto é, as idéias de humanidade, messianismo e

---

18. *Ibid.*, pp. 452 e ss.
19. *Ibid.*, pp. 53 e ss. "Cohen, "Einleitung zu Langes Geschichte des Materialismus", *Schriften zur Philosophie und Zeitgeschichte*, II, 275 e ss.; "Religion und Sittlichkeit", *Jüdische Schriften*, III, 100 e ss., 155.
20. H. Cohen, *Ethik des reinen Willens*, pp. 402 e ss.; *Jüdische Schriften*, pp. 122 e ss.

A RENOVAÇÃO DA FILOSOFIA RELIGIOSA JUDAICA NO FIM DO SÉCULO XIX | 387

Deus. Até que ponto a ética está em dívida com eles, pode-se ver no ensaio de Cohen sobre o ideal social de Platão e dos Profetas, em que ele os caracteriza como "as duas fontes mais importantes da cultura moderna". Consoante Cohen, a ética recebeu seu fundamento metódico da teoria platônica das idéias, mas a profundeza de seu conteúdo veio dos Profetas. No seu ideal social, Platão permanece atado aos limites da realidade grega; sua acuidade intelectual e exclusividade endureceram e perpetuaram as divisões das classes, e a genuína ética, ligada ao ponto de vista de Platão, é limitada ao domínio privado da classe filosófica; seu conceito de comunidade ética não ultrapassa as fronteiras da Grécia. Falta-lhe a idéia de Homem, que está contida no conceito de humanidade dos Profetas. Em oposição a isto, os Profetas, em seu pensamento ético, pairam acima da situação histórica dada; social e politicamente, rompem os laços de classe e nação e, por força de sua orientação para o futuro, são levados à idéia de história universal[21].

De 1890 em diante, por meio de preleções e inúmeros ensaios, Cohen continuou a expor esse conteúdo ético do judaísmo, não a partir da posição de uma fria objetividade, mas com o entusiasmo de um comprometimento pessoal. O *pathos* ético dos Profetas vivia nele e, a partir de sua empatia espiritual, estava singularmente capacitado a interpretar seus motivos éticos fundamentais como nenhum outro homem seria capaz de fazê-lo.

Entretanto, para uma ética sistemática, a religião serve apenas, a despeito de todo o seu teor ético e paixão, como uma pressuposição histórica. A ética aceita as idéias que são produto da inocência da consciência criativa religiosa, e as eleva um degrau acima da religião, ao alicerçá-las na certeza do conhecimento ético autônomo[22]. Tal relação se aplica também à idéia de Deus, que passa, similarmente, da esfera da religião para a da ética em que tem o seu verdadeiro lugar[23]. Depois que a idéia religiosa de Deus foi reconstruída na idéia ética de Deus, a religião precisa ser dissolvida na ética. Destarte, a religião retorna à sua verdadeira fonte ética e encontra aí "não sua terminação, porém sua perfeição"[24].

A plenamente amadurecida consciência histórica de Cohen impediu-o de pretender que semelhante transformação fosse iminente. Sabia muito bem que o presente diferia de modo absoluto da perfeição sistemática da cultura, em que a ética estaria habilitada a orientar o comportamento moral da vida social. Enquanto essa meta não é alcançada, a religião se torna indispensável ao avanço do desenvolvimento ético. Um iluminismo ético popular não fundado em conhecimento metódico que procu-

---

21. H. Cohen, *Jüdische Schriften*, I, 306-330. Tradução hebraica por T. Wislowski (Jerusalém, 1935).
22. H. Cohen, *Ethik des reinen Willens*, pp. 60 e ss.
23. *Ibid.*, pp. 454 e ss.; *Jüdische Schriften*, III, 147 e ss.
24. *Ibid.*, 158.

388 | A FILOSOFIA DO JUDAÍSMO

ra, no presente, substituir a religião, está despreparado para a tarefa de orientar a consciência ética e o dever religioso de manter a verdade ética do conceito de Deus em face das interpretações materialistas da natureza, e a história ainda se faz necessária. Dadas as nossas atuais circunstâncias históricas, temos como dever sustentar nossa fé ancestral, não por um sentido de reverência para com o passado, mas por um de responsabilidade para com o futuro moral. Tal lealdade, porém, exige que a religião histórica seja idealizada; isto é, continue a ser desenvolvida na direção do idealismo ético. Esse idealismo ético é o objetivo último para o qual todas as diferentes religiões deveriam convergir[25].

Cohen, com base nisso, indica claramente sua filosofia do judaísmo. Ele é um judeu total, tanto na originalidade de seu sentimento como na consciência de seu conhecimento filosófico. Nele, a poderosa fé do messianismo judaico continua viva, e seu poder é incorporado no âmbito de seu sistema em forma filosófica. Cohen encara seu trabalho filosófico como uma justificação do judaísmo, tornando-se para a sua geração um fiador filosófico da lealdade religiosa. Ainda assim, ele inclui o judaísmo no escopo de seu julgamento sistemático sobre todas as religiões, procurando idealizá-lo de modo que possa estar maduro para a transição à ética filosófica.

A partir desse ponto de vista, Cohen desejava escrever uma filosofia religiosa do judaísmo capaz de ser uma síntese sistemática de seu labor acerca da filosofia da religião. Mas antes que pudesse ter a oportunidade de elaborar o seu plano, sua concepção religiosa sofreu uma mudança decisiva. Concluiu que sua fé pessoal fora apenas parcialmente explicada por suas análises teóricas prévias. Em conseqüência, formulou a base metodológica de sua nova orientação rumo à religião no *Der Begriff der Religion im System der Philosophie* (O Conceito de Religião no Sistema da Filosofia, [1915]) e apresentou uma exposição plenamente desenvolvida de filosofia religiosa nessas novas bases em *Religion der Vernunft aus den Quellen des Judentums* (A Religião da Razão a partir das Fontes do Judaísmo) publicada postumamente em 1919.

Os títulos desses dois livros demonstram plenamente que seu novo conceito de religião esteava-se também nos elementos de seu sistema. Seu racionalismo metódico não reconhece outra religião a não ser a da razão, e seu conceito sistemático de filosofia exige que esta última encontre seu lugar dentro de um sistema filosófico. Fiel aos fundamentos de seu sistema, ele não adiciona a religião ao sistema como um novo elemento. Se uma tal independência metodológica fosse concedida à religião, ela poderia ameaçar e limitar a autonomia da cultura. A consciência religiosa não deveria ser acrescentada como uma nova dimensão da consciência, mas deveria remanescer dentro das dimensões básicas da consciência e, especialmente, dentro do domínio da consciência ética, em que se manifesta apenas como um novo aspecto.

---

25. H. Cohen, *Ethik des reinen Willens*, pp. 586 e ss.; *Jüdische Schriften*, pp. 158 e ss.

A RENOVAÇÃO DA FILOSOFIA RELIGIOSA JUDAICA NO FIM DO SÉCULO XIX | 389

Cohen coloca isto na formulação metodológica segundo a qual a religião tem independência, embora possua uma qualidade individual[26]. No tocante à ética, em que a religião tem um lugar central, esta individualidade provém da unilateralidade do conceito ético de Deus. O Deus da ética é o Deus da humanidade e não do indivíduo.

Nenhum outro curso é possível para a doutrina ética de Cohen, que está completamente subordinada à universalidade do princípio ético, e sob cuja tutela o conceito ético da espécie humana é considerado. Para a ética, o homem não é o indivíduo, sujeito a todas as contingências de sua vida natural e social, nem o agregado de tais indivíduos em todas as suas interconexões e relações, porém o portador da idéia ética. Somente a idéia da universalidade humana pode fazer justiça a esse conceito. Assim, a ética deve definir o homem como um elo nessa cadeia da universalidade humana, e determinar o seu destino ao dizer que o homem precisa elevar-se até essa idéia de universalidade. A ética, de acordo com Cohen, encontra, pois, a sua realização em primeiro lugar no Estado, que serve de representação primordial da universalidade, e a multiplicidade dos Estados individuais exige a sua unificação numa idéia universal de humanidade. O correlativo necessário à idéia de humanidade é, por certo, o portador individual da razão ética como fonte da atividade moral. Mas esse conceito do indivíduo é puramente formal e externo. O indivíduo ético é sempre e em todo lugar um construto racional da ética geral, e as inter-relações éticas de indivíduos são consideradas a partir de um ponto de vista puramente formal. Meu vizinho é apenas o "outro", que é um sujeito ético como eu sou[27].

Entre os membros da comunidade ética, o primeiro lugar é dado às relações racionais que derivam do conceito de personalidade ética, em contraste com o qual os momentos mais íntimos do sentimento moral são de relevância somente como veículos e apoios psicológicos. Por causa dessa importância decisiva da idéia de universalidade ética, o desejo da realização do ideal moral é satisfeito pela fé na vitória histórica da bondade. A ética não tem consolo a oferecer para a angústia moral do indivíduo, ou para a luta dele com sua própria culpa. Do ponto de vista religioso, toda a ética de Cohen está orientada para uma postura profética, em que o interesse político histórico universal ocupa a posição central. O judaísmo torna-se a religião da sublimidade ética.

A correção dessa parcialidade, que é tentada nas últimas obras de Cohen, afeta quer a ética quer a religião. A idéia do indivíduo é enfatizada tanto em relação ao próximo quanto ao próprio ego. A comunidade com o próximo é realizada por um sentimento de simpatia pela necessidade ou aflição do outro, e torna-se uma comunhão ética individual na qual o outro se torna meu vizinho, a quem eu estou diretamente ligado. Tal simpatia faz-se de imediato – e isso é típico da ética de Cohen –

---

26. H. Cohen, *Der Begriff der Religion im System der Philosophie*, pp. 15 e s., 108 e ss.
27. H. Cohen, *Religion der Vernunft aus den Quellen des Judentums*, p. 15; *Der Begriff der Religion*, pp. 52 e ss.

390 | A FILOSOFIA DO JUDAÍSMO

simpatia social. O fato psicológico da simpatia é eticamente legitimado como simpatia pelo pobre, cuja necessidade social demanda a nossa ajuda. Achando um lugar em sua ética para o sentimento, Cohen não procede de um modo fenomenológico, porém dedutivo, legitimando a significação do sentimento por meio de suas realizações éticas. O seu ativismo encontra essa realização na ação ética, que dimana do sentimento; nesse atuar reconhece que a intimidade da comunidade ética surge tão-somente do senso de unidade com o próximo, que também deriva do sentimento[28]. Enquanto a própria ética reconhece apenas a reverência que devemos à dignidade ética de nosso próximo, a piedade é transformada em amor para com o nosso semelhante. O conceito fundamental da estima ética não é, destarte, substituído, mas converte-se na pressuposição que permite ao amor tornar-se amor ético. Essa nova relação moral constitui, para Cohen, uma relação religiosa, distinta da puramente ética[29]. À primeira vista parece que a interpretação religiosa não é exigida pelo próprio fenômeno. A comunidade de sentimento é também possível dentro da esfera da ética pura, mas, ainda assim, constitui uma profunda percepção de Cohen a idéia de que a comunidade humana de amor e a comunhão religiosa estão essencialmente relacionadas.

É claro, todavia, que só a ética não é suficiente para a necessidade humana de redenção moral. A alma que está carregada de culpa – e ninguém é livre de culpa – não fica satisfeita com a perspectiva da futura vitória histórica da bondade sobre o mal; a alma exige a desobrigação de sua culpa e a restauração da liberdade ética. O mandamento moral não pode livrar o homem dos grilhões do pecado, e o Deus da ética não é de nenhuma ajuda ao homem em tais dificuldades. A purificação do pecado requer um Deus que não seja meramente o Deus da humanidade, mas do indivíduo. Das profundezas de seus sentimentos de culpa, "o homem solitário" torna-se um indivíduo religioso e descobre Deus, que lhe concede perdão[30]. Porém a atividade ética do homem não é, por esse meio, abreviada. O homem deve ele próprio empreender a purificação, precisa ele próprio vencer a batalha contra o pecado por meio do remorso e do arrependimento. Mas só encontra o poder de fazê-lo por meio da confiança que a fé em um Deus clemente e indulgente pode proporcionar. A redenção do indivíduo é possível tão-somente devido à correlação do homem e Deus, mas nessa correlação o homem é o fator ativo, e Deus é a meta para a qual o poder do homem está direcionado. A atividade moral constitui o dever do homem, mas ela só pode ocorrer à vista de Deus, unicamente por confiança no poder da bondade, e apenas com a certeza da clemência de Deus[31].

---

28. H, Cohen, *Religion der Vernunft*, pp. 131-166; *Der Begriff der Religion*, pp. 53 e s., 70 e ss.
29. H. Cohen, *Religion der Vernunft*, pp. 167 e ss.; *Der Begriff der Religion*, pp. 75 e ss.
30. H. Cohen, *Religion der Vernunft*, pp. 208-251; *Der Begriff der Religion*, pp. 61 e ss.
31. H. Cohen, *Religion der Vernunft*, pp. 220 e ss.; *Der Begriff der Religion*, pp. 63 e ss.

A RENOVAÇÃO DA FILOSOFIA RELIGIOSA JUDAICA NO FIM DO SÉCULO XIX | 391

Aqui, o judaísmo difere do cristianismo e, embora saiba que a moderna teologia cristã protestante deu origem à análise do referido problema, Cohen pode honestamente sustentar que a sua solução é mais congruente com o ponto de vista judaico. O cristianismo concebe a idéia da redenção de uma maneira que transfere a atividade do homem para Deus. O judaísmo diferencia estritamente a purificação da pessoa por si mesma, uma obrigação que incumbe ao homem, e a redenção, que é concedida por Deus. Cohen encontra a perfeita expressão de sua doutrina no dito talmúdico que figura à frente de sua *Religião da Razão*: "Abençoados sois vós, ó Israel, pois quem vos purifica e perante quem vós sois purificados? Perante vosso Pai no Céu!"[32]

Os dois pontos de partida da religião, que estivemos até agora discutindo separadamente, confluem no pleno desenvolvimento do elemento religioso do amor. Ele nos foi dado primeiro na idéia do amor do ser humano, mas agora é possível estabelecer uma relação de amor entre o homem e Deus, seja o amor de Deus ao homem, seja o amor do homem a Deus. O Deus do indivíduo tornou-se o Deus do amor, e a relação religiosa do homem com Deus é expressa pelo amor a Deus. O conceito de amor foi dotado de sentido ético, o que se tornou possível graças unicamente à significação ética de Deus. O amor de Deus pela criatura humana está ligado ao amor ao próximo. Devido ao caráter social do amor ao próximo, eu sei de imediato que Deus ama o ser humano; ou, como Cohen exprime paradoxalmente, eu devo pensar em Deus como amante, pois eu devo também amar o gênero humano. O amor de Deus, como o amor de alguém ao próximo, é extensivo aos sofrimentos humanos, o que, de um ponto de vista religioso, pode ser explicado apenas como os padecimentos do amor[33]. O amor do homem a Deus é outrossim dirigido a Deus como o arquétipo da moralidade, mas com esta mudança religiosa: que Ele se torne o Deus do amor[34]. Todos os aspetos da personalidade humana são engolfados no amor de Deus, como está expresso nos mandamentos bíblicos "ama o Senhor, teu Deus, com todo o teu coração e com toda a tua alma e com todo o teu poder"[35].

Cohen pinta a religião nas suas relações com todos os aspectos da consciência humana, a partir de um ponto de vista psicológico e sistemático. O modo de ver religioso não está limitado à esfera de sua origem, mas se expande a todas as áreas da cultura e as transforma. É o que se diz primeiro da ética, cujos dois lados metodologicamente distinguíveis – o ético *per se* e a sua derivação religiosa – apresentam-se, não obstante, unificados. A união desses dois fatores metodologicamente distintos é desenvolvida em pormenor na *Religião da Razão*. Os conceitos ético e

---

32. H. Cohen, *Religion der Vernunft*, p. 260.
33. H. Cohen, *Der Begriff der Religion*, pp. 80 e ss.; *Religion der Vernunft*, pp. 167-184.
34. H. Cohen, *Religion der Vernunft*, pp. 184-191.
35. *Ibid.*, pp. 184 e ss.

392 | A FILOSOFIA DO JUDAÍSMO

religioso de ser humano – e a *fortiori* as idéias ética e religiosa de Deus – são expostos como um todo unificado. Tal fato significa que o conteúdo total da ética foi agora iluminado e transformado pela religião: as idéias de humanidade, de messianismo e de história universal estão unidas por seu laço religioso, liberando-as da severidade incutida por uma interpretação estritamente racionalista. Embora a religião pareça a princípio repleta das idéias de pecado e sofrimento, os motivos luminosos e positivos da consciência religiosa, tão fortes no judaísmo, foram agora plenamente restaurados. A religião é tanto a consciência original de proximidade a Deus, quanto o anseio de transpor o abismo entre Deus e o homem, causado pelo pecado; a religião rejubila-se à luz da face de Deus, e agora tem a coragem de enfrentar as adversidades da vida.

A partir desse centro ético, a imanência da religião é percebida em todos os outros reinos do espírito. A obra programática, *O Conceito de Religião no Sistema de Filosofia*, trata em pormenor da relação da religião com a lógica, a estética e a psicologia, bem como a ética. O capítulo mais importante, sobre a lógica, preocupa-se especialmente com idéias já mencionadas em conexão com a vontade pura. Deus é concebido como garante da realização da moralidade e, assim, é relacionado tanto à moral quanto à natureza. A fim de tornar possível a Deus unificar os dois domínios, Cohen se utiliza da transcendência divina em face quer da natureza, quer da ética. Aquilo que foi intencionalmente transferido da terminologia religiosa para a linguagem do método é agora restituído à linguagem da religião. Cohen não mais fala da transcendência de Deus, mas de Sua unicidade; ele não contrasta a unidade com a pluralidade dos deuses politeístas, mas fala antes de Deus como incomparável a qualquer outro ser. Tal unicidade torna-se o principal conteúdo do monoteísmo, e o conhecimento disto é testemunho do poder lógico inerente ao monoteísmo desde o início. Mas com a restauração dos conceitos religiosos, o conteúdo do monoteísmo também recebe um novo significado religioso. O postulado metódico da transcendência é convertido na idéia religiosa da incomparabilidade de Deus, e de sua superioridade a qualquer outro ser[36].

O mesmo pensamento é posto em foco mais nítido quando o Seu ser é levado a denotar a absoluta "outridade" de Deus em face de todas as coisas do mundo. Quando Deus se revela na sarça ardente e diz: "Eu sou aquele que sou", Cohen enxerga neste "maior de todos os milagres estilísticos dos livros de Moisés" o reconhecimento de Deus como Deus do Ser; correspondendo à noção eleática de ser, há "na religião o conceito de um Deus como o único ser". O conhecimento de Deus como Sendo (existente) revela o conceito religioso de ser[37]. Mas aqui também, conquanto formulado em termos lógicos, há um fato originalmente religioso no âmago da questão.

---

36. H. Cohen, *Der Begriff der Religion*, pp. 26 e ss.; *Religion der Vernunft*, pp. 41-57.
37. H. Cohen, *Religion der Vernunft*, pp. 46 e ss.; *Der Begriff der Religion*, pp. 20 e ss.

A RENOVAÇÃO DA FILOSOFIA RELIGIOSA JUDAICA NO FIM DO SÉCULO XIX | 393

Qualquer que seja o valor exegético dessa interpretação da *Escritura*, constitui por certo uma idéia religiosa primordial de que só Deus é o verdadeiro Sendo, e que o mundo das coisas, em comparação, é nada e não substancial. Compreende-se por si que Cohen não seja da opinião de que, sendo Deus o único ser, este fato negue de modo niilístico o ser do mundo. Mas o significado de ser que atribuímos a Deus é de que Ele é a fonte do ser das coisas. Isso corresponde totalmente à articulação de conceitos dentro da lógica de Cohen, que define substância como o princípio de existência e interpreta os conceitos básicos do conhecimento como princípios de origem pelos quais a natureza vem a ser. Assim Deus, também, tem o caráter de um princípio ou origem, que constitui o motivo lógico da idéia de criação. De outro lado, porém, esse conceito de início, embora concebido como o conceito de criação, vai do reino da lógica para a esfera da religião e converte-se nos portadores de todos aqueles motivos religiosos contidos no conceito de um Deus-Criador. Sem dúvida, Cohen elimina do conceito de criação a idéia de um começo temporal do mundo e, de conformidade com a fórmula da prece no serviço (matutino) diário, segundo a qual Deus "renova a cada dia, de modo contínuo, a obra da criação", ele interpreta a criação como a preservação contínua do mundo e sua contínua renovação[38].

Em relação ao homem, o conceito de origem gera a idéia de revelação, não no sentido histórico firmado, mas como a fonte do entendimento humano dentro de Deus. Em oposição a toda heteronomia religiosa, o caráter religioso da religião é mantido, mas a razão autônoma do homem apresenta-se numa correlação religiosa com Deus, e pode destarte ser descrita como uma criação de Deus[39]. Desse modo, conceitos teóricos de religião encontram seu lugar no interior do sistema. A póstuma *Religião da Razão* desdobra as conseqüências éticas implícitas desses conceitos e chega a uma exposição completa da religião judaica. Enquanto antes a ética de Cohen havia apenas apreendido o conteúdo ético do judaísmo, a interioridade religiosa consegue agora o seu lugar de direito e a interpenetração da religião e da ética é demonstrada com profunda compreensão.

Mas a filosofia da religião do judaísmo foi também compreendida como a apresentação da Religião da Razão no sentido kantiano, segundo o qual a tarefa da filosofia não é somente a de integrar a religião no sistema da razão, mas também a de derivá-la da razão. Cohen deseja construir a verdadeira religião como a religião da razão, e descobrir os ensinamentos da religião da razão simplesmente por meio de uma análise da religião histórica do judaísmo. Assim como a ética no seu nexo mais estrito depende da razão, do mesmo modo a sua derivação religiosa depende da razão; Cohen não só torna o conceito ético da dignidade do homem dependente da

---

38. H. Cohen, *Religion der Vernunft*, pp. 68-81.
39. *Ibid.*, pp. 82-98, e epecialmente, pp. 95 e ss.

394 | A FILOSOFIA DO JUDAÍSMO

razão, mas também a idéia de comunidade ética individual, que é fundada no amor e na simpatia. Já vimos, com respeito à simpatia, que aquilo que é deduzido é simpatia social, muito embora essa dedução esteja apenas baseada na clarificação de suas operações éticas. Tal idéia é repetida em relação aos outros conceitos da ética religiosa, e no tocante à própria religião. Reconhecemos, porém, claramente, que a derivação racional desses conceitos inclui em si uma interpretação racionalista e uma limitação de seus conteúdos. Há aí não só um estreitamento do fato psicológico da simpatia, mas também da consciência ética no todo, se ela for legitimada apenas como simpatia social.

Isso é repetido de maneira ainda mais clara se a crença no amor de Deus para com o homem, que vive profunda e naturalmente no âmago da alma de Cohen, for legitimada porque somos obrigados a amar a Deus devido à nossa crença no amor de Deus ao homem. Mas há ainda outra razão. Mesmo nela, que é o alcance final do pensamento de Cohen, Deus permanece uma idéia. Embora introduza na idéia de Deus a substância viva da imaginação religiosa, e não mais se abstenha de falar de Deus como pessoa[40], as bases metodológicas de seu pensamento tiram-lhe a possibilidade de interpretar Deus como uma Realidade, mesmo no espírito do idealismo pós-kantiano que interpretava Deus como um princípio ativo da consciência. Este voltar-se para a religião mudou o conteúdo da idéia de Deus, mas não o seu caráter metodológico.

Mas o novo conteúdo do Deus-representação e sua dada forma metodológica não se ajustavam. O princípio da ordem ética universal (isto é, o modo como o conceito de Deus é entendido pela ética) pode ser interpretado sem dificuldade como a idéia de uma ordem ética universal, mas esta espécie de explanação é incomparavelmente mais difícil com respeito ao Deus do amor. Isso ocasiona, como os críticos de Cohen repetidamente acentuaram, um salto inconsciente no domínio da metafísica; isso também limita o livre e amplo desenvolvimento do conteúdo do Deus-representação. O amor de Deus é entendido como o amor a um ideal moral, e o conceito do amor de Deus ao homem é apenas um arquétipo sobre o qual o ato moral puro pode modelar-se. Havíamos antes enfatizado que a doutrina da expiação de Cohen, que exige que o homem se purifique, corresponde inteiramente à concepção do judaísmo. Mas juntamente com essa purificação do homem, o judaísmo coloca a graça de Deus, e dentro do sistema de Cohen a idéia do Deus clemente só pode aludir àquela fé que proporciona ao homem o poder de renovação moral. O próprio Cohen transcendeu continuamente tal fraqueza. Seu livro está referto do espírito de uma religião viva, e ele submete todo o seu poder conceitual, de dar forma, à tarefa de integrar a religião no círculo de seus próprios conceitos; mas nas suas formulações mais carac-

40. *Ibid.*, pp. 48 e ss., 243 e ss.

A RENOVAÇÃO DA FILOSOFIA RELIGIOSA JUDAICA NO FIM DO SÉCULO XIX | 395

terísticas Cohen permanece ligado a essa limitação. Na sua maravilhosa estrutura religiosa, remanesce um hiato intransponível entre o conteúdo da religião e a criação filosófica de conceitos.

FRANZ ROSENZWEIG

A grande realização de Hermann Cohen permanecerá por muito tempo no centro da filosofia religiosa judaica, apesar das muitas críticas adversas. Sua influência é sentida em cada aspecto da obra filosófica empreendida no judaísmo desde a época de Cohen, não obstante o deslocamento de interesses filosóficos levado a cabo pelo tempo e pela vida interior do povo judeu. Não é nossa intenção aqui apresentar uma discussão exaustiva da nova tendência, que começou a despontar justamente poucos anos após a publicação da *Religião da Razão*, de Cohen. Muitos de seus principais proponentes ainda estão vivos e em meio ao seu trabalho filosófico. Trataremos tãosomente de um dos membros desse círculo filosófico, Franz Rosenzweig (1886-1929), que morreu no auge de sua produção e cujo *opus magnum, Der Stern der Erlösung* (A Estrela da Redenção, [1921]), foi mais elucidado, porém não alterado basicamente em seus poucos ensaios ulteriores[41].

Entre os partícipes desse círculo filosófico, os quais diferem todos entre si, Rosenzweig tem um lugar especial, e de maneira alguma pode ser apontado como o chefe de uma escola com concepções sustentadas em comum. Temas gerais apenas o ligam a outras tentativas feitas em nosso tempo para entender o judaísmo segundo novas linhas filosóficas, e Rosenzweig se constitui em fenômeno único e independente, tanto na sua visão de judaísmo quanto na sua orientação filosófica geral. Muito tênues foram as conexões com o judaísmo presentes em sua formação e, como tantos outros membros de sua geração, encontrou o caminho de volta a ele por esforço próprio. Não foi o aspecto nacionalista do judaísmo que o atraiu, porém o lado religioso, e Rosenzweig o descobriu de um modo especial. O retorno à religião, que surgiu na vida espiritual de vários círculos, no início do século XX, na Alemanha, afetou também alguns judeus alemães mais jovens, que, embora poucos em número, se situavam em plano espiritual muito elevado. Vários deles, inclusive alguns dos amigos de Rosenzweig, foram fortemente influenciados pelas tendências religiosas reinantes em grupos mais jovens de cristãos alemães. convertendo-se à fé cristã. Franz Rosenzweig também se sentiu atraído ao cristianismo, mas encontrou mais tarde, no

---

41. As referências ao texto de *Der Stern der Erlösung* (*A Estrela da Redenção*) são da segundo edição, publicada em 1930. Trata-se de um reimpressão da primeira, com, entretanto, as três seções da primeira edição, agora publicadas em três volumes separados, cada qual com sua própria paginação. Os ensaios de Rosenzweig foram reimpressos nos *Kleinere Schriften* (1937) e as referências são dadas a partir dessa edição.

396 | A FILOSOFIA DO JUDAÍSMO

judaísmo, uma expressão adequada à sua fé e satisfação para as suas necessidades religiosas; e a influência de Hermann Cohen fortaleceu nele a sua vinculação judaica. Depois de elaborar o seu próprio relacionamento com o judaísmo, tornou-se conhecedor das vias do espírito e do modo de vida judeus. Mas traços do problema que deu origem ao seu desenvolvimento religioso ainda caracterizam sua versão do judaísmo. Tanto em *A Estrela da Redenção* quanto em seus escritos posteriores fica evidente que ele está abrindo a sua própria senda para o judaísmo e determinando a natureza do caminho que está trilhando.

Para Rosenzweig, não há nada no judaísmo que se explique por si mesmo. Ele descobre aí idéias sobre as quais eruditos formados no quadro da tradição judaica passaram por cima ou ignoraram; mas também enfatiza em demasia aquela porção dessas idéias que afetaram o seu desenvolvimento pessoal, e por causa disso enxerga fatos de uma maneira unilateral e parcial. De um ponto de vista filosófico, foi um dos primeiros representantes da tendência que mais tarde obteve expressão sistemática na filosofia existencialista a qual atraiu muitos dos filósofos alemães mais jovens e que, em anos recentes, teve grande impacto além das fronteiras da Alemanha, sobretudo na França. Não só articulou de forma clara os princípios do existencialismo, mas podia-se encontrar em sua obra toda uma série de idéias que se tornaram de importância central para Heidegger, embora este chegasse a conclusões diferentes. Quando da publicação de *Ser e Tempo*, Rosenzweig saudou o livro como uma confirmação de sua próprias concepções, e a estreita relação de sua filosofia com o existencialismo também foi admitida pelos partidários da nova "escola"[42]. A filosofia existencialista, todavia, se desenvolvera independentemente de Rosenzweig, uma vez que *A Estrela da Redenção* fora concebida como um livro puramente judaico e, durante muitos anos, mal havia sido notado fora dos círculos de leitores judeus.

Quer na introdução ao livro, quer num de seus ensaios ulteriores reunidos em *O Novo Pensamento*, Rosenzweig caracteriza essa filosofia como estando em forte contraste com toda a tradição filosófica que começa com Tales e culmina em Hegel. Para a filosofia tradicional, é evidente por si que o mundo é uma unidade e pode ser derivado de um único princípio. Desde o tempo de Tales, que considerava a água o

---

42. O testemunho de Rosenzweig de que a posição filosófica de Heidegger é comparável à sua encontra-se no ensaio "Vertauschte Fronten"("Frentes de Combate Trocadas") em *Kleinere Schriften*, pp. 355-356. A comprovação dessa reivindicação por membros da escola existencialista pode ser encontrada no ensaio de Karl Löwith, "M. Heidegger e F. Rosenzweig or Temporality and Eternity", *Philosophy and Phenomenological Research*, III, 53-77. Löwith demonstra em pormenor que o ponto de partida metodológico de ambos os filósofos é o mesmo, embora do ponto de vista do conteúdo eles cheguem a conclusões exatamente opostas. Löwith coloca o existencialismo ateu de Heidegger contra o existencialismo crente de Rosenzweig e prova que Heidegger permanece dentro da esfera da temporalidade, enquanto Rosenzweig transcende e aponta para a eternidade.

A RENOVAÇÃO DA FILOSOFIA RELIGIOSA JUDAICA NO FIM DO SÉCULO XIX | 397

princípio do ser, até Hegel, que via no Espírito a única realidade verdadeira, ninguém desafiou essa assunção, o que implica deduzir deste princípio todos os modos de ser. A filosofia mantém que essa concepção é evidente por si, que os três elementos que deparamos na experiência – Deus, o mundo e o homem – têm uma essência, sendo um deles essencial e os outros dois vistos como suas manifestações. A filosofia apenas pergunta qual dos três é o ser essencial e quais são derivados dele. A filosofia antiga e muitas das tendências do ulterior naturalismo derivam geralmente Deus e o homem do mundo; a teologia da Idade Média e o misticismo em geral derivam o homem e o mundo de Deus; e o moderno idealismo assenta Deus e o mundo na consciência – e, portanto, em última instância, no homem. Necessariamente correlativa a essa pressuposição de uma unidade primordial é a assunção da unidade de pensamento, cujo poder se estende a todos os domínios do ser e pode portanto basear todos esses domínios em sua essência comum. O pensamento está convencido de que tem o poder de apreender tudo do ser, sem exceção.

Isso, por certo, só é possível se tudo que é do ser for baseado no pensamento[43]. Se alguém vai ao encalço do monismo tradicional até a sua conclusão final, deve acabar no idealismo a fim de assentar a realidade num só princípio; até as escolas realistas tradicionais têm de reconhecer o poder decisivo do pensamento, que leva ao idealismo como a forma mais consistente de monismo. O extremo monismo idealista tem uma conseqüência ulterior: a verdadeira realidade de todos os seres individuais está contida no universal, em que todos os existentes particulares estão engolfados. Isso se aplica não apenas aos fatos que podem ser deduzidos de um princípio geral, mas também ao próprio princípio. Quando a moderna filosofia baseia Deus e o mundo na consciência do homem, não está falando da consciência humana individual porém da "consciência em geral", que é a base de toda consciência humana separada[44].

Nos termos em que Rosenzweig o compreende, o "novo pensamento" se opõe à filosofia tradicional. Ele nega, com especial veemência, o que considera as suas assunções monistas. O novo pensamento não procura aperfeiçoar ou emendar experiências que manifestam Deus, o mundo e o homem como três entidades fundamentais separadas; elas devem ser tomadas como dadas. Esse pensamento reconhece que toda tentativa de estear dois desses elementos no terceiro é uma dedução ilusória, pois cada um deles tem a sua própria essência especial que o pensamento deve reconhecer como sendo inseparável dele[45]. O pensamento pode descrever e analisar esses três elementos que a experiência lhe apresenta, mas nada pode adicionar à essência

---

43. Rosenzweig, *A Estrela da Redenção*, I, introdução, especialmente pp. 10 e ss.; II, pp. 21 e ss. "O Novo Pensamento", *Kleinere Schriften*, pp. 378-379.
44. Rosenzweig, *A Estrela da Redenção*, II, pp. 63-64, 67 e s., 73 e ss.
45. *Ibid.*, I, pp. 17 e ss.; *Kleinere Schriften*, pp. 378-379.

A FILOSOFIA DO JUDAÍSMO

dos três. Uma vez que o pensamento reconhece esses três elementos como dados, reconhece também que a existência se situa em seu próprio reino separado. O pensamento não procura dar existência ao ser, mas entender a existência tal como existe à parte do pensamento. A autoridade e o direito de existência não devem ser torcidos, como haviam sido por aqueles irracionalismos que se opõem à razão e que eram então correntes. O pensamento é o meio correto para entender as coisas, e não tem substituto. Mas o pensamento não precede a existência, porém serve como um de seus elementos[46]. Para um tal ponto de vista, a unidade de pensamento não é um princípio primário que produz a multiplicidade do conhecimento. O que nos é dado é conhecimento em todas as suas formas e muitas facetas. Só depois que conhecemos a conexão entre os elementos fundamentais da existência pode ser validada a idéia de que por trás da diversidade de conhecimento ergue-se uma unidade de pensamento, além da qual nosso olhar não pode penetrar[47]. Esse realismo é em princípio diferente do realismo antes mencionado, porque sustenta inteiramente a originalidade do pessoal e do material, rejeita toda e qualquer tentativa de isolá-lo e estabelecê-lo simplesmente sobre uma essência abstrata.

A dicotomia entre esses dois modos de pensamento não é apenas teórica. Aplica-se ao próprio conteúdo da existência e, em especial, à existência humana. A filosofia tradicional não se limitava a transpor o verdadeiro ser do homem para uma essência geral, que é a mesma para todos os homens particulares, mas também asseverava que a meta da vida humana está contida na manifestação dessa idéia geral do ser humano. Nas leis morais ela via primordialmente a tarefa que é dada ao homem como homem, e o valor do homem individual consistia simplesmente no fato de ele ser o portador dessa lei moral. O novo pensamento protesta contra semelhante derrogação da dignidade do indivíduo. Atribui valor ao homem individualmente, não apenas originalidade de ser, mas valor primordial; mantém que o valor da vida do indivíduo se encontra nesta vida, e não em um princípio geral que o transcenda. Isso não implica a negação da lei moral. Esta lei mantém seu caráter absoluto, mas o homem não existe por causa da lei moral; a lei moral é que existe por causa do homem[48].

O primeiro a atribuir valor filosófico ao indivíduo foi Schopenhauer que, levantando a questão do valor do mundo, considerou o mundo a partir do ponto de vista do particular. Nietzsche, mais tarde, seguiu as suas pegadas. Todo o seu pensamento centra-se na significação da existência humana; sustentando com veemência o valor do indivíduo, ataca todas as normas e leis que são externas ao plano individual. A violenta oposição a todas as filosofias anteriores é uma expressão nítida do motivo de

46. Rosenzweig, *A Estrela da Redenção*, I, pp. 21 e ss., 57 e ss.
47. *Ibid.*, I, pp. 19, 57-58.
48. *Ibid.*, I, pp. 17, 21.

A RENOVAÇÃO DA FILOSOFIA RELIGIOSA JUDAICA NO FIM DO SÉCULO XIX | 399

seu ateísmo. Ele não nega Deus por razões teóricas, mas por não poder suportar o pensamento de que acima de sua pessoa há um Deus. O oposto exato de sua justificação do ateísmo é a justificação da fé feita por Kierkegaard. O conhecimento de que ele próprio está sobrecarregado de pecados, e necessita redenção, o traz à fé. Somente a fé pode lhe dar segurança, porque ela atribui grande importância ao indivíduo e ao seu pecado, e o redime dele. Para Kirkegaard, a interpretação hegeliana do cristianismo substitui o indivíduo pelo homem em geral, não prestando nenhuma atenção ao que é de primeira importância – o indivíduo. Ele vê nisto uma prova do malogro do inteiro empreendimento filosófico porque a filosofia não fornece resposta às questões vitais do homem individual[49].

Rosenzweig também começou a nutrir dúvidas sobre a filosofia tradicional, não por causa da especulação teórica, mas por causa de uma falta de satisfação pessoal. Nos eventos e catástrofes da Primeira Guerra Mundial, divisou a ruína da filosofia, porque o fato mais saliente acerca do conhecimento do mundo era o da morte. A filosofia busca livrar o homem do temor à morte, que é a força primordial de sua vida, ensinando-o a enxergar-se como parte do processo do mundo ou como portador de valores eternos que estão isentos da extinção. Mas o homem não quer ficar livre do medo da morte, ao menos por estas vias. Ele se rebela contra tais tentativas que descuram totalmente de sua individualidade a fim de aquietar seu temor à morte[50]. Essa emoção induziu Rosenzweig e muitos de seus jovens contemporâneos a exigir do pensamento que levasse em conta o indivíduo em sua particularidade, e não desviasse o rosto de seus sofrimentos. No problema da morte torna-se claro ao homem que ele não é apenas uma parte do mundo natural, mas também que está apartado dele como ser peculiar. Quando o homem escapa à rede da terminologia filosófica, fica para ele evidente que esse enquadramento é também teoricamente insuficiente para abranger a concreta "condição de ser assim" da existência[51]. O novo pensamento, pois, que começou a formar-se nas mentes de certos filósofos do século XIX desde a época de Schopenhauer em diante, pode ser visto como realmente revolucionário e inovador, em oposição à forma da filosofia corrente até então[52].

Esse pensamento distingue-se do velho não só no conteúdo, mas especialmente no método. A concreta "condição de ser assim" da existência não pode ser apreendida de outro modo salvo pela experiência, e a experiência deve ser portanto o ponto de partida de nosso pensamento. Mas a "experiência" aqui pretendida é completamente distinta da encontrada nas ciências especiais, e o empirismo dessa filosofia é muito

49. *Ibid.*, I, pp. 12-15; do ponto de vista metodológico, a novidade do novo pensamento é atribuída a Feuerbach algures (*Kleinere Schriften*, p. 388).
50. Rosenzweig, *A Estrela da Redenção*, I, pp. 7 e ss.
51. *Ibid.*, pp. 17-18.
52. Rosenzweig, *Kleinere Schriften*, p. 388.

400 | A FILOSOFIA DO JUDAÍSMO

diferente do significado usual do termo. As ciências especiais analisam e separam seções específicas da existência, e procuram impor-lhes uma lei geral. O nexo aqui visado é o de contatar e captar a existência precisamente em sua concretitude. Além do mais, enquanto as ciências especiais descrevem o ser de fenômenos de todo despidos de qualidade e valor, a experiência aqui procurada relaciona ambos ao ser, à significação e ao valor das coisas. O sujeito de tal experiência só pode ser, pois, o homem na plenitude de seu ser e não apenas seu órgão epistemológico; ademais, isto é referido ao homem individual efetivo, que é tanto o sujeito como o objeto da filosofia. A introvisão de Schopenhauer não é apenas a de que ele mediu o mundo segundo o homem, mas que fez da sua experiência pessoal a fonte e o ponto inicial da filosofia; com ele, o filósofo torna-se parte da filosofia. O mesmo é verdade em relação aos outros filósofos há pouco mencionados, e é direito do filósofo fazer da sua experiência pessoal o ponto de partida da filosofia; é o que Rosenzweig aponta como sendo a contribuição distintiva do novo pensamento.

A partir da experiência assim definida, Rosenzweig tenta descobrir toda a existência. Primeiro, procura demonstrar o que essa existência diz no concernente a Deus, ao mundo e ao homem, cada qual tomado separadamente, e como as relações entre os três são traçadas. *A Estrela da Redenção* pretende ser um sistema filosófico a lidar com todas as partes da filosofia, embora numa base diferente e com uma ordem diferente[53]. Esse sistema valida e sustenta a concepção judaica de Deus e do mundo. Mas não é uma filosofia do judaísmo. Não intenta – pelo menos nas seções importantes da obra – avaliar o judaísmo; a religião judaica não serve de pressuposição ao pensamento de Rosenzweig – antes, é o pensamento, nascido da própria experiência de Rosenzweig, que conclui pela confirmação dessa religião. Seu relacionamento com o judaísmo é, assim, grosso modo, equivalente à relação da filosofia religiosa do racionalismo judaico, diferindo apenas na medida em que esta última valida o judaísmo com base no pensamento, enquanto Rosenzweig busca fundá-lo com base em sua experiência pessoal. A fim de acentuar sua independência em face de todas as pressuposições dogmáticas judaicas, faz a declaração extrema de que está expressando sua experiência pessoal na linguagem do judaísmo, mas que um pensador cristão ou livre-pensador expressaria tal experiência em outra terminologia.

Com toda a sua declarada oposição à filosofia tradicional, seja com respeito ao conteúdo de suas doutrinas, seja aos seus princípios últimos de certeza, Rosenzweig não deixa, ainda assim, de depender dela em muitos casos, quando se trata de fazer a apresentação de seus próprios pensamentos. Seu conceito de realidade, baseado na experiência, não é expresso na doutrina que as experiências supostamente ensinam, mas na forma de uma construção teórica. Suas meditações não desenvolvem conclusões a

---

53. *Ibid.*, pp. 374-375.

A RENOVAÇÃO DA FILOSOFIA RELIGIOSA JUDAICA NO FIM DO SÉCULO XIX | 401

partir de fatos básicos que pertençam à experiência somente, porém a teoria constrói e cria os próprios fatos. A tentativa paradoxal de vestir o conteúdo da experiência na forma de uma estrutura conceitual pode ser explicada historicamente como devida à influência do idealismo alemão, ao qual Rosenzweig se dedicou em suas primeiras investigações, e do qual não conseguiu livrar-se inteiramente, até mesmo depois de haver proclamado completa oposição teórica a ele. Mas seu método construtivo, embora de todo diferente do método dialético do idealismo alemão, ainda assim depende nitidamente dele. Na sua tentativa de combinar uma filosofia da experiência com a construção conceitual, Rosenzweig trilha as pegadas da filosofia ulterior de Schelling, que se opõe de modo encarniçado ao idealismo do primeiro Schelling e à sua continuação por Hegel, embora mantenha em certas áreas o método dialético. De um ponto de vista teórico, o objetivo do método dialético é compreender os fatos que lhe são apresentados pela experiência, em termos da necessidade interna deles.

Isso não significa que se possa prová-los por uma demonstração formal. Que Deus, o mundo e o homem existem – e estão relacionados um com outro de certas maneiras – não precisa e não pode ser demonstrado. A natureza de Deus, do mundo e do homem nos é revelada pela experiência, mas a construção teórica pode nos mostrar que seus vários aspectos, descobertos pela experiência, não estão, um ao lado do outro, colocados de um modo díspar, porém um frente ao outro. A essência de cada um deles é apreendida segundo a sua estrutura interna e, do mesmo modo, suas relações derivam de suas essências individuais. O caminho dessa construção começa com uma das idéias da lógica de Hermann Cohen, mas a emprega de um modo que Cohen dificilmente poderia aprovar. Cada um desses três elementos de existência deve ser derivado de sua negação. Tal negação precisa ser entendida no sentido de negação forjada pelo conhecer. Nosso conhecimento da existência é destruído em pensamento. Nós lançamos a dúvida a seu respeito mediante a conjetura, a fim de, por esse meio, negar a negação e desvendar mais uma vez o nosso caminho para o ser[54].

Vários aspectos do ser são, assim, revelados em suas conexões internas ao nosso pensamento. Esse método genético faz-se construtivo porque, no pensamento, a negação se faz fonte a partir da qual o ser se desenvolve. A dedução do ser a partir do nada é realizada, para cada um dos três elementos da existência, em duas formas. A primeira é que contra a nadidade (a nadidade específica da qual falamos em cada caso, seja de Deus, do mundo ou do homem) aparece a asserção positiva do ser. A segunda é que a negação *per se* é destruída e negada pelo pensamento. Na primeira, a essência de cada um dos três elementos, que é contínua e auto-subsistente, se revela como estática; na segunda, desvela-se o aspecto dinâmico, voluntarista, dos três ele-

---

54. Rosenzweig, *A Estrela da Redenção*, I, pp. 30 e ss.

402 | A FILOSOFIA DO JUDAÍSMO

mentos. Os dois lados pertencem à essência de cada um dos três elementos, e em cada um deles os dois aspectos interagem continuamente, e somente a partir dessa mútua interação é que a essência se torna aquilo que ela é[55].

A dedução assim descrita já permite ver o que o próprio Rosenzweig iria admitir mais tarde: que isto deve ser dito não só de uma construção conceitual, porém, não menos, de coisas mais importantes. Não apenas a nossa própria cognição de Deus, do mundo e do homem ocorre de um modo construtivo, como verificamos que o processo de auto-nascimento é atribuído à própria existência[56].

Depois de cada um dos três elementos ter sido interpretado em si mesmo, são postos em relação um com o outro. Se relacionamos Deus ao mundo, reconhecemos esse relacionamento como criação; se relacionamos Deus ao homem, reconhecemos esta relação como o fato da revelação, e reconhecemos a relação do homem com o mundo como redenção – que no seu primeiro passo, ao menos, é encarado como a redenção do mundo pelo homem. Na base de cada uma dessas conclusões, encontra-se a essência de cada um dos três elementos, como foi explicado antes, e de acordo com isso podemos definir a relação entre duas causas dadas. Mas a intenção aqui não é construir, para fins de entendimento apenas, os conceitos de criação, revelação e redenção. A construção só desvela como, desse encontro de Deus, do mundo e do homem na existência, surgem os fatos da criação, revelação e redenção. Até a ordem da sucessão desses três elementos aplica-se tanto à atualidade como ao pensamento. A criação é o fundamento da revelação e esta é o fundamento da redenção.

O segundo dos três livros de *A Estrela da Redenção* relata, para usar as palavras do próprio Rosenzweig, a transição da criação para a revelação, e vê, na descrição da existência como temporal, a novidade distintiva do novo pensamento, enquanto a filosofia tradicional procura apenas conhecer as eternas inter-relações de conceitos. Mas o pensamento de Rosenzweig tampouco repousa inteiramente no âmbito do temporal, erguendo-se para o eterno. O terceiro livro, que constitui o ápice de *A Estrela da Redenção*, mostra primeiro como a vida temporal pode assumir o aspecto de eternidade, e conclui com a idéia de que o objetivo final da evolução do mundo é a unificação do mundo e do homem com Deus, quando irão participar de Sua absoluta eternidade. A unidade da existência, com a qual a filosofia tradicional começava, não é mais o ponto inicial do pensamento, mas o final; não é um dado último, porém o propósito do desenvolvimento da existência. De acordo com a sua estrutura externa, o terceiro livro uniu os três fatos do segundo livro – criação, revelação e redenção. Quando essas duas tríades (Deus, o mundo e o homem; a criação, a revelação e a redenção) estão combinadas, temos a figura de um estrela de seis pontas, que dá o nome ao livro.

---

55. *Ibid.*, I, pp. 30 e ss.; 34 e ss.
56. *Ibid.*, I, pp. 115 e ss.; 218.

A RENOVAÇÃO DA FILOSOFIA RELIGIOSA JUDAICA NO FIM DO SÉCULO XIX | 403

Os três passos do vir-a-ser, os elementos da existência, sua unificação na criação, revelação e redenção, o ascenso à eternidade e à unificação da existência – todos eles também são importantes para a evolução histórica da consciência universal. Para os gregos, que formularam a mais alta expressão do pensamento do mundo pagão, cada um dos três elementos é uma perfeita e completa entidade e cada um deles é totalmente independente dos outros dois. O mundo era para os gregos um cosmos plástico, auto-subsistente, independente tanto dos deuses quanto do homem, a tal ponto que este é mais do que um mero elo na cadeia da causação natural. Similarmente, o homem em sua vida humana mantém a mesma postura quando depende apenas de si mesmo. Assim, a tragédia grega retrata seus heróis, cuja grandeza consiste em existir na sua natureza especial, e cujo fado é o isolamento em que estão fechados. Os deuses gregos também vivem vidas separadas, exceto na interferência ocasional para afirmar seu domínio sobre o destino do mundo e dos homens[57].

A maneira pela qual Rosenzweig concebe a relação deles com o mundo é semelhante à de Epicuro, para quem os deuses existem nos espaços entre os mundos e não têm conexão com o mundo. Só a fé bíblica amarra os três elementos juntos, faz do mundo uma criação de Deus, leva Deus e o homem ao encontro no ato da revelação, e o homem e o mundo a uma relação redentora. Esse ponto de vista é comum ao judaísmo e ao cristianismo; a diferença entre eles reside nos caminhos diferentes pelos quais realizam a eternidade no tempo. O primeiro livro de *A Estrela da Redenção* descreve o pensamento grego; o segundo, discute as bases da religião bíblica; e o terceiro – em seus dois capítulos de abertura – o judaísmo e o cristianismo como conjuntos históricos. O capítulo de conclusão pinta a visão da suprema eternidade, diante da qual as disputas e diferenças entre as duas crenças hão de desaparecer de uma maneira misteriosa que escapa a ambas.

Essa corrente de pensamento, apenas delineada em forma geral, é explicada com grande energia construtiva e, a partir deste ponto central, Rosenzweig tira inferências e conseqüências para cada área da filosofia, e produz uma hoste de novas e importantes introvisões. Não obstante, tal tentativa de deduzir, ou apenas construir uma descrição da existência cujas raízes estão na experiência humana, é ainda assim forçada. De um lado, as deduções construtivas carecem de peso lógico decisivo. É logicamente impossível, com respeito aos dois caminhos pelos quais o pensamento efetua a transição do nada para algo (isto é, pela colocação do Sim em face da negação e pela destruição da nadidade), esclarecer o fato de que, necessariamente, devem estar colocados dois correspondentes aspectos residentes nos elementos básicos; o que eles são precisa ser explicado. E, de outro lado – e isto é até mais importante – os elementos da experiência, na visão de mundo de Rosenzweig, nunca são delineados com clare-

---

57. *Ibid.*, I, pp. 46 e ss., 70 e ss., 96 e ss., 101 e ss.; *Kleinere Schriften*, pp. 381 e ss.

A FILOSOFIA DO JUDAÍSMO

za. Desaparecem atrás das cortinas das idéias construtivamente desenvolvidas, e assim fica parecendo em mais de uma ocasião que as idéias foram estabelecidas de maneira dogmática, e não inferidas a partir da experiência.

Um dos mais importante exemplos disso é que nunca somos informados que experiências servem de base para fundamentar o nosso conhecimento do mundo e de Deus como substâncias específicas, independentes e separadas. Além disso, não fica claro como pode alguém ter em geral qualquer idéia delas sem encontrar o homem. Com respeito ao mundo, o problema é aliviado um pouco, porque o homem, em um aspecto de sua existência, pertence ao mundo e, deste modo, pode conhecê-lo. Mas no tocante a Deus, a questão permanece sem resposta. De acordo com a estrutura de *A Estrela da Redenção*, é como se a existência de Deus – isto é, do Deus pessoal – fosse um fato evidente por si que não requer provas. Rosenzweig declara abertamente que não é preciso prová-lo e, tomando em consideração o seu ponto de vista básico, é claro por que isso deve ser assim. Mas ele, todavia, não nos dá a experiência mediante a qual conhecemos a existência de Deus e o seu caráter pessoal[58]. É possível que essa experiência esteja oculta no encontro entre Deus e o homem, que Rosenzweig denomina revelação, apesar do fato de que, devido à estrutura de seu livro, ele limita essa denotação a um aspecto específico, embora central, do referido encontro. Se esgotamos o seu conteúdo, parece que a crença do homem em Deus depende desse encontro, e ele deve servir de ponto de partida de todas as declarações feitas com respeito a Deus em relação a ele próprio e ao mundo. A estrutura construtiva na doutrina de Rosenzweig, em que a revelação aparece mais tarde em termos de valor, esconde as relações entre os vários aspectos de seu ponto de vista relativo a Deus e seu elemento de experiência. Isso também é verdade no que tange aos outros conceitos centrais da concepção de Rosenzweig. Pois, para que seu livro seja plenamente efetivo, e a fim de que sua obra possa ser debatida com seriedade, é preciso libertar suas idéias dos andaimes da construção e devolvê-las a seu relacionamento natural. Tal coisa só pode ser feita numa reconsideração geral, em que trataremos apenas tópicos que são importantes do ponto de vista do judaísmo.

---

58. Rosenzweig declara que "com a ajuda do conhecimento sensível da experiência" estamos em condições de conhecer de maneira precisa o significado de Deus, do homem e do mundo em si mesmos e, com respeito a esse conhecimento da essência dos três dados primários, não há distinção entre Deus, o homem e o mundo (*Kleinere Schriften*, p. 380). Mas o conhecimento da essência depende da experiência da fatualidade, que estabelece a essência. Sem um conhecimento da existência de Deus em razão de experiência, não pode haver conhecimento de Sua essência. Mas o conhecimento assim adquirido não é o de Deus em Sua própria autolimitação, mas de Deus tal como Ele se apresenta em relação ao homem. Mesmo naquelas religiões que afirmam um Deus totalmente contido em Si, que se mantém à distância isolado de tudo, o conhecimento que o homem tem de Deus é o de Sua comunhão com a criatura humana, que brota não de Deus, mas do homem.

A RENOVAÇÃO DA FILOSOFIA RELIGIOSA JUDAICA NO FIM DO SÉCULO XIX | 405

A fim de compreender sua doutrina dessa maneira, cumpre atribuir à experiência que o homem tem de si mesmo e do mundo uma diferença característica da experiência do conhecimento que ele adquire de Deus. Desta última experiência flui um novo entendimento do mundo e do homem, conferido pela crença no homem e no mundo. Mas há outra compreensão, independente da fé. Esta é descrita nos dois primeiros capítulos do primeiro livro, que tratam do mundo e do homem. Mais tarde, ocorrem muitas declarações esclarecedoras sobre as diversas áreas da cultura humana que independem do nosso conhecimento de Deus. Para sistematizá-las segundo o espírito de Rosenzweig, devemos rotulá-las de filosofia, para fazer distinção da teologia, que se baseia na experiência da fé.

Como vimos, a experiência em que o mundo nos é dado não é a experiência da ciência empírica, mas a experiência primária do mundo, com a qual a ciência começa. Rosenzweig encontra duas causas no mundo, tal como ele as percebe em todas as esferas da existência – uma estática e passiva, outra dinâmica e espontânea. O elemento passivo no mundo é a sua lei teórica e universal, o seu *logos* imanente que constitui, por assim dizer, sua estrutura; a causa ativa e espontânea é o fluxo do particular e do individual, que deve se lançar continuamente na existência[59]. A posição que é dada ao pensamento expressa a oposição de Rosenzweig seja ao irracionalismo seja ao idealismo. Em contraposição ao primeiro, ele vê no pensamento, que inclui em si mesmo as leis universais das coisas, uma das causas primárias do ser do mundo. E, em contraste com o idealismo, não concede ao pensamento prioridade sobre o mundo e não lhe atribui a função de confirmar e manter a existência do mundo. Ao contrário, a existência do mundo é primária; o pensamento está contido na existência e, especialmente, na existência do mundo[60].

Com o fito de exprimir claramente essa idéia, leia-se o capítulo sobre o mundo intitulado "Metalógica", um análogo da palavra metafísica. O pensamento que está implantado na existência do mundo contém dentro de si, de conformidade com sua essência, uma relação com todos os vários aspectos de fenômenos no mundo. O pensamento é aplicável à multiplicidade das coisas, sua universalidade é de uma validade geral que se aplica essencialmente à multiformidade da natureza. Em sua concepção do relacionamento do geral com o particular, há uma diferença fundamental diante do idealismo. Para o idealismo de Kant e das escolas que dele provêm, a experiência

---

59. Rosenzweig, *A Estrela da Redenção*, I, pp. 57-61.
60. *Ibid.*, I, pp. 58-59. Com essa conexão do pensamento com um dos três elementos da existência, é difícil ver como a filosofia pode fazer de Deus e do homem seus objetos de cognição e, além disso, procurar compreender a essência deles por meio de um método construtivo. A filosofia se estabelece — necessariamente, devido à sua natureza — fora das fronteiras que ela atribui aos portadores do pensamento, e essa objeção não é respondida pela afirmação de que o pensamento, originalmente apenas dentro do mundo, é mais tarde levado a depender de Deus e é elevado assim para além dos limites do mundo.

406 | A FILOSOFIA DO JUDAÍSMO

provê o conteúdo particular que a forma geral do conhecimento articula em uma unidade de experiência. Rosenzweig faz exatamente o oposto: ele coloca todo o dinamismo e a atividade no particular, e o universal serve à função de absorver o particular; em união com este, não tem outra função exceto a de atrair para si o particular e levá-lo a repousar dentro do universal. Somente com a entrada do particular no universal podem os fatos ser combinados em espécies, e as espécies em classes de maior e maior generalidade.

Esse ponto de vista de Rosenzweig, que atribui um caráter real, concreto, à conexão lógica entre o individual e o geral, decorre de sua visão de mundo a qual o concebe, inanimado ou animado, como um processo vivo. A morte "dada" do idealismo filosófico ficou plena de poder vivo. Tudo o que vem-a-ser, irrompe na existência e busca nela o seu lugar, quer em termos de espaço quer em termos de lógica. De outro lado, a lei universal do mundo torna-se um *logos* que aí habita; e, com os dois, é construída uma escada de espécies e gêneros, cada um dos quais é uma entidade completa em si mesma: um cosmos surge ante os nossos olhos, em que uma hierarquia muito nítida leva do particular ao princípio do mundo como um todo[61]. Esta é uma posição exatamente oposta à de Aristóteles, que atribui à matéria a busca da forma e da lei geral. Tudo isso se aplica igualmente bem ao homem na medida em que ele é parte do mundo, mas a um certo momento de sua vida a essência do homem é despertada em seu íntimo, o que o coloca além do mundo. Até então, ele é uma parte do mundo e, depois, é parte dele graças à sua existência natural, que inclui tanto seu corpo quanto sua alma. As formas humanas de associação e, em especial, o Estado, são criaturas dentro do mundo, e são essencialmente do mesmo tipo que todas as outras criaturas do mundo. À relação do particular com o universal que o inclui, é dada aqui um significado mais claro. Mesmo as leis da ética, que formam e juntam os homens em associações, são parte da ordem da lei que rege o mundo[62].

Este quadro do mundo em que o individual está serenamente integrado na ordem harmoniosa do universal não se aplica à teoria do homem, que é, em Rosenzweig, sombria e séria. No homem são encontradas duas causas, a estática e contínua, que constitui o seu caráter, e o movimento e a atividade, que são a sua liberdade. A liberdade do homem não é de início dirigida para fora do mundo; sua primeira atividade orienta-se para o fortalecimento de sua individualidade própria. E o que era verdade com respeito ao mundo, é verdade em relação ao homem. Esses dois aspectos devem interagir, a fim de que o homem possa atingir sua verdadeira essência[63]. Só o ato da

61. *Ibid.*, I, pp. 62-65.
62. *Ibid.*, I, pp. 72-75.
63. *Ibid.*, I, pp. 83-88.

A RENOVAÇÃO DA FILOSOFIA RELIGIOSA JUDAICA NO FIM DO SÉCULO XIX | 407

auto-afirmação transforma o homem em homem; somente nele o homem se torna um eu, para usar a linguagem de Rosenzweig e, assim, ele se apresenta ante o mundo como um ser com sua própria essência. Como um "ego" ele também é diferenciado dos outros homens e é completamente independente. Na medida em que os homens pertencem ao mundo, eles são particulares de um único tipo. Na sua individualidade, não são diferentes um do outro, do mesmo modo que os indivíduos de outras classes não são diferentes um do outro; sua individualidade é aquele modo especial em que a essência comum do homem se manifesta em cada um deles, uma essência que os une num conjunto. Entre um eu e o outro, essa conexão não existe. A individualidade pode apresentar uma forma plural; para o "eu" existe apenas o singular. O ego, na sua orgulhosa condição de "eu", *self*, também determina o seu destino, que é a solidão. As relações entre os homens sempre remanescem na esfera da existência do mundo, mas entre um eu e o outro não há ponte. Cada eu está só na medida em que é um ego[64].

Esse isolamento completo é a condição do herói da tragédia grega. Expressa de modo específico o que ele faz e o que lhe acontece. Seu caráter e seu *self*, eu, não são dados ao homem por ocasião do nascimento. Ao nascer, a criança é meramente parte do mundo. O caráter só vem em fases posteriores de desenvolvimento, e não evolui devagar, mas salta para o ser em um certo momento. O despertar do caráter do homem coincide com o acordar de seu *eros*. O desejo sexual, que engolfa o homem como criatura natural e confina-o aparentemente na vida instintiva, também dá nascimento ao eu que se situa fora do sexo; e a mais estreita e a mais íntima relação que é possível aos seres humanos, o ato de amor, revela a solidão e o isolamento final do eu, que não toma parte nele e permanece encerrado em sua concha. Com a chegada da velhice, em que a sensação de isolamento é ainda mais exacerbada, a morte leva o isolamento ao seu apogeu. Em face da morte, desaparece tudo o que liga o homem como essência ao mundo, e nada resta salvo o isolamento temporário e insubstancial do eu[65]. O medo da morte precede essa característica da morte, com que o existencialismo de Rosenzweig começa. O temor da morte é o temor do ego, e as tentativas feitas pela filosofia a fim de dominá-lo traem os propósitos das tentativas, pois elas não encaram o homem como um ego, mas como uma parte do mundo natural, ou como parte de uma rede espiritual geral. É possível para o homem, assim entendido, continuar a viver por causa do mundo, da humanidade, do desenvolvimento do espírito. Mas tudo isso evapora-se em face do medo que o ego tem da morte. O ego requer redenção de seu isolamento e de seu receio da morte, ambos constitutivos do ego humano, que o mantém na servidão.

64. *Ibid.*, I, pp. 88-90, 95.
65. *Ibid.*, I, pp. 94-95.

408 | A FILOSOFIA DO JUDAÍSMO

Assim, a análise do ser humano, baseado nele mesmo, conduz ao ponto em que a comunhão com Deus, que Rosenzweig chama revelação, torna-se possível. A revelação de Deus ao homem, que é o fundamento de toda comunhão com Ele, é obra do amor de Deus, que se volta para o homem. Isso redime o homem de seu isolamento e eleva-o acima dos conflitos de sua existência. Uma importância decisiva é atribuída a essa relação do homem com Deus, que se ergue de tal modo que o amor de Deus não é sentido como uma qualidade quiescente, mas como um ato espontâneo de amor, que se apodera do homem a um certo tempo e sempre se volta para ele de novo. Esse ato de amor não é dirigido para a humanidade em geral, mas o é para o indivíduo, e não a todos os indivíduos na mesma medida, mas àquele a quem a vontade de Deus escolhe[66].

Rosenzweig desconsiderou as apreensões de nossa consciência diante do fato de que o amor de Deus escolhe um e rejeita outros. Mas nossa experiência desse amor de Deus é testemunha desse fato, e nos ensina que o amor de Deus é obtido durante a passagem do tempo, e de que há um momento para cada homem em que o referido amor há de pousar nele. Ao homem que o conhece, vem o conhecimento – o qual substitui aquela independência do ego que é auto-subsistente – de que ele é dependente de Deus. Assim, a fé e a confiança substituem o isolamento em que anteriormente ele existia, e ao amor de Deus corresponde agora o amor do homem por Deus. Essa relação entre Deus e o homem é uma pura e absoluta relação de amor, e permanece nesse caráter como produto e derivativo dessa primeira revelação de Deus. Por certo, Deus é também pensado como um Deus que comanda e exige. Esse homem, o amado de Deus, deve devolver-Lhe amor com amor – isso não é deixado ao livre-arbítrio do homem, mas é-lhe ordenado a fazê-lo por Deus. Porém, esse mandamento repousa sobre a mutualidade do amor. De acordo com sua essência, amor exige amor em retorno, e o mandamento de Deus ao homem para amá-Lo somente expressa algo que flui da essência da relação de amor. Assim, enquanto a essência do amor de Deus é pessoal, Seu mandamento para amar também é pessoal. É dirigido para o indivíduo a quem o amor de Deus é dirigido, e difere, portanto, em essência, da lei, que é eterna e destinada a todas as criaturas[67].

Rosenzweig via a lei moral, que obriga todas as criaturas, como parte da ordem do mundo ou, no mínimo, como análoga a ela. Isso não afeta a ética da fé e, visto que a ordem da lei cósmica é no fim dependente de Deus, o mesmo é verdade no que diz respeito à lei moral. Mas a lei moral não entra no reino da ética da fé, estando totalmente separada do mandamento cuja raiz reside no amor de Deus. O propósito de tal separação entre mandamento e lei é para responder à pergunta, que muitos têm feito, de como é possível comandar o amor.

66. *Ibid.*, II, pp. 92-99.
67. *Ibid.*, II, pp. 114-115.

A RENOVAÇÃO DA FILOSOFIA RELIGIOSA JUDAICA NO FIM DO SÉCULO XIX | 409

Mas essa distinção não se aplica somente ao preceito bíblico que manda amar ao próximo como a si próprio, mas também a todos os mandamentos do *Pentateuco*. Embora tenham externamente a forma de um mandamento, são não obstante mandamentos "presentes" dados pelo Senhor neste dia, diretamente ao indivíduo, e sua fonte se encontra no relacionamento efetivo do indivíduo com Deus[68]. Não são arbitrários *obiter dicta* da vontade de Deus, mas exigências feitas pelo Deus daqueles que O amam.

Quando passa a discutir o judaísmo, Rosenzweig torna a reviver a idéia de lei. Ele a explica como uma condição fundamental da vida judaica, e precisa portanto aceitar a idéia de um Deus mandante, legislador. Mas aqui mais uma vez, Rosenzweig sustenta a idéia de que o divino mandamento, como conteúdo da revelação e como aquilo que é exigido do indivíduo, é um *mandamento*, e unicamente por ser o fundamento social da vida judaica – até onde sua atividade se relaciona com o "mundo", e precisa dar a essa vida consistência, ordem e coesão – converte-se em lei[69]. Assim, Deus não cessa de ser um Deus do amor em seu relacionamento com o homem, e somente no contexto social o Seu mandamento se transforma em lei. Se Rosenzweig se desvia ocasionalmente dessa concepção e distingue entre o Deus que é legislador e o Deus do amor, ele tira isso da tradição religiosa, não de sua experiência religiosa fundamental, que não reconhece o dualismo do Deus benevolente e do Deus vingativo.

Quando se chega ao problema da relação do homem com Deus, o elemento experiencial, sobre cuja base Rosenzweig constrói sua doutrina, é inteiramente óbvio, mas é muito mais difícil sumariar sua apresentação "construtiva" da relação de Deus com o mundo e sua concepção da divina substância. Aqui poderemos ver a larga, oni-abrangente significação do encontro do homem com Deus, cujo foco central – como foi dito – é a experiência do divino amor, mas que, não obstante, ainda é apenas uma porção da experiência. No referente à relação de Deus com o mundo, esse problema é facilmente resolvido se prestarmos atenção aos significados específicos que Rosenzweig atribui à idéia de criação. Para ele, a criação não é um evento único, singular, porém uma criação contínua do mundo por Deus, ou como está expresso na bem conhecida prece – a "renovação das obras da criação todos os dias"[70].

Isso não é para ser entendido como uma eterna processão de emanações do mundo a partir de Deus, como pretenderam muitos dos que defenderam essa doutrina. Deus não é a causa impessoal da qual dimanam todos os seres, e o mundo não é renovado a todo e qualquer momento separado de tempo. Embora esteja em contínua existência, o mundo não é uma existência independente, mas encontra seu esteio e suporte em Deus. Assim como a revelação é a relação específica entre Deus e o

---

68. *Ibid.*, II, p. 115.
69. *Ibid.*, III, pp. 187-188.
70. *Ibid.*, II, pp. 41 e ss.

410 | A FILOSOFIA DO JUDAÍSMO

homem, do mesmo modo a criação é a relação específica entre Deus e o mundo. De um lado, sua base reside no poder criativo de Deus, que é a causa ativa e, de outro, na contingência do mundo, que é a causa passiva. O mundo, que parecia aos antigos um cosmos auto-subsistente, na linguagem de Rosenzweig desperta para uma consciência de sua "criaturalidade"; é precisamente a causalidade geral a governar o universo – ou seja, o *logos* que constitui seu vigamento – que julga necessário tal suporte. O mundo existe apenas em razão de sua unidade com o particular e é, portanto, destruído em seu fluxo. Se o mundo for apresentado como uma criatura, deve trocar, de um lado, sua perfeita completitude pelo mero vir-a-ser; e, de outro, deve render sua auto-subsistência, e requer uma atualidade externa para mantê-lo subsistente[71].

Tudo o que foi dito aqui acerca do mundo como um todo vale para cada particular existente dentro da ordem do mundo, bem como para o homem, o qual em sua existência natural é uma parte do mundo. Ele vê a si próprio como uma criatura, e a partir desse fragmentado conhecimento infere que o mundo ao qual pertence é também uma criatura, e sua existência lhe é dada por Deus. O homem olha para si mesmo quer como uma criatura quer como um filho de Deus; fica sabendo que sua existência, tal como sucede com todos os seres contingentes, depende completamente de Deus, e que o Deus de quem é dependente dirige Seu amor para ele. Por sua experiência dual, o homem apreende Deus como o criador onipotente e o pai amoroso[72].

A idéia de criação e do auto-conhecimento humano da "criaturalidade", também invocada pela teologia cristã da época, assumem em Rosenzweig um caráter inteiramente diverso do que o da teologia cristã. Embora o homem conheça a si próprio como uma criatura, sendo assim dependente de Deus, ele não é um nada; ele não olha para si mesmo como "pó e cinzas", e o Deus perante o qual reconhece sua "criaturalidade", conquanto um Deus de infinito poder criativo, não é um Deus diante de quem o homem se apresente temeroso e trêmulo, porém um Deus que o ampara em sua existência. A atividade de criação, constantemente renovada, é identificada com a Providência Divina. Na sua relação com o mundo, Deus é o Deus da providência, e na sua relação com o homem, é o Deus do amor. Rosenzweig divisa na eterna atividade criadora de Deus uma expressão do voluntarismo divino que, em sua natureza, não é arbitrário. O poder divino é tal que precisa expressar-se a si próprio na criação, mas nesse poder está contida a liberdade divina. A atividade de Deus é uma com a Sua essência, mas não deflui necessariamente Dele devido à tendência de tornar a Si mesmo conhecido, porém é o produto de Seu livre-arbítrio[73].

Do que foi dito, pode-se entender como os fatos da criação e da revelação, bem como a correspondente crença na obra da criação e da revelação são mutuamente

71. *Ibid.*, II, pp. 42 e ss., 58.
72. *Ibid.*, II, p. 46.
73. *Ibid.*, II, pp. 32-41.

A RENOVAÇÃO DA FILOSOFIA RELIGIOSA JUDAICA NO FIM DO SÉCULO XIX | 411

dependentes um do outro. A criação é completada pela revelação, e esta é fundada na criação. O fato de Deus ser o criador não O conecta com Suas criaturas; isso só ocorre quando Ele se volta para o homem com amor. Primeiro isto acontece entre Deus e o indivíduo, e depois se expande em círculos cada vez mais amplos. A experiência do amor divino não seria nada mais do que a de um indivíduo isolado não fora o fato de que Deus, cujo amor nos é comunicado, é também o criador, em que nossa existência inere[74]. Rosenzweig exige uma relação de completamento similar àquela entre filosofia e teologia, que para ele deve em primeiro lugar ser combinada à idéia de criação e, em segundo, à idéia de revelação. A teologia, isto é, o conhecimento cuja fonte reside na fé, não deve limitar-se à esfera do sentimento e tornar-se simplesmente uma teologia da experiência. Com base na fé deve procurar compreender tudo acerca da existência, e lutar com todos os fatos. A fim de ser veraz, precisa da filosofia. E a filosofia, que – como Rosenzweig a entende – está radicada na experiência pessoal, necessita da revelação para escapar das armadilhas do subjetivismo. Somente com seu completamento pela teologia, ela atinge a objetividade da ciência[75].

74. *Ibid.*, II, pp. 20, 30, 85 e ss., 121 e ss.
75. *Ibid.*, II, pp. 18 e ss., 22 e ss. Rosenzweig reitera a idéia de que a filosofia e a teologia deveriam ser complementares, mas não a explica, nem examina os problemas implícitos no seu proposto conceito de filosofia e teologia. Para ele, a filosofia, em razão de sua subjetividade, deve ser completada pela teologia, e por força de tal completamento atinge o caráter objetivo de ciência. Com isso, pretende sem dúvida dizer que a teologia tem um fundamento objetivo no dado da revelação e. assim sendo, pode ajudar a filosofia a alcançar a objetividade. Mas a certeza da revelação baseia-se ela própria tão-somente na certeza da experiência humana da revelação e, como tal, possui o mesmo caráter "subjetivo" que a filosofia. De outro lado, a teologia necessita da filosofia, de modo a poder tornar-se não apenas uma teologia do sentimento, mas também a fazer face à existência real. Mas como podemos nós apoiar essa noção de filosofia que, encarada em si mesma nada mais é senão uma "*Standpunkt-philosophie*", não podendo levar a uma conexão com a existência real? A filosofia só pode efetivar essa conexão se ela "realiza dentro de si o conhecimento do mundo na plenitude de sua inteireza sistemática", no dizer de Rosenzweig (II, p. 19). É claro que, na sua idéia, a filosofia, apesar de seus inícios na experiência humana, não é obrigada a remanescer somente na esfera do aforismo, mas pode atingir uma unidade sistemática. Isto é corroborado pelo fato de Rosenzweig considerar seu próprio tratado como um sistema filosófico (*Kleinere Schriften*, pp. 374-375). De modo semelhante, a filosofia deve ter o caráter de conhecimento, a fim de que independentemente possa dar à teologia a conexão de conhecimento do mundo ou seja, como Rosenzweig o formula em outro lugar (*A Estrela da Redenção*, III, p. 47), "a objetividade dos filósofos paira sobre os objetos". Mas se ele acha que a filosofia, que é baseada na experiência humana, tem a capacidade de atingir a sistematização e a objetividade científica, então ela não mais necessita receber seu caráter científico da teologia. Com isso, a idéia central da mútua complementação da filosofia e da teologia não é refutada. O problema da relação da filosofia com a fé e a teologia, que está radicado na fé, também se apresenta na filosofia existencialista, embora assuma aí forma especial. As várias possibilidades de resolver tal questão, adiantadas pela tradição, vêm à tona e se repetem no quadro da filosofia existencialista. Em seu quadro, Rosenzweig defende a idéia de que não há oposição entre as duas disciplinas, e uma não pode ser subordinada à outra. Mas cada uma delas, partindo de seus próprios princípios, esforça-se em chegar à verdade unitária. Assim, é forçoso que o problema da fé seja visto do ponto de vista da filosofia e o da filosofia deve ser apreendido a partir da posição da fé — e as investigações desse tipo, espalhadas pelo livro de Rosenzweig, são muito fecundas.

412 | A FILOSOFIA DO JUDAÍSMO

No conhecimento da criação e da revelação, isto é, no nosso duplo conhecimento de que somos criaturas de Deus e os objetos de seu amor, está contido o conhecimento da essência de Deus. E tal conhecimento não emana do primeiro, mas é parte e parcela dele. Esses dois aspectos, a cognição da relação de Deus conosco, e o conhecimento de Sua essência, são dados em conjunto em todo conhecimento religioso, e são unos e inseparáveis. Rosenzweig coloca isto, antes de tudo – e não são necessárias quaisquer provas ulteriores – com respeito ao caráter pessoal de Deus, incluso na Sua relação dual com o homem. E ele prossegue distinguindo entre o fluir infinito da substância divina e a Sua liberdade, que irrompe de novo a cada instante. Esse dualismo, que ele procura deduzir de modo construtivo, e ao qual já fizemos menção antes, baseia-se na essência da fé pessoal. Para este dualismo, também, Deus é o ser infinito, auto-subsistente, em medida não menor do que para uma crença tão impessoal quanto a do misticismo; mas, junto com isso, Deus é outrossim livre arbítrio. A fé requer a manutenção de ambas estas fases da essência divina, e não vislumbra contradição entre elas. Para a filosofia da religião a possibilidade de unir essas duas formas é um problema central, e cumpre procurar entender o conceito de liberdade divina de tal maneira que não distorça a estase do divino. Rosenzweig sustenta – sem dúvida sob a influência de Schelling – esse dualismo primário na essência de Deus, e procura compreender essa essência em termos de sua interação. Ele começa com uma investigação formal concernente à essência de Deus, e retorna a ela na sua abordagem das manifestações de Deus nos trabalhos de criação e revelação. Dessa forma torna-se cônscio do mistério da essência divina, e sua concepção de Deus vai muito além dos limites da experiência ou do sentimento humanos.

O ponto de partida para os conceitos a serem tratados a seguir reside na atividade que o conhecimento do amor divino exerce sobre o homem. Não só ele redime do isolamento e da solidão o ego do indivíduo, como também derruba nele a barreira do seu egoísmo, suscitando em seu íntimo o desejo de amar a Deus. Assim, a experiência religiosa primordial leva a cabo uma mudança fundamental na natureza da criatura humana. O homem de fé fica diferente do que era antes de encontrá-la. Apesar da aparente semelhança, a natureza dessa mudança no homem, devido ao seu encontro com Deus, difere por inteiro do processo de conversão ao cristianismo paulino. A mudança não está na libertação do homem das cadeias da servidão do pecado; e não exige que ele lute continuamente contra o feitio de seus impulsos naturais. A "eudade" do indivíduo, a rigorosa obrigação de que o ego determine o caráter dele – não são pecados; e a mudança no homem não inclui o fato de que deva batalhar contra as tendências e os impulsos de sua natureza, mas de que precisa dirigi-los para novas metas. A rebelião do ego do ser humano é transformada pelo amor divino em fidelidade, que o homem dá como resposta a Deus, e mantém assim o seu amor a Deus

A RENOVAÇÃO DA FILOSOFIA RELIGIOSA JUDAICA NO FIM DO SÉCULO XIX | 413

com toda a sua força[76]. Essas são as mesmas forças naturais que estavam dirigidas para dentro, mas que agora estão voltadas para fora, e atingem destarte seu pleno desenvolvimento e completeza.

Mas tal mudança não se limita ao amor de Deus. Em relação aos outros homens e ao mundo, o isolamento da essência humana foi superado. O amor a Deus continua e prolonga-se através do amor ao próximo, que também é uma criação de Deus, e semelhante ao ego do homem. Antes, o amor de Deus não era mais do que a resposta ao amor divino que pousava sobre o homem; agora, o poder do amor ficou livre, e espontaneamente se apossa de seu próximo. O amor de Deus foi dirigido de dentro para ele; agora, o amor ao próximo pode ser manifestado em obras de amor, e assim alcança a sua necessária expressão. O amor ao próximo e as obras de amor daí derivadas são as relações que surgem da experiência com o amor divino[77].

Desse modo, temos uma ética religiosa inteiramente estribada no amor. Já foi explicado como a ética em questão difere formalmente da ética da lei, que independe da fé. É mandamento do homem o amor ao seu próximo, assim como o é o amor a Deus, mas aqui, também, o mandamento funciona apenas como uma expressão da exigência que brota da experiência do amor divino e que é, em essência, diferente da lei, a qual é universalmente obrigatória. Não menos profunda é a diferença entre a ética do amor e a da lei, em termos de seus conteúdos. A ética da lei está dirigida para fins racionais firmados. Dela, derivamos tarefas específicas para o homem, que as têm de realizar; ela lhe diz pelo bem de quem lhe cumpre preocupar-se às vezes; orienta seu caminho para essas metas fixadas, e indica os meios corretos a fim de alcançá-las. À ética do amor falta por completo esse caráter de intencionalidade racional. A obra do amor não busca seu propósito por deliberação racional, mas dimana da necessidade do amor tornar-se explícito e conhecido, e sucede sempre que uma oportunidade se ofereça[78]. O homem anda pelo caminho que o amor o obriga, e nunca procura calcular as promessas de sucesso que lhe ocorrem. Seu próximo, em relação a quem tem obrigação, não é aquele que está mais perto dele por uma razão interna, mas simplesmente aquela pessoa com quem entra em contato às vezes, e a quem Deus lhe preparou para amar. Ele não a aprecia por causa de suas características especiais, mas tem obrigação para com ela assim como tem para com qualquer outra criatura humana que Deus lhe prepara, e a relação de amor é pessoal no seu sentido mais profundo, ainda que não tenha nada a ver com a personalidade do próximo[79].

Semelhante concepção do amor lembra muito a idéia de amor existente no misticismo cristão, mas difere dela devido à influência que Rosenzweig atribui à obra do

76. Rosenzweig, *A Estrela da Redenção*, II, pp. 105 e ss.
77. *Ibid.*, II, pp. 152 e ss.; 163 e ss.
78. *Ibid.*, II, pp. 164 e ss.
79. *Ibid.*, II, p. 168.

414 | A FILOSOFIA DO JUDAÍSMO

amor. Em termos de seu sucesso imediato, esta obra é muito menor do que aquela da ação dirigida para fins, que é comandada pela razão. Visto que nem seus fins nem seus meios são determinados por considerações racionais, ela corre sempre o risco de jamais realizar algo. Porém, talvez por oposição ao ato dirigido a um fim, a realização prática não constitui uma consideração decisiva relativamente a uma avaliação da atividade do amor. Mesmo que lhe seja negado o êxito, o poder do amor, que é atualizado na obra do amor, não está perdido nem destruído, mas floresce em outra área. Precisamente porque os objetivos práticos servem apenas como uma causa para a manifestação da obra do amor, este pode continuar a sua atividade mesmo que não alcance sua meta. O poder do amor que está implantado no ato encontra terreno alqueivado em lugares inesperados, e exerce uma influência imprevista[80]. Devido a essa abundante potência da obra do amor, Rosenzweig lhe consigna a mais elevada de todas as possíveis tarefas – a de levar a cabo a redenção do mundo.

Já mencionamos que, segundo Rosenzweig, a redenção do mundo se esteia ou atinge o seu primeiro estádio na ligação do homem com Deus, e que aqui o poder iniciador provém do homem. Esse dinamismo é o poder do amor, que é despertado no homem, o amado de Deus, e que irrompe e influencia o mundo inteiro. Seu poder redentor é facilmente compreendido em relação à existência do homem no mundo, e em relação às associações humanas, tais como a família e o Estado, que também são produtos do mundo. Estas não são criações do amor, mas podem ser regadas e fecundadas por ele.

Um exemplo disso, ao qual Rosenzweig atribui grande importância, é o casamento. De acordo não só com suas bases biológicas, enquanto relação sexual, mas também com sua forma legal, o matrimônio é antes de tudo uma associação inteiramente dentro do mundo, mas ela pode ser preenchida com amor e transformar-se numa relação humana de um tipo totalmente diferente. Enquanto não é tocado pelo amor divino, o homem torna-se cônscio de seu isolamento exatamente através do *eros*. Mas antes do nascimento de semelhante amor, essa associação natural pode juntar-se à comunhão de amor e converter-se numa unidade completa, realizando o mais alto grau de intimidade possível para seres humanos. De um modo similar, o amor pode penetrar nas relações obrigatórias entre pessoas, no seio de suas maiores associações, e, embora o caráter original de tais relações permaneça em vigor, o amor pode forjar relações do tipo específico ao amor entre pessoas, e pode despertar novos poderes dentre os homens. A redenção humana é o fortalecimento desses poderes em seu mais elevado grau, a expansão e a extensão do poder do amor a todo e qualquer domínio da vida humana[81]. Mas, quando Rosenzweig fala da redenção do mundo,

---

80. *Ibid.*, III, pp. 11-13; cf. também II, p. 197.
81. *Ibid.*, II, pp. 197-199.

A RENOVAÇÃO DA FILOSOFIA RELIGIOSA JUDAICA NO FIM DO SÉCULO XIX | 415

não se refere apenas à redenção do mundo humano, porém ao mundo como um todo, cuja redenção, também, há de realizar-se através do amor. O pressuposto primeiro de uma tal redenção é a concepção vitalista que ele tem do mundo. O mundo não está vivo em cada lugar *in actu*, mas é em toda parte o portador da possibilidade de vida, e é tarefa do amor fazer desta possibilidade uma atualidade. Por seu meio, a dormente vida do mundo é despertada e, contrastando com o seu começo, quando havia apenas ilhas isoladas de vida, o mundo torna-se cada vez mais e mais vivo[82].

A concepção vitalista, entretanto, tomada em si mesma, não basta para explicar a redenção do mundo. A fim de que este possa ser acordado para vida por meio da atividade do amor, ele não só deve estar vivo, como animado, isto é, ditado de alma, ou, pelo menos, conter a possibilidade de tal animação. O que Rosenzweig pensa de semelhante possibilidade, sem enunciá-la explicitamente, pode ser inferido a partir de sua descrição do mundo (na medida em que o reconhecemos sem envolver uma relação de fé) onde ele rotula o reino da lei no mundo como seu *logos* interno. Assim, o mundo como uma totalidade possui uma causa espiritual que está aberta à influência da atividade do amor, o que era igualmente verdade no tocante a Schelling e Hegel, para os quais o espírito permanecia adormecido na natureza e, lentamente, se desenvolvia em autoconsciência. Mas a via pela qual a redenção do mundo é consumada também aponta para a oposição fundamental de Rosenzweig ao idealismo monista de Schelling e Hegel. O crescimento da vida no mundo não é logrado pelo vagaroso crescimento do espírito de autoconsciência mediante a sua conversão em espírito humano e, finalmente, em Espírito Absoluto (como em Hegel). A fim de que o mundo seja despertado para a vida e dotado de alma, há necessidade da obra do homem, que é diferente da do mundo, e que se coloca contra este. Que o mundo e o homem possam influenciar um ao outro é algo que só se torna possível porque ambos se originam em Deus, e o amor que Deus fez crescer no coração do homem também continua operando no mundo, levando a vida dormente do mundo ao desenvolvimento[83].

Assim, em Rosenzweig, a idéia de redenção está totalmente alicerçada na sua fé em um Deus pessoal, Criador do universo e Deus do amor. Mas essa religiosidade pessoal apresenta uma coloração distintiva no fato de que o mundo tem um conteúdo espiritual impessoal desde o seu início mesmo, e isso lhe dá a possibilidade de ser ativado pelo amor e, por esse meio, trazido à redenção. Para as *Escrituras* e para o *Talmud*, o mundo foi criado unicamente por causa do homem e só por sua causa ocorre a redenção do mundo, e tão-somente por sua causa o mundo é renovado. Para Rosenzweig, o mundo tem uma relação independente com Deus, que se aproxima da

82. *Ibid.*, II, pp. 173 e ss.
83. *Ibid.*, II, pp. 220 e ss.

416 | A FILOSOFIA DO JUDAÍSMO

relação de amor de Deus ao homem. Essa questão fica mais clara quando chegamos à segunda etapa da redenção, que é diretamente causada por Deus, e cujo propósito é reunir o mundo e o homem numa unidade. Aqui, também, o mundo e o homem alcançam unidade com Deus pelo mesmo caminho. A religiosidade de Rosenzweig, que é em última instância completamente teísta, junta-se a esse sentimento pelo mundo, que em si mesmo levaria ao panteísmo, e sua metafísica religiosa procura conferir ao mundo um lugar na religião teísta.

Até aí, a doutrina de Rosenzweig realmente independe, como ele pretende, da autoridade da religião histórica e da filosofia prévia. Sua religião baseia-se na experiência pessoal da fé e não na evidência histórica. Quando reforça suas palavras citando o texto escritural, ele o faz para provar que seu julgamento concorda com o da *Sagrada Escritura*, e não com o fito de, por este meio, validar sua doutrina. Só um capítulo no último livro de *A Estrela da Redenção* lida especificamente com o judaísmo e está formulado de modo explícito dentro desse âmbito. Mas nessa transição para a religião histórica, ele não se cinge a uma consideração do judaísmo somente. No capítulo subseqüente ao do judaísmo, encontra-se, como foi mencionado antes, um sobre o cristianismo e, embora o autor esteja em completo acordo com o judaísmo, ele concebe ambos como formas gêmeas de vida religiosa, com igual mérito e estatura. Um e outro se erguem sobre os mesmos fundamentos. Para a doutrina de Deus e a relação do homem com o mundo, ele se apoia tanto nas fontes cristãs quanto judaicas. Rosenzweig pensa a sua própria doutrina em termos de verdade compartilhada por ambas as religiões, duas crenças que só depois de lançado esse fundamento se separam. Por não estar interessado em apresentar o conteúdo doutrinal do judaísmo e do cristianismo, mas em concebê-los como duas formas de vida religiosa e comunidade religiosa – e assim compreender as diferenças entre ambos – é possível que em *A Estrela da Redenção* haja uma só verdade, que é apenas expressa em formas diferentes de vida e, destarte, possa também ser expressa de modo adequado em outras idéias de fé. Mas sua efetiva opinião, que está claramente enfatizada no ensaio *O Novo Pensamento*, é que as diferenças entre os dois credos se estendem também ao conteúdo de suas verdades[84]. Mas, ainda assim, ele as encara como sendo de igual mérito, e considera como um fato último que a verdade é dada ao homem somente em sua forma dividida; somente diante da face de Deus, a verdade é uma.

Essas afirmações não implicam um relativismo religioso geral que contemple as várias religiões como meros símbolos com iguais valores de verdade, sendo a verdade em seu conteúdo puro inatingível pelo homem. Ele nega de modo enfático as grandes religiões da Índia e da China, bem como as do misticismo; e, dentre as religiões

---

84. *Ibid.*, III, p. 201; *Kleinere Schriften*, p. 396.

A RENOVAÇÃO DA FILOSOFIA RELIGIOSA JUDAICA NO FIM DO SÉCULO XIX | 417

monoteístas, critica a islâmica de maneira injusta. Rosenzweig concede iguais direitos unicamente ao judaísmo e ao cristianismo porque compartilham os elementos últimos da verdade, e por que, por intermédio deles, pode-se compreender que a verdade, necessariamente, é dupla. Nessa transição para uma consideração das religiões históricas, efetua certo número de assunções não filosóficas, a começar pelo conceito de revelação histórica. Em vez de explicar a revelação como fizera antes, em termos da experiência do amor divino que é continuamente renovado na alma do indivíduo, ela se torna agora a fonte do judaísmo e do cristianismo. Para o judaísmo, isto é evidente por si, porquanto o mandamento do amor – o qual, segundo a definição que lhe dá Rosenzweig, está inteiramente radicado na experiência concreta do amor divino – é mais tarde transposto para a lei que une as gerações umas à outras. De forma análoga, a crença na redenção absorve a fé tradicional no Messias e, assim, a diferença dogmática entre o judaísmo e o cristianismo pode ser explicada à maneira usual – de acordo com as doutrinas dos judeus, o Messias ainda está para vir e, de acordo com os cristãos, o Messias já veio, devendo apenas retornar no futuro[85]. Tais doutrinas, extraídas da tradição, não contradizem as concepções de Rosenzweig, que são demonstradas pelas experiências da fé humana. Mas é impossível deduzir a primeira da segunda, e elas estão conectadas apenas na medida em que preenchem exigências específicas provenientes das pressuposições de Rosenzweig.

Como o cumprimento de uma dessas tarefas, pode-se assinalar a existência de um povo judeu e de uma igreja cristã. A fim de que o amor, que é o fruto da experiência individual do amor divino, e o amor ao próximo possam ter a oportunidade de penetrar não só nas associações existentes de seres humanos, como de fazer existir uma comunidade de amor, é necessário que a experiência singular do amor divino seja estendida à experiência do grupo social. O judaísmo e o cristianismo são ambos comunidades de amor, baseadas na experiência do amor de Deus, e podem cumprir a outra tarefa que decorre da concepção fundamental de Rosenzweig, segundo a qual a eternidade deve entrar no fluxo do tempo. O necessário dualismo das duas comunidades é demonstrado pelo fato de que essa tarefa deve ser realizada de dois modos diferentes. A eternidade do judaísmo é a eternidade da vida eterna, e a eternidade do cristianismo é a eternidade da via eterna.

A vida eterna dos judeus é a vida de um povo de fé, cuja base natural como povo serve de portador para uma fé compartilhada e para a sua corporificação, constituindo a conexão natural entre as gerações o fundamento de sua eternidade[86]. Pois, para toda comunidade que não é esteada em laços de sangue, a eternidade só pode ser uma questão de vontade e de esperança; mas nos judeus podemos ver a eternidade

---

85. Rosenzweig, *Kleinere Schriften*, p. 396.
86. Rosenzweig, *A Estrela da Redenção*, III, pp. 49.

418 | A FILOSOFIA DO JUDAÍSMO

em existência, no presente. Porém, o laço de sangue, tomado em si mesmo, é insuficiente. A existência de todos os povos é mantida pela ordem das gerações, mas está sob o poder da temporalidade e das permutações do tempo; a vida do povo acha-se em contínua mudança, e seu modo de existência, tal como incorporado no costume e na lei, é renovado em cada geração. Os povos do mundo vivem no tempo, e são, por isto, passíveis, a despeito da extensão do tempo que tenham existido, de cessar de existir[87]. A extensão do tempo durante o qual um povo haja existido não pode ser convertido em eternidade até que sua existência seja alçada acima do tempo e dele separada. Isso é verdade quanto a Israel porque em conjunto com o seu "eu", o estilo de vida, veio a existir a *Torá*, que vige obrigatoriamente em todas as gerações e tempos. Por meio disso, o passado, o presente e o futuro do povo é um, e os judeus existem para além das mudanças forjadas pelo tempo. Israel abandona a vitalidade que é continuamente renovada pela temporalidade por causa da eternidade de sua vida, a qual está acima do tempo. Israel não cresce com o tempo, mas sempre olha para frente, com firmeza, para a prometida redenção[88].

Como que oposta a isso, a comunidade cristã não está ligada a qualquer laço natural, mas existe com base somente na fé. A igreja cristã é uma associação de pessoas ligadas pela fé no nascimento e retorno de Jesus. Sua eternidade repousa no fato que é a fonte da associação cristã – a de que o Messias se encarnou; e no fato que constitui o ponto final dessa fé – que o Messias há de retornar. Ambos têm sua fonte na existência eterna de um Deus transtemporal. A irmandade cristã estende-se entre esses dois pontos extremos. Seu caminho a leva ao tempo, mas, visto que seu começo e fim são transtemporais, trata-se de uma via eterna. É o mesmo caminho em cada uma de suas partes, pois apenas o começo e o fim possuem um valor para ela. A irmandade cristã sabe a cada momento que ela está trilhando essa via e, assim, reconhece de maneira consciente sua própria eternidade. Para o cristão, tudo o que ocorre no tempo é desprovido de valor; ele caminha pelo tempo sem ser uma parte do tempo ou ser objeto de suas variações[89]. Ao longo desta senda o cristianismo penetra nas nações do mundo, mas por ser uma comunidade de fé sem qualquer laço natural, pode incluir todas elas. O povo judeu, como povo de Deus, pode viver sua vida eterna quando está separado das nações do mundo; somente as influências que dele emanam podem penetrar nos povos do mundo. A cristandade não só está preparada para absorver as nações, mas, na qualidade de igreja à qual foi outorgado a eterna via, tem também a missão de penetrar e entrar no mundo inteiro do paganismo e convertê-lo em um mundo cristão.

87. *Ibid.*, III, pp. 49 e ss.; 54,56.
88. *Ibid.*, III, pp. 55, 87.
89. *Ibid.*, III, pp. 100-102.

A RENOVAÇÃO DA FILOSOFIA RELIGIOSA JUDAICA NO FIM DO SÉCULO XIX | 419

O proselitismo é da essência do cristianismo, assim como não é de importância alguma e é estranho ao judaísmo[90]. Essa transformação do paganismo em cristianismo, pelo qual o mundo pagão passou, é verdadeira em relação a todo e qualquer cristão. Ele não é um cristão de nascimento, mas um pagão, que deve ser renovado a fim de tornar-se um cristão; ele pode alcançar sua meta unicamente batalhando contra a sua essência natural. O inverso é verdadeiro para o judeu: ele é judeu ao nascer. Quem quer que pertença ao povo de Deus ao nascimento, é assim confirmado como judeu, e está habilitado a participar da vida eterna do povo divino. O judeu trai a sua própria essência quando nega sua fé, sua vida e sua doutrina de ser parte de um Povo Eleito[91]. Tal contraste é desenvolvido com respeito às concepções opostas do judaísmo e do cristianismo no que concerne à natureza do homem e o caminho que leva à união com Deus. Consoante o judaísmo, o homem está pronto para a união com Deus devido à sua essência humana; ele não necessita de nenhuma renovação para participar da vida eterna, que Deus plantou no seu povo. De conformidade com o cristianismo, a natureza do homem, depravada pelo pecado original, precisa ser mudada pela graça de Deus, de modo que o homem possa estar habilitado a unir-se a Deus. Segundo Rosenzweig, a concepção judaica é congenial ao judeu, a cristã ao cristão. Se compararmos isto à sua doutrina da conversão que o homem experimenta sob a influência do amor divino, verificamos que a referida mudança ocorre com a eleição de Israel de uma vez para sempre, e que nenhum judeu individualmente precisa submeter-se a ela de novo[92]. Por outro lado, para os cristãos, isto constitui uma ruptura com a natureza humana, uma separação mais profunda do que parece à primeira vista da doutrina anterior de Rosenzweig.

Em outros lugares e de outros modos, há também óbvias diferenças entre judaísmo e cristianismo, que brotam das diferentes essências das duas comunidades. Rosenzweig divisa uma diferença característica entre as duas nos modos diversos com que uma e outra se relacionam aos aspectos de Deus, do homem e do mundo. Para ambos, judaísmo e cristianismo, Deus é o Deus do amor e da justiça, o Deus da criação a quem estamos submetidos, e o Deus da revelação a quem somos gratos. Mas no judaísmo estes vários aspectos de Deus não se distinguem um do outro. Como Deus da justiça e Deus do amor, Ele é o mesmo Deus; o judeu volta-se ao mesmo tempo para ambos os aspectos de Sua essência e denomina-o Rei e Pai[93]. Para o cristão, isso é impossível; quando ele se volta para a justiça de Deus, não há mais, na sua consciência, qualquer lugar para a idéia do amor divino, e vice-versa, e ele tem,

90. *Ibid.*, III, pp. 103-104.
91. *Ibid.*, III, pp. 175 e ss.
92. *Ibid.*, III, p. 175.
93. *Ibid.*, III, pp. 57-61.

420 | A FILOSOFIA DO JUDAÍSMO

como Rosenzweig o exprime num contexto diferente, uma relação com Deus como Pai e outra relação com ele, enquanto "filho"[94]. A mesma diferença é verdadeira para aspectos similares radicados na essência do homem e na do mundo. Rosenzweig vê a raiz dessa diferença no fato do judaísmo, definido como a comunidade da vida eterna que contém tudo de sua substância encerrado em si mesmo, mesclar em sua interioridade todos esses vários aspectos, enquanto o cristianismo, na medida em que é a comunidade da via eterna, se orienta para o amor e a justiça de Deus por distintas sendas; assim, seu caminho para o mundo cinde-se em dois: a via do Estado e a via da Igreja[95].

Essa dicotomia é, sem dúvida, correta, e conduz de maneira muito profunda ao próprio coração das duas religiões; mas a explanação de Rosenzweig não é decisiva. Os diferentes caminhos pelos quais as crenças se orientam com respeito aos aspectos da essência de Deus não podem ser explicados em termos sociológicos, mas suas raízes se encontram nas diferenças básicas da vida da fé. Necessariamente, cumpre distinguir as duas fés, tal como Rosenzweig tentou fazê-lo, em relação às outras religiões superiores, e não há razão para a injustificada assunção de uma necessária cisão primária na verdade fundamental. Nessa questão decisiva da relação entre as duas crenças, não podemos concordar com ele. Seu ponto de vista lhe permite conceber o cristianismo de modo mais positivo do que o de qualquer outro na literatura religiosa judaica tradicional, e voltar-se para ele com amor profundo sem quaisquer tendências apologéticas. O valor de suas conclusões permanece ímpar, mesmo se concebemos diferentemente o relacionamento entre os dois credos. Segundo Rosenzweig, não basta mais alinhar simplesmente as doutrinas do judaísmo contra as do cristianismo; é preciso descobrir suas fontes na experiência religiosa e na vida religiosa.

Por situar no centro de sua atenção não as doutrinas de Israel, mas a vida de Israel (ele não está interessado em descrever a fé de Israel *per se*, exceto em termo de sua encarnação em formas de vida que são únicas), Rosenzweig chega a conclusões novas e penetrantes. A novidade de sua contribuição não consiste na descoberta de novos fatos, mas na interpretação do significado daquilo que já era conhecido. Um importante exemplo disso é a descrição que ele faz da unicidade do *Knesset Israel*, a *eclesia* de Israel. Para a consciência judaica, como já aparecia na *Escritura*, a nação independe de toda a causalidade externa, como a terra e a língua. De acordo com as crônicas do povo, seus progenitores não viveram na terra de Israel desde o início, como outros povos julgam ser verdade em relação a si próprios, mas pervagaram e alcançaram a terra devido ao mandamento do Senhor, tornando-se um povo, não em sua própria terra, mas no Egito. Até em sua própria terra, cumpria-lhe olhar para si

94. *Ibid.*, III, pp. 112-119.
95. *Ibid.*, III, pp. 112-113; cf. III, p. 58.

A RENOVAÇÃO DA FILOSOFIA RELIGIOSA JUDAICA NO FIM DO SÉCULO XIX | 421

mesmo como um hóspede. Está claro para Israel, quando se estabelece na terra, que Deus o exilará dali, mas que, não obstante, Ele continuará a ser seu Deus mesmo no exílio. Em tudo isso, evidencia-se que o povo é um povo tão-somente por seus laços de sangue, e que tais laços constituem também as bases de sua comunhão com Deus. Destarte, sua vontade de sobreviver é dirigida para o povo como tal, e este seu caráter não cessa mesmo quando a nação perde seus solos ancestrais de nascimento e se vê forçada a falar uma língua estrangeira numa terra estranha[96].

Ao contrário de outras nações, a nação judaica estava apta a existir sem uma terra e uma língua comuns, pois desde seus primórdios como povo, ela não tornou o *ethos* do povo de Israel dependente desses fatores externos. Mas essa concepção da unicidade do povo judeu pode também explicar a profunda relação de Israel com sua terra e sua língua. Embora, a fim de ser um povo, Israel não dependa desses fatores concretos de ligação, nunca deixou de pensar na terra como sua terra e na língua como sua língua, sem tornar-se insincero consigo próprio. As duas continuam sendo posse do povo como terra *sagrada* e idioma *sagrado*, e assim elas se tornam mais verdadeiramente posse do povo do que se fossem fatores concretos de ligação. A continuidade de seu status como idioma sagrado e terra sagrada é essencial para a continuidade da existência do povo de Israel em terra estranha. Porque a língua é em princípio sua língua e a terra em princípio sua terra, nenhuma outra terra pode ser jamais sua terra natal, nenhum outro idioma pode ser seu idioma. O povo judeu está ligado por outros idiomas e terras na sua vida secular, mas não na sua vida interior. Esse dualismo entre sua verdadeira vida e sua vida secular, cotidiana, é sentido especialmente em relação à língua, e traços disso são evidentes na conduta espiritual de todo o povo judeu. Como nenhuma outra língua pode abarcar a totalidade de sua existência, como nenhuma outra língua que ele fala dia após dia pode em princípio ser seu idioma, o judeu não mais possui a simplicidade e a inteireza de alma que caracterizam outros povos. A língua existe fora de sua vida cotidiana, e aquilo que é a essência de sua verdadeira existência preenche apenas uma área circunscrita de seu ser[97].

Rosenzweig relaciona esses fatos à sua concepção de povo eterno. Que Israel independe em sua eleição de sua terra e língua brota de seu caráter de povo do mundo (*Weltfolk*). Israel não pode afirmar sua eternidade sem a concomitante ausência de laços com quaisquer condições externas. Mas Rosenzweig dá um passo além. Israel só há de ser um povo eterno por completo quando estiver livre das condições sempre cambiantes da vida política, e quando sua língua vir a estar livre dos desenvolvimentos temporais que constituem a herança de outras línguas. Unicamente como terra sagrada e língua sagrada podem a terra e a língua ser incluídas na existência eterna do

96. *Ibid.*, III, pp. 50-51.
97. *Ibid.*, III, pp. 51, 53-54.

422 | A FILOSOFIA DO JUDAÍSMO

povo. Em vez de perder sua característica distintiva como um povo eterno em exílio, sua existência é alçada aqui ao seu ápice.

Que o judaísmo exílico encarna a idéia do povo eterno em toda a sua pureza é a conclusão da visão de Rosenzweig sobre a relação de Israel com a história. Como povo eterno, Israel está além da história, e as idas e vindas dos povos históricos, suas batalhas, suas ascensões e quedas, não afetam Israel. A despeito da grande influência que esses povos tiveram sobre as condições externas de vida da grei judaica, a despeito do dano que o fluxo de circunstâncias políticas exerceu sobre o povo judeu, no âmago de seu coração, Israel não tem parte neles. O mundo não é seu mundo, e o que ocorre no mundo é de pouco valor para a vida interior de Israel. Tanto faz para Israel se nações aparecem ou desaparecem; para o judaísmo, é sempre o mesmo mundo no qual nada muda basicamente desde o dia em que foi criado até os dias do Messias. Dentro desse mundo ele não tem senão uma tarefa, uma missão a cumprir: transmitir de uma geração para outra, o *estilo* de vida que lhe foi outorgado por ocasião de seu nascimento, e de olhar para frente com esperança e confiança em direção à redenção messiânica[98].

Essa descrição é absolutamente correta com respeito ao judaísmo anterior à Emancipação e Rosenzweig agarra com grande agudeza essa postura do judaísmo para com a história e a vida política. O judaísmo olhava para si próprio como se estivesse fora do mundo das nações; não era responsável por aquele mundo que devia acertar seus negócios do melhor modo possível. Na época da Emancipação, entretanto, verificou-se uma mudança, na medida em que os judeus se tornaram cidadãos dos Estados em que viviam, mas, para Rosenzweig, a descrição acima é verdadeira não apenas em relação a um período específico da história judaica – o da pré-Emancipação – mas também ao judaísmo em geral, pois, de acordo com sua essência como povo eterno, o judaísmo vive fora da esfera da história. A participação dos judeus na vida política dos Estados europeus desde a época da Emancipação em diante, contra a qual Rosenzweig não protesta, não tem qualquer efeito sobre a relação propriamente dita do judaísmo para com a história. Mesmo quando os judeus participam da vida política de outro povo, eles pertencem, como judeus, essencialmente, ao povo eterno, à *eclesia* de Israel, que continua a erguer-se fora do círculo das nações e sua história.

Mais importante ainda, a descrição de Rosenzweig também se aplica a Israel antigo. Inclusive nos dias de seu florescimento político, Israel era uma nação que "morava sozinha", separada das nações, muito embora quando no auge de sua vida política essa distância fosse pequena[99]. Tempos futuros podem apenas encarnar com maior pureza aquilo que estava oculto na vida de Israel desde o seu início mesmo. Rosenzweig

---

98. *Ibid.*, III, pp. 87 e ss., 91 e ss., 95 e ss.
99. *Ibid.*, III, pp. 57 e ss., 87 e ss.

A RENOVAÇÃO DA FILOSOFIA RELIGIOSA JUDAICA NO FIM DO SÉCULO XIX | 423

relega ao passado legendário as batalhas travadas por Israel para conquistar a sua terra[100]. Na sua perspectiva, vê-se claramente Israel diferenciar-se mais e mais da história das nações e, especialmente, de sua história política, em conformidade com sua essência de povo eterno.

O ponto de vista de Rosenzweig, segundo o qual a essência do judaísmo como povo eterno está separada do Estado e da história, decorre de sua atitude fundamental no tocante ao Estado. O Estado tenta, por meio de suas leis e ordenações, moldar povos por um longo período de tempo, mas, na medida em que as nações se encontram no fluxo do desenvolvimento, o Estado precisa modelá-los de novo e de novo, à imagem de suas leis. As leis do Estado mudam continuamente, tal como a vida que elas tentam submeter. O Estado procura materializar sua lei por meio da soberania e de um monopólio da força. Guerra e revolução são as únicas coisas que ele reconhece[101]. Tais ordenações do Estado, que lutam ininterruptamente com o curso da vida, contrapõem-se à verdadeira eternidade do povo eterno, do mesmo modo que a vida do Estado, que se baseia na força bruta, se opõe à vida do povo eterno, que está alicerçada no amor. Tal como o mundo, o Estado pode absorver os atos de amor, porém em si mesmo ele é essencialmente estranho a tais obras. De maneira similar, o Estado é estranho ao povo eterno, cujo liame de associação é o amor e a uma vida transtemporal. Mesmo no cimo de sua afluência política, a existência política de Israel era apenas ligada externamente ao seu caráter de povo eterno. Embora a *Torá* contenha regulamentos políticos e legais, o Estado não serve de área adequada na qual Israel possa manter sua existência como povo eterno. Israel não pode entrar nessa esfera acompanhado por sua essência, mesmo que, por condições históricas externas, deva ter uma vida política temporária.

Rosenzweig difere aqui da costumeira concepção pela qual precisamente essa conexão entre a ética da lei e a do amor é que define o caráter do judaísmo. Na sua doutrina de Israel como povo eterno, que acentua o caráter de povo da comunidade de Israel, mas nega qualquer conotação política a esse termo, ele se encontra muito afastado da tendência do judaísmo contemporâneo. Não obstante, e talvez por causa disso, Rosenzweig exerceu uma influência decisiva em muitos círculos judaicos. Sua concepção original e surpreendente de judaísmo, que captou, sob a forma de um todo singular, o espírito do judaísmo tal como explicado no inteiro espectro da vida judaica, ofereceu um novo modo de olhar o judaísmo. Ainda que não tivesse deixado atrás de si uma escola, no sentido formal do termo, obteve larga resposta por parte de judeus dos mais diversos círculos, que receberam dele não só ensinamento teórico, mas se agruparam à sua volta ao chamado de seu desejo de renovar a vida judaica.

---

100. *Ibid.*, III, p. 90.
101. *Ibid.*, III, pp. 92-95.

Como que contra isto, suas idéias não foram objeto de esclarecimento sistemático, quer de um ponto de vista filosófico geral, quer judaico, pois, com a destruição nazista da vida judaica européia – e especialmente da Alemanha – (que desde os dias de Mendelssohn fora o foco da filosofia religiosa judaica), não restou nenhuma nova geração para elaborar a filosofia. Há alguns pensadores da geração passada que dela se ocuparam, mas eles não têm discípulos. A filosofia judaica, que foi renovada no fim das últimas décadas do século XIX, atingiu agora o seu nadir. Se ela erguer-se, uma vez mais ela, a fim de continuar seu trabalho, irá desenvolver-se sob condições inteiramente novas.

A existência judaica, que sofreu uma mudança fundamental, coloca ante a filosofia judaica um conjunto conpletamente novo de problemas. Ademais, a filosofia de nossa geração já não é o que foi; de fato, a partir de sua atual situação ambígua, não podemos discernir para qual direção se voltará. Mas qualquer que seja o curso que venha a tomar, existirá sempre uma conexão com a tradição da filosofia judaica. Em oposição ao progresso e à contínua mudança desenvolvimentista das ciências, a história da filosofia esta repleta de crises e controvérsias em que novas idéias de opõem constantemente ao pensamento de eras passadas. Inclusive, na filosofia moderna, as principais doutrinas das gerações anteriores continuam a desempenhar seu papel e a exercer efeito, e permanece verdade que os "revolucionários" continuam, de modo consciente ou inconsciente, dando prosseguimento a linhas de pensamento da tradição da filosofia, que agora são apreendidas de forma mais profunda ou apresentam novas conclusões delas inferidas.

A filosofia mantém, por entre crises e polêmicas, um tipo único de continuidade. Um testemunho notável disso é a evolução da filosofia judaica, que conserva sua relação com o passado, a despeito do abismo que divide a Idade Média dos tempos modernos. Os mesmíssimos problemas são reformulados no pensamento do Medievo e no da modernidade; e a nova filosofia judaica, em todas as suas tendências, aprendeu com as soluções oferecidas a tais problemas pelos grande filósofos de nosso passado, desde Maimônides, por um lado, até Iehudá Halevi, por outro. Essa conexão é sentida não menos no desenvolvimento da própria filosofia judaica moderna, apesar das diferenças e oposições entre as várias escolas e correntes. Tampouco os resultados desse grande esforço de pensamento serão desperdiçados no que tange à filosofia judaica do futuro.

Julius Guttmann: Filósofo do Judaísmo

Fritz Bamberger

A Hochschule für die Wissenschaft des Judentums (Escola Superior da Ciência do Judaísmo) em Berlim, o seminário para formar rabinos liberais e *scholars* judeus de feitio moderno, foi fundada em 1869, abriu suas portas em 1872 e as fechou em 1942, quando os editos nazistas forçaram-na a cessar o ensino[1]. Durante todo esse tempo, aproximadamente o primeiro meio século de sua existência, a escola não teve cadeira de filosofia. A principal razão dessa grave deficiência residia no crônico e aflitivo problema da instituição, a contínua falta de fundos. Os fundadores da Hochschule desejavam fortalecer a liberdade acadêmica da Escola, tornando-a, em termos financeiros, independente do Estado e das *Gemeinden* (comunidades) judaicas. Esperavam que, em caráter individual, judeus esclarecidos viessem a oferecer-lhe amplo apoio, uma expectativa que nunca se materializou. Nos primeiros vinte e cinco anos, o dispêndio médio com os salários dos professores atingiu míseros 9.380 marcos. Por volta da passagem do século XIX para o século XX, a faculdade estava reduzida a um professor em tempo integral e outro em regime parcial. Em 1904, a *Hochschule* recebeu uma doação de 100.000 marcos, uma soma que se alteava de uma forma impressionante nas colunas de seus anais financeiros, desacostumados como estavam a entradas de seis cifras. O rendimento desse fundo mal dava para pagar o modesto salário de um novo professor[2]. No começo da Primeira Guerra Mundial, o corpo docente da Hochschule contava quatro membros, tantos (ou tão poucos) quantos dispusera na época em que iniciara suas atividades, em 1872. Algum progresso, no entanto, havia: em 1872 apenas um integrante da faculdade dedicava todo o seu tempo ao ensino; em 1914 eram três. O judaísmo alemão reivindicou com orgulho e corretamente a moderna Wissenschaft des Judentums (Ciência do Judaísmo) como seu rebento. Contudo, parece óbvio que ele não se esforçou demais para manter a criança viva.

---

1. Para a sua história anterior, ver I. Elbogen, *Die Hochschule, ihre Entstehung und Entwicklung*, em *Festschrift zur Einweihung des eignen Heimes*, Berlim, 1907, pp. 1-98.
2. Uma doadora, estipulando que a doação devia ser usada para uma cátedra em honra de seu falecido esposo, Louis Simon, deixou à discrição da escola estabelecer um professorado em História e Literatura ou em Ética e Filosofia Religiosa do Judaísmo. A decisão foi tomada em favor da história judaica; Ismar Elbogen tornou-se o seu primeiro (e último) ocupante.

426 | A FILOSOFIA DO JUDAÍSMO

Não obstante o fato de que por muito anos a Hochschule não dispôs de uma cadeira de filosofia judaica, a instrução filosófica não estivera ali inteiramente ausente. Um filósofo, Moritz Lazarus, o criador de uma nova disciplina psicológica, Völkerspsychologie (Psicologia dos Povos), figurou entre os primeiros proponentes da nova escola. Outro filósofo, Haim Steinthal, cunhado de Lazarus e seu parceiro no novo campo da psicologia comparada dos povos, foi um dos quatro nomes escolhidos para constituir o seu primeiro quadro docente. A incumbência de Steinthal era ministrar as disciplinas de História Comparada da Religião, Lingüística e Exegese Bíblica[3]; ocasionalmente, entretanto, ele dava aulas de "Filosofia da Religião", "O Desenvolvimento da Idéia Religiosa na *Bíblia*" e "Ética". De igual maneira, em anos ulteriores outros mestres ensinaram filosofia judaica além de seus cursos principais. O extraordinariamente bem dotado P. F. Frankl, um erudito interessado de um modo particular na literatura dos Caraítas, que em 1877, com apenas 29 anos de idade, sucedera a Abraão Geiger como rabino da comunidade judaica de Berlim, ensinava Literatura Judaica e Homilética, bem como História da Filosofia Judaica Medieval. Frankl morreu em 1887 e, 6 anos mais tarde, Martin Schreiner passou a fazer parte da faculdade da Hochschule. Oficialmente, devia servir de sucessor a David Cassel, a cujo cargo estava a cadeira de História Judaica (disciplina que não era o campo de Schreiner); mas devido à absoluta necessidade — não havia quem as ensinasse – ele assumiu as aulas de Bíblia e Filosofia da Religião (biblische Wissenschaften e die religionsphilosophischen Disciplinen). Sua vasta erudição era citada para justificar uma carga tão imensa. Compelindo impiedosamente a si mesmo, bem como a seus alunos, a colocar-se no topo de tão vasta e diversa área de saber acadêmico, Schreiner acabou sucumbindo — "uma nobre mente arruinada" –- deixando atrás de si um número impressionante de rascunhos de obras inacabadas, em virtualmente todos os campos de que tratou. Antes de seu colapso em 1902, havia escrito de maneira extensiva sobre as várias escolas de teologia islâmica, suas conexões com os movimentos filosóficos árabes e as relações da filosofia medieval judaica com o pensamento árabe. Na conservadora escola rabínica de Breslau, Jüdisch-Theologisches Seminar, Manoel Joel nos anos de 1850 e 1860 e, mais tarde, Saul Horovitz, desenvolveram uma linha similar de estudos para investigar as "fontes" gregas e árabes de filosofia medieval judaica.

Foi contra essa abordagem no ensino da filosofia judaica, a preeminência do pesquisador arabista e a falta de tratamento sistemático e genuína análise filosófica que um furioso protesto começou a armar-se. Um eminente filósofo, porém estranho à

---

3. As outras matérias de ensino eram: História do Judaísmo e sua Literatura (Abraão Geiger); História Judaica, Literatura e Lingüística Semítica e Exegese Bíblica (David Cassel); Disciplinas Talmúdicas (Israel Lewy).

JULIUS GUTTMANN: FILÓSOFO DO JUDAÍSMO | 427

ciência acadêmica judaica, Hermann Cohen, professor na Universidade de Marburgo e fundador da Escola Neokantiana na filosofia alemã, interveio junto aos representantes do saber acadêmico judaico e exigiu que à filosofia *sistemática* e aos filósofos equipados para ensiná-la fossem dados os respectivos lugares nas instituições de estudos teológicos judaicos superiores. Em 6 de janeiro de 1904, ele falou perante os membros da Gesellschaft zur Förderung der Wissenschaft des Judentums (Sociedade para a Promoção da Ciência do Judaísmo) a fim de justificar *Die Errichtung von Lehrstühlen für Ethik und Religionsphilosophie an den Jüdisch-Theologischen Lehranstalten* (O Estabelecimento das Cadeiras de Ética e Filosofia da Religião nos Seminários Teológico-Judaicos)[4]. A idéia não nasceu de um súbito impulso. Seus traços podem encontrados já em *Ein Bekenntnis in der Judenfrage* (Uma Confissão sobre a Questão Judaica) de 1880, um panfleto escrito por Cohen como réplica ao anti-semitismo racista de Heinrich von Treischke[5]. "O conceito científico de religião" e um sistema autônomo de ética relacionado a ele constituíam a base e a justificativa suficiente do judaísmo, declarava Cohen, e ambos eram essenciais ao entendimento da religião judaica. Quase duas décadas mais tarde, a obra de um autor judeu, Moritz Lazarus, *Ethik des Judentums* (Ética do Judaísmo, 1898) incitou Cohen a uma apresentação mais ampla de sua posição filosófica judaica. Cohen submeteu o livro a uma crítica devastadora[6], uma crítica tão furiosamente inflamada e tão claramente injusta que provocou uma contestação do autor não menos esquentada. Juntando a resenha de Cohen à de um escritor anti-semita, Lazarus liquidou os dois numa só sentença: "Ambos os cavalheiros podem diferir de modo considerável um do outro, mas quando se trata de meu livro eles são decididamente *par nobile fratrum*"[7]. Cohen, de fato, assumira uma posição que tornava a brecha entre ele e Lazarus intransponível. Ele acusou Lazarus de ignorância, plágio e de explorar o gosto vulgar das massas. Desconsiderando as detalhadas e refinadas descrições das atitudes éticas judaicas, que abundavam[8] no livro de Lazarus, cego à perícia psicológica e estética de seu autor ao definir e articular a qualidade e o tom da moralidade judaica, Cohen acutilava o conceito básico de uma *Volksseele* (alma do povo) proposto por Lazarus. Para este, a referida "alma do povo" judaica era uma fonte viva de julgamento ético, que a mantinha em sua pureza e a fazia fluir sempre fresca. Para Cohen, semelhante conceito, baseado na história e na psicologia, negava a confiabilidade e a certeza do juízo ético.

4. *Hermann Cohens Jüdische Schriften, hrsg. von Bruno Strauss*, vol. 2, Berlim, 1924, pp. 108-125.
5. *Ibid.*, pp. 73-94.
6. *Das Problem der jüdischen Sittenlehre: eine Kritik von Lazarus' Ethik des Judentums*, em *Monatschrift für Geschichte und Wissenschaft des Judentums*, vol. 43, 1899, pp. 385-400, 433-449; republicado em *Hermann Cohens Jüdische Schriften*, vol. 3, Berlim, 1924, pp. 1-35.
7. Ver David Baumgardt, "The Ethics of Lazarus and Steinthal", em Year Book II do Leo Baeck Institute, Londres, 1957, pp. 213 e ss., que contém uma defesa de Lazarus contra Cohen.
8. Nos seus escritos judaicos ulteriores, Cohen mostrou notável talento para o mesmo tipo de descrição.

428 | A FILOSOFIA DO JUDAÍSMO

Para Lazarus, os mandamentos éticos, bem como as instituições históricas do judaísmo, que incluíam a religião e suas cerimônias, constituíam expressões da alma popular judaica. Para Cohen, o kantiano, a ética era autônoma (o que a religião não era); sua validade derivava do conceito de lei; como pura *Gesetzgebung* (dação de lei) era da mais elevada ordem objetiva.

Moritz Lazarus morreu em 1903. Ironicamente, Hermann Cohen veio a ser o seu sucessor na Junta de Curadores da Hochschule. Durante trinta anos as idéias filosóficas de Lazarus e Steinthal e, precedendo-os, as de Abraão Geiger, haviam dado o tom intelectual da Hochschule. Lá onde Lazarus e Steinthal invocavam a alma popular judaica, Geiger, tomando sua deixa da Filosofia da Revelação de Schelling, havia invocado um *Allgeist* (espírito universal) que tocava intimamente e chegava ao interior do *Einzelgeist* (espírito individual). Com o aparecimento oficial de Cohen em cena, a atmosfera mudou. Kant tomou conta.

Quando Cohen, em 1904, falou perante os membros da Gesellschaft zur Förderung der Wissenschaft des Judentums, estendeu-se sobre um pensamento que já havia aparecido previamente em sua crítica a Lazarus. A ênfase no conteúdo material da ética judaica, disse Cohen, é algo enganador e perigoso quando está em discussão a influência da ética sobre a cultura. A distinção singular do judaísmo encontra-se em outro lugar, isto é, no modo como a ética e a idéia de Deus são relacionadas. A idéia judaica de Deus tem por seu exclusivo conteúdo a eticidade do homem. Daí brota o contraste inconciliável entre judaísmo e cristandade. A essência do judaísmo não possui paralelo naquilo que os cristãos definem como a essência do cristianismo. A *filosofia* do judaísmo é a essência do judaísmo e somente o filósofo pode expressar a referida essência. S. L. Steinheim, Samuel Hirsch e Salomão Formstecher mostraram aquela espécie de ímpeto genuinamente filosófico e intento sistemático que são apropriados e necessários para uma apresentação do conteúdo-pensamento do judaísmo. Os mestres ulteriores que lidaram com a filosofia no quadro da Wissenschaft des Judentums careciam dessas qualidades. A ciência do judaísmo começou como Altertumswissenschaft (Ciência da Antigüidade) e, como a maior parte da pesquisa erudita nas humanidades, foi conduzida como uma ciência histórica. A história, como ênfase e método, dominou também o estudo da filosofia judaica. Estudiosos como Munk e Joël, que seguiram essa tendência, fizeram um trabalho importante. Mas, de outro lado, o fato de a filosofia clássica judaica haver florescido no período arabo-hispânico, e de ser portanto indispensável o conhecimento do árabe para a investigação de suas principais obras escritas nessa língua, deu aos "arabistas" uma influência demasiado forte nos estudos "filosóficos". O filólogo tomou o lugar do filósofo. Mas só o filósofo pode proprocionar a apresentação sistemática (systematischer Lehrvortrag) da ética e da filosofia da religião judaica que façam justiça ao que é essencial no judaísmo. As universidades com certeza não a oferecerão ao jovem teólogo judeu.

JULIUS GUTTMANN: FILÓSOFO DO JUDAÍSMO | 429

Portanto, concluía Cohen, é necessário que filósofos judeus lecionem a filosofia do judaísmo nos seminários teológicos judaicos[9].

É com esse espírito que o próprio Cohen começou a ensinar na Hochschule. Durante o período de férias, em março de 1905, ele deu um curso, de quatro horas semanais, sobre Lógica com Referência à Ética e à Filosofia da Religião e, no ano seguinte, outro sobre a Ética com Referência à Filosofia da Religião. Além disso, dirigiu seminários sobre Platão, Kant e O Fundamento da Filosofia Medieval Judaica na Filosofia Grega. A Gesellschaft zur Förderung der Wissenschaft des Judentums estava planejando, por volta dessa época, os seus *Grundriss der Gesamtwissenschaft des Judentums* (Enciclopédia Sistemática da Ciência do Judaísmo) e Cohen alimentava o desejo de redigir o volume sobre a filosofia da religião judaica[10] porque, como ele escreveu ao Rabi Leopold Lucas, em 1904, "o plano é totalmente conforme ao procedimento terapêutico que estou recomendando. Nós, desse modo, declaramos a filosofia da religião como o nosso atual centro de gravidade (unsern aktuellen Schwerpunkt)"[11]. Ele considerava as suas preleções na Hochschule uma "atividade política"[12], uma vez que dar à filosofia da religião uma significação central, "atrairá para nós a atenção que até agora está faltando, e sem a qual haveremos de permanecer impotentes em nosso campo"[13]. Sentia prazer em ensinar "porque sei que tenho o dever e a capacidade de instruir filosoficamente os círculos judaicos e orientar os teólogos judeus. O fato de acolherem de tão bom grado a minha apresentação que nega a autonomia da religião é por certo um sintoma notável"[14].

Para continuar, e continuar de maneira mais sistemática, a auto-imposta missão de esclarecer os "seus judeus" foi uma das principais razões para que Cohen se estabelecesse em Berlim, depois de receber, em 1912, o *emeritus* em Marburgo. Suas preleções na Hochschule, tais como a "Introdução à Filosofia", e seus seminários sobre o *Moré Nevukhim* (O Guia dos Perplexos) de Maimônides e sobre "O Conceito de Religião no Sistema da Filosofia" não atraíram as multidões que Cohen esperava. Apenas uma pequena audiência de elite, composta de estudantes e amigos comparecia, entre os quais Franz Rosenzweig que escreveu, em fevereiro de 1914, ter sido promo-

9. É revelador o fato de que, ao publicar como folheto a sua conferência perante a Gesellschaft, Cohen mudasse o título para *Ethik und Religionsphilosophie in ihrem Zusammenhang* (Ética e Filosofia da Religião em sua Conexão), (Berlim, 1904).

10. O volume apareceu em 1919, após a morte de Cohen, sob o título *Die Religion der Vernunft aus den Quellen des Judentums*. O editor da segunda edição de 1928, Bruno Strauss, baseando essa mudança na correspondência de Cohen com a *Gesellschaft* (atualmente nos Archives of the New York Leo Baeck Institute), usou o título correto *Religion der Vernunft* etc.

11. Hermann Cohen, *Briefe. Ausgewählt und Hrsg. von Bertha und Bruno Strauss*, Berlim, 1939, p. 73.

12. Carta a August Stadler, 2 de fevereiro de 1905; *ibid.*, p. 73.

13. Carta a Leopold Lucas; *ibid.*, p. 73.

14. Carta a August Stadler; *ibid.*, pp. 73s.

430 | A FILOSOFIA DO JUDAÍSMO

vido ao papel de líder de discussão[15]. Importante como foi a influência de Cohen sobre esses poucos, as preleções um tanto irregulares do velho professor não puderam preencher a falta de um docente de filosofia, em tempo integral, de cuja necessidade a Hochschule se tornava cada vez mais consciente[16]. O próprio Cohen recomendava uma tal nomeação. Já em 1911, um ano antes de Cohen vir para Berlim, a escola entrara em negociações com Julius Guttmann, Privatdozent na Universidade de Breslau, que no ano anterior tinha obtido a *venia legendi* em filosofia. Mas Guttmann declinara a oferta[17]. Em 1917, sob forte incitação de Hermann Cohen e Ismar Elbogen, o Conselho de Curadores da Hochschule renovou a proposta. Guttmann, que ainda era docente, fora elevado a professor titular no ano anterior; ele recebera uma oferta de sua *alma mater*, o Jüdisch-Theologisches Seminar de Breslau[18]. Mas desta vez Guttmann aceitou o convite da instituição berlinense e, no começo de 1918, a *Hochschule* anunciou que Guttmann, "um talento mui eminente", ocuparia a cátedra de filosofia depois de sua dispensa do serviço militar. O nomeado, que era tudo menos um tipo soldadesco, servia então como praça no exército prussiano, aturando com paciência filosófica as atenções de um sargento que o considerava idealmente preparado para as tarefas de cozinha. No verão de 1919 o novo lente começou a lecionar em Berlim.

Julius Guttmann contava na época 39 anos de idade. Nascido em Hildesheim e vivendo em Breslau desde 1892, era filho de Jakob Guttmann, uma figura proeminente no rabinato alemão e um prolífico autor de livros eruditos e tratados sobre filosofia medieval judaica e sua relação coma a filosofia escolástica cristã. Sua mãe era irmã do Professor David Jacob Simonsen, que fora em certa época rabino-mor da Dinamarca, um orientalista e bibliófilo cuja coleção de Judaica e Hebraica somava mais de 100.000 volumes, os quais fazem parte hoje da Biblioteca Real de Copenhague. Após a sua graduação no Johannes-Gymnasium de Breslau, Julius Guttmann foi estudar na Universidade de Breslau e no Jüdisch-Theologisch Seminar. Em 1903 obteve o seu Ph. D. da universidade e em 1906 o grau rabínico do seminário. Por alguns meses serviu de pregador auxiliar (Hilfsprediger) em Berlim, um papel em que foi tão malsucedido que ansiava por esquecer o episódio. Tentativas de conseguir um

---

15. Franz Rosenzweig, *Briefe*, Berlim, 1935, p. 83.
16. A faculdade estivera trabalhando durante anos na elaboração de um plano fixo a fim de substituir o currículo notoriamente frouxo que existia de fato, sobretudo como "tradição oral". Ainda em 1922, na celebração do 50º aniversário da escola, um coral de alunos lamentava zombeteiro: "...es ist nun an die fünfzig Jahar,/Das unser Studienplan in Bearbeitung war."
17. Sua carta em estilo comercial e objetiva (geschäftlich und nüchtern) indignou o Conselho que a considerou imerecidamente rude. (Carta de Guttmann a Ismar Elbogen, 6 de janeiro de 1912; Archives of the Leo Baeck Institute, New York).
18. Carta de Guttmann a Elbogen, 14 de outubro de 1917; Archives of the Leo Baeck Institute, New York. O cargo no seminário de Breslau foi preenchido por Isaak Heinemann.

JULIUS GUTTMANN: FILÓSOFO DO JUDAÍSMO | 431

posto rabínico em outras cidades falharam[19] e Guttmann voltou-se para a carreira acadêmica. De 1911 a 1919 foi membro do departamento de filosofia da Universidade de Breslau.

Se examinarmos os escritos filosóficos de Guttmann durante esse período, compreenderemos por que Hermann Cohen, o kantiano, mostrou tão forte interesse pela dissertação de doutorado (1903) do Privatdozent de Breslau. Essa dissertação era um tratado sobre o conceito de Deus em Kant[20], um tema inesperado quando se considera a composição do departamento de filosofia daquela universidade. Em filosofia, os mestres de Guttmann foram Clemens Baeumker, Hermann Ebbinghaus e Jacob Freudenthal. Baeumker era um historiador católico da filosofia medieval, Ebbinghaus, um psicologista e Freudenthal, cujo principal interesse estava no helenismo e em Spinoza, em geral levava os seus alunos, sobretudo os do Jüdisch Theologisches Seminar, a escreverem suas teses sobre um ou outro desses temas. Mas o pai de Guttmann sentia-se muito atraído pela filosofia de Kant como meio para uma interpretação filosófica do judaísmo[21], e sua influência, repetidas vezes reconhecida por seu filho, pode explicar o tópico da dissertação. Em 1905, Julius Guttmann escreveu, para o *Monatsschrift*, um artigo sobre a *Ética* de Hermann Cohen, endossando-a com apenas algumas poucas restrições e acentuando sua importância para um entendimento filosófico moderno da religião judaica. Em 1908, ele publicou uma conferência[22] em que apresentava, embora em esboço, a relação entre Kant e o judaísmo com o mesmo tipo de "idealização" que, para o mesmo propósito, Cohen adotara dois anos antes em sua preleção, Innere Beziehungen der Kantischen Philosophie zum Judentum (As Relações Internas da Filosofia Kantiana com o Judaísmo)[23]. Guttmann concluía que "a consciência religiosa dos tempos modernos encontra sua expressão em Kant e que essa nova consciência religiosa, tal como começara a surgir no protestantismo, significa um retorno às idéias do judaísmo". Na mesma veia, Cohen, em seu resumo, declarava que a importância do judaísmo residia nos ensinamentos dos Profetas, sua ética, o universalismo e o humanismo — uma importância que é, em geral, admitida hoje e reconhecida também como vital para o ulterior desenvolvimento do protes-

---

19. Anos depois, quando seus colegas discutiam acerca de um jovem que havia feito uma desastrosa Probepredigt (o sermão pregado pelo candidato a uma posição rabínica), Guttmann observou que parecia, pelos relatórios, que o candidato saíra-se bem pior do que ele próprio quando se apresentava à comunidade judaica de Kassel e nenhuma pessoa poderia ter feito *aquilo* tão mal.
20. Uma versão ampliada do *Kants Gottesbegriff in seiner positiven Entwicklung* (O Conceito Kantiano de Deus em seu Desenvolvimento Positivo), apareceu em 1906 no *Ergänzungshefte der Kant-studien*.
21. Ver a introdução de Julius Guttmann ao livro de seu pai, *Fest- und Sabbat-Predigten*, Frankfurt, 1926.
22. *Kant und das Judentum*, Breslau, 1908 (*Schriften hrsg. von der Gesellschaft zur Förderung der Wissenschaft des Judentums*).
23. *28. Bericht der Lehranstalt für die Wissenschaft des Judentums in Berlin*, 1910; também em *Jüdische Schriften*, vol. 1, Berlim, 1924, pp. 284-305.

432 | A FILOSOFIA DO JUDAÍSMO

tantismo. E por fim, o tema da dissertação de Guttmann *pro venia legendi*, *Kants Begriff der objektiven Erkenntnis* (O Conceito Kantiano de Cognição Objetiva, 1911), não estava muito afastado da obra de Cohen, escrita em 1871, *Kants Theorie der Erfahrung* (A Teoria Kantiana da Experiência).

Embora o principal objeto de interesse de Guttmann, durante o curso universitário, fosse a filosofia, seus estudos em economia eram não menos extensos e mostravam-se tão promissores que seu professor, Werner Sombart, instou-o a tornar-se seu assistente e lecionar economia. Só depois de considerável deliberação, Guttmann decidiu-se em favor da filosofia. Alguns de seus primeiros escritos brotam de seu interesse pela economia. Em 1907, publicou um ensaio sobre "A Significação Econômica e Social dos Judeus na Idade Média"[24]. Ainda que não oferecesse quaisquer dados novos e se fiasse inteiramente no material conhecido, conseguia demonstrar que a história econômica é útil em lançar luz sobre o desenvolvimento da religião judaica pós-bíblica. Guttmann salientava que se pode perfeitamente reconhecer motivações econômicas como um fator instrumental na conformação de certas fases do desenvolvimento religioso do judaísmo (sem tornar-se vítima dos exageros e do absolutismo da interpretação econômica da história) e, não obstante, afirmar a preeminência das forças religiosas nesse processo. Essa tese também subjaz ao detalhado exame crítico que Guttmann faz do livro de Werner Sombart, *Die Juden und das Wirtschaftsleben* (Os Judeus e a Vida Econômica, 1911), que antecede *O Capitalismo Moderno*, 1913. Para Sombart, o espírito do judaísmo era idêntico ao do capitalismo. Como ele o via, a idéia da divina punição e recompensa, do ascetismo *dentro* do mundo, a estreita conexão entre religião e negócio, o conceito aritmético de pecado e, acima de tudo, a racionalização da vida — todos eles característicos da religião judaica — desenvolveram nos judeus traços que causaram o advento do espírito capitalista e resultaram em atração permanente para atitudes capitalistas. A resenha de Guttmann difere da abordagem da maioria de outros críticos judeus. Estes enfocavam as óbvias propensões anti-semitas do autor e repudiavam por completo os seus achados, considerando-os anticientíficos, devido a essa mácula. Guttmann, num aparte quase casual e gentil, desarmou as "confissões privadas" de Sombart, mostrando que não passavam de sentimentos sem interesse para o pesquisador, e prosseguiu examinando cada uma das questões levantadas por Sombart como se não houvesse nelas nenhum preconceito antijudaico em geral. A mentalidade reinante entre os judeus no tocante à conduta econômica (jüdische Wirtschaftsgesinnung), seus valores inerentes aos métodos econômicos daí resultantes são de fato idênticos aos do moderno capitalismo, declarava

---

24. *Die wirtschaftliche und soziale Bedeutung der Juden im Mittelalter*, em *Monatschrift für Geschichte und Wissenschaft des Judentums*, vol. 51, 1907, pp. 257-290.
25. *Die Juden und das Wirtschaftsleben*, em *Archiv für Sozialwissenschaft und Sozialpolitik*, vol. 36, 1913, pp. 149-212.

JULIUS GUTTMANN: FILÓSOFO DO JUDAÍSMO | 433

Guttmann[26]. Mas, afirmava ainda, não existe nenhuma relação causal entre os ensinamentos da religião judaica e o moderno capitalismo. A religião judaica e os judeus não criaram o capitalismo. A religião judaica não é o alfobre do intelectualismo, pragmático ou de outro tipo. O caráter altamente reflexivo do judeu, que aparece em algumas expressões da literatura pós-bíblica, não deriva dos preceitos do judaísmo, mas antes foi o resultado de sua longa história e das influências históricas que sofreu. O cerne original da vida judaica, que sobreviveu de um modo particularmente forte na forma de vida da família judaica, caracteriza-se por sua ingênua simplicidade, patos ético e patriarcalismo movidos por cálido sentimento e não marcado por um racionalismo analiticamente agudo, que é o terreno no qual floresce o capitalismo.

No decorrer de toda a sua existência e, em particular, durante os anos em que ensinou na Universidade Hebraica, Guttmann gostava de discutir problemas da economia, sobretudo os de caráter teórico e metodológico. Por vezes, em meados dos anos vinte, brincava com a idéia de desenvolver em livro seus pensamentos sobre a relação entre o conceito religioso e as atividade econômicas dos judeus. Mas jamais isso resultou em algo.

A Hochschule für die Wissenschaft des Judentums em que Julius Guttmann ingressou na primavera de 1919 estava em processo de mudança. Nos cinqüenta anos de sua existência, fora primordialmente uma escola para formação de rabinos. Mas não era este o intento de seus fundadores. Tinham evitado cuidadosamente inserir no nome da Instituição qualquer indicação nesse sentido. Haviam estipulado que os cursos deviam ser dados "exclusivamente com vistas ao puro interesse da Wissenschaft des Judentums (Ciência do Judaísmo), de sua preservação, avanço e propagação", e esperavam que o caráter expressamente científico da escola atrairia muitos estudantes não teológicos. Tais expectativas não se realizaram. A escola produziu um número impressionante de *scholars*, mas para todos os propósitos práticos foi um seminário rabínico. Os anos que se seguiram à Primeira Guerra Mundial trouxeram alguma mudança. Um novo tipo de aluno começou a ingressar na Hochschule, não muitos – o corpo discente nunca fora muito grande – mas o suficiente para fazer-se sentir.

Desde o começo, a Hochschule atraiu sobretudo estudantes que provinham de famílias ortodoxas e que formavam a maioria de seu corpo de alunos. Alguns eram filhos de rabinos e muitos, de professores de matérias judaicas. Em grande parte procediam de pequenas comunidades da Silésia, da província de Posen, da Prússia Oriental e da Alemanha Meridional, em que a firme tradição de uma vida judaica nunca vacila-

---

26. Seria um entendimento completamente equivocado no tocante ao caráter de Guttmann dizer que *admitia ser a* apologética algo abominável para ele. Uma vez, quando o *Berliner Tageblatt* informou sobre uma de suas infreqüentes palestras populares, o registro deixava a impressão que o conferencista argumentara de uma forma apologética. Guttmann ficou infeliz durante dias e tentou corrigir a sugestão.

434 | A FILOSOFIA DO JUDAÍSMO

ra. A Hochschule também contava com um influxo constante de estudantes da Europa Oriental, jovens ligeiramente mais velhos do que a média de seus colegas alemães, que haviam passado longos anos imersos em estudos judaicos tradicionais e que estavam ansiosos por expor os métodos e os princípios que as *ieschivot* lhes tinha ensinado para questionar o saber crítico de natureza acadêmica. O "novo estudante" não partilhara da atmosfera tradicionalista da pequena comunidade judaica, nem possuía qualquer cabedal mais considerável no campo dos estudos de judaísmo. O mais provável era que um dos vários movimentos juvenis judaicos surgidos em anos recentes o tivessem tornado consciente do problema judeu. Havia lido, embora não necessariamente compreendido plenamente, Buber e mais tarde Rosenzweig, e estava estourando de perguntas e ávido por adquirir uma filosofia judaica. Era profundamente emotivo, mostrava-se penitentemente cônscio de sua insuficiência em estudos judaicos e estava sinceramente ansioso por obtê-los junto com uma Weltanschauung, uma cosmovisão judaica solidamente fundamentada. A diferença entre erudição e Weltanschauung não estava firmada em sua mente. Tinha por objetivo uma educação universitária, mas sentia que restringir-se a ela, como talvez sua família esperava, constituiria um erro do ponto de vista judaico. Alguns desses estudantes do pós-guerra pretendiam carreiras profissionais no campo judaico, possivelmente a de rabino, mas tudo dependeria da clarificação de seus problemas judeus e da resposta a suas Lebensfrage pessoais que esperavam obter nas salas de aula da Hochschule. Não conseguiram muita coisa, ao menos expressamente. A Hochschule ensinava Wissenschaft. O ensino era estritamente acadêmico e raras vezes o professor permitia que a "opinião" ou a Tendenz colorissem sua apresentação. Mais forte ainda era a relutância de apontar o efeito que modos de interpretação eruditos e fatos científicos poderiam ter no sentido de influenciar atitudes pessoais na vida judaica e religiosa.

A reticência consciente no tocante à mistura de pontos de vista pessoais e acadêmicos, na verdade uma apaixonada oposição a dar um passo além do domínio do "puro estudo erudito", em parte alguma se evidenciava mais do que nas aulas de Julius Guttmann. A afirmação, feita em outro contexto no seu importante ensaio *Religion und Wissenschaft im mittelalterlichen und im modernen Denken* (Religião e Ciência no Pensamento Medieval e Moderno)[27], "quanto mais a filosofia é preenchida com vida religiosa, menos ela sabe da religião como objeto específico de seu trabalho", era um enunciado central de seu ensino de filosofia judaica. Colocando isto de maneira simples, simples demais: a filosofia é o instrumento não religioso, que opera com precisão científica, para analisar a religião, que como tal não é filosófica. Guttmann nunca recuou dessa posição fundamental. Isso explica o homem e o *scholar*,

---

27. *Festschrift zum 50jäharigen Bestehen der Hochschule für die Wissenschaft des Judentums*, Berlim, 1922, p. 147.

JULIUS GUTTMANN: FILÓSOFO DO JUDAÍSMO | 435

e marcou sua atitude em relação aos filósofos da religião de sua época. Um *pensador religioso* não era filósofo para ele. Uma filosofia que produzia ou comunicava idéias e valores religiosos, julgava Guttmann, não era filosofia. Essa convicção explica seus sentimentos, que iam da suspeita à rejeição, em face dos filósofos religiosos como Buber, Baeck e Rosenzweig. Às vezes, em caráter privado, tais sentimentos eram expressos em termos cáusticos. Quando Leo Baeck, seu colega na Hochschule, aceitou um convite para proferir conferências na Schule der Weisheit (Escola da Sabedoria) do conde Keyserling, em Darmstadt, Guttmann comentou: "Nun ist er auch unter die Säulenheiligen gegangen" ("Agora ele também se juntou aos estilitas").

O estudante que vinha a suas aulas em busca de inspiração ou orientação no tocante às controvérsias religiosas então em curso ficava por certo desapontada. As preleções de Guttmann careciam de qualidade tópica. Eram de uma abstração impessoal e difíceis. O homem que estava por trás da exposição, em geral trajado num antiquado e folgado "fraque" preto ou cinza, com o corpo já encurvado quando tinha pouco mais de quarenta anos, a cabeça inclinada para o ombro direito, quase repousando nele, não era um orador desembaraçado. Falava detidamente, embora com vigor. Em um estranho ritmo *staccato*, movendo o braço direito fundo para baixo e para cima em movimentos bombeantes como se estivesse escavando palavras e frases do chão. E, a todo momento, o seu semblante brilhava através de um par de olhos dos mais claros e amistosos, particularmente quando, após uma longa pausa, uma complicada sentença explodia em sua frase final. Era preciso uma boa dose de atenção e uma boa dose de treino — treino em ouvir Guttmann — para seguir suas preleções. Elas eram preparadas com o maior cuidado, embora proferidas sem o auxílio de nenhum manuscrito ou notas. Era como observar os trabalhos de parto do pensamento. Mas, passado um momento, a gente compreendia e admirava o claro, ininterrupto e lógico fluxo de idéias. Ele não ilustrava; não aclarava por meio de metáforas. Sua apresentação do assunto progredia uniformemente sem *crescendos* e *ritardandos* dramáticos e sem digressões tranqüilizantes. Todo o seu esforço era dirigido para o entendimento de uma posição filosófica, e tal entendimento era procurado na interpretação precisa tão-somente de seu conteúdo-pensamento filosófico. Não era feita nenhuma tentativa – dever-se-ia dizer antes, havia ausência de qualquer tentativa – de mostrar as concepções filosóficas como sendo influenciadas, mesmo que de uma forma ligeira ou acidental, por fatores, dificuldades ou dúvidas pessoais. As atitudes filosóficas pareciam moldadas por necessidade filosófica interna. Nunca havia qualquer menção de motivações externas de natureza não filosófica que poderiam ter influído no pensamento de um filósofo. Havia também total ausência em suas aulas do espetáculo de qualquer espécie de Ideengeschichte (história das idéias) que alguns dos contemporâneos de Guttmann ofereciam no tratamento da história da filosofia: idéias separadas do solo em que tinham crescido, lutando e suplantando umas

436 | A FILOSOFIA DO JUDAÍSMO

às outras, fundindo-se, rompendo-se e germinando novas idéias, tudo isso aconte-cendo numa terra de ninguém filosófica.

Suas interpretações não eram moldadas ou coloridas por predileções pessoais. Era muito difícil encontrar alguma em suas exposições, que careciam de juízos de valor e eram desapaixonadas chegando à frieza. Suas apresentações eram governadas por uma fidelidade irrestrita ao filósofo ou ao texto em discussão. O temperamento do intérprete não entrava na análise de um ponto de vista ou de uma seqüência de pensamentos. Sua propensão consciente era para a descoberta do significado genuíno. Como conseqüência, parecia às vezes, ao aluno, que todos os filósofos estavam certos. Em discussão privada, Guttmann mostrava-se crítico em relação a livros e sistemas. Em seus escritos algo desse criticismo aparecia (ainda que apenas de uma maneira relutan-te e após longa deliberação que em geral não removia de todo a inquietação do autor acerca do caso). A única maneira de saber quais os filósofos a cujo respeito tinha reser-vas críticas era a de tentar arrolar aqueles a quem nunca mencionava.

Tudo isso explica, em parte, por que Guttmann possuía alunos, embora nunca em grande número, mas não discípulos. Discípulos são partidários, e esse profes-sor não os levava a sê-lo, nem seu temperamento tolerava o partidarismo em seus alunos. Podia-se aprender muito dele, embora formular a questão desse modo não parece adequado. Podia-se aprender muito *sob* a sua orientação e, se o estudante avançasse o suficiente, *com* o seu ensino no que concerne aos pré-requisitos do estudo acadêmico, ao pensamento metódico e claro, sem preconceitos, aos padrões intransigentes da pesquisa (acima de tudo, a necessidade do conhecimento direto das fontes[29], e a uma devoção ética, não romântica, à verdade. Seus estudantes tri-lharam, em termos filosóficos, muitos caminhos diferentes, mas eles concordam que, embora seu mestre não pudesse *formar* uma escola, para os seus alunos ele *foi* uma.

O caráter acadêmico, inflexível e não propenso à mudança, também se fez sentir quando assumiu o cargo de diretor científico da Akademie für die Wissenschaft des Judentums (Academia da Ciência do Judaísmo). Em 1917, quando Franz Rosenzweig

28. Nos últimos anos da década de 1920, Guttmann dirigiu, em seu apartamento, um seminário, de que participavam sua mulher, uns poucos amigos e alguns alunos. O grupo estudou primeiro *Der Formalismus in der Ethik und die materiale Wertethik*, de Max Scheler, e, depois, partes de *Der Stern der Erlösung*, de Franz Rosenzweig. Guttmann foi instado a publicar sua discussão crítica. O estudo sobre Scheler nunca foi completado; a crítica a Rosenzweig, várias vezes repensada por Guttmann, apareceu eventualmente (1951) como conclusão da versão hebraica de *Die Philosophie des Judentums*.

29. Atuando, de 1926 a 1933, como um dos supervisores da edição da Academia das obras reunidas de Moises Mendelssohn, não se satisfez em examinar o que os editores das várias divisões lhe submetiam. Achou que só poderia julgar e ter o direito de fazer sugestões se dispusesse de um conhecimento próprio de todas as fontes originais. Não relutava em efetuar amplas leituras, ainda que se tratasse de examinar um ponto menor.

JULIUS GUTTMANN: FILÓSOFO DO JUDAÍSMO | 437

endereçou sua brochura *Zeit ist* (É tempo) a Hermann Cohen e pediu a criação de uma Academia Judaica como uma organização *jüdischgeistige* (espiritual-judaica), ele queria que a nova instituição fosse um instrumento para a solução de um premente problema educacional. A Academia devia não formar teólogos, mas professores de religião — um quadro de jovens que estivessem totalmente imbuídos de saber judaico e que fossem às comunidades judaicas a fim de reformar a superficial instrução religiosa nelas ministrada e levassem a mocidade às fontes vivas da religião judaica. Hermann Coehen que, um ano mais tarde, associou-se publicamente ao apelo de Rosenzweig também "via a Academia, tal como ela se afigurava a seus olhos, não apenas como um lugar para a formação de *scholars* e pesquisadores, mas como algo pelo qual havia esperado e ansiado, um meio de intensificar e renovar o espírito do judaísmo"[30]. Em 1919, Eugen Taeubler, o primeiro diretor do Forschungs-Institut für die Wissenschaft des Judentums (Instituto de Pesquisa da Ciência do Judaísmo), anunciou haver redigido um plano organizacional para o funcionamento do Instituto[31]. À Academia e ao seu Instituto não eram mais consignados os amplos objetivos que haviam motivado Rosenzweig. A meta da Academia agora era a de alçar, através dos esforços acadêmicos de seus membros, os estudos judaicos em extensão e profundidade, ao nível do saber científico geral — um nível, sustentava Taeubler, que o estudioso judeu, salvo em alguns casos individuais, não havia atingido. "A ciência judaica acha-se na escuridão. A Academia deve tornar-se a alavanca para erguê-la ao domínio das ciências gerais e conduzi-la para além da moldura nacional-religiosa (über den völkisch-religiösen Rahmen hinaus) àquela presença efetiva no conjunto da cultura que sua riqueza interna merece"[32].

Essa tendência para afastar-se dos objetivos iniciais da Academia tornara-se mais forte na época em que Guttmann assumiu a direção do Instituto de Pesquisa, sucedendo a Taeubler, em 1922. Guttmann compreendeu e reconheceu que o chamado para uma reconstrução de uma ciência judaica não fora lançado por meros interesses teóricos de natureza acadêmica. "Queriam uma Ciência do Judaísmo porque queriam uma vida judaica". Com Rosenzweig era uma vontade religiosa que desejava reconstruir com a ajuda da pesquisa erudita um "mundo judaico" em dissolução. Cohen, do mesmo modo, partindo dos motivos mais intrínsecos de seu idealismo religioso e filosófico, encarava a ciência como o "baluarte espiritual da existência contínua". Outros eram incitados por motivações não-religiosas, como a clarificação interna da

---

30. Ernst Cassirer, como citado por Selma Stern-Taeubler, *Eugen Taeubler and the Wissenschaft des Judentums*, em Year Book III do Leo Baeck Institute, Londres, 1958, p. 50.

31. *Korrespondenzblatt des Vereins zur Gründung und Erhaltung einer Akademie für die Wissenschaft des Judentums*, I, 1920, pp. 10-18.

32. *Ibid.*, 18.

438 | A FILOSOFIA DO JUDAÍSMO

consciência judaica (*jüdisches Bewusstsein*) ou a idéia de uma representação espiritual do judaísmo através de uma rejuvenecida ciência do judaísmo[33].

Contra todas essas idéias de "uma ciência judaica conectada à vida e determinando a vida" (*lebensverbundene und lebensbestimmende jüdische Wissenschaft*), Guttmann defendia que "somente quando a ciência faz plena justiça à *sua própria lei* pode ela também preencher a função que lhe cabe na totalidade da vida judaica... A ciência viva distingue-se da erudição morta apenas pelo fato de que seu trabalho especializado é governado por concepções e metas gerais com vistas a um unificado objetivo metódico... Portanto, a ligação [da ciência do judaísmo] com os interesses da vida judaica não podem ter, por natureza, o mesmo grau de imediatidade e proximidade. Todos os fenômenos da vida judaica, todos os períodos da história judaica, todas as áreas da literatura judaica têm seu legítimo lugar na ciência do judaísmo, independentemente de serem suas relações com interesses judaicos correntes próximas ou remotas... Quanto mais conscientemente o Instituto de Pesquisa for guiado na seleção de seus tópicos pelas *necessidades internas* da ciência judaica, tanto mais apto estará para contribuir a todo o conjunto da vida judaica (*jüdische Gesamtheit*)"[34]. Certa vez um estudante abordou Guttmann e perguntou-lhe se, já que a Wissenschaft des Judentums (Ciência do Judaísmo)era *judisches Lernen* (estudo e prática judaicos tradicionais), não podia ela constituir ela por si própria uma forma suficiente e plena de vida judaica? Guttmann replicou que o moderno saber judaico não era estudo judaico no sentido tradicional, que se podia até imaginá-lo praticado por um não-judeu, e que os judeus que passavam o dia no *lernen* não renunciavam ao rezar.

Houve quem sugerisse que as concepções de Guttmann acerca da relação da ciência do judaísmo e as exigências dos problemas da vida judaica, e a inflexível diferenciação que fazia entre o *homo philosophicus* e o *homo religiosus* poderiam ter sido influenciadas pelo postulado de Max Weber sobre a *Wertfreiheit* (liberdade ante os juízos de valor) da ciência. Weber advertia o professor acadêmico para que apresentasse o conhecimento cientificamente obtido das relações *fatuais* e que se abstivesse de representar o papel de vidente ou profeta. Quando Alfred Bonné, professor da Universidade Hebraica, trouxe à baila essa sugestão, Guttmann apenas concedeu que concordava com Weber e que havia encontrado apoio nele para a sua posição. Na verdade, Guttmann não precisava de semelhante estímulo externo; suas concepções constituíam o acompanhante necessário de seus próprios princípios filosóficos.

---

33. *Die Akademie für die Wissenschaft des Judentums zu ihrem zehnjährigen Bestehen*, em *Festgabe zum zenjährigen Bestehen der Akademie für die Wissenschaft des Judentums 1919-1929*, Berlim, 1929, p. 4; ver também Guttmann, Franz Rosenzweig, em *Korrespondezblatt*, 10, 1929, pp. 2 e s.

34. *Bericht des wissenschaftlichen Vorstandes über das Jahr 1922, 23*, em *Korrespondezblatt*, V, 1924, pp. 46 e s.

JULIUS GUTTMANN: FILÓSOFO DO JUDAÍSMO | 439

Em seus trabalhos filosóficos, Guttmann apresentou um esboço sistemático desses princípios. Seus escritos[35], na maioria artigos, com exceção do livro sobre *A Filosofia do Judaísmo*, versam sobre a *história* da filosofia, e é dessas investigações históricas que incumbe extrair seus pontos de vista metodológicos e sistemáticos. A melhor chave para isso é o artigo sobre *Religion und Wissenschaft im mittelichen und im modernen Denken* (Religião e Ciência No Pensamento Medieval e no Moderno) que ele escreveu para o *Festschrift* no ensejo do 50º aniversário da Hochschule (Berlim, 1922). O artigo revela claramente a linhagem das crenças filosóficas de Guttmann. Kant e Schleiermacher foram seus mestres. Kant, diz Guttmann, deu à filosofia da religião o seu giro decisivo. Ele libertou a análise filosófica da religião de seu fardo mais estorvante, a identificação da verdade religiosa e metafísica. A crítica da religião feita pelos filósofos da Ilustração já havia invalidado as provas históricas da religião. Assim, afirma Guttmann, ficou estabelecido de uma vez por todas que a verdade religiosa não pode apoiar-se nem no conhecimento metafísico, nem no histórico. Mas Guttmann não seguiu Kant na caracterização que este faz da verdade religiosa. Segundo Kant, a verdade da religião é garantida pela validade da lei ética que postula a crença no domínio da ética sobre a realidade. A verdade religiosa é conseqüência da verdade ética e, assim sendo, seu conteúdo pode ser deduzido de princípios éticos. Religião é religião moral. O ato religioso de fé permanece a forma em que o ético exige uma complementação religiosa, mas, diz Guttmann, ele nunca leva à posse de genuína verdade religiosa[36]. É nesse ponto, no qual o significado do elemento religioso em Kant é engolido pelo ético, que Guttmann abandona Kant – e Cohen – e volta-se para Schleiermacher.

Na interpretação de Guttmann, Schleiermacher preenche os objetivos metodológicos da filosofia kantiana da religião. A análise da religião feita por Schleiermacher constitui, em seu intento metodológico último, a aplicação à religião do método epistemólogico de Kant. Sua filosofia da religião é dominada pelo pensamento de que à experiência religiosa é próprio uma atitude específica em que se baseia toda convicção religiosa. A consciência religiosa está ligada a uma verdade particular — a verdade religiosa. Essa verdade não é a do conhecimento objetivo, mas certeza *pessoal*, que, embora pessoal, é, não obstante, digna de confiança. Essa certeza relaciona o homem ao mundo da verdade religiosa, que é um domínio autônomo de objetividade. Os objetos religiosos possuem um caráter de realidade. Determiná-lo é a meta última da análise da religião[37].

---

35. A bibliografia dos escritos de Guttmann, por Baruch Schochtman, apareceu em *Iyun*, vol. 2, nº 1, Jerusalém, 1951, pp. 11-19; um complemento é de Saul Esch, *ibid.*, nº 3, pp. 182-184.
36. *Religion und Wissenschaft*, pp. 205-207.
37. *Ibid.*, pp. 207-210.

440 | A FILOSOFIA DO JUDAÍSMO

É óbvio que o Schleiermacher a quem Guttmann interpretou e de quem tomou um ponto chave de seu programa de filosofia da religião não é o Schleiermacher completo. A descrição da realidade religiosa feita por Schleiermacher não entra no foco de Guttmann. Ele não reconhece, e como judeu religioso não poderia reconhecer, a imanência de Deus no universo. A identificação de Deus com o mundo permaneceu fora de consideração. E Deus nunca foi visto como a unidade da vida pessoal do homem, como Aquele que preserva e sintetiza essa unidade que, na vida terrena, está constantemente se rompendo. Guttmann utilizou aspectos selecionados da filosofia de Schleiermacher, mas, ao proceder assim, o transformou. Ele o interpretou à luz de Kant e eliminou assim o Schleiermacher romântico, o Schleiermacher que rompeu com Kant para converter-se em um irracionalista com pendores panteístas. Guttmann incorporou elementos de Schleiermacher no criticismo epistemológico kantiano que foi, deste modo, expandido a fim de incluir uma plataforma a partir da qual a religião podia ser alcançada e mantida como uma entidade autônoma e não apenas como um complemento auxiliar e um postulado da ética.

A posição que Guttmann propunha no seu ensaio de 1922 é nitidamente distinta da adotada em seus escritos anteriores, em que falava mais ou menos como um kantiano ortodoxo e um seguidor de Cohen. A tendência para esse novo ponto de vista surge pela primeira vez, embora de uma forma ainda indecisa, no artigo de Guttmann sobre *Das Verhältnis von Religion und Philosophie bei Jehuda Halevi* (A Relação entre Religião e Filosofia em Iehudá Halevi), sua contribuição para o *Festschrift zu Israel Lewy's 70. Geburtstag* (Breslau, 1911)[38]. A maioria das interpretações apresentavam Iehudá Halevi como um irracionalista a opor-se a toda filosofia. Guttmann mostrou que não era assim. No *Kusari*, de Halevi, a certeza que dimana de uma experiência interna, especificamente religiosa, e a certeza derivada da prova filosófica não são mutuamente excludentes. Sua identidade, a identidade da verdade revelada e da filosófica que a maior parte dos filósofos medievais asseverava, era negada por Halevi. Para ele, a revelação era autônoma. No domínio da religião, Halevi substituiu a filosofia racional por um super-naturalismo racional que, por certo, não é aceitável para a moderna filosofia da religião. Mas, no caminho para essa posição, enfatizava Guttmann, Halevi chegara, num aspecto, perto do conceito moderno de religião. Declarando a certeza imediata de Deus e a comunicação individual com Ele como a essência da piedade, Halevi descreveu corretamente o fenômeno básico da vida religiosa. Halevi se satisfez, no caso, com a mera descrição. O filósofo moderno, salientou Guttmann, tem a obrigação de mostrar a validade da crença religiosa para além de sua mera existencialidade. Ao mesmo tempo, ele deve reconhecer que a experiên-

---

38. A importância desse ensaio foi reconhecida por Ephraim Shmueli em seu artigo sobre Julius Guttmann, em *Khokhmat Israel be'ma'arav Europa*, ed. Simon Federbusch, New York, 1958, pp. 148-185.

JULIUS GUTTMANN: FILÓSOFO DO JUDAÍSMO | 441

cia interna da comunhão do homem com Deus é a fonte do conhecimento que garante a realidade de um Deus vivo como a posse mais segura de nossa consciência. Isso não é nem a linguagem de Kant nem a de Cohen. No entanto, em seu ensaio de 1911 Guttmann ainda considerava incompatível a tentativa kantiana de fornecer um fundamento filosófico para a religião (ao consignar as convicções religiosas ao inventário das verdades éticas) e o conceito de religião de Schleiermacher (que negava a postulação ética da religião, em Kant, e convertia a certeza do sentimento pessoal na única base de uma realidade religiosa não-ética). Guttmann compreendeu, todavia, que os fenômenos da vida religiosas como Halevi os descrevera constituem a própria essência desta. Mesmo se a justificativa filosófica da crença religiosa se estribasse na razão ética, a genuína vida religiosa, concluía Guttmann, só seria possível "lá onde a certeza de Deus se apodera de nós com plena força do sentimento e a certeza pessoal vive dentro de nós de maneira imediata... A vida religiosa não pode ser produzida assentando-se na ideação a verdade religiosa"[39].

Essa forte e amiúde reiterada insistência na prioridade da vida religiosa experienciada pessoalmente em relação à construção filosófica e sistemática da religião assinala a diferença entre Guttmann e Cohen e outros filósofos que seguiram Cohen. Guttmann nunca soou como Paul Nathorp e Benzion Kellermann. E, diferindo de uotros intérpretes de Cohen, sobretudo de Franz Rosenzweig entre eles, Guttmann sustentou que, até o Cohen da *Religion der Vernunft aus den Quellen des Judentums* (A Religião da Razão a partir das Fontes do Judaísmo), embora este tivesse modificado o conteúdo de sua idéia-Deus, não havia alterado seu caráter metodológico[40]. O último capítulo do grande apanhado histórico de Guttmann sobre a filosofia do judaísmo, publicado em 1933, é consagrado a uma análise da filosofia da religião de Cohen[41]. Aqui, a escolha da terminologia e a direção da análise de Guttmann tornou perfeitamente claro em que ponto o seu caminho e o de Cohen se separavam. "Para Cohen, Deus ainda permanece idéia nesta última fase de seu pensamento"[42]. Para Guttmann, Deus era realidade.

Nos seus estudos pessoais e nas suas preleções, Guttmann tentou, partindo das asserções críticas sobre as falhas de Cohen, progredir até uma determinação do ponto em que sua própria posição acerca da autonomia da experiência religiosa o teria conduzido. Isso não o levou muito longe. Estava ciente de que outros, na

---

39. *Verhältnis von Religion und Philosophie*, p. 358.
40. Uma carta de Rosenzweig a Jakob Horovitz, de abril de 1924 (Franz Rosenzweig, *Briefe*, Berlim, 1935, p. 499) indica que Guttmann havia lido a Introdução de Rosenzweig à edição da Academia aos *Jüdische Schriften*, de Cohen, antes da publicação e levantara dúvidas quanto ao caráter decisivo da "conversão" de Cohen.
41. *Die Philosophie des Judentums*, pp. 345-362.
42. *Ibid.*, 362.

442 | A FILOSOFIA DO JUDAÍSMO

verdade os mais importantes filósofos da religião, tinham se encaminhado para uma nova metafísica ou irracionalismo, de acordo com a tendência filosófica geral da época[43]. Escrúpulos pessoais conscientes e fortes dúvidas filosóficas mantiveram-no afastado deles. Era um filósofo da razão, constitucionalmente por demais arraigado nela, para sequer tentar segui-los. Sentia-se mais atraído pela escola fenomenológica de Husserl e seus discípulos, e estava convencido de que a análise fenomenológica seria útil para descrever a experiência religiosa e definir sua estrutura geral. As poucas indicações em seus trabalhos publicados e em outras referências casuais mostram que para ele um dos principais atrativos desse método — ao menos como ele o via – era o fato de ele não constituir uma negação total da colocação kantiana, mas antes a extensão do *a priori* de Kant para além do domínio da mera forma. Nessa abordagem da fenomenologia, Guttmann também se revela um filósofo da razão.

As várias facetas de sua personalidade filosófica e o seu *credo* racional, do qual elas derivam, aparecem refletidas na sua imponente obra histórica, *Die Philosophie des Judentums* (A Filosofia do Judaísmo, 1933). Em um certo sentido, embora a maior parte de seus escritos lide com a história da filosofia, Guttmann não foi genuinamente um historiador. O interesse mais forte do historiador, estudar como é que o tempo age sobre o homem, suas idéias e suas criações e como é que as idéias dos homens agem sobre o tempo, estava ausente, e de um modo marcante, na história da filosofia judaica de Guttmann, que procurava cobrir as idéias básicas da religião judaica, a filosofia judio-helenística, as idéias do judaísmo talmúdico, a filosofia judaica da Idade Média, culminando num estudo sobre os filósofos judeus da época moderna. Mais uma vez, é forte nesse livro a ênfase no método. A filosofia recebe a tarefa de *expressar* o conteúdo-idéia (*Ideengehalt*) da religião, e mesmo quando trata de filósofos cuja motivação primordial era a justificação da religião judaica, Guttmann acentua a contribuição deles, formulando em termos filosóficos as idéias religiosas. E porque semelhante formulação filosófica com o objetivo de exprimir uma verdade específica é uma função da razão, a história da filosofia judaica de Guttmann é, em essência, uma historia da filosofia racionalista judaica.

Na filosofia judaica, mostrou Guttmann, existem duas abordagens principais. Os filósofos medievais não separavam religião e filosofia sob o ângulo metodológico,

---

43. Ver, por exemplo, *Religion und Wissenschaft im mittelalterlichen und im modernen Denken*, p. 213.
44. Gershom Scholem, *Julius Guttmann zum 70. Geburtstag*, em *Mitteilungsblatt des Irgun Olej Merkaz Europa*, Tel Aviv, 1950, nº 15, caracterizou *Die Philosophie des Judentums* como "por um longo tempo vindouro a apresentação definitiva da filosofia racionalista judaica". Acentuando o caráter racionalista do filosofar de Guttmann, Scholem disse: "mesmo quando nas análises filosóficas ele penetra nas profundezas verdadeiramente abismais do pensar religioso, Guttmann nunca se permite luxuriar em êxtase existencialista ou em ambigüidades místicas, mas antes introduz clareza e luz nessas profundezas".

JULIUS GUTTMANN: FILÓSOFO DO JUDAÍSMO | 443

mas igualavam seus respectivos conteúdos. A filosofia moderna, de outro lado, separou os domínios de validade. No processo, os filósofos medievais tiveram de modificar a filosofia a fim de acomodar a religião e tiveram de alterar conceitos religiosos judaicos a fim de ajustar-se à filosofia grega. Os pensadores modernos, afirmou Guttmann, estavam mais aptos a preservar o genuíno significado do judaísmo.

Dois anos após a publicação do livro de Guttmann, *Die Philosophie des Judentums*, Leo Strauss submeteu a obra e a sua abordagem filosófica geral a uma penetrante análise crítica[45]. Strauss, negando a superioridade da filosofia judaica moderna sobre a medieval, ressaltou que atribuir uma tal superioridade implicaria renunciar à crença na Revelação como uma das idéias centrais da religião judaica tradicional. E, insistia Strauss, essa crença era uma idéia central como uma questão de fato histórico. Na realidade, era tão central que constituía a *conditio sine qua non* de todas as outras idéias religiosas. Além disso, argumentava Strauss, a apresentação feita por Guttmann faz parecer que, para os filósofos da Idade Média, o propósito primário da Revelação era a comunicação de *verdades* e não da *Lei*. Strauss recomendava que o *historiador* da filosofia medieval judaica, ao menos para propósitos heurísticos, aceitasse a superioridade da filosofia medieval sobre a moderna e entendesse corretamente a dicotomia medieval de crença e conhecimento como a de lei e filosofia. Só descartando o conceito moderno de uma "consciência religiosa", e após uma reinterpretação da idéia filosófica da lei divina à luz de sua origem em Platão, evidenciar-se-ia qual filosofia, a medieval ou a moderna, era mais capaz de preservar a essência da religião judaica.

A resposta de Strauss está implícita na sua crítica. Ele reconhecia que o conceito de filosofia da religião de Guttmann fora fortemente condicionado por Schleiermacher. Assinalou também que, seguindo a tradição do referido pensador, Guttmann, como outros filósofos modernos, substituiu o conceito medieval de crença que a pessoa constrói — racionalista ou super-naturalista, mas de qualquer modo intelectualista - - pela "interioridade da consciência religiosa" (*innerlichkeit des religiösen Bewusstseins*). Strauss rejeitou tal conceito. Entretanto, dever-se-ia enfatizar — e isto não entrou no escopo da crítica de Strauss — que Guttmann, racionalista como era e permaneceu, nunca acompanhou Schleirmacher o caminho todo. Tendo estabelecido o esquema metodológico para uma filosofia da religião, manteve-se sempre hesitante em preenchê-lo. A filosofia sistemática da religião que fundiu Kant e Schleiermacher ou, em termos judaicos, Maimônides e Iehudá Halevi, nunca emergiu, provavelmente

---

45. *Der Streit der Alten und Neuern in der Philosophie des Judentums — Bemerkungen zu Julius Guttmann. Die Philosophie des Judentums*, em Leo Strauss, *Philosophie und Gesetz*, Berlim, 1935, pp. 30-67. Strauss, depois professor de filosofia política na Universidade de Chicago, foi anteriormente membro, trabalhando sob a direção de Guttmann, do Instituto de Pesquisa da *Akademie für die Wissenschaft des Judentums*, em Berlim.

444 | A FILOSOFIA DO JUDAÍSMO

porque sua fusão era uma impossibilidade dentro de um esquema estritamente racionalista.

Guttmann estava ciente da importância do ataque frontal de Strauss. Para responder-lhe e também a outros ensaios do livro de Strauss[46], escreveu um artigo *Philosophie der Religion oder Philosophie des Gesetzes? — eine Auseinandersetzung mit Leo Strausses Buch 'Philosophie und Gesetz'* (Filosofia da Religião ou Filosofia da Lei? Uma Discussão Crítica sobre o Livro de Leo Strauss 'Filosofia e Lei'). O artigo foi redigido quando Guttmann estava morando em Jerusalém. Deveria aparecer no *Monatsschrift*, e quando isso se tornou impossível com o fechamento desta, em 1939, Guttmann escreveu duas vezes a Ismar Elbogen em Nova York, pedindo-lhe que conseguisse uma publicação na América: "Publicá-lo em hebraico é de pouca serventia". "Embora o livro tenha aparecido há um certo número de anos, parece-me que a discussão dos princípios (*eine prinzipielle Auseinandersetzung*) ainda se justifica"[47]. O artigo nunca veio à luz e, aparentemente, está perdido[48]. Isto é um fato tanto mais lamentável quanto a controvérsia filosófica fornece percepções acerca do pensamento de um homem e proporciona uma luz que um livro tão densamente escrito, como o de Guttmann, não oferece. Por outro lado, não há dúvida que as concepções de Guttmann não mudaram. A tradução hebraica de sua *Die Philosophie des Judentums*[49], que saiu do prelo um ano após a sua morte, foi por ele supervisionada. O autor acrescentou-lhe um capítulo sobre Nakhman Krochmal[50] e um capítulo final em que aborda o pensamento de Franz Rosenzweig, além de correções e pequenas inserções em todo o livro. Nada disso afetou materialmente sua interpretação dos filósofos judeus, nem sua concepção metodológica de uma filosofia da religião judaica. De fato, a sua apresentação e crítica da filosofia de Rosenzweig serviram para sublinhar o caráter da personalidade religiosa de Guttmann.

Guttmann, para quem o objeto de uma filosofia judaica da religião era uma idéia-conteúdo do judaísmo, criticou Rosenzweig por baseá-la na experiência pessoal, e

---

46. *Die gesetzliche Begründung des Philosophie* (A Fundamentação Legal da Filosofia) e *Die philosophische Begründung des Gesetzes* (A Fundamentação Filosófica da Lei).

47. Cartas de 18 de novembro de 1940 e 29 de setembro de 1941; Archives of the Leo Baeck Institute, New York.

48. Alguns anos depois, Guttmann escreveu a Strauss dizendo-lhe que, por ter este mudado suas concepções no tocante à filosofia medieval, ele postergaria a publicação de sua resposta até que Strauss houvesse elaborado suficientemente a sua nova posição. A bibliografia dos escritos de Guttmann, mencionada acima, na nota nº 35, lista apenas um volume manuscrito, encontrado após a morte de Guttmann, contendo cinco preleções inéditas, provenientes dos anos 1927-1932.

49. *Hapilosofia schel hayahadut*, Jerusalém, 1951.

50. Na sua carta de 1940 a Elbogen, Guttmann informou que estava trabalhando em um artigo de aniversário acerca de Krochmal (publicado em 1941 num volume em memória de Bialik) e observou: "Eu percebo quão pouco nós sabemos de suas concepções filosóficas a despeito do que já foi escrito a respeito dele".

JULIUS GUTTMANN: FILÓSOFO DO JUDAÍSMO | 445

exagerar quaisquer influências que tenham sido decisivas em sua vida. Desaprovou também, em Rosenzweig, o uso da linguagem do judaísmo para expressar vivências pessoais que não possuíam validade geral e que um cristão ou um pensador não-religioso poderiam igualmente exprimir. Além disso, Guttman assinalou que a filosofia de Rosenzweig se ocupava amiúde de idéias e distinções retiradas da tradição dogmática judaica, em vez de lidar com idéias de experiências religiosas primordiais. Concluindo, pois, pela rejeição da filosofia judaica personalizada de Rosenzweig, negando sua validade por se tratar de uma construção de experiências pessoais, embora reconhecendo sua influência estimulante sobre uma geração de judeus, Guttmann colocou sua posição contra a filosofia existencialista. Firmando a idéia contra a existência[51], Guttmann objetava, utilizando o termo de Rosenzweig, ao "pensamento ocasionalista" (*Gelegenheitsdenken*)[52]. Oposto ao "pensamento apologético" de Rosenzweig, no qual nada no judaísmo é compreendido por si e que, como Rosenzweig havia salientado, começa a operar "tão logo o filósofo tenha sido impelido aos limites do judaísmo", Guttmann reafirmou uma filosofia do judaísmo que não é a de "pensar dentro do judaísmo " (*Denken im Judentum*), nem é produzir atitudes religiosa, mas antes a de expressar e formular a idéia do judaísmo por meio de uma filosofia racionalista.

Escrever *Die Philosophie des Judentums* constituiu um árduo esforço. Produzir um livro tão volumoso não foi tarefa fácil para Guttmann. Sem o constante incentivo de sua esposa, Grete, Julius nunca teria aceitado o convite da casa editora Ernst Reinhardt de Munique para escrevê-lo. Sem ela, com certeza, jamais a obra teria sido terminada. Certa vez ela disse: "Eu sou o seu catalisador". Isto provavelmente está dito numa terminologia incorreta. Mas ela continuamente o incentivava a prosseguir e superar suas dúvidas superconscientes quanto à questão de saber se ele estava pronto e se todo o trabalho preparatório havia sido feito. A caligrafia de Guttmann era difícil e muitas vezes ilegível. Por isso ditou o livro inteiro para a sua mulher, que o registrou em escrita à mão[53].

Guttmann casou-se com Grete Henschel pouco depois de haver ingressado no corpo docente da Hochschule. Ela fora aluna de Eugen Kühnemann (a quem seu marido não tinha na mais alta das opiniões) na Universidade de Breslau e obtivera

51. Em 1944 colaborou com uma investigação crítica de profundo alcance sobre a filosofia existencialista de Heidegger, *Eksistentziah ve-ideah* (Existência e Idéia), na *Hagut*, uma *Festschrift* por ocasião do 60° aniversário de Hugo Bergman (pp. 153-173). Uma tradução inglesa apareceu em 1960, no vol. 6 (pp. 9-40) da Scripta Hierosolymitana, publicações da Universidade Hebraica de Jerusalém: *Existence and Idea. Critical Observations on the Existentialist Philosophy*.

52. *Apologetisches Denken — Bemerkungen zu Brod und Baeck* (Pensamento Apologético — Anotações sobre Brod e Baeck) *Zweistromland*, Berlim, 1926, p. 71 e s.

53. Quando o editor acusou o recebimento do manuscrito, ele perguntou se a invenção da máquina de escrever não chegara ao conhecimento da família Guttmann.

446 | A FILOSOFIA DO JUDAÍSMO

seu doutorado com uma dissertação sobre a filosofia da história na obra de Schiller. É difícil imaginar duas criaturas mais diferentes do que o casal Guttmann e é difícil pensar em um casamento mais feliz. Grete Guttmann vinha de uma família abastada, liberal, e seu interesse pela religião pode, no melhor dos casos, ser descrito como literário ou intelectual. Julius Guttmann era devoto e vivia como um judeu ortodoxo, embora nada houvesse de ostensivo em suas práticas religiosas. Grete Guttmann mostrava uma incessante atração pelo bizarro, pelo ousado e pelo boêmio; os gostos de seu esposo eram conservadores. Grete Guttmann tinha uma enorme capacidade para relacionar-se com as pessoas, qualquer tipo de pessoa e, em especial, as pessoas fora do comum. Era a interessada e simpática confidente de muitos escritores, artistas e professores boêmios, que lhe confessavam as vicissitudes de suas vidas atrapalhadas. Os Guttmann estiveram duas vezes na América, a primeira em 1924, quando Julius foi professor convidado no Jewish Institute of Religion, em Nova York, e em 1930, quando ministrou um curso no Hebrew Union College, em Cincinnati[54]. Ambas as vezes, e particularmente após a sua estada em Nova York, Grete voltou loucamente apaixonada pela América, seu *élan vital* e seus selvagens contrastes. Ela gostou muito de Stephan S. Wise que a levou a enfumaçados *speak-easies* e *jazz-joints* no Harlem. Julius Guttmann estremecia ao lembrar-se de uma conferência por ele pronunciada em um clube em que fora precedido, no programa, por um mágico, e seguido de dança. Sua mulher desfrutara cada minuto do caso que incluía a constrangida perplexidade de seu marido. De bom grado, com uma ponta de embaraço e um sorriso tímido, Guttmann tolerava as arreliantes espicaçadas de sua esposa em relação a seus ternos, camisas e gravatas fora de moda, e somente quando ela demonstrava impaciência zombeteira em face a uma reza ou ritual religioso demasiado longo, um zangado lampejo dos olhos dele chamavam-na à ordem.

Nas sextas-feiras à tarde, amigos e visitantes ocasionais reuniam-se no confortável apartamento dos Guttmann, no nº 2 da Wullenweberstrasse na Hansa-Viertel de Berlim. Depois do café com bolo, sentavam-se na biblioteca em que os livros de Guttmann e de seu pai enfileiravam-se do chão ao teto das paredes[55]. A conversa ia da política até a literatura e dos novos livros aos assuntos eruditos. Aí, Guttmann, amiúde tímido em público ou professoralmente formal, soltava-se, ficava inteiramente à vontade e seu humor chegava às raias do genial. Podia-se facilmente prever quando um dito espirituoso estava em gestação. Os dedos que tamborilavam sobre seus joelhos começavam a bater mais rápidos, um ímpio sorriso aparecia em sua face e uma faísca nos seus olhos indicavam que ele estava pronto para contar sua piada. Seu chiste tinha

---

54. A escola de Cincinnati, que anteriormente, na década de 1920, havia sondado Guttmann para tornar-se o sucessor de David Neumark, ofereceu-lhe de novo, durante a visita, uma cadeira de professor, mas ele declinou do convite.

55. Os livros de Guttmann encontram-se hoje na biblioteca da Universidade Hebraica de Jerusalém.

JULIUS GUTTMANN: FILÓSOFO DO JUDAÍSMO | 447

ferrão. Um escritor, que apresentava uma envergadura de peso-pesado, cujos livros eram enormes e cujas introduções a livros eram em geral mais compridas do que os escritos que pretendiam explicar, era chamado de *der in jeder Beziehung breite* (o largo em toda relação). Quando lhe foi contada a história dos inúmeros casos de amor de curta duração de um filósofo que acabava de denunciar o neo-aristotelismo, Guttmann observou: "Auf dem Gebiet wenigstens ist er ein Peripatetiker geblieben" ("neste domínio, ao menos, ele é um peripatético"). Quando o dono de uma loja de departamentos propôs a subsidiar a *Akademie*, mas exigiu que lhe fosse dado influir na direção acadêmica, ele sintetizou a oferta: "Er wollte mich zu zeinen philosophischen Rayonchef machen" ("ele queria me tornar o seu chefe da seção filosófica"). Os contemporâneos de Guttmann no seminário de Breslau nunca esqueceram do seu ensaio satírico *Der Seminarist*, publicado num jornal estudantil. O texto começava assim: "Der Seminarist ist ein Herdentier. Im Herbst wirt er oft von einer epidemischen Krankheit befallen, der Festpredigt. Man hatte schon in alter Zeit Predigten; man nannte sie Midraschim. Diese darf man abschreiben. Manche nennen auch die neuere Predigt Midrasch" ("o seminarista é um animal de rebanho. No outono ele é amiúde acometido de uma enfermidade epidêmica, a prédica festiva. Já existiam nos tempos antigos prédicas; denominam-nas *midraschim*. Estas, é preciso transcrever, alguns também denominam as prédicas mais recentes de *midrash*"). — Guttmann era um fumante em série de charutos[56] e nas tardes do *schabat* (Sábado), muito antes do dia de descanso terminar, ele escolhia cuidadosamente o primeiro charuto da semana, acariciava-o afetuosamente e acendia-o assim que terminava a cerimônia da *Havdalá*.

Quando Hitler chegou ao poder, Guttmann tinha menos ilusões sobre as conseqüências desse fato do que muitos outros. Em 1934 deixou Berlim. A América, que ele conhecera em duas visitas anteriores, não o atraía. Aceitou um convite da Universidade Hebraica e, após alguns poucos meses, decidiu permanecer lá. A decisão de cortar seus laços com a Heimat e com a Hochschule, "o ideal de uma instituição acadêmica judaica", foi muito difícil, escreveu ele. Mas "tempos árduos exigem decisões árduas e eu pertenço àquelas criaturas felizes que fizeram esse sacrifício em prol de alguma coisa positiva"[57].

Guttmann nunca foi politicamente um sionista. Os fundamentos filosóficos do sionismo, especialmente o modo com os expunham os acadêmicos sionistas alemães, eram antagônicos aos seus princípios filosóficos. Ele percebia neles um forte semitom

---

56. Em Jerusalém, costumava afirmar: "O que essa terra mais precisa é de um bom charuto". A tradução chistosa que Guttmann fazia do termo *totzeret haaretz* (*made in Israel*) era "o charuto para o não-fumante".

57. Carta a Elbogen, primeira metade de 1935 (data exata ilegível): Archives of the Leo Baeck Institute, New York.

448 | A FILOSOFIA DO JUDAÍSMO

romântico, a mística de uma *Volksgeist* que seu racionalismo não poderia aceitar. Antes dos anos hitleristas, Guttmann teria concedido que o sionismo político era útil para reconduzir os judeus desjudaizados ao judaísmo e, certa vez, observou que não precisava dessa muleta — uma frase que, no próprio momento em que a proferiu, ele a retirou por lhe parecer muito áspera. Finalmente, não acreditava na praticabilidade do sionismo como solução última para o "problema judeu". "Que a Palestina possa receber um número suficiente de judeus para levar a uma solução da *Judenfrage* (questão judaica) política, é algo que ultrapassa o domínio da possibilidade para o futuro previsível", escreveu ele à guisa de conclusão no artigo sobre o sionismo com o qual contribuiu, em 1931, para *Die Religion in Geschichte und Gegenwart* (A Religião na História e o Presente), uma enciclopédia protestante, acrescentando "mas a vigorosa energia moral do movimento sionista pode muito bem obter êxito fazendo de sua (Palestina) um centro espiritual do judaísmo capaz de carrear novas forças à vida judaica de todos os países".

As atitudes de Guttmann para com o sionismo não haviam formadas às pressas. Nem eram preponderantemente emocionais. O feitio acadêmico de Guttmann exigia clareza científica e análise nas áreas das crenças pessoais. Ele nunca cedeu em sua convicção de que a responsabilidade do *scholar* era separar o fato científico do juízo de valor, em questões públicas, e que a sua função pública era criar consciência sobre onde ficava a linha divisória entre uma coisa e outra. Entretanto, ao assim proceder o *scholar* não precisava privar a si mesmo e aos outros do direito a decisões e opiniões de valor condicionado. Tal era o propósito do ensaio acadêmico, *Der Begriff der Nation in seiner Anwendung auf die Juden* (O Conceito de Nação e sua Aplicação aos Judeus), que ele publicou em 1914 nos *K.C.-Blätter*[58], um órgão anti-sionista.

A questão de se os judeus constituíam ou não uma nação era naquele tempo, e havia sido desde que o movimento sionista surgira, um assunto de acaloradas discussões. Em vez de rediscutir os desgastados e congelados argumentos que se apresentavam nesses debates, Guttmann propôs um exame metódico do problema (*Fragestellung*) subjacente à controvérsia. Esta, achava ele, era primordialmente semântica; por tudo, ela dependia em demasia da definição da palavra "nação". Mas o dicionário não deveria decidir o futuro dos judeus, em especial quando o termo em apreço era tão suspeitosamente vago. Além do mais, havia perigosa ambigüidade básica. Dizer que os judeus são de modo exclusivo um grupo religioso pode significar que motivos religiosos atam *fatualmente* os judeus num conjunto. Pode também significar que o *valor* do judaísmo, que justifica a sua continuação, repousa exclusivamente em seus aspectos religiosos. A mesma ambigüidade prevalece nos argumentos do campo oposto o qual declara que os judeus são um grupo nacional. Juízos

58. Vol. 4, pp. 69-79, 109-116.

JULIUS GUTTMANN: FILÓSOFO DO JUDAÍSMO | 449

sobre o que fatualmente é, estão entretecidos com convicções sobre o que deveria ser. O que são os fatos, pergunta Guttmann.

Desde a Dispersão, a consciência coletiva judaica (*Gemeinschaftsbewusstsein*) tem consistido em algo mais do que a mera consciência das feições fatuais idênticas de que o grupo compartilha. As motivações que mantiveram o indivíduo no grupo tornaram-se premissas de sua continuação e fatores que determinavam seu caráter. O fato de tais motivações serem de natureza religiosa era, na opinião de Guttmann, indisputável. O judaísmo bíblico produziu um conceito universal de religião e fundiu-o com um conceito de um grupo nacionalmente determinado. No judaísmo posterior o povo judeu viveu como um grupo religioso constituído de membros da tribo judaica (*Angehörige des jüdischen Stammes*). A consciência religiosa grupal amalgamou-se com a consciência tribal (*Bewusstsein der Stammesgemeinschaft*). A segregação do grupo e a forte pressão hostil externa provocaram a expansão da vida judaica de grupo para além dos domínios religiosos. A comunidade religiosa tornou-se um grupo legal e cultural com uma vida intelectual e literária autônomas. Isolada de qualquer fundamento político ou territorial, a judiaria medieval possuía uma vida própria que se aproximava muito da de uma nação. Não obstante, como Guttmann acentuava, a existência continuada do judaísmo dependia de motivações religiosas. Uma mudança veio a ocorrer por ocasião da Emancipação que criou a moderna comunidade de judeus. Mais corretamente, essa mudança se deve a dois desenvolvimentos no mundo europeu do qual a Emancipação constituía apenas uma conseqüência, ou seja, a destruição da ordem feudal da sociedade e da lei pelo Estado moderno e pela secularização da cultura. A vida coletiva (*Gemeinschaftsleben*) do judeu moderno encontra-se completamente limitada ao domínio religioso. Em concomitância com a mudança da vida grupal judaica, a consciência de grupo do judeu moderno mudou. Não está mais direcionada com exclusividade à congregação religiosa (*Glaubensgemeinde*). O sentimento de pertinência famílial existe, estendendo-se até a judeus de outros países; este sentimento retém em parte a consciência grupal da tribo. Guttmann duvidava que na Diáspora esse sentimento, por si próprio, pudesse prover um suporte suficiente para a continuação do grupo. Um indivíduo pode permanecer no grupo mesmo que a religião não tenha significado para ele, porque a vida religiosa da maioria o carrega consigo. Mas um grupo de indivíduos no qual falta um conteúdo concreto comum de vida (*blosse Personalgemeinschaft hone jeden sachlichen Lebensinhalt*) em qualquer extensão de tempo está fadado a esboroar-se. A cultura judaica na Diáspora tampouco pode repor a substância religiosa. Aquilo que tem sido proclamado como cultura judaica era, ao ver de Guttmann, um movimento artístico e literário que possuía como temas a vida e os problemas judaicos. Apenas um Estado judeu pode produzir uma cultura judaica. Na *Diáspora* a oni-abarcante unidade do espírito e do trabalho não pode ser realizada.

450 | A FILOSOFIA DO JUDAÍSMO

Vivendo entre povos modernos, o judeu partilha com eles suas línguas e culturas, porém, insistia Guttmann, semelhante participação natural não constitui assimilação (*Assimilantentum*). As memórias tribais (*Stammeserinnerung*) do judeu alemão não estão ligadas a Herman dos Cherusci, mas a Judá Macabeu. Todavia, as fontes de sua vida espiritual (*geistiges Leben*) reside na história do espírito alemão. E, no entanto, Guttmann compreendeu que, embora o judeu alemão houvesse alcançado com o não-judeu uma comunhão de trabalho (*Arbeitsgemeinschaft*), ele não conseguiu uma comunhão de vida (*Lebensgemeinschaft*), na qual pudesse preencher suas relações humanas e pessoais[59]. Na Idade Média, era o *grupo* judeu que sentia a pressão externa, enquanto a vida pessoal e interior do indivíduo, o qual passava sua estrita existência dentro do grupo, permanecia relativamente não afetada. Agora, salientava Guttmann, é o indivíduo que é impelido ao isolamento. A comunhão espiritual (*geistige Gemeinschaft*) no trabalho cultural não havia levado a uma correspondente comunhão de almas (*selischee Gemeinschaft*). Há algo de problemático e insatisfatório nas relações dos judeus com os não-judeus, julgava Guttmann, e ele perguntava: há esperança de que uma rápida eliminação do anti-semitismo o removerá? A longo prazo, pensava Guttmann, o antagonismo se abrandará. Mas é preciso lembrar, acautelava ele, que o grupo judaico estruturalmente não é uma simples confissão (*Konfession*), porém uma forte fusão de elementos religiosos e tribais, não podendo deixar de ser afetado não apenas pelas intolerâncias religiosas mas também por outros instintos antagonísticos.

Ainda assim, Guttmann sentia que a análise estritamente empírica do caráter fatual do grupo judaico e sua posição no mundo moderno, tal como ele os apresentava no seu ensaio, não justificava por si mesma uma decisão a favor quer do conceito nacionalista ou religioso do moderno judaísmo. Mas uma tal decisão tampouco precisa basear-se nos sentimentos pessoais de um indivíduo. Pode-se chegar a uma decisão objetiva, acreditava Guttmann. Pois para uma tal decisão, faz-se mister voltar-se para a ética e para a filosofia da cultura.

"A esperança de um futuro nacional judaico está baseada... num sentimento de grupo que se concentra por inteiro no judaísmo e, portanto, deve necessariamente conduzir a um anseio por uma vida grupal judaica fechada. Onde existe essa meta, a esperança de uma melhoria gradual (da posição) dos judeus na *Diáspora* não deve importar muito, e apartar-se do mundo cultural presente em prol de uma vida harmoniosa e sem perturbações, numa comunidade judaica, não parece ser uma decisão demasiado difícil. Entretanto, apenas sob a pressão da mais estrita necessidade irá

---

59. Em relação a isso, Guttmann refere-se ao debate de 1912 no *Kunstwart*, "em que esse conflito encontrou expressão passional", embora "a forte super-excitação, particularmente de Goldstein, o apresentasse de um modo bem mais berrante e grosseiro do que realmente era". Ver Moritz Goldstein, "German Jewry's Dilemma. The Story of a Provocative Essay", em Year Book II do Leo Baeck Institute, Londres, 1957, pp. 236ss.

JULIUS GUTTMANN: FILÓSOFO DO JUDAÍSMO | 451

aquele que se sente parte desse mundo tomar a decisão de dar semelhante passo. Contanto que vislumbre esperança na melhoria da condição do judaísmo em sua terra natal, ainda que seja somente através de um trabalho lento e laborioso, ele há de renunciar de bom grado à vida menos árdua que lhe está aberta em qualquer parte[60]. Guttmann concluía que, para os judeus da Europa Ocidental, a escolha coloca-se estritamente entre o sionismo político e o judaísmo religioso; o nacionalismo cultural judaico (*Kulturnationalismus*) em meio às culturas modernas é impossível.

Esse artigo do jovem Privatdozent, surpreendentemente diferente em conteúdo e tom da maioria dos outros artigos que apareceram na *K.C.-Blätter*, é importante por duas razões. Em primeiro lugar, lança uma luz no que Guttmann denominava sua "visão sócio-religiosa da história judaica". Algumas das idéias e distinções aí presentes ocuparam-no por um longo tempo[61], outras ele pôs de lado. Em segundo, trata-se de um documento pessoal significativo. Não porque resida apenas em suas convicções pessoais, uma vez que não é o caso; mas antes porque reflete algumas das camadas profundas de sua personalidade. Para ele, erudição acadêmica e método científico não eram ferramentas profissionais que pudessem ser deixadas de lado quando a pessoa adentra eventos e controvérsias correntes. Contínua e metodicamente, ele pôs e tornou a pôr à prova suas concepções, e o fez de um modo tão particular nas raras ocasiões em que tratou de problemas que, como tais, não eram acadêmicos. Estando sujeitos a questionamento científico, converteram-se em tópicos científicos. Apenas na medida em que o processo científico poderia ser aplicado, ele os abordou. Tomou o maior cuidado para não transgredir do fato científico para áreas onde a opinião prevalecesse. Destarte, sua discussão de eventos correntes apresentou-se amiúde sob a forma de tratados preliminares sobre o método. De outro lado, sua prudência acadêmica não o levava à indecisão. Quando vinha com resultados, mantinha-se firme na posição e a defendia, se desafiado, com convicção inflexível.

---

60. Vale notar a similaridade com o famoso sumário do objetivo sionista, feito por Hermann Cohen: *Die Kerle wollen glücklich sein* (Os sujeitos querem ser felizes).

61. O conceito guttmanniano de "grupo religioso", sua aplicação à "forma do grupo judeu" (*jüdische Gemeinschaftsform*) e a forma resultante da "consciência coletiva judaica" foram exaustivamente discutidos no seminário que promoveu na *Hochschule* em 1926. Ver também o artigo de Guttmann, *Max Webers Soziologie des antiken Judentums* (A Sociologia do Judaísmo Antigo de Max Weber), em *Monatsschrift für Geschichte und Wissenschaft des Judentums*, vol. 69, 1925, pp. 195-223: "Para a análise sociológica, a relação mútua entre a vida do grupo judeu e a religiosidade judaica torna-se naturalmente seu problema central... A forma de vida do judaísmo da Diáspora é inteiramente condicionada pela religião"(p. 196). Cf. com o ensaio ulterior de Guttmann, *Die Idee der religiösen Gemeinschaft im Judentum* (A Idéia da Comunidade Religiosa no Judaísmo), em *Zum sechzigjährigen Bestehen der Hochschule für die Wissenschaft des Judentums(49. Bericht)*, Berlim, 1932, e sua contribuição ao volume dedicado a Oscar Wassermann, 1929, dos Archives of the Leo Baeck Institute, New York), reproduzido no fim desse artigo.

452 | A FILOSOFIA DO JUDAÍSMO

Muitas das perspectivas históricas dos artigos de Guttmann no *K.C.-Blätter* reapareceram em um artigo "popular", *Der Wiederaufbau Palästinas im Zusammenhang der jüdischen Geschichte* (A Reconstrução da Palestina no Contexto da História Judaica), publicado em 1922[62]. Escrevendo após a Declaração Balfour, quando o Mandato britânico começara justamente a vigorar, Guttmann, consciente do giro momentoso que a história judaica havia sofrido, apresentou suas idéias acerca da cultura judaica numa nova Palestina. Todos os judeus, inclusive aqueles que não desejavam ver afetado o seu status político pessoal por uma mudança nacional, devem compreender que a reconstrução da Palestina significa uma renovação da vida judaica em toda a parte, escreveu ele. Em um "judaísmo de unidade inquebrantável", o espírito judaico estará apto a desdobrar-se sem impecilhos e sua vida criativa tornar-se-á uma fonte de força na qual o judaísmo da Diáspora poderá abeberar-se. A posição da religião no novo Estado não seria diferente da dos países europeus, porque o Estado judeu será um Estado secular, previa Guttmann. Mas, pela primeira vez, a religião judaica terá a oportunidade de desenvolver suas potencialidades numa sociedade moderna sem estar onerada, como ela está na Diáspora, com a responsabilidade pela sobrevivência do judaísmo. Essa tarefa será assumida pelo Estado. A religião encontrar-se-á em condições de reconquistar sua plena influência, impregnando uma cultura autônoma e ética de espírito religioso. Ainda que a nova comunidade judaica não seja uma comunidade religiosa, uma religiosidade judaica vital pode tornar-se central para o desenvolvimento do judaísmo. Os elementos materiais com os quais se construiria a nova cultura não poderiam ser diferentes dos de qualquer cultura européia. A esse respeito a cultura da nova pátria, insistia Guttmann, não pode ser judaica. "Somente o poder modelador do espírito na ação de criar algo de valor diferente e novo a partir de materiais que são adotados pode ser judaico". A força da idéia religiosa na nova Palestina determinará a sua influência sobre a Diáspora judaica. O judaísmo da Diáspora permanecerá como um grupo religioso. Não há nele lugar para uma cultura judaica. Mas o espírito judeu da nova pátria falar-lhe-á como uma realidade vívida, e não mais apenas por meio da história. Uma genuína unidade do espírito pode assim formar-se na comunidade judaica total e restaurar nela um selo judaico distintivo.

Este autor não sabe o que Guttmann sentiu quando avaliou as realidades de vida na Palestina e em Israel em face das expectativas de seu programa. Mas Guttmann não era um utopista, porém um realista dotado com uma paciência que brotava de seu conhecimento de história. Tampouco foi um político, embora fosse sempre um homem fascinado pela política e um observador perspicaz desta, com um agudo senso do possível e do impossível nos negócios do mundo. Algumas pessoas que o conheceram apenas

---

62. *Jahrbuch für jüdische Geschichte und Literatur*, v. 24, 1921-1922, pp. 63-80; reimpresso em *Schriften des Keren Hajessod*, nº 10, Berlim, s.d.

JULIUS GUTTMANN: FILÓSOFO DO JUDAÍSMO | 453

de longe consideravam-no um *weltfremder* (estranho ao mundo), instalado numa torre de marfim acadêmica. Isso ele não era. Encarava a academia como seu único mister
e vocação — o que é algo inteiramente diverso do que ser um acadêmico recluso. Assim ele viveu na Alemanha; assim continuou a viver em Israel. A Universidade Hebraica
ofereceu-lhe oportunidades de tipos mais variados do que a Hochschule poderia oferecer-lhe como escola teológica. Guttmann tornou-se um membro ativo do conselho
universitário, serviu como um dos membros da direção da Universidade e como deão
de sua Faculdade de Humanidades. O fato de que alguns na administração universitária se opusessem a esta última nomeação porque não era um sionista de primeira hora,
feriu-o durante muito tempo e profundamente. Seus alunos eram muitos e sua influência sobre um considerável número deles foi forte e duradoura.

A sua correspondência israelense[63] queixava-se de que não conseguia concentrar-se
nos "projetos sistemáticos que lhe falavam ao coração". Havia a preocupação acerca
de sua família na Europa; havia a doença de sua esposa. Planejara compor uma teologia do judaísmo ou, ao menos, explorar as premissas de uma tal empreitada. Ele não
deixou quaisquer ensaios ou manuscritos que indicassem o rumo que o referido
trabalho teria tomado, exceto, talvez, um relato resumido de cinco conferências e das
discussões que as acompanharam, proferidas por Guttmann durante o verão de 1943,
num seminário sobre educação religiosa, organizado pelo *Chug-hadati* (Círculo Religioso), um grupo de acadêmicos e educadores israelenses interessado na discussão
de problemas teóricos e práticos da religião[64].

A versão publicada dessas preleções não passa de um esboço e a progressão dos
argumentos, em geral claros e impecáveis nos escritos de Guttmann, é desigual e cheia
de saltos e quebras. Assim, somente com muita relutância pôde-se tirar inferências
dessas palestras quanto à teologia do judaísmo de Guttmann, à qual, no correr dos
anos, dedicara considerável porção de pensamento preliminar. Mas um ponto ser estabelecido com segurança. Certa vez, Guttmann assinalou que o encontro da filosofia
com a religião monoteísta produz filosofia da religião, quando o encontro ocorre na
esfera da filosofia, e produz teologia quando as duas se encontram na religião[65]. Sua
teologia, a julgar pelas conferências, teria sido semelhante à teologia filosófica, ou,
formulando isso ao modo de Guttmann, uma tentativa de dar expressão racional aos

63. Ver nota 47.
64. *Al yessodot hayahadut*, em *Din vekheschbon al seminaryon le-khinukh dati*, Jerusalém (1945), pp. 7-27,
   reimpresso em *Dat Umadá*, uma coletânea de ensaios de Guttmann publicada em 1956 pela Magnes
   Press da Universidade Hebraica. Uma tradução, nem sempre precisa, para o inglês, "The Principles of
   Judaism", apareceu em *Conservative Judaism*, vol. 14, 1959, pp. 1-23. O editor das conferências hebraicas,
   observa no prefácio, p. 5, que as preleções aparecem abreviadas porque o autor pretende tratar do
   mesmo assunto numa forma consideravelmente mais ampla, em um próximo livro.
65. *Religion und Wissenschaft im mittelalterlichen und im modernen Denken*, 148.

454 | A FILOSOFIA DO JUDAÍSMO

princípios da religião de uma forma apropriada às posições intelectuais dos dias de hoje[66].

As palestras discutem em que extensão o judaísmo contém tais princípios fundamentais[67]. Elas perguntam: quais são as fontes religiosas dessas crenças essenciais para o judeu crente — um novo tipo de judeu crente, a bem dizer, pois não aceita mais necessariamente a revelação como a fonte da convicção religiosa. Elas definem a idéia de um Deus pessoal de quem é possível aproximar-se através da ação ética, bem como por meio da comunhão pessoal imediata. Elas discutem os mandamentos religiosos e os rituais necessários à santificação da vida[68], porquanto nenhum homem está referto o tempo todo de êxtase religioso (*hitlahavut*). E elas concluem com um capítulo sobre a distinção entre judaísmo e cristianismo.

O propósito de Guttmann em estabelecer os princípios básicos do judaísmo era prático e não simplesmente teórico ou sistemático. O conjunto de princípios de que tratou procedia das áreas da religião que foram alvo de dúvidas e ataques. Numa época de inquietação religiosa, ele desejava defender os ensinamentos do judaísmo. Porém, embora nessas conferências não pretendesse ser um filósofo que analisa o fenômeno da religião e seu caráter particular de realidade e verdade, o interessante é que Guttmann não conseguia restringir o bastante a consciência metodológica do filósofo. Perguntado, na hora do debate, como as crenças religiosas podem ser demonstradas para outrem, respondeu que a única certeza na religião é a certeza pessoal. O *homo religiosus*, desprovido de recursos para uma revelação histórica que fale a todos os homens, só pode falar de suas crenças pessoais. O religionário é incapaz de convencer os seus seguidores dos fundamentos de sua devoção religiosa. A única maneira de trazer a religião ao homem é persuadi-lo de que sem religião haveria um vácuo em sua vida. Os valores do ético e do emocional ficariam impotentes não fosse o poder unificador da religião na qual conjuminam existência e valor. A religião é a sublime unidade daquilo que é e daquilo que deve ser.

Guttmann compreendia que, nesse ponto nodal de seu argumento, valera-se do método de postulação de Kant. Como filósofo, havia superado esses dúbios procedimentos, ao associar-se a Schleiermacher. Como teólogo, sentiu-se compelido a recuar das posições de Schleiermacher e voltar de novo ao desacreditado método kantiano. Não seria demasiado dramático dizer que, assim procedendo, o intento religioso co-

---

66. O artigo de Guttmann, *Die Normierung der Glaubenshinalte in Judentum* (aproximadamente: A Codificação do Conteúdo da Crença Religiosa no Judaísmo), em *Monatsschrift für Geschichte und Wissenschaft des Judentums*, vol. 71, 1927, pp. 241-255, tocou no mesmo problema.

67. A esse respeito, Guttmann fez a surpreendente observação, de que os rituais são mais necessários em Israel do que na Diáspora, não para dar à vida do israelense um caráter judaico — que ela tem *per se* — mas para salvá-la da vacuidade.

68. *Al yessodot hayahadut*, p. 15.

JULIUS GUTTMANN: FILÓSOFO DO JUDAÍSMO | 455

lidiu com o método filosófico e que, como resultado, ambos sofreram? A "Teologia do Judaísmo", que Guttmann nunca escreveu, poderia responder a tal pergunta. Ela teria mostrado se a filosofia da religião que ele ensinara e que subjaz à sua "Filosofia do Judaismo" resistira a um confronto com os princípios estabelecidos pela "Teologia do Judaísmo".

A morte de Julius Guttmann, após uma dolorosa enfermidade, em 19 de maio de 1950, deixou essas indagações sem resposta. Com ele, um outro período do moderno pensamento filosófico judaico chegou ao fim. Por ora, não há ninguém à vista que esteja equipado ou com disposição para colocar as questões do mesmo modo que ele o fez. Como Guttmann bem percebeu, a filosofia *e* a teologia estavam trilhando caminhos que ele não poderia seguir. E Kant e Schleiermacher ou, neste caso particular, Maimônides e Iehudá Halevi, a quem pretendia amalgamar, permaneciam à parte como sempre.

trad. J. Guinsburg

456 | A FILOSOFIA DO JUDAÍSMO

Fac-símile de um ensaio de Julius Guttmann, escrito à mão, para um volume publicado em edição particular, em honra de Oscar Wassermann (diretor do Deutsche Bank e presidente do Keren Ha-Iessod, na Alemanha), e que lhe foi presenteado pelo corpo docente da Hochschule für die des Wissenschaft des Judentums, por ocasião de seu sexagésimo aniversário, em abril de 1929.

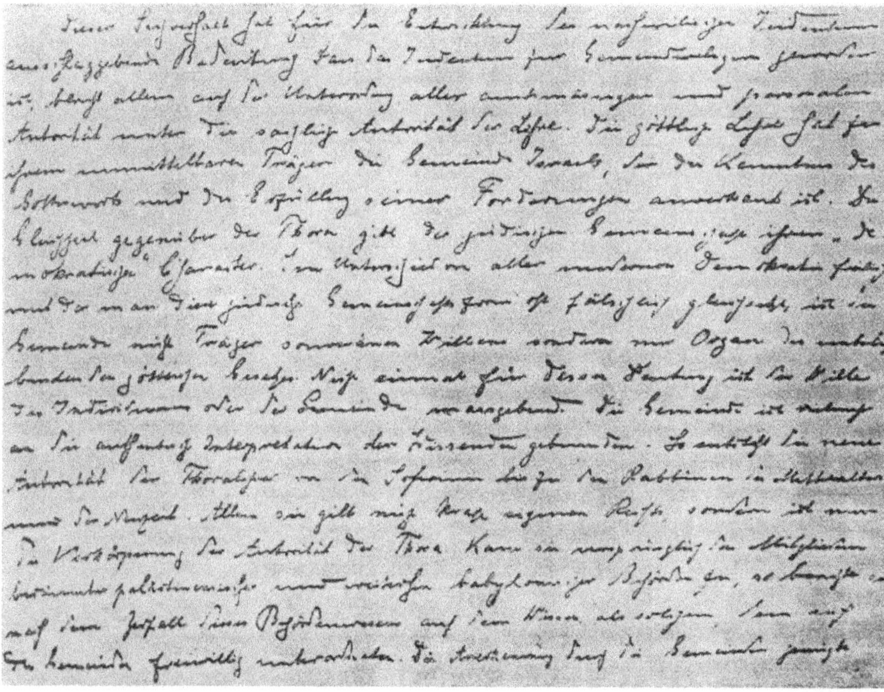

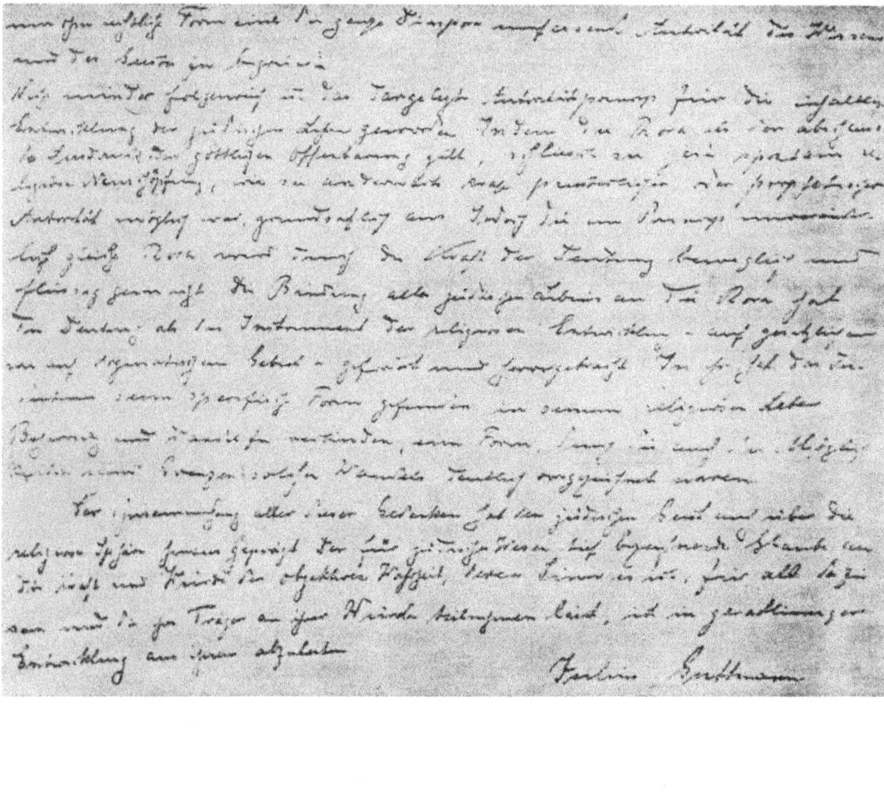

Bibliografia

ABREVIATURAS

HUCA	Hebrew Union College Annual, Cincinnati
JQR	Jewish Quarterly Review, Filadélfia
MGWJ	Monatsschrift für Geschichte und Wissenschaft des Judentums
PAAJR	Proceedings of the Americana Academy for Jewish Research
RÉJ	Revue des Études Juives

Acompanhamos aqui a edição americana desta obra que corrigiu e expandiu a bibliografia constante do original alemão e da versão hebraica publicada sob a supervisão do próprio autor.

I. FUNDAMENTOS E PRIMEIRAS E INFLUÊNCIAS

BAER, YITZHAK, *Yisrael baamim: iyunim betoldot yemei habayit hascheni utkufat hamischná, uviyessod hahalakhá vehaemuná. Jerusalém, 1947.*

BONSIRVEN, J. *Exégèse rabbinique et exégèse paulinienne.* Paris, 1938.

——. *Le judaïsme palestinien au temps de Jesus Christ. Sa théologie.* 2 vols., Paris, 1935.

——. *Palestinian Judaism in Times of Jesus Christ.* Nova York, Holt, Rinehart and Winston, 1964.

BREHIER, E. *Les idées philosophiques et religieuses de Philon d'Alexandrie.* 2ª ed., Paris, 1925.

CHAJES, Z. H. *The Student's Guide through the Talmud.* Traduzido por J. Schachter. 2ª ed. Nova York, 1960.

EFROS, ISRAEL. *Hapilosofia hayehudit haatiká.* Jerusalém, 1959.

FINKELSTEIN, LOUIS (ed.). *The Jews: Their History, Culture and Religion.* 3ªed. Nova York, Harper & Row Publishers, 1960.

——. *The Pharisees, the Sociological Background of their Faith.* Filadélfia, 1938.

FREUDENTHAL, J. *Hellenistische Studien.* 2 vols., Breslau 1874-1875.

GINZBERG, LOUIS. *Legends of the Bible.* Introdução de Shalom Spiegel. Nova York, 1956. Uma edição condensada dos sete volumes originais apareceu sob o título de *Legends of the Jews.* 1909.

——. *On Jewish Law and Lore.* Filadélfia, 1955.

GUTTMANN, JACOB. *Hasafrut hayehudit hahelenistit: hayahadut veha-heleniyut lifnei tekufat hahaschmonaim.* Jerusalém, 1958.

HEINEMANN, I. *Philons geschichte und jüdische Bildung.* Breslau, 1932.

HEINISCH, P. *Griechische Philosophie im Alten Testament.* Münster, 1913-1914.

HESCHEL, A. J. *Torah min ha-shamayim b'espekoolaria shel há-yahadut* (Teologia do Judaísmo Antigo). 2 vols. Londres, 1962-1965.

——. *Die Prophetie.* Cracóvia, 1936.

HÖLSCHER, G. *Geschichte der israelitischen und jüdischen Religion.* Giessen, 1922.

JOËL, M. *Blicke in die Religionsgeschichte zu Anfang des zweiten christlichen Jahrhunderts.* 2 vols. Breslau, 1932.

KADUSHIN, MAX. *The Rabbinic Mind.* Nova York, 1952.

460 | A FILOSOFIA DO JUDAÍSMO

——. *The Theology of Seder Eliahu: A Study in Organic Thinking.* Nova York, 1932.

KAUFMANN, YEHEZKEL. *The Religion of Israel: From its Beginnings to the Babylonian Exile.* Traduzido e condensado por Moshe Greenberg, Chicago, 1959. Traduzido e editado em português sob o título de *A Religião de Israel.* Perspectiva.]

——. *Toledot haemuná hayisraelit meyemei kedem ad sof bayit scheni.* 8 vols. Tel Aviv, 1937-1958.

LEISEGANG, H. *Der heilige Geist, das Wesen und Werden der mystisch-intuitiven Erkenntnis in der Philosophie der Griechen.* Leipzig, 1959.

LEWY, HANS (ed.). *Philo.* Philosophia Judaica. Oxford, 1946.

MEYER, R. *Hellenistisches in der rabbinischen Anthropologie.* Stuttgart, 1937.

MONTEFIORE, C. G. e H. LOEWE. *A Rabbinic Anthology.* Londres, 1938.

MOORE, G. F. *Judaísm in the First Centuries of the Christian Era.* 3 vols. Cambridge (Mass.), 1927.

SCHECHTER, S. *Some Aspects of Rabbinic Theology.* Londres, 1909. Reeditado em brochura, Meridian-Jewish Publication Society, 1961.

SCHOLEM, G. *Jewish Gnosticism, Merkabah Mysticism and Talmudic Tradition.* Nova York, 1960.

SCHURER, E. *A History of the Jewish People in the Time of Jesus.* Editado e com introdução por N. N. Glatzer. Nova York, 1961.

SCHWARZ, LEO (ed.). *Great Ages and Ideas of the Jewish People.* Nova York, 1956.

TCHERIKOVER, V. *Hellenistic Civilization and the Jews.* Filadélfia, Jerusalém, 1959.

WEBER, M. *Gesammelte Aufsätze zur Religions-soziologie.* Vol. III: *Das antike Judentum.* Traduzido para o inglês sob o título de *Ancient Judaism,* Glencoe, Illinois, The Free Press of Glencoe, 1952.

WOLFSON, H. A. *Philo, Foundations of Religious Philosophy in Judaism, Christianity, and Islam.* Cambridge (Mass.), 1947.

ZELLER, E. *Die Philosophie der Griechen.* Vol III, Leipzig, 1903.

II. A FILOSOFIA RELIGIOSA JUDAICA NA IDADE MÉDIA

1. O ASCENSO DA FILOSOFIA JUDAICA NO MUNDO ISLÂMICO

Fontes

HEINEMANN, I. *Taamei hamitzvot besafrut yisrael,* 2 vols., Jerusalém, 1954-1956.

KLATZKIN, J. *Otsar há-munahim ha-pilosofeyeem v'antologia pilosofit.* 5 vols. Berlim, 1926-1934.

NEUMARK, D. *Toledot ha-pilosofia b'yisrael.* Vol. I: Vasóvia, 1921. Vol. II: Filadélfia, 1928.

SCHOLEM, G. *Reschit hakabalá.* Jerusalém, 1948.

Literatura

ALTMANN, ALEXANDER. "The Delphic Maxim in Medieval Islam and Judaism", *Biblical and Other Studies.* Editado por A. Altmann. Cambridge (Mass.), 1963. Pp. 196-233.

BACHER, W. *Die Bibelexegese der jüdischen Religionsphilosophie des Mittelalters vor Maimuni.* Budapeste, 1892.

BLOCH, PH. *Die Geschichte der Entwicklung der Kabbala und der jüdischen Religionsphilosophie.* Trier, 1895.

EFROS, I. "The Problem of Space in Jewish Medieval Philosophy", *JQR,* n.s., VI (1916), 495-554; VII (1916), 61-87, 223-251.

EISLER, M. *Vorlesungen über jüdische Philosophie des Mittelalters.* 3 partes. Viena, 1870-1884.

GUTTMANN, JACOB. *Die Scholastik des 13. Jahrhunderts in ihren Bezihungen zum Judentum und jüdischer Literatur.* Breslau, 1902.

GUTTMANN, JULIUS. *Dat umadá.* Jerusalém, 1956.

——. *Die Philosophie des Judentums.* Munique, 1933.

BIBLIOGRAFIA | 461

——. "Religion und Wissenschaft im mittelalterlichen und modernen Denken". *Festschrift zum 50jährigen Bestehen der Hochschule für die Wissenschaft des Judentums in Berlin.* Berlim, 1922.

HEINEMANN, I. *Die Lehre von der Zweckbestimmung des Menschen im griehisch-römischen Altertum und im jüdischen Mittelalter.* Breslau, 1926.

HOROVITZ, S. *Die Psychologie der jüdischen Religionsphilosophie des Mittelalters von Saadia bis Maimuni.* 4 partes. Breslau, 1898-1912.

HUSIK, I. *A History of Medieval Jewish Philosophy.* Nova York, 1930.

——. *Philosophical Essays.* Editados por M. C. Nahm e L. Strauss. Oxford, 1952.

KAUFMANN, D. *Geschichte der Attributenlehre in der jüdischen Religionsphilosophie von Saadja bis Maimuni.* Gotha, 1877.

——. *Die Sinne, Beiträge zur Geschichte der Psychologie im Mittelalter.* Budapeste, 1884.

KRAUS, P. "Beiträge zur Islamischen Ketzergeschichte", *Rivista degli studi orientali,* XIV.

LEWY, HANS (ed.), *et al. Three Jewish Philosophers.* (Selections from Philo, Saadya, Jehuda Halevi.) Filadélfia, 1960.

MUNK, S. *Mélanges de philosophie juive et arabe.* Paris, 1859.

NEMOY, L. "Al Quirquisani's Account of the Jewish Sects and Christianity". *HUCA,* VII (1930).

NEUMARK, D. *Geschichte der jüdischen Philosophie des Mittelalters nach Problemen dargestellt.* Vols. I; II, 1; II, 2. Berlim, 1907-1928.

SCHOLEM, G. *Major Trends in Jewish Mysticism.* Nova York, 1946. Traduzido e editado em português sob o título de *As Grandes Correntes da Mística Judaica.* S. Paulo, Perspectiva, 3ª ed. revista, 1995.

——. *Zur Kabbalah und ihrer Symbolik.* Zurique, 1960. Em português: *A Cabala e seu Simbolismo.* Perspectiva, S. Paulo, 1974.

——. *Ursprung und Anfange der Kabbale.* Berlim, 1962.

STEINSCHNEIDER, M. *Die arabische Literatur der Juden.* Frankfurt a. M., 1902.

——. *Die hebräischen Ubersetzungen des Mittelalters.* Berlim, 1893.

VAJDA, G. *Introduction à la pensée juive du moyen age.* Paris, 1947.

WOLFSON, H. A. "The Double Faith Theory in Clment, Saadia, Averroës and St. Thomas, and its Origin in Aristotle and the Stoics", *JQR,* N. S., XXXIII (1942-1943), 213-261.

——. "The Internal Sense in Latin, Arabic and Hebrew Philosophical Texts", *Harvard Theological Review,* XXVIII (1935), 69-133.

——. "The Meaning of ex nihilo in the Church Fathers, Arabic and Hebrew Philosophy, and St. Thomas", *Medieval Studies in honor of J. D. M. Ford.* Cambridge (Mass.), 1948. Pp. 355-370.

—— "Notes on Proofs of the Existence of God in Jewish Philosophy", *HUCA,* I (1924), 575-596.

——. "The Problem of the Origin of Matter in Medieval Philosophy", *Proceedings of the Sixth International Congress of Philosophy for 1926.* Pp. 602-608.

2. O KALAM
Fontes

JUDAH B. BARZILLAI DE BARCELONA. *Commentary on Sefer Yetzirah.* Editado por Salomon Joachim Halberstam, com notas de David Kaufmann. Berlim, 1885.

SAADIA BEN JOSEPH (Gaon). *The Book of Beliefs and Opinions.* Traduzido por S. Rosenblatt. New Haven, 1948.

——. *The Book of Doctrines and Beliefs.* Seleta editada por A. Altmann. Oxford, 1946.

——. *Commentaire sur le Sefer Yesira ou livre de la creation par Gaon Saadja de Fayyoum.* Editado e traduzido por M. Lambert. Paris, 1891.

——. *Kitab al-Amanat w'al I'tiqadat.* Editado por S. Landauer. Leiden, 1880.

——. *Polemics against Hiwi al-Balkhi....* Editado por Israel Davidson, Nova York, 1915.

——. *Sefer ha-emunot v'hadeot asher hiber R. Saadia bi-l'shon arav v'he-eteko R. Yehuda ibn Tibbon el lashon ha-kodesh.* Constantinopla, 1861.

——. *Sifrei R. Saadia Gaon.* Editados por J. Derenbourg e M. Lambert. 5 vols. Paris, 1849-1893.

——. *Teshuvot R. Saadia Gaon al sh'elot Hiwi ha-balki.* Introdução e notas de Abrão Poznanski. Varsóvia, 1916.

462 | A FILOSOFIA DO JUDAÍSMO

Literatura

ALTMANN, A. "Saadya's Conception of the Law", *Bulletin of the John Rylands Librarie*, XXVIII (Manchester, 1944), 320-329.

——. "Saadya's Theory of Revelation, its Origin and Background", *Saadya Studies* (Manchester, 1953), pp. 4-25.

DIESENDRUCK, Z. "Saadya's formulation of the Time Argument for Creation", *Jewish Studies in Memory of G. A. Kohut*. Nova York, 1935.

EFROS, I. "Saadya's Second Theory of Creation in its Relation to Pythagoreanism and Platonism", *Louis Ginzberg Memorial Volume*. Nova York, 1945. Seção inglesa, pp. 133-142.

——. "Saadya's Theory of Knowledge", *JQR*, n.s., XXXIII (1942-1943), 133-170.

FRANKL, P. F. *Ein mu'tazilitischer Kalam aus dem 10 Jahrhundert*. Viena, 1872.

GUTTMANN, JACOB. *Die Religionsphilosophie des Saadia*. Göttingen, 1882.

HELLER, O. "La version arabe et le commentaire des Proverbes de Gaon Saadia", *RÉJ*, XXXVII (1898), 72-85, 226-251.

HESCHEL, A. J. "The Quest for Certainty in Saadia's Philosophy", *JQR*, n.s., XXXIII (1942-1943), 213-264.

——. "Reason and Revelation in Saadia's Philosophy", *JQR*, n.s., XXXIV (1944), 391-408.

HOROVITZ, S. "Über der bekanntschaft Saadias mit der griechischen Skepsis", *Judaica, Festschrift zu Hermann Cohens 70.Geburtstag*. Berlim, 1912. Pp. 235-252.

MALTER, H. *Saadia Gaon, His Life and Works*. Filadélfia, 1921.

MARMORSTEIN, A. "The Doctrine of Redemption in Saadya's Theological System", *Saadya Studies* (Manchester, 1943), pp. 4-25.

NEUMARK, D. "Saadya's Philosophy"; in Neumark, *Essays in Jewish Philosophy* (1929), pp. 145-218.

POZNANSKI, S. A. "Hiwi ha-Balkhi", *Hagoren*, VII (1908).

RAU, D. "Die Ethik R. Saadja's", *MGWJ*, LV (1911), 385-399, 513-530; LVI (1912), 65-79, 181-198.

RAWIDOWICZ, S. "Saadya's Purification of the Idea of God", *Saadya Studies* (Manchester, 1943), pp. 139-165.

ROSENTHAL, E. "Saadya's Exegesis of the Book of Job". *Saadya's Studies* (Manchester, 1943), pp. 177-205.

ROSENTHAL, J. "Hiwi al-Balkhi", *JQR*, n.s., XXXVIII (1938), 317-342, 419-430; XXXIX (1939), 79-94.

SCHREINER, M. *Jeschu'a ben Jehuda*. Berlim, 1900.

——. *Der Kalaam in der jüdischen Literatur*. Berlim, 1895.

——. "Zur Geschichte der Polemik zwischen Juden und Mohammedanern", *Zeitschrift der deutschenmorgenländischen Gesellschaft*, XLII (Leipzig, 1888).

VAJDA, G. "Le commentaire de Saadia sur le Sefer Yecira", *RÉJ*, CVI (1941-1945), 64-86.

——. "A propos de l'attitude religieuse de Hiwi al-Balkhi", *RÉJ*, XCIX (1935), 81-91.

——. "Une source arabe de Saadia, Le Kitab az-zahra d'Abou Bakr Ibn Dawoud", *RÉJ*, XCII (1932), 146-150.

VENTURA, M. *Le kâlam et le péripatetisme d'aprés le Kuzari*. Paris, 1934.

——. *La philosophie de Saadia Gaon*. Paris, 1934.

WOLFSON, H. A. "Arabic and Hebrew Terms for Matter and Element with Especial Reference to Saadia", *JQR*, n.s. (1947), pp. 47-61.

——. "Atomism in Saadia", *JQR*, n.s., XXXVII (1946), 107-124.

——. "The Kalam Arguments for Creation in Saadia, Averroës, Maimonides, and St. Thomas", *American Academy for Jewish Research*, II, Saadia Anniversary Volume (Nova York, 1943), 197-245.

ZUCKER, MOSES (ed.). *Saadia al ha-Torah*. Nova York, 1961.

3. O NEOPLATONISMO
Fontes

ABRAHAM BAR HIYYA. *Hegyon ha-Nefesh o Sefer ha-Musar*. Editado por Yitzak Freimann. Leipzig, 1860.

——. *Megillath ha-Megalleh*. Editado por A. S. Poznanski. Introdução de Julius Guttmann. Berlim, 1924.

BIBLIOGRAFIA | 463

BAHYA IBN PAKUDA. *Kitab al-Hidaya ila Faraid al-Qulub* (Livro dos Deveres do Coração). Editado por
A. S. Yahuda, Leiden, 1912.

——. *Sefer Torat Hovot ha-levavot*. Traduzido por Mendel Stern para o alemão, de acordo com a versão de
Ibn Tibon. Viena, 1856.

——. *Sefer Torat Hovat halevavot*. Editado por A. Zifroni. Jerusalém, 1928.

HEINEMANN, I. (ed.). *Jehuda Halevi*. Oxford, 1947.

IBN EZRA, ABRAHAM B. MEIR. *Sefer ha-Shem*. Editado por Gabriel Hirsch Lippman, Fürth, 1834.

——. *Yessod Morá vessod Torá*. Editado por Samuel Waxman. Jerusalém, 1931.

IBN GABIROL, SALOMON (Avencebrol). *Fons Vitae, ex Arabico in Latinum translatus*. Editado por C. L.
Bäumker. Münster, 1895.

——. *Lekutim min ha-sefer Mekor Hayyim*. Coligido por Schem Tob ibn Falaquera. Editado por S. Moloch.
Paris, 1857.

——. *Mekor Hayim*. Traduzido do latim por Jacob Bluvstein. Introdução de Iossef Klausner. Tel Aviv, 1926.

IBN SADDIQ, IOSSEF. *Sefer ha-Olam ha-Qatan*. Editado por Sch. Horovitz. Breslau, 1903.

ISRAELI, ISAAC. *Sefer ha-Yesodot*. Editado por S. Fried. Drohobycz, 1900.

——. *Works*. Traduzidas com comentário e um resumo de sua filosofia por A. Altmann e S. M. Stern,
Oxford, 1958.

JUDAH HALEVI. *Le livre du Kuzari par Juda Hallevi*. Traduzido por M. Ventura. Paris, 1932.

——. *Sefer ha-Kuzari*. Editado por H. Hirschfeld. Leipzig, 1887.

——. *Sefer ha-Kuzari*. Editado por M. Zifronovitz. Varsóvia, 1911.

PSEUDO-BAHYA. *Kitab Ma'ani al-Nafs*. Versão árabe editada por I. Goldziher. Berlim, 1902.

——. *Sefer Torat ha-nefesh*. Editado por Isaac David Broydé. Paris, 1896.

Literatura

ALTMANN, A. "The Climatological Factor in Judas Halevi's Theory of Prophecy", *Melilah*. Vol. 1 (Manchester
1944).

BANETH, D. H. "Jehuda Hallewi und Gazali", *Korrespondenzblatt der Akademie für die Wissenschaft des
Judentums* (Berlim, 1923-1924), pp. 27-45.

BERGER, E. *Das Problem der Erkenntnis in der Religionsphilosophie Jehuda Hallewis*. Berlim, 1916.

BORISOV, A. "Pseudo-Bahja", *Bulletin de l'academie des sciences de l'U.R.S.S.*, classe des humanités (1929).

DOCTOR, M. *Die Philosophie des Josef (Ibn) Zaddik*. Münster, 1895.

DREYER, K. *Die religiöse Gendakenwelt des Salomo ibn Gabirol*. Leipzig, 1929.

EPSTEIN I. "Judah Halevi as Philosopher", *JQR*, n.s., XXV (1935).

EFROS, I. "Some Aspects of Judah Halevi's Mysticism", *PAAJR*, XI (1941).

GUTTMANN, JACOB. *Die Philosophie des Salomon ibn Gabirol*. Göttingen, 1889.

——. *Die philosophischen Lehren des Isaak ben Salomon Israeli*. Münster, 1911.

GUTTMANN, JULIUS. "Das Verhältnis von Religion und Philosophie bei Jehudah Halewi", *Festschrift zu
Israel Lewys 70.Geburtstag*. Breslau, 1911. Pp. 327-358.

——. "Zu Gabirols allegorischer Deutung der Erzählung vom Paradies", *MGWJ*, LXXX (1936), 180-184.

——. "Zur Kritik der Offenbarungsreligion in der islamischen und jüdischen Philosophie", *MGWJ*, LXXVIII
(1934), 456-464.

HEINEMANN, I. "Temunat hahistoria schel Yehudá Halevi", *Tzion*, VII (1944).

HESCHEL, A J. "Der Begriff der Einheit in der Philosophie Gabirols", *MGWJ*, LXXXII (1938), 89-111.

——. "Der Begriff des Seins in der Philosophie Gabirols", *Festschrift Jakob Freimann*. Berlim, 1937. Pp. 68-
77.

——. "Das Wesen der Dinge nach der Lehre Gabirols", *HUCA*, XIV (1939), 359-385.

JOËL, M. "Ibn Gabirols (Avicebrons) Bedeutung für die Geschichte der Philosophie", *MGWJ*, VI (1857);
VII (1858).

KAUFMANN, D. *Studien über Salomon ibn Gabirol*. Budapeste, 1899.

——. *Die Theologie des Bachja ibn Pakuda*. Viena, 1874. Também em *Gesammelte Schriften*. Vol. II (Frankfurt,
1910).

464 | A FILOSOFIA DO JUDAÍSMO

MILLAS, J. M. *Selomo ibn Gabirol como poeta y filosofo.* Madrid, Barcelona, 1945.
NEUMARK, D. "Jehuda Hallevi's Philosophy in its Principles", in *Essays in Jewish Philosophy* (1929), pp. 219-300.
ROSIN, D. "The Ethics of Salomon ibn Gabirol", *JQR*, n.s. (1891), pp. 159-181.
——. "Die Religionsphilosophie Abraham ibn Esras", *MGWJ*, XLII (1898); XLIII (1899).
STITSKIN, L. D. *Judaism as a Philosophy: The Philosophy of Abraham bar Hiya.* Nova York, 1961.
STRAUSS, L. "The Law of Reason in the Kusari", *PAAJR*, XIII (1943).
VAJDA, G. "Les idées théologiques et philosophiques d'Abraham ben Hiya", *Archives d'histoire doctrinale et litteraire du moyen age*, XV (1946).
——. "La philosophie et la théologie de Joseph ibn Zaddiq", *Archives d'histoire doctrinale et litteraire du moyen age* (1949).
WITTMANN, M. *Zur Stellung Avencebrols (Ibn Gabirols) im Entwicklungsgang der arabischen Philosophie.* Münster, 1905.
WOLFSON, H. A. "Halevi and Maimonides on Design, Chance and Necessity", *PAAJR*, XI (1941) 105-163.
——. "Halevi and Maimonides on Prophecy", *JQR*, n.s., XXXII (1942), 345-370; XXXIII (1942), 49-82.
——. "The Platonic, Aristotelian, and Stoic Theories of Creation in Halevi and Maimonides", *Essays in honor of J. H. Hertz.* Londres, 1942. Pp. 427-442.
ZAMORA, I. (ed.). *R. Judah Halevi; Kovetz mekhkarim vehaarakhot.* Tel Aviv, 1950.

4. O ARISTOTELISMO E SEUS OPONENTES
Fontes

BEN GERSON, LEVI (Gersônides). *Sefer Milhamot Adonai.* Leipzig, 1866.
CRESCAS, HASDAI. *Or Adonai.* Johannesburgo, 1861.
HILEL BEN SAMUEL. *Tagmuley ha-Nefesh oo-perush 25 hakdamot shel ha-Moreh.* Editado por Halberstam. Leiden, 1888.
IBN DAUD, ABRAHAM. *Sefer ha-Emunah ha-Ramah.* Editado por Samson Weil. Frankfurt a. M., 1852.
KASPI, IOSSEF. *Amooday kesef oo-maskiyot kesef.* Dois comentários sobre o *Guia* de Maimônides. Editado por Sch. Werbluner. Frankfurt a. M., 1848.
KELLERMANN, B. *Die Kämpfe Gottes.* Tradução alemã dos tratados 1-4 de Maimônides. 2 vols. Berlim, 1914-1916.
MAIMÔNIDES, MOISÉS. *Guide for the Perplexed.* Uma edição condensada com introdução e comentários de Julius Guttmann. Londres, 1952.
——. *The Guide of the Perplexed.* Traduzido com introdução e notas por Shlomo Pines. Ensaio introdutório de Leo Strauss. Chicago, 1963.
——. *Iggeret Teman. Epistle to Yemen.* Editado com introdução e notas por Abraham Halkin. Tradução inglesa por Boaz Cohen. Nova York: American Academy for Jewish Research, 1952.
——. *Igrot haRambam* (Cartas de Maimônides). Editado por D. H. Baneth. Jerusalém, 1950.
——. *Maamar Tehiyyat ha-Maytim.* Tratado da Ressurreição dos Mortos. Original árabe e tradução hebraica de Samuel ibn Tibon. Editado por Joshua Finkel. Nova York, 1938.
——. *Milot Ha-Higayyon.* Tratado de Lógica. Original árabe e três traduções hebraicas. Editado por Israel Efros. Nova York, 1938.
——. *Moreh Nevukhim.* Com dois comentários, um de R. Moisés Narboni e outro intitulado "Givat ha-Moreh". Viena, 1828.
——. *Moreh Nevukhim (Dalalat al-Hairin).* Orignal árabe com tradução francesa e notas. 3 vols. Editado por S. Munk. Paris, 1856-1866.
——. *Moreh Nevukhim.* Com quatro comentários: Efodi, Shem Tob, Crescas e Don Isaac Abravanel. Vilna, 1904.
——. *Moré Nevukhim.* De acordo com a edição feita por Munk, com variantes e índices, editado por I. Joel. Jerusalém, 1931.
——. *Moré Nevukhim.* Com sinais diacríticos para as vogais e um comentário de Yehudá ibn Schmuel. 2 vols. Parte I. Tel Aviv, 1935-1938.

BIBLIOGRAFIA | 465

——. *Moré Nevukhim.* Texto com sinais diacríticos para vogais. Editado por Yehudá ibn Schmuel. Jerusalém, 1947.

Literatura

ADLERBAUM, N. *A Study of Gersonides in his Proper Perspective.* Nova York, 1926.

ALTMANN, A. "Das Verhältnis Maimunis zur jüdischen Mystik", *MGWJ*, LXXX (1936).

BACHER, W. *Die Bibelexegese Moses Maimunis.* Budapeste, 1896.

BACHER, W., M. BRANN, *et al. Moses bem Maimon, sein Leben, seine Werke und sein Einfluss.* Leipzig, 1908, 1914. Nesses dois volumes aparecem os seguintes ensaios: Ph. Bloch, "Charakteristik und Inhaltsangabe des Moreh Nebuchim; H. Cohen, "Charakteristik der Ethik Maimonis"; Jacob Guttmann, "Der Einfluss der maimonidischen Philosophie auf das christliche Abendland"; Jacob Guttmann, "Die Beziehungen der Religionsphilosophie des Maimonides zu den Lehren seiner jüdischen Volgänger".

BAECK, L. "Zur Charakteristik des Levi bem Abraham ben Chajiim", *MGWJ*, XLIV (1900).

BAER, Y. "Sefer Minkhat Kanaut schel Avner mi-Burgos, veaschpaató al Hasdai Crescas", *Tarbiz*, XI (1940).

BAMBERGER, F. *Das System des Maimonides: eine Analyse des More Nebuchim vom Gottesbegriffe aus.* Berlim, 1935.

BECKER, J. *Mischnató hapilosofit schel haRambam.* Tel Aviv, 1956.

BLOCH, PH. *Die Willensfreiheit bei Chasdai Kreskas.* Munique, 1879.

BOKSER, B. Z. *The Legacy of Maimonides.* Nova York, 1950.

BRÜLL, N. "Die Polemik für und gegen Maimuni im dreizehten Jahrhundert", *Jahrbücher für jüdische Geschichte und Literatur*, IV (1879), 1-33.

DIESENDRUCK, Z. "Maimonides' Lehre von der Prophetie", *Jewish Studies in Memory of Israel Abrahams.* Nova York, 1927.

——. "Die Teleologie bei Maimonides", *UCA*, V (Cincinnati, 1928).

EFROS, I. *Philosophical Terms in the Moreh Nebukhim.* Nova York, 1924.

FACKENHEIM, E. "The Possibility of the Universe in al-Farabi, Ibn Sina and Maimonides", *PAAJR*, XVI (1947), 39-70.

GOLDBERG, D. *Maimonides' Kritik einer Glaubenslehre.* Viena, 1935.

GUTTMANN, JACOB. *Die Religionsphilosophie des Abraham ibn Daud.* Göttingen, 1879.

GUTTMANN, JULIUS. "Chasdai Creskas als Kritiker der aristotelischen Physik", *Festschrift zum 70. Geburtstag Jacob Guttmanns.* Leipzig, 1925. Pp. 28-54.

——. "Levi bem Gersons Theorie des Begriffs". *Festschrift zum 75. Jähringen Bestehung des Jüd. Theol.Seminars*, II (Breslau, 1929), 131-149.

——. "Das Problem der Willensfreiheit bei Hasdai Creskas und den islamischen Aristoteliker", *Jewish Studies in Memory of G. A. Kohut.* Nova York, 1935. Pp. 326-349.

——. *Die religiösen Motive in der Philosophie des Maimonides, Entwicklungsstufen der jüdischen Religion.* Giessen, 1927.

HEINEMANN, I. "Maimuni und die arabischen Einheitslehrer", *MGWJ*, LXXIX (1939).

HESCHEL, A. J. "Ha-he-emeen ha-Rambam sh'zakha l'nvuah?", *Louis Ginzberg Jubilee Volume.* Seção hebraica. Nova York, 1945.

——. *Maimonides Eine Biographie.* Berlim, 1935.

HOFFMANN, E. *Die Liebe zu Gott bei Moses ben Maimon, ein Beitrag zur Geschichte der Religionsphilosophie.* Breslau, 1937.

JOËL, M. *Don Chasdai Creskas' religionsphilosophische Lehren*, Breslau,1866.

——. "Lewi ben Gerson als religionsphilosoph", *MGWJ*, X (1860), XI (1861).

KARO, J. *Kritische Untersuchungen zu Levi ben Gersons Widerlegung des aristotelischen Zeitbegriffs.*Leipzig, 1935.

LEVY, L. G. *Maimonide.* Paris, 1911.

MAIMON, Y. L. *R. Mosché ben Maimon.* Jerusalém, 1960.

MARX, A. "Texts about Maimonides", *JQR*, n.s. (1935).

466 | A FILOSOFIA DO JUDAÍSMO

NEUBERGER, CH. *Das Wesen des Gesetzes in der Philosophie des Maimonides.* Danzig, 1933.
PINES, S. "Études sur Awhad al Zaman Abu'l Barakat al Baghdadi", *RÉJ*, CIII, CIV (1938).
RENAN, ERNEST, E ADOLPH NEUBAUER. *Les écrivains juifs français du XIVᵉ siècle.* Paris, 1893.
———. *Les rabins français du commencement du quatorzième siècle.* Paris, 1877.
ROHNER, A. *Das Schöpfungsproblem bei Moses Maimonides, Albertus Magnus und Thomas von Aquino,* Münster, 1913.
ROSENBLATT, S. *The Highways to Perfection of Abraham Maimonides.* Nova York, 1927; Baltimore, 1938.
ROSIN, D. *Die Ethik des Maimonides.* Breslau, 1876.
SARACHEK, I. *Faith and Reason. The Conflict over the Rationalism of Maimonides.* Williamsport, 1935.
SCHEYER, S. B. *Das psychologische System des Maimonides.* Frankfurt a. M., 1945.
SCHORR, O. H. "R. Ytzhak Albalag", *Hekhalutz* (1859-1865).
SILVERMAN, D. W. "The Treatment of Biblical Terms in the Philosophies of Maimonides and Spinoza". The University of Chicago, 1948.
STRAUS, L. "The Literary Character of the Guide for the Perplexed", *Essays on Maimonides.* Editado por S. Baron. Nova York, 1941.
———. *Persecution and the Art of Writing.* Glencoe, Illinois, 1952.
———. *Philosophie und Gesetz.* Berlim, 1935.
———. "Quelques remarques sur la science politique de Maimonides et de Farabi", *RÉJ*, C (1936), 1-37.
WAXMAN, M. *The Philosophy of Don Hasdai Crescas.* Nova York, 1920.
WOLFSON, H. A. "The Amphibolous Terms in Aristotle, Arabic Philosophy and Maimonides", *Harvard Theological Review,* XXXI (1938).
———. "The Aristotelian Predicables and Maimonides' Division of the Attributes", *Essays and Studies in Memory of Linda R. Miller.* Nova York, 1938. Pp. 201-234.
———. "Crescas on the Problem of the Divine Attributes", *JQR*, n.s., VII (1916), 1-44, 175-221.
———. *Crescas' Critique of Aristotle.* Cambridge (Mass.), 1929.
———. "Maimonides on Negative Attributes", *Louis Ginzberg Jubilee Volume.* Nova York, 1945.

5. O FIM E OS EFEITOS ULTERIORES DA FILOSOFIA RELIGIOSA MEDIEVAL
Fontes

ABRAVANEL, ISAAC. *Perush l'Moreh Nebukhim.* Vilna,1904.
———. *Sefer Mif-alot Elohim.* Veneza, 1592.
———. *Sefer Rosh Amanah.* Constantinopla, 1505.
ALBO, IOSSEF. *Sefer ha-Ikarim.* Editado e traduzido para o inglês por Isaac Husik. 5 vols. Filadélfia, 1930.
———. *Sefer ha-Ikarim.*Com o comentário *Schoraschim v'anafim* de R. Gedaliah ben R. Shlomo. Berlim, 1928.
DEL MEDIGO, ELIYHAU. *Sefer Behinat ha-Dat.* Comentário e notas por Isaac Samuel Reggio. Viena, 1833.
DEL MEDIGO, IOSSEF SCHLOMO, *Sefer Elim oo-mayayn ganim.* Amsterdam, 1629.
———. *Sefer Novlot Hokhma.* Basiléia, 1631.
———. *Sefer Ta-aloomot Hokhma.* Basiléia, 1629.
DURAN, SCHIMON BEN ZEMACH. *Ohev Mishpat v'sefer Mishpat Zedek.* Comentários sobre o Livro de Jó. Veneza, 1589.
———. *Sefer Magen Avot.* Livorno, 1763.
EBREO, LEONE. *Dialoghi d'Amore.* Editado por Carl Gebhardt. Heidelberg, 1929.
IOSSEF BEN SCHEM TOV. *K'vod Elohim.* Ferrara, 1552.
SCHEM TOV BEN IOSSEF (ibn Falaquera). *Reshit Hokhmah. Schemtob ben Josef ibn Falaqueras: Propädeutik der Wissenschaften Reshith Chokhmah.* Editado por Moritz David. Berlim, 1902.
———. *Sefer ha-emunot.* Ferrara, 1552.
SPINOZA, B. *Opera.* Editadas por Gebhardt. Heidelberg, 1925.
———. *Torat ha-middot.* Traduzido do latim por Jacob Klatzkin. Leipzig, 1924.
———. *Works.* Tradução integral de Elwes. Reeditada, Nova York, 1955.

BIBLIOGRAFIA | 467

Literatura

BACK, J. *Josef Albos Bedeutung in der Geschichte der jüdischen Religionsphilosophie.* Breslau, 1869.
DE BOER, Tj. *Maimonides en Spinoza, Mededeelingen der Koninglijke Akademie van Wetenschappen.* Amsterdam, 1927.
FEUER, L. S. *Spinoza and the Rise of Liberalism.* Boston, 1958.
FISCHER K. *Spinozas Leben, Lehre und Werke.* Heidelberg, 1909.
FREUDENTHAL, J. *Spinoza, Leben und Lehre.* Editado por C. Gebhardt. Heidelberg, 1927.
GEBHARDT, C. "Spinoza und der Platonismus", *Chronicon Spinozanarum* I (Haia, 1922).
GEIGER, A. *Josef Salomo del Medigo.* Berlim, 1840, 1876.
GUTTMANN, JACOB. "Die Familie Schemtob in ihren Beziehungen zur Philosophie", *MGWJ*, LVII (1913).
———. *"Die Religionsphilosophischen Lehren des Isaak Abravanel.* Breslau, 1916.
———. Die Stellung des Simon ben Zemach Duran in der jüdischen Religionsphilosophie", *MGWJ*, LII (1908), LIII (1909).
GUTTMANN, JULIUS. "Elia del Medigos Verhältnis zu Averroës in seinem Bechinat ha-dat", *Jewish Studies in Memory of Israel Abrahams.* Nova York, 1927.
———. "Spinozas Zusammenhang mit dem Aristotelismus", *Judaica, Festschrift zu Hermann Cohens 70.Geburstag.* Berlim, 1912.
HEINEMANN, I. "Abravanels Lehre vom Niedergang der Menschheit", *MGWJ*, LXXXII (1938).
HUSIK, I. "Joseph Albo, the Last of the Jewish Medieval Philosophers", *PAAJR* (1930), pp. 61-72.
———. *Juda Messer Leons Commentary on the "vetus logica".* Leiden, 1906.
HYMAN, ARTHUR. "Spinoza's Dogmas of Universal Faith in the Light of Their Medieval Jewish Background", *Biblical and Other Studies.* Editado por A. Altmann. Cambridge (Mass.), 1963. Pp. 183-196.
JOËL, M. *Spinozas theologisch-politischer Traktat.* Breslau, 1907.
———. *Zur Genesis der Lehre Spinozas.* Breslau, 1871.
KLATZKIN, J. *Barukh Spinoza.* Leipzig, 1923.
MALTER, H. "Schem Tob ben Iosef Palquera", *JQR*, n.s. (1935).
MISSES, J. "Spinoza und die Kabbala", *Zeitschrift für exacte Philosophie,* VIII (1869).
PFLAUM, H. *Die Idee der Liebe; Leone Ebreo, zwei Abhandlungen zur Philosophie der Renaissance.* Heidelberg, 1926.
ROTH, L. *Spinoza, Descartes, Maimonides.* Oxford, 1924.
STEINSCHNEIDER, M. "Josef ben Schemtob's Kommentar zu Averroës' grösserer Abhandlung über die Möglichkeit der Konjunktion", *MGWJ*, XXXII (1883).
STRAUSS, L. "On Abravanel's Philosophical Tendency and Political Teaching". In *Isaac Abravanel.* Editado por J. B. Trend e H. Loewe. Cambridge,1937.
———. *Die Religionskritik Spinozas als Grundlage seiner Bibelwissenschaft.* Berlim, 1930.
TAENZER, A. *Die Religionsphilosophie Josef Albos nach seinem Werk 'Ikarim' systematisch dargestellt und erläutert.* Frankfurt a. M., 1896.
WIENER, M. "Der Dekalog in Josef Albos dogmatischen System", *Festschrift für Leo Baeck.* Berlim, 1938. Pp. 107-118.
WOLFSON, H. A. *The Philosophy of Spinoza.* Cambridge (Mass.), 1934.

III. A FILOSOFIA JUDAICA DA RELIGIÃO NA ERA MODERNA
Fontes

COHEN, HERMANN. *Der Begriff der Religion im System der Philosophie.* Giessen, 1915.
———. *Ethik des reinen Willens.* 2ª ed. Berlim, 1921.
———. *Jüdische Schriften.* Editado por B. Strauss. Introdução de Franz Rosenzweig. 3 vols. Berlim, 1924.
———. *Ketavim al hayahadut.* Traduzido em hebraico por Zvi Wisilowski. Jerusalém, 1935.
———. *Religion der Vernunft aus den Quellen des Judentums.* 2ª ed. Frankfurt a. M., 1929.

468 | A FILOSOFIA DO JUDAÍSMO

FORMSTECHER, S. *Die Religion des Geistes*. Frankfurt a. M., 1841.
HIRSCH, S. *Das System der religiösen Anschauung der Juden und sein Verhältnis zum Heidentum, Christentum und zur absoluten Philosophie*. Vol I: *Die Religionsphilosophie der Juden*. Leipzig, 1842.
KROCHMAL, NACHMAN. *Kitvai Nahman Krokhmal*. Editado por Sch. Rawidowicz. 2ª ed. Londres, 1961.
LAZARUS, M. *Die Ethik des Judentums*. 2 vols. Frankfurt a. M., 1898, 1911.
MENDELSSOHN, MOSES. *Gesammelte Schriften*. Editados por G. B. Mendelssohn. 7 vols. Leipzig, 1843-1845.
———. *Gesammelte Schriften*. Nova Edição. 5 vols. Berlim, 1929.
———. *Yeruschalayim: Ketavim Ktanim beinyanei yehudim veyahadut*. Introdução por N. Rotenstreich. Tel Aviv, 1947.
ROSENZWEIG, FRANZ. *Briefe*. Berlim, 1935.
———. *Kleinere Schriften*. Berlim, 1937.
———. *Naharayim mivkhar ketavim*. Jerusalém, 1960.
———. *On Jewish Learning*. Introdução por N. N. Glatzer. Apêndices por M. Buber. Nova York, 1955.
———. *Der Stern der Erlösung*. Frankfurt, 1921. 2ª ed., 1930. 3ª ed., 1954.
———. *Understanding the Sick and the Healthy*. Nova York, 1954.
STEINHEIM, L. *Die Offenbarung nach dem Lehrbegriff der Synagoge*. 4 vols. Frankfurt a. M., Leipzig, Altona, 1835-1865.

Literatura

AGUS, J. B. *The Evolution of Jewish Thought*. Vol. I. Nova York, 1959.
———. *Modern Philosophies of Judaism*. Nova York, 1941.
ALTMANN, A. "Franz Rosenzweig and Eugen Rosenstock-Huessy: An Introduction to their 'Letters on Judaism and Christianity'", *Journal of Religion*, XXIV, 4 (1944).
———. "Franz Rosenzweig on History", *Between East and West*. Londres, 1958.
BAMBERGER, F. *Die geistige Gestalt Mendelssohns*, Frankfurt a. M., 1929.
BERGMAN, SCH. H. *Faith and Reason: An Introduction to Modern Jewish Thought*. Washington, D. C., 1961.
———. *Hoguey Hador*. Tel Aviv, 1935. Cf. capítulos sobre Cohen e Rosenzweig.
———."Schlomó Maimon veHermann Cohen", *Jubilee volume in honor of Y. N. Epstein*. Jerusalém, 1950.
BUBER, M. "Goyim veelohav" (o sistema de Krochmal), *Knesset* (1940).
———. *Die Schriften über das Dialogische Prinzip*. Heidelberg, 1954.
COHEN, CARL. "Franz Rosenzweig", *Conservative Judaism*, VIII, 1 (1951).
EMMET, D. M. "The Letters of Franz Rosenzweig and Eugen Rosenstock-Huessy on Judaism and Christianity", *Journal of Religion*, XXV, 4 (1945).
FREUND, ELSE. *Die Existenzphilosophie Franz Rosenzweigs*. 2ª ed., Leipzig, 1933.
FRIEDMAN, M. S. "Martin Buber and Judaism", *Central Conference of American Rabbis Journal*, XI (outubro, 1955), 13-19, 51.
———. *Martin Buber. The Life of Dialogue*. Chicago, 1955.
GLATZER, N. N. (ed.). *Franz Rosenzweig, His Life and Thought*. Nova York, 1953.
———. "Theory and Practice: A Note of Franz Rosenzweig", *Central Conference of American Rabbis Journal*, XI (outubro, 1955), 9-12, 34.
GUTTMANN, JULIUS. "Mendelssohns Jerusalem and Spinozas theologisch-politischer Traktat", *Achtundvierzigster Bericht der Hochschule für die Wissenschaft des Judentums* (Berlim, 1931).
———. "The Principles of Judaism". Traduzido do hebraico por D. W. Silverman. *Conservative Judaism*, XIV, 1 (Fall [outono], 1959), 1-24.
———. "Yessodot hamakhschavá schel R. Nakhman Krochmal", *Knesset* (1941).
HALPERIN, YEHIEL. *Hamahpekhá hayehudit; maavakim rukhaniyim baet hahadaschá*. 2 vols. Tel Aviv, 1961.
KAPLAN, M. M. *The Greater Judaism in the Making: A Study of the Modern Evolution of Judaism*. Nova York, 1960.
KINKEL, W. *Hermann Cohen*. Stuttgart, 1924.

BIBLIOGRAFIA | 469

KLATZKIN, J. *Hermann Cohen.* Berlim, 1926.

LANDAU, J. L. *Nachman Krochmal, ein Hegelianer.* Berlim, 1904.

LEWKOVITZ, A. *Das Judentum und die geistige Strömungen des 19. Jahrhunderts.* Breslau, 1935.

LÖWITH, K. "Martin Heidegger and Franz Rosenzweig or Temporality and Eternity", *Philosophical and Phenomenological Research,* III (1942).

ROTENSTREICH, N. *Hamakhschavá hayehudit baet hakhadaschá.* 2 vols. Tel Aviv, 1945-1950.

——. "Mukhlat vehitrahschut bemischnató schel Ranak", *Knesset* (1941).

——. "Salomon Ludwig Steinheim: Philosopher of Revelation", *Judaism,* II (1953), 4.

——. "Tfissató hahistorit schel Ranak", *Tzion,* VII (1942).

SCHWARZSCHILD, S. *Franz Rosenzweig: Guide of Reversioners.* Londres, 1960.

SIMON, SCH. H. BERGMAN, *et al. Al Franz Rosenzweig.* Conferências apresentadas em Beit Hilel, Jerusalém, 1957.

UCKO, S. *Der Gottesbegriff in der Philosophie Hermann Cohens.* Berlim, 1929.

WIENER, M. *Jüdische Religion im Zeitalter der Emanzipation.* Berlim, 1933.

Índice Remissivo

A

Aarão ben Elias, 104-106
Abhandlung über die Evidenz (Mendelssohn), 322
Avner de Burgos (Alfonso de Valladolid), 233-234, 268-269
Abraão, 217, 280, 348, 349
Abravanel, Isaac, 284, 287, 293
Abravanel, Iehudá, *ver* Ebreo, Leone
Abraão bar Hiya, 138, 140
Abraão b. Moisés b. Maimon, 222.225
Abu'l Barakat, 218.256
adivinhação; *ver também* predição; magia
agadá, 231, 370, 372
agnosticismo, 185
Albalag, Isaac, 230-233, 234, 282, 290
al-Basir, Iossef b. Avraham, 101-104, 104 n. 64, 129 n. 65
Albo, Iossef, 278-282, 325
Alexandre de Afrodísias, 178, 180, 228, 248, 249, 250, 251, 252, 293, 293
Alfakar, Iehudá, 216
al-Farabi, 70, 82, 112, 112 n. 19, 163 n. 1, 168 n. 11, 171, 173, 179 n. 46, 182, 237, 238, 240, 300
al-Gazali, 148, 148 n. 137, 165, 171, 181, 182, 197, 221, 230, 233
al-Harizi, Iehudá, 213
al-Kindi, 82
alma, 63, 98, 134-135, 171, 159 n. 171, 227 n. 174, 248, 406
— após a morte, 138, 139; *ver também* imortalidade, natureza da
— como forma de corpos orgânicos, 164, 166, 176-177, 224, 229, 249, 266
— como substância autônoma, 142, 178
— como substância espiritual, 110, 142, 266; *ver também* substâncias, espiritual
— divisões e graus da, 109
— faculdade supra-racional da, 156
— imaterialidade da, 142, 177
— imortalidade da, 37-38, 46-47, 56, 95, 105, 166, 167, 177, 206, 226, 227, 229, 248, 266, 267, 274,

309, 312, 321, 322, 323, 383
— intelecto e, 228
— origem da, 110, 228
— preexistência da, 178
— prova da existência da, 227
— racional, 110, 123, 140-141, 307, 311, 312
— relação com o corpo, 46, 58, 111, 176
— transmigração da, 139
— unidade da, 228, 310
— universal, 110, 142, 164, 166, 228
al-Moqames, David, 82, 96-97, 107
amor, 291-293, 391
— ao próximo, 62, 413, 417
— ética do, 413
— metafísico, 291
— *ver também* Deus, amor de
amor dei intellectuallis (Spinoza) 309, 311, 311 n. 99
Amós, 30
Amparo da Fé, O (Poleqar), 235
Anatoli, Iaakov, 225-226
anjos, 32, 49, 58, 64, 80 n. 20, 81, 139, 224 n. 166
antropomorfismo, 331, 339, 386
— no judaísmo, 99, 215
Apócrifos, 43, 53, 56; *ver também* Macabeus *IV*; *Sabedoria de Salomão*
apologética judaica, 43, 53, 56, 147, 171, 273; *ver também* polêmica antijudaica
apriorismo, 124
Aquino, Tomás de, 182, 227, 229, 260, 266, 274, 282, 288
Aristóteles, 44, 44 n. 11, 50, 88, 98, 108, 110, 115, 119, 124, 127, 128-129, 129 n. 65, 141, 164, 171, 177, 178, 180, 187, 196, 206, 226, 229, 238, 239-240, 241-242, 248, 253, 256, 257, 258, 261, 262, 281, 283, 288, 292, 294, 300, 305, 307, 338, 406
aristotelismo, 47, 82, 88, 110, 111, 200, 202, 308
— crítica do, 218, 256-256, 265-271, 294
— islâmico, 170, 172, 178; *ver também* al-Farabi, al-Kindi, Averróis, Avicena, Kalam
— judaico, 163-271; *ver também* Gersônides, Ibn Daud, Abraão; Narboni, Moisés

472 | A FILOSOFIA DO JUDAÍSMO

arrependimento, 57, 59, 134, 390
Árvore da Vida, A (Aarão ben Elias), 104
ascetismo, 133-135, 155, 205, 223
Asch'aritas, 101, 261
astrologia, 99, 246, -247
astronomia, 238-239, 294
atomismo, 104, 105
Avencebrol, *ver* Ibn Gabirol, Salomão
Averróis (Ibn Ruschd), 70, 77, 163 n. 1, 165, 172,
207-208, 213, 218, 225, 226, 227, 229, 232, 234-
235, 236, 238, 238, 239, 240, 243, 244, 245, 246,
248, 251, 252, 262, 263, 268, 268 n. 291, 276,
277, 279, 288, 289, 300, 311
averroísmo cristão, 233, 234
Avicena (Ibn Sina), 70, 165, 137, 170, 171, 172, 173,
176, 177, 182, 188, 219, 220, 227, 233, 237, 238,
262, 264, 266, 300

B
Bahia ibn Pakuda, 129-136, 206, 222-223, 286
Bayle, Pierre, 374
beatífica, visão, 207
beleza, 291
Ben Gerson, Levi, *ver* Gersônides
Ben Hofni, Samuel, 98-99
Benjamin b. Moisés de Nahawend, 80-81
Bernays, Isaac, 336
bíblica, exegese, *ver* exegese
Bonnet, Charles, 324
Breve Tratado (Spinoza), 305, 310, 312
Burleigh, Walter, 288

C
Cabala, 113 n. 24, 254, 274, 295, 297, 343, 363, 371,
372, 373
caraítas, 70, 80, 101, 221; *ver também* al-Basir, Iossef
b. Avraham; Iehoschua ben Iehudá
casamento, 414
catolicismo, 350; *ver também* cristianismo; cristã,
igreja
causa e efeito, 168, 174 n. 28, 233, 241, 259, n. 265
— infinidade da, 259
— necessidade lógico-matemática da, 298
— *ver também* determinismo
ceticismo, 44
Cícero, 288
ciência
— natural, 294, 298
— filosofia e, 83, 84, 152, 186, 187, 239, 256
— religião e, 172, 217, 266
cinismo, 91, 286, 287
Clearco, 44, 44 n. 11
Cohen, Hermann, 381-395, 396, 401

Comentário à Mischná (Maimônides), 183, 199,
208, 214
Conceito de Religião no Sistema da Filosofia, O
(Cohen), 388
conhecimento, 186 n. 64, 193
— adequado, 309
— como conteúdo da fé, 324-325
— como efeito do intelecto ativo, 166
— como participação no entendimento divino, 206
— como princípio do ser, 311
— como resultado de dedução, 298, 306
— como ato espontâneo, 362-363
— conceitual, 177, 357
— correspondência com o objeto, 177, 305-306,
356-357
— empírico *vs.* racional, 309-310
— eudemonia do, 164, 283, 308, 309, 383
— fontes do, 86
— da introspecção, 141
— intuitivo, 186, 311
— limitações do, 61, 313, 340
— metafísico, 165, 185-186, 310
— modos de, 244
— teórico, 308, 315
— *ver também* apriorismo; Deus, conhecimento
humano de
consciência, 177
— de Deus, 346, 347
— ética, 101, 346, 347, 384, 386, 388
— humana, 307, 328
— religiosa, 29, 38, 328, 343-344, 346, 388
contemplação religiosa, *ver* religião contemplativa
conversão, 148, 154, 218, 233, 268, 412
corpo, *ver* alma, relação com o corpo.
cosmos
— concepção grega do, 49, 403
— vida unitária do, 292
— *ver também* mundo
Crescas, Hasdai, 218, 253-271, 273, 274, 278, 281,
283 n. 32, 284, 287, 291, 297, 297 n. 70, 303
criação, 74, 105
— como emanação, 34, 108-109, 145, 176, 221,
409; *ver também* emanação
— idéia bíblica da, 30, 176, 377
— provas da, 89
— propósito da, 202-204
— teorias da, 81, 102-103, 124, 241-244
— *ver também* mundo, provas da temporalidade da
cristianismo, 320, 321, 324, 343, 350, 391, 395, 399,
412, 416-420
— Deus do, 280; *ver também* Trindade
— influência do, na filosofia judaica, 140-141
culto, *ver* ritual

ÍNDICE REMISSIVO | 473

D

Da Essência da Alma (Pseudo-Bahia), 136, 139, 142
Da Gradação das Coisas (Pseudo-Bahia), 136
Dahriya, 75, 89, 101, 169
deísmo, 245, 325, 326, 327
Del Medigo, Elihau, 288-290, 294, 295
Del Medigo, Iossef Schlomó, 294-296
demiurgo, 64, 81
demônios, 32, 371
Descartes, René, 177, 297 n. 70, 298, 299, 305
determinismo, 159, 233-234, 235, 237, 267-270, 303, 323
Deus
— amor de, 291, 391, 394, 408, 412-413
— atividade de, 191, 194, 199, 204, 217, 224, 243, 245, 284, 304, 410
— atributos de, 91-92, 82 n. 29, 98, 105, 132, 143, 144, 160, 160 n. 174, 188-193, 238, 193 n. 84, 240, 261-263, 274, 282, 323
— autoconhecimento de, 124
— bondade de, 263-264, 271, 303, 312, 322-323, 324, 327, 332
— como alma do mundo, 338, 340
— como criador, 30-31, 103, 194, 195, 245, 358, 376, 393, 411
— como espírito absoluto, 363 n. 54
— como essência da ética, 206, 340, 380, 385, 389
— como divino fundamento do ser, 170, 187, 188, 189
— como idéia, 239-240, 322, 383, 384, 386, 394
— como mais alto princípio de realidade, 187
— como mente divina, 306, 307
— como pessoa, 135-136, 150 n. 143, 194, 199, 277, 404
— como primeiro motor, 173, 174-175, 187
— como princípio da forma, 160, 166, 169, 243
— como princípio da lei natural, 314
— como simples ser, 392
— como substância universal, 300, 302
— como supremo pensamento, 164, 167, 193, 240, 243, 244, 263; *ver também* aristotelismo
— comunhão com, 30, 156, 205, 206, 222-223, 310, 408
— concepção bíblica de, 28-29
— conhecimento de, 50, 100, 124, 151-152, 185, 199-200, 231, 234, 235-237, 244, 245, 246, 260, 278, 356, 357
— conhecimento humano de, 189, 192, 206-207, 285
— essência de, 97-99, 127, 194, 260, 274, 281, 412, 420
— eternidade de, 122
— imanência de, 302
— incompreensibilidade de, 143

— justiça de, 38, 94-95, 111, 323
— liberdade ou necessidade dos atos de, 376-378
— mandamentos de, 55, 59-60, 93, 330, 381, 409; *ver também* lei divina
— natureza moral de, 53-54
— onipresença de, 258
— onisciência de, 60, 199, 233, 267
— palavra de, 128-129 n. 65, 152 n. 151, 158 n. 171; *ver também* logos
— povo de, 35, 153, 419
— presciência de, 170, 236, 269
— provas da existência de, 131, 166, 173, 174, 238, 259, 262, 299, 404
— providência de, 92, 105, 166, 200, 200 n. 99, 224-225, 246, 247-248, 277, 278, 324, 332, 364, 410
— relação com Israel, 35-36, 314
— relação com o homem, 37, 51, 167, 55, 206 n. 120, 265, 269, 271, 285, 293, 348, 355, 380, 402, 404, 404 n. 58, 408-409, 410
— relação com o indivíduo, 36
— relação com o mundo, 30-31, 49, 122, 158, 241, 263-264, 277, 278, 284, 293, 300, 303, 306-307, 307 n. 90, 339, 358, 402, 404 n. 58, 404, 409-416
— sabedoria de, 132, 203-204, 321, 324
— transcendência de, 31, 385, 392
— união com, 135
— unicidade de, 32, 132, 392
— unidade de, 143, 240, 262, 281
— vontade de, 29-30, 39-40, 106, 124-125, 127-128, 143, 196, 203-204, 225, 235, 260, 264
Deutero-Isaías, 37
devocional, vida, 130-131; *ver também* Deus, comunhão com
Diáspora, 27, 44
dogmática judaica, 184, 208, 274-279, 282, 290, 296, 403; *ver também* fé, artigos de; judaísmo, doutrinas do
dualismo, 50, 110, 134, 188, 195, 245, 301, 344
— de corpo e alma, 57-58, 137-138, 406
— de matéria e forma, 49, 90-91, 115, 118, 124, 139, 146-147, 156-157, 158, 164, 243, 244, 256, 303, 406
— *ver também* religião dualista
Duran, Schimon ben Tzemakh, 273-278, 279

E

Ebreo, Leone (Iehudá Abravanel), 290-294, 297 n70
Eclesiastes (*Livro do Kohelet*), 41-43
efeito, *ver* causa e efeito
eleição, 54, 147, 153-154, 419, 421
emanação, 34, 109, 121, 196, 197, 198, 292, 300, 301, 302, 304-305, 340, 358; *ver também* criação como emanação

474 | A FILOSOFIA DO JUDAÍSMO

emoções, subordinação das, 46
Empédocles, 116 n. 32, 291
empirismo, 399-400
Epicuro, 63, 403
escatologia, 35
escolástica
— cristã, 65, 70, 114, 249, 260, 265 n. 281, 288, 295, 299, 326
— islâmica, *ver* Kalam
esferas
— celestes, 175, 187, 197, 198, 221, 223, 239
— inteligência das, 175, 176, 197
— movimento das, 178, 197, 221
— almas das, 95, 137
espaço, 118
— definição de, 118, 301
— infinitude do, 256-258, 375
espírito, 111, 338-340
— absoluto, 351, 354-355, 358, 367, 368, 368 n. 68, 415; *ver também* Deus como essência dos seres
— das nações, 365-367
— humano, 229, 307-308; *ver também* intelecto
— judaico, 352
estética, 291, 321, 324, 339, 340, 392
estoicismo, 44-46, 48, 62, 92, 309
Estrela da Redenção, A (Rosenzweig), 395, 396, 400, 402, 403, 404, 416
Ética (Spinoza), 298 n. 70, 300, 310
ética, 167, 204-205, 345
— aspecto catártico da, 134
— como imitação de Deus, 380
— determinismo e, 268-269
— grega, 50; *ver também* estoicismo judaico
— natureza e, 383-384
— filosófica, 379, 380
— racional, 93; *ver também* racionalismo ético; razão e ética
— reino messiânico da, 385
— teologia da, 61, 76; *ver também* religião, ética
— *ver também* Deus, mandamentos; moralidade; virtude
Ética do Judaísmo (Lazarus), 379
Ética dos Pais (Maimônides), 183, 218
Ética da Vontade Pura, A (Cohen), 383
eudemonismo, 164, 165; *ver também* conhecimento, eudemonia do
evolução, meta da, 308
Exame da Religião, O (Elihau del Medigo), 289
exegese
— alegórica, 199
— bíblica, 83, 182, 190, 215, 216, 364
— filosófica, 231, 270 n. 298
existência, essência e, 174-175, 187-188

existencialismo, 396, 396 n. 46, 407, 411 n. 75
expiação, 325, 350, 394
Ezequiel, 37-38, 64

F
fé
— artigos de, 275, 279, 289
— definição de, 184, 315, 324,
— *ver também* dogmática judaica
Fédon (Mendelssohn), 321, 322
Fé Exaltada, A (Ibn Daud), 163, 172, 173
Fichte, Johann Gottlieb, 337, 346, 363
Filo, 44, 47-52, 80, 128, 372
Filoponus, João, 88, 88 n. 14
filosofia
— conteúdo da, 397
— cristã, 287, 372; *ver também* escolástica, cristã
— da cultura, 285-287
— da história, 285, 341
— da religião, 76, 344-345,
— das idéias, 339
— dialética, 351
— islâmica, 27, 69-73, 77, 372; *ver também* al-Farabi; al-Kindi; aristotelismo, islâmico; Averróis; Avicena; Kalam; neoplatonismo, islâmico
— judio-helenística, 27, 41-52, 372
— judio-hispânica, 273-287
— judio-italiana, 287-296
— limitações da, 148-149
— natural, 141, 148, 169, 173, 218, 256 n. 250, 283 n. 32; *ver também* naturalismo
— "nova", 395-396, 424
— popularização da, 216-217; *ver também* religião, filosofia e; revelação, filosofia e
Filosofia Religiosa dos Judeus, A (Hirsch), 343
física, 239; *ver também* ciência natural
Fons Vitae (Ibn Gabirol), 113
forma, 115-127
— como acidente, 141
— como conceito, 169
— como efetiva fonte de poder, 126
— como espírito enformante, 126
— como princípio de atualidade, 115, 121, 294
— como princípio de diferenciação, 115, 122, 294
— como espírito pensante, 169, 177-178
— conceitos e, 250
— hílica, 362
— princípio unitário da, 118-119, 121
— *ver também* Deus, como princípio da forma
Formstecher, Salomon, 338-343, 347, 353, 378

G
Galeno, 108

ÍNDICE REMISSIVO | 475

Galilei, Galileu, 294
Gênese, 34, 57, 59, 225, 285
Gersônides (Levi ben Gerson), 77, 236, 237, 238-253, 257, 259, 261, 262, 263, 276, 284, 288, 297
gnose, 343
gnosticismo, 63-64, 339, 373; *ver também* maniqueísmo
Guerras do Senhor, As (Gersônides), 239
Guia dos Perplexos, O (Maimônides), 105, 184, 185, 199, 206, 213, 214, 215, 220, 225, 236, 237
Guia dos Perplexos de Nosso Tempo (Krochmal), 337, 351, 354 n. 37, 373
Gundalissmus, Dominicus, 227

H
Hai Gaon, 100
halakhá, ver lei judaica
Halevi, Judá, *ver* Iehudá Halevi
Hegel, Georg Wilhelm Friedrich, 337-338, 343, 344, 345, 346, 348, 350, 353, 354 n. 37, 355, 356, 363, 367, 396, 397, 401, 415
Heidegger, Martin, 396
Herbart, Johann Friedrich, 380
heresia, 64, 214, 215, 275, 284 n. 33; *ver também* caraítas
herméticos, escritos, 130
hierarquia de seres, 49
Hilel, 59
Hilel ben Samuel, 226-230, 287, 288
hinduísmo, 73
Hipócrates, 108
Hirsch, Samuel, 343-351, 353, 378
história
— judaica, 321, 351-352, 367, 370, 422
— significação religiosa da, 35, 332
Hiwi de Balkh, 78-80, 83
Homberg, Herz, 331, 332
homem, 156, 387
— destino do, 144, 265-266, 282, 340
— natureza do, 419
— queda do, 141 n. 107
— relação com a natureza, 158-159, 159 n. 171
— relação com o mundo, 406-407, 415
— *ver também* Deus, conhecimento humano de; Deus, relação com o homem; livre-arbítrio do.
humanitarismo, 328

I
Ibn Aknin, Iossef b. Iehudá, 218-220
Ibn Daud, Abraão, 163, 172-181, 187
Ibn Ezra, Abraão b. Meir, 145-147, 163, 176, 297, 353, 357, 358, 359, 361, 362, 364, 373
Ibn Gabirol, Salomão (Avencebrol), 77, 112-129,

130, 287, 362 n. 52
Ibn Hazm, 75
Ibn Ruschd, *ver* Averróis
Ibn Sina, *ver* Avicena
Ibn, Tibon, Samuel, 213, 215, 215 n. 138, 225
Ibn Tzadik, Iossef, 141-145, 224
Iehudá Halevi, 99, 147-161, 163, 165, 171, 180, 181, 182, 185, 220, 253, 255, 266, 269, 281, 285, 367, 374, 424
Iehudá de Barcelona, 97, 98 n. 48
Iehudá o Príncipe, Rabi, 371
idealismo, 330, 379, 382, 386, 397, 401, 405, 406, 415
— especulativo, 336, 337, 339
— ético, 388
— pós-kantiano, 335-378
Igreja Cristã, eternidade da, 418
Iluminismo (Ilustração), 102, 319, 320, 324, 325, 326, 329, 332, 336
imaginação, 179 n. 46, 179, 355
imortalidade
— ética e, 274, 383
— do intelecto adquirido, 149, 168, 227, 251, 252, 274, 282, 310
— *ver também* alma, imortalidade da
— individual, 252
— natureza da, 46, 96, 149, 166, 214, 248, 251, 309-310; *ver também* Deus, justiça de; punição após a morte; alma, após a morte; "mundo vindouro"
individualismo, 398-399
Instrução de Estudantes, A (Anatoli), 226
intelecto
— adquirido, 265-267, 274, 307; *ver também* imortalidade, do intelecto adquirido
— ativo, 164, 178-179, 201, 228, 229, 245, 253, 253 n. 246, 285, 293, 295, 305, 307, 323
— como substância espiritual, 295
— governo do, 48
— hílico, 248-249, 251
— imaterialidade do, 249
— limitações do, 313
— potencial, 228, 229, 230 n. 181, 248, 249, 251, 266, 267
— unidade do, 228, 251
— universal, 178, 229
— *ver também* conhecimento; razão
intelectualismo, 309
intuição, *ver* conhecimento intuitivo
Iossef b. Iehudá de Ceuta, 220
Iossef ben Schem Tov, 283
Iehoschua ben Iehudá, 102-104, 104 n. 64
Irmãos Puros de Basra (islã), 69, 75, 136

476 | A FILOSOFIA DO JUDAÍSMO

Isaac ben Latif, 113 n. 24

Isaac ben Schem Tov, 283 n. 32

Isaías, 30, 100

Islã, 36, 207, 280, 342, 375
— filosofia do; *ver* filosofia islâmica
— teologia do, 76
— *ver também* aristotelismo islâmico; Kalam; neo-platonismo, islâmico

Israel
— desenvolvimento espiritual de, 348, 369-370, 372
— eternidade de, 351-352, 369, 417-418, 421, 423
— missão de, 332, 349, 367-363, 422
— singularidade de, 99, 153-154, 208, 285, 420-423
— *ver também* Deus, relação com Israel; judaísmo

Israeli, Isaac b. Salomão, 77, 82, 83, 107-112, 123, 138, 176, 224

J

Jacobi, Friedrich Heinrich, 374

Jeremias, 37

jesuítas, 100

Jesus de Nazaré, 349, 418

Jó, Livro de, 37, 38-39, 58, 274

João, Evangelho de, 349-350

judaísmo
— doutrinas do, 104, 255, 378, 420
— Deus do, 348
— movimento de reforma no, 343
— natureza do, 208, 342, 423
— rabanita, 98-101
— sincretismo no, 53
— singularidade do, 147
— talmúdico, 43, 53-66
— vocação do, 349, 351

julgamento, de animais, 94, 100-101, 106

K

Kalam, 69, 76, 82, 83-106, 107, 127, 130, 143, 187, 189, 197, 220-221, 241, 256
— *ver também* al-Moqames, David; Saádia ben Iossef

Kant, Immanuel, 320, 335-336, 346, 375, 376, 378, 380, 381, 382, 383, 386, 405

Kaspi, Iossef, 226

Kierkegaard, Sören, 399

Kohelet, Livro do, ver Eclesiastes

Krochmal, Nakhman, 337, 351-374

Kuzari (Halevi), 147, 155, 163

L

Lavater, Johann Kaspar, 324, 325

Lazarus, Moritz, 379-381

lei
— cerimonial, 153, 180, 211-212, 266, 315, 330, 331, 343; *ver também* ritual
— divina, 180, 231, 232, 279, 314; *ver também* Deus, mandamentos de
— estudo da, 58, 211, 381
— ética, 59-61
— finita, 301
— infinita, 301
— judaica, 370
— moral, 106, 237, 269, 312, 398, 408
— mosaica, 280; *ver também* revelação, mosaica
— natural; *ver também* ciência, natural, 298, 312, 313
— política, 231, 232
— racional, 92, 300; *ver também* racionalismo, ético
— religiosa, 36, 53, 183, 212, 276, 329-332, 342
— sacrificial, 211-212
— trans-empírica, 243
— valor prático da, 231, 331-332

Leibniz, Gottfried Wilhelm von, 126 n. 61, 323, 325, 326

Leon, Iehudá Messer, 288

Lessing, Gotthold Ephraim, 328

Levi b. Abraão de Villefranche, 217

Levi b. Haim de Villefranche, 226

Levítico, 59

liberdade, 338, 340, 345, 347, 350, 377, 406
— abstrata, 345
— concreta, 345, 347
— *ver também* Deus, liberdade ou necessidade dos atos de; livre-arbítrio

livre-arbítrio, 60, 84, 173, 180, 233-236, 267, 297 n. 70, 410

livre-pensadores, 169-170

Livro de Argumento e Prova da Fé Desprezada (Halevi), O, *ver Kuzari*

Livro das Crenças e Opiniões, O, (Saádia), 84

Livro das Definições, O (Israeli), 110 n. 12, 107-111

Livro de Orientação dos Deveres do Coração, O (Bahia), 130-131, 133

Livro da Tradição, O (Ibn Daud), 173

Livro dos Elementos, O (Israeli), 107-109, 110 n. 12

Livro que Satisfaz os Servidores de Deus, O (Abraão b. Moisés b. Maimon), 222

Locke, John, 325

lógica, 384

logos, 49, 50, 52, 80, 127, 128, 350, 405, 406, 410, 415

Lutero, Martinho, 350

Luz do Senhor, A (Crescas), 255

Luzzato, Samuel David, 357

M

Macabeus IV, 46

macrocosmo, ver hierarquia dos seres

Magária, 80

magia, 32-33; ver também adivinhação

Magno, Alberto, 182

Maimônides (Moisés ben Maimon), 85, 105, 144, 145, 149, 171-172, 173, 178, 179, 181, 217, 222, 231, 237, 238, 241, 242, 243, 244, 247, 253, 259, 261, 262, 263, 270, 271, 273, 274, 275, 279, 281, 282, 284, 286, 287, 297, 300, 314, 315, 319, 325, 353, 357, 358, 364, 424

mal
— como privação, 105
— explicação do, 94

mandamentos, ver Deus, mandamentos de; lei, racional; racionalismo, ético

maniqueísmo, 74, 73 n. 5

matéria, 48, 138,139, 146, 177, 195, 196, 217, 228
— como essência das coisas, 90, 292
— como princípio de potencialidade, 115, 121
— como prisão do espírito, 50
— como substância das coisas, 121, 141, 362 n. 52
— como substrato do vir-a-ser ou devir, 48, 115, 121, 243, 243 n. 219, 284
— como dado último; ver também ciência, natural, 294
— em substâncias inteligíveis; ver também substâncias, inteligíveis, 114
— emanação da, 121, 302; ver também emanação
— o caráter não criado da, 81, 90, 293
— ver também dualismo, de matéria e forma

Mendelssohn, Moisés, 319, 321-333, 335, 372

messiânica, era, 56; ver também reino do céu; "mundo vindouro"

Messias, 140, 279, 417, 418
— dias ou tempos do, 351, 422
— expectativa do, 214

metafísica, 34, 38, 95, 113, 119, 148-149, 150, 181, 185, 205, 219, 297 n. 70, 298, 299, 306, 311, 320, 325, 328, 329, 336, 353, 357, 358, 359, 360, 361, 364, 365, 382, 394, 405, 416
— dedutiva, 299

microcosmo, ver hierarquia dos seres

Microcosmo (Ibn Tzadik), 141, 145

milagres, 86, 99, 100, 101, 199, 246, 247-248, 284, 322, 324-325, 364-365
— crítica dos, 313, 325, 326, 327

Milkhamot Adonai, ver Guerras do Senhor

Mischná, 61, 64, 184, 209, 371

misticismo 30-32, 30 n. 2, 51, 293, 397, 413; ver também Deus, união com; Cabala; religião, contemplativa

Mischné Torá (Maimônides), 183, 184

mitologia, 34, 290, 376

Moisés, 36, 52, 202, 314, 356

Moisés ben Maimon, ver Maimônides

monismo, 118, 138, 163, 397

monoteísmo, 29, 33-34, 38, 385, 386
— abstrato, 337

moral, personalidade, 156

moralidade, 286, 330
— como meio de perfeição intelectual, 139
— racional, 92
— ver também razão, ética e

Morgenstunden (Mendelssohn), 321, 322

morte, medo da, 307, 399

movimento, 220-221

mundo, 122
— concepção antropocêntrica do, 203
— concepção rabínica do, 57
— divisões do, 139
— eternidade do, 171, 195, 198, 230, 242, 242, 259-260, 312
— natureza do, 241, 397
— propósito do, 263-264
— provas da temporalidade do, 87-88, 196
— relação de Deus com o, ver Deus, relação com o mundo
— sensível ou sensual, 49, 110, 119, 123, 124, 137, 359
— sublunar, 196
— supra-sensível, 118-119, 122, 123, 137, 359
— supraterrestre, 57, 94, 110, 134, 146, 147, 166, 167, 168, 175, 185, 197, 221, 245, 281, 292, 305; ver também cosmos
— temporalidade do, 105, 185, 231
— terreno, 57, 94, 110, 134, 146, 147, 166, 167, 168, 175, 185, 196, 222, 245, 281, 292, 305

"mundo vindouro", 37-38, 56-57, 61, 208, 278; ver também reino do céu; imortalidade, natureza da

mutakalimun, 220

mutazilitas, 76, 91, 94, 96, 98, 99, 100, 101, 102, 103

N

Nakhmânides (Moisés ben Nakhman), 253, 372

Narboni, Moisés, 77, 236-238, 254

naturalismo, 76, 78, 169, 304, 385, 397

natureza
— como substância inteligível, 122, 123, 136; ver também substância, inteligível
— filosofia da, 77, 141, 256, 294, 339
— ver também ética, natureza e

neoplatonismo, 58, 69, 82, 97, 107-161
— islâmico, 127, 136

478 | A FILOSOFIA DO JUDAÍSMO

— judaico, 107-161; *ver também* Ibn Gabirol, Salomão; Israeli, Isaac
neschamá, ver alma, imortalidade da
Newton, Isaac, 257
Nietzsche, Friedrich Wilhelm, 398-399
Nissim ben Iaakov, 99
Nissim ben Reuven, 254, 260
Novo Pensamento, O (Rosenzweig), 396, 416
número, infinitude do, 258-259
numinosa, 30

O

Oferenda do Zelo, A (Abver de Burgos), 233
Oriente Bíblico, O (Bernays), 336
Oséias, 30

P

paganismo, 211, 340, 343, 347, 349, 350, 354, 378, 418, 419
panteísmo, 30-32, 145, 293, 297, 302, 311, 337, 353, 358, 385
Paulo, o Apóstolo, 350
Paulo, Mestre, de Veneza, 288
Pentateuco, ver Torá
pecado, 36, 37, 61, 339, 345, 346, 349, 350, 390, 392, 399, 412
— original, 74, 140, 140 n. 107, 233, 286, 325, 350, 392, 419
peripatético, *ver* Aristóteles; aristotelismo; aristotélico
Pico della Mirandola, 256 n. 250, 288-289
Platão, 46, 48, 49, 50, 63, 80, 89, 108, 156, 186, 209, 243, 264, 291, 293, 387
platonismo, 46, 124, 293
pleroma, 64
Plotino, 115, 116, 118-119, 119 n. 37, 128-129, 129 n. 65, 192, 291
Pneuma, 45, 48
poesia, hebraica, 147
polêmica
— antibíblica, 296
— anticristã, 280
— antidualista, 79-80
— antijudaica, 71-74
— anti-islâmica, 76, 280
— antifilosófica, 213-218
Poleqar, Isaac, 235-236, 236 n. 203
politeísmo, 32, 290, 331, 366
política, crítica da, 286, 422
Porfírio, 288
Posidônio, 44 n. 11, 45, 48, 50
positivismo, 366
predestinação, 95, 180, 233, 234 n. 198, 268
Proclo, 156, 195, 195 n. 88

profecia, 112 n. 19, 168, 178-180, 209-210, 210 n. 125, 220, 224, 246, 312, 356, 364
— como comunhão com Deus, 150, 266
— dom sobrenatural da, 280, 284, 313
— explicação naturalista da, 111-112, 168 n. 11, 179, 201-202, 266
— limitação da, 364
profetas, 33, 35-37, 55, 86, 99, 100, 155, 180, 185, 209, 220, 232, 247, 313, 356, 364, 372, 385, 386, 387
— Deus dos 28-29, 29 n. 1, 155
— *ver também os nomes individuais dos profetas*; religião, profética
protestantismo, 350
Provérbios, Livro dos, 43, 45
providência, 54
— individual, 285
— natural, 171
— *ver também* Deus, providência de
Pseudo-Bahia, 139
psicologia, 137, 142, 321
— aristotélica, 166, 173, 176, 178, 219, 229, 274, 295, 308
punição, 93, 154
— após a morte, 94, 139, 323
— do iníquo, 138, 209, 269
— *ver também* Deus, justiça de; imortalidade, natureza da

Q

Quintiliano, 288

R

racionalismo, 76, 185, 213-214, 217, 326, 328, 333, 336, 337, 374
— ético, 92, 343, 378
— idéia de Deus do, 383
Rambam, *ver* Maimônides
Ranak, *ver* Krochmal, Nakhman
razão
— como sistematizadora, 388
— crítica, 376, 382
— ética e, 338
— experiência e, 376
— Deus da, 376
— fé e, 374
— prática, 181, 335, 380, 382, 383
— religião e, 224, 324, 328, 329, 330, 393; *ver também* religião, racional
— revelação e, 84-86, 92, 101, 289, 324-325, 326-327, 331, 333, 374, 375, 376
— teórica, 181, 309, 328, 382
— *ver também* intelecto; conhecimento; racionalismo

realidade, conceitual, 301, 302, 382, 400
realismo, 398
recompensas, na vida futura, *ver* imortalidade, natureza da; "mundo vindouro"
Recompensas da Alma, As (Hilel b. Samuel), 227
redenção, 390, 391, 402, 414-415, 417; *ver também* salvação
Reforma, 343
reino do céu, 349
relativismo, 76, 342
religião
— ativa vs. passiva, 346-347
— bíblica, 35, 358
— comparativa, 416-417; *ver também* relativismo
— concepções da, 340, 354, 366
— conhecimento e, 64, 87, 150; *ver também* conhecimento, eudemonia da; razão, religião e
— contemplativa, 58, 152
— dualista, 73; *ver também* zoroastrismo
— espiritual, 340, 343
— ética, 75, 210-211, 335-336, 378, 386, 387
— exotérica vs. esotérica, 207-208, 315
— filosofia e, 181, 289, 315, 355, 356
— filosófica, 44, 165, 289
— mística, *ver* misticismo
— natural, 34, 170, 340, 341, 342, 347, 377; *ver também* naturalismo
— panteísta, *ver* panteísmo
— pessoal, 168
— pré-profética, 36
— primitiva, 354
— profética, 38
— propósito, 75
— racional, 332, 388, 393
— racionalização da, 214, 217, 237, 275
— reflexão intelectual na, 74, 370
— revelada, 75, 86, 280, 314, 329
— sobrenatural, 280
— universal, 75 n. 8, 315, 328, 330, 332
Religião da Razão a partir das Fontes do Judaísmo, A (Cohen), 388, 391, 393, 395
Religião do Espírito, A (Formstecher), 338
Remédio da Alma, O (*Tab al'Nafus*), (Ibn Aknin), 219
ressurreição do corpo, 95-96, 214, 279
retribuição, *ver* Deus, justiça de.
revelação, 312, 322, 402
— através dos sonhos, 111
— autoridade da, 66, 69, 275-276, 277, 378
— ciência e, 219
— cristã, 419-420
— exotérica vs. esotética, 170, 289, 315
— filosofia e, 230-231
— histórica, 35, 36, 52, 54, 170, 333, 341, 348, 417

— islâmica, 71-72, 77
— mística, 51, 52
— mosaica, 280
— mutuamente exclusiva, 279-280
— natural, 233, 170, 276, 281
— noaquita (filhos de Noé), 280
— pré-histórica, 341
— profética, 33 n. 3, 178, 179, 246, 247, 326, 341, 364; *ver também* profecia
— propósito da, 33, 93, 99, 209, 232, 326
— provas da 85, 87; *ver também* milagres,
— sobrenatural, 28, 87, 150, 277, 335, 348
— valor pedagógico da, 85
— universal, 279, 55
— *ver também* razão, e revelação
Revelação Segundo a Doutrina da Sinagoga, (Steinheim), 374
ritual, 33, 55, 59
Rosenzweig, Franz, 395-424
Rousseau, Jean-Jacques, 328
Rümelin, 380

S
Saádia ben Iossef, Gaon, 71, 77-78, 80, 81-82, 83, 96, 107, 132, 150, 176, 191, 205, 267, 281
sabataísmo, 373
sabéia, literatura, 212
Sabedoria de Salomão, 44-46, 48
Salmos, 30, 37
Salomão ben Abraão de Montpellier, 215
salvação, 35, 54, 135, 140, 167, 231, 316
Schalom, Abraão 284
Schelling, Friedrich Wilhelm Joseph von, 337, 338, 339, 361, 362, 363, 401, 412, 415
Schem Tov ben Iossef, 283
Schem Tov ibn Falaquera, 226
Schem Tov ben Iossef ibn Schem Tov, 282
Schleiermacher, Friedrich Ernst Daniel, 354
Schopenhauer, Arthur, 398, 399
Scotus, Duns, 288
Scotus, Miguel, 226
seitas, judaicas 71-72; *ver também* caraítas,
Sêneca, 286
sensação, subjetividade da, 357
sensibilidade ou sensualidade, 58, 249
sensualismo, 89
ser, modos de, 104, 397
Sobre a Destruição da Filosofia (al-Gazali), 148
Sócrates, 324
Sofistas, 75, 327
sofrimento, significado do, 60-61
Spinoza, Baruch, 233, 296-316, 329, 330, 338, 385
Steinheim, Solomon Ludwig, 374-378

480 | A FILOSOFIA DO JUDAÍSMO

substância
— como princípio de existência, 393
— forma e, 115-117, 221, 362
substâncias, 300
— inteligíveis, 115, 116, 139, 141, 146, 147
— espirituais, 81, 116, 113 n. 24, 123, 139, 178, 179, 181, 227, 292, 361-362, 363, 364, 365, 366
sufismo, 222, 223, 224

T
Tales, 396-397
Talmud, 28, 52, 53, 69, 71, 73, 79, 99, 100, 133, 134, 183, 185, 206, 219, 225, 234, 268, 280, 281, 319, 327, 348, 357, 364, 368, 371, 372, 380, 381
— estoicismo e, 57, 62-63
— falhas do, 60-62
— gnosticismo, 63-65
— máximas do, 61
— platonismo e, 63 n. 28
— ver também judaísmo, talmúdico.
teleologia, 61, 198, 203, 303, 336, 383
Temístio, 248, 249, 250, 251
tempo
— finitude do, 87
— infinitude do, 242, 375
teodicéia, 37-38, 94-95, 377; ver também Deus, justiça de
Teodicéia (Leibniz), 100
Teofrasto, 44, 44 n. 11
teologia, islâmica, 96
Terra Santa, 153, 157, 180
Tetragrama, 160
theios anthropos (homem divino), 156
tolerância, religiosa, 74, 332

Torá, 36, 48, 52, 54, 57, 59, 61-62, 86, 136, 145, 180, 206, 208, 209, 210, 211, 216, 219, 222, 226, 231, 232, 233, 253, 255, 256, 265, 266, 270, 275, 276, 278, 281, 283, 285, 287, 329, 346, 356, 370, 409, 418, 423
— estudo da, ver lei, estudo da,
Tractatus Theologico-politicus (Spinoza), 296, 312, 314, 315, 329
tradição, como fonte de conhecimento, 86-87
Trindade, 83, 91, 97, 325, 337
Tyndal, William, 327

V
verdade, 74, 166
— absoluta, 342, 351
— dupla, 230, 232, 289, 290; ver também revelação, filosofia e
— natureza subjetiva da, 341-342
Vinte Tratados (al-Moqames), 97
valor, natureza subjetiva do, 380
virtude
— natureza da, 180, 281
virtudes, cardeais, 180
vitalismo, 415
voluntarismo, 182, 203, 233, 256, 267, 270, 410
— ético, 29, 128 n. 65

W
Wissenschaft des Judentums (Ciência do Judaísmo), 336, 351, 352, 374, 425, 436

Z
zoroastrismo, 72; ver também dualismo

FILOSOFIA NA PERSPECTIVA

O Socialismo Utópico
  Martin Buber (D031)
Filosofia em Nova Chave
  Susanne K. Langer (D033)
Sartre
  Gerd A. Bornheim (D036)
O Visível e o Invisível
  M. Merleau-Ponty (D040)
Linguagem e Mito
  Ernst Cassirer (D050)
Mito e Realidade
  Mircea Eliade (D052)
A Linguagem do Espaço e do Tempo
  Hugh M. Lacey (D059)
Estética e Filosofia
  Mikel Dufrenne (D069)
Fenomenologia e Estruturalismo
  Andrea Bonomi (D089)
A Cabala e seu Simbolismo
  Gershom Scholem (D128)
Do Diálogo e do Dialógico
  Martin Buber (D158)
Visão Filosófica do Mundo
  Max Scheler (D191)
Conhecimento, Linguagem, Ideologia
  Marcelo Dascal (org.) (D213)
Notas para uma Definição de Cultura
  T. S. Eliot (D215)
Dewey: Filosofia e Experiência Democrática
  Maria Nazaré de C. Pacheco Amaral (D229)
Romantismo e Messianismo
  Michel Löwy (D234)
Correspondência
  Walter Benjamin e Gershom
  Scholem (D249)
Isaiah Berlin: Com Toda a Liberdade
  Ramin Jahanbegloo (D263)
Existência em Decisão
  Ricardo Timm de Souza (D276)
Metafísica e Finitude
  Gerd A. Bornheim (D280)
O Caldeirão de Medéia
  Roberto Romano (D283)

George Steiner: À Luz de Si Mesmo
  Ramin Jahanbegloo (D291)
Um Ofício Perigoso
  Luciano Canfora (D292)
O Desafio do Islã e Outros Desafios
  Roberto Romano (D294)
Adeus a Emmanuel Lévinas
  Jacques Derrida (D296)
Platão: Uma Poética para a Filosofia
  Paulo Butti de Lima (D297)
Ética e Cultura
  Danilo Santos de Miranda (D299)
Emmanuel Lévinas: Ensaios e Entrevistas
  François Poirié (D309)
Preconceito, Racismo e Política
  Anatol Rosenfeld (D322)
Razão de Estado e Outros Estados da Razão
  Roberto Romano (D335)
Lukács e Seus Contemporâneos
  Nicolas Tertulian (D337)
Homo Ludens
  Johan Huizinga (E004)
Gramatologia
  Jacques Derrida (E016)
Filosofia da Nova Música
  T. W. Adorno (E026)
Filosofia do Estilo
  Gilles Geston Granger (E029)
Lógica do Sentido
  Gilles Deleuze (E035)
O Lugar de Todos os Lugares
  Evaldo Coutinho (E055)
História da Loucura
  Michel Foucault (E061)
Teoria Crítica I
  Max Horkheimer (E077)
A Artisticidade do Ser
  Evaldo Coutinho (E097)
Dilthey: Um Conceito de Vida e uma Pedagogia
  Maria Nazaré de C. P. Amaral (E102)
Tempo e Religião
  Walter I. Rehfeld (E106)
Kósmos Noetós

Ivo Assad Ibri (E130)
História e Narração em Walter Benjamin
Jeanne Marie Gagnebin (E142)
Cabala: Novas Perspectivas
Moshe Idel (E154)
O Tempo Não-Reconciliado
Peter Pál Pelbart (E160)
Jesus
David Flusser (E176)
Avicena: A Viagem da Alma
Rosalie Helena de S. Pereira (E179)
Nas Sendas do Judaísmo
Walter I. Rehfeld (E198)
Cabala e Contra-História: Gershom Scholem
David Biale (E202)
Nietzsche e a Justiça
Eduardo Rezende Melo (E205)
Ética contra Estética
Amelia Valcárcel (E210)
O Umbral da Sombra
Nuccio Ordine (E218)
Ensaios Filosóficos
Walter I. Rehfeld (E246)
Filosofia do Judaísmo em Abraham Joshua Heschel
Glória Hazan (E250)
A Escritura e a Diferença
Jacques Derrida (E271)
*Mística e Razão: Dialética no Pensamento Judaico.
De Speculis Heschel*
Alexandre Leone (E289)
A Simulação da Morte
Lúcio Vaz (E293)
*Judeus Heterodoxos: Messianismo, Romantismo,
Utopia*
Michael Löwy (E298)
Estética da Contradição
João Ricardo Carneiro Moderno (E313)
Pessoa Humana e Singularidade em Edith Stein
Francesco Alfieri (E328)
Ética, Responsabilidade e Juízo em Hannah Arendt
Bethania Assy (E334)
*Arqueologia da Política: Leitura da República
Platônica*
Paulo Butti de Lima (E338)
*A Presença de Duns Escoto no Pensamento de Edith
Stein: A Questão da Individualidade*
Francesco Alfieri (E340)
Ensaios sobre a Liberdade
Celso Lafer (ELO38)
O Schabat
Abraham J. Heschel (ELO49)
O Homem no Universo

Frithjof Schuon (ELO50)
Quatro Leituras Talmúdicas
Emmanuel Levinas (ELO51)
Yossel Rakover Dirige-se a Deus
Zvi Kolitz (ELO52)
Sobre a Construção do Sentido
Ricardo Timm de Souza (ELO53)
A Paz Perpétua
J. Guinsburg (org.) (ELO55)
O Segredo Guardado
Ili Gorlizki (ELO58)
Os Nomes do Ódio
Roberto Romano (ELO62)
Kafka: A Justiça, O Veredicto e a Colônia Penal
Ricardo Timm de Souza (ELO63)
Culto Moderno dos Monumentos
Alois Riegl (ELO64)
O Islã Clássico: Itinerários de uma Cultura
Rosalie Helena de Souza Pereira (org.)(PERS)
A Filosofia do Judaísmo
Julius Guttmann (PERS)
Averróis, a Arte de Governar
Rosalie Helena de Souza Pereira (PERS)
Testemunhas do Futuro
Pierre Bouretz (PERS)
*Na Senda da Razão: Filosofia e Ciência no Medievo
Judaico* (PERS)
Rosalie Helena de Souza Pereira (org.) (PERS)
O Brasil Filosófico
Ricardo Timm de Souza (KO22)
Diderot: Obras I a VIII
J. Guinsburg (org.) (TO12)
Platão: República – Obras I
J. Guinsburg (org.) (TO19-I)
Platão: Górgias – Obras II
Daniel R. N. Lopes (intr., trad. e notas) (TO19-II)
Hegel e o Estado
Franz Rosenzweig (TO21)
Descartes: Obras Escolhidas
J. Guinsburg, Roberto Romano e Newton
Cunha (orgs.) (TO24)
Spinoza, Obra Completa
J. Guinsburg; N. Cunha e R. Romano (orgs.)
(TO29)
SComentário Sobre a República
Averróis (T30)
Lessing: Obras
J. Guinsburg (org.) (T34)
Políbio (História Pragmática)
Breno Battistin Sebastiani (T35)
As Ilhas
Jean Grenier (LSC)

Este livro foi impresso na cidade de Cotia,
nas oficinas da Meta Brasil,
para a Editora Perspectiva.